Londonderry
LONDONDERRY
ANTRIM
TYRONE
BELFAST
NORD-
IRLAND
ARMAGH
DOWN
MONAGHAN
CAVAN
Dundalk
LOUTH
…DLANDS
…EATH
MEATH
DUBLIN
KILDARE
WICKLOW
…AOIS
CARLOW
SÜDOST-
IRLAND
KILKENNY
WEXFORD
Waterford
Wexford

NORDIRLAND
Seiten 254 – 285

DUBLIN

NÖRDLICH DES LIFFEY

LIFFEY

SÜDWEST-DUBLIN

SÜDOST-DUBLIN

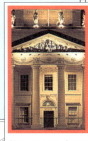

NÖRDLICH DES LIFFEY
Seiten 84 – 93

SÜDWEST-DUBLIN
Seiten 72 – 83

SÜDOST-DUBLIN
Seiten 56 – 71

MIDLANDS
Seiten 236 – 253

SÜDOST-IRLAND
Seiten 124 – 151

VIS À VIS
IRLAND

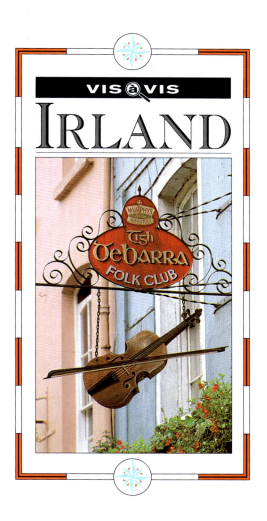

VIS À VIS

IRLAND

Hauptautoren:
LISA GERARD-SHARP UND TIM PERRY

DORLING KINDERSLEY
LONDON · NEW YORK · MÜNCHEN
MELBOURNE · DELHI
www.dk.com

Ein Dorling Kindersley Buch

www.travel.dk.com

TEXTE
Una Carlin, Polly Phillimore, Susan Poole, Martin Walters

FOTOGRAFIEN
Joe Cornish, Tim Daly, Alan Williams

ILLUSTRATIONEN
Draughtsman Maps, Maltings Partnership, Robbie Polley

KARTOGRAFIE
Gary Bowes, Margaret Slowey, Richard Toomey
(ERA-Maptec, Dublin, Irland)

REDAKTION UND GESTALTUNG
Dorling Kindersley, London: Ferdie McDonald, Lisa Kosky, Maggie Crowley, Simon Farbrother, Emily Hatchwell, Seán O'Connell, Jane Simmonds, Joy FitzSimmons, Jaki Grosvenor, Katie Peacock, Jan Richter, Samantha Borland, Adam Moore; Vivien Crump, Helen Partington, Steve Knowlden, Douglas Amrine, Gaye Allen, David Proffit, Hilary Stephens

•

© 1995 Dorling Kindersley Limited, London
Titel der englischen Originalausgabe:
Eyewitness Travel Guide *Ireland*
Zuerst erschienen 1995 in Großbritannien
bei Dorling Kindersley Ltd.
A Penguin Company

•

Für die deutsche Ausgabe:
© 1996, 2000 Dorling Kindersley Verlag GmbH, München

Aktualisierte Neuauflage 2009 / 2010

Alle Rechte vorbehalten, Reproduktionen, Speicherung in Datenverarbeitungsanlagen, Wiedergabe auf elektronischen, fotomechanischen oder ähnlichen Wegen, Funk und Vortrag – auch auszugsweise – nur mit schriftlicher Genehmigung des Copyright-Inhabers.

•

PROGRAMMLEITUNG Dr. Jörg Theilacker, Dorling Kindersley Verlag
PROJEKTLEITUNG Brigitte Maier, Text & Konzept, München
ÜBERSETZUNG Christian Quatmann, Werner Kügler, Carla Meyer
REDAKTION Dr. Gabriele Rupp, München
SCHLUSSREDAKTION Philip Anton, Köln
SATZ UND PRODUKTION Dorling Kindersley Verlag
LITHOGRAFIE Colourscan, Singapur
DRUCK South China Printing Co. Ltd., China

ISBN 978-3-8310-1524-5

10 11 12 13   12 11 10 09

Dieser Reiseführer wird regelmäßig aktualisiert. Angaben wie Telefonnummern, Öffnungszeiten, Adressen, Preise und Fahrpläne können sich jedoch ändern. Der Verlag kann für fehlerhafte oder veraltete Angaben nicht haftbar gemacht werden. Für Hinweise, Verbesserungsvorschläge und Korrekturen ist der Verlag dankbar.
Bitte richten Sie Ihr Schreiben an:

Dorling Kindersley Verlag GmbH
Redaktion Reiseführer
Arnulfstraße 124 • 80636 München

◁ **Rock of Cashel im County Tipperary** *(siehe S. 196 f)*
◁◁ **Umschlag: Inishmore, Aran Islands** *(siehe S. 214 f)*

INHALT

BENUTZER-HINWEISE 6

Evangelisches Symbol aus dem *Book of Kells* (siehe S. 64)

IRLAND STELLT SICH VOR

IRLAND ENTDECKEN 10

IRLAND AUF DER KARTE 12

EIN PORTRÄT IRLANDS 14

DIE GESCHICHTE DES LANDES 30

DAS JAHR IN IRLAND 48

DIE STADTTEILE DUBLINS

DUBLIN IM ÜBERBLICK 54

SÜDOST-DUBLIN 56

Georgianische Tür am Fitzwilliam Square, Dublin *(siehe S. 68)*

SÜDWEST-DUBLIN
72

NÖRDLICH
DES LIFFEY *84*

ABSTECHER *94*

SHOPPING *104*

UNTERHALTUNG
108

STADTPLAN *116*

**DIE REGIONEN
IRLANDS**

IRLAND
IM ÜBERBLICK *122*

Leuchtturm am Spanish Point bei Mizen Head *(siehe S. 167)*

**ZU GAST
IN IRLAND**

ÜBERNACHTEN *288*

RESTAURANTS,
CAFÉS UND PUBS *320*

SHOPPING *352*

UNTERHALTUNG *358*

**GRUND-
INFORMATIONEN**

PRAKTISCHE
HINWEISE *370*

REISE-
INFORMATIONEN *382*

TEXTREGISTER *394*

STRASSENKARTE
*Hintere
Umschlaginnenseiten*

Verzierung am Chorus Gate auf
Powerscourt *(siehe S. 134f)*

Fassade eines Pubs in Dingle
(siehe S. 157)

SÜDOST-
IRLAND *124*

CORK UND KERRY
152

UNTERER SHANNON
180

WESTIRLAND *200*

NORDWEST-
IRLAND
220

MIDLANDS *236*

NORDIRLAND
254

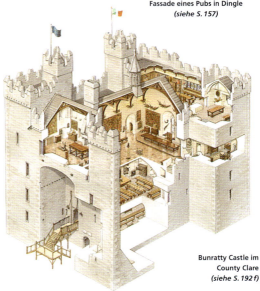
Bunratty Castle im
County Clare
(siehe S. 192f)

BENUTZERHINWEISE

Dieser Reiseführer soll Ihren Besuch zu einem Erlebnis machen, das durch keinerlei praktische Probleme getrübt wird. Der Abschnitt *Irland stellt sich vor* beschreibt das Land und stellt es in einen historischen Zusammenhang. In den sieben Regionalkapiteln und in *Die Stadtteile Dublins* werden Sehenswürdigkeiten in Text und Bild beschrieben. Empfehlungen zu Restaurants und Unterkünften gibt das Kapitel *Zu Gast in Irland*. Die *Grundinformationen* helfen Ihnen beim Zurechtfinden und geben Ihnen viele praktische Tipps.

DIE STADTTEILE DUBLINS

Das Zentrum von Dublin ist in drei Kapitel unterteilt. Jedes beginnt mit einer Liste aller Sehenswürdigkeiten. Ein viertes Kapitel, *Abstecher*, beschreibt die Vororte und das County Dublin. Alle Einträge sind mit Nummern versehen, die mit denen auf der Stadtteil- und Detailkarte sowie bei den folgenden Einträgen identisch sind.

Alle Seiten, die sich auf Dublin beziehen, haben eine rote Farbcodierung.

Eine Orientierungskarte zeigt die Lage des Stadtteils, in dem man sich befindet.

1 Stadtteilkarte
Die beschriebenen Sehenswürdigkeiten sind auf der Karte durchnummeriert. Attraktionen in Dublin finden sich auch auf dem Stadtplan *auf den Seiten 116–119.*

Sehenswürdigkeiten auf einen Blick führt das Wichtigste auf: Kirchen, Museen und Sammlungen, historische Gebäude, Parks und Gärten.

2 Detailkarte
Sie zeigt die Sehenswürdigkeiten eines Stadtteils aus der Vogelperspektive.

Die Routenempfehlung (rote Linie) führt Sie durch die interessantesten Straßen.

Sterne markieren herausragende Sehenswürdigkeiten.

3 Detaillierte Informationen
Alle Sehenswürdigkeiten werden einzeln beschrieben – mit Adresse, Telefonnummer, Öffnungszeiten und Eintrittspreisen.

Textkästen geben zusätzliche interessante Informationen.

BENUTZERHINWEISE

DIE REGIONEN IRLANDS

Neben Dublin wurde Irland in diesem Buch in sieben Regionen unterteilt, denen jeweils ein Kapitel gewidmet ist. Die interessantesten Reiseziele einer Region sind nummeriert und auf einer *Regionalkarte* dargestellt.

1 Einführung
Die Landschaft und der Charakter jeder Region werden hier ebenso beschrieben wie ihre Entwicklung während der letzten Jahrhunderte und was sie dem Besucher heute zu bieten hat.

Jede Region kann durch die Farbcodierung *(siehe vordere Umschlaginnenseiten)* schnell gefunden werden.

2 Regionalkarte
Diese neue Karte zeigt eine Übersicht der ganzen Region. Alle Sehenswürdigkeiten sind nummeriert. Die Karte gibt auch hilfreiche Tipps für die Erkundung des Gebiets mit Auto, Bus oder Bahn.

In ... unterwegs informiert über Verkehrsverbindungen und Reisewege in einer Region.

3 Detaillierte Informationen
Die Reihenfolge der sehenswerten Reiseziele einer Region entspricht der Nummerierung auf der Regionalkarte. *Zu jedem Ort und jeder Sehenswürdigkeit gibt es detaillierte Informationen.*

Die Infobox enthält praktische Informationen, die für einen Besuch der vorgestellten Sehenswürdigkeit hilfreich sind.

4 Hauptsehenswürdigkeiten
Irlands Highlights werden auf zwei oder mehr Seiten dargestellt. Historische Gebäude sind im Aufriss abgebildet. Orte oder Stadtzentren werden in 3-D-Persepktive dargestellt.

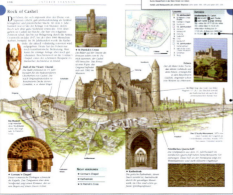

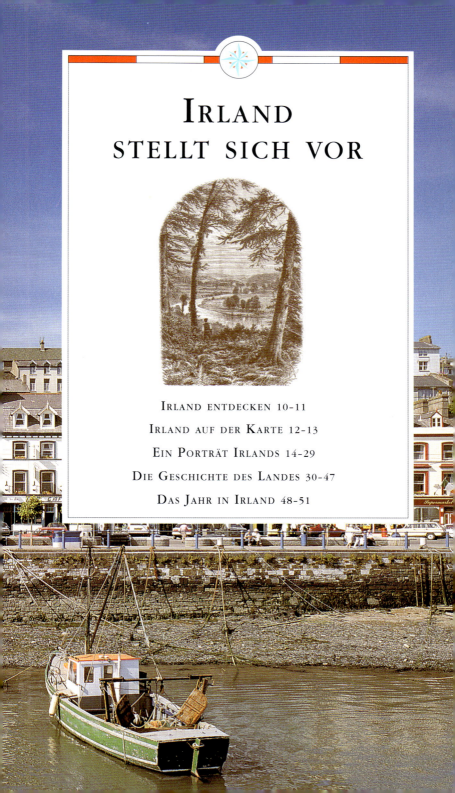

Irland stellt sich vor

Irland entdecken 10-11

Irland auf der Karte 12-13

Ein Porträt Irlands 14-29

Die Geschichte des Landes 30-47

Das Jahr in Irland 48-51

IRLAND ENTDECKEN

Büste des
hl. Patrick

Das reiche kulturelle Erbe, spektakuläre Landschaften und der gelassene Lebensstil seiner gastfreundlichen Bewohner machen Irland zum beliebten Reiseziel. Die vielen keltischen Ruinen, mittelalterlichen Festungen und stattlichen Residenzen verleihen dem Land einen geradezu majestätischen Anstrich. In diesem Reiseführer ist Irland in acht farbcodierte Regionen (mit der Provinz Nordirland und Dublin) aufgeteilt, die jeweils mehrere Countys (Bezirke) umfassen.

DUBLIN

- Trinity College
- Keltische Schätze im National Museum
- Theater und Pubs

Das mittlerweile kosmopolitische Dublin hat viele Attraktionen zu bieten, die nahe beieinanderliegen. Im **Trinity College**, 1592 von Queen Elizabeth I gegründet, kann man die Old Library mit dem mittelalterlichen *Book of Kells* (siehe S. 62–64) besichtigen. Das **National Museum** (siehe S. 66f), ein paar Blocks entfernt, bietet einen faszinierenden Einblick in Irlands Vergangenheit. Die **National Gallery** (siehe S. 70f) zeigt exzellente Ausstellungen, vor allem im Millennium Wing.

Dublin hat eine hervorragende Theaterlandschaft. Stücke irischer Autoren inszenierte etwa das von W. B. Yeats gegründete **Abbey** (siehe S. 88).

Im quirligen Viertel **Temple Bar** (siehe S. 78) findet man viel traditionelles Flair sowie beliebte Bars und Restaurants. Doch denken Sie daran: Dublin ist wesentlich kostspieliger als ländliche Gegenden.

Die grüne Landschaft um die Lakes of Killarney, County Kerry

SÜDOST-IRLAND

- Powerscourt
- Wicklow Mountains
- Strände

Der »sonnige Südosten« gehört zu den beliebtesten Urlaubsregionen Irlands, da hier das Wetter im Sommer beständiger ist als im Rest des Landes. Die Hafenstadt **Rosslare** (siehe S. 151) hat einen wunderbaren Strand und einen exzellenten Golfplatz zu bieten.

Am Fuß des Great Sugar Loaf Mountain liegt das Anwesen **Powerscourt** (siehe S. 134f), dessen Gärten zu den schönsten des Landes zählen.

In **Glendalough** (siehe S. 140f) in den Wicklow Mountains befinden sich die stimmungsvollen Ruinen einer Siedlung, die der hl. Kevin im 6. Jahrhundert gründete.

CORK UND KERRY

- Cork und Blarney Stone
- Bunte Fischerdörfer
- Lakes of Killarney

Diese Region, eine der malerischsten des Landes, hat eine lange, zerklüftete Küste und Irlands höchste Berge zu bieten. Zu den zahllosen Wander- und Fahrradwegen gehört der berühmte **Ring of Kerry** (siehe S. 164f) rund um die Halbinsel Iveragh. Die klaren **Lakes of Killarney** (siehe S. 162f) zwischen den grünen Hügeln Zentral-Kerrys gehören zu Irlands beliebtesten Ferienzielen.

Cork, eine kleine, hübsche Stadt mit Flusspromenaden und verwinkelten Gassen, hat ein großes Kulturangebot (siehe S. 174–177). Bei den Ruinen des **Blarney Castle** (siehe S. 171) stehen Besucher Schlange, um den Blarney Stone zu küssen, was Eloquenz verleihen soll. Die **Old Midleton Distillery** (siehe S. 179) östlich von Cork bietet Führungen und Proben für Whiskey-Liebhaber.

Die Ha'penny Bridge überspannt in Dublin den Liffey

◁ Die neogotische Kathedrale St Colman's in Cobh, Cork *(siehe S. 178)*

IRLAND ENTDECKEN

Unterer Shannon

- Der Burren
- Cliffs of Moher
- Frühchristliche Spuren

Der Shannon fließt durch eine Region aus trockenem Kalkboden und feuchten Marschen, ehe er ins Meer mündet. Auf dem **Burren**, einer bizarren Mondlandschaft *(siehe S. 186–188)*, wachsen nur wenige Bäume. Die jäh abfallenden, nebelverhangenen **Cliffs of Moher**, die den Atlantikwinden ausgesetzt sind, gehören zu den spektakulärsten Küstenabschnitten *(siehe S. 184)*. Auf einem Hügel steht der **Rock of Cashel** (5. Jh.), zunächst Sitz der Könige von Munster, später religiöses Zentrum *(siehe S. 196f)*.

Der Poulnabrone Dolmen auf dem Kalksteinplateau des Burren

Westirland

- Aran Islands
- Connemara National Park
- Charmantes Galway

Irlands Westen ist eine Region der Gegensätze, mit Ackerland, zerklüfteten Küsten und kosmopolitischen Städten. Die irische Sprache (Gälisch) wird hier noch vielerorts gesprochen. Gepflegt wird auch die traditionelle Folklore. Auf den **Aran Islands** *(siehe S. 214f)* kann man das alte Irland erleben. Die Inseln haben sich in den letzten 100 Jahren kaum verändert.
 Der **Connemara National Park** *(siehe S. 208)* umfasst vier der Twelve Bens, die sich hoch über Heideland

Bunte Ladenfronten im Zentrum Galways, Westirland

erheben. Hier leben Wanderfalken und halbwilde Connemara-Ponys.
 Das quirlige **Galway** ist die am schnellsten wachsende Stadt Irlands – besitzt aber auch noch mittelalterliches Flair *(siehe S. 210f)*.

Nordwest-Irland

- Wilde Strände und Küsten
- Prähistorische keltische Stätten

Die relativ isoliert lebende Bevölkerung des Nordwestens spricht großteils noch Gälisch. Teil der dramatischen Landschaft sind die atemberaubenden Klippen der **Slieve League**, die bei Sonnenuntergang in Rottönen leuchten *(siehe S. 229)*. Schon die großen Bestände an Hirschwild machen **Glenveagh National Park and Castle** *(siehe S. 224f)* attraktiv. Zudem sind Lough Veagh und, außerhalb des Parks, das verwunschene Poisoned Glen sehenswert.

Midlands

- Newgranges antike Gräber
- Ruinen von Clonmacnoise

Die Midlands sind die Wiege der irischen Zivilisation. Die mysteriösen Gräber von **Newgrange** wurden um 3200 v. Chr. angelegt *(siehe S. 246f)*. Vom einst blühenden Kloster **Clonmacnoise** blieben nur gespenstische Ruinen *(siehe S. 250f)*.
 Im georgianisch angelegten **Birr** *(siehe S. 253)* stehen schön restaurierte Häuser.

Nordirland

- Giant's Causeway
- Faszinierende Seen
- Belfasts Nachtleben

Bisher wurde Nordirland immer mit religiös-politischen Konflikten assoziiert. Seit sich friedlichere Zeiten anbahnen, erkunden Besucher wieder die **Mountains of Mourne** *(siehe S. 284)* und Irlands größten See, **Lough Neagh** *(siehe S. 274f)*.
 Belfast *(siehe S. 276–279)* ist eine faszinierende Stadt mit politischen Bezügen, etwa den Wandbildern in West-Belfast. Das Cathedral Quarter ist ein kulturelles Zentrum mit architektonischen Juwelen.
 Der **Giant's Causeway** *(siehe S. 262f)*, eine Formation aus Basaltsäulen, trägt zur wilden Schönheit der **Causeway Coast** *(siehe S. 261)* bei.

Ruine des Dunluce Castle in Nordirland

Irland auf der Karte

Die Insel Irland bedeckt eine Fläche von 84 430 Quadratkilometern. Sie liegt nordwestlich des europäischen Festlands im Atlantik und ist von England, Wales und Schottland durch die Irische See getrennt. Die Insel umfasst die Republik Irland sowie das zu Großbritannien gehörende Nordirland. Die Republik Irland (3,9 Millionen Einwohner) nimmt 85 Prozent der Inselfläche ein. Im britischen Nordirland leben 1,7 Millionen Menschen. Dublin, die Hauptstadt der Republik Irland, ist exzellent an das internationale Verkehrsnetz angebunden.

Europa

Viele Irland-Besucher reisen über Dublin ein, entweder mit der Fähre bis Dun Laoghaire oder per Flugzeug. Die meisten Fähren kommen aus Wales, Schottland oder Frankreich. Es gibt aber auch internationale Flüge nach Shannon, Belfast und Cork. Vom europäischen Festland aus fliegt man nonstop nach Dublin. Kleinere Flughäfen sind per Zwischenlandung in Großbritannien erreichbar.

Legende

- ✈ Flughafen
- ⛴ Fährhafen
- Schnellfähre
- Autobahn
- Hauptstraße
- Eisenbahn

Ein Porträt Irlands

Für viele Besucher ist die Grüne Insel das Land der strohgedeckten Cottages, der Pubs, der Musik und der Poesie. Wie alle Stereotype hat auch dieses Klischee einen wahren Kern. Die politische und wirtschaftliche Realität ist allerdings weniger ideal, doch der entspannte Humor seiner Bewohner machte Irland schon immer zu einem höchst angenehmen Reiseziel.

Irland ist ein geteiltes Gebiet, das von den Auseinandersetzungen zwischen zwei religiösen Gemeinschaften geprägt wird. Doch die Waffenruhe der IRA 1997 und das Karfreitags-Abkommen gaben neue Hoffnung. Der Sozialdemokrat und Katholik John Hume und Protestantenführer David Trimble wurden gemeinsam mit dem Friedensnobelpreis geehrt. 1998 nahm das neue Parlament (Nordirische Regionalversammlung) die Arbeit auf. 2007 trat eine Allparteien-Regierung der verfeindeten Gruppen an.

Irland ist oft von Kriegen und Katastrophen heimgesucht worden. Seinen Tiefpunkt erlebte das Land während der Großen Hungersnot (1845–48), als viele Iren nach Amerika auswanderten. In den USA leben mehr Menschen irischer Herkunft als in Irland selbst. Auch die im Kampf um die Unabhängigkeit von Großbritannien erlittenen Wunden prägen bis heute das irische Selbstverständnis. Die Heldin des Yeats-Stücks *Cathleen ni Houlihan* ruft ihre jungen Landsleute dazu auf, ihr Leben für Irland hinzugeben. Ihr Bildnis zierte die erste Banknote, die der neue Staat (1921) mit Dominion-Status 1922 herausgab.

Cathleen ni Houlihan, die Personifizierung Irlands

In beiden Teilen der Insel ist eine junge, gut ausgebildete Bevölkerung zu Hause, die hart für einen hohen

Fassade des Dubliner Trinity College, der berühmtesten Universität der Republik Irland

◁ Reetdach eines traditionellen Landhauses in Adare *(siehe S. 194)*, County Limerick

Kleine Erstkommunikantin im County Kerry

Traditionell gab es in Nordirland weit mehr Industrie als im Süden, aber während des 25-jährigen Bürgerkriegs haben einige Branchen (z. B. der Schiffsbau) einen Niedergang erlebt. Neue Investoren fühlten sich abgeschreckt. Die Wahlen zur Nordirischen Regionalversammlung (Parlament) bereiteten den Weg für neue wirtschaftliche und politische Entwicklungen. Dennoch stehen dem Wohlstand Irlands geografische Nachteile entgegen: Die Insel liegt weit von ihren Hauptmärkten entfernt und hat hohe Transportkosten. Das Verkehrssystem konnte jedoch dank EU-Subventionen verbessert werden.

Lebensstandard arbeitet. In der Republik ist mehr als die Hälfte der Bevölkerung jünger als 30 Jahre.

Trotz hoher Geburtenraten ist das ländliche Irland nur dünn besiedelt. Die industrielle Revolution erreichte den Süden kaum. So blieb die Republik bis weit ins 20. Jahrhundert »altmodischer« und ärmer als die meisten übrigen Länder Westeuropas.

Wirtschaftliche Entwicklung

In den letzten Jahren haben Steuervergünstigungen, EU-Subventionen und niedrige Inflationsraten ausländische Investoren nach Irland gelockt. Heute haben dort viele Weltkonzerne, vor allem aus der Chemie- und Computerbranche, Niederlassungen. Die Republik hat im Gegensatz zu Großbritannien den Euro eingeführt. Ihre Wirtschaft befindet sich seither im Aufschwung, die Arbeitslosigkeit sinkt. Ein bedeutender Wirtschaftszweig ist der Fremdenverkehr: Südirland wird alljährlich von mehr als drei Millionen Gästen besucht.

Religion und Politik

Der Einfluss des Katholizismus ist stark. In der Republik Irland betreibt

Pflastermaler in der O'Connell Street, Dublin

die Kirche die meisten Schulen, etliche Krankenhäuser und Sozialdienste. Die Religion spielt auch eine wichtige Rolle in der Politik. In der Diskussion über Fragen wie Empfängnisverhütung, Ehescheidung, Abtreibung oder Homosexualität ist bis heute eine konservative Einstellung vorherrschend.

Die Wahl der liberalen Juristin Mary Robinson zur ersten Präsidentin im Jahr 1990 und ihrer Nachfolgerin Mary McAleese 1998 wurde nicht nur von Frauen als Beginn einer aufgeklärteren Epoche begrüßt. Das neue politische Klima begünstigte

Traditioneller irischer Tanz

Traditionelle Landwirtschaft: eine Wiese mit Heuschobern oberhalb der Clew Bay, County Mayo

die Etablierung von Frauenrechten und bereitete der Vetternwirtschaft der traditionellen Fianna-Fáil- und Fine-Gael-Parteien ein Ende.

SPRACHE UND KULTUR

Bis zum 16. Jahrhundert war das Gälische die Muttersprache der Bevölkerung Irlands. Seither ist das Englische dominierend. Heute ist die Republik Irland offiziell zweisprachig. Kenntnisse der irischen Sprache sind für den Zugang zur Universität und für den Staatsdienst Bedingung, obwohl gerade einmal elf Prozent der Bevölkerung fließend Gälisch sprechen.

Die irische Kultur hat lebenskräftige Wurzeln. Die Menschen lieben die alten Volkssagen, die Lieder und die epische Dichtung des Landes – und sie verstehen es, Feste zu feiern. Musik ist geradezu eine nationale Leidenschaft der Iren. Das Spektrum reicht von Rockbands wie U2 und den Cranberries bis zur Folk-Musik von Gruppen wie Clannad, den Chieftains oder Mary Black.

Pony-Schau in Connemara

Eine weitere nationale Passion ist das Pferderennen. Andere Sportarten, beispielsweise Fußball, erfreuen sich ähnlicher Beliebtheit.

Mit den Pubs als Mittelpunkt des gesellschaftlichen Lebens ist auch das Trinken ein wesentlicher Bestandteil der irischen Kultur. Da inzwischen jedoch in allen Pubs der Republik Rauchverbot herrscht – Irland war 2004 Vorreiter in der EU –, fragten sich viele, ob die Pub-Kultur Fortbestand haben würde. Doch angesichts der innigen Dreifaltigkeit von Guinness, Klatsch und Musik erscheint ein Niedergang höchst unwahrscheinlich.

Matt Molloy's Pub in Westport, County Mayo

Flora und Fauna

Die irische Landschaft ist eine der größten Attraktionen des Landes. Sie variiert zwischen Sümpfen, Mooren und Seen im zentralen Tiefland und Bergen und Felseninseln im Westen. Zwischen diesen Extremen ist die Insel größtenteils von Weideland bedeckt. Wälder gibt es hingegen fast keine. Die noch nach traditionellen Methoden bewirtschafteten Teile des Westens bieten bedrohten Tierarten einen Lebensraum, wie etwa der Wiesenralle (Wachtelkönig), die mit Vorliebe auf naturnahen Wiesen brütet.

Wachtelkönig oder Wiesenralle

DIE FAUNA IRLANDS

Natterjack-Kröte

Aufgrund der Insellage leben in Irland nicht so viele Tiere wie auf dem Festland. So gibt es hier zum Beispiel keine Schlangen, Maulwürfe, Wiesel oder Gemeine Kröten (der Natterjack hingegen kommt vor). Die Waldmaus ist das einzige kleine Nagetier, das hier lebt. Das rote Eichhörnchen wurde durch das graue verdrängt.

FELSKÜSTE

Alpenkrähe

Die Dingle-Halbinsel *(siehe S. 158f)* gehört zu einer Reihe felsiger Landzungen mit fjordartigen Buchten. Sie entstanden, als der Meeresspiegel am Ende der letzten Eiszeit anstieg. Die Klippen und Inseln bieten vielen Meeresvögeln eine Heimat, so etwa riesigen Tölpel-Kolonien bei Little Skellig *(S. 164f)*. Bis heute brütet auf den Klippen im äußersten Westen die Alpenkrähe.

Grasnelken *bilden ganze Gruppen und bringen vom Frühling bis zum Herbst immer neue rosa Blüten hervor.*

Strand-Leimkraut *ist eine niedrige Pflanzenart mit großen weißen Blüten und wächst auf Klippen und an steinigen Kiesstränden.*

SEEN, FLÜSSE UND MOORE

Großer Haubentaucher

Die wasserreiche Landschaft im Umkreis von Lough Oughter ist typisch für das Seenland am River Erne *(S. 270f)*. Das ganze Jahr über fallen reichlich Niederschläge, deshalb sind vor allem die Flüsse Shannon *(S. 185)* und Erne von vielen Feuchtgebieten umgeben. Der elegante Haubentaucher brütet vor allem an den größeren Seen des Nordens.

Wasserlobelien *wachsen in seichten, steinigen Seen. Die Blätter sitzen unter Wasser, während die Blüten an blattlosen Stängeln oberhalb des Wasserspiegels gedeihen.*

Großes Flohkraut *wurde früher zur Bekämpfung von Ungeziefer verwendet. Es wächst auf feuchten Wiesen.*

FLORA UND FAUNA 19

Robben *sind an der Atlantikküste ein vertrauter Anblick. Sie ernähren sich von Fisch und bisweilen auch von Seevögeln.*

Otter *sind an flachen Stellen vor der Felsküste wesentlich verbreiteter als in Seen und Flüssen.*

Rotwild *ist in vielen Gegenden heimisch, vor allem in den Hügeln Connemaras.*

Baummarder *sind meist nachtaktiv. Im Sommer sieht man sie bisweilen auch tagsüber.*

BERGE UND HOCHMOOR

Schwarzkehlchen

Genau wie im zentralen Tiefland (S. 252) gibt es auch auf der übrigen Insel mit ihrem felsigen Untergrund Sumpfgebiete, vor allem im Westen wie hier in Connemara (S. 206–209). In höheren Lagen gehen diese Sümpfe in Heidemoor und karges Grasland über. Das in den Heidelandschaften heimische Schwarzkehlchen ist ein ruheloser Vogel mit schwarzem oder dunkelbraunem Kopf und orangeroter Brust.

WEIDELAND

Saatkrähe

Hügeliges Weideland mit grasendem Vieh – wie das hier abgebildete Vorland der Wicklow-Berge (S. 138f) – ist in Irland ein vertrauter Anblick. Die traditionellen landwirtschaftlichen Methoden, die noch in weiten Teilen der Insel praktiziert werden, sind für Pflanzen und Tiere von Vorteil. Saatkrähen, die sich von Würmern und Insektenlarven ernähren, sind sehr verbreitet.

Der Gagelstrauch *ist ein aromatischer Strauch. Die Blätter kann man zur Aromatisierung von Getränken verwenden.*

Fieberklee *wächst in den Fens und im Sumpfland. Die Blüten des auch Bitterklee genannten Gewächses sind weiß mit rosa Punkten.*

Die Wiesen-Platterbse *rankt sich an Gräsern und anderen Pflanzen empor. Ihre gelben Blüten wachsen in Traubenform.*

Sumpfdisteln *stehen auf feuchten Wiesen und in sumpfigen Gehölzen. Sie haben kleine purpurrote Blüten.*

Architektur

Fenster eines irischen Cottage

Die turbulente Geschichte Irlands hat das architektonische Erbe der Insel erheblich in Mitleidenschaft gezogen. Cromwells Truppen zerstörten im 17. Jahrhundert Dutzende von Burgen, Klöstern und Städten. Gleichwohl sind zahlreiche Gebäude und Anlagen erhalten geblieben. Die ältesten noch vorhandenen Siedlungen sind eisenzeitliche Befestigungen. Dem Christentum verdankt Irland Klöster, Kirchen und Rundtürme, den Konflikten zwischen den anglo-normannischen Adligen und den einheimischen Anführern Burgen und Turmhäuser. Die herrschende Schicht ließ prächtige Landsitze erbauen.

Zur Orientierung

- Eisenzeitliches Fort
- Rundturm
- Turmhaus
- Georgianisches Landhaus

EISENZEITLICHE BEFESTIGUNGSANLAGE

Strohgedeckte Hütte — Eingang — Keller

Ringforts, eisenzeitliche Hofanlagen, waren zum Schutz vor Viehdieben mit einem Erdwall, einem Holzzaun und einem Graben umgeben. Innerhalb der Anlage lebten die Menschen in Hütten mit Kellern, die auch als Lagerräume und Verstecke dienten. Einige dieser Anlagen wurden bis ins 17. Jahrhundert benutzt. Heute sind nur noch kleine Wälle erkennbar. Im Westen wurden die Farmanlagen mit Steinen befestigt. Oft wurden sie auf Klippen errichtet.

RUNDTURM

Aussichtsfenster — Kegelförmiges Dach

Rundtürme wurden zwischen dem 10. und 12. Jahrhundert auf Klosteranlagen errichtet. Oft sind sie über 30 Meter hoch. Eigentlich Glockentürme, dienten sie auch als Fliehburgen und zur Lagerung von wertvollen Manuskripten. Den Eingang, der sich bis zu vier Meter über dem Boden befand, erreichte man über eine Leiter, die dann hinaufgezogen wurde.

Holzfußboden
Mobile Leiter

TURMHAUS

Zinnen — Wendeltreppe — Schutzmauer

Turmhäuser nennt man zwischen dem 15. und dem 17. Jahrhundert errichtete kleine Burgen oder befestigte Wohnanlagen. Das große rechteckige Haus war oft von einer Steinmauer eingefasst, die einen – der Verteidigung und als Viehgehege dienenden – befestigten Innenhof bildete. Oben auf dem Haus waren Zinnen angebracht, die bei Angriffen Schutz boten.

COTTAGE

Dachstuhl aus Eichenholz — Strohdach, lehmverkleideter Schornstein — Lehmfußboden

Cottages mit nur einem Raum und einem Stroh- oder Schieferdach trifft man in Irland auch heute noch an. Die Häuschen aus Naturstein mit nur kleinen Fenstern (zur Wärmeisolierung) wurden von Landarbeitern und Kleinpächtern bewohnt.

Eisenzeitliche Forts

① Staigue Fort *S. 164*
② Dún Aonghasa *S. 214*
③ Craggaunowen *S. 190*
④ Grianán Ailigh *S. 226 f*
⑤ Hill of Tara *S. 248*

Rundtürme

⑥ Kilmacduagh *S. 212*
⑦ Ardmore *S. 145*
⑧ Clonmacnoise *S. 250 f*
⑨ Devenish Island *S. 271*
⑩ Kilkenny *S. 144*
⑪ Glendalough *S. 140 f*

Turmhäuser

⑫ Aughnanure Castle *S. 209*
⑬ Thoor Ballylee *S. 212 f*
⑭ Knappogue Castle *S. 189*
⑮ Blarney Castle *S. 171*
⑯ Donegal Castle *S. 230*

Georgianische Landhäuser

⑰ Strokestown Park House *S. 218 f*
⑱ Castle Coole *S. 272*
⑲ Emo Court *S. 253*
⑳ Russborough House *S. 132 f*
㉑ Castletown House *S. 130 f*

Der gut erhaltene Rundturm von Ardmore

Georgianische Landhäuser

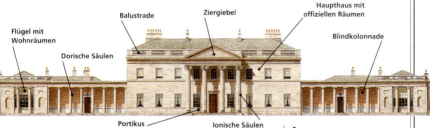

Flügel mit Wohnräumen · Dorische Säulen · Balustrade · Ziergiebel · Hauptshaus mit offiziellen Räumen · Blindkolonnade · Portikus · Ionische Säulen

Zwischen 1720 und 1800 *gaben vermögende Landbesitzer palastartige Landhäuser in dem im damaligen England populären palladianischen oder klassizistischen Stil in Auftrag. Das oben abgebildete Castle Coole ist eine dieser palladianischen Anlagen mit Hauptgebäude und zwei seitlichen Kolonnaden, die zu je einem kleinen Pavillon führen. Der klassizistische Einfluss zeigt sich an der schmucklosen Fassade und den dorischen Säulen der Kolonnaden. Die namhaftesten Architekten irischer Landhäuser sind Richard Castle (1690–1751) und James Wyatt (1746–1813).*

Stuckarbeiten

Die im 18. Jahrhundert beliebten Stuckverzierungen findet man in zahlreichen georgianischen Landsitzen sowie auch in Stadthäusern und öffentlichen Gebäuden. Wegen ihrer kunstvollen Stuckarbeiten (vor allem in Castletown und Russborough) waren die italienischen Brüder Francini besonders begehrt. Gleiches gilt für den irischen Kunsthandwerker Michael Stapleton (Trinity College).

Trompe-l'Œil-Detail im Emo Court

Decke, Dublin Writers Museum

Stuckporträt im Castletown House

Stuckarbeit im Russborough House

Architektonische Fachbegriffe

Bienenstockhütte: Rundes Steingebäude mit einem Kuppeldach, das aus Schichten überstehender Steine gebildet wird.

Cashel: Fort mit Ringmauer.

Crannog: Teils künstlich angelegte Verteidigungsinsel in einem See, häufig mit Hütten bebaut *(siehe S. 33)*.

Ringmauer: Meist in Abständen mit Türmen bestückte Außenmauer einer Burg.

Hiberno-romanisch: Kirchenarchitektur mit Rundbogen, die mit geometrischen Mustern sowie Menschen- und Tierdarstellungen verziert sind. Der Stil wird auch als irisch-romanischer Stil bezeichnet.

Hügel und Palisadenzaun: Von einem Zaun eingefasste und von einem Holzturm gekrönte Bodenerhebung. Diese Anlagen ließen sich im Kriegsfall rasch errichten.

Tympanon: Oft verziertes Bogenfeld über einem Portal, einer Tür oder einem Fenster.

Literatur

Für ein kleines Land wie Irland ist es eine beachtliche Leistung, mit Shaw, Yeats, Beckett und Seamus Heaney vier Nobelpreisträger hervorgebracht zu haben. Dennoch kann man nicht von *der* irischen Literatur sprechen, da sie ländliche und städtische, protestantische und katholische Traditionen, gälisch- und englischsprachige Werke umfasst. Bis heute wird die Literatur Irlands durch Liebe zur Sprache und zum Fabulieren geprägt.

Erstausgabe von *Ulysses*

W. B. Yeats – Irlands berühmtester Poet

Die Blasket-Inseln, Inspiration für verschiedene Schriftsteller

GÄLISCHE LITERATUR

Die irische Literatur ist angeblich die älteste volkssprachliche Literatur Europas. Sie geht bis in jene monastischen Zeiten zurück, als die keltischen Sagen, z. B. das Cúchulainn-Epos *(siehe S. 26)*, erstmals niedergeschrieben wurden. Mit dem Verschwinden der irischen Aristokratie (17. Jh.) erlebte auch die gälische Literatur ihren Niedergang. Im 20. Jahrhundert feierte sie u. a. mit Peig Sayers' Berichten über das harte Leben auf den Blasket-Inseln *(siehe S. 158)* eine Wiedergeburt.

ANGLO-IRISCHE LITERATUR

Der Zusammenbruch der gälischen Kultur und die Vorherrschaft des Protestantismus verschafften dem Englischen allmählich eine dominierende Stellung. Ein früher anglo-irischer Autor war der Satiriker Jonathan Swift, Verfasser von *Gullivers Reisen*, der 1667 als Sohn englischer Eltern in Dublin geboren wurde. Die anglo-irische Literatur kultivierte damals das Drama und maß ihrem heimatlichen Umfeld wenig Bedeutung bei. Zu den führenden Dramatikern, die nach 1700 auch in London populär waren, zählen Oliver Goldsmith mit seiner bekannten Komödie *She Stoops to Conquer* und Richard Brinsley Sheridan, der Verfasser von *The School for Scandal*. Anfang des 19. Jahrhunderts tat sich Maria Edgeworth mit Romanen wie *Castle Rackrent* hervor, in denen die Klassenunterschiede innerhalb der irischen Gesellschaft thematisiert wurden. Das 19. Jahrhundert erlebte einen Exodus irischer Dramatiker nach England. Darunter war auch Oscar Wilde, der ab 1874 die Universität Oxford besuchte und später mit Stücken wie *The Importance of Being Earnest* zum Liebling der Londoner Gesellschaft avancierte. Der in Dublin geborene, gesellschaftskritische Dramatiker, Pazifist und Nobelpreisträger George Bernard Shaw *(siehe S. 100)* ließ sich ebenfalls in London nieder.

Romanautorin Maria Edgeworth

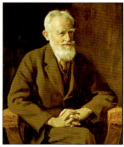

Dramatiker George Bernard Shaw

AUTOREN DES 20. JAHRHUNDERTS

Im Jahr 1898 gründeten W. B. Yeats und Lady Gregory das Dubliner Abbey Theatre *(siehe S. 88)*. Die Eröffnung 1904 war zugleich das Startsignal für die *Irish Renaissance*, die sich auf nationale Themen konzentrierte. John Millington Synge ließ sich durch seine Liebe zu den Aran-Inseln und den Gestalten der irischen Sagen inspirieren, doch die in seinem *Playboy of the Western World* kultivierte »unmoralische Sprache« löste bei der Erstaufführung im Abbey

LITERATUR

Theatre einen Skandal aus. Mit den Zeitgenossen Sean O'Casey und W. B. Yeats beeinflusste er Generationen irischer Autoren, etwa den Romancier Seán O'Faoláin, den Kolumnisten Flann O'Brien und Brendan Behan. Kinder der *Irish Renaissance* sind auch Patrick Kavanagh und Louis MacNeice, der als einer der besten Dichter seiner Generation galt.

Brendan Behan amüsiert sich in einem Dubliner Pub

Karikatur von Moralaposteln vor dem Abbey Theatre

Drei literarische Giganten

Aus der Vielzahl talentierter irischer Autoren ragen drei Personen besonders heraus: zunächst W. B. Yeats *(siehe S. 233)*, Verfasser von melancholischer Poesie, der zu den Vorkämpfern der *Irish Renaissance* gehörte und einer neuen nationalen Kulturidentität mit zum Durchbruch verhalf. James Joyce *(siehe S. 90)* war ein weiterer Revolutionär. Seine komplexen Erzähltechniken haben die Entwicklung des modernen Romans enorm beeinflusst. Der vielfach als literarische Offenbarung gefeierte Roman *Ulysses* beschreibt einen Tag in Dublin. Noch heute wird in der Stadt alljährlich der nach dem Protagonisten des Werks Leopold Bloom benannte »Bloomsday« begangen. Der letzte der drei Giganten, Samuel Beckett *(siehe S. 62)*, war ebenfalls gebürtiger Dubliner, der später nach Frankreich ging. In seinen Werken *Warten auf Godot* und *Endspiel* befasst er sich mit der durch Entfremdung und Sinnlosigkeit charakterisierten menschlichen Existenz.

Patrick Kavanagh bei der Bloomsday-Feier

Zeitgenössische Autoren

Die stolze literarische Tradition Irlands wird heute von talentierten Autoren weitergeführt. Zu den besten zählen William Trevor, ein Meister der Kurzgeschichte, und Brian Moore, dessen Geschichten sich mit politischer Desillusionierung befassen. Anne Enright (2007) und John Banville (2005) gewannen jüngst den Booker-Preis. Die Herkunft des Dubliners Roddy Doyle aus dem Arbeitermilieu spiegelt sich in den Romanen *The Snapper* und *Paddy Clarke Ha Ha Ha*. Neben Brian Friel und Edna O'Brien gehören Seamus Heaney und Derek Mahon zu herausragenden Gegenwartsautoren.

Irland im Film

Immer wieder hat Irland die wichtigen Regisseure der Welt inspiriert. Das Land und seine Bewohner sind Gegenstand mehrerer bedeutender Filme. Die bekanntesten darunter sind: *The Crying Game* (1992), *Im Namen des Vaters* (1994) und *Michael Collins* (1996). Ein weiterer, in Dublin spielender Film war *Die Commitments* (1991), ebenso wie die Musicalverfilmung *Once* (1997). Für Spielbergs *Der Soldat James Ryan* (1998) wurde die Landung der alliierten Truppen in der Normandie im County Wexford nachgestellt.

Mitwirkende in *Die Commitments* von Roddy Doyle

Musik

Irland ist der einzige Staat der Welt mit einem Musikinstrument – der Harfe – im Nationalwappen. Die Iren lieben Musik, auch moderne wie Country- oder Rockmusik, doch die traditionelle irische Folk Music ist dominierend. Ob man die bis ins Mittelalter zurückreichenden gälischen Liebeslieder hört oder die schottisch und englisch beeinflusste Volksmusik des 17. und 18. Jahrhunderts – der irische Charakter der Klänge ist unverkennbar. Zur irischen Musik gehört der Tanz. Etliche Melodien gehen auf jahrhundertealte Dreh- und Gigue-Tänze sowie Hornpipes (nach dem Blasinstrument benannte Tänze) zurück. Heute werden sie auf Veranstaltungen wie *fleadhs* und *ceilís* gespielt.

Irischer Jig

Turlough O'Carolan *(1670–1738) ist der berühmteste irische Harfenist. Der blinde Musiker spielte den Reichen wie den Armen gleichermaßen auf. Viele von O'Carolans Melodien, etwa* The Lamentation of Owen O'Neill, *sind bis heute beliebt.*

Piano-Akkordeon

Das Bodhrán ist eine in der Hand gehaltene Ziegenhaut-Trommel, die mit einem kleinen Stock geschlagen wird. Es klingt besonders schön zur Flöte.

Flöte

Zweireihiges Knopfgriff-Akkordeon

John F. McCormack *(1884–1945) Der irische Tenor feierte Anfang des 20. Jahrhunderts in Amerika große Erfolge. Besonders beliebt waren seine Aufnahmen von Mozart-Arien. Ein anderer Sänger, der Tenor Josef Locke aus Derry, wurde in den 1940er und 1950er Jahren mit Balladen populär. Sein Leben wurde 1992 in* Hear My Song *verfilmt.*

ZEITGENÖSSISCHE MUSIKSZENE

Mary Black

Heute ist Irland ein Schmelztiegel verschiedenster Musikstile. Die Renaissance der traditionellen Musik hat viele renommierte Musiker hervorgebracht, etwa die Flötenvirtuosen Liam O'Flynn und Paddy Keenan aus Dublin. Durch ihre Mischung von Alt und Neu haben es Gruppen wie die Chieftains und die Fureys zu Weltruhm gebracht. Dank Van Morrison und Bands wie Thin Lizzy und Boomtown Rats in den 1970er und 1980er Jahren ist Irland auch eine führende Rock-Nation. Die berühmteste irische Rockband ist U2 aus Dublin, die in den 1980er Jahren zu den beliebtesten Gruppen der Welt gehörte. Später folgten Sänger wie Enya, Mary Black, Sinéad O'Connor und Damien Rice. Gruppen wie The Cranberries und The Corrs sind ebenfalls international erfolgreich.

Bono von U2

MUSIK

Traditionelle irische Tänze erfreuen sich neuerdings wieder wachsender Beliebtheit. Seit dem 17. Jahrhundert bilden die sonntäglichen Dorftänze einen Brennpunkt des ländlichen Gesellschaftslebens.

TRADITIONELLE LIVE-MUSIK

Überall in Irland gibt es Pubs mit Live-Musik. Traditionelle irische Musiker befolgen nur wenige Regeln. Aufgrund des Improvisationscharakters der Musik sind die Stücke nie völlig identisch.

Violinen werden entweder unter das Kinn geklemmt oder gegen Oberarm, Schulter oder Brust gehalten.

Irische Volkslieder, etwa das nebenstehende über den Osteraufstand von 1916, haben meist ein patriotisches Thema. Es gibt aber auch Lieder, die nicht vom Befreiungskampf, sondern von Not, Emigration und vom Heimweh handeln.

TRADITIONELLE INSTRUMENTE

Traditionelle Bands kennen keine »feste« Besetzung. Wie die Musik selbst sind auch einige Instrumente keltischen Ursprungs. Die Uillean Pipes z. B. sind mit der heute in Schottland und England verbreiteten Variante des Dudelsacks verwandt.

Das irische Melodeon *ist der Urtyp des Knopfgriff-Akkordeons. Es passt besser zur irischen Volksmusik als das Piano-Akkordeon.*

Die Uillean Pipes *sind mit dem Dudelsack verwandt und gehören zu den Hauptinstrumenten traditioneller irischer Musik.*

Die Harfe *ist seit dem 10. Jahrhundert in Gebrauch. In der letzten Zeit spielt sie bei Darbietungen traditioneller irischer Musik wieder eine Rolle.*

Das Banjo *stammt aus dem Süden der USA und eröffnete den traditionellen Bands ganz neue klangliche Möglichkeiten.*

Tin Whistle

Flöte

Querflöte und Tin Whistle *gehören zu den beliebtesten Instrumenten der Volksmusik. Die Tin Whistle (auch Penny Whistle) ist eine einfache Flöte.*

Die Violine *wird von irischen Musikern ›fiddle‹ genannt. Spieltechniken und Klangfarben variieren von Region zu Region.*

Keltisches Erbe

Steinfigur auf der Insel Boa

Die Rachekönigin Maeve von Connaught

Irlands reiche erzählerische Tradition umfasst auch eine durch Mythen und Sagen geprägte volkstümliche Überlieferung. Etliche dieser Geschichten zirkulieren seit dem 8. Jahrhundert in schriftlicher Form, doch die meisten sind schon über 2000 Jahre alt. Sie wurden durch Druiden von Generation zu Generation mündlich weitergegeben und zeigen Ähnlichkeiten zu keltischen Sagen. Die irische Folklore ist voller Helden und furchtloser Krieger, aber auch Hexen, Kobolde, Feen und andere übernatürliche Geschöpfe treiben hier ihr (Un-)Wesen.

Teilansicht des 2300 Jahre alten Gundestrup-Kessels aus Dänemark, der Cúchulainns Triumph in der »Viehschlacht von Cooley« zeigt

Cúchulainn

Der berühmteste Krieger der irischen Mythologie ist Cúchulainn. Mit sieben Jahren tötete ein Junge namens Setanta den bissigen Hund des Schmieds Culainn durch einen Stockschlag. Culainn war sehr aufgebracht. Deshalb hütete Setanta fortan sein Haus und erwarb sich den neuen Namen Cúchulainn (»Hund des Culainn«).

Bevor er in die Schlacht ging, verwandelte sich Cúchulainn in einen Giganten, nahm eine andere Farbe an, und eines seiner Augen wurde riesig groß. Seinen größten Sieg errang er in der »Viehschlacht von Cooley«. Die mythische Königin Maeve von Connaught hatte ihren Truppen befohlen, den preisgekrönten Bullen von Ulster zu entführen. Doch Cúchulainn erfuhr davon und besiegte die Männer ganz allein. Maeve rächte sich und lockte ihn mithilfe von Zauberern in eine Todesfalle. Heute erinnert im Dubliner Hauptpostamt *(siehe S. 89)* eine Cúchulainn-Statue an die Helden des Osteraufstands von 1916.

Finn MacCool

Der Krieger Finn MacCool ist der berühmteste Anführer der Fianna, einer wegen ihrer Tapferkeit und Stärke gerühmten Truppe, die Irland gegen ausländische Invasoren verteidigte. Finn war aber nicht nur stark und kühn, sondern besaß auch Seherkräfte und konnte die Zukunft voraussagen, indem er seinen Daumen in den Mund steckte und daran saugte.

Wenn sie nicht gerade im Krieg waren, verbrachten die Mitglieder der Fianna ihre Zeit mit der Jagd. Finn hatte einen Bran genannten Hund, der fast so groß war wie sein Herr und angeblich der Ahn-

Feen, Kobolde und Elfen

Grafische Darstellung eines winzigen Kobolds

Die Existenz von Geistern und »kleinen Leuten« (Feen) spielt in der irischen Mythologie eine große Rolle. Vor Jahrhunderten glaubte man daran, dass unter Erdhügeln Elfen wohnen und die Berührung von Elfen Unglück bringen würde. Berühmt waren vor allem die Kobolde. Wenn man einen dieser Wichte fing, so die Sage, führte er einen zu einem Goldtopf. Sobald man ihn jedoch einmal aus den Augen ließ, hatte er sich wieder in Luft aufgelöst. Die Todesfee war ein weiblicher Geist, dessen Wehklagen vor einem Haus den baldigen Tod eines der Hausbewohner ankündigte.

Todesfee mit flatterndem Haar

herr der heutigen Irischen Wolfshunde ist. Viele Fianna-Mitglieder besaßen übernatürliche Kräfte, etwa Finns Sohn Ossian, der nicht nur wie sein Vater als Krieger, sondern auch als weiser Dichter berühmt war.

Finn wird meist als Riese dargestellt. Der Sage nach soll er den Giant's Causeway im County Antrim *(siehe S. 262f)* erbaut haben, um so zu seiner Geliebten übers Wasser zu gelangen.

Darstellung des für die Schlacht gerüsteten Finn MacCool

KÖNIG LIRS KINDER

Eine der traurigsten Gestalten der irischen Sage ist König Lir, der seine Kinder so sehr liebte, dass deren Stiefmutter vor Eifersucht tobte. Eines Tages führte sie die Kinder an einen See und verzauberte sie in Schwäne, die von da an 900 Jahre lang auf den Gewässern Irlands ihr Dasein fristen sollten. Kaum hatte sie den Zauber ausgesprochen, wurde sie von Gewissensbissen gequält und schenkte den Schwänen die Gabe überirdisch

Die Kinder König Lirs werden in Schwäne verwandelt

schönen Gesangs. König Lir verfügte daraufhin, dass in Irland kein Schwan getötet werden dürfte – ein bis heute strafbares Vergehen. Das Ende des 900-jährigen Zaubers fiel mit der Ankunft des Christentums zusammen. Die Kinder gewannen menschliche Gestalt zurück und starben kurz darauf.

HL. BRENDAN

Brendan, ein Mönchs-Missionar (6. Jh.), war viel auf Reisen. Obwohl er hauptsächlich in Westirland lebte, soll er sich auch in Wales, Schottland und Frankreich aufgehalten haben. Seine berühmteste Reise ist aber wohl eher Fiktion und geht auf keltische Sagen zurück: Das Schiff mit Brendan und Mönchen soll nach siebenjähriger Irrfahrt auf dem Meer und zahllosen Prüfungen endlich das Land der Verheißung entdeckt haben. Das Fest des hl. Brendan wird in Kerry bis zum heutigen Tag mit der Besteigung des Mount Brendan begangen.

Begegnung des hl. Brendan und seiner Mönche mit einer Sirene, Holzschnitt

URSPRÜNGE IRISCHER ORTSNAMEN

Die Namen vieler Städte und Dörfer in Irland leiten sich von gälischen Bezeichnungen für auffallende Landschaftsmerkmale ab. Manche von ihnen sind mittlerweile verschwunden. Im Folgenden sind einige Bestandteile solcher Ortsnamen erklärt:

Die Festung auf dem Felsen von Cashel, Namensgeber der Stadt

Ar, ard – *hoch, Höhe*
Ass, ess – *Wasserfall*
A, ah, ath – *Furt*
Bal, bally – *Stadt*
Beg – *klein*
Ben – *Gipfel, Berg*
Carrick, carrig – *Fels*
Cashel – *Steinfestung*
Crock, knock – *Hügel*
Curra, curragh – *Marsch*
Darry, derry – *Eiche*
Dun – *Burg*
Eden – *Hügelabhang*
Innis, inch – *Insel*
Inver – *Flussmündung*
Isk, iska – *Wasser*
Glas, glass – *grün*
Glen, glyn – *Tal*
Kil, kill – *Kirche*
Lough – *See, Bucht*
Mona, mone – *Torfmoor*
Mor – *groß, ausgedehnt*
Mullen, mullin – *Mühle*
Rath, raha – *Festung*
Slieve – *Berg, Gebirge*
Toom – *Begräbnisstätte*
Tul, tulagh – *Hügelchen*

Die St Canice's Cathedral in Kilkenny (der Name bedeutet »Canices Kirche«)

Sport-Events

Alle wichtigen internationalen Mannschaftssportarten werden in Irland praktiziert, doch am beliebtesten sind Gaelic Football und Hurling, zwei traditionelle irische Spiele. Die meisten großen Spiele sind, wie auch Fußball- und Rugby-Spiele, lange im Voraus ausverkauft. Wer kein Ticket hat, kann sie sich auch in einem Pub im Fernsehen anschauen. Pferderennen, die es an insgesamt 240 Tagen des Jahres gibt, finden ebenfalls begeisterten Zuspruch. Wer sich selbst sportlich betätigen möchte, kann beispielsweise angeln oder Golf spielen.

North West 200 *ist das schnellste auf öffentlichen Straßen (unweit von Portstewart, siehe S. 260) ausgetragene Motorradrennen der Welt.*

Das irische Grand National *ist ein mörderisches Hindernisrennen bei Fairyhouse.*

National Hunt Racing: viertägiges Pferderennen in Punchestown

Die Round-Ireland-Regatta findet nur alle zwei Jahre statt.

| Januar | Februar | März | April | Mai | Juni |

Irish Champion Hurdle – Hindernisrennen in Leopardstown, County Dublin

Beginn der Lachsfangsaison

Das Six Nations Rugby Tournament *zwischen Irland, Schottland, Wales, England, Italien und Frankreich dauert bis April. Irland trägt seine Heimspiele in der Lansdowne Road in Dublin aus.*

Endspiel um den Irish Football League Cup – die nordirische Fußballmeisterschaft

Die Internationale Seen-Rallye ist ein prestigeträchtiges Autorennen, das um die Seen von Killarney führt *(siehe S. 162f)*.

Legende

- Hurling
- Gaelic Football
- Galopprennen
- Nationales Jagdrennen
- Rugby
- Fußball
- Lachsfang
- Reiten

Beim Irish Derby *auf der Rennstrecke The Curragh (siehe S. 129) sind viele der besten Dreijährigen Europas zu sehen.*

SPORT-EVENTS

Das All-Ireland Football Final *wird im Croke Park in Dublin ausgetragen. Teilnehmer sind die beiden besten Countys, die im Gaelic Football aufeinandertreffen. Das Spiel wird von mehr Menschen verfolgt als jedes andere Sportereignis in Irland.*

Bei der Cork Week-Regatta, *die alle zwei Jahre vom Royal Cork Yacht Club ausgerichtet wird, messen sich Boote aller Klassen.*

Greyhound Derby im Shelbourne Park, Dublin

Der Dublin Marathon *ist der wichtigste Marathonlauf Irlands. Das Rennen zieht zahlreiche Sportler an, darunter auch Spitzenathleten aus aller Welt.*

Bei der Galway Race Week geht es nicht nur um Pferdesport, sie ist auch ein wichtiges gesellschaftliches Ereignis.

Finale um den Cup des Irischen Fußballverbands

Internationaler Wettbewerb der Kunstspringer in der Millstreet

Juli	August	September	Oktober	November	Dezember

Die Dublin Horse Show *ist die wichtigste Pferdeschau des Landes – und gesellschaftliches Ereignis.*

Finale der irischen Hurling-Meisterschaft im Croke Park in Dublin

Die Golfmeisterschaft Irish Open *zieht Weltklassespieler an, die auf Plätzen wie Ballybunion im County Kerry antreten.*

DIE GÄLISCHE ATHLETENVEREINIGUNG

Die GAA wurde 1884 zur Förderung traditioneller irischer Sportarten gegründet. Trotz der Konkurrenz des internationalen Fußballs ist in Irland noch immer Gaelic Football – eine Mischung aus Rugby und Fußball – am beliebtesten. Ähnlich populär ist Hurling, eine mit Holzschlägern gespielte schnelle und sehr körperbetonte Feldsportart, die schon in frühkeltischer Zeit entstanden sein soll. Sowohl Gaelic Football als auch Hurling werden von Amateuren auf Gemeinde- und Bezirksebene gespielt. Das nationale Hurling-Finale findet in Dublin statt.

Camogie, eine von Frauen bevorzugte Variante des Hurling

Die Geschichte des Landes

Wegen der abgeschiedenen Lage war Irland auch von der Geschichte Europas ein bisschen abgekoppelt. In Irland standen nie römische Legionen, stattdessen künden viele Sagen von kriegerischen Göttern und heroischen Königen aus der Frühzeit des Landes. Dennoch nahmen kriegerische keltische Stämme nach Ankunft des hl. Patrick auf der Insel 432 n. Chr. das Christentum an.

Bis zu den Wikingereinfällen (9. Jh.) erfreute sich Irland relativen Friedens. Es entstanden riesige Klöster, Zentren der Gelehrsamkeit und des Glaubens. Den Wikingern gelang es nie, die Insel völlig unter ihre Kontrolle zu bringen. 1169 trafen dann die Anglo-Normannen ein. Viele Stammesführer unterwarfen sich Henry II von England, der sich zum Lord Irlands ausrief. Er zog 1172 ab, seine Ritter teilten das Land auf.

Die Verhältnisse änderten sich, als der englische König Henry VIII 1532 mit dem Katholizismus brach und es zwischen irischen Katholiken und Truppen der englischen Krone zu erbitterten Kämpfen kam. Wo immer die Iren geschlagen wurden, ging das Land in den Besitz englischer oder schottischer Protestanten über. Vollendet wurde die Eroberung durch den Sieg Wilhelms III. von Oranien 1690 über seinen Schwiegervater James II. Die neue Ordnung unterdrückte die Iren, doch die Opposition gegen die Engländer bestand weiterhin.

Bei der Hungersnot (1845–48) starben bzw. emigrierten über zwei Millionen Menschen. Der Ruf nach Unabhängigkeit wurde lauter, aber es bedurfte noch jahrzehntelanger Debatten und blutiger Kämpfe, bevor das Land 1921 geteilt wurde: Im Süden entstand der Freistaat Irland. Nordirland verblieb bei Großbritannien, was blutige Konflikte zur Folge hatte. Das Karfreitags-Abkommen (1998) mit Entwaffnung der paramilitärischen Gruppen ebnete den Weg für das neue nordirische Parlament. Hier regieren seit Mai 2007 die einstigen Gegner gemeinsam.

Südkreuz, Clonmacnoise

Karte von Irland (1592), auf der die vier traditionellen Provinzen zu sehen sind

◁ *Das Fest des hl. Kevin inmitten der Ruinen von Glendalough* von Joseph Peacock (1813)

Prähistorisches Irland

Bis vor etwa 9500 Jahren war Irland unbewohnt. Die ersten Menschen, die möglicherweise über eine Landbrücke von Schottland aus einwanderten, waren Jäger und Sammler, die nur wenige Siedlungsspuren hinterlassen haben. Im 4. Jahrtausend v. Chr. trafen jungsteinzeitliche Bauern und Viehhirten ein, die ihre Felder mit mächtigen Steinmauern einfassten und Monumentalgräber wie das in Newgrange errichteten. Die Eisenzeit begann im 3. Jahrhundert v. Chr. mit der Besiedlung Irlands durch die Kelten, die von Mitteleuropa aus auf die Insel gelangten und sich schon in kurzer Zeit als herrschende Kultur etablierten.

Frühbronzezeitliche Steinaxt

IRLAND UM 8000 V. CHR.

- Frühere Küstenlinie
- Heutige Küstenlinie

Dolmen oder Portalgräber
Die Megalithgräber datieren von etwa 2000 v. Chr. Der Dolmen von Legananny in den Bergen von Mourne (siehe S. 284) ist ein imposantes Beispiel.

RINGKRAGEN AUS GLENINSHEEN
Die späte Bronzezeit hat viele Schmuckstücke hervorgebracht. Dieser Goldkragen stammt aus der Zeit um 700 v. Chr.

Diese Scheiben wurden auf den Schultern getragen.

Dreifache Seilschnüre

Holzgötze
Dieser Fetisch fand in heidnischen Fruchtbarkeitsriten Verwendung.

Keltischer Steingötze
Dieser dreigesichtige Kopf wurde im County Cavan gefunden. In der keltischen Religion hatte die Zahl Drei herausragende Bedeutung.

Bronzene Trense
Zwei mit reich verzierten Geschirren bespannte Pferde zogen die Kampfwagen.

ZEITSKALA

8000 v. Chr.	6000	4000	2000	1000

- **um 7500 v. Chr.** Erstbesiedlung Irlands
- *Ausgestorbener »Irischer Elch«*
- **5000–3000** Irland ist von dichten (hauptsächlich Eichen- und Ulmen-)Wäldern bedeckt
- **2500** Anlage des Passagen-Grabs von Newgrange *(siehe S. 246f)*
- **1500** Erhebliche Fortschritte in der Metallverarbeitung
- **6000** Aus dieser Zeit stammende Hütten wurden am Mount Sandel ausgegraben (älteste Siedlungen Europas)
- **3700** Neolithische Bauern erreichen Irland. Sie roden Wälder und bauen Getreide an
- **2050** Die nach ihren kunstvollen Tongefäßen benannten Becher-Leute erreichen Irland zu Beginn der Bronzezeit

PRÄHISTORISCHES IRLAND   33

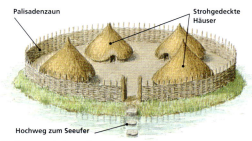

Rekonstruktion eines Crannog
Die seit der Bronzezeit in Seen angelegten künstlichen Inseln, die Crannogs, waren anfangs für die Fischerei gedacht. Sie entwickelten sich zu Wohnanlagen und blieben bis ins 17. Jahrhundert in Gebrauch.

PRÄHISTORISCHES IRLAND

Zu den vorgeschichtlichen Stätten gehören die Anlage von Newgrange mit ihren Ganggräbern *(siehe S. 246f)*, der Dolmen von Brown's Hill *(siehe S. 141)* und Ossian's Grave. In Céide Fields *(S. 204)* und Lough Gur *(S. 194f)* gibt es Siedlungen. Der größte steinzeitliche Friedhof liegt in Carrowmore *(S. 234)*. Nachbauten prähistorischer Stätten finden sich in Craggaunowen *(S. 190)*. Das Nationalmuseum in Dublin *(S. 66f)* besitzt die schönste Sammlung von Kunsthandwerk.

In Newgrange (siehe S. 246f) *liegt die am schönsten restaurierte jungsteinzeitliche Grabstätte Irlands.*

Die erhöhten Bänder des Ringkragens wurden von hinten in das Gewebe hineingetrieben. Die feinen Seilmotive wurden dann von vorn mit dem Messer eingraviert.

Dieses Knochenstück *(um 50 n. Chr.) wurde vermutlich zur Wahrsagerei verwendet.*

Goldboot
Dieses als Votivgabe geopferte Boot (1. Jh. n. Chr.) ist Bestandteil eines in Broighter entdeckten Goldschatzes.

Ossian's Grave *ist ein Hofgrab, der früheste Typus neolithischer Gräber mit steinernem Hof vor dem Grabhügel (siehe S. 267).*

750	500	250	1 n. Chr.	250

600 Erste Welle keltischer Einwanderer

500 Stammesfehden: Clan-Anführer streiten um den Titel des Ard Ri (Oberkönigs)

80 n. Chr. Der römische General Agricola erwägt die Invasion Irlands von Britannien aus

367 Das römische Britannien wird von Iren, Pikten und Sachsen angegriffen

250 Zweite keltische Einwanderungswelle bringt den Stil der La-Tène-Kultur nach Irland

um 150 Der griechische Geograf Ptolemäus berichtet über Irland und zeichnet eine Karte der Insel

Mit Vögeln verzierter Bronze-Stachelstock

Aus Südfrankreich stammender Bronze-Schwertgriff

Keltisches Christentum

Das keltische Irland war in über hundert Stammesgebiete unterteilt, von denen viele den Königen größerer Provinzen wie Munster und Connaught untertan waren. Bisweilen gab es auch einen offiziellen Oberkönig, der in Tara *(siehe S. 248)* residierte. Mit der Christianisierung im 5. Jahrhundert n. Chr. begann ein Zeitalter der Gelehrsamkeit, die vor allem in den Klöstern gepflegt wurde. Ende des 8. Jahrhunderts wurde Irland durch die Ankunft der Wikinger erschüttert.

Ein Mönch illustriert ein Manuskript

IRLAND IM JAHR 1000

▦ Wikingersiedlungen
▢ Die vier alten Provinzen

Ogham-Stein
Die älteste irische Schrift (Ogham) datiert von etwa 300 n. Chr. Die Einkerbungen entsprechen römischen Buchstaben.

KELTISCHE KLÖSTER

Die Klöster waren große Bevölkerungszentren. Die Rekonstruktion zeigt Glendalough *(siehe S. 140f)* um das Jahr 1100. Der große Rundturm diente dem Schutz vor Wikingern.

Handwerkerwohnungen — Refektorium und Küche — Rundturm — Haus des Abtes — Marienkirche

Die Wassermühle diente zum Mahlen von Weizen und Gerste.

Das Magnus Domus war ein vom Abt und den Mönchen benutztes Gemeindehaus.

St Kevin's Church

Steinbrücke

Ein Hochkreuz markiert die Grenze des Klosters.

Schlacht von Clontarf
Nach ihrer Niederlage gegen den irischen Oberkönig BrianBorú 1014 integrierten sich die Wikinger in die einheimische Bevölkerung. BrianBorú selbst fand in der Schlacht den Tod.

ZEITSKALA

430 Papst entsendet den ersten christlichen Missionar

455 Der hl. Patrick gründet Kirche in Armagh

563 Der hl. Columba (Colmcille), der erste irische Missionar, gründet Kloster auf der Hebriden-Insel Iona

664 Synode von Whitby beschließt, dass die irische Kirche die Datierung des Osterfests von Rom übernimmt

Der hl. Patrick

| 400 | 500 | 600 | 700 |

432 Beginn der Mission des hl. Patrick

um 550 Beginn des Goldenen Zeitalters des keltischen Klosterlebens

615 Der hl. Columba stirbt in Italien, nachdem er in ganz Europa viele Klöster gegründet hat

um 690 Fertigstellung des *Buchs von Durrow* *(siehe S. 63)*

KELTISCHES CHRISTENTUM

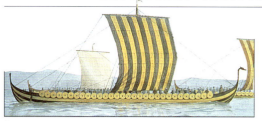

Überfälle und Niederlassung der Wikinger
Die ersten Langschiffe gingen 795 in Irland vor Anker. Die gefürchteten Wikinger führten neue Agrarmethoden und die Münzprägung ein. Sie gründeten auch Städte wie Dublin, Waterford und Limerick.

Goldvogel von Garryduff
Dieses Goldornament, vermutlich ein Zaunkönig, stammt etwa aus dem 7. Jahrhundert n. Chr.

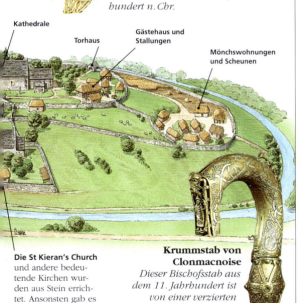

Kathedrale · Torhaus · Gästehaus und Stallungen · Mönchswohnungen und Scheunen

Die St Kieran's Church und andere bedeutende Kirchen wurden aus Stein errichtet. Ansonsten gab es nur Holzbauten.

Krummstab von Clonmacnoise
Dieser Bischofsstab aus dem 11. Jahrhundert ist von einer verzierten Silberhülle umgeben.

FRÜHCHRISTLICHE STÄTTEN

Außer in Glendalough gibt es frühe Klosterbauten noch in Clonmacnoise und auf der Insel Devenish. Kirchen aus dieser Zeit stehen in Gallarus (siehe S. 157), in Clonfert (S. 213) und auf dem Rock of Cashel (S. 196f), Hochkreuze (S. 243) und Rundtürme (S. 20) findet man an vielen Stellen der Insel. Das Nationalmuseum in Dublin (S. 66f) besitzt die größte Sammlung kirchlicher Kunstobjekte. Das Trinity College (S. 62f) birgt die schönsten illuminierten Manuskripte.

Devenish Island *mit seinem schönen Rundturm (12. Jh.) befindet sich am Lower Lough Erne (S. 271).*

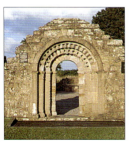

Clonmacnoise *(S. 250f) liegt am Ostufer des Shannon. Dieses romanische Portal gehört zu den Ruinen einer Nonnenkirche.*

Wikinger-Silberbrosche

795 Erste Plünderung der Küstenklöster durch die Wikinger

807 Beginn der Arbeiten am Kloster von Kells (S. 241)

841 Eine große Flotte der Wikinger verbringt den Winter in Dublin

967 Irische Krieger plündern Limerick und inszenieren Aufstand gegen Anführer der Wikinger

999 Sitric Seidenbart, der Wikingerkönig von Dublin, unterwirft sich Brian Ború

1014 Oberkönig Brian Ború von Munster schlägt bei Clontarf die Streitkräfte der Wikinger und des Königs von Leinster

1134 In Cashel wird die Cormac's Chapel errichtet (S. 196f)

1142 Gründung des ersten Zisterzienserklosters in Mellifont (siehe S. 245)

1166 Dermot McMurrough, König von Leinster, flieht

| 800 | 900 | 1000 | 1100 |

Wikingermünze

Irland unter den Normannen

Goldbrosche (13. Jh.)

Von Richard de Clare (genannt »der Bogenheld«) geführte anglo-normannische Edelleute wurden 1169 vom König von Leinster ins Land gerufen. Sie brachten die wichtigsten Städte unter ihre Herrschaft. Henry II von England proklamierte sich zum Herrscher Irlands. In den folgenden Jahrhunderten verfiel die englische Herrschaft. Die englische Krone kontrollierte schließlich lediglich ein als »Pale« *(siehe S. 132)* bekanntes kleines Gebiet um Dublin.

IRLAND IM JAHR 1488

Ausdehnung des Pale-Gebiets

Hochzeit des »Bogenhelden«
Der König von Leinster gab dem »Bogenhelden« seine Tochter zur Frau, weil er ihm sein Land zurückerobert hatte (Gemälde von Daniel Maclise von 1854).

Normannische Waffen
Diese bei Waterford ausgegrabenen Pfeile und Bogen sind vielleicht nach de Clares Angriff 1170 zurückgeblieben.

CARRICKFERGUS CASTLE

Die ersten anglo-normannischen Forts waren Holzbauten, die bald durch Steinburgen ersetzt wurden. Mit dem Bau von Carrickfergus *(siehe S. 275)* wurde kurz nach 1180 begonnen.

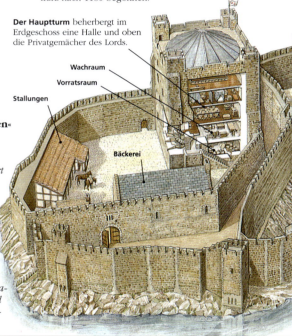

Der Hauptturm beherbergt im Erdgeschoss eine Halle und oben die Privatgemächer des Lords.

Wachraum

Vorratsraum

Stallungen

Bäckerei

ZEITSKALA

1172 Papst bestätigt Lehensherrschaft von Henry II von England über Irland

1177 Courcys Truppen dringen nach Ulster ein

Dermot McMurrough, König von Leinster, der de Clare zu Hilfe gerufen hatte

1318 Bruce fällt in der Schlacht

1315 Schotten fallen in Irland ein. Edward Bruce wird zum König gekrönt

1169 Richard de Clares Anglo-Normannen landen auf Wunsch des exilierten Königs von Leinster, Dermot McMurrough

1224 Dominikaner kommen nach Irland und gründen Klöster

1260 Der irische Führer Brian O'Neill fällt in der Schlacht von Down

1297 Erstes irisches Parlament tagt in Dublin

IRLAND UNTER DEN NORMANNEN

Rückkehr der Flotte Richards II nach England 1399
König Richard unternahm zwei Irlandfahrten – 1394 und 1399. Auf der ersten besiegte er Art McMurrough, den König von Leinster, die zweite blieb erfolglos.

ANGLO-NORMANNEN

Gute Beispiele normannischer Festungsbauten in Irland sind die Burgen von Carrickfergus, Limerick *(S. 191)* und Trim *(S. 248)* sowie Waterfords Stadtmauern. Gotische Kathedralen: Christ Church *(S. 80f)* und St Patrick's *(S. 82f)* in Dublin sowie St Canice's *(S. 144)* in Kilkenny. Ruinen mittelalterlicher Zisterzienserabteien gibt es in Jerpoint und Boyle *(S. 219)* zu sehen.

Küche

Das Torhaus war der letzte Anbau (13. Jh.). Die beiden Türme hatten Schießscharten für die Bogenschützen.

Zugbrücke

Kapelle

In der Halle hielt der Burgherr Hof und entschied Streitfälle, die ihm vorgetragen wurden.

Éamonn Burke
Der Lord von Mayo (14. Jh.) war ein typischer Vertreter der Adeligen anglo-normannischer Herkunft.

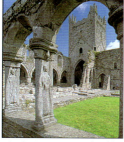

Die Abtei von Jerpoint (S. 145) *hat einen gut erhaltenen Kreuzgang (15. Jh.), der mit seltsamen Figuren geschmückt ist.*

Zu Waterfords *anglo-normannischer Befestigung gehört auch dieser Wachturm (S. 146f).*

Große Charta von Waterford (1372) mit Porträts der Bürgermeister von vier mittelalterlichen Städten

1394 König Richard II landet mit Armee, um Herrschaft neu zu befestigen; fünf Jahre später zweite Expedition

1471 Achter Earl of Kildare zum Lord-Verwalter ernannt

1496 Kildare abermals Lord-Verwalter

1491 Kildare unterstützt Ansprüche Perkin Warbecks auf englischen Thron

| 1350 | 1400 | 1450 |

1366 Statuten von Kilkenny verbieten Ehen zwischen Anglo-Normannen und Iren

1348 Schwarzer Tod: Ein Drittel der Bevölkerung stirbt in nur drei Jahren

Englische Truppen (links) stehen irischen Reitern gegenüber

1487 Kildare krönt in Dublin Lambert Simnel zum König Edward VI

1494 Lord-Verwalter Edward Poynings verbietet Tagungen des irischen Parlaments ohne königliche Zustimmung

Protestantische Eroberung

IRLAND IM JAHR 1625

▨ Hauptgebiete der Ansiedlungspolitik James' I

Hugh O'Neill, Earl of Tyrone

Der Bruch Englands mit der katholischen Kirche, die Auflösung der Klöster und die Selbsternennung Henrys VIII zum König von Irland verbitterten sowohl die alten anglo-normannischen Dynastien als auch die irischen Clans, etwa die O'Neills. Gegen starken Widerstand etablierte sich die englisch-protestantische Vorherrschaft erst nach 150 Jahren. Die Tudors und Stuarts verfolgten eine Politik der Neubesiedlung und militärischen Gewalt. Als der Katholik James II den englischen Thron bestieg, keimten in Irland Hoffnungen – doch er wurde abgesetzt und floh nach Irland, wo er 1690 von Wilhelm III. von Oranien geschlagen wurde.

Schlacht am Boyne
Dieser Wandteppich der Bank von Irland (siehe S. 60) zeigt Wilhelm von Oranien, der 1690 seine Truppen gegen die Armee James' II führt. Sein Sieg wird bis heute von den Oraniern in Nordirland gefeiert.

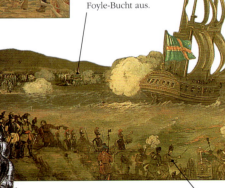

Das erste Entsatzschiff, das Londonderry erreichte, war die *Phoenix*. Drei Monate lang wurden englische Schiffe durch eine Holzbarrikade an der Einfahrt in die Foyle-Bucht gehindert.

Die Armee James' II attackiert das Schiff vom Ostufer der Foyle-Bucht aus.

Silken Thomas Fitzgerald
Silken Thomas, Führer der Kildarer, kündigte Henry VIII 1534 die Treue auf und wurde 1537 gemeinsam mit seinen fünf Onkeln gehängt.

Die Waffen und Uniformen (17. Jh.) sind nicht historisch treu dargestellt.

ZEITSKALA

Henry VIII

1541 Henry VIII wird vom irischen Parlament zum König von Irland proklamiert

Sir Thomas Lee, Offizier der Armee Elizabeths I, in irischer Tracht

1585 Irland wird kartiert und in 32 Counties unterteilt

1592 Gründung des Trinity College in Dublin

| 1500 | 1525 | 1550 | 1575 | 1600 |

1534 Silken Thomas rebelliert gegen Henry VIII

1504 8. Earl of Kildare macht sich nach dem Sieg bei Knocktoe zum Herrn Irlands

1539 Henry VIII löst Klöster auf

1557 Mary I lässt in Offaly und Laois erste Briten ansiedeln

1582 Desmond-Rebellion in Munster

1588 Spanische Armada sinkt vor der Westküste

PROTESTANTISCHE EROBERUNG

Die Belagerung Droghedas
Zwischen 1649 und 1652 rächte Cromwells Armee Angriffe auf protestantische Siedler mit äußerster Härte. Hier leitet Cromwell die Beschießung Droghedas.

FREMDBESIEDLUNG IRLANDS

James I erkannte, dass Irland sich durch Macht allein nicht unterjochen ließ. Er ließ deshalb die ansässigen Iren vertreiben und verteilte ihr Land an englische und schottische Protestanten. Diese Politik führte zur Entstehung vieler neuer loyaler Garnisonsstädte, die die englische Krone unterstützten.

Bellaghy *im County Londonderry wurde von der Weinhändler-Gilde besiedelt. Diese Karte der präzise geplanten Stadt entstand 1622.*

Die Stadtmauern von Derry sind nie von Angreifern zerstört worden. Viele der Tore und Bastionen aus dem 17. Jahrhundert, die die Belagerung von 1689 überstanden haben, sind noch gut erhalten *(siehe S. 258f)*.

St.-Georgs-Flagge

Schiffsanleger

Protestanten stürmen den englischen Entsatztruppen aus der belagerten Stadt entgegen und schlagen auf den Feind ein.

Loftus Cup
Adam Loftus, Kanzler von Irland, nutzte seine Position zur eigenen Bereicherung. 1593 ließ er das große Siegel von Irland einschmelzen und diesen vergoldeten Silberpokal fertigen.

DIE ENTSETZUNG DERRYS

Rund 20 000 Protestanten wurden 1689 von den Streitkräften James' II 105 Tage lang in Londonderry belagert. Tausende verhungerten, bis englische Kriegsschiffe zu Hilfe kamen. Das Gemälde von William Sadler II (18. Jh.) zeigt das Ende der Belagerung.

1607 Irischer Hochadel flieht auf den europäischen Kontinent. Britische Neusiedler in Ulster

1632 Wichtiges irisches Geschichtswerk: *The Annals of the Four Masters*, von vier Franziskanermönchen aus Donegal verfasst

Protestantische Lehrjungen schließen vor der Belagerung von 1689 die Stadttore von Derry

1690 Wilhelm von Oranien schlägt James II in der Schlacht am Boyne. James' Armee kapituliert im folgenden Jahr in Limerick

| 1625 | 1650 | 1675 | 1700 |

1603 Earl of Tyrone beendet durch Vertrag von Mellifont den achtjährigen Krieg

1641 Bewaffneter Aufstand in Ulster gegen Neuansiedlung

1649 Cromwell landet in Dublin, zerstört Drogheda und Wexford. Katholische Landbesitzer werden in den äußersten Westen umgesiedelt

1688 James II, der abgesetzte katholische König von England, flieht nach Irland und organisiert dort seine Truppen

1695 Strafgesetze beschneiden drastisch die Rechte der Katholiken

1689 Belagerung Londonderrys

Georgianisches Irland

Kabinettschrank im Castletown House

Zur Zeit der protestantischen Vorherrschaft lebte die landbesitzende Oberschicht in großem Wohlstand und baute prächtige Landhäuser. Die Katholiken durften zu jener Zeit nicht einmal Land kaufen. Ende des 18. Jahrhunderts forderten Radikale die Unabhängigkeit von der englischen Krone. Premierminister Henry Grattan versuchte, das Ziel auf parlamentarischem Weg zu erreichen. Wolfe Tone und die United Irishmen plädierten für einen bewaffneten Aufstand. Beide Wege scheiterten letztlich.

IRLAND IM JAHR 1703

☐ Countys mit 75 Prozent Landbesitz für Protestanten

Das irische Parlament
Das Gemälde zeigt den irischen Politiker Henry Grattan (siehe S. 60). Das »Grattan-Parlament« tagte von 1782 bis 1800, wurde dann jedoch durch das Vereinigungsgesetz abgeschafft.

Prunkschlafzimmer

Der Salon war der Haupt- und Empfangsraum des Gebäudes. Er ist mit einem herrlichen Parkettboden ausgestattet.

Steinlöwen von Edward Smyth (1749–1812)

Im Tiefgeschoss sind der Gesinderaum, die Küche, der Vorratsraum und der Weinkeller untergebracht.

Infrastruktur
Im 18. Jahrhundert wurden ehrgeizige Projekte wie der Grand Canal gebaut, aber auch Überlandstraßen und breite Straßen und Plätze in Dublin.

ZEITSKALA

Jonathan Swift (1667–1745)

1724 Jonathan Swift greift in *Ein bescheidener Vorschlag* die irischen Strafgesetze an

1731 Gründung der Dublin Society zur Förderung der Landwirtschaft, der Künste und des Handwerks

1738 Tod des berühmtesten irischen Harfenisten Turlough O'Carolan *(siehe S. 24)*

| 1710 | 1720 | 1730 | 1740 | 1750 |

1713 Jonathan Swift wird zum Dechanten der St Patrick's Cathedral ernannt *(siehe S. 82)*

1731 Erstausgabe des *Belfast Newsletter*, der ältesten bis heute erscheinenden Zeitung der Welt

1742 Uraufführung von Händels *Messias* in Dublin

1751 Das Rotunda-Hospital in Dublin ist das erste Entbindungskrankenhaus der Britischen Inseln

GEORGIANISCHES IRLAND   41

Leinenbleiche
In Ulster erblühte dank eingewanderter hugenottischer Fachkräfte die Leinenindustrie. Das fertige Gewebe wurde auf Feldern oder an Flussufern ausgelegt (siehe S. 268).

GEORGIANISCHES IRLAND

Dublin besitzt eine Vielzahl an georgianischen *terraces* und öffentlichen Gebäuden, darunter das Zollhaus *(siehe S. 88)* und die Four Courts (S. 92f). In der Umgebung der Stadt erinnern in Castletown (S. 130f), Russborough und Powerscourt (S. 134f) Landhäuser an den Lebensstil der Oberschicht. Sehenswert sind auch Emo Court, Westport House (S. 204f) und Castle Coole (S. 272).

Die klassizistischen Urnen auf dem Dach kaschieren die Kamine.

Das Porzellankabinett war als Schlafzimmer gedacht.

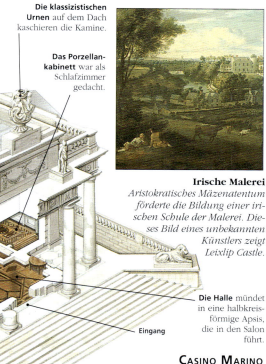

Irische Malerei
Aristokratisches Mäzenatentum förderte die Bildung einer irischen Schule der Malerei. Dieses Bild eines unbekannten Künstlers zeigt Leixlip Castle.

Emo Court *mit seinem schlichten ionischen Portikus ist ein Werk von James Gandon, der auch viele der öffentlichen Gebäude Dublins gebaut hat.*

Die Halle mündet in eine halbkreisförmige Apsis, die in den Salon führt.

Eingang

CASINO MARINO
Dieses Sommerhaus ließ sich der Erste Earl von Charlemont etwa 1760 auf seinem nördlich von Dublin gelegenen Gut errichten *(siehe S. 100)*. Palladianische Bauten dieser Art waren bei der irischen Aristokratie sehr beliebt.

Russborough House (S. 132) *wurde 1741 von Richard Castle erbaut. Elegante Nischen flankieren den großen Kamin in der Eingangshalle.*

Eingang der Guinness-Brauerei

1782 Parlament erhält mehr Unabhängigkeit von London

Die Irischen Freiwilligen, die das Parlament zu Reformen drängten

1798 Rebellion der United Irishmen niedergeschlagen

| 1760 | 1770 | 1780 | 1790 |

1759 Arthur Guinness kauft die St James's Gate Brewery in Dublin

Zollhaus

1791 James Gandons Zollhaus in Dublin erbaut

1793 Begrenzte rechtliche Gleichstellung der irischen Katholiken

1795 Protestanten bilden in Ulster den Oranier-Orden

Hungersnot und Emigration

Rationierungskarte

Das beherrschende Ereignis der irischen Geschichte im 19. Jahrhundert war die durch den völligen Ausfall der Kartoffelernte verursachte Große Hungersnot (1845–48). Irisches Getreide wurde weiterhin nach England exportiert. In Irland starben rund zwei Millionen Menschen an Hunger und Krankheiten bzw. emigrierten in die USA. Die Not löste einen Kampf der Pächter für mehr Rechte aus, der schließlich in der Forderung nach Unabhängigkeit von Großbritannien mündete. Im Parlament trat der charismatische Charles Stewart Parnell für eine unabhängige irische Regierung ein.

IRLAND IM JAHR 1851

▢ Gebiete, in denen die Bevölkerung über 25 Prozent abnahm

Die Schiffe, auf denen die Iren nach Amerika reisten, waren überfüllt, verseucht und als »Sargschiffe« verrufen.

Daniel O'Connell
Der »Befreier« genannte O'Connell organisierte friedliche »Riesenkundgebungen« zugunsten der rechtlichen Gleichstellung der Katholiken. Er zog 1828 für den Bezirk Clare ins Parlament ein.

Castle Clinton war vor der Einrichtung der Anlagen auf Ellis Island die Abfertigungsstation für Neuankömmlinge in New York.

Boykottierung der Grundbesitzer
1880 bewachten Soldaten die Ernte des Captain Boycott. Er war das Opfer einer Kampagne gegen Gutsbesitzer, die ihre Pächter vertrieben hatten. Sein Name ging in die Sprache ein.

ZEITSKALA

Charles Bianconis Postkutschenlinie, 1836

1815 Erster Kutschendienst in Irland eröffnet

1817 Fertigstellung des Royal Canal

1838 Father Mathew ruft Anti-Alkohol-Kampagne ins Leben. Fünf Millionen Iren geloben Abstinenz. Die Whiskey-Produktion wird reduziert

1845 Beginn der Großen Hungersnot, die vier Jahre dauern sollte

| 1800 | 1810 | 1820 | 1830 | 1840 |

1803 Von Emmet angeführte Erhebung wird unterdrückt, nachdem aus der napoleonischen Invasion nichts geworden ist

1800 Vereinigungsgesetz: Irland wird rechtlich Bestandteil Großbritanniens

1828 Nach einer von Daniel O'Connell angeführten fünfjährigen Kampagne wird ein Gesetz verabschiedet, das einer begrenzten Zahl von Katholiken das Wahlrecht gibt

Father Mathew

HUNGERSNOT UND EMIGRATION

Vertreibung irischer Bauern
Kurz vor 1880 stürzten die Preise für landwirtschaftliche Produkte ins Bodenlose. Die Pächter konnten ihre Abgaben nicht mehr zahlen und wurden von ihrem Land vertrieben. Ihre Not rief die Land-Liga für Reformen ins Leben.

IREN IM AUSLAND

Ein Ergebnis der Hungersnot war die Entstehung einer starken irischen Gemeinschaft in den USA. Die Einwanderer arbeiteten sich in der amerikanischen Gesellschaft allmählich nach oben und wurden relativ wohlhabend. Sie forderten die US-Regierung auf, die Briten zu einer Änderung ihrer Irland-Politik zu bewegen. Die militante Gruppe Clan na Gael entsandte US-Bürgerkriegsveteranen nach Irland, die in den fenianischen Erhebungen von 1865 und 1867 mitkämpften.

New Yorker Parade *am 17. März 1870 anlässlich des St Patrick's Day.*

EINWANDERER BEI DER ANKUNFT
Die Iren, die die Reise nach Amerika überlebten, landeten in Castle Garden in New York. Obwohl meist Bauern, siedelten sich die meisten in Manhattan an. Das Gemälde (1855) stammt von Samuel Waugh.

Die Iren galten in den USA weithin als bäuerliche Analphabeten und stießen oft auf Ablehnung.

Charles Stewart Parnell
Die politische Laufbahn des Vorkämpfers der Land-Liga und der Home Rule war 1890 abrupt zu Ende, als er des Ehebruchs bezichtigt wurde.

1853 Königin Victoria eröffnet die Dubliner Ausstellung

Dubliner Ausstellung

1877 Parnell wird Chef der neuen Home Rule Party

1884 Gründung des Gälischen Sportverbands, der sich für irische Traditionen einsetzt

1892 Zweite Gesetzesvorlage zur Regelung einer unabhängigen Regierung abgelehnt

| 1850 | 1860 | 1870 | 1880 | 1890 |

1867 Irische Amerikaner kehren zurück, um in einem von der Irish Republican Brotherhood angezettelten Aufstand mitzukämpfen

1881 Parnell wird in Dublin inhaftiert

1886 Premier Gladstone scheitert mit seiner ersten Gesetzesvorlage zur Regierungsregelung im Parlament

1848 Scheitern des Junges-Irland-Aufstands – einer spontanen Reaktion auf den Aufruhr im übrigen Europa

1879–82 Der von der Land-Liga entfesselte Krieg versucht, Reform der Pachtgesetze zu erzwingen

Krieg und Unabhängigkeit

Briefmarke von 1922

Der Erste Weltkrieg rückte die irischen Unabhängigkeitsbestrebungen erst einmal in den Hintergrund. 1916 brachte der Osteraufstand neue Initiative, 1919 wurde ein inoffizielles irisches Parlament etabliert, ein Krieg gegen die britischen »Besatzungs«-Truppen begann. Im anglo-irischen Vertrag von 1921 wurde die Insel geteilt. Der Irische Freistaat erhielt größere innenpolitische Unabhängigkeit, Nordirland blieb bei Großbritannien. Daraufhin entbrannte im Süden zwischen Vertragsbefürwortern und -gegnern ein Bürgerkrieg.

IRLAND IM JAHR 1922
- Nordirland
- Irischer Freistaat

Unionisten-Partei
Anführer des Kampfes war der Dubliner Anwalt Edward Carson. 1913 wurde das Ulster-Freiwilligen-Corps gegründet, das für den Verbleib von sechs Countys in Großbritannien kämpfte.

Die Medaille für die Osteraufständischen von 1916 zeigt auf der einen Seite den mythischen irischen Krieger Cúchulainn.

Sean J. Heuston — Major John McBride — Thomas McDonough — William Pearse — **Patrick Pearse**, Dichter, verlas am Ostermontag von den Stufen des Hauptpostamts die Proklamation der Republik.

Black and Tans
Diese nach ihren improvisierten Uniformen (schwarz und braun) benannten britischen Truppen übten 1920/21 an den Iren brutale Vergeltung.

ZEITSKALA

Die Titanic

1913 Generalstreik in Dublin

1912 Die in Belfast gebaute *Titanic* sinkt auf der Jungfernfahrt

1918 Sinn Féin gewinnt 73 Sitze im Parlament von Westminster. Constance Markievicz wird erste Parlamentarierin

1916 Osteraufstand niedergeschlagen

1919 Erste Zusammenkunft des unabhängigen Parlaments (*Dáil Éireann*)

1905	1910	1915	1920

1905 Gründung der Partei Sinn Féin (»Wir selbst«)

1904 Eröffnung des Dubliner Abbey Theatre

1912 Edward Carson schart Protestanten um sich. 471 414 Bürger unterzeichnen Verpflichtung, um die Home Rule zu kämpfen

Von Constance Markievicz während des Osteraufstands verwendete Kuriertasche

1920 Gesetzesvorlage zur Lösung der Irland-Frage schlägt Teilung der Insel vor

1921 Unterzeichnung des anglo-irischen Vertrags. Rücktritt de Valeras. Bürgerkrieg in Südirland

KRIEG UND UNABHÄNGIGKEIT

Das Hauptpostamt Ostern 1916
An der geplanten nationalen Erhebung beteiligten sich nur 2500 bewaffnete Rebellen in Dublin. Es gelang ihnen, fünf Tage lang das Hauptpostamt besetzt zu halten.

ÉAMON DE VALERA (1882–1975)

Nachdem er nach dem Osteraufstand der Exekution entgangen war, spielte de Valera in der irischen Politik gut 60 Jahre lang eine beherrschende Rolle. Die Opposition seiner Sinn-Féin-Partei gegen den anglo-irischen Vertrag von 1921 stürzte den neuen Irischen Freistaat in einen Bürgerkrieg. Nachdem die Partei Fianna Fáil etabliert hatte, wurde de Valera 1932 neuer Premierminister und blieb bis 1948 im Amt. Von 1959 bis 1973 war er Präsident Irlands.

Dieses Mauser-Gewehr wurde von den Rebellen im Kampf eingesetzt.

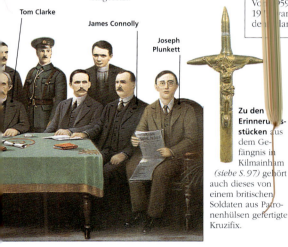

Tom Clarke
James Connolly
Joseph Plunkett

Zu den Erinnerungsstücken aus dem Gefängnis in Kilmainham *(siehe S. 97)* gehört auch dieses von einem britischen Soldaten aus Patronenhülsen gefertigte Kruzifix.

ANFÜHRER DES AUFSTANDS VON 1916
Diese Porträt-Collage zeigt 14 Anführer des Osteraufstands, die allesamt vor ein Kriegsgericht gestellt und im Gefängnis von Kilmainham erschossen wurden. Die Brutalität ihrer Hinrichtung nahm die bis dahin distanzierte Öffentlichkeit für die Aufständischen ein und ließ diese als Märtyrer erscheinen.

Wahlplakat
Cumann na nGaedheal, die Partei der Vertragsbefürworter, gewann 1923 die ersten Wahlen im Freistaat. 1933 fusionierte sie mit anderen Parteien zur Fine Gael.

1922 Gründung des Irischen Freistaats. Michael Collins wird in Cork aus dem Hinterhalt erschossen

Michael Collins (1890–1922), Held im Unabhängigkeitskrieg, wurde Präsident des Irischen Freistaats und Oberbefehlshaber der Armee

1932 Erdrutschsieg von Fianna Fáil bei den Wahlen. De Valera für 16 Jahre *Taoiseach* (Premierminister)

1936 IRA wird von der Regierung verboten

1939 Éire erklärt sich im Zweiten Weltkrieg für neutral

| 1925 | 1930 | 1935 |

1923 W. B. Yeats erhält Nobelpreis für Literatur

1925 G. B. Shaw erhält den Nobelpreis für Literatur

1926 De Valera verlässt Sinn Féin und gründet die Partei Fianna Fáil

1929 Errichtung eines Wasserkraftwerks am Shannon

1933 Gründung der Fine-Gael-(Vereinigtes-Irland-)Partei als Opposition zu Fianna Fáil

1937 Neue Verfassung erklärt vollständige Unabhängigkeit von Großbritannien. Name des Landes von nun an Éire

Jüngere Geschichte

Mary Robinson, die erste irische Präsidentin

Seit dem Beitritt zur Europäischen Gemeinschaft 1973 (heute Europäische Union) hat die Irische Republik viel unternommen, um ihre Wirtschaft zu modernisieren. Der gesellschaftliche Wandel lässt sich z. B. an der Liberalisierung der Scheidungs- und Abtreibungsgesetze erkennen. In Nordirland hingegen gehören seit etwa 25 Jahren Attentate und Schießereien zum Alltag. Seit den jüngsten Friedensabkommen und der jüngsten Regierung des Parlaments (2007) gibt es jedoch wieder Hoffnung auf Stabilität.

1972 Blutiger Sonntag: Britische Soldaten erschießen 13 Demonstranten in Derry. Nordirisches Parlament wird aufgelöst. Verwaltung wird durch Großbritannien fortgeführt

1956 IRA veranstaltet bis 1962 Terror-Kampagne entlang der nordirischen Grenze

1969 Zusammenstöße zwischen Polizei und Demonstranten in Belfast und Derry. Britische Truppen werden entsandt

1967 Gründung der Nordirland-Bürgerrechts-Vereinigung zur Bekämpfung der Diskriminierung der Katholiken

1976 Mairead Corrigan und Betty Williams, die Organisatorinnen der Ulster-Friedensbewegung, erhalten in Oslo den Friedensnobelpreis

NORDIRLAND			
1945	1955	1965	1975
REPUBLIK IRLAND			

1949 Neue Regierung unter John A. Costello. Das Land ändert seinen Namen von Éire in Republik Irland und tritt aus dem Britischen Commonwealth aus

1955 Beitritt der Republik Irland zur UNO

1959 Eamon de Valera tritt als *Taoiseach* (Premier) zurück. Er wird später zum Präsidenten gewählt

1973 Die Republik Irland tritt der Europäischen Wirtschaftsgemeinschaft bei. Die Mitgliedschaft garantiert dem Land dringend benötigte Subventionen

1947 Die Statue von Königin Victoria wird vom Vorplatz des irischen Parlaments in Dublin entfernt

1963 John F. Kennedy, der erste amerikanische Präsident irisch-katholischer Herkunft, besucht Irland. Hier ist er mit Präsident Eamon de Valera zu sehen

1969 Samuel Beckett, hier bei Probenarbeiten, erhält den Nobelpreis für Literatur, reist aber nicht nach Stockholm, um ihn entgegenzunehmen

JÜNGERE GESCHICHTE

1985 Barry McGuigan gewinnt gegen den Panamesen Eusebio Pedroza die Boxweltmeisterschaft im Federgewicht

1986 Nordirische Loyalisten widersetzen sich erbittert der im Vorjahr zwischen irischer und britischer Regierung ausgehandelten anglo-irischen Vereinbarung

1987 Bei einer Parade am Enniskillen Remembrance Day tötet eine IRA-Bombe elf Personen

1994 Auf die IRA-Feuereinstellung folgt eine Feuerpause der Unionisten. Sinn-Féin-Chef Gary Adams darf in Großbritannien im Fernsehen sprechen

1995 Zum ersten Mal seit 25 Jahren patrouillieren in Nordirland tagsüber keine Soldaten mehr. Lagan-Brücke in Belfast wird eröffnet

1998 Das Karfreitags-Abkommen (Entwaffnung) soll den Weg für eine zukünftige Autonomie Nordirlands ebnen

2001 David Trimble tritt als Premierminister zurück, wird aber später wiedergewählt. Beginn einer Periode der Gespräche über eine Rückkehr zur britischen Direktregierung

2005 Die IRA verkündet das Ende ihrer bewaffneten Kampagne

2007 Der Protestant Ian Paisley (DUP) und der Katholik und Ex-Kommandeur der IRA Martin McGuinness (Sinn Féin) werden Regierungschef bzw. stellvertretender Regierungschef der Regionalregierung

NORDIRLAND

| 1985 | 1995 | 2005 | 2015 |

REPUBLIK IRLAND

1982 Staatsschulden und Arbeitslosigkeit führen zu einer Wirtschaftskrise. Innerhalb von zwei Jahren finden drei Wahlen statt

1979 Papst Johannes Paul besucht Irland und feiert vor mehr als einer Million Menschen im Dubliner Phoenix Park eine Messe

1994 Die Fußballmannschaft der Republik Irland kommt bei den Weltmeisterschaften in den USA bis ins Viertelfinale

1991 Mit Mary Robinson gelangt die erste Frau ins irische Präsidentenamt. Nachfolgerin ist Mary McAleese

1988 Dublins tausendjähriges Bestehen wird mit großem Aufwand gefeiert

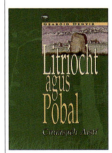

2005 Irisch (Gälisch) wird offizielle Sprache der EU. In der Republik Irland ist Irisch erste und Englisch zweite Amtssprache.

2002 Im Rahmen der europäischen Währungsunion wird der Euro gesetzliches Zahlungsmittel

1987 Der Dubliner Steven Roche gewinnt in einer Saison die Tour de France, den Giro d'Italia und die Weltmeisterschaft

Das Jahr in Irland

Die meisten Besucher kommen im Juli und August nach Irland. Dann gibt es besonders viele Feste. Auch im Juni und September ist viel los. Auf das Wetter ist jedoch nie Verlass, denn Irlands üppiges Grün ist das Ergebnis eines feuchten Klimas. Die meisten Sehenswürdigkeiten sind zwischen Ostern und September geöffnet, haben jedoch nur begrenzte Öffnungszeiten. Im Frühjahr und Sommer gibt es diverse Festtage, die häufig mit musikalischen Darbietungen gefeiert werden. Irland ist am interessantesten, wenn es etwas zu feiern gibt, und bietet sich daher auch für die Zeit um Weihnachten und Neujahr als Reiseziel an. Halten Sie Ausschau nach dem Wort *fleadh* (Festival), doch vergessen Sie nicht, dass die Iren auch zu spontanen Feiern aufgelegt sind. Die Fest-Termine können variieren.

Ladies' Day beim Dubliner Springturnier

Alljährliche St Patrick's Day Parade in Dublin (17. März)

Frühjahr

Der St Patrick's Day gilt oft als Beginn der Reisesaison. Danach folgt das *Bank-Holiday*-Wochenende im Mai, das an zahlreichen Orten mit Musik begangen wird. Die meisten Hotels sind dann ausgebucht.

März

St Patrick's Day *(17. März)*. Paraden und Prozessionen in Downpatrick, Armagh, Dublin, Cork, Limerick und in anderen Orten.
Jameson International Dublin Film Festival *(Feb)*. Bei diesem Filmfestival treffen sich irische und internationale Cineasten.
Pferde-Pflüg-Wettbewerb und Kaltblüterschau, Ballycastle *(17. März, siehe S. 266)*. Jährlicher Wettbewerb, der seit über 100 Jahren ausgetragen wird.

Guinness-Reklamewagen am St Patrick's Day

Feis Ceoil, Dublin *(Mitte März)*. Ein an verschiedenen Schauplätzen stattfindendes Festival klassischer Musik.

April

Pan Celtic Festival, Letterkenny *(Mitte Apr, siehe S. 227)*. Feier der keltischen Kultur.
Cork Choral Festival *(Ende Apr–Mai, siehe S. 174f)*.

Mai

Belfast Civic Festival and Lord Mayor's Show *(Mitte Mai, siehe S. 276–279)*. Parade mit Kapellen und Festwagen.
Schau der Königlichen Landwirtschaftsgesellschaft Ulster, Belfast *(Mitte Mai)*. Dreitägige Veranstaltung mit Wettbewerben im Schafescheren und Modeschauen.
»A Taste of Baltimore« Meeresfrüchte-Festival *(Ende Mai, siehe S. 170)*.
Fleadh Nua, Ennis *(Ende Mai, siehe S. 189)*. Irische Musik und Tanz.

Sommer

Im Sommer finden die meisten Feste statt. Es gibt interessante Termine, von Musik- und Kunstfestivals bis hin zu Sport-, Sommerschul- und Eheanbahnungs-Veranstaltungen. Buchen Sie rechtzeitig eine Unterkunft, wenn Sie besonders beliebte Ereignisse besuchen wollen.

Strandrennen in Laytown (Juni)

Juni

Rennen von Laytown Beach, County Meath *(Ende Mai oder Anfang Juni)*. Pferderennen.
County Wicklow Garden Festival *(Mai–Juli)*. Findet in Gärten – z. B. Powerscourt *(siehe S. 134f)* – statt.
National Country Fair, Birr Castle Demesne, Offaly *(Anfang Juni, siehe S. 253)*. Landesmesse mit Sport- und Unterhaltungsprogramm.
Women's Mini Marathon, Dublin *(Anfang Juni)*.
Bloomsday, Dublin *(16. Juni)*. Feier des *Ulysses* von James Joyce in Lesungen.
Scurlogstown Olympiad Celtic Festival, Trim *(Anfang Juni, siehe S. 248)*. Traditionelles

DAS JAHR IN IRLAND 49

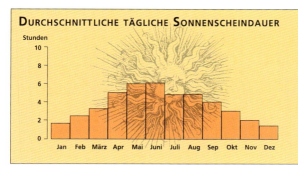

Sonnenschein
Die Tabelle bezieht sich auf Dublin, doch die Verhältnisse sind im ganzen Land recht ähnlich. Im Südosten scheint die Sonne länger, während Nordirland etwas weniger verwöhnt wird als die Republik.

Musik- und Tanzfest mit Wahl der Festivalkönigin.
Musik in großen irischen Häusern *(1. u. 2. Woche).* Klassische Musik in herrlichem Ambiente.
Castle Ward Opera, Strangford *(ganzer Juni, siehe S. 284).* Opernfestival auf prächtigem altem Anwesen.
Erdbeerfest des County Wexford *(Ende Juni – Anfang Juli, siehe S. 150).* Mit Handwerksschau, Musik, Theater – und natürlich Erdbeeren.

JULI

Schlacht-am-Boyne-Tag *(12. Juli, siehe S. 236).* Mitglieder des Oranier-Ordens marschieren durch nordirische Städte, um des protestantischen Siegs (1690) über die Armee James' II zu gedenken.
Cork-Regatta-Woche, Crosshaven, Cork *(Mitte Juli).*
Galway Arts Festival *(3. u. 4. Woche, siehe S. 210f).* Umzüge, Konzerte, Straßentheater im mittelalterlichen Stadtzentrum. Im Anschluss gibt es das beliebte Fünf-Tage-Rennen von Galway.

Traditionelle Segelboote in der Cruinniú na mBád bei Kinvarra (August)

Mary-von-Dungloe-Festival, Dungloe *(letzte Woche, siehe S. 228).* Tanz und Musik sowie die Wahl der Schönheitskönigin.
Jahrmarkt von Lughnasa, Carrickfergus Castle *(Ende Juli, siehe S. 275).* Beliebter »mittelalterlicher« Jahrmarkt.
Internationales Folk-Festival von Ballyshannon *(Ende Juli, S. 231).* Drei Tage mit traditioneller irischer Musik.
O'Carolan-Festival für Harfen- und traditionelle Musik, Keadue, County Roscommon *(Ende Juli – Anfang Aug).* Vielfältige traditionelle Musik- und Tanzdarbietungen.

AUGUST

Galway Race Week, Co Galway *(Anfang Aug).* Eine Woche gibt es jeden Tag Pferderennen.

Parade der Oranier am Schlacht-am-Boyne-Tag

Dampfwagen-Rallye von Stradbally, County Laois *(Anfang Aug).* Rallye mit dampfbetriebenen Wagen.
Dublin Horse Show *(1. oder 2. Woche).* Springturnier und gesellschaftliches Ereignis.
Puck Fair, Killorglin, County Kerry *(Mitte Aug, siehe S. 165).* Zweitägiges Festival mit Krönung einer Ziege.
Segnung der See *(2. u. 3. So).* In allen Küstenstädten.
Oul' Lammas-Jahrmarkt, Ballycastle *(2. Hälfte Aug, siehe S. 266).* Ein populäres Volksfest, das vor allem für seine essbaren Meerespflanzen bekannt ist.
Kunstwoche von Kilkenny *(Mitte des Monats, siehe S. 142f).* Bedeutendes Kunstfestival mit Lesungen und Filmvorführungen.
Rose-von-Tralee-Festival *(Ende Aug, siehe S. 156).* Umzüge und Wahl der »Rose«.
Cruinniú na mBád, Kinvarra *(Ende Aug, siehe S. 212).* Traditionelle Boote treffen sich zur »Versammlung der Boote«.

Dampfwagen bei der Rallye von Stradbally

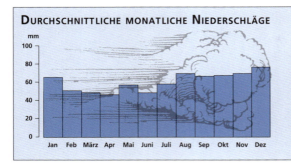

Niederschläge
Irland ist eines der feuchtesten Länder Europas – mit gleichmäßig über das Land verteilten Regenfällen. Im Westen sind die Niederschläge am höchsten, im Südosten geringfügig niedriger. Die nebenstehenden Werte gelten für Dublin.

Austernfestival in Galway (Sep)

HERBST

Austern und Opernaufführungen sind Attraktionen des Herbstes. Zudem gibt es Film- und Musikfestivals. Das *Bank-Holiday*-Wochenende im Oktober wird mit Musik begangen. Eine Unterkunft zu finden, kann schwierig sein.

SEPTEMBER

Heritage Week *(Ende Aug–Anfang Sep)*. Landesweit Veranstaltungen.
Finale der Hurling-Meisterschaft, Croke Park, Dublin *(1. So, siehe S. 29)*.
Matchmaking Festival Lisdoonvarna *(ganzer Sep u. 1. Woche im Okt, siehe S. 188)*. Alleinstehende treffen sich zu Musik und Tanz.
Internationales Festival der »Leichten« Oper in Waterford *(Mitte Sep – Anf. Okt, siehe S. 359)*. Musicals und Operetten im Theatre Royal.
Finale der Irischen Football-Meisterschaften, Croke Park, Dublin *(3. So, siehe S. 29)*. Gälischer Fußball.
Galway Oyster Festival *(Ende Sep, S. 210 f)*. Austernproben an mehreren Orten.

OKTOBER

»Oktoberfest«, Londonderry *(ganzer Okt, siehe S. 258f)*. Tanz, Dichterlesungen, Film, Theater und Musik.
Cork Film Festival *(Anf. Okt, siehe S. 174f)*. Irische und internationale Filme.
Kinsale International Festival of Fine Food *(Anf. Okt, siehe S. 172f)*. Köstliches in Restaurants und Pubs der irischen »Gourmet-Kapitale«.
Ballinasloe Fair, County Galway *(1. Woche)*. Straßentreiben mit Europas ältestem Pferdemarkt.
Dubliner Theaterfestival *(1. u. 2. Woche)*. Werke irischer und internationaler Dramatiker.
Opernfestival in Wexford *(letzte 2 Wochen im Okt, siehe S. 359)*. Festival mit weniger bekannten Opern.
Belfast Festival an der Queen's-Universität *(letzten 2 Wochen im Okt, siehe S. 276–279)*. Theater-, Ballett-, Film- und Musikaufführungen – von Klassik bis Jazz.
Internationales Chorfestival in Sligo *(Ende Okt, siehe S. 234)*. Chöre aus aller Welt treten gegeneinander an.
Hallowe'en (Shamhana) *(31. Okt)*.
Cork Jazz Festival *(Ende Okt, siehe S. 174f)*. Sehr beliebtes Festival mit Musikdarbietungen in der ganzen Stadt.

NOVEMBER

Éigse Sliabh Rua, Slieverue, County Kilkenny *(Mitte Nov)*. Historisches Festival mit Theater, Gastauftritten und interessanten Diskussionen.

Hurling-Meisterschaft im Croke Park, Dublin

Einspänner in Lisdoonvarna

Traditioneller Pferdemarkt in Ballinasloe, County Galway (Oktober)

DAS JAHR IN IRLAND

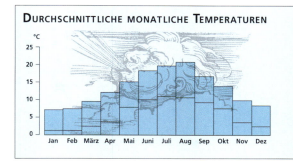

Temperaturen
Die Tabelle zeigt die durchschnittlichen monatlichen Tiefst- und Höchsttemperaturen von Dublin. Der Winter ist in Irland mild, mit Ausnahme der hohen Bergketten. Die wärmsten Sommertemperaturen herrschen im Südosten.

WINTER

Obwohl der Winter keine Festivalsaison ist, gibt es dennoch reichlich Unterhaltung, einschließlich Theater- und Musikaufführungen. In der Weihnachtszeit finden zahllose ungezwungene Veranstaltungen statt. Zudem werden Pferderennen ausgetragen *(siehe S. 28).*

DEZEMBER

Pantomimen-Saison *(Dez–Jan).* Viele irische Theater zeigen Pantomime.
Rennen von Leopardstown *(26. Dez, siehe S. 129).* Am 2. Weihnachtsfeiertag wird das bedeutendste Rennen ausgetragen. Weitere gibt es in Limerick und Down Royal.
St Stephen's Day *(26. Dez).* Katholische Jungen ziehen mit geschwärzten Gesichtern singend umher, um Geld für gute Zwecke zu sammeln.

Als Kaminkehrer hergerichtete Knaben am St Stephen's Day

JANUAR

Fangsaison für Lachs und Lachsforelle *(1. Jan–Ende Sep, siehe S. 362f).* Saisonbeginn einer beliebten Freizeitbeschäftigung der Iren.

FEBRUAR

Dublin Film Festival *(Ende Feb–Anf. März).* Internationale Filme in diversen Kinos.

Belfast Music Festival *(Ende Feb–Mitte März).* Jugend-Musik- und Theaterwettbewerbe.
Sechs-Nationen-Rugby-Turnier, Lansdowne Road, Dublin *(mehrere Samstage Feb–Mitte Apr, siehe S. 28).*

FEIERTAGE

New Year's Day *(1. Jan)*
St Patrick's Day *(17. März)*
Good Friday *(Karfreitag)*
Easter Monday *(Oster-Mo)*
May Day *(1. Mo im Mai)*
Spring Bank Holiday (Nordirland: *letzter Mo im Mai*)
June Bank Holiday (Republik: *1. Mo im Juni*)
Battle of the Boyne Day (Nordirland: *12. Juli*)
August Bank Holiday *(1. Mo im Aug)*
Summer Bank Holiday (Nordirland: *letzter Mo im Aug*)
October Bank Holiday *(letzter Mo im Okt)*
Christmas Day *(25. Dez)*
St Stephen's Day (Republik: *26. Dez*)
Boxing Day (Nordirland: *26. Dez*)

Glendalough *(siehe S. 140f)* im Schnee

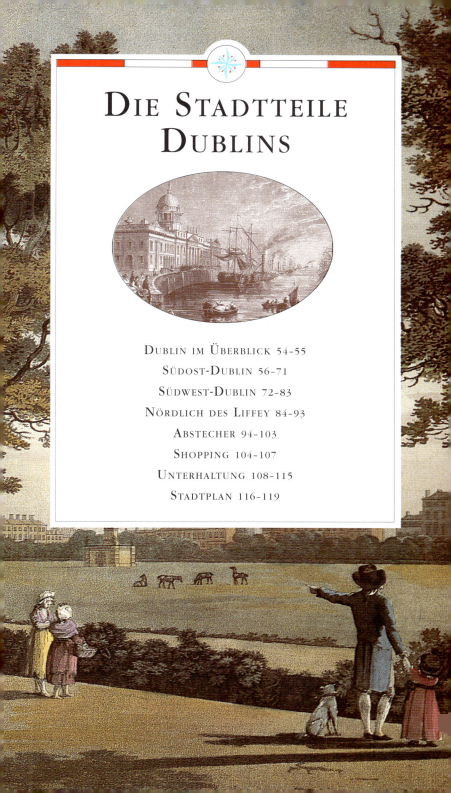

Die Stadtteile Dublins

Dublin im Überblick 54-55

Südost-Dublin 56-71

Südwest-Dublin 72-83

Nördlich des Liffey 84-93

Abstecher 94-103

Shopping 104-107

Unterhaltung 108-115

Stadtplan 116-119

Dublin im Überblick

Die irische Hauptstadt mit ihren knapp über 500 000 Einwohnern hat zahlreiche Attraktionen, die man leicht zu Fuß erkunden kann. In diesem Reiseführer wird die Innenstadt in drei Sektionen eingeteilt: *Südost-Dublin*, das Herz der modernen City und Sitz des Trinity College. *Südwest-Dublin* mit dem alten Zentrum und der Burg. *Nördlich des Liffey*, die an die imposante O'Connell Street angrenzende Gegend. Die jeweiligen Kartenverweise beziehen sich auf den Stadtplan *(siehe S. 116–119)*.

Die Christ Church Cathedral *wurde zwischen 1172 und 1220 von den anglo-normannischen Eroberern Dublins erbaut. Sie steht auf einer Anhöhe oberhalb des Liffey. Das heutige Erscheinungsbild der Kathedrale geht auf die nach 1870 durchgeführten Restaurierungsarbeiten zurück (siehe S. 80f).*

NÖRDLICH DES LIFFEY
Seiten 84 - 93

SÜDWEST-DUBLIN
Seiten 72 - 83

Dublin Castle *steht im Herzen der Altstadt. Die abgebildete St Patrick's Hall ist einer der auf den oberen Etagen an der Südseite der Burg gelegenen Prachträume. Heute werden diese Räume für Staatszwecke, etwa die Amtseinführung des Präsidenten, genutzt (siehe S. 76f).*

Die St Patrick's Cathedral *hat einen mit Bannern geschmückten Chor, dessen Gestühl mit den Insignien der Ritter des hl. Patrick verziert ist. Hier gibt es die größte Orgel Irlands sowie Gedenksteine, die dem Dechanten Jonathan Swift und prominenten anglo-irischen Familien gewidmet sind (siehe S. 82f).*

◁ *Stephen's Green* (1796) von James Malton (1761–1803)

DUBLIN IM ÜBERBLICK

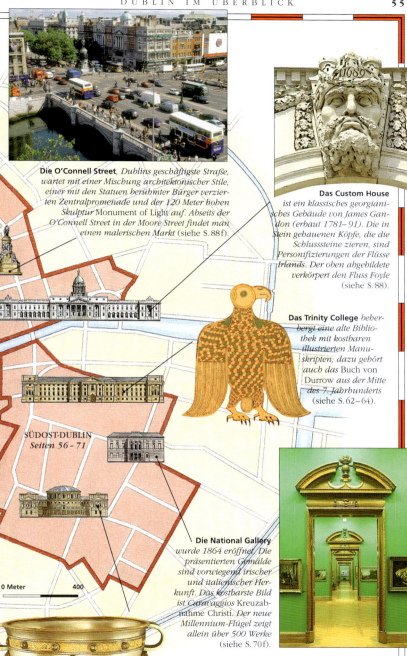

Die O'Connell Street, Dublins geschäftigste Straße, wartet mit einer Mischung architektonischer Stile, einer mit den Statuen berühmter Bürger verzierten Zentralpromenade und der 120 Meter hohen Skulptur Monument of Light auf. Abseits der O'Connell Street in der Moore Street findet man einen malerischen Markt (siehe S. 88f).

Das Custom House ist ein klassisches georgianisches Gebäude von James Gandon (erbaut 1781–91). Die in Stein gehauenen Köpfe, die die Schlusssteine zieren, sind Personifizierungen der Flüsse Irlands. Der oben abgebildete verkörpert den Fluss Foyle (siehe S. 88).

Das Trinity College beherbergt eine alte Bibliothek mit kostbaren illustrierten Manuskripten; dazu gehört auch das Buch von Durrow aus der Mitte des 7. Jahrhunderts (siehe S. 62–64).

SÜDOST-DUBLIN
Seiten 56 – 71

0 Meter 400

Die National Gallery wurde 1864 eröffnet. Die präsentierten Gemälde sind vorwiegend irischer und italienischer Herkunft. Das kostbarste Bild ist Caravaggios Kreuzabnahme Christi. Der neue Millennium-Flügel zeigt allein über 500 Werke (siehe S. 70f).

Das National Museum präsentiert eine eindrucksvolle Sammlung von Exponaten, die von der Steinzeit bis ins 20. Jahrhundert reichen. Der Ardagh-Kelch (um 800 n. Chr.) ist nur einer von vielen keltisch-christlichen Schätzen des Hauses (siehe S. 66f).

SÜDOST-DUBLIN

Georgianischer Türklopfer am Merrion Square

Trotz seiner Nähe zur alten ummauerten Stadt war dieser Teil Dublins bis zur Gründung des Trinity College 1592 relativ unterentwickelt. Selbst dann sollte es noch fast 100 Jahre dauern, bis das Areal weiter im Süden in den weitläufigen Stadtpark St Stephen's Green umgestaltet wurde.

Mitte des 18. Jahrhunderts brach in der Gegend ein Bauboom aus. In diesen Jahren wurden imposante Gebäude errichtet, etwa die Alte Bibliothek im Trinity College, das Leinster House und die Bank of Ireland. Die auffälligsten Hinterlassenschaften des georgianischen Dublin sind allerdings die schönen Plätze und *terraces* rund um den Merrion Square. Viele der fast unveränderten Gebäude haben noch Türklopfer, Lünetten und schmiedeeiserne Balkone. Heute ist Südost-Dublin das touristische Herz der Stadt. Nur wenige Besucher können der lebendigen Atmosphäre der Grafton Street widerstehen. In diesem Areal ist auch ein großer Teil des irischen Kulturerbes zu finden. Die National Gallery zeigt eine umfangreiche Sammlung irischer Malerei. Das National Museum besitzt bronzezeitliche Goldarbeiten. Und das Natural History Museum besticht durch sein wundervolles viktorianisches Interieur.

SEHENSWÜRDIGKEITEN AUF EINEN BLICK

Museen, Bibliotheken und Sammlungen
National Gallery of Ireland S. 70f ⓫
National Library ❽
National Museum S. 66f ❼
Natural History Museum ❿
Royal Hibernian Academy ⓭

Historische Gebäude
Bank of Ireland ❶
Leinster House ❾
Mansion House ❺
Trinity College S. 62f ❷

Historische Straßen
Fitzwilliam Square ⓮
Grafton Street ❸
Merrion Square ⓬

Kirche
St Ann's Church ❻

Park
St Stephen's Green ❹

LEGENDE
- Detailkarte siehe S. 58f
- Bahnhof
- DART-Station
- Luas-Haltestelle
- Information

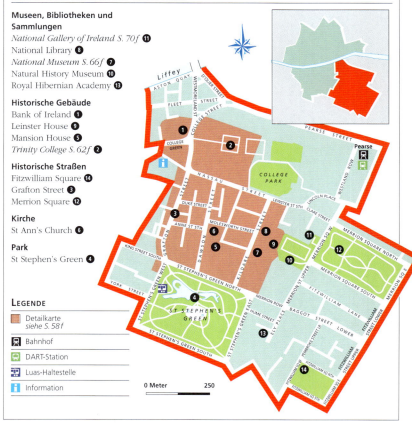

◁ Marmorbüste Jonathan Swifts in der Alten Bibliothek, Trinity College

Im Detail: Südost-Dublin

Die Gegend um das College Green wird von den Fassaden der Bank of Ireland und des Trinity College dominiert. In den Gassen und Passagen, die die Fußgängerzone Grafton Street queren, gibt es viele der gehobeneren Dubliner Läden und Restaurants. An der Kildare Street befinden sich das irische Parlament, die Nationalbibliothek und das Nationalmuseum. Um dem Getümmel zu entkommen, suchen viele den Park St Stephen's Green auf, der von georgianischen Gebäuden gesäumt wird.

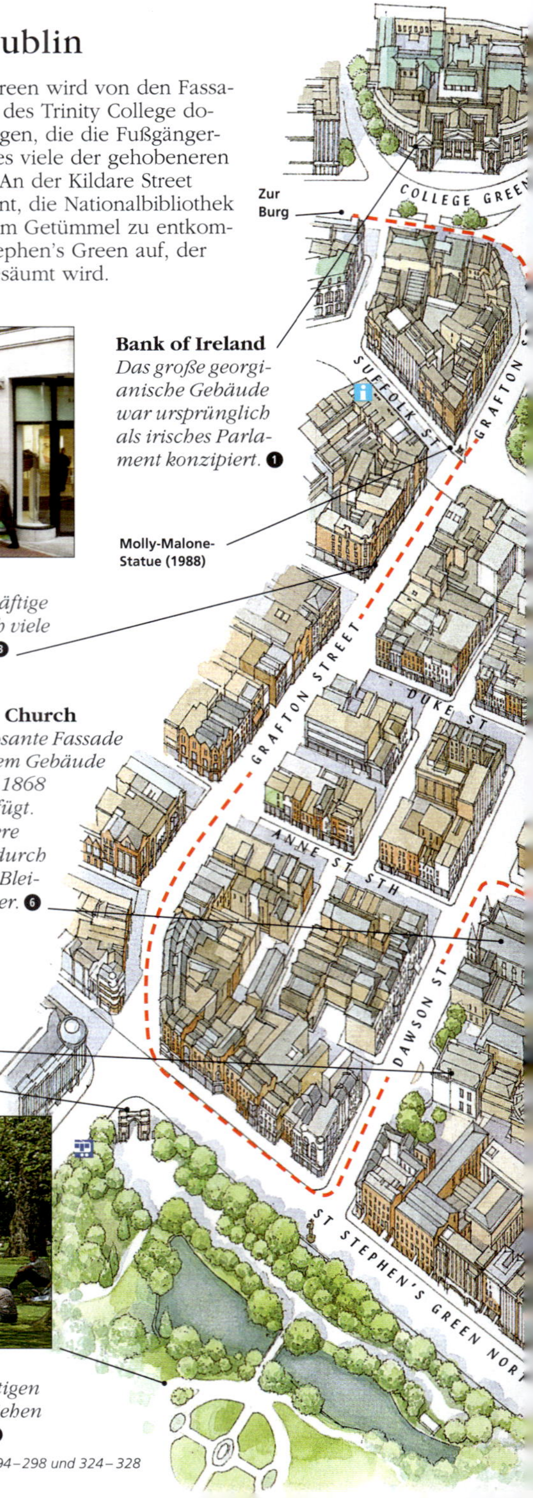

Bank of Ireland
Das große georgianische Gebäude war ursprünglich als irisches Parlament konzipiert. ❶

Molly-Malone-Statue (1988)

Grafton Street
Zu allen Tageszeiten ist diese geschäftige Fußgängerstraße gut besucht. Auch viele Straßenmusiker kommen hierher. ❸

St Ann's Church
Die imposante Fassade wurde dem Gebäude (18. Jh.) 1868 hinzugefügt. Das Innere besticht durch hübsche Bleiglasfenster. ❻

Mansion House
In diesem Gebäude residiert seit 1715 Dublins Bürgermeister. ❺

Fusiliers' Arch (1907)

★ St Stephen's Green
Der Stadtpark ist von vielen großartigen Gebäuden umgeben. Im Sommer ziehen die Mittagskonzerte Besucher an. ❹

Hotels und Restaurants in Dublin siehe Seiten 294–298 und 324–328

SÜDOST-DUBLIN

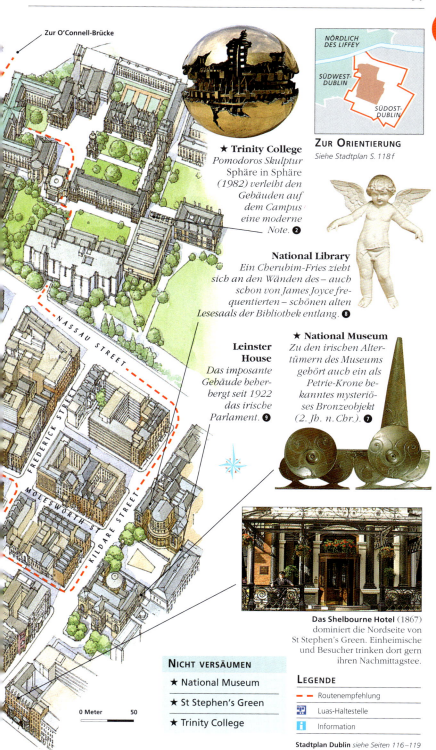

Zur O'Connell-Brücke

★ Trinity College
Pomodoros Skulptur Sphäre in Sphäre (1982) verleiht den Gebäuden auf dem Campus eine moderne Note. ❷

National Library
Ein Cherubim-Fries zieht sich an den Wänden des – auch schon von James Joyce frequentierten – schönen alten Lesesaals der Bibliothek entlang. ❽

Leinster House
Das imposante Gebäude beherbergt seit 1922 das irische Parlament. ❾

★ National Museum
Zu den irischen Altertümern des Museums gehört auch ein als Petrie-Krone bekanntes mysteriöses Bronzeobjekt (2. Jh. n. Chr.). ❼

Zur Orientierung
Siehe Stadtplan S. 118f

Das Shelbourne Hotel (1867) dominiert die Nordseite von St Stephen's Green. Einheimische und Besucher trinken dort gern ihren Nachmittagstee.

Nicht versäumen

★ National Museum

★ St Stephen's Green

★ Trinity College

Legende

--- Routenempfehlung

Luas-Haltestelle

Information

Stadtplan Dublin siehe Seiten 116–119

Früherer Sitzungssaal des irischen Oberhauses in der Bank of Ireland

Bank of Ireland ❶

2 College Green. **Stadtplan** D3.
🕿 671 2261. 🕘 Mo, Di, Fr 10–16 Uhr, Mi 10.30–16 Uhr, Do 10–17 Uhr, Sa 11–16 Uhr. ⬤ Mo, Feiertage.
House of Lords 🕘 Di 10.30, 11.30, 13.45 Uhr u. nach Vereinbarung.

Das Domizil der Irischen Nationalbank war das erste bewusst als Parlamentssitz geplante Gebäude Europas. Der Mitteltrakt wurde von dem irischen Architekten Edward Lovett Pearce begonnen, aber erst nach seinem Tod 1739 fertiggestellt. Leider wurde der achteckige Sitzungssaal des Unterhauses (siehe S. 40), Pearce' Meisterstück, 1802 auf Befehl der Regierung entfernt. Der Saal des Oberhauses indes blieb erhalten. Bei Führungen sind die schöne Kassettendecke und die Eichenpaneele zu besichtigen. Auf großen Wandteppichen sind die *Schlacht an der Boyne* und die *Belagerung Londonderrys* dargestellt. Außerdem gibt es einen aus 1233 Teilen bestehenden Kristalllüster von 1788.

Den östlichen Portikus fügte 1785 der Architekt James Gandon hinzu. Weitere Ergänzungen wurden Ende des 18. Jahrhunderts vorgenommen.

Nach Auflösung des irischen Parlaments 1800 erwarb die Bank of Ireland das Gebäude. Das heutige Erscheinungsbild wurde 1808 mit der Umgestaltung der Lobby des Unterhauses in eine Schalterhalle und mit dem Foster-Place-Anbau erreicht. Auf der Frontseite der Bank zum College Green hin (bis ins 17. Jh. Weideland) steht eine von John Foley 1879 geschaffene Statue Henry Grattans (siehe S. 40).

Trinity College ❷

Siehe S. 62 f.

Grafton Street ❸

Stadtplan D4.

Das »Rückgrat« der beliebtesten Einkaufsgegend Dublins (siehe S. 104f) verläuft vom Trinity College zum St-Stephen's-Green-Einkaufszentrum. An der Einmündung der Nassau Street befindet sich eine 1988 von Jean Rynhart geschaffene Statue der aus dem gleichnamigen Lied bekannten Straßenhändlerin *Molly Malone*. In diesem von Musikanten und Pflastermalern bevölkerten Fußgängerbereich liegt das Warenhaus Brown Thomas (siehe S. 104). Auch kleinere Läden für den gehobenen Bedarf sind vertreten. Shopper zieht es vor allem zu Monsoon, HMV und Oasis. Juweliere gibt es hier ebenfalls. Nr. 78 befindet sich gleich neben der Samuel-Whyte-Schule, die sich so illustrer Schüler wie des Anführers des Aufstands von 1803, Robert Emmet (siehe S. 77), und des Duke of Wellington rühmen kann.

In den ruhigeren Seitenstraßen verbergen sich einige traditionelle irische Pubs, in denen gestresste Shopper eine Pause einlegen und sich stärken können.

St Stephen's Green ❹

Stadtplan D5. 🕘 bei Tageslicht.
Newman House 85–86 St Stephen's Green. 🕿 716 7422. 🕘 Juni–Aug: Di–Fr 12–16 Uhr; Sep–Mai: bitte 14 Tage vorher anmelden. ⬤ Feiertage. 🏛 obligatorisch.

Königliches Chirurgenkolleg gegenüber von St Stephen's Green

Dieses Gelände, ursprünglich eine von drei Allmenden der alten Stadt, wurde 1664 eingehegt. In ihrer heutigen Form wurde die neun Hektar große Anlage 1880 durch Schenkungsmittel Lord Ardilauns, eines Mitglieds der Guinness-Familie, geschaffen. Zwischen Blumenbeeten, Bäumen, einem Brunnen und einem See stehen diverse Statuen namhafter Dubliner. Neben einer James-Joyce-Büste (siehe S. 90) findet man auch ein W.-B.-Yeats-Denkmal (siehe S. 232f) von Henry Moore. Das Denkmal des Na-

Bronzestatue der *Molly Malone* in der Grafton Street

Hotels und Restaurants in Dublin *siehe Seiten 294–298 und Seiten 324–328*

Erholung suchende Dubliner am Ufer des Sees in St Stephen's Green

tionalistenführers Wolfe Tone, von den Einheimischen auch »Tonehenge« genannt, an der Ecke Merrion Row wurde 1967 von Edward Delaney entworfen. Im Musikpavillon (1887) finden im Sommer tagsüber Freikonzerte statt.

Das imposante Royal College of Surgeons (Königliches Chirurgenkolleg, 1806) steht auf der Westseite. Während des Aufstands von 1916 *(siehe S. 44f)* hatten sich dort unter dem Kommando der Gräfin Constance Markievicz Rebellen verschanzt.

Am geschäftigsten ist die im 19. Jahrhundert als Beaux-Promenade bekannte Nordseite des Parks, auf der sich bis heute Gentlemen-Clubs befinden. Das auffälligste Gebäude ist das kürzlich renovierte Shelbourne Hotel. Seit der Eröffnung 1867 ist der Eingang mit Statuen nubischer Prinzessinnen samt Sklaven geschmückt. Ein Blick in das lüstergeschmückte Foyer ist ebenso lohnenswert wie ein Besuch der Lord Mayor's Lounge zum Nachmittagstee.

Auf der Südseite befindet sich das Newman House, Sitz der Katholischen Universität Irlands (heute Bestandteil des University College). Der erste Rektor des 1854 erbauten Hauses war der englische Theologe John Henry Newman. Berühmte Schüler waren Patrick Pearse, der ehemalige Präsident Eamon de Valera *(siehe S. 45)* und der Dichter James Joyce.

In den umliegenden Gebäuden findet man einige der besterhaltenen georgianischen Interieurs. So sind die Wände und die Decken des Apollon-Zimmers im Haus Nr. 85 mit Barock-Stuckaturen (1739) der Schweizer Paolo und Filippo Francini geschmückt.

Das Bischofszimmer im Haus Nr. 86 ist mit Möbeln aus dem 19. Jahrhundert ausgestattet. Die kleine Universitätskirche (1856) nebenan hat ein byzantinisches Marmorinterieur. Gleichfalls auf der Südseite des Parks befindet sich Iveagh House, ein Stadthaus der Familie Guinness, in dem jetzt das Außenministerium ansässig ist.

Mansion House ❺

Dawson St. **Stadtplan** E4.
◯ *für die Öffentlichkeit.*

Das attraktive Gebäude an der Dawson Street wurde 1710 im Queen-Anne-Stil für den Aristokraten Joshua Dawson erbaut. 1715 erwarb die Stadt das Haus als Amtssitz des Bürgermeisters. Die Stuckfassade wurde in viktorianischer Zeit angebracht. Der Round Room neben dem Hauptgebäude wurde 1821 aus Anlass des Besuchs von König George IV errichtet.

Die Abgeordneten des Dáil Éireann *(siehe S. 65)*, das die Unabhängigkeitserklärung beschloss, traten hier erstmals am 21. Januar 1919 zusammen.

St Ann's Church ❻

Dawson St. **Stadtplan** E4. ☎ 676 7727. ◯ *Mo–Fr 10–16 Uhr (So an Gottesdiensten: 8, 10.45, 18.30 Uhr).*

Zu ihrer beeindruckenden romanischen Fassade kam die 1707 erbaute Kirche erst 1868. Innen sind farbenprächtige Bleiglasfenster aus der Mitte des 19. Jh. zu bewundern. 1723 schenkte Lord Newton der Kirche Geld zur Armenspeisung. Der alte Brottisch steht noch neben dem Altar. Berühmte Gemeindemitglieder waren Wolfe Tone *(siehe S. 40)*, der hier 1785 heiratete, Douglas Hyde *(siehe S. 83)* und Bram Stoker (1847–1912), der Autor von *Dracula*.

Glaube, Hoffnung und Wohltätigkeit, Fensterdetail, St Ann's Church

Trinity College ❷

Wappen des Trinity College

Das Trinity College wurde 1592 von Königin Elizabeth I auf dem Gelände eines ehemaligen Augustinerklosters gegründet. Katholiken besuchen die ursprünglich protestantische Universität in größerer Anzahl erst seit rund 25 Jahren. Zu den berühmtesten Studenten zählen die Dramatiker Oliver Goldsmith und Samuel Beckett sowie der Autor Edmund Burke. Die Rasenflächen und gepflasterten Quadrate des Kollegs sind eine Oase der Ruhe in der Stadt. Attraktionen sind der Long Room und das in der Alten Bibliothek verwahrte *Book of Kells*.

★ **Campanile**
Der 30 Meter hohe Glockenturm wurde 1853 von Sir Charles Lanyon erbaut, dem Architekten der Queen's University in Belfast (siehe S. 278).

Ruhende verbundene Formen (1969) von Henry Moore

Kapelle (1798)
Die einzige Kapelle der Republik, die von allen Konfessionen genutzt wird. Das Fenster über dem Altar datiert von 1867.

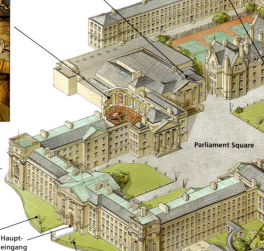

Speisesaal (1761)

Parliament Square

Statue Edmund Burkes (1868) von John Foley

Haupteingang

Statue Oliver Goldsmiths (1864) von John Foley

Rektorat (1760)

SAMUEL BECKETT (1906–1989)

Der Nobelpreisträger Samuel Beckett kam 1906 in Foxrock zur Welt. Ab 1923 studierte er am Trinity College Sprachen. Beckett schloss sein Studium mit Auszeichnung ab und war erfolgreiches Mitglied im College-Cricket-Team. Anfang der 1930er Jahre zog er nach Frankreich. Viele seiner Werke, darunter auch *Warten auf Godot* (1951), schrieb er zunächst auf Französisch und übertrug sie erst viel später ins Englische.

Prüfungshalle
In dem nach Plänen von Sir William Chambers 1791 fertiggestellten Raum beeindrucken vor allem der vergoldete Eichenholzlüster und die Decke.

SÜDOST-DUBLIN: TRINITY COLLEGE 63

Library Square
Das rote Backsteingebäude auf der Ostseite des Bibliotheksplatzes wurde um 1700 gebaut und ist der älteste Teil des Kollegs.

INFOBOX

College Green. **Stadtplan** D3.
896 1724. DART zur Pearse Street. 10, 14, 15, 46 u. a. **Alte Bibliothek u. Long Room** Mai–Okt: Mo–Sa 9.30–17, So 9.30–16 Uhr (Okt–Apr: So 12–16.30 Uhr). 10 Tage an Weihnachten. nach Anmeld. **Kapelle** nach Vereinbarung. **Douglas Hyde Gallery** nur zu Ausstellungen. www.tcd.ie/library

Laden und Eingang zur Alte Bibliothek

Das Museumsgebäude (1857) ist bekannt für sein venezianisches Exterieur, seine herrliche, farbenprächtige Halle und das zweikuppelige Dach.

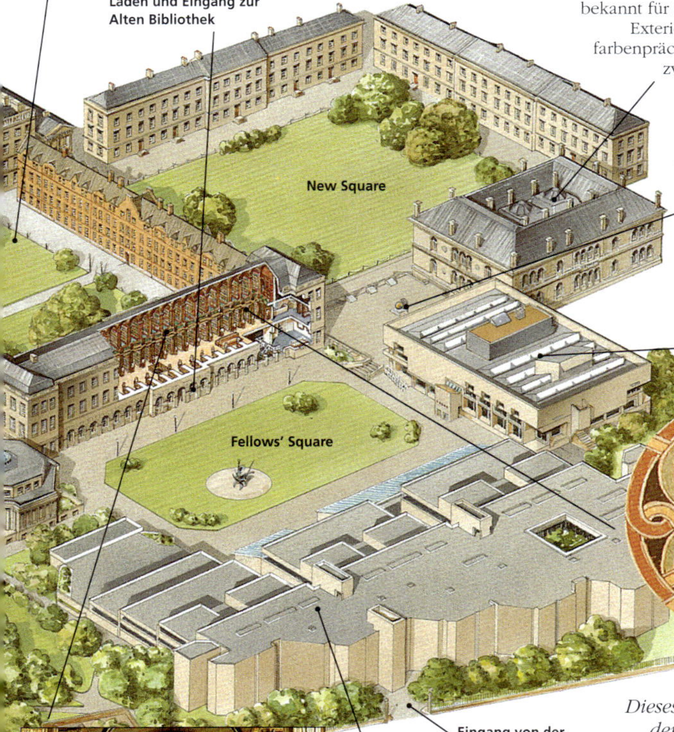

New Square

Sphere within Sphere (1982) ist eine Schenkung des Künstlers Arnaldo Pomodoro.

Berkeley Library Building von Paul Koralek (1967)

Fellows' Square

Eingang von der Nassau Street

Die Douglas-Hyde-Galerie präsentiert seit den 1970er Jahren zeitgenössische Kunst.

★ **Alte Bibliothek**
Dieses Detail stammt aus dem Book of Durrow, *das mit weiteren herrlich illustrierten Manuskripten und dem* Book of Kells *(siehe S. 64) in der Alten Bibliothek verwahrt wird.*

★ **Long Room** *(1732) Der spektakuläre Raum ist insgesamt 64 Meter lang. Er beherbergt 200 000 alte Texte, Marmorbüsten von Gelehrten und die älteste Harfe Irlands.*

NICHT VERSÄUMEN

★ Alte Bibliothek

★ Campanile

★ Long Room

Book of Kells

Die schönste mittelalterliche Handschrift Irlands, das *Book of Kells*, stammt von Mönchen, die 806 n. Chr. vor den Wikingern von Iona nach Kells bei Newgrange *(siehe S. 241)* flüchteten. Das Buch, das im 17. Jahrhundert ins Trinity College *(siehe S. 62f)* gebracht wurde, enthält die vier Evangelien in lateinischer Sprache. Das Manuskript ist mit verschlungenen Spiralen, Menschen- und Tierdarstellungen verziert. Einige der Farben wurden eigens aus dem Nahen Osten importiert.

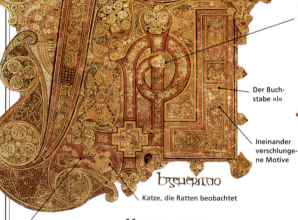

Mottenpaar

Stilisierter Engel

Griechischer Buchstabe »X«

Der Buchstabe, der wie ein »P« aussieht, ist ein griechisches »R«.

Der Buchstabe »I«

Ineinander verschlungene Motive

Katze, die Ratten beobachtet

Die Brot fressenden Ratten könnten eine Anspielung auf Sünder sein, die die Kommunion empfangen. Die Bedeutung der das Buch schmückenden Menschen und Tiere ist oft schwer ergründbar.

MONOGRAMMSEITE
Die kunstvollste Seite des Buchs enthält die ersten drei Wörter des Matthäus-Evangeliums zur Geburt Christi. Das erste Wort »XRI« ist eine Abkürzung für »Christus«.

Die Symbole der vier Evangelisten kehren in dem Buch immer wieder. Die Figur des Mannes versinnbildlicht den hl. Matthäus.

Ein ganzseitiges Porträt des hl. Matthäus, der barfuß vor einem Thron steht, ist vor dem Beginn des Matthäus-Evangeliums eingefügt.

Der Text ist in keltischen Schriftzeichen mit farbenprächtig verzierten Anfangsbuchstaben geschrieben. Tier- und Menschendarstellungen markieren oft die Zeilenenden.

Der von einer Kuppel überwölbte Lesesaal im ersten Stock der Nationalbibliothek

National Museum [7]

Siehe S. 66 f.

National Library [8]

Kildare St. **Stadtplan** E4. 661 0200. Mo–Mi 9.30–21, Do, Fr 9.30–17, Sa 9.30–13 Uhr. Feiertage. www.nli.ie

Die von Sir Thomas Deane entworfene Nationalbibliothek wurde 1890 eröffnet. Sie birgt die Sammlung der Royal Dublin Society, die 1731 zur Förderung von Kunst und Wissenschaft und zur Linderung der Armut gegründet wurde. Zudem stehen hier die Erstausgaben sämtlicher irischer Autoren und Exemplare praktisch aller in Irland veröffentlichten Bücher sowie die Manuskripte des Dramatikers George Bernard Shaw und des Politikers Daniel O'Connell *(siehe S. 42)*. Das Manuskript der *Topographia Hiberniae* (13. Jh.) von Giraldus Cambrensis gehört ebenso zu den Schätzen wie eine Fotosammlung aus dem viktorianischen Irland.

Der Lesesaal im ersten Stock (in dem Joyce die literarische Debatte im *Ulysses* spielen lässt) ist mit Arbeitstischen und grünen Lampen ausgestattet. Bitten Sie um einen Besucherausweis. Über die Erforschung von Stammbäumen können Sie sich hier, aber auch in der großen genealogischen Abteilung des Heraldic Museum, Kildare Street 2 und 3, informieren.

Leinster House [9]

Kildare St. **Stadtplan** E4. 618 3000. nur Gruppen nach Anmeldung (für Ausländer bei ihrer Botschaft). *Einzelheiten telefonisch erfragen.* www.oireachtas.ie

Das beeindruckende Palais beherbergt die beiden Kammern des irischen Parlaments *(Dáil* und *Seanad)*. Es wurde 1745 für den Duke of Leinster erbaut. Richard Castle gestaltete die zur Kildare Street gewandte Front im Stil eines Stadthauses, während die auf den Merrion Square blickende Rückseite an ein ländliches Gutshaus erinnert. 1815 erwarb die Royal Dublin Society das Gebäude. Die Regierung kaufte dann 1922 zunächst einen Teil des Anwesens für »parlamentarische Zwecke«, später auch das restliche Gebäude.

Interessierte können die wichtigsten Räume (u. a. den *Seanad*-Saal) besichtigen.

PARLAMENT

Der Irische Freistaat, Vorläufer der Republik Irland, wurde 1922 *(siehe S. 44)* gegründet, obwohl bereits seit 1919 ein inoffizielles irisches Parlament *(Dáil)* getagt hatte. Heute besteht das Parlament aus zwei Häusern: dem *Dáil Éireann* (Unterhaus, Repräsentantenhaus) und dem *Seanad Éireann* (Oberhaus, Senat). Premierminister ist der *Taoiseach*, Stellvertreter der *Tánaiste*. Die 166 Abgeordneten des Dáil – *Teachta Dála* oder TDs – werden nach dem Verhältniswahlrecht bestimmt, die 60 Senatoren von verschiedenen Individuen und Institutionen ernannt, darunter vom *Taoiseach* und der Universität Dublin.

Eröffnung des ersten Parlaments des Irischen Freistaats 1922

Hotels und Restaurants in Dublin *siehe Seiten 294–298 und Seiten 324–328*

National Museum of Ireland ❼

Das irische Nationalmuseum mit Sammlungen zu Archäologie und Geschichte wurde kurz nach 1880 nach Plänen von Sir Thomas Deane erbaut. Die Halle ist mit Marmorsäulen und einem Tierkreismosaik geschmückt. Die Schatzkammer birgt Stücke wie das Goldboot von Broighter *(siehe S. 33)*, die Ausstellung *Ór – Irisches Gold* zeigt bronzezeitliche Goldarbeiten und Schmuck wie den Gleninsheen-Ringkragen *(siehe S. 32f)*. Ferner werden prähistorische Exponate aus Irland und Ägypten gezeigt.

Ägyptische Mumie
Der Sarkophag der Tentdinebu entstand vermutlich zwischen 945 und 716 v. Chr. Das farbenprächtige Stück ist Teil der umfangreichen ägyptischen Sammlung.

★ **Ór – Irisches Gold**
Die Sammlung gehört zu den umfangreichsten bronzezeitlichen Goldes in Westeuropa. Die abgebildete Gold-Lunula (1800 v. Chr.) ist eines der Schmuckstücke der Sammlung.

Legende

☐	Königtum und Opferung
☐	Ór – Irisches Gold
☐	Schatzkammer
☐	Prähistorisches Irland
☐	Mittelalterliches Irland
☐	Wikinger-Ausstellung
☐	Altägyptische Sammlung
☐	Sonderausstellungen
☐	Kein Ausstellungsbereich

Moorleichen
Die konservierte Hand (um 600 v. Chr.) ist ein Exponat der faszinierenden Ausstellung von 2003 entdeckten Moorleichen aus der Eisenzeit.

Haupteingang

Kurzführer
Im Erdgeschoss finden Sie die Schatzkammer und die Ausstellungen Ór – Irisches Gold, Königtum und Opferung *und* Prähistorisches Irland. *Der erste Stock beherbergt Wikinger-Exponate und die* Altägyptische Sammlung. *Die Exponate des Museums werden von Zeit zu Zeit neu organisiert.*

Die Kuppel-Rotunde, die der des Alten Museums in Berlin nachempfunden ist, bildet eine eindrucksvolle Eingangshalle.

Die Schatzkammer beherbergt Meisterwerke des irischen Kunsthandwerks, etwa den Kelch von Ardagh *(siehe S. 55)*.

SÜDOST-DUBLIN: NATIONAL MUSEUM

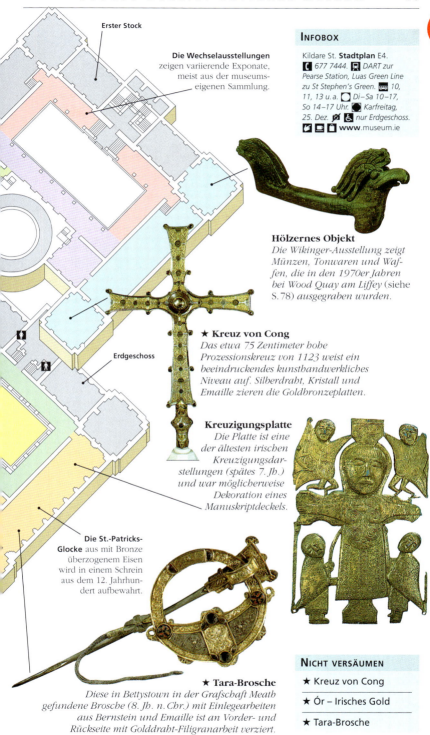

Erster Stock

Die Wechselausstellungen zeigen variierende Exponate, meist aus der museumseigenen Sammlung.

INFOBOX

Kildare St. **Stadtplan** E4.
677 7444. DART zur Pearse Station, Luas Green Line zu St Stephen's Green. 10, 11, 13 u.a. Di–Sa 10–17, So 14–17 Uhr. Karfreitag, 25. Dez. nur Erdgeschoss.
www.museum.ie

Hölzernes Objekt
Die Wikinger-Ausstellung zeigt Münzen, Tonwaren und Waffen, die in den 1970er Jahren bei Wood Quay am Liffey (siehe S. 78) *ausgegraben wurden.*

Erdgeschoss

★ Kreuz von Cong
Das etwa 75 Zentimeter hohe Prozessionskreuz von 1123 weist ein beeindruckendes kunsthandwerkliches Niveau auf. Silberdraht, Kristall und Emaille zieren die Goldbronzeplatten.

Kreuzigungsplatte
Die Platte ist eine der ältesten irischen Kreuzigungsdarstellungen (spätes 7. Jh.) und war möglicherweise Dekoration eines Manuskriptdeckels.

Die St.-Patricks-Glocke aus mit Bronze überzogenem Eisen wird in einem Schrein aus dem 12. Jahrhundert aufbewahrt.

★ Tara-Brosche
Diese in Bettystown in der Grafschaft Meath gefundene Brosche (8. Jh. n.Chr.) mit Einlegearbeiten aus Bernstein und Emaille ist an Vorder- und Rückseite mit Golddraht-Filigranarbeit verziert.

NICHT VERSÄUMEN

★ Kreuz von Cong

★ Ór – Irisches Gold

★ Tara-Brosche

Natural History Museum ❿

Merrion St. **Stadtplan** E4.
677 7444. bis auf Weiteres wegen Renovierung geschlossen.
www.museum.ie

Das auch als »Toter Zoo« bezeichnete Museum ist mit alten Vitrinen gefüllt, in denen ausgestopfte Tiere aus aller Welt gezeigt werden. Eröffnet wurde das Haus 1857 mit einer Rede von David Livingstone über die afrikanische Fauna. Das Museum ist wegen der umfassenden Renovierung des 150 Jahre alten Gebäudes geschlossen, nachdem beim Einsturz einer Treppe im Juni 2007 elf Besucher verletzt wurden.

Einige Exponate sind während der Renovierung im National Museum of Ireland (siehe S. 66f.) zu sehen, darunter drei riesige Skelette des ausgestorbenen Irischen Elchs sowie etliche in Gläsern konservierte Kraken, Blutegel und Würmer.

Weitere Ausstellungsstücke umfassen die Blaschka-Kollektion (aus Glas modellierte Meerestiere), eine Ausstellung mit Hochwild-Trophäen sowie die Skelette eines 1862 in der Bantry Bay (siehe S. 167) gefundenen Finnwals und eines Buckelwals, der 1893 bei Inishcrone angeschwemmt wurde.

Haupteingang des Natural History Museum

National Gallery ⓫

Siehe S. 70f.

Georgianische Stadthäuser an den Parkanlagen des Merrion Square

Merrion Square ⓬

Stadtplan F4.

Der Merrion Square zählt zu den größten georgianischen Plätzen Dublins. Das rund fünf Hektar große Geviert wurde 1762 von John Ensor angelegt.

Auf der Westseite beeindrucken die imposanten Fassaden des Natural History Museum, der National Gallery und der vordere Garten des Leinster House (siehe S. 65). Gleichwohl kann sich dieses erhabene Dreigespann mit den georgianischen Stadthäusern auf den übrigen Seiten des Platzes nicht messen. Viele haben leuchtend farbige Türen, schmiedeeiserne Balkone und kunstvolle Türklopfer. Die ältesten Häuser befinden sich auf der Nordseite.

An vielen der heute meist gewerblich genutzten Häuser geben Tafeln Auskunft über die Persönlichkeiten, die hier einst wohnten. Dazu gehören der Katholiken-Führer Daniel O'Connell (siehe S. 42), der im Haus Nr. 48 lebte, und der Dichter W.B. Yeats (siehe S. 232f) im Haus Nr. 82. Der Dramatiker Oscar Wilde (siehe S. 22) verbrachte seine Kindheit im Haus Nr. 1.

Die Parkanlage in der Mitte des Platzes bietet hübsche Blumenarrangements. Während der Großen Hungersnot von 1845 bis 1848 (siehe S. 219) war hier eine Suppenküche. Auf der Nordwestseite des Parks steht der Rutland-Brunnen (1791), der allein für die Armen errichtet wurde.

Etwas abseits liegt das Geburtshaus des Duke of Wellington (24 Merrion Street Upper), der – wegen seiner irischen Herkunft gehänselt – sagte: »In einem Stall geboren zu sein, macht einen noch nicht zu einem Pferd.«

Royal Hibernian Academy ⓭

15 Ely Place. **Stadtplan** E5. 661 2558. Di, Mi, Fr, Sa 11–17, Do 11–20, So 14–17 Uhr. Mo, Feiertage, Weihnachtsferien.
www.royalhibernianacademy.com

Die Akademie ist einer der größten Ausstellungsorte der Stadt. Hier werden Exponate von irischen und internationalen Künstlern gezeigt, im traditionellen und im innovativen Stil. Der moderne Bau aus Backstein und Glas setzt sich am Ende der georgianischen Ely Place markant vom georgianischen Umfeld ab.

Fitzwilliam Square ⓮

Stadtplan E5. **No. 29 Fitzwilliam St Lower** 702 6165. Di–Sa 10–17, So 14–17 Uhr. 3 Wochen an Weihnachten.
www.esb.ie/numbertwentynine

Der ab 1790 angelegte Platz zählt zu Dublins spätesten georgianischen Anlagen. Heute haben sich hier zahlreiche Arztpraxen angesiedelt.

In den 1960er Jahren fielen 16 Stadthäuser an der Fitzwilliam Street Lower, Fortsetzung des Fitzwilliam Square, dem Hauptquartier der Elektrizitätswerke zum Opfer. Das Unternehmen versucht, die Empörung durch die Restaurierung des georgianischen Hauses Nr. 29 zu besänftigen.

Hotels und Restaurants in Dublin siehe Seiten 294–298 und Seiten 324–328

Dublins georgianische Reihenhäuser

Das 18. Jahrhundert war Dublins Epoche des Wohlstands, in der die irischen Lords, die nicht länger als arme Vettern der britischen erscheinen wollten, aus Dublin eine der schönsten Städte Europas machten. Man baute elegante Reihenhäuser *(terraces)*, die neue Straßen und Plätze säumten. Im 19. Jahrhundert ging der Reichtum verloren. Etliche Familien mussten ihre Häuser in Mietswohnungen unterteilen, viele bedeutende Straßen verkamen. Zur Zeit des Wirtschaftsbooms in den 1960er Jahren schien die Bausubstanz bedroht. Glücklicherweise blieb vieles erhalten. So kann man bis heute am Merrion Square oder Fitzwilliam Square erstklassige Architektur bewundern.

Türklopfer, Merrion Square

Mansarde

Spielzimmer

Die Schlafzimmer befanden sich meist im zweiten Stock. Weiter oben lagen die Räume der Bediensteten und der Kinder.

Schmiedeeiserne Balkone *waren wirkungsvolle architektonische Elemente. Die noch vorhandenen stammen meist aus viktorianischer Zeit.*

Üppige Stuckarbeiten *dienten im 18. Jahrhundert dazu, den Wohlstand des Besitzers zu dokumentieren.*

Der Salon befand sich stets im ersten Stock. Die hohe Decke war mit kunstvollen Stuckarbeiten ornamentiert.

Architrav

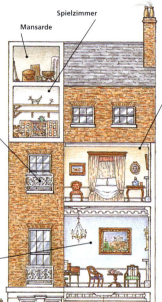

Das Esszimmer lag meist im Erdgeschoss.

Die Küche war mit einem großen Herd ausgestattet, der mit Kohle oder Holz befeuert wurde. In der Speisekammer daneben wurden die Vorräte aufbewahrt.

Die Eingangstür *wurde gewöhnlich von einer segmentierten Lünette gekrönt. Die Hauptverzierung der Tür selbst war ein schwerer Türklopfer aus Messing.*

GEORGIANISCHE REIHENHÄUSER
Obwohl georgianische Straßenzüge oft einheitlich erscheinen, haben die Häuser ganz unterschiedliche Lünetten, Architrave und Balkone. In der Eingangshalle gab es meist einen Steinfußboden. Gegenüber der Eingangstür führte eine Treppe nach oben. Viele der Stadthäuser hatten keinen Garten, doch die Parks im Zentrum der Plätze waren ausschließlich den Anwohnern vorbehalten.

National Gallery of Ireland ⓫

Die National Gallery wurde 1864 eröffnet. Dank großzügiger Schenkungen beherbergt sie exzellente Stücke, etwa die einst im Russborough House (siehe S. 132) beheimatete Milltown-Sammlung. Auch George Bernard Shaw gehörte zu ihren Förderern – mit einem Drittel seines Vermögens. Der Schwerpunkt liegt auf irischer Landschafts- und Porträtmalerei. Die Sammlung reicht vom 14. bis zum 20. Jahrhundert mit Werken von Jack B. Yeats, William Orpen und Francis Danby. Aber auch Goya, El Greco, Vermeer, Tizian und Monet sind vertreten.

Der heimatlose Wanderer von J. Foley

★ **Pierrot**
Diese kubistische Arbeit des in Spanien geborenen Künstlers Juan Gris ist eine seiner zahlreichen Variationen des Themas Pierrot und Harlekin. Das Bild stammt von 1921.

Kurzführer
Sammlungen irischer und britischer Kunst befinden sich auf Ebene 1, die National Portrait Gallery ebenfalls. Bilder europäischer Schulen hängen auf Ebene 2. Im anschließenden Millennium Wing gibt es thematische Wechselausstellungen.

Zwischengeschoss

★ **For the Road**
Ein ganzer Raum ist dem Werk Jack Yeats' (1871–1957) gewidmet. Das Bild reflektiert die Verbundenheit des Künstlers mit der Landschaft von Sligo.

Der Shaw Room ist eine von lebensgroßen Porträts (17.–20. Jh.) gesäumte Halle, die von herrlichen Waterford-Kristalllüstern erleuchtet wird.

Nicht versäumen
★ *Die Kreuzabnahme Christi* (Caravaggio)
★ *For the Road* (Jack Yeats)
★ *Pierrot* (Juan Gris)

Eingang am Merrion Square

SÜDOST-DUBLIN: NATIONAL GALLERY

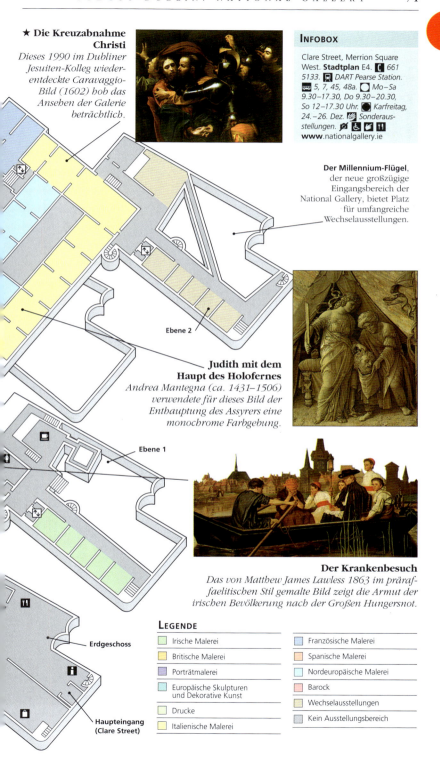

★ Die Kreuzabnahme Christi
Dieses 1990 im Dubliner Jesuiten-Kolleg wiederentdeckte Caravaggio-Bild (1602) hob das Ansehen der Galerie beträchtlich.

INFOBOX

Clare Street, Merrion Square West. **Stadtplan** E4. 661 5133. DART Pearse Station. 5, 7, 45, 48a. Mo–Sa 9.30–17.30, Do 9.30–20.30, So 12–17.30 Uhr. Karfreitag, 24.–26. Dez. Sonderausstellungen.
www.nationalgallery.ie

Der Millennium-Flügel, der neue großzügige Eingangsbereich der National Gallery, bietet Platz für umfangreiche Wechselausstellungen.

Ebene 2

Judith mit dem Haupt des Holofernes
Andrea Mantegna (ca. 1431–1506) verwendete für dieses Bild der Enthauptung des Assyrers eine monochrome Farbgebung.

Ebene 1

Der Krankenbesuch
Das von Matthew James Lawless 1863 im präraffaelitischen Stil gemalte Bild zeigt die Armut der irischen Bevölkerung nach der Großen Hungersnot.

Erdgeschoss

Haupteingang (Clare Street)

LEGENDE

	Irische Malerei		Französische Malerei
	Britische Malerei		Spanische Malerei
	Porträtmalerei		Nordeuropäische Malerei
	Europäische Skulpturen und Dekorative Kunst		Barock
	Drucke		Wechselausstellungen
	Italienische Malerei		Kein Ausstellungsbereich

SÜDWEST-DUBLIN

Die Gegend um die Burg wurde bereits in prähistorischer Zeit besiedelt, hier liegen die Wurzeln der Stadt. Dublin verdankt seinen Namen dem dunklen Gewässer *(Dubh Linn)*, das sich am Zusammenfluss des Liffey und des Poddle bildete, einem Fluss, der früher über das Burgareal floss. Er ist heute unterirdisch kanalisiert und ergießt sich nahe der Grattan-Brücke in den Liffey. Ausgrabungen hinter dem Wood Quay am Liffey-Ufer haben ergeben, dass die Wikinger hier um 841 einen Handelsposten gegründet hatten. Nach der Invasion Richard de Clares 1170 entwickelte sich eine mittelalterliche Stadt. Die Anglo-Normannen umgaben die Burg mit einer starken Verteidigungsmauer. Ein kleiner rekonstruierter Teil dieser alten Stadtmauer ist nahe der St Audoen's Church zu sehen. Zeugnisse aus der anglo-normannischen Zeit sind Christ Church Cathedral und St Patrick's Cathedral. Als sich die Stadt in georgianischer Zeit nach Norden und Osten hin ausdehnte, verwandelten sich die engen, gepflasterten Straßen von Temple Bar in ein von Handwerkern und Kaufleuten bewohntes Viertel. Heute gilt die Gegend mit ihren Läden und Cafés als schickstes Viertel der Stadt. Das Powerscourt Townhouse, ein im 18. Jahrhundert errichtetes Palais, ist in eines der besten Einkaufszentren der Stadt umgewandelt worden.

Das Relief in der St Patrick's Cathedral zeigt Turlough O'Carolan

SEHENSWÜRDIGKEITEN AUF EINEN BLICK

Museen und Bibliotheken
Chester Beatty Library and Gallery of Oriental Art ❷
Dublinia and the Viking World ❽
Marsh's Library ⓬

Historische Gebäude
Dublin Castle S. 76 f ❶
Powerscourt Townhouse ❹
Rathaus ❸
Tailors' Hall (Gewandhaus) ❿

Historische Straßen
Temple Bar ❺
Wood Quay ❻

Kirchen
Christ Church Cathedral S. 80 f ❼
St Audoen's Church ❾
St Patrick's Cathedral ⓫
Whitefriar Street Carmelite Church ⓭

LEGENDE
Detailkarte *siehe S. 74 f*

0 Meter 250

◁ Temple Bar: Künstlerviertel und beliebter Treffpunkt junger Dubliner *(siehe S. 78)*

Im Detail: Südwest-Dublin

Obwohl Südwest-Dublin mit Gebäuden wie dem Dublin Castle und der Christ Church Cathedral aufwartet, lässt dieser Teil der Stadt den Charme der Gegend rund um die Grafton Street vermissen. In jüngster Zeit bemühte man sich jedoch, das Viertel attraktiver zu gestalten. Insbesondere um Temple Bar säumen nun Kunstgalerien, Läden und Cafés die hübschen Straßen.

Sunlight Chambers
heißt das 1900 von der Lever-Brothers-Gruppe erbaute Haus. Die hübsche Terrakotta-Fassade wirbt auch für die Waschmittel des Konzerns.

Wood Quay
Hier gründeten die Wikinger 841 ihre erste ständige Siedlung in Irland. ❻

★ Christ Church Cathedral
In Irlands ältester Kathedrale findet man unter den Familiengrabmälern auch jenes des 19. Earl of Kildare. ❼

Chester Beatty Library and Gallery of Oriental Art
Sie versammelt Kunstobjekte aus dem Nahen und Fernen Osten. ❷

Dublinia and the Viking World
Das mittelalterliche Dublin ist Thema dieses interaktiven Museums, das in der ehemaligen Synodalhalle der Church of Ireland untergebracht ist. ❽

Rathaus
Das ursprünglich 1779 als Königliche Börse erbaute Verwaltungszentrum der Stadt besticht durch seinen korinthischen Portikus.

★ Dublin Castle
Der Salon mit seinem Waterford-Kristalllüster ist einer der luxuriösen Räume, die im 18. Jahrhundert für die Vizekönige von Irland errichtet wurden. ❶

Hotels und Restaurants in Dublin siehe Seiten 294–298 und Seiten 324–328

SÜDWEST-DUBLIN

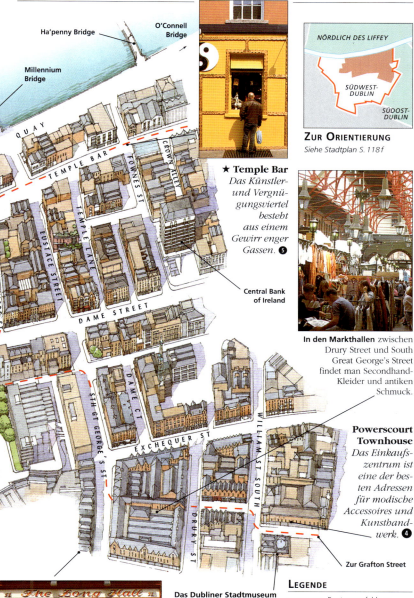

ZUR ORIENTIERUNG
Siehe Stadtplan S. 118f

★ Temple Bar
Das Künstler- und Vergnügungsviertel besteht aus einem Gewirr enger Gassen. ❺

Central Bank of Ireland

In den Markthallen zwischen Drury Street und South Great George's Street findet man Secondhand-Kleider und antiken Schmuck.

Powerscourt Townhouse
Das Einkaufszentrum ist eine der besten Adressen für modische Accessoires und Kunsthandwerk. ❹

Zur Grafton Street

Das Dubliner Stadtmuseum ist im früheren City Assembly House untergebracht und dokumentiert mit vielen Exponaten die Geschichte Dublins von Vor-Wikinger-Zeiten bis zu den 1960er Jahren.

The Long Hall ist ein wunderbar altmodisches Pub. Hinter der langen Bar des schmalen Raums sind zahllose alte Uhren aufgereiht.

0 Meter 50

LEGENDE
– – – Routenempfehlung

NICHT VERSÄUMEN
★ Christ Church Cathedral

★ Dublin Castle

★ Temple Bar

Stadtplan Dublin siehe Seiten 116–119

Dublin Castle ❶

Dublins Name leitet sich von dem alten Hafen *Dubh Linn* ab, der sich im Bereich der heutigen Schlossgärten befand. Teile der alten Stadtbefestigung aus dem 10. Jahrhundert sind in der Krypta noch zu sehen. Das Schloss wurde 1024 von König John als stärkste Festung Irlands erbaut. Dublin Castle war 700 Jahre lang das Zentrum britisch-kolonialer Herrschaft in Irland mit all ihrer militärischen und politischen Macht.

Nach dem Brand 1684 ließ Sir William Robinson den Oberen und Unteren Schlosshof anlegen. Auf der Südseite des Oberen Hofes befinden sich die Prunkgemächer sowie die prächtige St Patrick's Hall.

Hl. Patrick von Edward Smyth

Justitia
Die Statue über dem Haupteingang kehrt der Stadt den Rücken zu und war deshalb den Dublinern oft Anlass für Hohn und Spott.

★ **Thronsaal**
Dies ist einer der prächtigen Räume. Er enthält einen Thron, der 1821, anlässlich des Besuchs von König George IV, aufgestellt wurde.

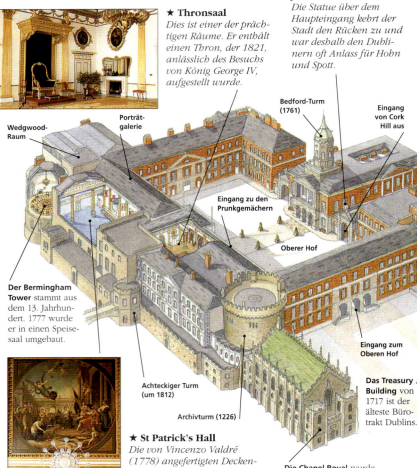

Wedgwood-Raum

Porträtgalerie

Bedford-Turm (1761)

Eingang von Cork Hill aus

Eingang zu den Prunkgemächern

Oberer Hof

Der Bermingham Tower stammt aus dem 13. Jahrhundert. 1777 wurde er in einen Speisesaal umgebaut.

Achteckiger Turm (um 1812)

Archivturm (1226)

Eingang zum Oberen Hof

Das Treasury Building von 1717 ist der älteste Bürotrakt Dublins.

★ **St Patrick's Hall**
Die von Vincenzo Valdré (1778) angefertigten Deckengemälde in dieser mit Bannern geschmückten Halle versinnbildlichen die Beziehung zwischen Großbritannien und Irland.

Die Chapel Royal wurde 1814 von Francis Johnston vollendet. Die 100 Köpfe an der Außenseite stammen von Edward Smyth.

INFOBOX

Nahe Dame St. **Stadtplan** C3.
677 7129. 49, 56A, 77A, 123. **Staatsgemächer** Mo–Fr 10–16.45, Sa, So u. Feiertage 14–16.45 Uhr. 1. Jan, Karfreitag, 25., 26. Dez u. zu offiziellen Anlässen. obligatorisch. www.dublincastle.ie

Robert Emmet

Robert Emmet (1778–1803), der Anführer des gescheiterten Aufstands von 1803, gilt bis heute als Held. Er wollte mit der Besetzung von Dublin Castle ein Fanal im Kampf gegen das Unionsgesetz *(siehe S. 42)* setzen. Emmet wurde in den Record Tower geworfen und gehenkt. Doch die Rede, die er vorher hielt, inspirierte noch die nachfolgenden Generationen in ihrem Freiheitskampf.

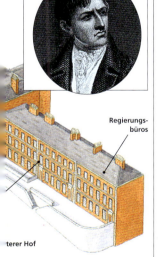

Nicht Versäumen

★ St Patrick's Hall

★ Thronsaal

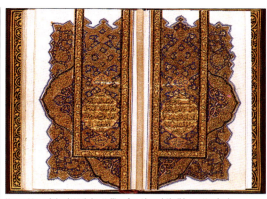

Koran-Manuskript (1874) des Kalligrafen Ahmad Shaikh aus Kaschmir, ausgestellt in der Chester Beatty Library

Chester Beatty Library and Gallery of Oriental Art ❷

Clock Tower Building, Dublin Castle.
407 0750. Mo–Fr 10–17 (Okt–Apr: Di–Fr), Sa 11–17, So 13–17 Uhr. Karfreitag, 24.–26. Dez u. Feiertage. www.cbl.ie

Die weltbekannte Sammlung erhielt 2002 den Titel Europäisches Museum des Jahres. Der amerikanische Bergbaumagnat Sir Alfred Chester Beatty, der 1968 starb, vermachte sie dem Staat. Wegen dieser Gabe wurde er 1957 zu Irlands erstem Ehrenbürger ernannt. Beatty sammelte fast 300 Koran-Ausgaben vieler Meisterkalligrafen. In der Sammlung finden sich 6000 Jahre alte babylonische Steintafeln, griechische Papyrusrollen und Bibelauszüge in koptischer Sprache.

Die Schätze aus dem Fernen Osten umfassen eine Sammlung chinesischer Jadebücher – jedes Blatt dieser Bücher ist eine hauchdünne Jadescheibe mit eingravierten, goldgefüllten Schriftzeichen. Burmesische und siamesische Kunst ist durch Exponate aus dem 18. und 19. Jahrhundert, den *Parabaiks*, vertreten. Dies sind Bücher aus Papier von Maulbeerbaumblättern. Sie enthalten Volkssagen, die mit farbenfrohen Illustrationen versehen sind. Die Exponate der japanischen Sammlung reichen vom 16. bis zum 19. Jahrhundert. Überaus interessant sind auch die westeuropäischen Manuskripte, allen voran das *Coëtivy Book of Hours*, ein illustriertes französisches Gebetbuch aus dem 15. Jahrhundert.

Rathaus ❸

Lord Edward St. **Stadtplan** C3.
222 2204. Mo–Sa 10–17.15, So u. Feiertage 14–17 Uhr. Karfreitag, 24.–26. Dez.

Der von Thomas Cooley entworfene, »korinthische« Bau wurde 1769–79 als Börse errichtet. 1852 wurde er von der Dublin Corporation übernommen und diente fortan als Versammlungsort des Stadtrats. Hinter der säulenverzierten Fassade öffnet sich die Eingangsrotunde mit einer von sechs Paar kannelierten Säulen gestützten Kuppel. Das Gebäude wurde kürzlich renoviert. Im Untergeschoss ist eine Ausstellung zur Stadtgeschichte untergebracht: *Dublin City Hall – The Story of the Capital*.

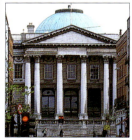

Rathaus von der Parliament Street aus

Innenhof des Einkaufszentrums, Powerscourt Townhouse

Powerscourt Townhouse ❹

South William St. **Stadtplan** D4.
📞 671 7000. 🕐 Mo–Fr 10–18 (Do bis 20), Sa 9–18, So 12–18 Uhr. Siehe auch **Shopping** S. 352–355.
www.powerscourtcentre.com

Das 1774 von Robert Mack vollendete Palais war Stadtresidenz des Vicomte Powerscourt (siehe S. 134f), der auch einen Landsitz in Enniskerry besaß. Für den Bau schaffte man von seinem Landgut Granit heran. Heute beherbergt das Gebäude eines der besten Dubliner Einkaufszentren. Innen sind noch immer die Mahagonitreppe und die Stuckarbeiten von Michael Stapleton zu sehen.

1830 wurde das Gebäude von einer Textilhandlung genutzt. Nach weiteren Umbauten in den 1960er Jahren zogen Galerien, Cafés, Juweliere und Luxusläden in das Gebäude mit dem von einer Glaskuppel gekrönten Innenhof. Man erreicht Powerscourt Townhouse auch von der Grafton Street aus durch die schmale Johnson Court Alley.

Temple Bar ❺

Stadtplan C3. **Temple Bar Information Centre** 18 Eustace St.
📞 677 2255 (Tonband). 🕐 tägl. Feiertage. Siehe auch **Unterhaltung** S. 114. **Project** 39 East Essex Street. 📞 881 9613. **Irish Film Institute** 6 Eustace Street. 📞 679 5744. 🎬 Diversions (Mai–Sep). www.templebar.ie

Einige der besten Ausgehtreffs und Restaurants sowie ungewöhnliche Läden säumen die engen Pflasterstraßen zwischen der Bank of Ireland (siehe S. 60) und der Christ Church Cathedral. Im 18. Jahrhundert waren hier eine Menge schräge Vögel ansässig. Die Fownes Street war für ihre Bordelle bekannt. Doch auch der Parlamentarier Henry Grattan (siehe S. 40) wurde hier geboren. Bis nach dem Zweiten Weltkrieg lebten und arbeiteten hier Handwerker. Mit der Industrialisierung verfiel die Gegend.

In den 1970er Jahren erwarb die nationale Transportgesellschaft CIE in der Umgebung Grundstücke, um ein großes Busdepot anzulegen. Während sie noch mit der Beschaffung der Immobilien befasst war, vermietete die Gesellschaft alte Ladengeschäfte an junge Künstler, Platten-, Textil- und Buchhändler. So nahm das Viertel einen »alternativen« Charakter an. Die CIE ließ schließlich von ihren Bauplänen ab. Zynische Dubliner sagen, die Gegend sei jetzt die »offizielle Kunstzone« der Stadt – doch die lebendige Atmosphäre zieht immer noch viele junge Leute an, nicht zuletzt wegen der zahlreichen Bars, Restaurants, Läden und Galerien.

Zu den Highlights gehören das **Project**, ein anerkanntes Zentrum für avantgardistische Kunst-Performances, und das **Irish Film Institute**, das nicht nur Arthouse- und Programmfilme zeigt, sondern auch über ein Restaurant mit Bar und einen Laden verfügt.

Beim Meeting House Square liegt einer der Schauplätze von Diversions, einem Sommerfestival mit Open-Air-Konzerten, Theater- und Filmvorführungen. Hier befinden sich auch das National Photogra-

Ein Pub in Temple Bar

phic Archive und die Gallery of Photography. Samstags gibt es einen Lebensmittelmarkt, auf dem Austern, Lachs, Käse und andere lokale Produkte angeboten werden.

Wood Quay ❻

Stadtplan B3.

An dieser nach den starken Holzbohlen, mit denen das Land vor dem Wasser geschützt wurde, benannten Stelle ließen sich die Wikinger erstmals in Irland nieder. Ausgrabungen haben Reste eines der frühesten Wikinger-Dörfer in Irland freigelegt (siehe S. 79). Das Areal ist seit Anfang 2008 zugänglich. Viele der Funde sind im Nationalmuseum (siehe S. 66f) und in der Dublinia-Ausstellung (siehe S. 79) zu sehen.

Bummel in den Straßen von Temple Bar

Hotels und Restaurants in Dublin siehe Seiten 294–298 und Seiten 324–328

Frühere Synodalhalle, jetzt Schauplatz der Dublinia-Ausstellung

Christ Church Cathedral ❼

Siehe S. 80 f.

Dublinia and the Viking World ❽

St Michael's Hill. **Stadtplan** B3.
☎ 679 4611. ◯ Ostern–Sep: tägl. 10–17 Uhr; Okt–Ostern: Mo–Fr 11–16, Sa, So u. Feiertage 10–16 Uhr. ● 23.–26. Dez, 17. März. 🖼 Eintritt zur Christ Church Cathedral über die Brücke inkl. ♿ www.dublinia.ie

Der gemeinnützige Medieval Trust ist Schirmherr der Dublinia-Ausstellung, die Dublins frühe Geschichte von der Ankunft der Anglo-Normannen im Jahr 1170 bis zur Auflösung der Klöster 1538 bis 1541 *(siehe S. 38)* dokumentiert. Die Ausstellung ist in der neogotischen Synodalhalle untergebracht, in der bis 1983 die Church of Ireland residierte. Die Halle und ihre Verbindungsbrücke zur Christ Church Cathedral wurden um 1870 erbaut. Vor der Einrichtung der Dublinia 1993 war die Synodalhalle kurzzeitig ein Nachtclub.

Man betritt die Ausstellung durch das Untergeschoss, wo der mit einem Tonband ausgestattete Besucher an lebensgroßen Dioramen vorbeigeführt wird. Sie zeigen wichtige Ereignisse der Dubliner Geschichte, etwa die Pest und den Aufstand des Silken Thomas *(siehe S. 38)*. Im Erdgeschoss gibt es ein Modell von Dublin um 1500, diverse bei der Wood-Quay-Grabung gefundene Gegenstände und Rekonstruktionen, darunter eine spätmittelalterliche Küche. Auf Informationstafeln werden die Themen Handel und Religion erläutert.

Dublinia umfasst nun auch The Viking World, eine Ausstellung, die sich mit den mythenumwobenen Wikingern beschäftigt

Einen fantastischen Ausblick genießt man vom 60 Meter hohen Turm von St Michael.

St Audoen's Church ❾

High St, Cornmarket. **Stadtplan** B3.
☎ 677 0088. ◯ ganzjährig. 🖼 ♿

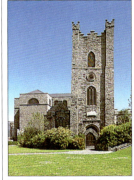

Turm der St Audoen's Church

Die denkmalgeschützte St Audoen's Church, das älteste noch existierende Gotteshaus in Dublin, ist das ganze Jahr über für Besucher geöffnet. Der über 800 Jahre alte Turm gilt als ältester Kirchturm Irlands. Die drei Glocken wurden 1423 hinzugefügt. Auch das Kirchenschiff (ebenfalls aus dem 15. Jh.) ist erhalten. Die Kirche steht in einem Kirchhof, der weite Rasenflächen mit gepflegten Büschen aufweist. An der Rückseite führen Stufen zum St-Audoen's-Bogen hinunter, dem einzigen verbliebenen alten Stadttor. Flankiert wird das Tor von Teilen der restaurierten Stadtmauer aus dem 13. Jahrhundert. Direkt daneben steht die 1847 fertiggestellte römisch-katholische St Audoen's Church.

DIE WIKINGER IN DUBLIN

Wikinger landeten seit Ende des 8. Jahrhunderts immer wieder in Irland und gründeten 841 Dublin. Wo der Fluss Poddle mit einem schwarzen Strudel *(Dubh Linn)* in den Liffey mündete, bauten sie am heutigen Standort von Dublin Castle ein Fort. Eine weitere Siedlung legten sie am Wood Quay an *(siehe S. 78)*. Sie handelten mit Silber und Sklaven und betrieben Piraterie. Nach der Niederlage gegen Brian Ború in der Schlacht von Clontarf 1014 *(siehe S. 34)* integrierten sich die Wikinger in ihr Umfeld und wurden Christen. Nach der anglo-normannischen Invasion von 1170 *(siehe S. 36)* zerfiel ihr Handelsposten. Viele der Bewohner wurden in die Kolonie Oxmanstown auf der Nordseite des Flusses umgesiedelt.

Ein Wikingerschiff in der Bucht von Dublin

Christ Church Cathedral ❼

Wappen am Kirchenstuhl des Bürgermeisters

Die Christ Church Cathedral wurde von Sitric »Silkbeard«, dem irisch-normannischen König Dublins, und Dunan, dem ersten Bischof Dublins, gegründet. 1186 wurde sie von Erzbischof John Cumin neu erbaut. Sie ist die Kathedrale der (anglikanischen) Diözese Dublin und Glendalough. In den 1870er Jahren wurde das baufällige Gebäude vom Architekten George Street völlig umgestaltet. Die riesige Krypta wurde 2000 renoviert.

★ Lesepult
Das schöne Messingpult im nördlichen Querschiff wurde im Mittelalter gefertigt. Ein weiteres Pult steht an der Nordseite des Mittelschiffs vor der Kanzel.

Der Kirchenstuhl des Bürgermeisters
wird gewöhnlich im nördlichen Seitenschiff aufbewahrt, jedoch ins vordere Mittelschiff gestellt, wenn städtische Würdenträger zugegen sind. Der Stuhl trägt das Stadtwappen und besitzt einen Ständer für den Amtsstab.

Mittelschiff
Das 25 Meter hohe Schiff besticht durch seine gotischen Bogen. Auf der Nordseite ragt eine als Dachstütze genutzte Wand aus dem 13. Jahrhundert etwa 50 Zentimeter hervor.

Eingang

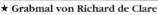

★ Grabmal von Richard de Clare
Die große Figur im Kettenpanzer ist wohl nicht de Clare. Er ist jedoch in der Kathedrale begraben – und der liegende Ritter ist vielleicht Teil seines ursprünglichen Grabmals.

Die Brücke zur Synodalhalle wurde bei der Umgestaltung der Kathedrale in den 1870er Jahren hinzugefügt.

NICHT VERSÄUMEN

★ Grabmal von Richard de Clare

★ Krypta

★ Lesepult

SÜDWEST-DUBLIN: CHRIST CHURCH CATHEDRAL

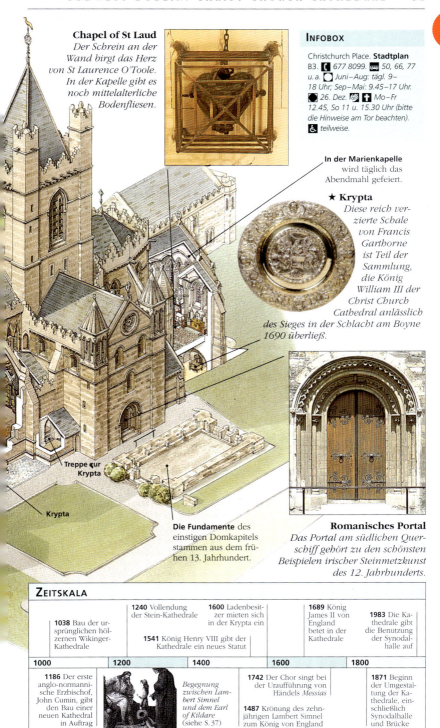

Chapel of St Laud
Der Schrein an der Wand birgt das Herz von St Laurence O'Toole. In der Kapelle gibt es noch mittelalterliche Bodenfliesen.

INFOBOX

Christchurch Place. **Stadtplan** B3. 677 8099. 50, 66, 77 u. a. Juni–Aug: tägl. 9–18 Uhr; Sep–Mai: 9.45–17 Uhr. 26. Dez. Mo–Fr 12.45, So 11 u. 15.30 Uhr (bitte die Hinweise am Tor beachten). teilweise.

In der Marienkapelle wird täglich das Abendmahl gefeiert.

★ **Krypta**
Diese reich verzierte Schale von Francis Garthorne ist Teil der Sammlung, die König William III der Christ Church Cathedral anlässlich des Sieges in der Schlacht am Boyne 1690 überließ.

Treppe zur Krypta

Krypta

Die Fundamente des einstigen Domkapitels stammen aus dem frühen 13. Jahrhundert.

Romanisches Portal
Das Portal am südlichen Querschiff gehört zu den schönsten Beispielen irischer Steinmetzkunst des 12. Jahrhunderts.

ZEITSKALA

1000	1200	1400	1600	1800
1038 Bau der ursprünglichen hölzernen Wikinger-Kathedrale	**1240** Vollendung der Stein-Kathedrale	**1600** Ladenbesitzer mieten sich in der Krypta ein	**1689** König James II von England betet in der Kathedrale	**1983** Die Kathedrale gibt die Benutzung der Synodalhalle auf
		1541 König Henry VIII gibt der Kathedrale ein neues Statut		
1186 Der erste anglo-normannische Erzbischof, John Cumin, gibt den Bau einer neuen Kathedrale in Auftrag	*Begegnung zwischen Lambert Simnel und dem Earl of Kildare (siehe S. 37)*	**1742** Der Chor singt bei der Uraufführung von Händels *Messias*		**1871** Beginn der Umgestaltung der Kathedrale, einschließlich Synodalhalle und Brücke
		1487 Krönung des zehnjährigen Lambert Simnel zum König von England		

Tailors' Hall (Gewandhaus) ⑩

Back Lane. **Stadtplan** B4. 454 1786. Mo–Fr 9–17 Uhr.
www.antaisce.org

Das Gewandhaus, das einzige noch existierende Zunfthaus Dublins, versprüht inmitten eines Sanierungsgebiets altmodischen Charme. Das 1706 errichtete Gebäude steht hinter einem Kalksteinbogen in einem Hof. Es ist Irlands ältestes Zunfthaus und wurde früher von unterschiedlichen Gewerben genutzt. Es diente auch als politischer Treffpunkt: So sprach Wolfe Tone vor dem Aufstand von 1798 *(siehe S. 41)* hier zu den United Irishmen. Das Gebäude wurde Anfang der 1960er Jahre wegen Baufälligkeit geschlossen, doch Desmond Guinness sorgte für eine vollständige Renovierung.

St Patrick's Cathedral mit dem Minot-Turm samt Turmhelm

St Patrick's Cathedral ⑪

St Patrick's Close. **Stadtplan** B4. 453 9472. März–Okt: Mo–Sa 9–11, 12.45–15, So 16.15–18 Uhr; Nov–Feb: Mo–Fr 9–18, Sa 9–17, So 12.45–15 Uhr. So 12, 15.15 Uhr (keine Besichtigung während des Gottesdienstes).
www.saintpatrickscathedral.ie

Das größte irische Gotteshaus steht neben einer heiligen Quelle, an der der hl. Patrick um 450 n. Chr. zum Glauben Bekehrte getauft haben soll. Um die Wende zum 20. Jahrhundert wurde eine Steinplatte mit einem keltischen Kreuz darauf ausgegraben, die die Quelle bedeckte. Sie wird heute am westlichen Ende des Hauptschiffs der Kathedrale verwahrt. Ursprünglich war die Kathedrale eine Holzkapelle, die 1192 unter Erzbischof John Cumin durch einen Steinbau ersetzt wurde. In den folgenden Jahrhunderten galt die St Patrick's Cathedral als Gotteshaus des Volkes, während die ältere Christ Church Cathedral *(siehe S. 80 f)* vom britischen Establishment genutzt wurde. Mitte des 17. Jahrhunderts kamen hugenottische Flüchtlinge aus Frankreich nach Dublin und erhielten dort die Lady Chapel als Gotteshaus zugewiesen. Heute ist die St Patrick's Cathedral Hauptkirche der irischen Protestanten.

Ein Großteil des heutigen Gebäudes wurde zwischen 1254 und 1270 fertiggestellt. Die Kathedrale wurde im Lauf der Jahrhunderte vernachlässigt, brannte nieder und konnte nur dank der Großzügigkeit von Sir Benjamin Guinness um 1860 gründlich restauriert werden. Das Bauwerk ist 91 Meter lang. Am westlichen Ende befindet sich der 1370 unter Erzbischof Minot restaurierte und als Minot-Turm bekannte 43 Meter hohe Glockenturm. Der Turmhelm wurde im 18. Jahrhundert hinzugefügt.

Das Innere der Kathedrale ist mit Gedenkbüsten, Messingtafeln und Monumenten übersät. Ein am Eingang erhältliches Faltblatt hilft bei der Orientierung. Das größte und kunstvollste Grabmal ließ sich im 17. Jahrhundert die Familie Boyle errichten. Die von Richard Boyle, Earl of Cork, dem Andenken seiner zwei-

Fassade des Gewandhauses, nun Sitz des Irish National Trust *(An Taisce)*

JONATHAN SWIFT (1667–1745)

Jonathan Swift wurde in Dublin geboren und am Trinity College *(siehe S. 62 f)* ausgebildet. 1689 ging er nach England, kehrte jedoch 1694 zurück, als seine politische Karriere scheiterte. Er schlug die Kirchenlaufbahn ein und wurde 1713 Dekan der St Patrick's Cathedral. Daneben war er politischer Kommentator. Sein bekanntestes Werk *Gullivers Reisen* ist eine Satire auf die anglo-irischen Beziehungen. Swifts Privatleben, vor allem seine Freundschaft mit zwei jüngeren Frauen – Esther Johnson und Hester Vanhomrigh –, machte ihn zur Zielscheibe der Kritik. In seinen letzten Jahren litt Swift unter der Ménière-Krankheit, einem Ohrenleiden, das viele glauben ließ, er sei wahnsinnig geworden.

Hotels und Restaurants in Dublin *siehe Seiten 294–298 und Seiten 324–328*

ten Frau Katherine gewidmete Grabstätte ist mit Darstellungen seiner Angehörigen geschmückt. Andere berühmte Bürger, derer in der Kirche gedacht wird, sind der Harfenist Turlough O'Carolan (1670–1738, *siehe S. 24*) und der erste irische Präsident Douglas Hyde (1860–1949).

Im nördlichen Querschiff befindet sich die »Swift-Ecke«, in der ein Bücherschrank mit Swifts Totenmaske und etlichen seiner Schriften verwahrt wird. Ein von Swift selbst niedergeschriebenes Epitaph findet man an der Wand auf der Südwestseite des Schiffs. Wenige Schritte entfernt markieren zwei Messingplatten sein Grab und das seiner geliebten Esther, die 1728 starb.

Am westlichen Ende gibt es eine Tür mit einem Loch, das auf eine Fehde zwischen den Lords Kildare und Ormonde 1492 zurückgeht. Lord Ormonde hatte im Stiftshaus Zuflucht gesucht. Es wurde jedoch bald Friede geschlossen, und Kildare schnitt ein Loch in die Tür, um Ormonde die Hand zu reichen.

Marsh's Library [12]

St Patrick's Close. **Stadtplan** B4.
454 3511. Mo, Mi–Fr 10–13, 14–17, Sa 10.30–13 Uhr. 10 Tage um Weihnachten, Feiertage.
www.marshlibrary.ie

Die älteste öffentliche Bibliothek Irlands wurde 1701 für den Dubliner Erzbischof Narcissus Marsh gebaut. Sie wurde von Sir William Robinson entworfen, der auch einen Großteil von Dublin Castle *(siehe S. 76f)* und das Royal Hospital Kilmainham *(siehe S. 97)* erbaute.

Die Bücherschränke werden von einer Mitra gekrönt und sind mit geschnitzten Giebeln und eingelassenen Goldlettern geschmückt. Im rückwärtigen Teil der Bibliothek gibt es vergitterte Alkoven, in die Leser von seltenen, wertvollen Büchern eingeschlossen wurden. Zur Büchersammlung (16., 17. und frühes 18. Jh.) gehören unersetzliche Bände, darunter auch Bischof Bedells Übersetzung des Alten Testaments ins Irische (1685).

Marienaltar in der Karmeliterkirche in der Whitefriar Street

Whitefriar Street Carmelite Church [13]

56 Aungier St. **Stadtplan** C4.
475 8821. Mo, Mi–Fr 8–18, Di 8–21.30, Sa 8–19, So 8–19.30, Feiertage 9.30–13 Uhr.
www.carmelites.ie

George Papworth entwarf diese 1827 erbaute katholische Kirche. Sie steht neben der Stätte eines mittelalterlichen Karmeliterklosters.

Während die St Patrick's und die Christ Church, die zwei Kathedralen der Kirche von Irland, viele Reisende anziehen, trifft man hier zumeist Dubliner an. Sie kommen, um für die Heiligen Kerzen zu entzünden – unter anderem für den hl. Valentin, den Schutzpatron der Liebenden. Seine Überreste lagen auf dem Friedhof des hl. Hippolytus in Rom, bis Papst Gregor XVI. sie 1836 der Kirche schenkte. Heute ruhen sie unter der Statue des hl. Valentin, die an der nordöstlichen Seite neben dem Hochaltar steht.

Berühmt ist die flämische Marienstatue der Lady of Dublin (spätes 15. oder frühes 16. Jh.) aus Eiche. Sie hat früher vielleicht der St Mary's Abbey *(siehe S. 93)* gehört und soll die einzige Holzstatue ihrer Art sein, die die während der Reformation angerichteten Zerstörungen in den irischen Klöstern *(siehe S.38)* unbeschadet überstanden hat.

Grabmal (1632) der Familie Boyle in der St Patrick's Cathedral

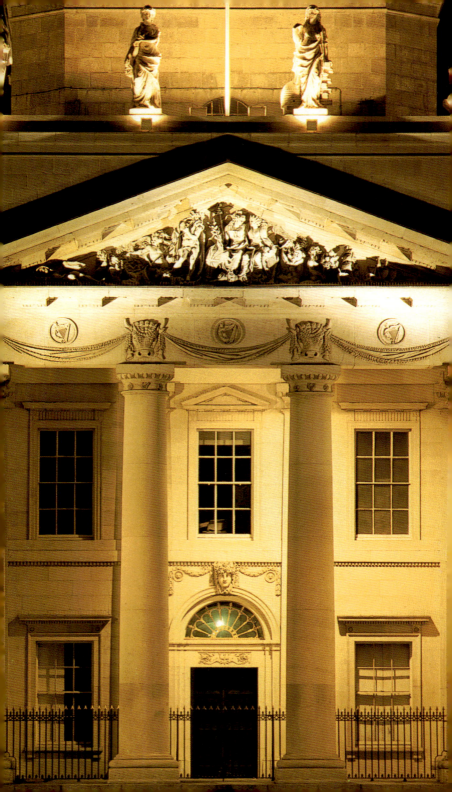

NÖRDLICH DES LIFFEY

Der Dubliner Norden entstand als letzter Teil der Stadt im 18. Jahrhundert. Die Behörden wollten hier ein Gebiet mit großzügigen Alleen schaffen, doch der Straßenverkehr machte diesen Plan zunichte. Dennoch ist die von schönen Statuen und Denkmälern gesäumte O'Connell Street recht eindrucksvoll. Hier kaufen die Dubliner ein. In einigen der Seitenstraßen, vor allem in der Moore Street, findet man bunte Verkaufsstände und Straßenhändler. Einige öffentliche Gebäude wie James Gandons großartiges Zollhaus, die majestätischen Four Courts und das historische Hauptpostamt *(siehe S. 89)*

Statue von James Joyce in der Earl Street North

geben dieser Gegend zusätzlichen Charme. Das schöne Rotunden-Hospital war die erste offizielle Entbindungsklinik in Europa. Die beiden berühmtesten Dubliner Theater, Abbey und Gate, sind ebensolche Besuchermagneten wie das Dublin Writers Museum und das James-Joyce-Zentrum – zwei Museen, die den Schriftstellern Dublins gewidmet sind.

Auch die schönsten georgianischen Straßenzüge befinden sich im Norden der Stadt. Viele sind vernachlässigt, doch einige, beispielsweise die North Great George's Street, werden derzeit restauriert.

SEHENSWÜRDIGKEITEN AUF EINEN BLICK

Museen und Sammlungen
Dublin Writers Museum ⑨
Hugh Lane Gallery ⑩
James Joyce Centre ⑤
Old Jameson's Distillery ⑬

Historische Gebäude
Custom House ①
Four Courts ⑮
King's Inns ⑪
Rotunda Hospital ⑦

Historische Straßen und Brücken
Ha'penny Bridge ⑰
O'Connell Street ③
Smithfield ⑫

Theater
Abbey Theatre ②
Gate Theatre ⑥

Kirchen
St Mary's Abbey ⑯
St Mary's Pro-Cathedral ④
St Michan's Church ⑭

Park
Garden of Remembrance ⑧

LEGENDE

Detailkarte *siehe S. 86 f*

Busbahnhof

Luas-Haltestelle

Information

◁ **Der Portikus des Custom House wird abends schön beleuchtet** *(siehe S. 88)*

Im Detail: O'Connell Street und Umgebung

Pflastermosaik in der Moore Street

Während der georgianischen Ära galt die O'Connell Street als vornehmste Wohngegend Dublins. Beim Osteraufstand von 1916 wurden viele der schönen Häuser zerstört, einschließlich eines Großteils des Hauptpostamts, von dem nur die Fassade erhalten blieb. Heute wird die O'Connell Street von Läden gesäumt. Weitere Attraktionen in der Nähe sind St Mary's Pro-Cathedral und James Gandons Custom House.

James Joyce Center
In dem schönen georgianischen Stadthaus befindet sich ein kleines Joyce-Museum. ❺

Parnell-Denkmal (1911)

Gate Theatre
Das 1928 gegründete Theater ist für seine Inszenierungen zeitgenössischer Stücke bekannt. ❻

Rotunda Hospital
Im Rotunden-Hospital gibt es eine 1750 nach dem Entwurf von Richard Castle erbaute Kapelle. Man findet dort schöne Bleiglasfenster, kannelierte Säulen, Paneele und kunstvolle Eisenbalustraden. ❼

Der Markt in der Moore Street ist der geschäftigste im Umfeld der O'Connell Street. Budenverkäufer bieten lautstark eine immense Auswahl an frischem Obst, Gemüse und Schnittblumen an.

Das Monument of Light, eine elegante Stahlskulptur, ist 120 Meter hoch.

Das Hauptpostamt ist das größte Gebäude an der O'Connell Street und stand im Zentrum des Aufstands von 1916.

James-Larkin-Statue (1981)

Legende
— Routenempfehlung
🚋 Luas-Haltestelle
ℹ Information

0 Meter   50

Nicht versäumen
★ Custom House
★ O'Connell Street

Hotels und Restaurants in Dublin siehe Seiten 294–298 und Seiten 324–328

St Mary's Pro-Cathedral

Die 1825 erbaute Kirche ist das wichtigste Gotteshaus der Dubliner Katholiken. Das Gipsrelief über dem Altar stellt Mariä Himmelfahrt dar. ❹

ZUR ORIENTIERUNG
Siehe Stadtplan S. 118f

Die James-Joyce-Statue (1990) von Marjorie Fitzgibbon erinnert an den berühmtesten irischen, 1882 in Dublin geborenen Romancier. In seinen Büchern *Dubliners* und *Ulysses* hat er die Menschen und Straßen Dublins dargestellt.

Abbey Theatre

Das irische Nationaltheater ist weltweit für seine Inszenierungen der Stücke irischer Dramatiker wie Sean O'Casey und J. M. Synge bekannt. ❷

★ O'Connell Street

Die Errichtung des Daniel-O'Connell-Denkmals von John Foley hat von der Grundsteinlegung 1864 bis zur Vollendung 19 Jahre gedauert. ❸

Butt Bridge

O'Connell Bridge

Zum Trinity College

★ Custom House

Dieser Kopf von Edward Smyth versinnbildlicht den Fluss Liffey. Er ist einer von 14 Schlusssteinen, die das Zollhaus schmücken. ❶

Stadtplan Dublin *siehe Seiten 116–119*

Das angestrahlte Custom House und sein Widerschein im Liffey

Custom House ❶

Custom House Quay. **Stadtplan** E2.
[888 2538. ☐ *Mitte März–Okt:
Mo–Fr 10–12.30, Sa, So 14–17 Uhr;
Nov–Mitte März: Mi–Fr 10–12.30,
Sa, So 14–17 Uhr.* ♿ *nur an Werktagen.*

Das majestätische Gebäude wurde vom englischen Architekten James Gandon als Zollhaus entworfen. Doch nur neun Jahre nach der Fertigstellung wurde die Zollverwaltung durch das Unionsgesetz von 1800 *(siehe S. 42)* nach London verlegt und das Gebäude somit überflüssig. 1921 feierten Sinn-Féin-Anhänger ihren Wahlsieg, indem sie das Haus – in ihren Augen Symbol des britischen Imperialismus – in Brand setzten. Das Feuer tobte fünf Tage lang und richtete schweren Schaden an. 1926 begann man mit der Restaurierung, die sich bis 1991 hinzog, als das Zollhaus schließlich in ein Regierungsgebäude umgewandelt wurde.

An den beiden Enden der Hauptfassade befinden sich Pavillons, in der Mitte ist ein dorischer Portikus. Das irische Wappen krönt die Pavillons. 14 allegorische Häupter des Dubliner Bildhauers Edward Smyth bilden die Schlusssteine der Bogen und Eingänge. Die Köpfe symbolisieren die wichtigsten irischen Flüsse und den Atlantik. Die zentrale Kupferkuppel wird von einer Darstellung des Handels gekrönt. Die Nordfassade weist Allegorien von Europa, Afrika, Amerika und Asien auf.

Abbey Theatre ❷

Lower Abbey St. **Stadtplan** E2.
[878 7222. ☐ *nur zu Aufführungen.* **Vorverkauf** ☐ *Mo–Sa 10.30–19 Uhr.* Siehe auch **Unterhaltung** S. 108. www.abbeytheatre.ie

Emblem des Abbey Theatre

Das von W. B. Yeats und Lady Gregory 1898 gegründete Abbey führte 1904 das erste Stück auf. In den ersten Jahren brachte dieses hochgelobte Nationaltheater vor allem Stücke von W. B. Yeats, J. M. Synge und Sean O'Casey zur Aufführung. Es kam auch zu Skandalen, etwa als 1926 bei der Premiere von O'Caseys *The Plough and the Stars* die Fahne des Irischen Freistaats auf der Bühne in einem von Prostituierten besuchten Pub zu sehen war.

Noch heute ist das Abbey für Inszenierungen irischer Autoren des frühen 20. Jahrhunderts bekannt, obwohl seit einiger Zeit in dem kleinen Abbey & Peacock Theatre im Tiefgeschoss auch zeitgenössische Autoren aufgeführt werden. Zu den erfolgreichsten Vorstellungen zählte Brian Friels *Dancing at Lughnasa* (1990). An den Wänden im Foyer und in der Bar hängen Porträts berühmter Mitarbeiter des Theaters.

O'Connell Street ❸

Stadtplan D1–D2.

Diese Straße hat sich ganz anders entwickelt, als es die Pläne von Luke Gardiner vorsahen. Als der irische Adlige das Land um 1750 erwarb, schwebte ihm eine Vorzeigemeile mit eleganten Wohnhäusern und zentraler Promenade vor. Diese Vision zerplatzte jedoch schnell: Der Bau der Carlisle-Brücke (der heutigen O'Connell Bridge) 1790 machte die Straße zu Dublins wichtigster Nord-Süd-Achse. Der Osteraufstand von 1916 und der Irische Bürgerkrieg zogen zudem etliche Gebäude in Mitleidenschaft.

Hotels und Restaurants in Dublin *siehe Seiten 294–298 und Seiten 324–328*

NÖRDLICH DES LIFFEY

Seit den 1960er Jahren wich viel alte Bausubstanz neonbeleuteten Amüsierstätten, Fast-Food-Restaurants und Ladenketten.

Einige ehrwürdige Bauten haben die Zeiten überdauert, so das Hauptpostamt GPO (1818), das Gresham Hotel (1817), das Warenhaus Clery's (1822) und der im einzigen original erhaltenen Stadthaus der Straße untergebrachte Teil des Hotel Royal Dublin.

Die Vielfalt der Baustile macht einen Bummel durch die O'Connell Street sehr reizvoll. Die O'Connell Street (früher Sackville Street) heißt seit 1922 nach dem berühmten katholischen »Befreier« Daniel O'Connell (siehe S. 42), dessen Denkmal (1822) unübersehbar am Südende aufragt. Etwas weiter nördlich, gegenüber dem Hauptpostamt, erinnert eine Statue an James Larkin (1867–1943), der 1913 den Dubliner Generalstreik anführte. Das nächste Standbild zeigt Father Theobald Mathew (1790–1856), der die Abstinenzler-Bewegung ins Leben rief. Das obeliskenähnliche Denkmal am Nordende der Straße ehrt Charles Stewart Parnell (1846–1891), den Führer der Home Rule Party (siehe S. 43), der auch als »ungekrönter König von Irland« bekannt ist.

Heute ragt an der Stelle, die einst die Nelson-Säule zierte, das *Monument of Light* auf. Das Denkmal aus Edelstahl hat die Form einer kegelförmigen Nadel, deren Durchmesser sich von drei Metern an der Basis bis auf zehn Zentimeter in 120 Metern Höhe zuspitzt, wo ein Glaskörper leuchtet.

Südliches Ende der O'Connell Street mit dem Daniel-O'Connell-Denkmal

James-Larkin-Statue (1981) in der O'Connell Street

St Mary's Pro-Cathedral ❹

Marlborough St. **Stadtplan** D2.
📞 878 7222. 🕐 Mo–Fr 7.30–18.45, Sa 7.30–19.15, So 9–13.45, 17.30–19.45 Uhr.
www.procathedral.ie

Die 1825, noch vor Gleichstellung der Katholiken (siehe S. 42), der Jungfrau Maria geweihte Kirche ist Dublins katholische Kathedrale. Ihr abgelegener Standort war das Äußerste, was die anglo-irischen Stadtführer der Kirche zugestanden. Die Fassade ist dem Athener Theseus-Tempel nachempfunden. Dorische Säulen stützen einen Giebel mit Statuen des hl. Laurence O'Toole, Erzbischof und Schutzpatron Dublins (12. Jh.), der Jungfrau Maria und des hl. Patrick. St Mary's ist Heimstatt des Palestrina-Chors. 1904 begann der Tenor John McCormack (siehe S. 24) hier seine Laufbahn. Der Chor singt sonntags um 11 Uhr.

DAS GENERAL POST OFFICE (GPO)

Titelseite des *Irish Life*-Magazins: Osteraufstand-Szene von 1916

Das 1818 an der O'Connell Street erbaute Hauptpostamt ist ein Symbol des Osteraufstands von 1916. Mitglieder der Irish Volunteers und der irischen Bürgerarmee besetzten das Gebäude am Ostermontag. Patrick Pearse (siehe S. 44) verlas von den Stufen des Gebäudes die Proklamation der Irischen Republik. Die Rebellen konnten das GPO eine Woche lang halten, aber die Beschießung durch die Briten zwang sie schließlich zur Aufgabe. Anfangs gingen viele Iren auf Distanz zu den Aufständischen. Doch als in den folgenden Wochen im Gefängnis von Kilmainham (siehe S. 97) 14 Anführer erschossen wurden, änderte sich die Situation grundlegend. Heute findet man in dem Gebäude eine Statue des legendären irischen Kriegers Cúchulainn (siehe S. 26).

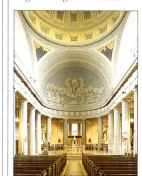
Klassizistisches Hauptschiff der St Mary's Pro-Cathedral

James Joyce Centre ❺

35 North Great George's St. **Stadtplan** D1. 878 8547. Di–Sa 10–17 Uhr. 1. Jan, Karfreitag, 23.–31. Dez u. Feiertage. www.jamesjoyce.ie

Den größten Teil seines Lebens verbrachte James Joyce außerhalb Irlands, seine Hauptwerke (*Ulysses*, *Dubliners*) aber spielen in der Heimatstadt des Autors. Das Zentrum ist in einem Stadthaus des Earl of Kenmare von 1784 untergebracht. Michael Stapleton, einer der größten irischen Stuckateure seiner Zeit, hat an den Stuckarbeiten mitgewirkt, von denen v. a. die Friese bemerkenswert sind.

Die literarische Ausstellung befasst sich mit den Biografien von rund 50 Figuren aus Joyce' *Ulysses*, die alle reale Dubliner Bürger zum Vorbild hatten. Professor Dennis J. Maginni, eine Nebenfigur in *Ulysses*, betrieb in diesem Haus eine Tanzschule. Leopold und Molly Bloom, die Hauptfiguren, wohnten ein paar Schritte entfernt in der Eccles Street 7. Das Zentrum veranstaltet Dichterlesungen und Führungen durch das Dublin von James Joyce.

Das von Jesuiten geführte Belvedere College am Ende der Straße in der Great Denmark Street besuchte Joyce 1893–1898. Seine unglücklichen Schultage hat er in *Jugendbildnis* beschrieben. Im Innern des College findet man einige der besten Stuckaturen (1785) Stapletons.

JAMES JOYCE (1882–1941)

Der in Dublin geborene Joyce verbrachte sein Leben größtenteils im alten Europa. Doch Dublin war Hintergrund all seiner großen Werke wie *Dubliners*, *Jugendbildnis* und *Ulysses*. Joyce behauptete, wenn die Stadt je zerstört werden sollte, könnte man sie anhand des *Ulysses* rekonstruieren. Die Iren jedoch brandmarkten das Buch als pornografisch und publizierten es erst in den 1960er Jahren.

Gate Theatre ❻

Cavendish Row. **Stadtplan** D1. nur zu Aufführungen. **Vorverkauf** 874 4045. Mo–Sa 10–19 Uhr. Siehe auch **Unterhaltung** S. 108. www.gatetheatre.ie

Eingang des Gate Theatre

Das 1928 von Hilton Edwards und Mícheál Mac Liammóir gegründete Theater ist vor allem für seine Aufführungen zeitgenössischer internationaler Dramen bekannt. Liammóir ist bis heute vor allem für seine Oscar Wilde (siehe S. 22) gewidmete Ein-Mann-Show *The Importance of Being Oscar* berühmt. Ein früher Erfolg war auch Denis Johnstons *The Old Lady Says No*, das seinen Titel Notizen verdankt, die Lady Gregory an den Rand des Manuskripts schrieb. Obwohl als Aufführungsstätte neuer Stücke bekannt, spielt das Gate heute auch klassische irische Dramen. Zu den Talenten, die hier den Durchbruch schafften, gehören James Mason und Orson Welles.

Rotunda Hospital ❼

Parnell Square West. **Stadtplan** D1. 873 0700.

Das mitten auf dem Parnell Square gelegene Hospital ist die älteste Entbindungsklinik Europas. Das Erscheinungsbild des 1745 von Dr. Bartholomew Mosse gegründeten Instituts erinnert an Leinster House (siehe S. 65). Beide Gebäude entwarf der Architekt Richard Castle.

Die Rundhalle, der das Hospital seinen Namen verdankt, befindet sich an dessen Ostseite. Sie wurde 1764 von John Ensor als Versammlungsraum und Konzertsaal errichtet. Franz Liszt hat hier 1843 ein Konzert gegeben.

Im ersten Stock gibt es eine Kapelle mit herrlichen Bleiglasfenstern und überreichen Stuckarbeiten (1755) von Bartholomew Cramillion.

Gegenüber dem Hospital liegt das 1745 eröffnete Conways Pub, in dem sich werdende Väter versammeln.

Buntglasfenster (um 1863) in der Kapelle des Rotunda Hospital

Hotels und Restaurants in Dublin siehe Seiten 294–298 und Seiten 324–328

Garden of Remembrance ❽

Parnell Square. **Stadtplan** C1.
⏱ tägl. Sonnenauf- bis Sonnenuntergang.

Auf der Nordseite des Parnell Square liegt ein kleiner Park, der den im Kampf für die Freiheit Irlands gestorbenen Männern und Frauen gewidmet ist. Dieser »Garten der Erinnerung« befindet sich an der Stelle, wo Anführer des Osteraufstands von 1916 vor ihrer Überführung ins Kilmainhamer Gefängnis *(siehe S. 97)* nachts festgehalten wurden und wo sich 1913 die Irish-Volunteers-Bewegung konstituierte.

Der von Daithí Hanly entworfene Garten wurde 1966 anlässlich des 50. Jahrestags des Osteraufstands von Präsident Eamon de Valera *(siehe S. 45)* eröffnet. Im Zentrum befindet sich ein kreuzförmiges Bassin. Auf dem Boden symbolisieren Mosaiken zerbrochener Schwerter, Speere und Schilde den Frieden. An einem Ende des Gartens steht eine Bronzestatue (1971) der legendären *Kinder des Lir* *(siehe S. 27)* von Oisín Kelly.

Schriftstellergalerie im Dublin Writers Museum

Kinder des Lir **im Garden of Remembrance**

Dublin Writers Museum ❾

18 Parnell Square North. **Stadtplan** C1. ☎ 872 2077. ⏱ Mo–Sa 10–17 (Juni–Aug: Mo–Fr 10–18), So u. Feiertage 11–17 Uhr (letzter Einlass 45 Min. vor Schließung). ⏺ 25., 26. Dez. 🌐 www.writersmuseum.com

Das Museum in dem attraktiven Stadthaus (18. Jh.) wurde 1991 eröffnet. Die Exponate beziehen sich auf sämtliche Formen der irischen Literatur vom 18. Jahrhundert bis zur Gegenwart. Das Haus zeigt Gemälde, Manuskripte, Briefe, seltene Ausgaben und andere Andenken an viele irische Autoren. Es finden zudem Wechselausstellungen statt. Im Obergeschoss gibt es eine Schriftsteller-Galerie. Das Museum veranstaltet zudem Lesungen. Ein nettes *Café* und ein gut sortiertes Antiquariat runden das Angebot ab.

Hugh Lane Gallery ❿

Charlemont House, Parnell Square North. **Stadtplan** C1. ☎ 222 5550. ⏱ Di–Do 10–18, Fr, Sa 10–17, So 11–17 Uhr. ⏺ 23.–25. Dez, Feiertage. www.hughlane.ie

Der namhafte Kunstsammler Hugh Lane hat diese wertvolle Kollektion impressionistischer Gemälde 1905 der Dublin Corporation vermacht. Eigentlich wollte Lane seine Sammlung der National Gallery in London schenken. Als die Dublin Corporation dann Charlemont House ins Gespräch brachte, lenkte Lane ein. Doch bevor sein geändertes Testament beglaubigt war, ging er mit der *Lusitania* *(siehe S. 178)* unter. Daraus resultierte ein Streit zwischen beiden Institutionen, der erst nach 50 Jahren beendet wurde. Jetzt zeigen die Dublin Corporation und die National Gallery die Bilder abwechselnd im Fünf-Jahres-Turnus.

Neben der Lane-Schenkung mit Werken von Degas, Courbet, Monet und anderen Künstlern beherbergt die Galerie auch einen Skulpturensaal (u. a. mit Werken von Rodin) und eine umfangreiche Sammlung moderner irischer Malerei. Ein Erweiterungsbau hat die Ausstellungsfläche 2006 verdoppelt. Sonntagmittags finden regelmäßig Konzerte statt.

Sur la plage (um 1876) von Edgar Degas, Hugh Lane Gallery

DUBLIN

Detail der Holzschnitzereien (um 1724) in der St Michan's Church

King's Inns ⓫

Henrietta St/Constitution Hill. **Stadtplan** B1. ● *für die Öffentlichkeit.*

Das klassisch proportionierte Gebäude wurde 1795 als Wohn- und Studiendomizil für Juristen errichtet. James Gandon ließ mit dem Haus die Henrietta Street, damals eine der besten Dubliner Adressen, enden. Francis Johnson fügte 1816 das Kuppeldach hinzu. 1817 war das Bauwerk fertiggestellt. Innen gibt es einen schönen Speisesaal und die Räumlichkeiten des vormaligen Nachlassgerichts. Die Westfassade hat zwei von Karyatiden (Bildhauer: Edward Smyth) flankierte Eingänge. Eine weitere Figur mit Buch und Federkiel versinnbildlicht das Gesetz.

Ein Großteil der Gegend um den Constitution Hill ist leider heute unansehnlicher als in georgianischen Zeiten. Gleichwohl sind die öffentlichen Gärten noch immer durchaus gefällig.

Karyatide, King's Inns

Smithfield ⓬

Stadtplan A2.

Die Mitte des 17. Jahrhunderts als Marktplatz in einem der ältesten Wohnviertel angelegte gepflasterte Fläche lädt nach den verkehrsreichen Dubliner Straßen zum Ausruhen ein – umso mehr, als die aufwendig gestaltete Platz jetzt Fußgängerzone ist und von dekorativen Gaslampen beleuchtet wird. Smithfield erwacht am ersten Sonntag im Monat zum Leben, wenn dort ein traditionsreicher Pferde- und Ponymarkt stattfindet.

Old Jameson's Distillery ⓭

Bow St. **Stadtplan** A2. ● *807 2355.* ● *tägl. 9–18 Uhr (letzte Führung 17.15 Uhr).* ● *Karfreitag, 25., 26. Dez.* ● ● ● **www**.jamesonwhiskey.com

Diese große Ausstellung belegt, dass das aufstrebende Smithfield-Gelände in Dublins Norden durchaus Investoren anlockt. In dem restaurierten Gebäude, einst Teil der John-Jameson-Brennerei, wurde von 1780 bis 1971 Whiskey gebrannt. Ein Besuch ist lehrreich und unterhaltend. Die Führung beginnt mit einem Video. Die Herstellung von Whiskey wird beim 40-minütigen Rundgang durch die Destillieranlagen erläutert. Im Unterschied zum schottischen Whisky wird die Gerste nur an der Luft getrocknet – nicht über Rauch, was den Whiskey sanfter schmecken lässt. Das kann man anschließend an der Bar testen.

Verkostung verschiedener Brände in der Old Jameson's Distillery

St Michan's Church ⓮

Church St. **Stadtplan** B3. ● *872 4154.* ● *Mitte März–Okt: Mo–Fr 10–12.45, 14–16.45, Sa 10–12.45 Uhr; Nov–Mitte März: Mo–Fr 12.30–15.30, Sa 10–12.45 Uhr.* ● ● ● ● *teilweise.*

Diese Kirche, ein »Neubau« von 1686, erhebt sich über einer irisch-wikingischen Vorgängerin (11. Jh.). Ihre Fassade ist unspektakulär, umso beeindruckender ist jedoch ihr Innenleben: Dank der trockenen Luft – ein Resultat der magnesiumreichen Kalksteinmauern – sind die Leichname im Keller nahezu unverwest erhalten. Die maroden Holzsärge erlauben einen Blick auf die mumifizierten Toten. Unter diesen sollen sich die Gebrüder Sheares befinden, zwei Anführer des Aufstands von 1798 *(siehe S. 41)*, die schnell hingerichtet wurden.

Eine Attraktion sind auch die geschnitzten Holzornamente – Früchte, Geigen und andere Instrumente – über dem Chor. Auf der Orgel von 1724 soll bereits Georg Friedrich Händel gespielt haben. Auf dem Friedhof soll sich das anonyme Grab von Robert Emmet *(siehe S. 77)*, dem Anführer des Aufstands von 1803, befinden.

Four Courts ⓯

Inns Quay. **Stadtplan** B3. ● *872 5555.* ● *Mo–Fr 9.30–12.30, 14–16.30 Uhr (zu Gerichtssitzungen).*

Dieses majestätische Bauwerk direkt am Liffey wurde 1796 nach Plänen von James Gandon vollendet und 120 Jahre später im Bürger-

---

Hotels und Restaurants in Dublin *siehe Seiten 294–298 und Seiten 324–328*

NÖRDLICH DES LIFFEY

krieg *(siehe S. 44f)* fast vollständig zerstört, als Regierungstruppen aufständische Rebellen bombardierten. Die unersetzliche, bis ins 12. Jahrhundert zurückreichende Dokumentensammlung des Staatsarchivs zerfiel zu Asche.

Bis 1932 baute man die Hauptgebäude anhand von Gandons Originalplänen wieder auf. Figuren von Moses, Gerechtigkeit, Barmherzigkeit, Weisheit und Autorität krönen den von sechs Säulen gestützten korinthischen Portikus, über dem eine kupfergedeckte Kuppel aufragt. In den beiden Seitenflügeln residierten die vier Gerichtshöfe oder Four Courts, das Zivil-, Kanzlei-, Finanz- und Oberhofgericht. Die große Wartehalle ist öffentlich zugänglich. Rechts vom Eingang informiert eine Tafel über Geschichte und Funktionen des Hauses.

St Mary's Abbey ⓰

Meetinghouse Lane. **Stadtplan** C2. 833 1618. Mitte Juni–Mitte Sep: Mi, Fr 10–17 Uhr (letzter Einlass 30 Minuten vor Schließung). www.heritageireland.ie

Der von den Benediktinern 1139 gegründete, aber bereits acht Jahre später den Zisterziensern übergebene Komplex war eines der größten und wichtigsten Klöster im mittelalterlichen Irland. Das Kloster, das zu seiner Entstehungszeit in ländlicher Idylle lag, herrschte nicht nur über ausgedehnte Ländereien, etliche Dörfer, Mühlen und Fischgründe, sondern besorgte auch die Steuereintreibung und war Tagungsort des Rats von Irland. Bei einer solchen Versammlung kündigte »Silken Thomas« Fitzgerald *(siehe S. 38)* Henry VIII die Gefolgschaft auf und zettelte die kurze Rebellion von 1534 an. Die Abtei wurde 1539 aufgelöst und diente im 17. Jahrhundert als Steinbruch. Steine von St Mary's wurden etwa zum Bau der 1874 durch die Grattan-Brücke ersetzten Essex-Brücke verwendet.

Heute ist von der Abtei nur noch das Gewölbe des Stiftshauses übrig. Man findet dort einen Überblick über die Geschichte der Anlage und ein Modell, das ihr Aussehen vor 800 Jahren zeigt.

Blick von Temple Bar auf die Ha'penny Bridge zur Liffey Street

Ha'penny Bridge ⓱

Stadtplan D3.

Die bogenförmige gusseiserne Fußgängerbrücke, die täglich von Tausenden von Menschen benutzt wird, verbindet das Temple-Bar-Viertel *(siehe S. 78)* mit der Liffey Street. Sie wurde von John Windsor, einem Stahlbauer aus dem englischen Shropshire, errichtet. Das Bauwerk, eines der meistfotografierten von Dublin, hieß früher Wellington Bridge, ist heute aber auch als Ha'penny Bridge bekannt. Ihren Beinamen verdankt die 1816 eröffnete Brücke dem halben Penny Wegzoll, den ihre Benutzung bis 1919 kostete. Vor kurzer Zeit wurde die Brücke umfassend restauriert und erstrahlt nun in neuem Glanz.

James Gandons Four Courts am Ufer der Liffey

Mehr über Dublin? Vis-à-Vis Dublin *ISBN 978-3-8310-1519-1*

ABSTECHER

Viele Sehenswürdigkeiten liegen außerhalb des Stadtzentrums. Der Besuch der westlichen Vorstädte lohnt einen Tagesausflug, z.B. um das nahe dem gespenstischen Kilmainham Gaol (Gefängnis) gelegene Royal Hospital Kilmainham mit dem Museum of Modern Art zu besichtigen. Der Phoenix Park lädt zu einem ausgedehnten Spaziergang ein. Dieser größte Stadtpark Europas besitzt auch einen Zoo. Weiter nördlich liegt der Botanische Garten, der mit über 20 000 Pflanzenarten aufwartet. Nicht

Kandelaber im Malahide Castle

weit davon entfernt befindet sich das Casino Marino, eines der imposanten Beispiele palladianischer Architektur in Irland. Die herrliche Küste erreicht man leicht mit einem der DART-Züge – so das Vorgebirge von Howth und, weiter südlich, die bezaubernde Gegend um Dalkey Village und die Killiney-Bucht. In einem der zur Verteidigung gegen Napoléon errichteten Martello-Türme, dem James Joyce Tower, werden Joyce-Memorabilien präsentiert. Im Nordosten liegt Malahide Castle, einst Heim der Talbots.

SEHENSWÜRDIGKEITEN AUF EINEN BLICK

Museen und Sammlungen
Guinness Storehouse ④
Irish Museum of Modern Art –
  Royal Hospital Kilmainham ③
James Joyce Tower ⑬
Kilmainham Gaol ②

National Museum of Ireland –
  Decorative Arts & History ⑨
Shaw's Birthplace ⑥
Waterways Visitors' Centre ⑧

Parks und Gärten
National Botanic Gardens ⑤
Phoenix Park ①

Historische Gebäude
Casino Marino ⑦
Malahide Castle ⑩

Städte und Dörfer
Dalkey ⑭
Dun Laoghaire ⑫
Howth ⑪
Killiney ⑮

ZENTRUM DUBLIN

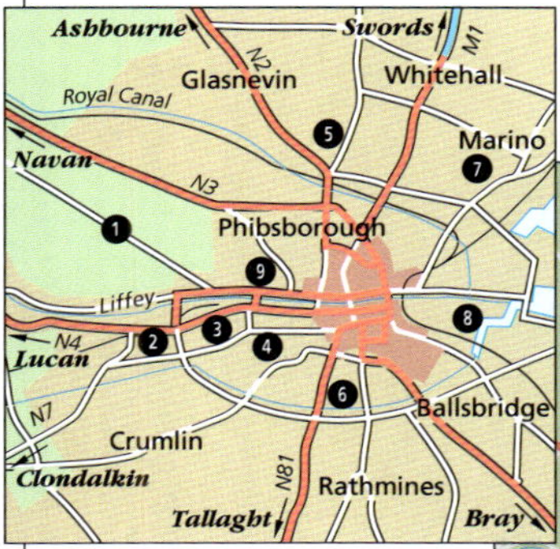

GROSSRAUM DUBLIN

0 Kilometer   4

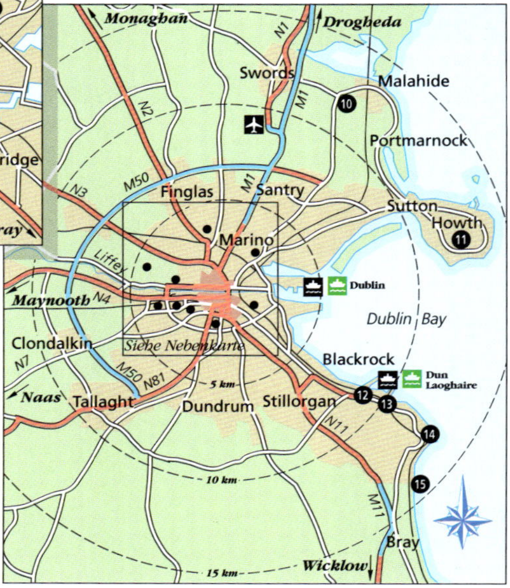

LEGENDE

- Zentrum Dublin
- Großraum Dublin
- Autobahn
- Hauptstraße
- Nebenstraße
- Eisenbahn
- Internationaler Flughafen
- Fährhafen
- Schnellfähre

◁ **Der Martello Tower in Howth Head**

Phoenix Park ❶

Park Gate, Conyngham Rd, Dublin 8. 🚌 10, 25, 26, 37, 38, 39 u. a.
⏰ tägl. 7–23 Uhr. **Phoenix Park Visitor Centre** 📞 677 0095. 9.30–17.30. ⏰ Mitte März–Ende März, Okt: tägl. 10–17.30 Uhr; Apr–Sep: tägl. 10–18 Uhr; Nov–Mitte März: Mi–Sa 10–17 Uhr.
🅿 🚻 🍴 ♿ nur Erdgeschoss.
Zoo 📞 474 8900. ⏰ März–Sep: Mo–Sa 9.30–18, So 10.30–18 Uhr (letzter Einlass 17 Uhr); Okt–Feb: Mo–Sa 9.30–17 Uhr, So 10.30–17 Uhr (letzter Einlass 15 Uhr). 🅿
🍴 ♿ 🅿 www.heritageireland.ie

Westlich des Zentrums liegt der von einer elf Kilometer langen Mauer umgebene größte eingefriedete Stadtpark Europas. Der Name »Phoenix« soll vom gälischen Begriff *Fionn Uisce*, »klares Wasser«, stammen. Damit ist eine Quelle gemeint, die nahe der **Phoenix-Säule** entspringt, die von dem mythischen Vogel gekrönt wird. Der Park entstand 1662, als der Duke of Ormonde die Gegend in einen Hirschgarten umwandelte. 1745 gestaltete man das Gelände neu und machte es der Öffentlichkeit zugänglich.

Nahe dem Eingang liegt an einem See der **People's Garden** – der einzige kultivierte Teil des Parks. Ein Stück weiter folgt der 1830 gegründete **Zoological Garden**. Der drittälteste Zoo der Welt ist bekannt für seine Löwenzucht.

Neben der Phoenix-Säule gibt es im Park zwei weitere Denkmäler. Der 63 Meter hohe Obelisk des **Wellington Testimonial** wurde 1817 begonnen und 1861 fertiggestellt. Seine Flachreliefs aus Bronze stammen von erbeuteten Kanonen. Das 27 Meter hohe stählerne **Papstkreuz** markiert jene Stelle, an der 1979 Papst Johannes Paul II.

Papst Johannes Paul II. bei der Messe im Phoenix Park 1979

vor mehr als einer Million Menschen eine Messe hielt. Zwei der im Park gelegenen Häuser aus dem 18. Jahrhundert sind **Áras an Uachtaráin**, die offizielle Residenz des irischen Präsidenten, und **Deerfield**, der Amtssitz des US-Botschafters. Im **Ashtown Castle**, einem restaurierten Turmhaus (17. Jh.), ist das Besucherzentrum untergebracht. Außerdem stehen Spielfelder für gälischen Fußball, Hurling und Polo ebenso wie Lauf- und Radwege zur Verfügung.

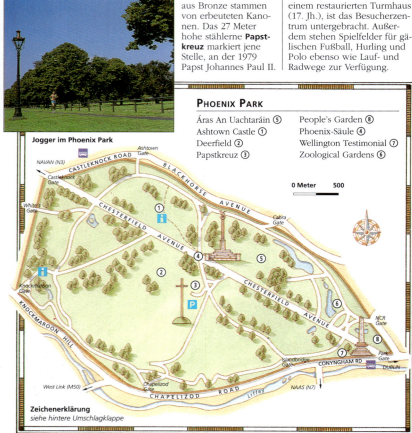

Jogger im Phoenix Park

PHOENIX PARK

Áras An Uachtaráin ⑤
Ashtown Castle ①
Deerfield ②
Papstkreuz ③
People's Garden ⑧
Phoenix-Säule ④
Wellington Testimonial ⑦
Zoological Gardens ⑥

Zeichenerklärung siehe hintere Umschlagklappe

Restaurierte Zentralhalle im Gefängnis Kilmainham

Kilmainham Gaol ❷

Inchicore Rd, Kilmainham, Dublin 8.
📞 453 5984. 🚌 51B, 51C, 78 A, 79A. 🕐 Apr–Sep: tägl. 9.30–18 Uhr; Okt–März: Mo–Sa 9.30–17.30, So 10–18 Uhr. ⬤ 25., 26. Dez.

Eine lange Allee verbindet das Königliche Hospital mit dem abweisenden Gefängnis von Kilmainham. Das Gebäude wurde 1796 erbaut und in den 1960er Jahren restauriert. In den 130 Jahren, die das Gebäude als Gefängnis diente, waren dort viele irische Unabhängigkeitskämpfer inhaftiert, etwa Robert Emmet *(siehe S. 77)* und Charles Stewart Parnell *(siehe S. 43)*. Der letzte Gefangene, Eamon de Valera *(siehe S. 45)*, wurde am 16. Juli 1924 entlassen.

Die Führung beginnt in der Kapelle, in der Joseph Plunkett Grace Gifford heiratete – kurz bevor er wegen seiner Beteiligung am Osteraufstand von 1916 *(siehe S. 44f)* hingerichtet wurde. Sie endet im Gefängnishof, wo Plunketts schwer verletzter Kamerad James Connolly, der nicht mehr aufstehen konnte, vor seiner Erschießung auf einen Stuhl gebunden wurde. Bei der Führung sieht man auch die Zellen der an den Aufständen von 1798, 1803, 1848 und 1867 Beteiligten sowie den Raum, in dem die Gefangenen gehenkt wurden.

Eine Ausstellung zeigt persönliche Gegenstände von Häftlingen und Exponate aus der Zeit vor 1924, also bevor das Gefängnis geschlossen wurde.

Irish Museum of Modern Art – Royal Hospital Kilmainham ❸

Military Road, Kilmainham, Dublin 8. 📞 612 9900. 🚉 Heuston Station. 🚌 26, 51, 51B, 78A, 79A, 90, 123.
Irish Museum of Modern Art
🕐 Di, Do–Sa 10–17.30, Mi 10.30–17.30, So 12–17.30 Uhr (letzter Einlass 17.15 Uhr). ⬤ Karfreitag, 24.–26. Dez.
www.imma.ie

Das Krankenhaus gilt als Irlands schönstes Gebäude aus dem 17. Jahrhundert. Es entstand 1690 nach dem Vorbild des Pariser Invalidendoms und wurde von Sir William Robinson als Heimstatt für 300 verwundete Soldaten entworfen – eine Funktion, die es bis 1927 beibehielt. Nach Fertigstellung war man von der klassischen Symmetrie des Baus so beeindruckt, dass manche vorschlugen, ihn zum Hauptcampus von Trinity College zu machen. Die Kapelle besitzt Holzschnitzereien und schöne Bleiglasfenster. Die Stuckdecke ist eine Replik des 1902 eingestürzten Originals. Die Barockgärten sind nun öffentlich zugänglich.

1991 wurden die Wohnquartiere zum Museum umgestaltet. Die Ausstellung zeigt einen Querschnitt durch die zeitgenössische irische und internationale Kunst. Die Exponate wechseln regelmäßig. Retrospektiven und Sondershows zählen ebenfalls zum Programm. Seit Kurzem gibt es auch ein Multiplexkino.

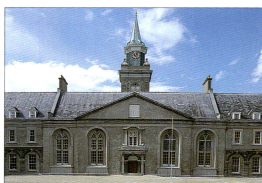

Das Royal Hospital Kilmainham mit Kunstmuseum

Hotels und Restaurants in Dublin *siehe Seiten 294–298 und Seiten 324–328*

Guinness-Probe im Storehouse

Guinness Storehouse ❹

Crane St, Dublin 8. 408 4800. 78A, 51B, 123. Ende Juli–Aug.: tägl. 9.30–19 Uhr; Sep–Juni: tägl. 9.30–17 Uhr. Karfreitag, 24.–26. Dez.
www.guinness-storehouse.com

Das Guinnes Storehouse befindet sich in der komplett umgestalteten St James's Gate Brewery, in der ehemals die Guinness-Brauerei untergebracht war. Über 15 000 Quadratmeter Ausstellungsfläche verteilen sich auf sechs Stockwerke. Sie gruppieren sich um einen riesigen Lichthof in Form eines Pint-Glases. Die Besucher können in einem Stockwerk an interaktiven Displays die Zutaten für ein Guinness-Bier nicht nur ansehen, sondern auch anfassen und probieren. Sie werden in ein georgianisch eingerichtetes Vorzimmer geführt, in dem sie Arthur Guinness »begegnen« und ihn bei der Arbeit beobachten können. In einem anderen Stockwerk wird der Brauprozess sehr anschaulich erklärt. In der Böttcherei können die Zuschauer beobachten, wie früher die Bierfässer hergestellt wurden. Durch Modelle und auf Tafeln wird beschrieben, wie der Transport des Bieres vonstattenging und wie das Bier unter anderem durch auffällige Werbung Weltruhm erlangte.

Stilvoll wird der Rundgang durch das Storehouse mit einem Guinness in der traditionellen Brewery Bar oder in der Gravity Bar im obersten Stock des Gebäudes mit großartigem Panoramablick auf Dublin beendet.

So wird Guinness gebraut

Etikett einer Guinness-Flasche

Guinness ist ein dunkles Bier, das für sein malziges Aroma und seine cremige Schaumkrone bekannt ist. Nach bescheidenen Anfängen vor über 200 Jahren nimmt die Guinness-Brauerei heute an ihrem Standort in St James's Gate eine Fläche von rund 25 Hektar ein. Sie ist eine der großen Brauereien Europas und exportiert Bier in mehr als 120 Länder. Andere berühmte Marken von Guinness sind Harp und Smithwick's Ale.

GUINNESS-HERSTELLUNG

Die vier Hauptbestandteile des Guinness-Biers sind Gerste, Hopfen, Hefe und Wasser, das entgegen landläufiger Auffassung nicht aus dem Liffey, sondern aus den Wicklow-Bergen stammt.

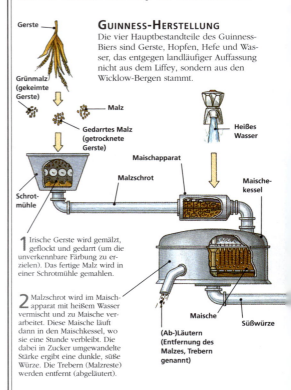

1 Irische Gerste wird gemälzt, geflockt und gedarrt (um die unverkennbare Färbung zu erzielen). Das fertige Malz wird in einer Schrotmühle gemahlen.

2 Malzschrot wird im Maischapparat mit heißem Wasser vermischt und zu Maische verarbeitet. Diese Maische läuft dann in den Maischekessel, wo sie eine Stunde verbleibt. Die dabei in Zucker umgewandelte Stärke ergibt eine dunkle, süße Würze. Die Trebern (Malzreste) werden entfernt (abgeläutert).

Die Guinness-Reklame ist fast so berühmt wie das Produkt selbst. Seit 1929, als die Brauerei erstmals mit dem Spruch »Guinness ist gut für Sie« warb, hat das Unternehmen immer wieder durch seine lustige Plakat- und TV-Werbung auf sich aufmerksam gemacht.

Hotels und Restaurants in Dublin siehe Seiten 294–298 und Seiten 324–328

ARTHUR GUINNESS

Arthur Guinness

Im Dezember 1759 übernahm der 34-jährige Arthur Guinness gegen einen Pachtzins von 45 Pfund jährlich die seit fast zehn Jahren stillgelegte St-James-Gate-Brauerei. Damals lag die Dubliner Brauereiwirtschaft darnieder – die Ale-Qualität wurde häufig kritisiert. Im ländlichen Irland war Bier fast unbekannt, da man dort lieber Whiskey und Gin trank. Außerdem machten Importe dem irischen Brauwesen zu schaffen. Guinness braute zunächst Ale, kannte aber auch schon das in London unter dem Namen Porter produzierte dunkle Ale. Porter hieß das Bier wegen seiner Beliebtheit bei den Trägern *(porters)* auf den Märkten von Covent Garden. Guinness stellte die Ale-Produktion ein und entwickelte eine eigene Porter-Rezeptur. Diese Geschäftspolitik war so erfolgreich, dass er 1769 seine erste Ladung Guinness-Bier exportieren konnte.

Stich (um 1794) eines zufriedenen Gastes

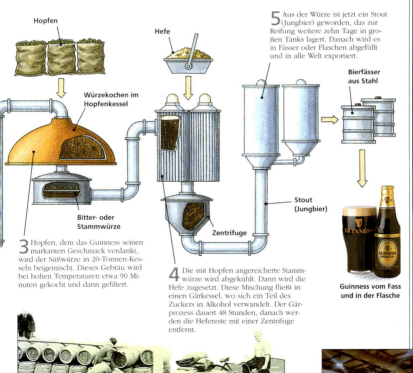

Hopfen

Hefe

Würzekochen im Hopfenkessel

Bitter- oder Stammwürze

Zentrifuge

Stout (Jungbier)

Bierfässer aus Stahl

Guinness vom Fass und in der Flasche

3 Hopfen, dem das Guinness seinen markanten Geschmack verdankt, wird der Süßwürze in 20-Tonnen-Kesseln beigemischt. Dieses Gebräu wird bei hohen Temperaturen etwa 90 Minuten gekocht und dann gefiltert.

4 Die mit Hopfen angereicherte Stammwürze wird abgekühlt. Dann wird die Hefe zugesetzt. Diese Mischung fließt in einen Gärkessel, wo sich ein Teil des Zuckers in Alkohol verwandelt. Der Gärprozess dauert 48 Stunden, danach werden die Hefereste mit einer Zentrifuge entfernt.

5 Aus der Würze ist jetzt ein Stout (Jungbier) geworden, das zur Reifung weitere zehn Tage in großen Tanks lagert. Danach wird es in Fässer oder Flaschen abgefüllt und in alle Welt exportiert.

Die Guinness-Brauerei *hat seit der ersten Schiffsladung, die 1769 nach England exportiert wurde, einen Großteil ihrer Produktion auf dem Wasserweg ausgeliefert. Die Kähne, die das Bier bis 1961 über den Liffey zum Dubliner Hafen transportierten, wo es für den Export nach Übersee verladen wurde, waren früher ein vertrauter Anblick.*

Heute verwendet man Braukessel aus Stahl

Riesige Seerosenblätter im Seerosenhaus der National Botanic Gardens

National Botanic Gardens ❺

Botanic Ave, Glasnevin, Dublin 9. ☎ 857 0909. 🚌 4, 13, 19, 19A, 83, 134. ◷ Mitte Feb – Mitte Nov: tägl. 9 – 18 Uhr; Mitte Nov – Mitte Feb: tägl. 9 – 16.30 Uhr. ● 25. Dez. 🛇 🚻 🎫 gratis am So 14.30 Uhr, Gruppen auf Anfrage. **Glasnevin Cemetery** Finglas Rd. ☎ 830 1133. 🚌 40A, 40B von Parnell Street. ◷ tägl. 8 – 18 Uhr. www.botanicgardens.ie

Der Botanische Garten, Irlands berühmtestes Botanik- und Gartenbauzentrum, wurde 1795 eröffnet. Das gusseiserne Palmenhaus und die gläsernen Gewächshäuser verströmen altmodischen Charme. Sie wurden 1843 – 69 von Richard Turner errichtet, der auch das Palmenhaus in den Londoner Kew Gardens und die Gewächshäuser im Belfaster Botanischen Garten (siehe S. 278) schuf.

Im 20 Hektar großen Botanischen Garten wachsen über 16 000 Pflanzenarten. Hübsch sind die viktorianischen Beete. Weitere Höhepunkte sind der Rosengarten, die Kakteen- und Orchideensammlungen sowie ein 30 Meter hoher Redwood-Baum. Der Garten grenzt an den Glasnevin oder Prospect Cemetery, auf dem viele irische Politiker, etwa Charles Stewart Parnell (siehe S. 43) und Daniel O'Connell (siehe S. 42), ruhen.

Shaw's Birthplace ❻

33 Synge St, Dublin 8. ☎ 475 0854. 🚌 16, 19, 122. ◷ Mai – Sep: Mo, Di, Do, Fr 10 – 13, 14 – 17, Sa, So u. Feiertage 14 – 17 Uhr. 🎫 🛇 www.visitdublin.com

Rekonstruierte viktorianische Küche im Geburtshaus von G. B. Shaw

Der Dramatiker und Nobelpreisträger George Bernard Shaw wurde am 26. Juli 1856 in diesem Haus geboren. 1876 folgte er seiner Mutter nach London. Sie war vier Jahre zuvor wegen des Alkoholismus ihres Mannes mit ihren Töchtern fortgezogen. In London lernte Shaw auch seine Frau kennen. Er blieb bis zu seinem Tod 1950 in England.

Besucher können Shaws Schlafzimmer besichtigen und die Küche, in der der spätere Autor »aus einer braunen Delfter Kanne viel Tee trank, der so lange über dem Kaminfeuer zog, bis er sich in reines Tannin verwandelte«.

Casino Marino ❼

Cherrymount Crescent. ☎ 833 16 18. 🚇 DART nach Clontarf. 🚌 20A, 20B, 27, 42, 42C, 123. ◷ Juni – Sep: tägl. 10 – 18 Uhr (Mai, Okt: bis 17 Uhr); Nov – März: Sa, So 12 – 16 Uhr (Apr: bis 17 Uhr). 🎫 🛇 obligatorisch; letzte Führung 45 Min. vor Schließung. www.heritageireland.ie

Die von Sir William Chambers in den 1760er Jahren für Lord Charlemont entworfene anmutige kleine Villa (siehe S. 40f) steht in einer schönen Anlage. Die einst als Sommerhaus für das Marino-Anwesen errichtete Villa überstand die Zeiten, während das Hauptgebäude 1921 abgerissen wurde. Das Casino gilt als eines der schönsten Beispiele klassizistischer Architektur in Irland. Beim Bau gab es einige Innovationen, etwa als Urnen verkleidete Kamine und hohle Säulen für die Wasserleitungen. Vor der Villa halten an den Ecken vier dem englischen Bildhauer Joseph Wilton zugeschriebene Steinlöwen Wache.

Steinlöwe vor dem Casino Marino

Das kompakte Haus birgt 16 auf drei Ebenen um die zentrale Treppe gruppierte Räume. Im Erdgeschoss gibt es eine geräumige Halle und einen Salon mit erlesenen Seidenvorhängen, kunstvollen Parkettfußböden und vertäfelten Decken. Der prächtige State Room befindet sich im ersten Stock.

Hotels und Restaurants in Dublin *siehe Seiten 294 – 298 und Seiten 324 – 328*

Waterways Visitors' Centre ❽

Grand Canal Quay, Dublin 2.
📞 677 7510. 🚊 *DART bis Grand Canal Dock.* 🚌 *3.* ◯ *Juni–Sep: tägl. 9.30–17.30 Uhr; Okt–Mai: Mi–So 12.30–16.45 Uhr (letzter Einlass 45 Min. vor Schließung.* ⬤ *25. Dez.* 📷 ♿ *auf Anfrage.*

Am Grand Canal Basin, 15 Gehminuten durch die Pearse Street vom Trinity College entfernt, erläutert dieses Besucherzentrum anhand von Modellen und audiovisuellen Präsentationen die Geschichte von Irlands Binnenwasserwegen. Ein Schwerpunkt liegt auf dem Bau der Kanäle im 18. Jahrhundert. Ein Teil der Ausstellung widmet sich der Tierwelt in und an Irlands Kanälen sowie in den angrenzenden Feuchtgebieten.

KANÄLE IN DUBLIN

In der wohlhabenden georgianischen Ära wurden der Grand Canal und der Royal Canal gebaut, die Dublin mit dem Fluss Shannon und der Westküste verbinden. Ab etwa 1760 waren die beiden Kanäle die Hauptachsen des irischen Güter- und Personenverkehrs, bis ein knappes Jahrhundert später die Eisenbahn einen Großteil des Personentransports übernahm. Güter wurden noch bis 1960 auf ihnen befördert. Die Kanäle sind weiterhin gut in Schuss und dienen vornehmlich Freizeitaktivitäten wie Bootsausflügen und Angeltouren.

Personenfähre an der Hartcourt-Schleuse im Grand Canal, Stich (18. Jh.) nach einem Gemälde von James Barralet

Teilstück des Grand Canal unweit des Besucherzentrums

National Museum of Ireland – Decorative Arts & History ❾

Collins Barracks, Benburb St, Dublin 7. 📞 *677 7444.* 🚌 *25, 25A, 66, 67, 90.* ◯ *Di–Sa 10–17, So 14–17 Uhr.* ⬤ *Karfreitag, 25. Dez.* 📷 ♿ 🚫

Nahe dem Phoenix Park, gegenüber der Guinness-Brauerei am anderen Liffey-Ufer, befindet sich das wunderschöne Nebengebäude des National Museum *(siehe S. 66 f).* Der massive Komplex wurde 1700 von König William III in Auftrag gegeben, zehn Jahre nach der siegreichen Schlacht am Boyne. Er war die größte Kaserne seines Hoheitsgebiets und bot über 5000 Personen Arbeit und Unterkunft. Ursprünglich hieß die Kaserne »Dublin Barracks«, nach der irischen Unabhängigkeit wurde sie jedoch nach Michael Collins, dem ersten irischen Oberbefehlshaber, benannt. Bis in die 1990er Jahre diente der Bau als Kaserne, dann wurde er Teil des Nationalmuseums.

Der etwa 100 Meter lange Innenhof ist eine Lektion in Einfachheit. In Kontrast zum grauen Äußeren präsentiert das Innere seine Exponate auf innovative Weise mit den neuesten Technologien.

Im Südblock sind überwiegend Möbel, Silber und eine Sammlung von wissenschaftlichen Instrumenten ausgestellt. Der Westblock informiert Besucher über Geschichte und Arbeit des National Museum. Die »Out of Storage«-Ausstellung kombiniert verschiedene Artefakte aus aller Welt mit Hintergrundinformationen, die von Multimedia-Datenbanken abgerufen werden können. Eine der größten Attraktionen des Museums ist die Abteilung »Curator's Choice«. Hier sind 25 außergewöhnliche Exponate – etwa ein früher Hurling-Schläger mit Ball – ausgestellt.

Im Nordblock gibt es eine Dauerausstellung zum Thema »Soldaten und Offiziere«, die irische Militärgeschichte von 1550 bis heute zeigt.

Ein vergoldeter Holzstuhl (18. Jh.) in den Collins Barracks

Eichengebälk in der großen Halle von Schloss Malahide

Malahide Castle ⓾

Malahide, Co Dublin. DART nach Malahide. 42 von Beresford Place nahe Busáras. 846 2184. Apr–Sep: Mo–Sa 10–17, So u. Feiertage 10–18 Uhr; Okt–März: Mo–Sa 10–17, So u. Feiertage 11–17 Uhr (Mittagspause im Winter tel. erfragen). obligatorisch (letzte Führung um 16.30 Uhr). **Fry Model Railway** Apr–Sep: Mo, Di, Do–Sa 10–13, 14–17, So u. Feiertage 13–17 Uhr; Okt–März: Mo–Sa 10–17, So u. Feiertage 11–17 Uhr. www.malahidecastle.com

Dieses riesige Schloss erhebt sich unweit der Küstenstadt Malahide. Das Gebäude stammt im Kern aus dem 12. Jahrhundert. Spätere Anbauten wie die runden Türme lassen es wie ein Märchenschloss erscheinen. Bis 1973 bewohnte die Familie Talbot die frühere Festung.

Die Talbots waren unerschütterliche Anhänger von James II. Am Tag der Schlacht am Boyne 1690 *(siehe S. 244)* sollen in dem Schloss 14 Familienmitglieder gefrühstückt haben, von denen keines abends zurückkehrte.

Eine fachkundige Führung präsentiert die irischen Möbel aus dem 18. Jahrhundert, die große Halle mit ihren Eichenbalken und die Ziervertäfelung des Eichenzimmers. Zu besichtigen sind auch die von der National Gallery *(siehe S. 70f)* ausgeliehene Porträtsammlung der Familie sowie Bilder anderer Personen, etwa von Wolfe Tone *(siehe S. 40)*.

Im Kornspeicher steht die Fry-Modelleisenbahn, deren Bau der Eisenbahningenieur Cyril Fry in den 1920er Jahren begann. Auf 240 Quadratmetern sind Züge, Miniaturbahnhöfe und Straßen zu sehen.

Howth ⓫

Co Dublin. DART. **Howth Castle** tägl. 8 Uhr bis Sonnenuntergang.

Der Fischerort Howth markiert die nördliche Grenze der Dublin Bay. Howth Head, ein riesiges Felsmassiv, bietet schöne Ausblicke auf die Bucht. Ein Fußweg führt an der »Nase« genannten Spitze von Howth Head entlang. Ganz in der Nähe thront der Baily-Leuchtturm (1814). Leider ist ein Großteil dieses Gebiets – eine der besten Immobilienlagen Irlands – inzwischen verbaut.

Westlich von Howth liegt Howth Castle, eine Burg aus normannischer Zeit. Besonders schön ist die Anlage im Mai und Juni, wenn Rhododendren und Azaleen in voller Blüte stehen.

Ein Stück außerhalb des Hafens liegt das Felseninselchen Ireland's Eye mit einer großen Vogelkolonie. Im Sommer fahren Boote dorthin.

Dun Laoghaire ⓬

Co Dublin. DART. **National Maritime Museum of Ireland** 280 0969. Mai–Sep: Di–So 13–17 Uhr. **Comhaltas Ceoltóirí Éireann** 280 0295. Musik: Di, Mi u. Sa abends; céilís: Fr.

Irlands größter Personenfähr- und Yachthafen mit seinen bunten Villen, Parks und Palmen zeigt eine überra-

Der Baily-Leuchtturm an der Südostspitze von Howth Head

Hotels und Restaurants in Dublin siehe Seiten 294–298 und Seiten 324–328

ABSTECHER

Im Hafen von Dun Laoghaire ankern Dutzende von Yachten

schende Seite der Insel. An manchen Tagen fühlt man sich dort wie in Italien. Viele Besucher strömen direkt nach Dun Laoghaire (gesprochen »Danlieri«). Man kann auch am Hafen promenieren oder am Ostpier entlang zum Leuchtturm spazieren. Die Dörfer Sandycove und Dalkey erreicht man über den Fußweg »The Metals« entlang der stillgelegten Eisenbahn. Die Mariners' Church (1837) beherbergt das Seefahrtmuseum. Zu sehen ist u. a. ein von französischen Offizieren während Wolfe Tones erfolgloser Invasion 1796 in Bantry benutztes Langboot *(siehe S. 168)*. Am Monkstown's Belgrave Square liegt das Comhaltas Ceoltóirí Éireann, Irlands wichtigstes Zentrum für Volksmusik und -tanz mit traditionellen Konzerten und Tanzvorführungen *(céilís)*.

James Joyce Tower ⓭

Sandycove, Co Dublin. 📞 *280 9265*. 🚉 *DART nach Sandycove.* 🚌 *59.* 🕙 *Mo–Sa 10–17, So u. Feiertage 14–18 Uhr.* ⓧ *Mo–Fr 13– 14 Uhr.* 📷 🛈

Oberhalb des Dorfs Sandycove thront auf einem Felsvorsprung dieser gedrungene Turm. Er ist einer von 15 Wehrtürmen, die 1804 zwischen Dublin und Bray als Schutz vor einer Invasion Napoléons angelegt wurden.

100 Jahre später war Joyce *(siehe S. 90)* hier eine Woche lang Gast des Dichters Oliver St John Gogarty, der im *Ulysses* als Buck Mulligan verewigt ist. Gogarty mietete den Turm für ganze acht Pfund jährlich. Die Granitwände des zwölf Meter hohen Turms bergen einige Joyce-Briefe und persönliche Habseligkeiten wie seine Gitarre, sein Zigarrenetui, seinen Spazierstock und seine Totenmaske. Es gibt ferner Fotografien und Erstausgaben, darunter auch die von Henri Matisse illustrierte Luxusausgabe (1935) des *Ulysses*. Das ursprünglich kanonenbestückte, von Gogarty jedoch als Terrasse genutzte Dach gibt den Blick auf die Dublin Bay frei. Unterhalb befindet sich ein früher nur von Männern bevölkerter, heute jedoch allgemein zugänglicher FKK-Strand.

Gitarre im James Joyce Tower

Dalkey ⓮

Co Dublin. 🚉 *DART.*

Früher nannte man Dalkey die »Stadt der sieben Burgen«. Von diesen sind allerdings nur noch zwei erhalten. Beide stehen an der Hauptstraße des hübschen Orts, das mit seinen engen, gewundenen Straßen und anmutigen Villen beinahe mediterran anmutet.

Ein Stück weit vor der Küste liegt Dalkey Island, ein felsiges Vogelschutzgebiet samt Wehrturm und mittelalterlicher Benediktinerkirche. Im Sommer kann man vom nahe gelegenen Coliemore Harbour aus mit dem Schiff zur Insel gelangen.

Killiney ⓯

Co Dublin. 🚉 *DART nach Dalkey oder Killiney.*

Südlich von Dalkey steigt die Küstenstraße steil an, bevor sie ins Dorf Killiney hinunterführt. Die Strecke bietet einige der schönsten Ausblicke dieses Teils der Ostküste, die stellenweise an die Bucht von Neapel erinnern. Im Norden ist Howth Head sichtbar, im Süden sind es Bray Head *(siehe S. 133)* und die Ausläufer der Wicklow Mountains *(siehe S. 138f)*. Einen schönen Ausblick bietet auch der Killiney Hill Park (nahe der Victoria Road), der den kurzen, steilen Aufstieg lohnt. Unterhalb liegt Killiney Beach, ein beliebter Strand.

Ladenfronten in der Hauptstraße von Dalkey

Mehr über Dublin? Vis-à-Vis Dublin ISBN 978-3-8310-1519-1

SHOPPING

Schild an einem Spezialitätenladen

Dublin besitzt nördlich und südlich des Liffey jeweils eine große Einkaufsstraße. Im Norden bietet die Gegend um die Henry Street edle Kaufhäuser und kleine Spezialitätenläden. Im Süden locken vor allem in der trendigen Grafton Street elegante Boutiquen und Läden. Doch trotz der großen Auswahl an internationalen Markennamen und Ladenketten – Dublins wahrer Geist lebt in seinen Straßenmärkten, die jede Menge irisches Kunsthandwerk und originelle Souvenirs feilbieten. Dublin ist auch ein Paradies für Schnäppchenjäger und Secondhand-Fans, die von Büchern über Kleidung bis Nippes alles finden, was ihr Herz begehrt. Die Stadt bietet für jedes Budget etwas. Hinweise, wo Sie was erstehen können, finden Sie auf den folgenden Seiten.

SHOPPING-MEILEN

Temple Bar hat sich zum Besuchermagnet entwickelt. Abends tummeln sich hier die Nachtschwärmer, tagsüber kann man in Handwerks-, Designer- und Souvenirläden stöbern.

Wer ein relaxteres, eleganteres Ambiente bevorzugt, sollte in der Altstadt bummeln. Westlich von Temple Bar, zwischen Parliament Street und Fishamble Street, locken modische Designer-Boutiquen und kosmopolitische Cafés.

Aufgrund von Dublins schneller Entwicklung gibt es heute turbulente Märkte an Orten, wo früher gähnende Leere herrschte. Das erste Areal dieser Art waren die sogenannten »Docklands« am Ufer des Liffey, vor allem auf der Nordseite, östlich des Custom House. Hier entstehen permanent neue Läden, Restaurants und Märkte.

Rund um die Liffey Street werden immer mehr Wohnblocks gebaut, die zur Wiederbelebung alter Einkaufsgegenden beigetragen. Heute ist beispielsweise die Capel Street eine angesagte Ladenstraße, ebenso die eindrucksvolle neue Bloom's Lane an der Millennium Bridge.

ÖFFNUNGSZEITEN

Läden sind im Allgemeinen montags bis samstags von 9 bis 18 Uhr geöffnet. Einige Kaufhäuser öffnen auch sonntags von 12 bis 18 Uhr. Viele Geschäfte haben am Donnerstag bis 21 Uhr offen.

BEZAHLUNG

Gängige Kreditkarten wie Visa und MasterCard werden in den meisten Läden akzeptiert. Die Mehrwertsteuer beträgt 21 Prozent. Bürger aus Nicht-EU-Ländern können sie sich an Flughäfen und Häfen zurückerstatten lassen. Das Formular hierzu erhält man beim Einkauf.

Das Kaufhaus Brown Thomas

KAUFHÄUSER

Dublins bekannteste Kaufhäuser sind **Arnott's** und die frisch renovierten **Roches Stores**, beide in der Henry Street. Einer der ältesten Läden der Stadt, **Clery's** in der O'Connell Street, führt alles von Souvenirs und Mode bis zu internationalen Markenwaren. Das irische Kaufhaus **Brown Thomas** ist für seinen gehobenen Stil bekannt.

Eine Niederlassung des britischen Warenhauses Debenhams findet man im Jervis Centre. Filialen von Marks & Spencer gibt es z.B. in der Grafton Street und in der Mary Street.

EINKAUFSZENTREN

In Dublin gibt es vier große Einkaufszentren – drei im Süden, eines im Norden der Stadt. Südlich des Liffey befinden sich **Stephen's Green Centre** und **Powerscourt**

Die Grafton Street ist eine Fußgängerzone

SHOPPING

Die farbenfrohe George's Street Market Arcade

Centre. Das Stephen's Green Centre ist ein riesiges Einkaufszentrum mit unzähligen Geschäften unter einem Dach, darunter Kunsthandwerk- und Geschenkeläden, Boutiquen und Restaurants.

Das vierstöckige georgianische Powerscourt Centre ist luxuriöser. Hier findet man viele Modeläden, Restaurants und Antiquitätenläden. Ebenfalls im Süden liegt das neue **Dundrum Centre**.

Am nördlichen Ufer des Liffey befindet sich das relativ neue **Jervis Centre**, in dem sich viele britische Ladenketten und irische Einzelhandelsgeschäfte niedergelassen haben.

MÄRKTE

Im Norden der Stadt, gleich bei der Henry Street, bieten die lautstarken Händler auf dem Moore Street Market täglich frisches Obst und Gemüse feil. In letzter Zeit öffneten in dieser Gegend viele Ethno-Läden, in denen man alles Mögliche von CDs mit iranischer Tanzmusik bis zu asiatischen Konserven bekommt.

Auf dem wunderbaren **Temple Bar Food Market** findet man jeden Samstag eine große Auswahl an biologisch angebauten Nahrungsmitteln. Besonders beliebt ist ein Stand mit frischen Austern und offenen Weinen – ideal für eine Pause beim Marktbummel.

Einzigartig ist die sieben Tage die Woche offene **George's Street Market Arcade** mit vielen Secondhand-Läden. Hier findet man CDs, Bücher, Nippes sowie flippige Kleidung und Accessoires.

SOUVENIRS UND GESCHENKE

Es überrascht nicht, dass Dublins populärste Fundgrube für Souvenirs das Haus von Irlands beliebtestem Getränk ist – das **Guinness Storehouse** *(siehe S. 98 f.)*. Die interaktiven Führungen durch das Hopfenlager rundet man am besten mit einem Besuch im Souvenirladen ab, wo man vielerlei Dinge mit Guinness-Logo kaufen kann.

In der Nassau Street findet man viele Andenkenläden, z. B. **Heraldic Artists**, wo Iren ihren Stammbaum nachverfolgen lassen können. **Knobs and Knockers** ist auf Türklopfer und -griffe spezialisiert. Unterschiedlichste Mitbringsel, z. B. einzigartige irische Keramik und das berühmte Waterford-Kristall, bietet der **Kilkenny Shop**.

Der Laden des Trinity College auf der anderen Straßenseite verkauft Universitätsandenken und Artikel, die mit dem *Book of Kells* in Zusammenhang stehen, sowie andere Souvenirs.

Weniger nobel sind **Carroll's Irish Gift Stores**, eine Kette von Geschenke- und Modeläden, die man an vielen Ecken der Stadt findet. Sie bieten kitschige Kobolde und ähnliche skurrile Produkte.

DELIKATESSEN

Liebhaber guter Weine und Whiskeys haben in Dublin die Qual der Wahl. Eine der besten Weinhandlungen ist **Claudio's**, in der der Besitzer oft selbst die Kunden berät. **Cabot & Co** rühmt sich einer riesengroßen Auswahl guter Tropfen und hat eine eigene Kellerei. Im **Celtic Whiskey Shop** verkauft sachkundiges Personal irische Whiskeys und schottische Whiskys.

Für den kulinarischen Charakter der Stadt sorgen die Feinkostläden. **Sheridan's Cheesemongers** ist auf irischen Bauernkäse spezialisiert, verkauft aber auch andere Käsesorten und weitere Delikatessen. **La Maison des Gourmets**, ein französisch angehauchtes Café mit Bäckerei, bietet Konditoreiwaren und Feinkost. **Butler's Irish Chocolate** lockt mit Geschenkschachteln exquisiter selbst gemachter Schokolade. Wer frisch gefangenen irischen Lachs kaufen will, geht zu **Sawer's Fishmongers** in der Chatham Street. Da Dublin immer multikultureller wird, gibt es in der Stadt auch immer mehr Läden mit Delikatessen aus aller Welt.

Keramikvase

Käse satt – Sheridan's Cheesemongers

Mehr über Dublin? Vis-à-Vis Dublin ISBN 978-3-8310-1519-1

MODE

In Dublin gibt es viele elegante Boutiquen. Die angesagtesten liegen in der Umgebung von Dublins »Fifth Avenue« – der Grafton Street. **Costume** mit einer großen Auswahl an irischen und internationalen Designer-Labels ist eine beliebte Adresse für Damenmode. Raffinierte Schuhe findet die Dame von Welt bei **Le Cherche Midi**.

Schnäppchenjäger zieht es in Temple Bars Altstadtmarkt, wo viele Outlet-Läden irische Mode zu reduzierten Preisen verkaufen.

Klassische Herrenmode bietet der berühmte Schneider **Louis Copeland**, der im Norden und Süden der Stadt Läden hat. Traditionelles gibt es im Kilkenny Shop *(siehe S. 105)* und bei **Kevin & Howlin**. Beide führen Tweed, Arans und viele irische Kleidungsstücke.

BÜCHER

Angesichts des reichen literarischen Vermächtnisses ist es nicht verwunderlich, dass es in Dublin viele Buchhandlungen gibt. **Eason's** in der O'Connell Street ist ein großer Buchladen. **Books Upstairs** beim Trinity College führt eine gute Auswahl irischer Titel. Das Antiquariat **Cathach Books** ist auf alte irische Drucksachen spezialisiert. Hier finden man unglaublich viele Erstausgaben und Raritäten. Im Hauptgeschäft von **Hughes & Hughes** finden oft Lesestunden statt.

Wer gebrauchte Bücher verkaufen, kaufen oder tauschen will, geht zu **Chapters** mit einer der größten Secondhand-Abteilungen der Stadt.

MUSIK

Die meisten Musikläden liegen in Temple Bar. Die kleinen Geschäfte führen alles von obskurer Elektronikmusik bis zu Indie und Reggae. **City Discs** richtet sich an Rock- und Metal-Fans. Hier gibt es sowohl neue als auch gebrauchte Scheiben. Den gleichen Geschmack bedient **Borderline Records** in der Nähe.

Techno, R&B und House auf Platten und CDs findet man bei **Big Brother Records**. Alternative Titel und Secondhand-Scheiben bietet auch der etablierte Laden **Freebird Records** am Eden Quay.

Die meisten CD-Läden führen traditionelle irische Musik. Die größte Auswahl bietet allerdings **Celtic Note** in der Nassau Street. Das Personal gibt gern Tipps.

McCullough Piggot südlich vom Liffey und **Waltons** im Norden verkaufen Noten und irische Instrumente wie Dudelsäcke und *bodhráns*.

ANTIQUITÄTEN

Einer der ältesten Antiquitätenläden der Stadt, die **Oman Antique Galleries**, ist auf hochwertige georgianische, viktorianische und edwardianische Möbel spezialisiert. **Clifford Antiques** bietet originale und reproduzierte antike Möbelstücke sowie dekorative offene Kamine. Seine Sammlung an Bronzebrunnen und -figuren ist einzigartig. Die eklektische Auswahl bei **Christy Bird** umfasst recycelte Möbel und Pub-Armaturen.

Zu den Antiquitätenläden im Powerscourt Centre gehört **Delphi** mit Schmuck aus viktorianischer und edwardianischer Zeit sowie wunderbarem Belleek-Porzellan. **Windsor Antiques** führt alte Armbanduhren, Manschettenknöpfe, Broschen, Diamantringe und anderen Schmuck. Antikes aus Silber, darunter irische und englische Porträtminiaturen aus dem 18. bis 20. Jahrhundert, verkauft **The Silver Shop**.

Alte Landkarten und Drucke findet man in der Umgebung der Grafton Street, z. B. in der **Neptune Gallery** und bei **Antique Prints**.

Die Francis Street in einem der ältesten Stadtteile Dublins bietet ebenfalls viele Antiquitätenläden. Alte Uhren, Secondhand-Möbel und vielerlei Nippes locken Passanten in die Läden, die selbst schon fast Antiquitätenstatus haben.

Beaufield Mews außerhalb des Zentrums ist auf Porzellan und Bilder aus dem frühen 20. Jahrhundert spezialisiert, **Q Antiques** in Dun Laoghaire führt eine interessante Auswahl an Stilmöbeln und dazu passenden Lampen.

Informieren Sie sich auf der Website von **Antiques Fairs** nach den Terminen und Plätzen der Antiquitätenmessen, die das ganze Jahr über stattfinden.

KUNSTGALERIEN

Die Fülle von Kunstgalerien und Künstlerateliers machen Dublin zum beliebten Reiseziel von Sammlern und Bewunderern der schönen Künste. Zahlreiche Galerien findet man in der Dawson Street, einer Parallelstraße der Grafton Street. Die renommierte, trendige **Apollo Gallery** etwa präsentiert Werke von einigen der berühmtesten Künstler des Landes.

Die **Oisín Gallery** in der Westland Row verkauft auf mehreren Ebenen Werke der besten jungen, aufstrebenden Künstler Irlands. Vielleicht ersteigern Sie auch in den **Whyte's Auction Rooms** internationale oder einheimische Kunstwerke. Die Kataloge werden vorab im Internet veröffentlicht.

Sonntags findet am Merrion Square nahe dem Museumsviertel ein Kunstmarkt statt. Unterschiedlichste Werke hängen an dem schwarzen Gitter rund um den Platz. Gerade bei gutem Wetter ist diese improvisierte Ausstellung ein wahres Vergnügen.

Auch in Temple Bar findet man zahlreiche Kunstgalerien, darunter etwa die **Temple Bar Gallery and Studios**. Diese Einrichtung gehört zu Dublins angesagtesten Kunststätten und präsentiert Werke von mehr als 30 irischen Künstlern, die mit diversen Medien arbeiten. In der Nähe, im Herzen von Dublins linkem Liffey-Ufer, liegen die **Original Print Gallery** und die **Gallery of Photography** mit ihrer imposanten Sammlung hochglänzender Kunstbände. Obwohl die Gegend wegen vieler Betrunkener und Lärmender keinen guten Ruf hat, hält sie doch ihren Status als »Kulturbastion« aufrecht.

SHOPPING

AUF EINEN BLICK

KAUFHÄUSER

Arnott's
12 Henry St. **Stadtplan**
D2. (01 805 0400.

Brown Thomas
88–95 Grafton St.
Stadtplan D4.
(01 605 6666.

Clery's
18–27 Lower O'Connell
St. **Stadtplan** D2.
(01 878 6000.

Roches Stores
54–62 Henry St.
Stadtplan D2.
(01 873 0044.

EINKAUFSZENTREN

Dundrum Centre
Dundrum.
(01 299 1700.

Jervis Centre
125 Upper Abbey St.
Stadtplan C2.
(01 878 1323.

Powerscourt Centre
59 South William.
Stadtplan D4.
(01 679 4144.

**Stephen's Green
Centre**
St Stephen's Green West.
Stadtplan D4.
(01 478 0888.

MÄRKTE

**George's Street
Market Arcade**
George's St.
Stadtplan C4.

**Temple Bar Food
Market**
Meeting House Sq,
Temple Bar.
Stadtplan D3.

SOUVENIRS
UND GESCHENKE

**Carroll's Irish Gift
Stores**
57 Upper O'Connell St.
Stadtplan A3.
(01 873 5709.

**Guinness
Storehouse**
St James's Gate.
Stadtplan A3.
(01 408 4800.

Heraldic Artists
3 Nassau St. **Stadtplan**
A3. (01 679 7020.

Kilkenny Shop
6–10 Nassau St. **Stadt-
plan** E4. (01 677 7066.

Knobs and Knockers
19 Nassau St. **Stadtplan**
A3. (01 671 0288.

DELIKATESSEN

**Butler's Irish
Chocolate**
24 Wicklow St. **Stadtplan**
D4. (01 671 0591.

Cabot & Co
Valentia House, Custom
House Sq, IFSC. **Stadt-
plan** F2. (01 636 0616.

Celtic Whiskey Shop
27–28 Dawson St. **Stadt-
plan** D4. (01 675 9744.

Claudio's
29 George's Street Ar-
cade, Drury St. **Stadtplan**
D4. (01 671 5917.

**La Maison des
Gourmets**
15 Castle St. **Stadtplan**
D4. (01 672 7258.

**Sawer's
Fishmongers**
3 Chatham St. **Stadtplan**
D4. (01 677 7643.

**Sheridan's
Cheesemongers**
11 South Anne St. **Stadtplan** D4. (01 679 3143.

MODE

Costume
10 Castle Market. **Stadtplan** D4. (01 679 4188.

Le Cherche Midi
23 Drury St. **Stadtplan**
D4. (01 675 3974.

Louis Copeland
39–41 Capel St. **Stadt-
plan** C2. (01 872 1600.

Kevin & Howlin
31 Nassau St. **Stadtplan**
E4. (01 677 0257.

BÜCHER

Books Upstairs
36 College Green. **Stadtplan** D3. (01 679 6687.

Cathach Books
10 Duke St. **Stadtplan**
D4. (01 671 8676.

Chapters
108/109 Middle Abbey St.
Stadtplan D2.
(01 873 0484.

Eason's
40 Lower O'Connell St.
Stadtplan D2.
(01 858 3800.

Hughes & Hughes
St Stephen's Green Shop-
ping Centre. **Stadtplan**
D5. (01 478 3060.

MUSIK

Big Brother Records
4 Crow St, Temple Bar.
Stadtplan C3.
(01 672 9355.

Borderline Records
17 Temple Bar. **Stadtplan**
C3. (01 679 9097.

Celtic Note
12 Nassau St. **Stadtplan**
E4. (01 670 4157.

City Discs
The Granary, Temple
Lane. **Stadtplan** C3.
(01 633 0066.

Freebird Records
1 Eden Quay. **Stadtplan**
D2. (01 873 1250.

McCullough Piggot
25 Suffolk St. **Stadtplan**
D3. (01 677 3138.

Road Records
16b Fade St. **Stadtplan**
C4. (01 671 7340.

Waltons
2–5 North Frederick St.
Stadtplan D1.
(01 874 7805.

ANTIQUITÄTEN

Antiques Fairs
www.
antiquesfairsireland.com

Antique Prints
16 South Anne St.
Stadtplan D4.
(01 671 9523.

Beaufield Mews
Woodlands Ave, Stillorgan,
Co Dublin. **Straßenkarte**
D4. (01 288 0375.

Christy Bird
32 S Richmond St.
(01 475 4049.

Clifford Antiques
7/8 Parnell St. **Stadtplan**
D1. (01 872 6062.

Delphi
Powerscourt Centre.
Stadtplan D4.
(01 679 0331.

Neptune Gallery
41 S William St.
Stadtplan D4.
(01 671 5021.

**Oman Antique
Galleries**
20/21 S William St.
Stadtplan D4.
(01 616 8991.

Q Antiques
76 York Rd, Dun
Laoghaire, Co Dublin.
Straßenkarte D4.
(01 280 2895.

The Silver Shop
Powerscourt Centre.
Stadtplan D4.
(01 679 4147.

Windsor Antiques
23d Powerscourt Centre.
Stadtplan D4.
(01 670 3001.

KUNSTGALERIEN

Apollo Gallery
15–18 W Essex St,
Temple Bar. **Stadtplan**
C3. (01 671 2609.

**Gallery of
Photography**
Meeting House Sq,
Temple Bar. **Stadtplan**
C3. (01 671 4654.

Oisín Gallery
44 Westland Row. **Stadt-
plan** F3. (01 661 1315.

Original Print Gallery
4 Temple Bar. **Stadtplan**
D3. (01 677 3657.

**Temple Bar Gallery
and Studios**
5–9 Temple Bar. **Stadt-
plan** D3. (01 671 0073.

**Whyte's Auction
Rooms**
38 Molesworth St. **Stadtplan** D2. (01 676 2888.
www.whytes.ie

Stadtplan Dublin *siehe Seiten 116–119*

UNTERHALTUNG

Obwohl Dublin mit Kinos, Theatern, Rocklokalen und Nachtclubs gut bestückt ist, unterscheidet sich die Stadt von anderen europäischen Großstädten vor allem durch ihre Pubs. Lebhafte Gespräche, improvisierte Musik und natürlich Guinness sind Voraussetzungen für einen angenehmen Abend in einer dieser gemütlichen Kneipen.

Fassade des Olympia Theatre

Eines der beliebtesten Ausgehviertel ist das in jüngster Zeit neu belebte Temple Bar. Im Gewirr enger Pflastersteinstraßen wird alles geboten – von traditioneller Musik in alten Pubs bis zu den angesagtesten aktuellen Hits. Wegen der zahllosen Kneipen und Lokale ist das Stadtzentrum südlich des Liffey bei Nachtschwärmern beliebt. Auf der Nordseite liegen die beiden berühmtesten Theater Dublins, die größten Kinos und das Point Theatre mit seinen 7000 Plätzen, ein Bahnhof aus dem 19. Jahrhundert. Hier finden die großen Rock- und Musical-Ereignisse, aber auch klassische Konzerte statt.

Straßenmusiker unweit der Grafton Street in Südost-Dublin

INFORMATION

Die Programme von Clubs, Kinos, Theatern o. Ä. drucken Zeitungen wie *Irish Times* oder *Tribune* ab, vor allem am Wochenende. *Hot Press*, eine landesweite zweiwöchentliche Zeitung, die sich mit Musik befasst, bietet einen umfangreichen Veranstaltungskalender für Dublin. Die kostenlosen Stadtanzeiger *Event Guide* und *In Dublin* liegen in Lokalen und Plattenläden aus. Sie erscheinen alle zwei Wochen.

KARTENVORVERKAUF

Für viele Veranstaltungen gibt es Karten an der Abendkasse, aber sicherer ist der Vorverkauf. Bei allen großen Veranstaltern kann man per Kreditkarte bezahlen. **Ticketmaster** akzeptiert für viele große Veranstaltungen eine telefonische Buchung per Kreditkarte. Die Hauptfilialen von **HMV** und **Dublin Tourism** (Suffolk Street) verkaufen Karten für alle großen Theater und für Rockkonzerte.

THEATER

Obwohl es in Dublin nicht allzu viele Theater gibt, findet man fast immer gute Inszenierungen. Die meisten Theater sind sonntags geschlossen. Den größten Ruhm genießt Irlands Nationaltheater **Abbey Theatre** *(siehe S. 88)*, das junge irische Autoren präsentiert, aber auch Stücke von Brendan Behan, Sean O'Casey, J.M. Synge und W.B. Yeats. Das **Peacock Theatre** im gleichen Haus zeigt experimentelle Stücke. Das **Gate Theatre** *(siehe S. 90)*, ebenfalls auf der Nordseite, wurde 1929 gegründet und ist für Inszenierungen internationaler Stücke bekannt.

Das **Samuel Beckett Centre** ist berühmt für seine kraftvollen Produktionen. Das **Gaiety Theatre**, das wichtigste Theater südlich des Liffey, präsentiert populäre Stücke meist irischer Autoren. Experimentelles Theater und modernen Tanz bieten das **Project Arts Centre** in Temple Bar und das **City Arts Centre**, das mitunter Mitternachtsvorstellungen offeriert. In **Bewley's Café Theatre** werden mittags Dramen aufgeführt. Das **Andrew's Lane Theatre** bietet jungen Autoren und Regisseuren ein Forum. Im **Olympia Theatre** sind Komödien und populäre Dramen zu sehen. Gelegentlich werden auch Rockkonzerte und Aufführungen irischer Musik veranstaltet.

Jedes Jahr im Oktober findet an allen Spielplätzen das **Dublin Theatre Festival** mit experimentellen, irischen und internationalen Stücken statt.

Plattenladen und Kartenbüro in der Crown Alley, Temple Bar

Begeistertes Publikum beim Temple Bar Blues Festival

Kino

Die Dubliner Kinos erlebten in den 1990er Jahren einen Ansturm – dank des Erfolgs einiger in Dublin angesiedelter Filme wie *Mein linker Fuß* (1989) oder *Die Commitments* (1991). Die Filmindustrie boomte und blieb mit Publikumsrennern wie *Dancing in Lughnasa* (1998, »Tanz in die Freiheit«) im Gespräch. Das **Irish Film Institute** ist seit 1992 eine Bereicherung des Unterhaltungsangebots der Stadt. Es bietet meist unabhängige und ausländische Filme sowie Vorträge und Seminare. Es hat zwei Vorführräume, eine Bar und ein Restaurant. Ein weiteres Programmkino ist das **Screen** in der Nähe des Trinity College. Die großen Erstaufführungskinos befinden sich auf der nördlichen Flussseite. Sie bieten für Nachmittagsvorstellungen Preisnachlässe und am Wochenende Spätvorstellungen. Das **Diversions** findet den ganzen Sommer über in Temple Bar statt und bietet Open-Air-Aufführungen, die meisten am Meeting House Square.

Klassische Musik, Oper und Tanz

Dublin hat vielleicht nicht das Klassikangebot anderer europäischer Metropolen, besitzt aber mit der **National Concert Hall** einen wundervollen Konzertsaal. Die einstige Ausstellungshalle aus dem 19. Jahrhundert wurde umgestaltet. Heute spielt hier freitags das National Symphony Orchestra. Es werden auch Opern, Jazz, Tanz und traditionelle Musik aufgeführt.

Die **Hugh Lane Gallery** (siehe S. 91) bietet Sonntagsmatineen. Weitere Klassikkonzerte zeigen das **Royal Hospital Kilmainham** (siehe S. 97), das **Bank of Ireland Arts Centre** in der Dame Street sowie die **Royal Dublin Society (RDS)**. Internationale Opern zeigt das **Point Theatre**. Die DGOS (Dublin Grand Opera Society) tritt jedes Jahr im April und November im Gaiety Theatre auf.

Die Stadtzeitung *In Dublin*

Rock, Jazz, Blues und Country-Musik

Dublins Rockszene blüht seit den 1970er Jahren, als die hiesige Band Thin Lizzy weltweit bekannt wurde. Der Erfolg von U2 ermutigte zur Gründung weiterer lokaler Bands. Jeden Abend findet in Dublin mindestens ein interessanter Gig statt. **Whelan's** ist die populärste Live-Bühne. Seit 1989 treten hier berühmte Musiker auf. Bei **The Mezz** in Temple Bar steigen fast jeden Abend Live-Konzerte. Der zweistöckige Club ist immer voller Studenten. Für einen Platz an der Bühne muss man hier früh kommen.

Eamonn Doran's, ebenfalls in Temple Bar, ist ein weiterer Favorit der Rock-Fans (und Pizza-Liebhaber). Der Club liegt im selben Gebäude wie die Pizzeria Di Fontaine. Zu den Besitzern gehört Huey Morgan, Frontman der Rockband Fun Lovin' Criminals. Im Eamonn Doran's erlebt man Dublins Rockszene besonders authentisch und hautnah. Huey Morgan besitzt auch Anteile an **The Voodoo Lounge**. Dieses düstere Etablissement bietet Rockkonzerte vom Allerfeinsten.

Im oberen Raum der sympathischen **International Bar** finden Konzerte akustischer Musiker und Liedermacher statt, während das **Ha'penny Bridge Inn** am Freitag- und Samstagabend Folk- und Bluesmusik bietet.

Große Namen treten entweder im **Point Theatre** oder – im Sommer – in den Sportstadien auf. Das viktorianische Theater **Olympia** präsentiert einzigartige Konzerte in ungewöhnlichem Rahmen. Im **Slane Castle** findet im Sommer ein Rockfestival statt (siehe S. 245).

Das **Temple Bar Music Centre** und **The Sugar Club** bieten Jazz, Salsa, Latin und Blues. Ein Highlight ist das Heineken Green Energy Festival im Mai. Country-Musik ist in Irland sehr populär. In vielen Pubs finden entsprechende Konzerte statt. Details erfährt man in den Veranstaltungsmagazinen.

Rockband auf der Bühne des Sugar Club

Traditionelle Musik

Für viele Iren ist die Musik in einem Pub genauso wichtig wie die Guinness-Qualität. In Dublins Zentrum erklingen in vielen Pubs *Bodhrán*-, Fidel- und Dudelsackklänge. Zu den berühmtesten zählt **O'Donoghue's**, in dem die legendären Dubliners Anfang der 1960er Jahre ihre Karriere begannen. Das **Cobblestone** und das **Auld Dubliner** sind ebenfalls bekannte Etablissements. In den Bergen um Dublin liegt **Johnnie Fox's**, etwa 35 Minuten mit dem Auto entfernt. Hier gibt es jeden Abend Live-Musik. **Castle Inn** bringt irisches Cabaret (Mai–Okt), Tanz, Gesang und Musik.

Pubs und Bars

Dublins Pubs sind ein Stück lebendiger Geschichte. An diesen Orten sind einige der bekanntesten Szenen irischer Literatur angesiedelt. Hier trafen sich aufständische Politiker. Viele weltbekannte Musiker traten hier erstmals auf. Singen, tanzen, reden und lachen – eine Tour durch Dublins Pubs ist ein absolutes Muss.

Innerhalb der Stadtgrenzen gibt es an die 1000 Pubs. Zu den besten traditionellen Etablissements gehören **Neary's**, das bei Schauspielern beliebt ist und einen fantastischen Marmortresen hat, die stimmungsvolle **Long Hall** und das schicke **Stag's Head** von 1770.

Die Pubs des 19. Jahrhunderts hatten gemütliche Nischen, in denen man ungestört trinken und reden konnte. Ein paar davon gibt es noch, z. B. die winzige Journalistenkneipe **Doheny & Nesbitt** und das **Kehoe's**.

Der **Brazen Head** von 1198 ist wohl Dublins ältestes Pub. Die heutige Kneipe aus den 1750er Jahren ist voller alter Fotos und dunklem Holz. Jeden Abend gibt es traditionelle Live-Musik. Jedes Pub rühmt sich seines hervorragenden Guinness, das allerbeste serviert man jedoch im 1782 gegründeten **Mulligan's**.

The Grave Diggers nördlich der Stadt an einem Friedhof in Phibsborough hat mehr Charakter als die meisten. Die Taxifahrt lohnt sich auf jeden Fall. An Wochenenden im Sommer sitzt man auf dem Rasen vor dem Haus.

Das **Grogan's** in der William Street ist teils Bar, teils Kunstgalerie (ausgestellt sind Gemälde hiesiger Künstler) und Treffpunkt der Boheme.

Das **Café en Seine** ist einer Pariser Bar der Belle Époque nachempfunden. Das riesige, verwinkelte Café ist wunderbar dekoriert. Am Wochenende treffen sich hier Dublins Thirtysomethings. Nebenan liegt **Ron Black's**, eine der stilbewussteren Bars der Stadt, in der sich die Filmszene ein Stelldichein gibt. Hohe Decken, dunkel getäfelte Wände und eine helle Einrichtung bilden die Kulisse, in der man gut Geschäfte besprechen oder einfach nur Leute beobachten kann.

Guinness-Reklame vor einem Dubliner Pub

Das **Grand Central** ist eine der wenigen Bars an der Hauptstraße der Stadt, der O'Connell Street. Sie befindet sich in einer ehemaligen Bank. Viele Originalelemente sind noch erhalten.

Das kleine, elegante **Rush** bietet seiner jungen, trendigen Gästeschar Popmusik. **The Welcome Inn** ist eine Art Zeitreise in die 1970er Jahre samt niedrigen Plastiktischen, Vinylhockern und vergilbter Tapete. Die jungen Gäste sind zuweilen etwas wild – je nachdem, was aus der Musikbox ertönt.

Die **Dice Bar** ist eine dunkle Pseudo-Kellerbar in Schwarz- und Rottönen. Zu hören sind seltene Rock'n'Roll- und Blues-Aufnahmen.

Urban und kosmopolitisch gibt sich **The Globe**, in dem man tagsüber auch Kaffee trinken kann. Die Klientel ist ein cooler Mix aus Musikern und hippen Städtern. Noch modischer geht es in der Bar **4 Dame Lane** zu. Hier lauschen junge Menschen eklektischen Tönen. Fackeln markieren den Eingang.

Zum eleganten Morgan Hotel in Temple Bar gehört die schöne **Morgan Bar**, die sich hervorragender Cocktails rühmt. **The Market Bar**, ein relativ neues Mitglied der Szene, hat sich schnell zum beliebtesten Gastro-Pub der Stadt gemausert. Die Bar in einer alten Fabrik, mit hoher Decke und Ziegelwänden, bietet industriellen Retro-Charme und den ganzen Tag über erstklassiges Essen.

Das kleine, behagliche **Peter's Pub** ist für gutes Bier bekannt und gilt als die Dubliner Kneipe schlechthin.

Literatur-Tour

Literaten-Pubs gibt es in Dublin zuhauf, vor allem um die Grafton Street. Das **McDaid's** mit seinem Art-déco-Interieur hat noch etwas von der Boheme-Atmosphäre jener Zeit, als berühmte Autoren-Trinker wie Patrick Kavanagh und Brendan Behan hier

Traditionelle irische Musikdarbietung im O'Donoghue's

UNTERHALTUNG

Die alte Fassade des Doheny & Nesbitt

Stammgäste waren. Das **Davy Byrne's** ist heute zwar nobler als zu jener Zeit, als James Joyce' Romanfigur Leopold Bloom hier Gorgonzola und ein Senfbrot aß, lohnt aber immer noch den Besuch.

Diese sowie einige weitere einst von den berühmtesten irischen Autoren und Dramatikern frequentierten Pubs präsentiert **Dublin Literary Pub Crawl**. Die von Schauspielern geführten Zwei-Stunden-Touren beginnen mit einem Bier im **The Duke**. Im Sommer werden die Führungen jeden Tag angeboten, im Winter meist nur an Wochenenden.

NACHTCLUBS

Dublins Clubs erfinden sich immer wieder neu, und Vielfalt beherrscht die Szene: Neben gigantischen Superclubs gibt es auch kleine, geradezu intime Etablissements. Die Lizenzgesetze der Stadt beschneiden die Clublandschaft allerdings: Ein lizenzierter Club muss um 2.30 Uhr schließen – für eine Großstadt sehr früh. Die Dubliner Clubgänger fangen ihren Abend entsprechend früh an, meist in einem Pub.

Der **POD**-Komplex bietet in vier Räumlichkeiten die größte Vielfalt der Stadt: Im **Crawdaddy** finden Live-Konzerte statt, von hiesigen Hip-Hop-Gruppen bis zu internationalen Reggae-Stars. Nebenan liegt die ultratrendige **Lobby Bar**, in der man Soul hört und Avantgarde-Design betrachtet. Eine Tür weiter befindet sich das originale POD, in dem der Mix aus neuesten Sounds und attraktive Gäste eine exklusive Atmosphäre schaffen. Die **Red Box** im Obergeschoss ist das größte der POD-Lokale und zieht eine junge Klientel an. Die Musik hier variiert.

Club M ist ein weiterer mehrstöckiger Nachtclub mit einem ausgefeilten Licht-Sound-System. Hier trifft man am Wochenende auf leidenschaftliche »Clubber« und eine ausgelassene Partyschar.

The Academy, vormals Spirit, öffnete im Januar 2008 und gilt als neuer angesagter Musiktempel. Auf vier Etagen wird hier ein einzigartiges Club-Erlebnis geboten. The Academy wetteifert mit dem Whelan's um den Titel des besten Live-Musik-Clubs mit einer Vorliebe für Rock und Pop sowie Auftritten internationaler DJs.

Cocktails und Glamour bietet das luxuriöse **Traffic** nebenan. Wie in dem Schwesterclub in New York treffen sich auch hier Fans von House-Musik, die sich fürs Ausgehen mächtig herausputzen.

Wer entspannte Eleganz sucht, sollte das **Joy's** aufsuchen, das als Weinbar gilt und lange geöffnet hat. Im **Viperoom**, der nach dem berühmten Club in Hollywood benannt ist, sorgt ein Pianist für relaxte Wohlfühlatmosphäre. Im Kellergeschoss kann man hier aber auch das Tanzbein schwingen.

In einem wunderbar restaurierten georgianischen Stadthaus liegt das **Spy**, einer der komfortabelsten Nachtclubs der Stadt. Die Türsteher des beliebten Lokals sind streng – kommen Sie am besten gut angezogen und früh am Abend, um bei topmodernen Klängen abzutanzen oder es sich in einem der gefährlich gemütlichen Sofas bequem zu machen.

Das mehrstöckige **Zanzibar** ist arabisch dekoriert. Am Wochenende tummeln sich hier junge Gäste an der Bar und tanzen zu Hits aus den Charts. Der coolste Nightclub der Stadt ist das **Krystle** auf der Harcourt Street. Der Club wird sowohl von Models als auch von schicken Studenten aus der Mittelschicht frequentiert.

Ri-Ra (irisch für »Aufruhr«), präsentiert neueste R&B- und Discomusik. Dieser Club in einem Nebengebäude des beliebten Globe ist einer der ältesten der Stadt und wird jeden Abend in der Woche von den Nachteulen Dublins frequentiert.

Der Club **Play at the Gaiety** öffnet freitags und samstags nach der Theatervorstellung seine Pforten. Live-Bands spielen hier Latin, Reggae, Jazz, Soul oder Salsa. **The Boom Boom Room** bietet die Art von Musik, die man in Clubs selten hört: Live-Jazz, Elektrosounds und Avantgarde. Das bei jungen, quirligen Kunst- und Musiksinnigen beliebte Establissement ist eine richtungsweisende Macht in Dublins Clubszene.

Als Dublins renommiertester Nachtclub wirbt **Lillie's Bordello** für sich. Hier herrscht eine geradezu luxuriöse, dekadente Atmosphäre. Der legendäre VIP-Raum ist seit langer Zeit ein Favorit unter den Reichen und Berühmten der Stadt. Mit etwas Glück steht man Schulter an Schulter mit Prominenten aus der Unterhaltungsbranche.

Die **PLU Bar** ist ein weiterer exklusiver Club mit VIP-Lounges, in denen man Medienleute trifft. Bono von U2 hat hier lebenslange Mitgliedschaft (zuweilen schaut er auch mit Bandkollegen vorbei). Im **Renards**, der weniger VIP-trächtigen Abteilung, hört man aktuelle Hits aus den Musikcharts und sonntags Live-Jazz.

Mehr über Dublin? Vis-à-Vis Dublin ISBN 978-3-8310-1519-1

AUF EINEN BLICK

TICKETS

Dublin Tourism
Tourism Centre, Suffolk St,
Dublin 2.
☎ 01 605 7700.
www.visitdublin.ie.

HMV
65 Grafton St.
☎ 01 679 5334.
Stadtplan D4.
www.hmv.co.uk

Ticketmaster
☎ 0818 719 300.
www.ticketmaster.ie

THEATER

Abbey Theatre
Abbey St Lower.
Stadtplan E2.
☎ 01 878 7222.
www.abbeytheatre.ie

Andrew's Lane Theatre
9–11 Andrew's Lane.
Stadtplan D3.
☎ 01 679 5720.
www.andrewslane.com

Bewley's Café Theatre
Bewley's Café,
78 Grafton St.
Stadtplan D4.
☎ 01 679 5720.

City Arts Centre
23–25 Moss St.
Stadtplan E2.
☎ 01 639 4608.
www.cityarts.ie

Dublin Theatre Festival
44 Essex St East.
Stadtplan C3.
☎ 01 677 8439.
www.
dublintheatrefestival.com

Gaiety Theatre
King St South.
Stadtplan D4.
☎ 01 677 1717.
www.gaietytheatre.com

Gate Theatre
Cavendish Row.
Stadtplan D1.
☎ 01 874 4045.
www.gate-theatre.ie

Olympia Theatre
Dame St.
Stadtplan C3.
☎ 01 679 3323.
www.olympia.ie

Project Arts Centre
39 East Essex St.
Stadtplan C3.
☎ 01 881 9613.
www.project.ie

Samuel Beckett Theatre
Trinity College.
Stadtplan E3.
☎ 01 608 2461.

KINO

Cineworld Cinemas
Parnell St.
Stadtplan C2.
☎ 1520 880 444.
www.cineworld.ie

Diversions
Meeting House Sq.
Stadtplan C3.
☎ 01 671 5717.
www.templebar.ie

Irish Film Institute
6 Eustace St,
Temple Bar.
Stadtplan C3.
☎ 01 679 5744.
www.ifi.ie

Screen
D'Olier St.
Stadtplan D3.
☎ 01 672 5500.

KLASSISCHE MUSIK, OPER UND TANZ

Bank of Ireland Arts Centre
Bank of Ireland Arts
Centre, Foster Place,
College Green.
Stadtplan D3.
☎ 01 671 1488.
www.bankofireland.ie

Hugh Lane Gallery
Charlemont House,
Parnell Sq North.
Stadtplan C1.
☎ 01 222 5550.
www.hughlane.ie

National Concert Hall
Earlsfort Terrace.
Stadtplan D5.
☎ 01 417 0000.
www.nch.ie

Point Theatre
East Link Bridge, North
Wall Quay.
Stadtplan D1.
☎ 01 836 6777.
www.thepointdublin.
com

Royal Dublin Society (RDS)
Ballsbridge.
☎ 01 668 0866.
www.rds.ie

Royal Hospital Kilmainham
Military Lane, Kilmain-
ham, Dublin 18.
☎ 01 612 9900.
www.modernart.ie

ROCK, JAZZ, BLUES UND COUNTRY-MUSIK

Eamonn Doran's
Crown Alley,
Temple Bar, Dublin 2.
Stadtplan D3.
☎ 01 679 9114.

Ha'penny Bridge Inn
42 Wellington Quay.
Stadtplan C3.
☎ 01 677 0616.

International Bar
23 Wicklow St.
Stadtplan D3.
☎ 01 677 9250.

The Mezz
Eustace St,
Temple Bar,
Dublin 2.
Stadtplan C3.
☎ 01 670 7655.

Slane Castle
Slane, Co Meath.
☎ 041 988 4400.
www.slanecastle.ie

The Sugar Club
8 Lower Leeson St.
Stadtplan E5.
☎ 01 678 7188.
www.thesugarclub.com

Temple Bar Music Centre
Curved St,
Temple Bar.
Stadtplan E4.
☎ 01 670 9202.
www.tbmc.ie

The Voodoo Lounge
Arran Quay, Dublin 7.
Stadtplan A3.
☎ 01 8736013.

Whelan's
25 Wexford St.
Stadtplan E4, C5.
☎ 01 478 0766.
www.whelanslive.com

TRADITIONELLE MUSIK

Auld Dubliner
Auld Dubliner,
24–25 Temple Bar.
Stadtplan D3.
☎ 01 677 0527.

Castle Inn
5–7 Lord Edward St.
Stadtplan D3.
☎ 01 475 1122.
www.bullandcastle.ie

Cobblestone
77 King St North.
Stadtplan A2.
☎ 01 872 1799.

Johnnie Fox's
Glencullen,
Co Dublin.
☎ 01 295 5647.
www.jfp.ie

O'Donoghue's
15 Merrion Row.
Stadtplan E5.
☎ 01 660 7194.
www.odonoghues.ie

The Temple Bar
48 Temple Bar,
Dublin 2.
☎ 01 672 5287.
www.thetemplebarpub
dublin.com

UNTERHALTUNG

AUF EINEN BLICK

PUBS UND BARS

4 Dame Lane
4 Dame Lane,
Dublin 2.
Stadtplan C3.
01 679 0291.

Brazen Head
20 Bridge St Lower.
Stadtplan A3.
01 679 5186.
www.brazenhead.com

Café en Seine
40 Dawson St,
Dublin 2.
Stadtplan D4.
01 677 4567.
www.capitalbars.com

Davy Byrne's
21 Duke St.
Stadtplan D4.
01 677 5217.
www.davybyrnes.com

Dice Bar
79 Queen St,
Dublin 7.
Stadtplan A2.
01 872 8622.

Doheny & Nesbitt
5 Lower Baggot St.
Stadtplan E5.
01 633 3936.
www.dohenyandnesbitt.
com

**Dublin Literary
Pub Crawl**
37 Exchequer St.
Stadtplan D3.
01 670 5602.
www.dublinpubcrawl.
com

The Duke
9 Duke St.
Stadtplan D4.
01 679 9553.

The Globe
11 S Great George's St,
Dublin 2.
Stadtplan C4.
01 671 1220.
www.globe.ie

Grand Central
Abbey St/O'Connell St,
Dublin 1.
Stadtplan D2.
01 872 8662.

The Grave Diggers
Prospect Sq, Glasnevin,
Dublin 9.
Stadtplan D1.

Grogan's
15 S William St,
Dublin 2.
Stadtplan D4.
01 677 9320.

Kehoe's
9 S Anne St.
Stadtplan D4.
01 677 8312.

Long Hall
51 S Great George's St.
Stadtplan C4.
01 475 1590.

The Market Bar
14a Fade St, Dublin 2.
Stadtplan D4.
01 613 9094.
www.pod.ie

McDaid's
3 Harry St, bei Grafton St.
Stadtplan D4.
01 679 4395.

The Morgan Bar
The Morgan Hotel,
10 Fleet St, Dublin 2.
Stadtplan D3.
01 643 7000.
www.themorgan.com

Mulligan's
8 Poolbeg St.
Stadtplan E3.
01 677 5582.
www.mulligans.ie

Neary's
1 Chatham St.
Stadtplan D4.
01 677 8596.

Peter's Pub
1 Johnson's Place,
Dublin 2.
Stadtplan D4.

Ron Black's
38 Dawson St,
Dublin 2.
Stadtplan D4.
01 670 3702.

Rush
65 S William St,
Dublin 2.
Stadtplan D4.
01 671 9542.

Stag's Head
1 Dame Court,
bei Dame Lane.
Stadtplan D3.
01 679 3687.

The Welcome Inn
13 Parnell St,
Dublin 1.
Stadtplan D1.
01 874 3227.

NACHTCLUBS

The Academy
Abbey St, Dublin 1.
Stadtplan C2.
01 877 9999.
www.theacademyclub.
com

**The Boom Boom
Room**
70 Parnell St,
über Patrick Conway's,
Dublin 7.
01 873 2687.
Stadtplan D1.
www.theboomboom
room.tv

Club M
Blooms Hotel,
Temple Bar.
Stadtplan D3.
01 671 5274.
www.clubm.ie

Crawdaddy
Harcourt St.
Stadtplan D5.
01 476 3374.
www.crawdaddy.ie

Joy's
Baggot St, Dublin 2.
Stadtplan F5.
01 676 6729.

Krystle
Harcourt St, Dublin 2.
Stadtplan D5.

Lillie's Bordello
Adam Court,
bei Grafton St.
Stadtplan D4.
01 671 5715.
www.lilliesbordello.ie

Play at the Gaiety
S King St, Dublin 2.
Stadtplan D4.
01 677 1717.
www.gaietytheatre.ie

**POD, Lobby Bar,
Red Box**
Harcourt St.
Stadtplan D5.
01 478 0166.
www.pod.ie

Renards
S Frederick St, Dublin 2.
01 677 5876.
www.renards.ie

Ri-Ra
South Great George's St,
Dublin 2.
Stadtplan E3.
01 671 1220.
www.rira.ie

Spirit
Abbey St, Dublin 1.
Stadtplan C2.
01 877 9999.
www.spiritdublin.com

Spy
South William St.
Stadtplan D4.
01 677 0014.
www.spydublin.com

Traffic
Abbey St, Dublin 1.
Stadtplan C2.
01 873 4800.

Viperroom
Aston Quay, Dublin 2.
Stadtplan D3.
01 672 5566.

Zanzibar
Ormond Quay, Dublin 1.
Stadtplan C3.
01 878 7212.
www.capitalbars.com

Stadtplan Dublin *siehe Seiten 116–119*

Highlights: Unterhaltung

An einem Abend in Dublin kann man eine Menge unternehmen. Es gibt eine große Anzahl sehr guter Lokale, die nahe beieinanderliegen – viele davon sind im Temple-Bar-Viertel. Die Stadt hat für jeden Geschmack und Geldbeutel etwas zu bieten: Weltklasse-Theater, exzellente Konzerte, Szenetreffs und gemütliche Lokale mit traditioneller, Country-, Jazz- oder Rockmusik. Selbst wenn Sie keine besondere Veranstaltung besuchen möchten, bieten die zahllosen Pubs reichlich Abwechslung.

Gate Theatre
Das Gate spielt ausländische Stücke und irische Klassiker wie Sean O'Caseys Juno and the Peacock *(siehe S. 90).*

Stag's Head
Das herrliche viktorianische Pub mit seiner langen Mahagonibar hat noch heute seine alten Spiegel und seine Bleiglasdekoration (siehe S. 110).

NÖRDLICH DES LIFFEY

SÜDWEST-DUBLIN

0 Meter   500

TEMPLE-BAR-VIERTEL

Um alles zu erkunden, was diese engen Straßen bieten, braucht man ein paar Abende. Hier liegen viele der besten »bezahlbaren« Restaurants der Stadt: Neben traditionellen Pubs mit »Fiedelmusik« findet man moderne Bars, Theater sowie das Irische Filmzentrum. Clubs bieten Sounds von Country bis zu den aktuellsten Disco-Hits.

0 Meter   100

Straßentheater gehört im Sommer in Temple Bar zum Straßenbild. Dieser Schauspieler hat sich eine George-Bernard-Shaw-Maske übergezogen.

Anstehen für ein Konzert in Temple Bar

Abbey Theatre
Trotz finanzieller Schwierigkeiten bringt das angesehene Irische Nationaltheater stets überzeugende neue Stücke wie Brian Friels Dancing at Lughnasa *auf die Bühne* (siehe S. 88).

Point Theatre
Der ehemalige viktorianische Bahnhof ist heute die erste Live-Musik-Adresse des Landes. Hier sind Größen wie Van Morrison (oben) und Luciano Pavarotti ebenso zu bestaunen wie erfolgreiche Musicals (siehe S. 109).

SÜDOST-DUBLIN

McDaid's
Der Dramatiker Brendan Behan (siehe S. 23) trank in diesem 1779 eröffneten Pub so manches Bier. Obwohl ein Besuchermagnet, bewahrt das McDaid's seinen Boheme-Charme und bietet in seinen beiden Bars Raum für einen entspannten Umtrunk (siehe S. 110f).

National Concert Hall
Das National Symphony Orchestra spielt hier an den meisten Freitagabenden. Ferner findet man Tanz, Kammermusik und andere Darbietungen im Programm. Von Mai bis Juli gibt es dienstags preisgünstige Mittagskonzerte (siehe S. 109).

Mehr über Dublin? Vis-à-Vis Dublin *ISBN 978-3-8310-1519-1*

DUBLIN

STADTPLAN

LEGENDE

▢ Hauptsehenswürdigkeit	🚌 Busbahnhof
▢ Sehenswürdigkeit	🚕 Taxi
▢ Bahnhof	P Parken
🚈 DART-Station	i Information
🚋 Luas-Haltestelle	✚ Krankenhaus m. Notaufnahme
🚌 Bushaltestelle	🚓 Polizei

✚ Kirche
⊠ Post
═ Eisenbahn
▬ Fußgängerzone

0 Meter   200   **1:11 500**

ABKÜRZUNGEN IM STADTPLAN

Ave	Avenue	**E**	East	**Pde**	Parade	**Sth**	South
Br	Bridge	**La**	Lane	**Pl**	Place	**Tce**	Terrace
Cl	Close	**Lr**	Lower	**Rd**	Road	**Up**	Upper
Ct	Court	**Nth**	North	**St**	Street/Saint	**W**	West

A

Abbey Street Lower	D2
Abbey Street Middle	D2
Abbey Street Old	E2
Abbey Street Upper	C2
Abbey Theatre	D2
Adair Lane	D3
Adelaide Hospital	C4
Amiens Street	F1
Anglesea Row	C2
Anglesea Street	D3
Anne Street North	B2
Anne Street South	D4
Anne's Lane	D4
Ardee Row	A5
Ardee Street	A5
Arran Quay	A3
Arran Street East	B2
Asdill's Row	D3
Ash Street	A4
Aston Place	D3
Aston Quay	D3
Aungier Place	C5
Aungier Street	C5

B

Bachelors Walk	D3
Back Lane	B4
Baggot Court	F5
Baggot Rath Place	E5
Baggot Street Lower	F5
Ball's Lane	B2
Bank of Ireland	D3
Bass Place	F4
Beaver Street	F1
Bedford Row	D3
Bella Place	F1
Bella Street	E1
Bell's Lane	E5
Benburb Street	A2
Beresford Lane	E2
Beresford Place	E2
Beresford Street	B2
Bewley's Oriental Café	D4
Bishop Street	C5
Blackhall Parade	A2
Blackhall Place	A2
Blackhall Street	A2
Blackpitts	B5
Bolton Street	C1
Bonham Street	A3
Borris Court	B3
Bow Lane East	C4
Bow Street	A2
Boyne Street	F4
Brabazon Row	A5
Brabazon Street	A4
Bracken's Lane	E3
Braithwaite Street	A4
Bride Road	B4
Bride Street	C4

Bride Street New	C5
Bridge Street Lower	A3
Bridge Street Upper	A3
Bridgefoot Street	A3
Britain Place	D1
Brown Street North	A2
Brown Street South	A5
Brunswick Street North	A2
Buckingham Street Lower	F1
Bull Alley Street	B4
Burgh Quay	D3
Busáras	E2
Butt Bridge	E2
Byrne's Lane	C2

C

Camden Place	C5
Camden Row	C5
Camden Street Lower	C5
Capel Street	C2
Carman's Hall	A4
Castle Market	D4
Castle Steps	C3
Castle Street	C3
Cathal Brugha Street	D1
Cathedral Lane	B5
Cathedral Street	D2
Cathedral View Court	B5
Chamber Street	A5
Chancery Lane	C4
Chancery Place	B3
Chancery Street	B3
Chapel Lane	C2
Charles Street West	B3
Chatham Row	D4
Chatham Street	D4
Christ Church Cathedral	B3
Christchurch Place	B4
Church Avenue West	B2
Church Lane South	C5
Church Street	B3
Church Street New	A2
Church Street Upper	B2
Church Terrace	B2
City Hall	C3
City Quay	F2
Clanbrassil Street Lower	B5
Clare Lane	E4
Clare Street	E4
Clarence Mangan Road	A5
Clarendon Row	D4
Clarendon Street	D4
Clonmel Street	D5
Coke Lane	A3
Coleraine Street	B1
College Green	D3
College Lane	E3
College Street	D3
Commons Street	F2

Connolly Station	F1
Constitution Hill	B1
Convent Close	F5
Cook Street	B3
Coombe Court	A4
Cope Street	D3
Copper Alley	C3
Cork Hill	C3
Cork Street	A5
Corporation Street	E1
Crane Lane	C3
Creighton Street	F3
Crown Alley	D3
Cuckoo Lane	B2
Cuffe Street	C5
Cumberland Street North	D1
Cumberland Street South	F4
Custom House	E2
Custom House Quay	E2

D

Dame Lane	C3
Dame Street	C3
Dawson Lane	D4
Dawson Street	D4
Dean Street	B4
Dean Swift Square	B4
Denzille Lane	F4
Diamond Park	E1
Digges Street Upper	C5
D'Olier Street	D3
Dominick Lane	C1
Dominick Place	C1
Dominick Street Lower	C1
Dominick Street Upper	B1
Donore Road	A5
Dorset Street Upper	C1
Dowlings Court	F3
Drury Street	D4
Dublin Castle	C3
Dublin Civic Museum	D4
Dublin Writers Museum	C1
Dublinia	B4
Duke Lane	D4
Duke Street	D4

E

Earl Place	D2
Earl Street North	D2
Earl Street South	A4
Earlsfort Terrace	D5
Ebenezer Terrace	A5
Eden Quay	D2
Ellis Quay	A3
Ely Place	E5
Erne Place Lower	F3
Erne Street Upper	F4
Erne Terrace Front	F3
Essex Quay	C3

Essex Street East	C3
Essex Street West	C3
Eustace Street	C3
Exchange Street Lower	C3
Exchange Street Upper	C3
Exchequer Street	D3

F

Fade Street	C4
Father Mathew Bridge	A3
Father Mathew Square	B2
Fenian Street	F4
Fishamble Street	B3
Fitzwilliam Lane	E5
Fitzwilliam Square	E5
Fitzwilliam Square North	E5
Fitzwilliam Square West	E5
Fitzwilliam Street Lower	F5
Fitzwilliam Street Upper	F5
Fleet Street	D3
Foley Street	E1
Foster Place	D3
Fountain Place	A2
Four Courts	B3
Fownes Street	D3
Francis Street	B4
Frederick Street South	E4
Frenchman's Lane	E2
Friary Avenue	A2
Fumbally Lane	B5

G

Garden Lane	A4
Garden of Remembrance	C1
Gardiner Street Lower	E1
Gardiner Street Middle	D1
Gate Theatre	D1
General Post Office	D2
Geoffrey Keating Road	A5
George's Dock	F2
George's Hill	B2
George's Lane	A2
George's Quay	E2
Gloucester Diamond	E1
Gloucester Place	E1
Gloucester Street South	E3
Glover's Alley	D4
Golden Lane	C4
Grafton Street	D4
Granby Lane	C1
Granby Place	C1
Granby Row	C1
Grangegorman Upper	A1
Grant's Row	F4
Grattan Bridge	C3
Gray Street	A4
Greek Street	B2
Green Street	B2

KARTENREGISTER

H

Hagan's Court	F5
Halston Street	B2
Hammond Lane	A3
Hammond Street	A5
Hanbury Lane	A4
Hanover Lane	B4
Hanover Street	B4
Hanover Street East	F3
Ha'penny Bridge	D3
Harbour Court	D2
Harcourt Street	D5
Hawkins Street	E3
Haymarket	A2
Hendrick Lane	A2
Hendrick Street	A2
Henrietta Lane	B1
Henrietta Place	B2
Henrietta Street	B1
Henry Place	D2
Henry Street	D2
Herbert Lane	F5
Herbert Street	F5
Heytesbury Street	C5
High Street	B3
Hill Street	D1
Hogan Place	F4
Holles Place	F4
Holles Row	F4
Holles Street	F4
Hugh Lane Gallery	C1
Hume Street	E5

I

Inner Dock	F2
Inns Quay	B3
Irish Whiskey Corner	A2
Island Street	A3
Iveagh Gardens	D5

J

James Joyce Centre	D1
James's Place	F5
James's Place East	F5
Jervis Lane Lower	C2
Jervis Lane Upper	C2
Jervis Street	C2
John Dillon Street	B4
John Street North	A3
John Street South	A5
John's Lane East	B3
John's Lane West	A4
Johnson Court	D4

K

Kevin Street Lower	C5
Kevin Street Upper	B5
Kildare Street	E4
Killarney Street	F1
King Street North	A2
King Street South	D4
King's Inns	B1
King's Inns Park	B1
King's Inns Street	C1
Kirwan Street	A1

L

Lad Lane	F5
Lamb Alley	B4
Leeson Lane	E5
Leeson Street Lower	E5
Leinster House	E4
Leinster Street South	E4
Lemon Street	D4
Liberty Lane	C5
Liberty Park	E1
Liffey Street Lower	D2
Liffey Street Upper	C2
Lincoln Place	E4
Linenhall Parade	B1
Linenhall Street	B2
Linenhall Terrace	B1
Lisburn Street	B2
Little Britain Street	B2
Little Green Street	B2
Litton Lane	D2
Loftus Lane	C2
Lombard Street East	F3
Long Lane	B5
Longford Street Great	C4

Longford Street Little	C4
Lord Edward Street	C3
Lotts	D2
Luke Street	E3
Lurgan Street	B2

M

Mabbot Lane	E1
Madden Road	A5
Magennis Place	F3
Malpas Street	B5
Mansion House	D4
Mark Street	E3
Mark's Alley West	B4
Mark's Lane	F3
Marlborough Street	D1
Marshall Lane	A3
Marsh's Library	B4
Mary Street	C2
Mary Street Little	B2
Mary's Lane	B2
Matt Talbot Memorial Bridge	E2
May Lane	A2
Mayor Street Lower	F2
Meade's Terrace	F4
Meath Hospital	B5
Meath Place	A4
Meath Street	A4
Meetinghouse Lane	C2
Mellowes Bridge	A3
Memorial Road	E2
Mercer Street Upper	C5
Merchant's Quay	B3
Merrion Row	E5
Merrion Square	F4
Merrion Square East	F5
Merrion Square North	F4
Merrion Square South	E4
Merrion Square West	E4
Merrion Street Lower	F4
Merrion Street Upper	E5
Michael's Terrace	A5
Mill Street	A5
Millennium Bridge	C3
Molesworth Place	D4
Molesworth Street	D4
Montague Place	C5
Montague Street	C5
Moore Lane	D1
Moore Street	D2
Morning Star Avenue	A1
Moss Street	E2
Mount Street Lower	F4
Mount Street Upper	F4
Mountjoy Street	C1
Mountjoy Street Middle	B1

N

Nassau Street	D3
National Gallery	E4
Natural History Museum	E4
National Library	E4
National Museum	E4
New Row South	B5
New Street North	B2
New Street South	B5
Newman House	D5
Newmarket	A5
Nicholas Street	B4
North Great George's Street	D1
North Wall Quay	F2

O

O'Carolan Road	A5
O'Connell Bridge	D2
O'Connell Street Lower	D2
O'Connell Street Upper	D1
O'Curry Avenue	A5
O'Curry Road	A5
O'Donovan Rossa Bridge	B3
Oliver Bond Street	A3
O'Rahilly Parade	D2
Oriel Street Lower	F1
Ormond Quay Lower	C3
Ormond Quay Upper	B3

Ormond Square	B3
Ormond Street	A5
Oscar Square	A5
Oxmantown Lane	A2

P

Palmerston Place	B1
Parliament Street	C3
Parnell Place	D1
Parnell Square East	D1
Parnell Square West	C1
Parnell Street	C2
Patrick Street	B4
Pearse Station	F3
Pearse Street	E3
Pembroke Lane	E5
Pembroke Row	E5
Pembroke Street Lower	E5
Peter Row	C4
Peter Street	C4
Peterson's Court	F3
Phibsborough Road	B1
Phoenix Street North	A3
Pimlico	A4
Pleasants Street	C5
Poolbeg Street	E3
Poole Street	A4
Powerscourt Townhouse	D4
Prebend Street	B1
Preston Street	F1
Price's Lane	D3
Prince's Street North	D2
Prince's Street South	F3

Q

Queen Street	A2
Quinn's Lane	E5

R

Railway Street	E1
Rath Row	E3
Redmond's Hill	C5
Reginald Street	A4
River Liffey	A3
Ross Road	B4
Rotunda Hospital	D1
Royal Hibernian Academy	E5
Rutland Place	D1
Rutland Street Lower	E1
Ryder's Row	C2

S

Sackville Place	D2
St Andrew's Street	D3
St Ann's Church	D4
St Audoen's Church	B3
St Augustine Street	A3
St Cathedral Lane East	A4
St Kevin's Avenue	B5
St Mary's Abbey	C2
St Mary's Pro-Cathedral	D1
St Mary's Terrace	C1
St Michael's Close	B3
St Michael's Hill	B3
St Michan's Church	A2
St Michan's Street	B2
St Patrick's Cathedral	B4
St Patrick's Close	B4
St Patrick's Park	B4
St Paul Street	A2
St Stephen's Green	D5
St Stephen's Green East	E5
St Stephen's Green North	D4
St Stephen's Green South	D5
St Stephen's Green West	D5
St Thomas Road	A5
St Werburgh's Church	B4
Sampson's Lane	D2
Sandwith Street Lower	F3
Sandwith Street Upper	F4
Schoolhouse Lane	E4
Schoolhouse Lane West	B3
Sean MacDermott Street Lower	E1
Sean MacDermott Street Upper	D1

Setanta Place	E4
Seville Place	F1
Seville Terrace	F1
Shaw Street	E3
Shelbourne Hotel	E4
Sheriff Street Lower	F1
Ship Street Great	C4
Ship Street Little	C4
Smithfield	A2
South Great George's Street	C4
Spring Garden Lane	E3
Stable Lane	A3
Stanhope Street	A1
Stephen Street Lower	C4
Stephen Street Upper	C4
Stephen's Lane	F5
Stephen's Place	F5
Stirrup Lane	B2
Stokes Place	D5
Stoneybatter	A2
Store Street	E2
Strand Street Great	C3
Strand Street Little	C3
Strong's Court	D1
Suffolk Street	D3
Summerhill	E1
Susan Terrace	A5
Swift's Alley	A4
Swift's Row	C3
Sycamore Street	C3

T

Tailors' Hall	B4
Talbot Place	E2
Talbot Street	D2
Tara Street	E3
Tara Street Station	E3
Temple Bar	C3
Temple Cottages	B1
Temple Lane North	D1
Temple Lane South	C3
The Coombe	A4
Thomas Court	A4
Thomas Court Lane	A4
Thomas Davis Street South	B4
Thomas Street West	A4
Thomas's Lane	D1
Townsend Street	E3
Trinity College	E3
Trinity Street	D3

U

Usher Street	A3
Usher's Island	A3
Usher's Quay	A3

V

Vicar Street	A4

W

Wards Hill	B5
Watkins Buildings	A4
Weaver's Square	A5
Weaver's Street	A4
Wellington Quay	C3
Werburgh Street	C4
Western Way	B1
Westland Row	F4
Westmoreland Street	D3
Wexford Street	C5
Whitefriar Place	C4
Whitefriar Street	C4
Whitefriar Street Carmelite Church	C4
Wicklow Street	D3
William Street South	D4
William's Place South	B5
William's Row	D2
Windmill Lane	F3
Windsor Place	E5
Winetavern Street	B3
Wolfe Tone Park	C2
Wolfe Tone Street	C2
Wood Quay	B3
Wood Street	C4

Y

York Street	C4

Die Regionen Irlands

Irland im Überblick 122–123
Südost-Irland 124–151
Cork und Kerry 152–179
Unterer Shannon 180–199
Westirland 200–219
Nordwest-Irland 220–235
Midlands 236–253
Nordirland 254–285

Irland im Überblick

Die irische Atlantikküste – von den zerklüfteten Landstrichen bei Cork und Kerry bis zu den abgelegenen Halbinseln des Nordwestens – ist äußerst anziehend. Doch reizvoll ist auch das Landesinnere mit grünen Tälern, dunklen Mooren und stillen Loughs (Seen). Fast überall gibt es historische Sehenswürdigkeiten: die weltberühmten neolithischen Fundstätten in den Midlands, normannische Burgen im Norden und palladianische Landsitze im Südosten.

Yeats Country *ist eine eng mit W. B. Yeats verbundene, hübsche Gegend des County Sligo. Der Dichter kam hier zur Welt und ist am Fuß der Ben-Bulben's-Berge begraben* (siehe S. 232f).

NORDWEIRLA *Seiten 220 - 2*

Im Connemara National Park *im County Galway gibt es herrliche Berg-, Seen- und Küstenlandschaften. In den ausgedehnten Sümpfen und Mooren leben zahlreiche Tierarten und seltene Pflanzen* (siehe S. 208).

WESTIRLAND *Seiten 200 - 219*

Bunratty Castle *(siehe S. 192 f)*

Der Rock von Cashel, *eine befestigte mittelalterliche Abtei, thront auf freiliegendem Kalkgestein im Herzen des County Tipperary. Man findet hier einige der schönsten romanischen Skulpturen Irlands* (siehe S. 196 f).

UNTERER SHANNON *Seiten 180 - 199*

CORK UND KERRY *Seiten 152 - 179*

Bantry House *(siehe S. 168 f)*

Die Lakes of Killarney *werden von den grünen, bewaldeten Hängen einiger der höchsten Berge Irlands gesäumt. Sie sind die Hauptattraktion im Südwesten der Insel* (siehe S. 162 f).

◁ **Die farbenfrohe High Street in Dingle** *(siehe S. 157)*

IRLAND IM ÜBERBLICK

NORDIRLAND
Seiten 254 – 285

The Giant's Causeway, *eine Formation aus mehreren Tausend polyedrischen Basaltsäulen, ist die wohl interessanteste Sehenswürdigkeit Nordirlands. Einer Sage nach platzierte der Riese Finn MacCool die Felsen, um auf diese Weise übers Meer nach Schottland zu kommen* (siehe S. 262f).

Mount Stewart House, *ein Herrenhaus aus dem 19. Jahrhundert, ist vor allem für seinen erst in den 1920er Jahren angelegten herrlichen Park bekannt. Das warme Mikroklima in diesem Teil des County ließ eine bunte Ansammlung exotischer Pflanzen heranwachsen* (siehe S. 282f).

MIDLANDS
Seiten 236 – 253

Newgrange
(siehe S. 246f)

SÜDOST-IRLAND
Seiten 124 – 151

0 Kilometer 50

Powerscourt, *ein wundervoll gelegenes großes Anwesen am Fuß der Wicklow Mountains, ist von einem der letzten großen barocken Gärten Europas umgeben. Er wurde nach 1730 angelegt und im 19. Jahrhundert restauriert* (siehe S. 134f).

Kilkenny Castle *war jahrhundertelang ein Bollwerk der Butler-Dynastie, die im Mittelalter einen Großteil Südost-Irlands kontrollierte. Die riesige normannische Festung wurde in viktorianischer Zeit umgebaut und beherrscht noch heute Kilkenny, eine der historisch interessantesten und hübschesten Städte Irlands* (siehe S. 142f).

Südost-Irland

Kildare · Wicklow · Carlow · Kilkenny
Waterford · Wexford

Der Südosten der Insel ist mit dem wärmsten Klima gesegnet und hat von jeher Siedler angezogen. Die sanft gewellte Landschaft mit ihrem fruchtbaren Ackerland, den imposanten mittelalterlichen Burgen und den Landsitzen, die den Eindruck von Wohlstand vermitteln, ist seit vielen Jahrhunderten Kulturland.

Die Nähe zu Großbritannien machte den Südosten wiederholt zum Einfallstor für Invasoren. Im 9. Jahrhundert fielen die Wikinger ein und gründeten einige der ältesten Städte Irlands, darunter Waterford und Wexford. Im Jahr 1169 kamen die Anglo-Normannen *(siehe S. 36f)* und bestimmten die Entwicklung der Region in der folgenden Zeit.

Wegen seiner strategischen Bedeutung wurde der Südosten meist von der englischen Krone ergebenen Lords sorgfältig geschützt. Die Überreste ihrer imposanten Burgen bezeugen die Macht der Fitzgeralds von Kildare und der Butlers von Kilkenny, die den Südosten während des Mittelalters gemeinsam kontrollierten. Der englische Einfluss war hier stärker als im übrigen Irland. Ab dem 18. Jahrhundert zogen reiche anglo-irische Familien in die Region und bauten schöne Herrenhäuser wie die palladianischen Meisterwerke Russborough und Castletown. Die englische Herrschaft wurde jedoch nicht überall akzeptiert. Die Wicklow Mountains dienten vielen Gegnern der Krone als Zuflucht, so auch denjenigen Rebellen, die 1798 nach einer Schlacht gegen die Engländer bei der Stadt Enniscorthy fliehen mussten *(siehe S. 41)*.

Anders als das flache Grasland, das sich von Kildare Richtung Westen erstreckt, ist die Bergregion in Irlands Südosten noch eine richtige Wildnis. Im Osten reihen sich an der Küste zwischen Dublin und Rosslare im County Wexford die Sandstrände fast lückenlos aneinander.

Traditionelle strohgedeckte Häuser in Dunmore East, County Wexford

◁ Treppenhaus mit Stuckarbeiten aus dem 18. Jahrhundert, Castletown House, County Kildare *(siehe S. 130f)*

Überblick: Südost-Irland

Der Südosten hat für jeden etwas zu bieten, von belebten Seebädern bis zu malerischen Kanaldörfern, normannischen Abteien und Vogelreservaten. Die mit bedeutenden Sehenswürdigkeiten, etwa dem Kloster Glendalough und den herrlichen Parks von Powerscourt, bestückten Wicklow Mountains sind ein ideales Reise- und Wandergebiet. Weiter südlich führen die schönsten Routen durch die Flusstäler von Slaney, Barrow und Nore mit historischen Häfen wie New Ross. Von hier aus kann man die Wasserwege der Umgebung per Boot erkunden. An der Südküste, die abwechslungsreicher ist als die östlichen Küstenregionen, wechseln Strände mit Felsformationen ab, die stillen Küstendörfer bieten sich als Alternative zu den Städten Waterford und Wexford an. Weiter landeinwärts liegen Lismore und Kilkenny – Letzteres eine der schönsten historischen Städte Irlands.

Graiguenamanagh am Barrow nördlich von New Ross

Sehenswürdigkeiten auf einen Blick

Ardmore ⓳
Avondale House ⓮
Bog of Allen Nature Centre ➌
Bray ➑
Browne's Hill Dolmen ⓯
Castletown House S. 130f ➊
Dunmore East ㉑
Enniscorthy ㉔
Glendalough ⓭
Hook Peninsula ㉒
Irish National Heritage Park ㉕
Jerpoint Abbey ⓱
Johnstown Castle ㉗
Kildare ➎
Kilkenny S. 142–144 ⓰
Killruddery House ➒
Lismore ⓲
Monasterevin ➍
Mount Usher Gardens ⓬
New Ross ㉓
Powerscourt S. 134f ➐
Robertstown ➋
Rosslare ㉙
Russborough House ➏

Saltee Islands ㉘
Waterford S. 146f ⓴
Wexford ㉖
Wicklow Mountains ⓫

Tour
Military Road ⓾

Weitere Zeichenerklärungen *siehe hintere Umschlagklappe*

SÜDOST-IRLAND

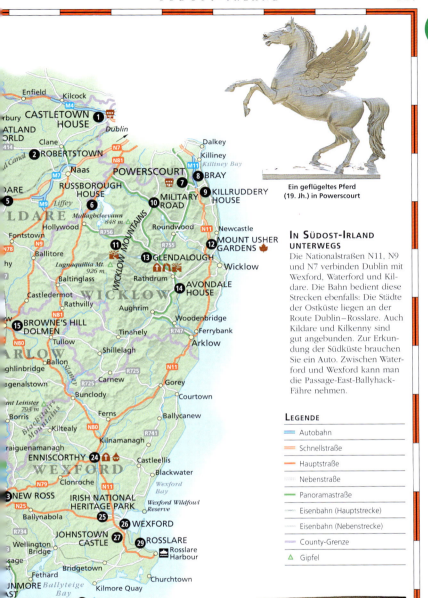

Ein geflügeltes Pferd (19. Jh.) in Powerscourt

In Südost-Irland unterwegs

Die Nationalstraßen N11, N9 und N7 verbinden Dublin mit Wexford, Waterford und Kildare. Die Bahn bedient diese Strecken ebenfalls: Die Städte der Ostküste liegen an der Route Dublin–Rosslare. Auch Kildare und Kilkenny sind gut angebunden. Zur Erkundung der Südküste brauchen Sie ein Auto. Zwischen Waterford und Wexford kann man die Passage-East-Ballyhack-Fähre nehmen.

Legende

===	Autobahn
—	Schnellstraße
—	Hauptstraße
----	Nebenstraße
—	Panoramastraße
--	Eisenbahn (Hauptstrecke)
----	Eisenbahn (Nebenstrecke)
===	County-Grenze
△	Gipfel

Siehe auch

- *Übernachten* S. 299–302
- *Restaurants, Cafés und Pubs* S. 328–331 und S. 346f

Das Seebad Bray an der Ostküste

Castletown House ❶

Siehe S. 130 f.

Robertstown ❷

Straßenkarte D4. Co Kildare
🚶 240. 🚌

Das Hotel der Grand Canal Company in Robertstown

Der Ort Robertstown liegt zehn Schleusen von Dublin entfernt am Grand Canal. Lagerschuppen und Häuschen aus dem 19. Jahrhundert prägen die Stadt am Kanal. Bis in die 1960er Jahre fuhren hier noch Frachtkähne, heute legen nur noch Ausflugsboote an. Das 1801 von der Grand Canal Company erbauten Passagier-Hotel dient noch immer als Veranstaltungsort für Feste.

Nahe Sallins, rund acht Kilometer östlich von Robertstown, führt das 1783 gebaute imposante **Leinster-Aquädukt** den Kanal über den Liffey.

Bog of Allen Nature Centre ❸

Straßenkarte D4. Lullymore, Co Kildare. 📞 045 860 133. 🚌 nach Newbridge. 🚌 nach Allenwood. ⏰ Mo–Fr 9.30–16 Uhr. 🎟️ ♿ teilweise. www.ipcc.ie

Wer sich für die Geschichte der irischen Moore interessiert, sollte das Naturzentrum besuchen (in einer Farm in Lullymore, neun Kilometer nordöstlich von Rathangan). Peatland World ist das Herz des Bog of Allen, eines Hochmoors (siehe S. 252), das sich in den Countys Offaly, Laois und Kildare erstreckt. Die Ausstellung zeigt Tiere und Pflanzen sowie archäologische Funde. Führungen machen die Besucher mit dem empfindlichen Ökosystem des Moors bekannt.

Torf zum Heizen wird gestochen

Monasterevin ❹

Straßenkarte D4. Co Kildare.
🚶 2200. 🚌

Die georgianische Marktstadt liegt an der Kreuzung des Grand Canal mit dem Fluss Barrow westlich von Kildare. Der Kanal machte die Stadt im 18. Jahrhundert reich. Heute werden die Schleusen nur noch selten benutzt. Sehenswert in Monasterevin ist das Aquädukt, ein wahres Meisterwerk des Kanalbaus.

Die **Moore Abbey**, gleich neben der Kirche, entstand im 18. Jahrhundert auf dem Gelände eines älteren Stifts. Im 19. Jahrhundert wurde das Gebäude erheblich umgestaltet. In den 1920er Jahren wohnte der Tenor John McCormack (siehe S. 24) in dem einstigen Stammsitz der Earls of Drogheda. Heute dient das Gebäude als Krankenhaus.

Kildare ❺

Straßenkarte D4. Co Kildare.
🚶 4200. 🚌 🚌 🛈 Market House (045 521 240). 🛒 Do.
www.discoverireland.ie

Das charmante Kildare wird von der **St Brigid's Cathedral** überragt, deren Schutzheilige 480 an dieser Stelle eine religiöse Gemeinschaft gründete. Hier lebten Mönche und Nonnen unter einem Dach, doch das war nicht die einzige unorthodoxe Gepflogenheit der Gemeinschaft. Heidnische Riten, beispielsweise das Abbrennen eines »ewigen« Feuers, wurden bis ins 16. Jahrhundert kultiviert. Das Feuerloch ist ebenso erhalten wie der höchste in Irland zu besteigende Rundturm aus

St Brigid's Cathedral und der dachlose Rundturm in Kildare

Hotels und Restaurants in Südost-Irland siehe Seiten 299–302 und Seiten 328–331

SÜDOST-IRLAND

Die Japanischen Gärten in Tully bei Kildare

dem 12. Jahrhundert. Die Kathedrale wurde in viktorianischer Zeit umgebaut – in Anlehnung an die Entwürfe des 13. Jahrhunderts.

St Brigid's Cathedral
Market Square. 085 120 5920. Mai–Sep: tägl. Spende.

Umgebung: Kildare liegt im Land der Pferderennen: Der Rennplatz Curragh ist in der Nähe, überall findet man Rennställe. Im nordöstlich gelegenen Kill werden Vollblüter versteigert.

Gleich südlich von Kildare, in Tully, befindet sich das **National Stud**, ein halbstaatliches Gestüt für die Zucht von Vollblütern, das 1900 von dem exzentrischen anglo-irischen Oberst William Hall-Walker gegründet wurde. Er taxierte den Wert seiner Fohlen nach ihrem Horoskop. Dachfenster in den Stallungen sollten die Pferde in den Genuss des Sonnen- und Mondlichts bringen. 1915 vermachte er das Gestüt der britischen Krone und erhielt zum Dank den Titel eines Lord Wavertree.

Besucher des 400-Hektar-Anwesens können beim Training der Pferde zuschauen. Die Stuten werden normalerweise von den Hengsten getrennt gehalten, ein »Animier«-Hengst testet die Paarungsbereitschaft der Stuten. Die Zuchthengste decken mehr als 100 Stuten pro Saison. Das Gestüt hat eine Sattlerei, eine Schmiede sowie ein Museum in einem alten Stall, das über die Bedeutung des Pferdes in der irischen Geschichte informiert. Eines der Exponate ist das Skelett des in den 1960er Jahren berühmten Springers *Arkle*.

Das Gestüt teilt sich das Anwesen mit den von Lord Wavertree auf dem Höhepunkt des edwardianischen Orient-Faibles geschaffenen **Japanischen Gärten** und dem **St Fiachra's Garden**. Den Park legte der japanische Landschaftsgärtner Tassa Eida 1906–10 mithilfe seines Sohns Minoru und 40 Mitarbeitern an. Zum Baum- und Strauchbestand gehören Maulbeer-, Ahorn- und Kirschbäume, Bonsais und Bambusarten. Die Gärten beschreiben allegorisch den Weg von der Wiege zum Grab: Am Beginn tritt das Leben aus dem Tor des Vergessens, am Ende steht das »Tor zur Ewigkeit«, ein Zen-Steingarten. Zum St Fiachra's Garden (1,6 ha) gehören Wald, Feuchtgebiete, Seen und Inseln sowie ein Garten mit Waterford-Kristall.

National Stud, Japanische Gärten und St Fiachra's Garden
Tully. 045 521 617. Mitte Feb–Mitte Nov: tägl. 9.30–17 Uhr; Mitte Nov–23. Dez: tägl. 10–17 Uhr (letzter Zutritt 15.30 Uhr). nur National Stud.
www.irish-national-stud.ie

PFERDERENNEN IN IRLAND

Irland hat eine ausgeprägte Rennkultur. Weil diese Sportart nicht als elitär gilt, erfreuen sich alle daran. Eines der Zentren für Vollblutzucht liegt bei Curragh: eine 2000 Hektar große, zaunlose Grasebene im County Kildare. In der Gegend gibt es viele Gestüte und Trainingszentren. Jeden Morgen kann man Pferde in den verschiedenen Gangarten beobachten. Die meisten irischen Galopprennen, so auch das Irish Derby, werden auf dem Rennplatz von Curragh östlich von Kildare ausgetragen. Berühmt sind aber auch die Veranstaltungen im nahen Punchestown – vor allem das Hindernisrennen im April/Mai – und in Leopardstown, wo gleichfalls große Hindernisrennen stattfinden *(siehe S. 28f.)*.

Auf der Zielgeraden beim Rennen in Curragh

Castletown House ❶

Castletown House wurde 1722–29 für William Conolly, den Sprecher des irischen Parlaments, erbaut. Die Fassade, eine Arbeit des Florentiner Architekten Allessandro Galilei, war das erste Beispiel des palladianischen Stils auf der Insel. Die herrliche Innenausstattung datiert aus der zweiten Hälfte des 18. Jahrhunderts. In Auftrag gegeben wurde sie von Lady Louisa Lennox, der Frau von William Conollys Großneffen Tom, der ab 1759 hier wohnte. Bis 1965 war Castletown in Familienbesitz, dann übernahm es die Irish Georgian Society. Nun ist es in Staatsbesitz und öffentlich zugänglich.

Conolly-Wappen an einem Stuhl

★ Long Gallery
Friese (um 1720) zieren den Raum. Die Nischen (1770) sind im pompejianischen Stil gestaltet.

Roter Salon
Der Raum bekam seinen Namen von dem (wohl französischen) roten Damast (um 1820), der die Wände bedeckt. Der kostbare Mahagonisekretär wurde um 1760 für Lady Louisa angefertigt.

Grüner Salon

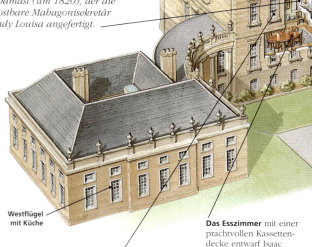

Westflügel mit Küche

Wandgemälde im Boudoir
Die aus der Long Gallery hierher verbrachten dekorativen Paneele sind von der Raffael-Loggia im Vatikan inspiriert.

Das Esszimmer mit einer prachtvollen Kassettendecke entwarf Isaac Ware.

CASTLETOWN HOUSE

INFOBOX

Straßenkarte D4. Celbridge, Co Kildare. **(** *01 628 8252.*
67, 67A von Dublin.
Mitte März–Nov: Di–Sa 10.30–16.30 Uhr (letzter Einlass 15.30 Uhr).
obligatorisch.
Sommerkonzerte.
www.heritageireland.ie

★ Print Room
In dem einzigen noch erhaltenen Grafikkabinett Irlands widmete sich Lady Louisa italienischen Stichen. Im 18. Jahrhundert pflegten die Damen Drucke direkt an die Wand zu applizieren und mit kunstvollen Girlanden zu rahmen.

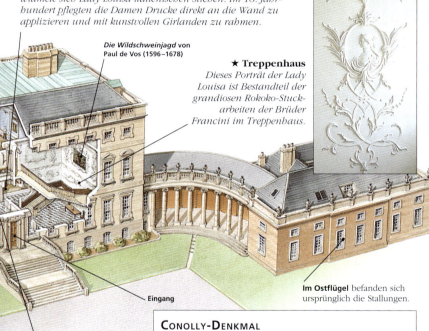

Die Wildschweinjagd von Paul de Vos (1596–1678)

★ Treppenhaus
Dieses Porträt der Lady Louisa ist Bestandteil der grandiosen Rokoko-Stuckarbeiten der Brüder Francini im Treppenhaus.

Eingang

Im Ostflügel befanden sich ursprünglich die Stallungen.

Die Eingangshalle ist ein streng klassizistischer Raum. Herausragend sind die Verzierungen an den Pilastern der oberen Galerie.

NICHT VERSÄUMEN

★ Long Gallery

★ Print Room

★ Treppenhaus

CONOLLY-DENKMAL

Das Bauwerk befindet sich ein Stück außerhalb des Castletown-Anwesens und liegt genau in der Fluchtlinie der Long Gallery. Conollys Witwe Katherine gab es 1740 als Denkmal für ihren Mann und zur Arbeitsbeschaffung nach einem harten Winter in Auftrag. Das aus übereinandergeschichteten Bogen bestehende, von einem Obelisken gekrönte Gebilde entwarf Richard Castle, der Architekt von Russborough House *(siehe S. 132).*

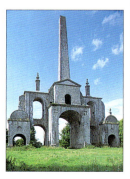

Salon im Russborough House mit Kamin und Stuckdecke

Russborough House 6

Straßenkarte D4. Blessington, Co Wicklow. 045 865 239. 65 von Dublin. Mai–Sep: tägl. 10–17 Uhr; Apr, Okt: So u. Feiertage 10–17 Uhr. obligatorisch.

Das um 1740 für Joseph Leeson, Earl von Milltown, erbaute palladianische Herrenhaus ist eines der schönsten Irlands. Der Architekt Richard Castle entwarf auch Powerscourt House *(siehe S. 134f)*. Castle gilt als erster Vertreter des palladianischen Stils in Irland. Anders als viele große Landsitze der Pale-Region befindet sich Russborough innen wie außen in tadellosem Zustand. Die Front des Hauses ist die längste in Irland. Die Fassade ist mit Wappenlöwen und »Kurven«-Kolonnaden verziert. Das Interieur ist noch eindrucksvoller: Viele Räume sind mit exzellenten Stuckarbeiten der Brüder Francini ausgestattet, die auch in Castletown House *(siehe S. 130f)* mitwirkten. Die besten Arbeiten finden sich in Musikzimmer, Salon und Bibliothek. Diese Räume sind reich geschmückt mit Laubwerk und Cherubim. Die Stuckarbeiten neben der Haupttreppe zeigen eine Jagd mit Hunden und Blumengirlanden. Die Stuckarbeiten im Salon umgeben Meeresszenen des französischen Malers Joseph Vernet (1714–1789). Die Gemälde wurden 1926 veräußert, jedoch über 40 Jahre später wieder aufgespürt und ins Haus zurückgebracht.

Russborough hat viele weitere Schätze zu bieten, etwa die aus italienischem Marmor gearbeiteten Kamine, imposante Mahagonitüren sowie unschätzbare Silber-, Porzellan- und Gobelinsammlungen.

Abgesehen von alledem lohnt sich ein Besuch in Russborough vor allem wegen der **Beit Art Collection**, die für flämische, holländische und spanische Meister bekannt ist. Sir Alfred Beit, der Russborough 1952 erwarb, erbte die Bilder von seinem Onkel, einem Mitbegründer des De-Beers-Diamanten-Imperiums in Südafrika. 1974, 1986 und 2000 wurden etliche Werke gestohlen. Die meisten konnten jedoch später zurückgeholt werden. 2001 kamen bei einem Raub weitere Stücke abhanden, wurden aber wiedergefunden. In Russborough wird nur eine Auswahl der Sammlung gezeigt. Die meisten Gemälde

Meeresszene von Vernet im Salon

Geschichte des Pale

Pale (Pfahl, Gau) bezeichnet die Grenzen des um Dublin gelegenen englischen Einflussbereichs von der Normannen- bis zur Tudor-Zeit. Die Grenzziehung variierte. Zum Zeitpunkt seiner größten Ausdehnung erstreckte sich das Gebiet von Dundalk im County Louth bis nach Waterford. Der gälische Adel außerhalb der Zone konnte sein Land unter der Bedingung behalten, dass er seine Söhne innerhalb des Pale erziehen ließ.

Die Bewohner des Pale vertraten die Interessen ihres Herrschers und englische Werte. So vergrößerte sich die Kluft zwischen der gälischen Mehrheit und den Anglo-Iren so weit, dass die Engländer das Land verlassen mussten. Noch lange nach Schleifung der Festungen lebte die Idee des Pale fort. »Jenseits des Pale« bedeutet bis heute asozial.

Familienidyll (18. Jh.): typische Szene für den gehobenen Lebensstil der Oberschicht des *Pale*

Hotels und Restaurants in Südost-Irland *siehe Seiten 299–302 und Seiten 328–331*

Bimmelbahn auf der Strandpromenade von Bray

befinden sich als Dauerleihgaben in der National Gallery in Dublin *(siehe S. 70f).*

Russborough liegt schön inmitten einer Parklandschaft mit Blumengärten unweit des Dorfs **Blessington** und bietet einen herrlichen Blick auf die Wicklow Mountains. Nicht umsonst beschrieb Alfred Beit den irischen Palladianismus so: »Schöne Architektur auf einem grünen Rasen galt als ausreichend.«

Umgebung: Das durch die Stauung des Liffey entstandene **Poulaphouca Reservoir** erstreckt sich südlich von Blessington. Der ruhige See ist bei Wassersport-Fans sehr beliebt. Andere Besucher kommen hierher, um den Ausblick auf die Berge zu genießen.

Powerscourt ❼

Siehe S. 134f.

Bray ❽

Straßenkarte D4. Co Wicklow. 🚶 *33 000.* 🚉 *DART.* 🚌 🛈 *Old Court House, Main St (01 286 7128).* www.bray.ie

Das frühere viktorianische Seebad ist heute ein lauter Ferienort mit Nepplokalen und Fish-and-Chips-Läden an der Strandpromenade. Im Sommer herrscht in dem vor allem von jungen Familien frequentierten Ort bedrängende Enge. Wer Ruhe sucht, kann auf Bray Head an der Hochküste spazieren gehen. Von Bray aus lassen sich die Gärten von Powerscourt, die Wicklow Mountains und die hübschen Küstendörfer Killiney und Dalkey *(siehe S. 103)* gut erkunden.

Killruddery House ❾

Straßenkarte D4. Bray, Co Wicklow. 📞 *0404 46024.* 🕐 *Mai–Sep: tägl. 13–17 Uhr.* 📷 🚶 *März–Mitte Nov: für Gruppen ab 20 Personen (nach Voranmeldung).* ♿ *teilweise.* www.killruddery.com

Killruddery House, gleich südlich von Bray, wurde 1651 erbaut und ist seitdem die Residenz der Earls of Meath. Anfang des 19. Jahrhunderts wurde es im neoelisabethanischen Stil umgebaut. Das Haus birgt schöne Schnitz- und Stuckarbeiten. Seinen Charme verdankt es dem Garten aus dem 17. Jahrhundert, der als schönste Anlage Irlands im französischen Stil gilt. Der Gärtner Bonet, der auch in Versailles tätig war, legte ihn in den 1680er Jahren an.

Die mit großer Präzision bepflanzte Anlage besticht durch viele unterschiedliche Hecken und schöne Bäume und Sträucher einheimischer und exotischer Herkunft. Das von einer Lorbeerhecke umschlossene Waldtheater ist das einzige seiner Art in Irland.

Das Zentrum des Gartens bilden die »Langen Teiche« und zwei 165 Meter lange Kanäle, in denen früher Fische gezüchtet wurden. Jenseits davon führt ein von zwei Heckenringen eingefasster Weiher zu einem viktorianischen Arrangement von Wegen, die von Statuen sowie Eiben-, Rotbuchen-, Hainbuchen- und Lindenhecken gesäumt werden.

Blick über die »Langen Teiche« (Long Ponds) auf Killruddery House

Powerscourt *

Die Gärten von Powerscourt sind wegen ihrer Gestaltung und der herrlichen Lage am Fuß des Great Sugar Loaf Mountain die vielleicht schönsten Irlands. Richard Wingfield, der Erste Viscount von Powerscourt, gab das gesamte Anwesen um 1730 in Auftrag. Weitere Ziergärten ließ der 7. Viscount 1875 anlegen. Er installierte auch Tore, Urnen und Statuen, die er auf seinen Reisen gesammelt hatte. Bei einem Brand 1974 wurde Powerscourt schwer beschädigt. Das Erdgeschoss wurde jedoch wunderschön renoviert und beherbergt nun ein exklusives Einkaufszentrum, ein exzellentes Restaurant und ein Café.

Laokoon-Statue auf der oberen Terrasse

Bamberg Gate
Das um 1770 in Wien gefertigte, vergoldete schmiedeeiserne Tor brachte der 7. Viscount aus dem Bamberger Dom nach Powerscourt.

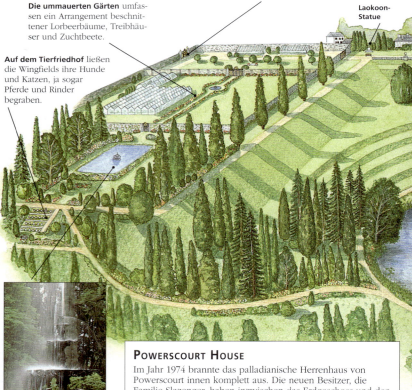

Die ummauerten Gärten umfassen ein Arrangement beschnittener Lorbeerbäume, Treibhäuser und Zuchtbeete.

Auf dem Tierfriedhof ließen die Wingfields ihre Hunde und Katzen, ja sogar Pferde und Rinder begraben.

Laokoon-Statue

Delfinbecken
Das im 18. Jahrhundert als Fischteich angelegte Gewässer ist umgeben von exotischen Koniferen.

POWERSCOURT HOUSE

Im Jahr 1974 brannte das palladianische Herrenhaus von Powerscourt innen komplett aus. Die neuen Besitzer, die Familie Slazenger, haben inzwischen das Erdgeschoss und den Ballraum im ersten Stock liebevoll renoviert, vieles muss allerdings noch getan werden. Das Powerscourt House und die prachtvollen Gärten wurden 1731 am Standort einer normannischen Burg von Richard Castle entworfen, ebenso wie das Russborough House (siehe S. 132f).

Powerscourt brannte 1974 aus

POWERSCOURT

★ Freitreppe
Die 1874 eingefügte herrliche italienische Freitreppe führt zum Tritonsee, wo Pegasus in zweifacher plastischer Ausführung wacht: als geflügeltes Ross der griechischen Mythologie und als Emblem der Familie Wingfield.

INFOBOX

Straßenkarte D4. Enniskerry, Co Wicklow. 01 204 6000. 185 ab DART-Station Bray. *tägl. 9.30–17.30 Uhr (Okt–März: bis Sonnenuntergang).* 25., 26. Dez. www.powerscourt.ie

Der italienische Garten ist auf Terrassen angelegt, die nach 1730 in das umliegende Hügelland gegraben wurden.

Kieselmosaik
Am nahen Strand von Bray wurden viele Tonnen Kieselsteine gesammelt, um auf der Terrasse dieses Mosaik anzulegen.

Der Pepper Pot Tower entstand 1911.

★ Tritonsee
Der für den ersten Garten geschaffene See verdankt seinen Namen der Springbrunnenfigur, die einer Arbeit Berninis in Rom nachempfunden ist.

★ Japanische Gärten
In den bezaubernden edwardianischen Gärten auf ehemaligem Sumpfland wachsen chinesische Koniferen und Bambus.

NICHT VERSÄUMEN

★ Freitreppe

★ Japanische Gärten

★ Tritonsee

Die Gärten von Powerscourt mit dem Great Sugar Loaf Mountain im Hintergrund ▷

Tour: Military Road ❿

Rotes Eichhörnchen

Die Briten bauten die Militärstraße durch die Wicklow Mountains, um nach dem Aufstand von 1798 *(siehe S. 149)* irische Rebellen aufzuspüren. Die heute als R115 bekannte Straße führt durch die abgelegensten und zerklüftetsten Landschaften des County Wicklow. Auf der Fahrt sieht man viele Tiere (z. B. Hirsche) und Pflanzen.

Glencree ①
In Glencree und einigen anderen Orten sind die früheren britischen Kasernen erhalten.

Powerscourt Waterfall ⑨
Der Dargle stürzt im höchsten irischen Wasserfall 130 Meter tief über Granitfelsen hinab.

Sally Gap ②
Der abgelegene Pass ist von einem mit Tümpeln und Bächen durchzogenen Moorgebiet umgeben.

Glenmacnass ③
Hinter dem Sally Gap führt die Straße in eine Schlucht mit spektakulärem Wasserfall.

Great Sugar Loaf ⑧
Vom Parkplatz auf der Südseite aus kann man in weniger als einer Stunde zum Granitkegel des Sugar Loaf hinaufsteigen.

Lough Tay ⑦
Kahle Felswände erheben sich um das dunkle Wasser von Lough Tay. Der See gehört der Guinness-Brauerei, ist aber für Wanderer zugänglich.

Roundwood ⑥
Das mit 238 Metern über dem Meeresspiegel höchste Dorf Irlands liegt in schöner Umgebung. Die Hauptstraße säumen Pubs, Cafés und Kunsthandwerksläden.

Glendalough ④
Das von Hängen umgebene alte Kloster *(siehe S. 140f)* ist die wichtigste historische Sehenswürdigkeit der Wicklow Mountains.

Vale of Clara ⑤
Das malerisch bewaldete Tal folgt dem Fluss Avonmore. Hier liegt versteckt das aus zwei Häusern, Kirche und Schule bestehende winzige Dorf Clara.

ROUTENINFOS
Länge: 96 km.
Rasten: Es gibt Pubs und Cafés in Enniskerry (z. B. das Poppies, einen altmodischen tearoom) und in Roundwood, doch die Gegend eignet sich besser für Picknicks. Südlich von Enniskerry gibt es mehrere ausgewiesene Picknickplätze (siehe S. 387–389).

0 Kilometer 5

LEGENDE
— Routenempfehlung
═ Andere Straße
☼ Aussichtspunkt

Wicklow Mountains ⓫

Straßenkarte D4. 🚆 *nach Rathdrum u. Wicklow.* 🚌 *nach Enniskerry, Wicklow, Glendalough, Rathdrum u. Avoca.* 🏠 *Rialto House, Fitzwilliam Square, Wicklow (0404 69117).*
www.discoverireland.ie

Mitten in der Wildnis der Wicklow Mountains ist es nur schwer vorstellbar, dass Dublin keine Stunde Autofahrt entfernt ist. Wegen ihrer Unzugänglichkeit waren die Berge früher ein ideales Versteck für alle Gegner der englischen Herrschaft. Während das Gebiet des Pale *(siehe S. 132)* im Südosten der englischen Krone folgte, herrschten im Gebirge Kriegsherren wie die O'Tooles. Auch die Aufständischen von 1798 *(siehe S. 41)* suchten hier Zuflucht. Michael Dwyer, einer ihrer Anführer, konnte in den Hügeln bis 1803 seine Freiheit behaupten.

Die ab 1800 angelegte **Military Road** machte die Gegend zugänglicher, doch sie ist noch immer dünn besiedelt. Nur wenig Verkehr stört die Atmosphäre tiefer Schluchten, üppiger Wälder und weiter Heidemoore. Torfstechen ist noch immer ein blühendes Kleingewerbe, wie die vielen Torfstapel neben der Straße belegen. Zahllose Wanderwege durchschneiden die Landschaft, etwa der **Wicklow Way**, der sich vom Marlay Park in Dublin bis Clonegal (County Carlow) über 132 Kilometer erstreckt. Er ist zwar markiert, doch man kommt leicht vom Weg ab – wandern Sie also nicht ohne Karte. Obwohl die Berge nirgends höher als 915 Meter sind, können sie bei schlechtem Wetter gefährlich werden.

Ansonsten bietet die Landschaft Wanderern viele Möglichkeiten. Ein guter Startpunkt zur Erkundung des nördlichen Teils ist das Dorf **Enniskerry**. Im Sommer wimmelt es hier von Besuchern, die die Gärten von Powerscourt *(siehe S. 134f)* besichtigen. Von Laragh Richtung Süden kann man nach Glendalough *(siehe S. 140f)* und zum **Vale of Avoca** wandern, in dem im Frühjahr Kirschbäume blühen. Seine Schönheit beschrieb Thomas Moore: »In der weiten Welt ist kein Tal so süß wie jenes, in dessen Schoß die funkelnden Wasser zusammentreffen« – ein Verweis auf den Zusammenfluss von Avonbeg und Avonmore am **Meeting of the Waters** jenseits des Avondale House *(siehe S. 141)*. Inmitten bewaldeter Hügel liegt im Herzen des Tals der Weiler Avoca. Hier

Straßenschilder in den Wicklow Mountains

Die Mount Usher Gardens an den Ufern des Vartry

stellen die **Avoca Handweavers** in der ältesten Weberei Irlands (seit 1723) bunte Tweedstoffe her.

Weiter nördlich in Meeresnähe unweit des Dorfs Ashford braust der Fluss Vartry durch die tiefen Spalten des **Devil's Glen**. Beim Eintritt in die Schlucht stürzt der Fluss etwa 30 Meter tief in den »Punschtopf des Teufels«. Es gibt hier schöne Spaziermöglichkeiten samt beeindruckendem Ausblick auf die Küste.

🏠 **Avoca Handweavers**
Avoca. 📞 *0402 35105.*
🕐 *tägl.* ⬤ *25., 26. Dez.* 🍴 ♿
www.avoca.ie

Mount Usher Gardens ⓬

Straßenkarte D4. Ashford, Co Wicklow. 📞 *0404 40205.* 🚌 *nach Ashford.* 🕐 *März–Okt: tägl. 10.30–18 Uhr.* ⊘ 🏠 📷 ♿ *eingeschränkt.* 🎧 *auf tel. Anfrage.*
www.mountushergardens.com

Am Fluss Vartry, gleich östlich von Ashford, liegen diese Gärten. Sie wurden 1868 vom Dubliner Edward Walpole angelegt. Es gibt seltene Sträucher und Bäume – von chinesischen Koniferen und Bambussen bis zu mexikanischen Pinien und Pampagras – sowie eine im Herbst bunte Ahornallee. Die Gärten bieten neben exotischer Vegetation immer wieder Ausblicke auf den Fluss und die auf Wehren stehenden Reiher.

Farbenprächtiges Heidemoor um den Sally Gap in den Wicklow Mountains

Hotels und Restaurants in Südost-Irland siehe Seiten 299–302 und Seiten 328–331

Glendalough ⓭

Straßenkarte D4. Co Wicklow.
🚍 *St Kevin's Bus von Dublin.* **Ruinen**
⭘ *tägl.* 📷 *im Sommer.* **Besucherzentrum** ☎ *0404 45325/45352.*
⭘ *tägl.* ● *24.–27. Dez.* 📷 ⛹

Blick über den Oberen See in Glendalough

Die steilen, bewaldeten Hänge von Glendalough, dem »Tal der zwei Seen«, sind die Kulisse für eines der am schönsten gelegenen Klöster Irlands. Das im 6. Jahrhundert vom hl. Kevin gegründete Anwesen wurde immer wieder von den Wikingern geplündert, stand jedoch mehr als 600 Jahre lang in Blüte. Der Niedergang begann, als die englischen Truppen die Gebäude 1398 teilweise schleiften. Das monastische Leben behauptete sich jedoch bis zur Auflösung der Klöster durch Henry VIII 1539 *(siehe S. 38)*. Pilger kommen weiterhin nach Glendalough, besonders viele am 3. Juni, dem St Kevin's Day, an dem es früher häufig zu Unruhen kam *(siehe S. 30)*.

Reste des Torhauses, das früher ins Kloster Glendalough führte

Das Alter der Gebäude ist ungewiss, die meisten entstanden wohl zwischen dem 8. und dem 12. Jahrhundert. Viele wurden um 1870 restauriert. Die Hauptruinen liegen östlich des Unteren Sees, die dem hl. Kevin zugeschriebenen Gebäude am Oberen See. Hier kann man die Ruhe genießen und den Massen entkommen, die den unteren Teil des Anwesens bevölkern. Versuchen Sie, früh dort zu sein, vor allem in der Hauptsaison. Zutritt gewährt der doppelte Steinbogen des Torhauses, des einzigen seiner Art in einem irischen Klosterbezirk.

Nur wenige Schritte entfernt liegt der Friedhof mit seinem **Rundturm**. Der 30 Meter hohe Turm gehört zu den schönsten Exemplaren in Irland. Seine Spitze wurde 1870 rekonstruiert. Die dachlose Kathedrale neben dem Turm

St Kevin's Kitchen

stammt großteils aus dem 12. Jahrhundert und ist die größte Ruine des Tals. Im Zentrum des Friedhofs liegt das **Priesterhaus**. Es heißt so, weil hier früher der einheimische Klerus bestattet wurde. Die verwitterte Figur oberhalb der Tür ist vermutlich der von zwei Schülern flankierte hl. Kevin. Etwas östlich befindet sich **St Kevin's Cross** aus dem 8. Jahrhundert, das zu den besterhaltenen Hochkreuzen in Glendalough gehört. Das Granitkreuz markierte früher wohl die Grenze des Friedhofs. Ein Stück weiter in der üppigen Tal steht eine winzige Kapelle mit einem steilen Steindach. Das im 11. Jahrhundert oder früher erbaute Gebäude ist als **St Kevin's Kitchen** bekannt – wohl wegen seines später hinzugefügten Glockentürmchens, das einem Schornstein ähnelt.
St Mary's, eine der ältesten Kirchen von Glendalough,

Hotels und Restaurants in Südost-Irland *siehe Seiten 299–302 und Seiten 328–331*

SÜDOST-IRLAND

Rundturm von Glendalough

Hl. Kevin in Glendalough

Kevin wurde 498 als Abkömmling des Königshauses von Leinster geboren. Er verzichtete jedoch auf seine Privilegien und lebte als Eremit in einer Höhle in Glendalough. Später gründete er hier ein Kloster und ein Studienzentrum. Die Mönche widmeten sich der Krankenpflege und der Abschrift und Illustration von Manuskripten. Kevin zog zu Lebzeiten viele Schüler nach Glendalough – als Pilgerstätte wurde das Kloster aber erst nach seinem Tod um 618 berühmt.

Statt Fakten sind über Kevin vor allem bunt schillernde Legenden bekannt. Eine Geschichte besagt, er sei 120 Jahre alt geworden. Einer anderen Überlieferung zufolge legte eines Tages, als Kevin betete, eine Amsel ein Ei in eine seiner ausgestreckten Hände. Der Heilige verharrte angeblich in dieser Position, bis das Vogeljunge endlich schlüpfte.

steht etwas weiter westlich. Romanische Spuren sind noch am Ostfenster erkennbar. Folgt man dem Weg am Südufer des Flusses, gelangt man zum Oberen See. Hier stehen weitere Klosterruinen. Man kann von hier aus auch durch das Tal und zu einigen aufgelassenen Blei- und Zinkminen wandern.

Nicht weit vom Poulanass-Wasserfall entfernt finden Sie in einem Wäldchen die Ruinen der schlichten romanischen **Reefert Church**. Der Name leitet sich von Righ Fearta (»Begräbnisplatz der Könige«) her. Nahebei auf einem Felsvorsprung mit Blick auf den Oberen See befindet sich **St Kevin's Cell**, eine bienenkorbförmige Ruine, die dem Eremiten als Wohnung gedient haben soll.

Zwei Ruinenfelder auf der Südseite des Sees sind zu Fuß nicht erreichbar, aber vom gegenüberliegenden Ufer aus zu sehen. **Teampall-na-Skellig**, die »Kirche auf dem Fels«, wurde wohl am Standort der ersten vom hl. Kevin in Glendalough gegründeten Kirche errichtet. Östlich davon ist **St Kevin's Bed** in den Fels gegraben. Diese kleine Höhle diente in der Bronzezeit vielleicht als Grab. Berühmter ist sie jedoch als bevorzugter Rückzugsort des hl. Kevin. Hier soll der Heilige angeblich die Avancen einer nackten Frau zurückgewiesen und die Dame in den See gestoßen haben.

Avondale House ⓯

Straßenkarte D4. Co Wicklow. 0404 46111. nach Rathdrum. **Haus** Mitte März–Okt: tägl. 11–18 Uhr (letzter Einlass 17 Uhr). Karfreitag, 23.–28. Dez; März, Apr, Sep, Okt: Mo. teilweise. **Gelände** tägl. www.coillte.ie

Nahe Rathdrum liegt das georgianische Geburtshaus von Stewart Parnell (1846–1891, *siehe S. 43*). Das heutige Museum informiert über das Leben des Politikers und über den Kampf für die Unabhängigkeit Irlands. Das Anwesen gehört dem Staat, der hier eine Forstschule betreibt. Auf dem **Avondale Forest Park** genannten Gut gibt es einen im 18. Jahrhundert angelegten Baumgarten und viele Spazierwege.

Browne's Hill Dolmen ⓯

Straßenkarte D4. Co Carlow. nach Carlow. tägl.

Auf einem Feld an der R726, drei Kilometer östlich von Carlow, thront ein Dolmen mit dem größten Deckstein Irlands. Dieser angeblich 100 Tonnen schwere Stein ruht mit einer Seite im Erdreich, während drei wesentlich kleinere Steine das andere Ende stützen. In dem um 2000 v. Chr. errichteten Grab soll ein irischer Anführer begraben sein. Auf einem Pfad von der Straße gelangt man dorthin.

Der für seinen Deckstein berühmte Browne's Hill Dolmen

Im Detail: Kilkenny ⓰

Kilkennys Wappen

Kilkenny ist zweifellos die schönste Stadt im Inneren Irlands. Sie erlangte im 13. Jahrhundert Bedeutung, als sie zur Hauptstadt des mittelalterlichen Irlands wurde. 1390 gelangte die anglo-normannische Familie Butler an die Macht und herrschte von da an 500 Jahre über Kilkenny. Noch heute künden die schön restaurierten Gebäude von ihrem Einfluss. Kilkenny ist stolz auf sein historisches Erbe und veranstaltet jedes Jahr im August das renommierteste Kunstfestival der Republik.

Nach Irishtown, zur St Canice's Cathedral

Grace's Castle wurde 1210 erbaut und später in ein Gefängnis umgewandelt. Seit dem 18. Jahrhundert dient es als Gerichtsgebäude.

Kleine Gassen, von den Einheimischen *Slips* (Durchschlupf) genannt, gehören zum mittelalterlichen Erbe Kilkennys.

Marble City Bar

Tholsel (Rathaus)

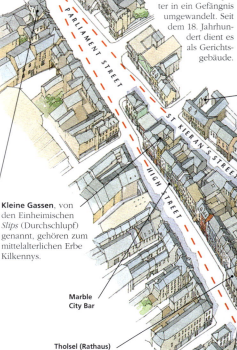

★ Rothe House
Das um zwei Innenhöfe errichtete hübsche Tudor-Kaufmannshaus besitzt die für die Hauptstraßen Kilkennys einst typischen Arkaden. Das kleine Museum im Haus zeigt archäologische Funde aus der Umgebung sowie eine Kostümsammlung.

Butter Slip
Die Gasse verdankt ihren Namen den Butterständen, die früher den kleinen Marktplatz säumten.

Die High Street
Das Rathaus (18. Jh.) mit seinem Turm und den Arkaden ist das Wahrzeichen der High Street. In der eleganten georgianischen Kammer tagt der Stadtrat noch heute.

Hotels und Restaurants in Südost-Irland siehe Seiten 299–302 und Seiten 328–331

NICHT VERSÄUMEN

★ Kilkenny Castle

★ Rothe House

KILKENNY

Kyteler's Inn
Die mittelalterliche Kutschenstation (siehe S. 346) ist nach Lady Alice Kyteler benannt, einer »Hexe«, die im 14. Jahrhundert in dem Gebäude wohnte. Wie in den meisten Pubs der Stadt gibt es auch hier Smithwick's, ein Bier, das seit 1710 in Kilkenny gebraut wird.

INFOBOX
Straßenkarte C4. Co Kilkenny.
🚶 *20000.* 🚌 *Dublin Rd (056 772 2024).* 🚍 *Bus Éireann (051 317 864).* ℹ️ *Shee Almshouse, Rose Inn St (056 775 1500).*
Rothe House 📞 *056 772 2893.*
⚪ *Apr–Okt: Mo–Sa 10.30–17, So 15–17 Uhr; Nov–März: Mo–Sa 10.30–16.30 Uhr.*

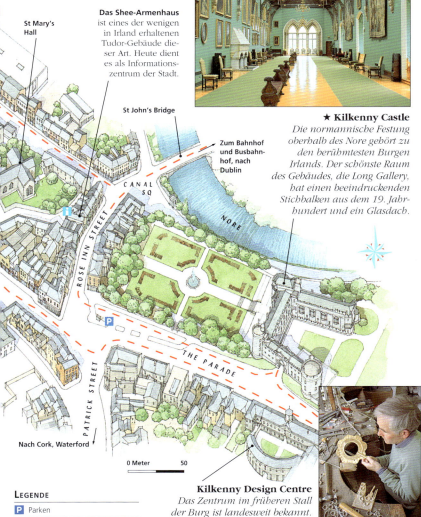

Das Shee-Armenhaus ist eines der wenigen in Irland erhaltenen Tudor-Gebäude dieser Art. Heute dient es als Informationszentrum der Stadt.

St Mary's Hall

St John's Bridge

Zum Bahnhof und Busbahnhof, nach Dublin

★ Kilkenny Castle
Die normannische Festung oberhalb des Nore gehört zu den berühmtesten Burgen Irlands. Der schönste Raum des Gebäudes, die Long Gallery, hat einen beeindruckenden Stichbalken aus dem 19. Jahrhundert und ein Glasdach.

Nach Cork, Waterford

0 Meter 50

Kilkenny Design Centre
Das Zentrum im früheren Stall der Burg ist landesweit bekannt. Sie können Handwerkern bei der Arbeit zusehen und ihre Produkte auch kaufen.

LEGENDE
🅿️ Parken
ℹ️ Information
– – – Routenempfehlung

Überblick: Kilkenny

Die in einer malerischen Biegung des Nore gelegene Stadt ist architektonisch hochinteressant. Der überwiegend verwendete hiesige schwarze Kalkstein wird auch Kilkenny-Marmor genannt. Viele der Kostbarkeiten liegen versteckt: So verbirgt sich etwa hinter einer georgianischen Fassade ein Tudor-Kamin oder klassizistisches Interieur.

Der Name Irishtown im von der St Canice's Cathedral überragten Bereich erinnert an die frühere Teilung der Stadt. Hier, in der einstigen Englishtown, stehen bis heute repräsentative öffentliche Gebäude.

Die Brauereien von Kilkenny sind ein Paradies für Bierliebhaber. Rund 80 Pubs warten hier auf Besucher.

Nordseite der Burg Kilkenny mit viktorianischen Zinnen

Schild der Marble City Bar in der High Street

🏰 Kilkenny Castle
The Parade. 📞 *056 772 1450.*
🕐 *tägl.* ⬛ *Karfreitag, 10 Tage an Weihnachten.* 📷 🎒 *obligatorisch.* ♿ *teilweise. Im Sommer teils längere Wartezeiten.*
www.heritageireland.ie

Die um 1190 erbaute Burg war bis 1935 durchgängig bewohnt. Ab dem 14. Jahrhundert lebte dort die mächtige Familie Butler *(siehe S. 142)*, aber wegen der exorbitanten Unterhaltskosten vermachten deren Nachkommen die Burg 1967 dem Staat. Mit Türmen und dicken Mauern hat das Bauwerk trotz erheblicher Umbauten seinen mittelalterlichen Charakter bewahrt. Am auffälligsten sind restaurierte neogotische Stilelemente aus viktorianischer Zeit. Die Burg ist seit ihrer Renovierung ein Besuchermagnet.

Innen beeindrucken die Bibliothek, der holzvertäfelte Speisesaal, das chinesische Schlafzimmer und die nach 1820 für die familieneigene Kunstsammlung umgestaltete Long Gallery: Ihre kunstvoll bemalte Decke mit vom *Book of Kells (siehe S. 64)* inspirierten Motiven weckt präraffaelitische Assoziationen.

Das Gelände wurde im Lauf der Jahrhunderte immer kleiner, doch die in der hügeligen Landschaft gelegenen klassischen Parks und Terrassen blieben erhalten.

🏰 St Canice's Cathedral
Irishtown. 📞 *056 776 4971.*
🕐 *tägl.* 📷 🎒 ♿
www.stcanicescathedral.ie

Der Rundturm neben der im 13. Jahrhundert in einem frühen englisch-gotischen Stil erbauten Kathedrale bietet einen schönen Ausblick. Die Truppen Cromwells plünderten St Canice's 1650, dennoch ist sie eines der kostbarsten Baudenkmäler Irlands. Die Wände aus Kilkenny-Marmor und die Kalksteinpfeiler strahlen schlichte Größe aus. Im südlichen Querschiff beeindrucken Steinmetzarbeiten und prächtige Grabmäler (16. Jh.) mit Skulpturen von Mitgliedern der Familie Butler.

🏰 Black Abbey
Abbey St. 📞 *056 772 1279.*
🕐 *tägl.* ♿

Die 1225 gegründete Dominikanerabtei gleich westlich der Parliament Street wurde im 16. Jahrhundert zum Gerichtsgebäude, ist heute aber wieder ein Kloster. Die Kirche hat unterirdische Gewölbe und vielleicht etwas überrestaurierten plastischen Schmuck. Es gibt auch einige schöne Bleiglasfenster und eine Alabasterstatue aus dem 14. Jahrhundert.

Umgebung: Nördlich der Stadt liegt **Dunmore Cave**, eine Kalksteinhöhle mit sehr steilem Abstieg und bizarren Gesteinsformationen.

Bennettsbridge, acht Kilometer südlich von Kilkenny, ist berühmt für seine Keramiken. Die Nicholas-Mosse-Töpferei *(siehe S. 357)* ist auf farbenfrohe Waren aus einheimischem Ton spezialisiert.

🏰 Dunmore Cave
Ballyfoyle. 📞 *056 776 7726.*
🕐 *März–Okt: tägl.; Nov–Feb: Sa, So u. Feiertage.* 📷 🎒 *obligatorisch.*
www.heritageireland.ie

Grab des zweiten Marquess of Ormonde in der St Canice's Cathedral

Hotels und Restaurants in Südost-Irland siehe Seiten 299–302 und Seiten 328–331

Jerpoint Abbey ⓱

Straßenkarte D5. Thomastown, Co Kilkenny. 056 772 4623. 🚌 🚆 nach Thomastown. ◯ März–Mai, Mitte Sept–Okt: tägl. 10–17 Uhr; Juni–Mitte Sep: tägl. 10–18 Uhr; Nov–Feb: tägl. 10–16 Uhr; Dez auf Anfrage. 🖼️ 📷 ♿ www.heritageireland.ie

Die Abtei am Ufer des Little Arrigle südlich von Thomastown ist trotz der Zerstörung etlicher Gebäude noch immer eine der schönsten Zisterzienser-Ruinen in ganz Irland. Die um 1160 gegründete Anlage konkurrierte lange Zeit mit der nahe gelegenen Duiske-Abtei *(siehe S. 149)*. Jerpoint blühte bis zur Auflösung der Klöster *(siehe S. 38f)*, dann übernahmen sie die Earls von Ormonde.

Zinnenturm und Kreuzgang der Anlage stammen aus dem 15. Jahrhundert. Die Hauptattraktion in Jerpoint ist der Säulengang mit amüsanten Skulpturen von Rittern, adeligen Damen, Bischöfen, Drachen – und einem Mann mit Bauchschmerzen. Die Kirche stammt aus dem 12. Jahrhundert und ist gut erhalten. Die Kapellen des Querschiffs bergen Grabmalskulpturen aus dem 13. bis 16. Jahrhundert. Romanische Kapitelle zieren die Nordseite des Schiffs. Skulpturen früherer Bischöfe und Schutzheiliger finden sich auf dem gesamten Gelände der Abtei.

Heiligenskulpturen auf einem Grabmal (16. Jh.) in der Jerpoint Abbey

Lismore ⓲

Straßenkarte C5. Co Waterford. 🚶 1200. 🚌 ℹ️ *Lismore Heritage Centre, Main St (058 54975)*. 🛍️ Handwerk. www.discoverlismore.com

Das elegante Städtchen wird vom **Lismore Castle** überragt, das sich romantisch über dem Fluss Blackwater erhebt. Die 1185 erbaute, im 19. Jahrhundert umgestaltete Burg ist das irische Domizil des Duke of Devonshire. Besucher können lediglich die bis an den Fluss reichenden prächtigen Gärten besichtigen. Das **Lismore Heritage Centre** erzählt die Geschichte des hl. Carthagus, der im 7. Jahrhundert hier ein Kloster gründete. Zwei Kathedralen in der Stadt sind ihm geweiht. Die protestantische **Cathedral of St Carthage** ist die interessantere von beiden. Der Kirchenbau wurde 1633 fertiggestellt und später im Stil der Neogotik der viktorianischen Epoche umgebaut. Ein Bleiglasfenster stammt vom präraffaelitischen Künstler Sir Edward Burne-Jones.

Burne-Jones-Fenster in der St Carthage's Cathedral, Lismore

🏰 **Lismore Castle Gärten** 058 54424. ◯ Apr, Mai, Sep: tägl. 13.45–16.45 Uhr; Juni–Aug: tägl. 11–16.45 Uhr. 🖼️

Umgebung: Von Lismore aus führt eine malerische Route durch das **Blackwater Valley** *(siehe S. 177)*. Von Cappoquin an verläuft sie durch ein Waldgebiet zur Flussmündung bei Youghal *(siehe S. 179)*.

Ardmore ⓳

Straßenkarte C5. Co Waterford. 🚶 450. 🚌 ℹ️ *Juni–Sep: Beach Car Park (024 94444)*.

Ardmore ist ein beliebter Ferienort am Meer mit schönem Strand, gut besuchten Pubs, hübschen Klippenwegen und interessanten Bauwerken. Auf einem Hügel neben dem Dorf steht ein im 5. Jahrhundert vom hl. Declan, der die Gegend zum Christentum bekehrte, gegründetes Kloster.

Die meisten Gebäude, einschließlich der zerfallenen **St Declan's Cathedral**, stammen aus dem 12. Jahrhundert. In den Arkaden der Westmauer der Kathedrale stehen einige Skulpturen mit Titeln wie *Der Erzengel Michael wiegt Seelen* in der oberen Reihe und darunter *Die Anbetung der Heiligen Drei Könige* und *Salomons Urteil*.

Der 30 Meter hohe Rundturm der Anlage gehört zu den besterhaltenen in Irland. Eine nahe gelegene Kapelle soll angeblich die Grabstelle des hl. Declan bezeichnen.

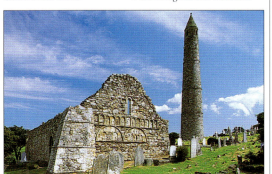

St Declan's Cathedral in Ardmore mit gut erhaltenem Rundturm

Waterford ⑳

Waterfords Stadtwappen

Waterford wurde 914 von den Wikingern gegründet und später von den Anglo-Normannen ausgebaut. Die Stadt hatte eine strategisch günstige Lage an der Mündung des Suir und stieg rasch zum führenden Seehafen Südost-Irlands auf. Seit dem 18. Jahrhundert gründet sich ihr Wohlstand auf die bekannte Glasindustrie. Die Handelstradition ist bis heute lebendig, noch immer ist der Hafen von Waterford einer der geschäftigsten des Landes. Heute versucht man, die von der Industrialisierung in Mitleidenschaft gezogene alte Bausubstanz zu retten. Die alte Wikingersiedlung wurde wieder freigelegt. Im historischen Zentrum gibt es jetzt eine Fußgängerzone.

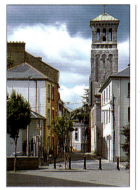

Domhof an der Lady Lane im Herzen der Stadt

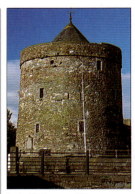

Reginald's Tower am Kai

Überblick: Waterford

Die Reste der Stadtmauer verlaufen entlang dem einst von den Wikingern befestigten Areal. Der am besten erhaltene Abschnitt liegt nordwestlich der **Watch Tower** in der Castle Street. Der Reginald's Tower oberhalb des Flusses ist das größte Bauwerk der Anlage. Durch die Bogen in der Reginald Bar fuhren früher Schiffe den Fluss hinab. Die Ausfalltore gehören zu den Wikinger-Resten der sonst meist normannischen Befestigungsanlage.

Die schönsten Gebäude der überwiegend mittelalterlichen Stadt sind georgianischen Ursprungs. Gute Beispiele findet man in der Mall südwestlich vom Reginald's Tower und auf dem Cathedral Square. Er verdankt seinen Namen der **Christchurch Cathedral**, die John Roberts um 1770 entwarf. Der hiesige Architekt prägte den georgianischen Charakter der Stadt. Innen überrascht das Bildnis eines verwesenden Leichnams (15. Jh.). Weiter Richtung Fluss passiert man die Ruinen von **Grey Friars** aus dem 13. Jahrhundert, auch französische Kirche genannt, da das Gebäude nach 1693 von emigrierten Hugenotten als Kapelle genutzt wurde.

Am Flussufer Richtung Westen steht in der Barronstrand Street der viktorianische Clock Tower. Über den belebten Läden erhebt sich die **Holy Trinity Cathedral** mit neoklassizistischem Interieur. In der von hier nach Westen verlaufenden George's Street gibt es zahlreiche gemütliche Pubs. Diese Straße führt zur O'Connell Street, deren restaurierte Lagerhäuser mit den schäbigeren Gebäuden am Quai kontrastieren. Im Sommer gibt es Bootsfahrten auf dem Fluss.

⚓ Reginald's Tower

The Quay. 051 304 220. Ostern–Okt: tägl.; Nov–Ostern: Mi–So.

Die Wikinger errichteten 914 an dieser Stelle einen Turm, doch erst die Normannen schufen 1185 den heutigen Bau. Die drei Meter dicken Mauern sollen – erstmals in Irland – mit Mörtel gebaut worden sein, gemischt aus Blut, Fell, Kalk und Schlamm. Der Turm war Festung, Münze, Arsenal und Gefängnis.

🏛 Waterford Museum of Treasures

The Granary, Merchants Quay. 051 304 500. Juni–Aug: tägl. 9.30–21 Uhr; Apr, Mai, Sep: tägl. 9.30–18 Uhr; Okt–März: tägl. 10–17 Uhr. 1. Jan. www.waterfordtreasures.com

Das exzellente Museum erzählt die Geschichte Waterfords, von der Ankunft der Wikinger (9. Jh.) bis heute.

Blick über den Fluss Suir auf Waterford

Hotels und Restaurants in Südost-Irland *siehe Seiten 299–302 und Seiten 328–331*

WATERFORD

Waterford Crystal Factory

Kilbarry 051 332 500. März–Okt: tägl. 8.30–16.30 Uhr; Nov–Feb: Mo–Fr 9–15.15 Uhr. 17. Dez. letzte Tour 2 Std. vor Schließung.
www.waterfordvisitorcentre.com

Bei einem Besuch in der Kristallglasfabrik, 2,5 Kilometer südlich des Zentrums, erhält man einen Einblick in die Methoden der Glasherstellung.

1783 wurde die Fabrik von den Brüdern George und William Penrose gegründet, die sich wegen des Hafens für Waterford entschieden. Lange genoss ihr Kristall den besten Ruf. Drakonische Steuern veranlassten die Firma jedoch, 1851 zu schließen. 1947 öffnete eine neue Fabrik. Glasbläser und -schleifer vom Kontinent unterwiesen die hiesigen Lehrlinge. Die Konkurrenz von Tipperary und Galway Crystal schmälerte in den frühen 1990er Jahren die Umsätze, doch dank zunehmender Nachfrage auf dem amerikanischen Markt steigen die Absatzzahlen wieder.

Besucher können beobachten, wie Sand, Blei und Pottasche durch Erhitzen zu funkelndem Kristall werden. Von Glas unterscheidet sich Kristall durch den hohen Bleianteil. In Waterford liegt er bei 30 Prozent. Es bedarf großen Geschicks, Glas von der Dicke zu erzeugen, wie es für die tief eingeschliffenen Muster des Waterford-Kristalls erforderlich ist. Ein weiteres Charakteristikum ist die Waterford-Signatur, die im Boden jedes Stücks eingraviert wird.

In einem Schauraum sind Wedgwood-Geschirr und Waterford-Glas zu kaufen.

Ein Handwerker der Kristallfabrik in Waterford bei der Arbeit

INFOBOX

Straßenkarte D5. Co Waterford. 44 000. 10 km südl. Plunkett Station, The Bridge (051 873 401). The Quay (051 879 000). The Granary, Merchants Quay (051 875 823). www.discoverireland.ie Fr. International Festival of Light Opera (Sep).

Der Hafen von Ballyhack jenseits des Suir

Umgebung: Im kleinen Hafen **Passage East**, zwölf Kilometer östlich von Waterford, landeten 1170 die Normannen (siehe S. 36), doch längst ist es um den Ort still geworden. Eine Autofähre verbindet das Dorf mit Ballyhack im County Wexford. Sie gewährt Blicke auf Waterfords Hafen und bringt Fahrgäste auf die Hook Peninsula (siehe S. 148).

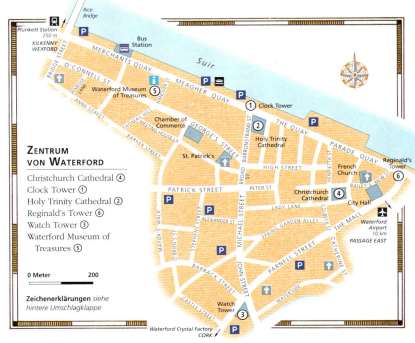

ZENTRUM VON WATERFORD

Christchurch Cathedral ④
Clock Tower ①
Holy Trinity Cathedral ②
Reginald's Tower ⑥
Watch Tower ③
Waterford Museum of Treasures ⑤

0 Meter 200

Zeichenerklärungen siehe hintere Umschlagklappe

Dunmore East ㉑

Straßenkarte D5. Co Waterford.
🚶 1500. 🚌

Das hübscheste Fischerdorf Waterfords verdankt seinen Charme den roten Sandsteinklippen und dem Hafen. Am Fuße der Klippen führen Wege entlang, doch die besten Ausblicke bietet die Straße, die sich vom efeubewachsenen Ship Inn am Strand zum Haven Hotel hinaufwindet. Ein Tor in der Nähe führt in einen herrlichen Garten mit Ausblick auf die Fischerboote. Der Weg die Stufen hinauf wird durch den Anblick der Klippen mit Möwenkolonien belohnt.

Hook Peninsula ㉒

Straßenkarte D5. Co. Wexford.
🚌 nach Duncannon. ⛴ von Passage East nach Ballyhack (051 382 480).
ℹ Fethard-on-Sea (051 397 502).
www.thehook.ie

Die von sanften Landschaften, alten Ruinen und ruhigen Dörfern geprägte Landzunge ist ideal für eine Rundreise. Die »Ring of Hook«-Route beginnt südlich von New Ross an der **Dunbrody Abbey**, den Ruinen einer Zisterzienserkirche (12. Jh.), doch eignet sich auch **Ballyhack** als Ausgangspunkt. Der Ort war früher ein befestigter Zugang zum County Waterford und ist noch durch eine Fähre mit dem benachbarten Hafen Passage East verbunden (siehe S. 147). Das um 1450 vom Templerorden erbaute **Ballyhack Castle** beherbergt ein kleines Museum. Vier Kilometer weiter liegt das kleine Seebad **Duncannon** mit breitem Sandstrand und sternförmigem Fort, das 1588 zum Schutz gegen die Spanische Armada entstand.

Nach Süden führt die Küstenstraße nach **Hook Head**. Hier thront seit 1172 der wohl älteste Leuchtturm Europas. Pfade säumen die Küste, an der es Seevögel, Robben und Versteinerungen gibt.

Nur zwei Kilometer östlich liegt das malerische **Slade**. Den Fischereihafen überragt **Slade Castle**, ein Turmhaus aus dem 15. Jahrhundert. Die Straße führt weiter an der zerklüfteten Küste entlang, vorbei an einer Seebad Fethard-on-Sea zu den spektakulären Ruinen von **Tintern Abbey**. William Marshall, Earl of Pembroke, erfüllte mit der Gründung des Zisterzienserklosters (13. Jh.) ein Gelübde, das er bei einem Sturm auf See abgelegt hatte. Über Felder gelangt man zu einer Steinbrücke mit Blick auf die **Bannow Bay**, in der 1169 Normannen gelandet sein sollen.

🏛 **Dunbrody Abbey**
Campile. ☎ 051 388 603.
🗓 Apr–Sep: tägl.

🏛 **Ballyhack Castle**
Ballyhack. ☎ 051 389 468.
🗓 Juni–Sep: tägl.

🏛 **Tintern Abbey**
☎ 051 562 650. 🗓 Mai–Okt: tägl.

Der geschäftige Fischereihafen von Dunmore East

Normannischer Leuchtturm in Hook Head, Halbinsel Hook

New Ross ㉓

Straßenkarte D5. Co Wexford.
🚶 6000. 🚌 ℹ Mitte Juni–Aug: The Quay (051 421 857). 🗓 Di.
Galley Cruising Restaurants
The Quay (051 421 723).
www.dunbrody.com

Die Stadt am Ufer des Barrow ist eine der ältesten des County. Ihre Bedeutung verdankt sie dem Hafen. Im Sommer herrscht auf dem Fluss reger Betrieb. Die Galley Cruising Restaurants bedienen den Barrow wie auch Nore und Suir. Die vom Kai steil ansteigenden Straßen

Burgruine und Hafen von Slade auf der Halbinsel Hook

Hotels und Restaurants in Südost-Irland siehe Seiten 299–302 und Seiten 328–331

sind von traditionellen Läden gesäumt. Das heutige Rathaus und frühere Zollhaus **Tholsel** besetzten die Briten während des Aufstands von 1798 *(siehe S. 40f)*. Gegenüber erinnert das einem Pikenier aus Wexford gewidmete Denkmal an die Tapferkeit der irischen Rebellen im Angesicht der britischen Geschütze.

In der Nähe liegt **St Mary's** (13. Jh.), die seinerzeit größte Gemeindekirche Irlands war. Heute steht hier eine moderne Kirche, vom Original blieben ein Querschiff und mittelalterliche Grabsteine.

Blick auf Enniscorthy und die St Aiden's Cathedral vom Vinegar Hill aus

Umgebung: Ein Ausflug den Barrow aufwärts führt 16 Kilometer weiter nördlich nach **Graiguenamanagh**. Sehenswert in der Marktstadt ist die **Duiske Abbey**, die größte Zisterzienser-Kirche Irlands. Das 1207 erbaute Gotteshaus ist restauriert und dient heute als Gemeindekirche. Interessante Details sind ein romanisches Portal, das Eichendach und die Überreste des mittelalterlichen Bodenbelags. Eine Statue des Ritters von Duiske mit gekreuzten Beinen gehört zu den schönsten mittelalterlichen Plastiken Irlands. Im Freien stehen zwei Granit-Hochkreuze (9. Jh.).

Wenn man am Fluss Nore entlangfährt, gelangt man zum idyllischen **Inistioge** in einem bewaldeten Tal. Das Dorf besitzt hübsche Häuschen (18. Jh.), einen mit Linden bepflanzten Platz und eine zehnbogige Brücke über den Nore. Auf einem Felsen über dem Fluss bildet ein zerfallenes normannisches Fort einen beliebten Picknickplatz. Von Inistioge aus kann man am Fluss entlang oder bis zum Nationalpark **Woodstock House Demesne** wandern. Inmitten der Buchenwälder steht ein Herrenhaus (18. Jh.).

Auf einem Hügel zwölf Kilometer südlich von New Ross liegt ein zum **John F Kennedy Park and Arboretum** gehöriges Waldgebiet. In dem 1968 nahe Dunganstown (nun **The Kennedy Homestead**) gegründeten Park gibt es mehr als 4500 Baumarten, zudem etliche Naturpfade und Reitmöglichkeiten.

🏛 **Duiske Abbey**
Graiguenamanagh, Co Kilkenny.
📞 059 972 4238. ○ tägl. ♿
🌿 **John F Kennedy Park and Arboretum**
New Ross, Co Wexford. 📞 051 388 171. ○ tägl. ● Karfreitag, 25. Dez. ♿ Mai–Dez.
www.heritageireland.ie

Enniscorthy ㉔

Straßenkarte D5. Co Wexford. 🚌 5000. 🚉 🚌 🛈 *The 1798 Visitor Centre (053 923 7596).*

Die Straßen von Enniscorthy am Ufer des Slaney bewahren die Erinnerung an die turbulente Vergangenheit der Stadt. 1798 kam es bei Enniscorthy zum letzten Gefecht der Wexford-Pikeniere, als sie auf dem nahen **Vinegar Hill** gegen 20 000 britische Soldaten kämpften. Das **National 1798 Visitor Centre** dokumentiert diese Ereignisse ausführlich.

Eine weitere Attraktion ist die **St Aidan's Cathedral**, die der für seine Mitwirkung am Londoner Parlamentsgebäude berühmte A.W.N. Pugin (1812–1852) in den 1840er Jahren erbaute. Der Fluss Slaney wird von Kornspeichern, Mühlen und Keramikwerkstätten gesäumt, beispielsweise von der immer noch arbeitenden Carley's Bridge (1654).

Eines der vielen Pubs von Enniscorthy ist die fast ganz aus Holz erbaute Antique Tavern *(siehe S. 346)*, die mit bei der Schlacht auf dem Vinegar Hill 1798 verwendeten Spießen dekoriert ist.

🏛 **National 1798 Visitor Centre**
Millpark Road. 📞 053 923 7596.
○ tägl. ♿
www.iol.ie/~98com
🏛 **St Aidan's Cathedral**
Main St. 📞 053 923 577.
○ tägl. 9–18 Uhr. ♿
www.puginireland.com

Der Binnenhafen von New Ross vom Westufer des Barrow aus gesehen

Blick über den Hafen auf die Stadt Wexford

Irish National Heritage Park ㉕

Straßenkarte D5. Ferrycarrig, Co Wexford. 🚌 von Wexford im Sommer. ☎ 053 912 0733. ◐ Apr–Sep: 9.30–18.30 Uhr (Okt–März: bis 17.30 Uhr). ◑ Weihnachtswoche.
März–Okt.
www.inhp.com

Der Park auf einem früheren Sumpfgelände nahe Ferrycarrig nördlich von Wexford ist ein eindrucksvolles Freilichtmuseum. Nachbauten alter Häuser und Begräbnisstätten vermitteln einen Eindruck der Geschichte Irlands *(siehe S. 32f)*. Die Abteilung über die Kelten ist besonders interessant. Die Wikingerwerft mit einem Kaperschiff und einer Wassermühle (7. Jh.) ist ebenfalls einen Besuch wert.

Wexford ㉖

Straßenkarte D5. Co Wexford.
🚶 17 000. 🚌 🚆 🛈 *Crescent Quay* (053 912 3111).
www.discoverireland.ie

Wexfords Name kommt vom nordischen *Waesfjord* (schlammige Mündung). Der Ort war früher ein blühender Hafen. Seit viktorianischer Zeit verlor er allerdings wegen Versandung an Bedeutung. Die Wexforder Kais, an denen die Schiffe früher nach Bristol, Tenby und Liverpool ablegten, werden heute vornehmlich von Booten für den Muschelfang genutzt.

Wexford ist eine ansprechende Stadt mit hübschen Pubs, einer bunten Kunstszene – und sprachlichen Eigentümlichkeiten. Der von den frühen Siedlern gesprochene Yola-Dialekt färbt bis heute die Aussprache.

In Wexford sind nur wenige Spuren der Vergangenheit erhalten. Die Fischgrätanlage der Stadt – mit der sich windenden Main Street und den davon abzweigenden engen Gassen – geht auf die Wikinger zurück. Die Keyser's Lane, die die South Main Street mit dem Paul Quay verbindet, ist eine tunnelartige Gasse, die früher zum Anlegeplatz führte. Die Normannen errichteten die Wexforder Stadtmauer, zu deren Resten eines der ursprünglichen Tore gehört. Direkt dahinter liegt die **Selskar Abbey**, die Ruine eines Augustinerklosters aus dem 12. Jahrhundert. Henry II soll hier wegen der Ermordung von Thomas Becket Buße getan haben.

Wexford besitzt zudem hübsche Gebäude aus späteren Perioden, etwa die Markthalle **Cornmarket** (18. Jh.) an der Main Street. Der nahe **Bull-Ring-Platz** ist bemerkenswert, weil in normannischer Zeit hier Bullenhatzen stattfanden und Cromwells Leute 1649 an der Stelle ein Gemetzel anrichteten. Drei Viertel der damals 2000 Einwohner wurden geköpft.

Das Wexforder Opernfestival im Oktober ist das führende Opernereignis des Landes. Die intime Atmosphäre wäh-

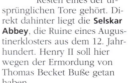

Schild eines Pubs in Wexford

rend und nach den Vorstellungen, wenn Künstler und Zuhörer in den Pubs zusammentreffen, lockt viele Besucher an: Das Centenary Stores nahe der Main Street ist sehr beliebt, obwohl das Sky und das Ground an der South Main Street die bessere traditionelle Musik bieten.

Umgebung: Östlich der Stadt liegt das 100 Hektar große, für seine Gänse berühmte **Wexford Wildfowl Reserve**: Mehr als ein Drittel der Weltpopulation an Weißbrust-Grönlandgänsen überwintert hier zwischen Oktober und April.

Die Schlammtümpel locken Schwäne und Stelzvögel an und sind ein ergiebiges Jagdrevier für Greifvögel. Man kann die Tiere von einigen Unterständen, einem Aussichtsturm oder im Rahmen einer geführten Bootstour beobachten.

🍴 **Wexford Wildfowl Reserve**.
Wexford. ☎ 053 912 3129.
◐ tägl. 🚌 am Wochenende.
Bootsausflüge
Harbour Thrills, Wexford Quay.
☎ 085 732 9787.

Johnstown Castle ㉗

Straßenkarte D5. Co Wexford.
☎ 053 914 2888. 🚌 🚆 Wexford.
Park ◐ tägl. ◑ 24., 25. Dez.

Fassade von Johnstown Castle

Das prächtige neogotische Herrenhaus liegt sechs Kilometer südwestlich von Wexford und birgt ein landwirtschaftliches Forschungszentrum. Interessant ist das **Irish Agricultural Museum** im

SÜDOST-IRLAND

Halbkreisförmiger Sandstrand bei Rosslare

Wirtschaftstrakt. Modelle veranschaulichen heute ausgestorbene Gewerbe.

Das Prachtvollste an Johnstown Castle sind die italienischen Gärten mit künstlichen Seen und bunt blühenden Ziersträuchern. Außer Japanischen Zedern, Redwoods und Kiefern blühen Azaleen und Kamelien.

In den dicht bewachsenen Wäldern westlich des Gebäudes verbergen sich die Ruinen des aus dem Mittelalter stammenden Turmhauses **Rathlannon Castle**.

⏣ Irish Agricultural Museum
Johnstown Castle. ☎ 053 914 2888. ◯ Jan–Aug: Mo–Fr 9–17 Uhr (Juni–Aug: auch Sa, So 11–17 Uhr); Sep–Nov: So 14–17 Uhr; Dez: Mo–Fr 9–17 Uhr. ♿ teilweise.

Saltee Islands ㉘

Straßenkarte D5. Co Wexford.
🚌 von Wexford nach Kilmore Quay: Mi, Sa. ⛴ von Kilmore Quay: Apr–Sep (je nach Wetter).
☎ 053 912 9637.

Die Inseln vor der Südküste Wexfords sind ein Paradies für Seevögel. Great und Little Saltee Island bilden das größte Vogelreservat Irlands und bieten u. a. Tölpeln, Möwen, Papageitauchern und Schwarzschnabel-Sturmtauchern eine Heimat. Great Saltee ist vor allem für seine Kormorankolonie berühmt. Es gibt hier auch über 1000 Paare Dreizehenmöwen. Im Frühling und Herbst legen Zugvögel hier eine Zwischenstation ein. Die Vogelwelt der Inseln wird erforscht. Auch eine Robbenkolonie wird genau untersucht.

Die zwei unbewohnten Inseln befinden sich in Privatbesitz, doch Besucher sind willkommen. Bei schönem Wetter werden von **Kilmore Quay** aus Bootsausflüge angeboten.

Kilmore Quay ist ein auf einem präkambrischen Gneisfelsen erbautes Fischerdorf. Strohgedeckte Häuser drängen sich am Sandstrand. Unten im Hafen liegt in einem vertäuten Feuerschiff das **Guillemot Maritime Museum**. Die Originalausstattung des Schiffs ist nicht weniger interessant als die Exponate.

⏣ Guillemot Maritime Museum
Kilmore Quay. ☎ 053 912 9655. ◯ Mai, Sep: Sa, So; Juni–Aug: tägl.

Rosslare ㉙

Straßenkarte D5. Co Wexford.
👥 1200. 🚂 🚌 🛈 Kilrane, Rosslare Harbour (053 912 3111). ◯ Mai–Sep. www.discoverireland.ie

Nach dem Niedergang des Wikingerhafens in Wexford übernahm Rosslare dessen Rolle. Der Hafen ist so bekannt, dass viele Leute bei seinem Namen mehr an Fähren nach Wales und Frankreich denken als an die acht Kilometer nördlich gelegene Stadt.

Die Stadt, einer der sonnigsten Orte Irlands, lockt viele Urlauber an. Sie hat einen 9,5 Kilometer langen Strand und einen erstklassigen Golfplatz. Im Norden führen Spazierwege nach Rosslare Point.

Umgebung: Im **Yola Farmstead Folk Park** in Tagoat, sechs Kilometer südlich von Rosslare, kann man eine liebevoll renovierte Villa aus dem 18. Jahrhundert und eine Windmühle besichtigen.

⏣ Yola Farmstead Folk Park
Tagoat. ☎ 053 913 2611. ◯ März, Apr, Nov: Mo–Fr; Mai–Okt: tägl.

Tölpelkolonie auf den Klippen von Great Saltee Island

CORK UND KERRY

CORK · KERRY

Seit viktorianischer Zeit lockt die herrliche Landschaft Besucher an. Felsmassive ragen in den Atlantik hinaus. Im Schutz der Buchten liegen farbenfrohe Fischerdörfer. Das County Kerry bietet spektakuläre Landschaften und zahllose prähistorische und frühchristliche Fundstätten, während der sanftere Charakter des County Cork schon so manchen Besucher zum Bleiben verführte.

Killarney und seine Seen ziehen Besucher ebenso an wie die hübschen Küstenstädte und -dörfer in Cork. Die Gegend ist noch sehr authentisch – insbesondere in den gälischsprachigen Nischen leben viele traditionsbewusste Menschen. Das Handwerk besitzt hier eine lange Tradition.

Dieser Teil Irlands hatte früher den engsten Kontakt zum Festland. Aus Angst vor französischen und spanischen Invasionen bauten die Engländer im 17. Jahrhundert an der Küste Corks mehrere Festungen, darunter das mächtige Charles Fort in Kinsale.

Im 19. Jahrhundert kamen viele Menschen während der Hungersnot *(siehe S. 219)* nach Cork und schifften sich von Cobh aus nach Amerika ein. Die Bedeutung Corks als Hafenstadt hat seitdem zwar abgenommen, doch sie ist noch immer die zweitwichtigste Stadt der Insel mit einem regen Kulturleben.

Armut und Temperament ließen im Südwesten eine mächtige republikanische Bewegung entstehen. Im Unabhängigkeits- und im anschließenden Bürgerkrieg kam es hier wiederholt zu Partisanenkämpfen. 1920 brannten die berüchtigten Black and Tans *(siehe S. 44f)* aus Rache das Zentrum von Cork nieder.

Kerry wurde wegen seiner traditionellen Missachtung der Herrschaft Dublins auch »das Königreich« genannt. Die Iren erkennen die Bewohner Kerrys – über die viele Witze kursieren – an ihrer Lebenslust.

In diesem Areal wohnen nicht nur die freundlichsten Menschen Irlands, es bietet auch einige der schönsten Landschaften. Typisch für Cork sind grüne Täler und eine schöne Küste, Kerry ist zerklüfteter und bergiger. Die Inseln vor der Küste Kerrys wirken ungastlich, aber viele waren früher bewohnt. Im 6. Jahrhundert befand sich auf der abgelegenen Felseninsel Skellig Michael ein christliches Kloster.

Papageitaucher auf der Insel Skellig Michael vor der Küste Kerrys

◁ Strand bei Barley Cove nahe Mizen Head, County Cork *(siehe S. 167)*

Überblick: Cork und Kerry

Killarney ist ein beliebter Ausgangspunkt für die Erkundung Corks und Kerrys, vor allem für die Ring-of-Kerry-Tour und Fahrten zu den archäologischen Fundstätten der Dingle Peninsula. Trotz des unbeständigen Wetters locken die spektakulären Landschaften und die üppige Natur viele Besucher an. Wenn Sie in ruhigen Fischerdörfern und eleganten Städten wie Kenmare anhalten, werden Sie von den Einheimischen stets freundlich begrüßt. Outdoor-Fans finden reichlich Möglichkeiten zum Reiten, Wandern oder Radfahren. Die Stadt Cork mit ihren Kunstgalerien und Kunsthandwerksläden besitzt kosmopolitisches Ambiente.

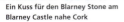

Ein Kuss für den Blarney Stone am Blarney Castle nahe Cork

IN CORK UND KERRY UNTERWEGS

Zur Erkundung der Gegend ist ein Auto unverzichtbar. Die N22 verbindet Cork, Killarney und Tralee; die N71 führt an der Küste entlang über Clonakilty und Bantry nach Killarney. In abgelegeneren Gebieten sind die Schilder bisweilen nur auf Gälisch beschriftet. Von Killarney aus gibt es Busausflüge. Die Zugverbindung Cork–Dublin ist gut. Auch Killarney ist an Cork und Dublin per Bahn angebunden, man muss eventuell unterwegs umsteigen. Busse verkehren ebenfalls in der Region, oft aber nur zu den Hauptsehenswürdigkeiten.

Weitere Zeichenerklärungen siehe hintere Umschlagklappe

CORK UND KERRY   155

Grasendes Vieh nahe der Ardfert Cathedral

Sehenswürdigkeiten auf einen Blick

Ardfert Cathedral ❷
Baltimore ⓲
Bantry Bay ⓰
Bantry House S. 168f ⓯
Beara Peninsula ⓭
Blackwater ㉖
Blarney Castle ㉓
Carrigafoyle Castle ❶
Clonakilty ⓴
Cobh ㉗
Cork S. 174–177 ㉕
Dingle (An Daingean) ❹
Drombeg Stone Circle ⓳
Gallarus Oratory ❺
Garinish Island ⓮
Kenmare ⓬
Killarney ❼
Kinsale S. 172f ㉔
Lakes of Killarney S. 162f ❽
Lee ㉒
Mizen Head ⓱
Old Midleton Distillery ㉘
The Skelligs ❿
Timoleague Abbey ㉑
Tralee ❸
Valentia Island ❾
Youghal ㉙

Touren
Dingle Peninsula ❻
Ring of Kerry ⓫

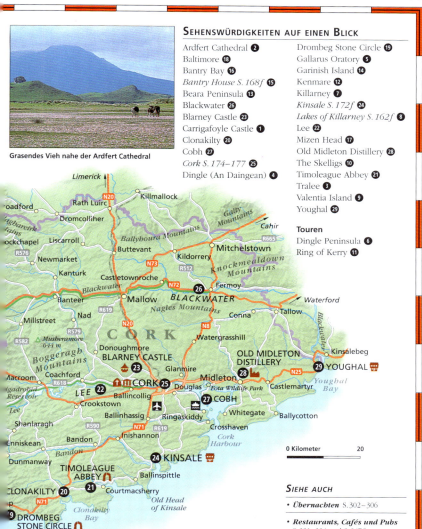

Siehe auch

• *Übernachten* S. 302–306

• *Restaurants, Cafés und Pubs*
S. 331–334 und S. 347f

Legende

━━ Schnellstraße
━━ Hauptstraße
┅┅ Nebenstraße
━━ Panoramastraße
┅┅ Eisenbahn (Hauptstrecke)
──── Eisenbahn (Nebenstrecke)
━━ County-Grenze
△ Gipfel

Newman's Mall in Kinsale

Die Ardfert Cathedral und die Ruinen von Teampall na Hoe und Teampall na Griffin

Carrigafoyle Castle ❶

Straßenkarte B5. Co Kerry.
🚌 nach Listowel.

Ruinen von Carrigafoyle Castle

Über der Shannon-Mündung, westlich von Ballylongford thront die Burg aus dem 15. Jahrhundert, Sitz des O'Connor-Clans, der einen Großteil des nördlichen Kerry beherrschte. Die Engländer belagerten oder plünderten sie wiederholt. Die Truppen Cromwells zerstörten sie 1649 endgültig *(siehe S. 39)*. Zu den Ruinen gehören ein Burghof und ein Turm mit Blick auf die Flussmündung.

Ardfert Cathedral ❷

Straßenkarte A5. Co Kerry.
🚌 nach Ardfert. 📞 066 713 4711.
🕙 Ostern – Mitte Sep: tägl., sonst auf Nachfrage. ♿ 🌐 www.ardfert.ie

Der Kirchenkomplex ist dem hl. Brendan, dem Seefahrer *(siehe S. 213)*, geweiht, der 484 in der Nähe geboren wurde und hier ein Kloster gründete. Die zerfallene Kathedrale stammt aus dem 12. Jahrhundert. Ein romanisches Portal und die Blendarkaden sind erhalten. Das südliche Querschiff zeigt eine Ausstellung über die Geschichte der Kathedrale. Auf dem Friedhof stehen Überreste der romanischen Kirche Teampall na Hoe und die spätgotische Kapelle Teampall na Griffin.

In der Nähe finden sich auch die Ruinen eines 1253 von Thomas Fitzmaurice gegründeten Franziskanerklosters. Der Kreuzgang und die südliche Kapelle stammen aus dem 15. Jahrhundert.

Umgebung: Nordwestlich von Ardfert liegt **Banna Strand**, wo der irische Patriot Roger Casement 1916 mit einem deutschen U-Boot Waffen für den Osteraufstand anlandete *(siehe S. 44f)*. An seine Festnahme erinnert ein Denkmal. David Lean drehte 1970 an diesem Strand den Film *Ryans Tochter*.

Tralee ❸

Straßenkarte B5. Co Kerry.
👥 23 000. 🚆 🚌 ℹ️ Ashe Memorial Hall, Denny St (066 712 1288).
📅 Do. 🌐 www.discoverireland.ie

Die Heimat des renommierten Rose of Tralee International Festival *(siehe S. 49)* wendet große Mühe auf, ihr Kultur- und Freizeitangebot zu vermarkten. Hauptattraktion ist das **Kerry County Museum** mit dem Themenpark Königreich Kerry und drei Ausstellungen: einer audiovisuellen Schau über die Landschaften Kerrys, archäologischen Funden und einer Zeitreise durch das mittelalterliche Tralee.

Ebenfalls in Tralee ansässig ist das **Siamsa Tíre** National Folk Theatre, das viel für die Erhaltung der irischen Kultur

Schmalspur-Dampfzug auf der Strecke zwischen Tralee und Blennerville – im Hintergrund die Blennerville-Windmühle

Hotels und Restaurants in Cork und Kerry *siehe Seiten 302 – 306 und Seiten 331 – 334*

leistet. Im Sommer finden hier auch traditionelle Gesangs- und Tanzdarbietungen statt.

Etwas außerhalb liegt die 1800 erbaute **Blennerville Windmill**, Irlands größte noch betriebene Windmühle. Eine Schmalspur-Dampfbahn verbindet Blennerville mit Tralee. Vom Bahnhof Ballyard fährt die Bahn zur Windmühle.

🏛 Kerry County Museum
Ashe Memorial Hall, Denny St.
☎ 066 712 7777. ☐ Juni–Aug: tägl.; Apr, Mai, Sep–Dez: Di–Sa; Jan–März: Di–Fr. ● 25., 26. Dez.

🎭 Siamsa Tíre
Town Park. ☎ 066 712 3055.
☐ Mai–Sep: bei Veranstaltungen.

🏛 Blennerville Windmill
☎ 066 712 1064. ☐ Apr–Okt: tägl.

🚂 Steam Railway
Ballyard Station. ☎ 066 712 1064.
☐ Mai–Sep: tägl. (Zeiten tel. erfragen).

Dingle ❹

Straßenkarte A5. Co Kerry.
🚶 2100. 🚌 März–Nov. ℹ Main St (066 915 1188). 🛒 Sa.
www.discoverireland.ie

Die einst abgelegene gälischsprachige Stadt ist heute ein blühender Fischerhafen und beliebtes Ferienzentrum – mit bunten Handwerksläden und Cafés, oft mit leichtem Hippie-Touch.

Dingle Bay ist ein hübscher Ort mit einem etwas heruntergekommenen Hafen voller Fischkutter. Die quirligen Bars am Kai bieten Musik und Seafood. Star des Hafens ist der Delfin Fungie, der seit 1983 hier lebt und den man per Boot oder schwimmend besuchen kann.

Andere Meeresbewohner kann man in der Ocean World bestaunen. Die neue Attraktion mit riesigen Unterwassertunneln präsentiert Fauna und Flora der hiesigen Küste.

Gallarus Oratory, eine frühchristliche Kirche

Gallarus Oratory ❺

Straßenkarte A5. Co Kerry.
🚌 nach Dingle. ☎ 066 915 5333.

Die winzige Kirche, deren Silhouette einem umgedrehten Boot ähnelt, blickt auf den Hafen von Smerwick herab. Sie wurde zwischen dem 6. und 9. Jahrhundert erbaut und ist das besterhaltene frühchristliche Gotteshaus Irlands und ein Glanzstück der erstmals von den jungsteinzeitlichen Grabbauern angewandten Kragsteintechnik: Die Steine wurden etwas schräg gesetzt, damit Regen besser abfließen konnte.

Fischerboote liegen am Kai von Dingle

Tour über die Dingle Peninsula ❻

Die Halbinsel ist eine der attraktivsten Gegenden Irlands. Im Norden ragt der Brandon Mountain empor. Die Westküste bietet überwältigende Blicke aufs Meer. Bei einer Rundfahrt (die mindestens einen halben Tag dauert) sieht man faszinierende Altertümer: Festungen aus der Eisenzeit, Inschriften, Steinhütten und frühchristliche Gebetshäuser. Manche liegen auf Privatgrund. Der Eintritt kostet eventuell etwas. In Teilen der Halbinsel wird Gälisch gesprochen, insbesondere in abgelegenen Gebieten. Viele Straßenschilder und Wegweiser tragen dort nur irische Aufschriften.

Pub-Schild, Ballyferriter

Blick vom Clogher Head

Riasc (An Riasc) ❼
Die durch Ausgrabungen freigelegte Klosteranlage aus dem 7. Jahrhundert umfasst die Überreste eines Gebetshauses, mehrere Kreuze und eine Steinstele mit Inschriften (siehe S. 243).

Ballyferriter (Baile an Fheirtéaraigh) ❻
Zu den Sehenswürdigkeiten dieses gemütlichen Dorfs zählen die pastellfarbenen Häuser, die Töpferei von Louis Mulcahy und ein Heimatmuseum.

Blasket Centre (Ionad an Bhlascaoid) ❺
Das Zentrum am Blasket Sound informiert die Besucher über Literatur, Sprache und Leben der Bewohner der Blasket Islands. Sie übersiedelten 1953 auf das Festland.

Dunmore Head (Ceann an Dúin Mhoir) ❹
Der westlichste Punkt bietet schöne Blicke auf die Blasket Islands.

Slea Head (Ceann Sléibe) ❸
Auf der Küstenstraße um das Vorgebirge von Slea Head kommen die Blasket Islands in Sicht. Die Kreuzigungsskulptur an der Straße nennen die Einheimischen »das Kreuz« (An Cros).

LEGENDE
— Routenempfehlung
= Andere Straße
☼ Aussichtspunkt

0 Kilometer 2

CORK UND KERRY   159

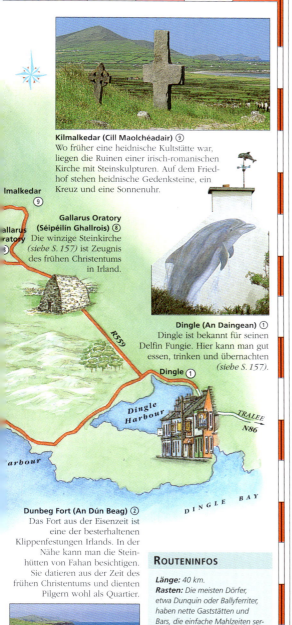

Kilmalkedar (Cill Maolchéadair) ⑨
Wo früher eine heidnische Kultstätte war, liegen die Ruinen einer irisch-romanischen Kirche mit Steinskulpturen. Auf dem Friedhof stehen heidnische Gedenksteine, ein Kreuz und eine Sonnenuhr.

Gallarus Oratory (Séipéilín Ghallrois) ⑧
Die winzige Steinkirche *(siehe S. 157)* ist Zeugnis des frühen Christentums in Irland.

Dingle (An Daingean) ①
Dingle ist bekannt für seinen Delfin Fungie. Hier kann man gut essen, trinken und übernachten *(siehe S. 157).*

Dunbeg Fort (An Dún Beag) ②
Das Fort aus der Eisenzeit ist eine der besterhaltenen Klippenfestungen Irlands. In der Nähe kann man die Steinhütten von Fahan besichtigen. Sie datieren aus der Zeit des frühen Christentums und dienten Pilgern wohl als Quartier.

ROUTENINFOS

Länge: *40 km.*
Rasten: *Die meisten Dörfer, etwa Dunquin oder Ballyferriter, haben nette Gaststätten und Bars, die einfache Mahlzeiten servieren. Es gibt auch einige Rastplätze zum Picknicken. Auf der Küstenstraße um Slea Head sollte man nur an den sicheren, als Aussichtspunkt markierten Stellen parken (siehe S. 387–389).*

Pferdekutschen in Killarney warten auf Gäste

Killarney ❼

Straßenkarte B5. Co Kerry.
🏠 9500. 🚌 🚆 ℹ️ *Beach Road, (064 31633).* 🛒 *Sa.*
www.discoverireland.ie

Killarney wird zwar oft als zu touristisch abgetan, besitzt aber eine gemütliche Atmosphäre. Der Humor seiner Bewohner äußert sich am deutlichsten bei den Kutschern, die schon seit Generationen in diesem Gewerbe arbeiten. Im Sommer ist die Stadt überlaufen. Die Läden haben bis 22 Uhr geöffnet, es gibt mehrere ausgezeichnete Restaurants und einige Hotels an den Seen. Killarney ist ein guter Ausgangspunkt für Ausflüge zu den bekannten Seen *(siehe S. 162f)* und den heidebedeckten Hügeln der Umgebung.

Umgebung: Von Killarney aus erreicht man nach kurzer Fahrt das **Muckross House** mit Blick auf die Seen. Das imposante viktorianische Herrenhaus wurde 1843 im elisabethanischen Stil errichtet. Die eleganten Innenräume sind mit Stilmöbeln ausgestattet. Hier befinden sich auch ein Heimatmuseum, das die Geschichte Südwest-Irlands vermittelt, und ein Handwerkszentrum mit vielen Werkstätten. In der nahe gelegenen Muckross Farm wird Landwirtschaft noch nach traditioneller Art betrieben.

🏛 Muckross House
4 km südl. von Killarney. 📞 *064 31440.* ⏰ *Juli–Aug: tägl. 9–18 Uhr; Sep–Juni: tägl. 9–17.30 Uhr.* ❌ *Weihnachtswoche.* 🎟️ 🍴 ♿ 📷 🌐 www.muckross-house.ie

Faszinierende Berglandschaft bei Moll's Gap am Ring of Kerry *(siehe S. 164 f)* ▷

CORK UND KERRY

Lakes of Killarney ❽

Früchte des Erdbeerbaums

Das wegen seiner herrlichen Landschaft berühmte Gebiet ist eine der größten Attraktionen für Besucher Irlands. Die drei Seen im Nationalpark von Killarney bilden in der von Abtei- und Schlossruinen übersäten Gegend den Hauptanziehungspunkt: spiegelnde Wasserflächen mit einem ständigen Wechselspiel feiner Licht- und Farbschattierungen. Die Landschaft bezauberte viele Künstler und Schriftsteller, etwa Thackeray, der »einen Abgrund, bedeckt von tausend Bäumen …, und Berge, so weit das Auge reicht«, beschrieb. Im Herbst leuchten an den Ufern die roten Früchte des Erdbeerbaums.

Meeting of the Waters
Dinis Island bietet den schönsten Blick auf diesen Ort, an dem sich Upper Lake, Muckross Lake und Lough Leane vereinigen. An der Old Weir Bridge schießen Boote über die Stromschnellen.

Torc Waterfall
Der Owengarriff River stürzt in Kaskaden durch das bewaldete Friars Glen in den Muckross Lake. Ein gewundener Pfad führt zum höchsten Punkt des 18 Meter hohen Wasserfalls, mit hervorragender Aussicht auf den Torc Mountain.

Muckross Abbey, 1448 von den Franziskanern gegründet, wurde 1653 von Cromwells Truppen niedergebrannt.

Killarney (siehe S. 159) ist der Hauptausgangspunkt für Ausflüge in das Gebiet rund um die Seen.

N22 nach Tralee (siehe S. 156 f)

Ross Castle wurde im 15. Jahrhundert erbaut und war die letzte Bastion der Iren gegen die Truppen Cromwells. Diese eroberten die Festung 1653.

★ **Muckross House**
Das Haus aus dem 19. Jahrhundert (siehe S. 159) liegt wunderschön oberhalb der Seen. Das Naturkundezentrum informiert über Flora und Fauna des Nationalparks.

LAKES OF KILLARNEY

Upper Lake
Er ist der kleinste der drei Seen. Der Long Range River verbindet ihn mit dem Meeting of the Waters.

INFOBOX

Straßenkarte B5. Killarney, Co Kerry. Kerry (066 976 4644). **National Park** 064 31440. tägl. 9–18 Uhr (Juli, Aug: bis 19 Uhr; Nov–Mitte März: bis 17.30 Uhr; mit dem Auto). Main Street Killarney (064 31633). **www**.killarneynationalpark.ie **Muckross House** 064 31440. tägl. 9–17.30 Uhr (Juli, Aug: bis 18 Uhr; Nov–Mitte März: bis 17.30 Uhr). Weihnachtswoche. **Ross Castle** 064 35851. Mitte März–Mitte Nov: tägl. obl. von Ross Castle **Destination Killarney** (064 32638): tägl. (je nach Wetter); **The Lily of Killarney** (064 31068): März–Okt. **Kate Kearney's Cottage** 064 44146. Ostern–Okt: tägl. 9–24 Uhr; Nov–Ostern: 11–21 Uhr.

Ladies' View verdankt seinen Namen den Hofdamen Königin Victorias, die 1861 hier die Schönheit der Landschaft bewunderten.

N71 zum Moll's Gap und nach Kenmare *(siehe S. 164–166)*

Upper Lake

Purple Mountain, 832 m

Tomies Mountain, 735 m

★ **Gap of Dunloe**
Gletscher schufen die wildromantische Schlucht. Der Weg zum Pass lockt Wanderer, Radfahrer und Reiter. Er führt an drei kleinen Seen vorbei und bietet herrliche Ausblicke auf die Schlucht.

In Kate Kearney's Cottage bewirtete Mitte des 19. Jahrhunderts eine lokale Schönheit Durchreisende mit illegalem Whiskey.

R562 nach Killorglin *(siehe S. 164 f)*

0 Kilometer 2

NICHT VERSÄUMEN

★ Gap of Dunloe

★ Muckross House

Lough Leane
Den größten der drei Seen mit seinen vielen unbewohnten Inselchen umgeben bewaldete Hänge. Von Ross Castle fährt ein Schiff zur Insel Innisfallen.

Valentia Island ❾

Straßenkarte A5. Co Kerry.
🚌 nach Cahersiveen. 🛈 Cahersiveen (066 947 2589, 064 31633).
www.corkkerry.ie

Auf Valentia fühlt man sich wie auf dem Festland, und doch ist es eine Insel, die mit Portmagee durch eine moderne Brücke verbunden ist. Die Insel ist elf Kilometer lang und bietet gute Wassersportmöglichkeiten, romantische Küsten, archäologische Stätten und eine traumhafte Aussicht vom Geokaun Mountain. Nahe Valentia, etwa 15 Kilometer südwestlich der Halbinsel Iveragh, liegen die Skellig Islands.

Nahe der Brücke informiert das **Skellig Experience Centre** audiovisuell über Entstehung und Geschichte des Klosters auf Skellig Michael sowie über die Seevögel und Meerestiere der größten Skellig-Insel. Die Klippen von Skellig reichen 50 Meter tief und bieten Riesenhaien und Delfinen Lebensraum. Das Zentrum organisiert auch Schiffsfahrten um die Inseln.

Valentias Hauptort **Knightstown** bietet Unterkünfte und Pubs mit Musik und Tanz.

1866 wurde von der Südwestspitze der Insel ausgehend das erste Transatlantikkabel nach Neufundland in Kanada verlegt.

🏛 **Skellig Experience Centre**
Valentia Island. ☎ 066 947 6306.
◷ März–Nov: tägl. 🎬 ♿

Stufen zum Kloster von Skellig Michael

The Skelligs ❿

Straßenkarte A6. Co Kerry.
🚤 März–Okt: von Valentia Island.
☎ 066 947 6306.

Skellig Michael, auch Great Skellig genannt, ist ein Welterbe der UNESCO. Der ungastlich aus dem Atlantik ragende Felsen ist 17 Hektar groß. Ein einsames frühchristliches Kloster thront 218 Meter hoch auf einem Felsgesims, zu dem eine über 1000 Jahre

Tour entlang dem Ring of Kerry ⓫

Die Route um die Halbinsel Iveragh, die man im oder gegen den Uhrzeigersinn befahren kann, ist als Ring of Kerry bekannt. Sie dauert einen ganzen Tag, will man in Muße die Fischerdörfer und die Landschaft bewundern. Brechen Sie früh auf, damit Sie den Massen entgehen, die mittags oder zum Nachmittagstee die Orte bevölkern. Auch Abstecher ins Innere der Halbinsel lohnen sich.

Glenbeigh ③
Besichtigen Sie das Kerry Bog Village, ein Museumsdorf mit Häusern aus dem 19. Jahrhundert.

Cahersiveen ④
Der Hauptort der Halbinsel beherbergt ein Heimatmuseum.

Derrynane House ⑤
In dem Haus aus dem 17. Jahrhundert erinnert ein Museum an Daniel O'Connell (siehe S. 42), der hier einmal wohnte.

Staigue Fort ⑥
Eine schmale Straße führt zu einer Ringfestung (caher) aus der Eisenzeit, der besterhaltenen Irlands.

Strand bei Ballinskelligs

LEGENDE
— Routenempfehlung
= Andere Straße
🚤 Boote zu den Skelligs
☼ Aussichtspunkt

Basstölpel vor den Felshängen von Little Skellig

alte Treppe führt. Mönche suchten hier im 6. Jahrhundert Einsamkeit. Sie bauten eine Gruppe bienenkorbartiger Steinhäuser und zwei bootsförmige Gebetshäuser. Die ohne Mörtel errichteten Bauwerke sind unbeschädigt erhalten. Die Stürme der Jahrhunderte konnten ihnen nichts anhaben. Die Mönche lebten auf dieser Insel völlig autark. Mit vorbeifahrenden Schiffsleuten tauschten sie Eier, Federn und Robbenfleisch gegen Getreide, Werkzeuge und Häute. Aus den Häuten fertigten sie Pergament für religiöse Schriften. Bis ins 12. Jahrhundert war das Kloster bewohnt, dann zogen sich die Mönche in die Augustinerpriorei von Ballinskelligs zurück.

Heute bevölkern Skellig Michael Tausende von Seevögeln, die auf den Klippen nisten und brüten, u. a. Sturmschwalben und Papageitaucher. Die Vogelkolonien sind durchs Meer und die felsige Küste vor Räubern sicher.

Little Skellig liegt näher am Festland. Die Felswände des sieben Hektar großen Eilands ragen steil aus dem Meer. Neben vielen anderen Meeresvögeln findet man hier eine der größten Basstölpelkolonien der Britischen Inseln (ungefähr 22 000 Brutpaare).

Von Valentia fährt ein Schiff zu den Skelligs. Außer einem Pier auf Skellig Michael gibt es auf den Inseln keine Landungsstege. Dadurch soll verhindert werden, dass die Vögel gestört oder die Pflanzen und die archäologischen Stätten beschädigt werden.

Wenn das Wetter es erlaubt, bieten die Fischer im Sommer Bootsausflüge zu den Inseln an. Ausgangspunkte sind Portmagee und Ballinskelligs.

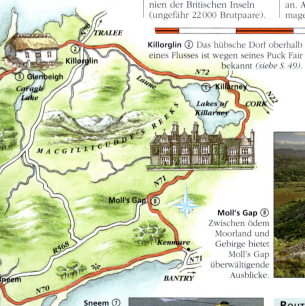

Killorglin ② Das hübsche Dorf oberhalb eines Flusses ist wegen seines Puck Fair bekannt *(siehe S. 49).*

Moll's Gap ⑧ Zwischen ödem Moorland und Gebirge bietet Moll's Gap überwältigende Ausblicke.

Killarney ① Der traditionelle Ausgangs- und Zielpunkt für eine Tour am Ring of Kerry. Zu Beginn der Fahrt genießt man die Aussicht auf den See.

Sneem ⑦ Bunt gestrichene Fassaden beleben das Straßenbild des reizenden Orts, der noch seinen altertümlichen Dorfanger hat.

ROUTENINFOS

Länge: *180 km.*
Rasten: *Viele Orte, beispielsweise Killorglin oder Cahersiveen, bieten Pubs mit Snacks. Abends können Sie in einem der Gourmet-Restaurants in Kenmare speisen (siehe S. 387–389).*

Spitzenklöpplerin in Kenmare

Kenmare ⓬

Straßenkarte B5. Co Kerry.
🚶 1400. 🚌 Mai–Sep: Main St (064 41233). 📅 Mi.
www.discoverireland.ie

Cromwells Generalinspektor William Petty gründete diesen Ort 1670 an der Mündung des Sheen. Seinen Charakter verdankt es dessen Nachfahren, dem Marquess of Lansdowne, der Kenmare 1775 in ein Modellstädtchen für Grundbesitzer umbaute, geprägt durch stuckverzierte Fassaden.

Kenmare ist für seine Spitze bekannt. Während der Hungersnot führten Nonnen des Konvents St Clare's hier das Spitzenklöppeln ein, um für Mädchen und Frauen einen Broterwerb zu schaffen. Es gibt hier auch einige gute Hotels *(siehe S. 304)* und Gourmet-Restaurants *(siehe S. 333)*. Der Ort ist ideal als Ausgangspunkt für Fahrten über die Beara Peninsula und den Ring of Kerry *(siehe S. 164f)*.

Die Market Street führt zum Fluss und dem **Druid's Circle**, einem prähistorischen Ring aus 15 Steinen, wahrscheinlich für Menschenopfer.

Beara Peninsula ⓭

Straßenkarte A6. Co Cork u. Co Kerry. 🚌 nach Glengarriff (tägl.) u. Castletownbere (nur Fr).
ℹ️ Glengarriff (027 63084).

Moorland mit verstreut liegenden Fischerdörfern ist typisch für die Halbinsel. Früher war sie Zuflucht und Anlaufstelle von Schmugglern. Die Iren machten beim Tausch von Sardinen gegen französischen Cognac damals wohl das bessere Geschäft.

Die schöne Landschaft lädt zu Wanderungen ein. Der nicht ganz leichte Weg über den **Healy Pass** durch die Caha Mountains bietet herrliche Blicke auf die Bantry Bay und die raue Landschaft von West Cork. Westlich ragt der **Hungry Hill** empor, der bei Bergsteigern beliebte höchste Berg der Caha Mountains.

Zwischen Caha und den Slieve Miskish Mountains liegt **Castletownbere**, der Hauptort der Halbinsel. Früher nutzten Schmuggler den Naturhafen. Heute drängen sich hier ausländische Fischtrawler. In McCarthy's Bar am Town Square steht noch der Tisch, an dem bis vor wenigen Jahrzehnten Familien Heiratsverträge aushandelten.

Westlich von Castletownbere liegt die Ruine von **Puxley Mansion**, dem Stammhaus der Puxleys, denen die Bergwerke im nahen **Alihies** gehörten. Allihies, bis in die 1930er Jahre ein Zentrum des Kupferbergbaus, ist nun ein verlassener Ort mit ockerfarbenen Abraumhalden. Die hohen Schornsteine erinnern an Cornwall.

Eine Seilbahn fährt von der Spitze der Halbinsel nach **Dursey Island** mit Schlossruine und Seevögelkolonien. Von der für drei Fahrgäste und eine Kuh zugelassenen Kabine blickt man auf die Inseln Bull, Cow und Calf.

Auf der R757 kommt man nach Kenmare zurück. Zwei Dörfer lohnen einen Halt: **Eyeries** wegen seiner Handwerksarbeiten und bunten Hausfassaden und **Ardgroom** wegen der Muschelzucht und als Ausgangspunkt für Wanderungen durchs eiszeitliche Tal um den **Glenbeg Lough**.

Garinish Island ⓮

Straßenkarte B6. Co Cork. 🚌 von Glengarriff (027 63116). **Park** ☎ 027 63040. 🕐 März–Okt: tägl. 🍴
♿ teilweise.

Harold Peto gestaltete die kleine, auch Ilnacullin genannte Insel 1910 für den Belfaster Geschäftsmann

Beara Peninsula: Blick vom Healy Pass auf die Caha Mountains

Hotels und Restaurants in Cork und Kerry *siehe Seiten 302–306 und Seiten 331–334*

CORK UND KERRY 167

Italienischer Garten mit Zierbecken und Statue auf Garinish Island

Annan Bryce in einen exotischen Garten um. Der Park, der auf die Bantry Bay blickt, hat neoklassizistische Zierbauten und ist von üppiger subtropischer Flora bedeckt.

Besonders prächtig ist das exotische Strauchwerk im Sommer. Im Mai und Juni blühen Kamelien, Azaleen und Rhododendren. Es gibt eine Pflanzung mit neuseeländischen Farnen, einen japanischen Steingarten und eine Sammlung von Bonsaibäumen. Die Insel krönt ein Martello-Turm. Zu den Zierbauten gehören außerdem ein griechischer Tempel und ein Glockenturm.

Herzstück des Parks ist ein mit Säulen ausgestatteter Garten im italienischen Stil mit neoklassizistischer Statue und dekorativem Zierbecken. Seinen Reiz verdankt er vor allem dem Kontrast zwischen der gepflegt-üppigen Vegetation und dem Blick auf das raue Meer und die karge Gebirgslandschaft. Wer Glück hat, kann auf der Überfahrt zu diesem Golfstrom-Paradies in der Bantry Bay sogar Seehunde sehen.

Bantry House ⓯

Siehe S. 168 f.

Bantry Bay ⓰

Straßenkarte A6. Co Cork.
🚌 nach Bantry u. Glengarriff.
🛈 März–Okt: The Square, Bantry (027 50229). www.bantry.ie
Bamboo Park 📞 027 63570.
www.bamboo-park.com

Interessant sind hier die Orte **Bantry** und **Glengarriff**, Ausgangspunkte für Ausflüge nach Mizen Head und auf die Beara Peninsula. Bantry liegt an den Hügeln, die sich zur Bucht erstrecken. Das vorgelagerte **Whiddy Island** war Sitz der Familie White, die im 18. Jahrhundert ins Bantry House zog. **Bere Island** im Westen war bis zum Zweiten Weltkrieg britischer Stützpunkt. Auf der Südseite stehen noch Martello-Türme.

Glengarriff am Eingang der Bucht verströmt viktorianisches Flair. Im Eccles Hotel an der Küste stieg Königin Victoria gern ab. George Bernard Shaw schrieb hier wohl *Die heilige Johanna*.

Im exotischen **Bamboo Park** in Glengarriff wachsen rund 30 Bambusarten, Palmen und andere Tropenpflanzen.

Mizen Head ⓱

Straßenkarte A6. Co Cork.
🚌 nach Goleen. 🛈 Town Hall, North St, Skibbereen (028 21766).

Mizen Head, die Südwestspitze Irlands, besticht durch ihre steilen, sturmgepeitschten Klippen. Eine Hängebrücke führt über eine Kluft zum Leuchtturm und zum **Besucherzentrum**. Der Weg lohnt sich schon wegen des Blicks auf die schwindelerregenden Klippen. Unweit davon zieht der Sandstrand von **Barley Cove** Badegäste und Spaziergänger an. Etwas weiter östlich lockt **Crookhaven**, ein von bunten Häusern gesäumter Yachthafen.

Nach Mizen Head gelangt man von Bantry über Durrus oder von **Skibbereen** über **Ballydehob** an der R592 und das Dorf **Schull**, Ausgangspunkt für Schiffsausflüge nach Clear Island *(siehe S. 170)*.

🏛 **Besucherzentrum**
Mizen Head. 📞 028 35115.
◯ Mitte März–Okt: tägl.; Nov–Mitte März: Sa, So. 🖼 🎧 ♿ teilweise. 💻 🎫 www.mizenhead.ie

Die Felsklippen von Mizen Head

Bantry House 🟡

Kostbare Standuhr im Vorraum

Bantry House ist seit 1739 der Wohnsitz der Familie White, der früheren Earls of Bantry. Das ursprüngliche Gebäude entstand um 1700, später wurde die der Bucht zugewandte Nordfassade angefügt. Die Innenräume sind mit erlesenen Kunstgegenständen und Möbeln ausgestattet, die der 2. Earl of Bantry auf Europareisen erwarb. Ein Highlight sind die Aubusson-Tapisserien für Marie-Antoinette anlässlich ihrer Hochzeit mit dem späteren Louis XVI. Bantry House bietet auch Bed-and-Breakfast an.

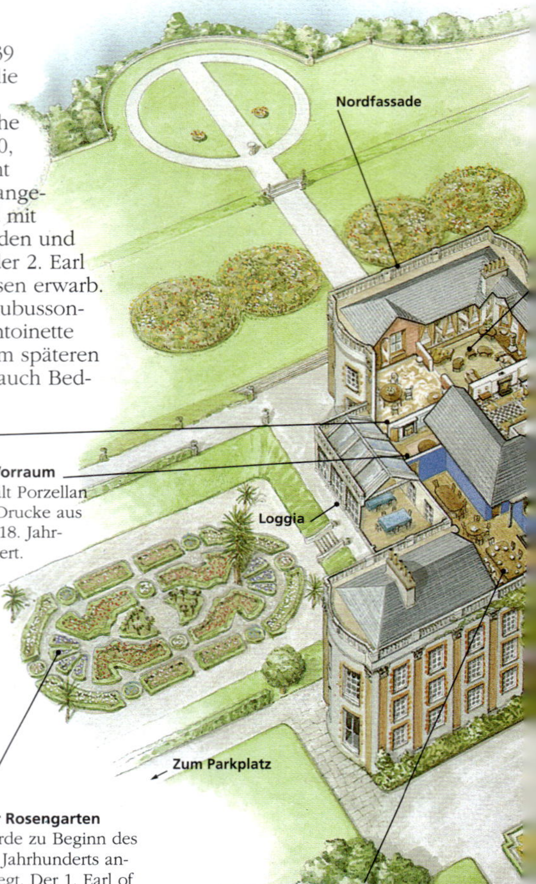

Nordfassade

Der Vorraum enthält Porzellan und Drucke aus dem 18. Jahrhundert.

Loggia

Gobelin-Zimmer
Dieser Gobelin aus dem 18. Jahrhundert stellt Das Bad von Cupido und Psyche *dar. In dem Raum steht auch ein Klavier aus dem frühen 19. Jahrhundert.*

Der Rosengarten wurde zu Beginn des 18. Jahrhunderts angelegt. Der 1. Earl of Bantry beschrieb ihn als »französischen Garten englischer Art«.

Zum Parkplatz

ERSTER EARL OF BANTRY (1767–1851)

Richard White, 1. Earl of Bantry, spielte eine führende Rolle bei der Verteidigung Irlands gegen die Invasion von Wolfe Tone und den United Irishmen *(siehe S. 40f)*. Tone setzte am 16. Dezember 1796 von Brest in der Bretagne mit 43 Schiffen nach Irland über. White bezog mit Freiwilligen an strategisch günstigen Punkten der Bantry Bay Position. Dies erwies sich jedoch als überflüssig, da sehr schlechtes Wetter die französische Flotte zur Umkehr zwang. George III verlieh White für sein mutiges Verhalten die Peers-Würde. 1801 wurde er Viscount Bantry, 1816 Earl of Bantry.

★ **Speisezimmer**
Den Raum dominieren Porträts von George III und Königin Charlotte, die der Hofmaler Allan Ramsay schuf. Den spanischen Lüster zieren Blumen aus Meißener Porzellan.

Hotels und Restaurants in Cork und Kerry *siehe Seiten 302–306 und Seiten 331–334*

BANTRY HOUSE

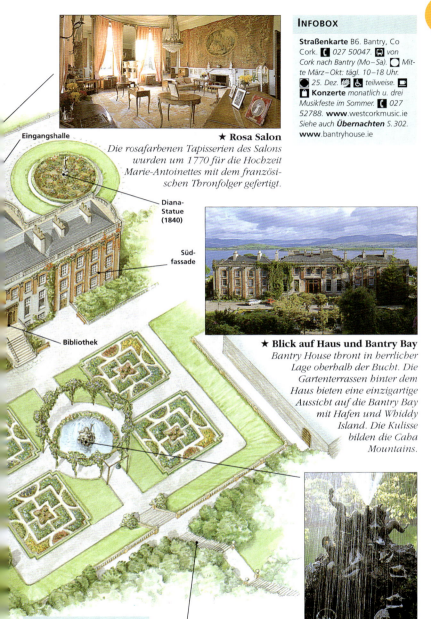

INFOBOX

Straßenkarte B6. Bantry, Co Cork. 027 50047. von Cork nach Bantry (Mo–Sa). Mitte März–Okt: tägl. 10–18 Uhr. 25. Dez. teilweise. **Konzerte** monatlich u. drei Musikfeste im Sommer. 027 52788. www.westcorkmusic.ie Siehe auch **Übernachten** S. 302. www.bantryhouse.ie

Eingangshalle

★ **Rosa Salon**
Die rosafarbenen Tapisserien des Salons wurden um 1770 für die Hochzeit Marie-Antoinettes mit dem französischen Thronfolger gefertigt.

Diana-Statue (1840)

Südfassade

Bibliothek

★ **Blick auf Haus und Bantry Bay**
Bantry House thront in herrlicher Lage oberhalb der Bucht. Die Gartenterrassen hinter dem Haus bieten eine einzigartige Aussicht auf die Bantry Bay mit Hafen und Whiddy Island. Die Kulisse bilden die Caha Mountains.

Die Stufen, auch »Himmelstreppe« genannt, führen zu einer Reihe von Terrassen mit herrlichem Blick auf Herrenhaus und Bucht.

Italienischer Garten
Der den Boboli-Gärten in Florenz nachempfundene Park umgibt einen klassizistisch-grotesken Brunnen, den der 2. Earl of Bantry Anfang der 1850er Jahre gestaltete.

NICHT VERSÄUMEN

★ Blick auf Haus und Bantry Bay

★ Rosa Salon

★ Speisezimmer

Baltimore [18]

Straßenkarte B6. Co Cork.
🚗 220. 🚌 🚢 nach Sherkin Island
(028 20125); nach Cape Clear Island
(028 39159).

Baltimores eigenartigster Auftritt in der Geschichte geht auf das Jahr 1631 zurück, als algerische Piraten mehr als 100 Einwohner in die Sklaverei verschleppten. Heute zieht das Fischerdorf Segler und »Island Hoppers« an. Wie in Castletownshend und Schull gibt es auch hier im Sommer eine Menge Festivals.

Oberhalb des Hafens erhebt sich die Ruine eines Schlosses aus dem 15. Jahrhundert, die einstige Bastion des O'Driscoll-Clans. Lohnend sind die Fischrestaurants und die stimmungsvolle Bushe's Bar voller Seefahrer-Memorabilien.

Von den Felswanderwegen hinter dem Dorf blickt man auf Carbery's Hundred Islands in der Roaringwater Bay. Ein markanter Leuchtturm dient ankommenden Schiffen zur Orientierung.

Mit der Fähre erreicht man **Sherkin Island** mit Sandstränden, den Ruinen einer Abtei (15. Jh.), einer Meeresstation und Pubs. Die Überfahrt nach **Cape Clear Island**, einer abgelegenen, irischsprachigen Insel, ist aufregender, da sie durch Felsen führt. Die Insel ist durch die Vogelwarte im North Harbour bekannt. Man hat von hier auch eine schöne Aussicht auf das Festland.

Der Drombeg Stone Circle stammt aus dem 2. Jahrhundert v. Chr.

Drombeg Stone Circle [19]

Straßenkarte B6. Co Cork.
🚌 nach Skibbereen oder Clonakilty.

Der Steinkreis an der Straße nach Glandore (R597), 16 Kilometer westlich von Clonakilty, ist der schönste des County Cork. Er wird auf etwa 150 v. Chr. datiert. Die 17 Monolithen bilden einen Kreis von neun Metern Durchmesser. Zur Wintersonnenwende fallen die Strahlen der untergehenden Sonne auf den flachen Altarstein gegenüber dem durch zwei aufrechte Steine markierten Eingang des Kreises. In der Nähe gibt es einen Bach mit einer steinzeitlichen Kochmulde (*fulacht fiadh*), ähnlich der von Craggaunowen (*siehe S. 190*). Das Wasser wurde mit im Feuer erhitzten Steinen zum Sieden gebracht, in der Mulde garte man so Fleisch.

Clonakilty [20]

Straßenkarte B6. Co Cork.
🚗 3000. 🚌 ℹ️ 25 Ashe St (023 33226).

In der 1588 als englischer Vorposten gegründeten Marktstadt ist die für West-Cork typische Herzlichkeit spürbar. Das **West Cork Regional Museum** informiert über die Geschichte der lokalen Industrie. Einige restaurierte Gebäude am Kai zeugen von der industriellen Vergangenheit des Orts. Sehenswert ist der georgianische Emmet Square.

Bis ins 19. Jahrhundert war Clonakilty für sein Leinen bekannt. Heute verdankt es seinen Ruf dem Black Pudding (Blutwurst), handgemalten Ladenschildern und Musik-Pubs. Nahe dem Zentrum zeigt eine Ausstellung das Clonakilty der 1940er Jahre. Östlich davon steht das neu aufgebaute **Lios-na-gCon Ring Fort** (siehe S. 20). Ein Damm verbindet Clonakilty mit dem Strand von **Inchydoney**.

Clonakiltys Spezialität: Black Pudding

🏛 **West Cork Regional Museum**
Western Rd. ☎ 023 33115.
🕐 Mai–Sep: Di, Do–So. 💶 ♿

🏛 **Lios-na-gCon Ring Fort**
☎ 023 32565. 🕐 Apr–Okt: tägl.
www.liosnagcon.com

Timoleague Abbey [21]

Straßenkarte B6. Co Cork.
🚌 nach Clonakilty oder Courtmacsherry. 🕐 tägl.

Die Abtei liegt an der Mündung des Argideen in die Courtmacsherry Bay. Franziskaner gründeten sie gegen Ende des 13. Jahrhunderts, heute ist sie eine Ruine. Die Anlage wurde mehrmals vergrößert. Der älteste Teil ist der Chor der gotischen Kirche. Der Bischof von Ross fügte die jüngste Erweiterung, den Turm, im 16. Jahrhundert

Der weiße Leuchtturm von Baltimore ist weithin sichtbar

Hotels und Restaurants in Cork und Kerry *siehe Seiten 302–306 und Seiten 331–334*

CORK UND KERRY 171

hinzu. Obwohl Engländer 1642 die Abtei plünderten, sind einige Teile erhalten, so die Kirche, das Krankenhaus, Spitzbogenfenster, das Refektorium, ein ummauerter Hof, Teile von Säulengängen und Weinkeller. Dem Stil der Franziskaner entsprechend, ist die Anlage schmucklos – man darf sich aber nicht täuschen lassen. Die Mönche waren irdischen Genüssen keineswegs abgeneigt. Das Kloster verdiente am Handel mit spanischen Weinen, die man aufgrund seiner Lage am damals noch schiffbaren Wasserlauf hier leicht an Land bringen konnte.

Spitzbogenfenster in den Ruinen der Timoleague Abbey

Lee ②

Straßenkarte B6. Co Cork. 🚌 🚆 nach Cork. 🛈 Cork (021 425 5100).

Der Lee beginnt seinen Weg durch Wälder und Ackerland nach Cork *(siehe S. 174–177)* im See des zauberhaften **Gougane Barra Park**. Ein Damm führt vom Seeufer zu **Holy Island**, wo der hl. Finbarr, Corks Schutzpatron, ein Kloster gründete. Höhepunkt der Festlichkeiten zu Ehren des hl. Finbarr am 25. September ist die am folgenden Sonntag stattfindende Wallfahrt auf die Insel.

Der Lee fließt durch mehrere irischsprachige Marktorte und Dörfer. Einige davon, etwa **Ballingeary**, bieten schöne Ausblicke auf den See und gute Angelmöglichkeiten. Der Ort ist wegen der irischen Sprachschule bekannt. Weiter im Osten, nahe Inchigeela, stehen die Ruinen von **Carrignacurra Castle**. Flussabwärts liegt Gearagh, ein unter Naturschutz stehendes, mit Auwäldern bewachsenes Sumpfgebiet.

Der Fluss durchquert das Sullane-Tal mit dem blühenden Marktflecken **Macroom**. Hier erhebt sich gleich neben dem Hauptplatz die Ruine einer mittelalterlichen Burg, deren Portal restauriert wurde. 1654 überließ Cromwell die Burg Sir William Penn. Auch dessen Sohn, der später die englische Kolonie Pennsylvania gründen sollte, lebte hier zeitweise.

Zwischen Macroom und Cork wird der Lee für Wasserkraftwerke genutzt, die von Stauseen und Auwäldern umgeben sind. Kurz vor Cork, am Südufer des Flusses, liegt **Ballincollig**, wo man sich z. B. das Royal Gunpowder Mills Museum anschauen kann *(siehe S. 177)*.

Blarney Castle ②

Straßenkarte B5. Blarney, Co Cork. 🛈 021 438 5252. 🚌 nach Cork. 🚆 nach Blarney. ⏰ tägl. ⛔ 24., 25. Dez. 📷 🅿️ ♿ nur Erdgeschoss. **www.blarneycastle.ie**

Aus der ganzen Welt strömen die Besucher zu dieser Burgruine und dem legendären Blarney Stone. Den Stein zu küssen, soll Eloquenz verleihen. Er ist unterhalb der Zinnen eingemauert. Wer ihn küssen will, wird an den Füßen gepackt und hängt mit dem Kopf nach unten.

Von der Burg ist nur der 1446 von Dermot McCarthy errichtete Bergfried erhalten, ein für diese Zeit typisches Turmhaus *(siehe S. 20)*. Das erste Stockwerk mit Gewölben war der Große Saal.

Um die Zinnen zu erreichen, muss man den Bergfried mit über 127 Stufen erklimmen. Das Gelände bietet attraktive Spazierwege, z. B. durch ein Wäldchen mit alten Eiben und Felsformationen aus Kalkstein in Rock Close.

Blarney House, ein Herrenhaus schottischer Barone neben dem Schloss, bewohnen seit dem 18. Jahrhundert die Colthursts. Es ist nicht öffentlich zugänglich.

Blarney liegt nur einen Spaziergang von der Burg entfernt und hat einen hübschen Dorfanger mit netten Pubs und Kunsthandwerksläden.

Die **Blarney Woollen Mills** verkaufen hochwertige Stoffe und Souvenirs.

Der zinnengekrönte Bergfried und die Turmruinen von Blarney Castle

Im Detail: Kinsale ㉔

Kontorschild in Kinsale

Für viele Irland-Besucher steht Kinsale auf der Liste der Sehenswürdigkeiten ganz oben – schließlich ist es eine der schönsten Kleinstädte Irlands mit Spuren einer wechselvollen Geschichte. Die Niederlage der irischen Truppen und ihrer spanischen Verbündeten in der Schlacht von Kinsale 1601 beendete die alte gälische Ordnung. Im 17. und 18. Jahrhundert war Kinsale wichtiger Flottenstützpunkt, heute ist es beliebter Yachthafen. Auch für seine Küche ist es bekannt: Das alljährliche Festival of Fine Food lockt Feinschmecker von nah und fern an. Neben vorzüglichen Restaurants bietet die Stadt Pubs und Bars für jeden Geschmack.

Desmond Castle entstand um 1500 und wird allgemein ›French Prison‹ genannt.

Nach Cork

★ Old Market House
Das Museum in dem alten Gerichtsgebäude zeigt auch eine Liste der Kommunalsteuern von 1788.

Marktplatz

Kieran's Folk House Inn

★ St Multose Church
Die stark umgebaute, nach einem Heiligen des 6. Jahrhunderts benannte Kirche markiert das Zentrum der mittelalterlichen Stadt.

Charles Fort

Das sternförmige Fort, drei Kilometer östlich der Stadt in Summercove, ist über den ausgeschilderten Küstenweg erreichbar, der am Kai beginnt und an Scilly vorbeiführt. Die Engländer erbauten es 1677 zur Sicherung des Hafens gegen ausländische Kriegsschiffe. Gegen Angriffe von der Landseite war das Fort aber schwer zu verteidigen. So wurde es bei der Belagerung von 1690 von den Truppen Wilhelms von Oranien erobert. Militärisch genutzt wurde es noch bis 1922, als die abziehenden Briten es Irlands Regierung übergaben. Charles Fort gehört zu den schönsten sternförmigen Festungen Europas.

Wälle und Bastionen von Charles Fort

0 Meter 50

Legende
- **P** Parken
- **i** Information
- - - - Routenempfehlung

Hotels und Restaurants in Cork und Kerry *siehe Seiten 302–306 und Seiten 331–334*

KINSALE

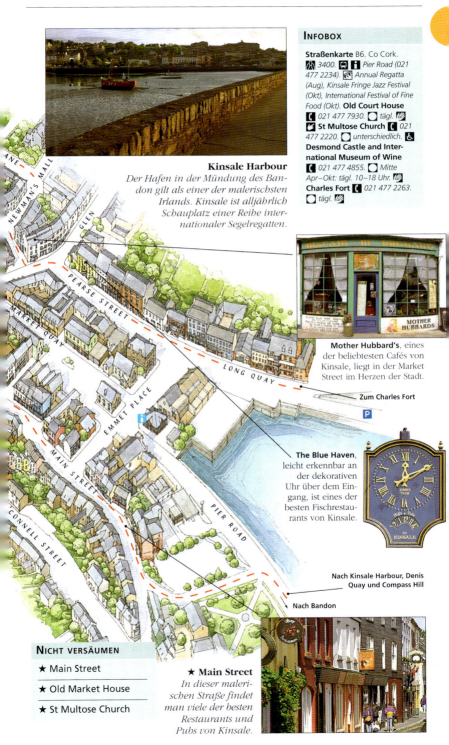

INFOBOX

Straßenkarte B6. Co Cork.
🚶 3400. 🚌 ℹ️ *Pier Road (021 477 2234).* 🎭 *Annual Regatta (Aug), Kinsale Fringe Jazz Festival (Okt), International Festival of Fine Food (Okt).* **Old Court House** 📞 *021 477 7930.* 🕐 *tägl.* 📷
St Multose Church 📞 *021 477 2220.* 🕐 *unterschiedlich.* ♿
Desmond Castle and International Museum of Wine 📞 *021 477 4855.* 🕐 *Mitte Apr–Okt: tägl. 10–18 Uhr.* 📷
Charles Fort 📞 *021 477 2263.* 🕐 *tägl.* 📷

Kinsale Harbour
Der Hafen in der Mündung des Bandon gilt als einer der malerischsten Irlands. Kinsale ist alljährlich Schauplatz einer Reihe internationaler Segelregatten.

Mother Hubbard's, eines der beliebtesten Cafés von Kinsale, liegt in der Market Street im Herzen der Stadt.

Zum Charles Fort

The Blue Haven, leicht erkennbar an der dekorativen Uhr über dem Eingang, ist eines der besten Fischrestaurants von Kinsale.

Nach Kinsale Harbour, Denis Quay und Compass Hill

Nach Bandon

NICHT VERSÄUMEN

★ Main Street

★ Old Market House

★ St Multose Church

★ **Main Street**
In dieser malerischen Straße findet man viele der besten Restaurants und Pubs von Kinsale.

Cork ㉕

Schild an einem Pub in Cork

Die Stadt verdankt ihren Namen dem Sumpfgebiet am Lee: Das irische *Corcaigh* bedeutet Sumpfland. Um 650 gründete der hl. Finbarr hier ein Kloster. Enge Gassen, Wasserwege und georgianische Architektur verleihen Cork eine kontinentale Atmosphäre. Seit es im 19. Jahrhundert ein Zentrum der National-Fenian-Bewegung war *(siehe S. 43)*, hat es den Ruf politischer Aufsässigkeit. Heute äußert sich dies in der Einstellung zur Kunst und dem Flair von Boheme, das vor allem während des beliebten Jazzfestivals im Oktober spürbar ist.

Uhrenturm und Wetterfahne der St Ann's Shandon

St Ann's Shandon
Church St. 021 450 5906. tägl. 25. Dez. teilweise.

Corks Wahrzeichen erhebt sich auf den Hängen nördlich des Lee. Zwei Fassaden der 1722 erbauten Kirche bestehen aus Kalkstein, die beiden anderen aus rotem Sandstein. Die Wetterfahne auf der Turmspitze hat die Form eines Lachses. Die Einwohner Corks nennen die Turmuhr »viergesichtiger Lügner«, denn bis zu ihrer Reparatur 1986 zeigten alle vier Zifferblätter verschiedene Zeiten an. Man kann den Turm besteigen und gegen eine geringe Gebühr auch die berühmten Shandon-Glocken läuten.

Cork Butter Museum
O'Connell Square, Shandon. 021 430 0600. März–Okt: tägl. 10–17 Uhr.

Das Museum widmet sich dem wichtigsten Ausfuhrprodukt Irlands. Die 1770 eröffnete Butter-Börse klassifizierte die für den Export bestimmte Butter und belieferte die britische Kriegsmarine. 1892 lag das Exportvolumen bei 500 000 Fass Butter jährlich, was der Stadt Wohlstand brachte. 1924 schloss die Börse. In einem Teil des Gebäudes richtete man das Shandon Craft Centre ein, in dem man Kunsthandwerker bei der Arbeit sehen kann.

Crawford Art Gallery
Emmet Place. 021 490 7855. Mo–Sa 10–17 Uhr. Feiertage. www.crawfordartgallery.com

Ein 1724 errichtetes Gebäude aus Kalkstein und roten Ziegeln beherbergt Corks größte Kunstgalerie. Es diente ursprünglich als Zollamt, 1850 richtete man darin eine Zeichenschule ein. Der Mäzen William Horatio Crawford erweiterte es 1884, damit Ateliers und Galerien mit Skulpturen und Gemälden Platz fanden. Es diente als Schule, bis diese 1979 umzog. Die Galerie zeigt Bilder irischer Maler der Jahr-

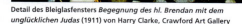

Detail des Bleiglasfensters *Begegnung des hl. Brendan mit dem unglücklichen Judas* (1911) von Harry Clarke, Crawford Art Gallery

Zentrum von Cork

Cork Butter Museum ②
Crawford Art Gallery ④
Elizabeth Fort ⑩
English Market ⑥
Father Mathew Statue ⑤
National Monument ⑦
Parliament Bridge ⑧
Red Abbey ⑨
St Ann's Shandon ①
St Finbarr's Cathedral ⑪
St Mary's Dominican Church ③

Hotels und Restaurants in Cork und Kerry *siehe Seiten 302–306 und Seiten 331–334*

hundertwende, beispielsweise Werke von Jack Yeats, und drei Fenster von Irlands berühmtem Glasmaler Harry Clarke (1889–1931), darunter *Die Begegnung des hl. Brendan mit dem unglücklichen Judas* (1911). Sehr sehenswert ist außerdem die Sammlung mit Bildern von Miró, Rouault u. a.

Die Galerie ist für ihr Restaurant bekannt. Es wird von der Kochschule Ballymaloe (*siehe S. 361*) betrieben, die für traditionelle, mit einem Schuss Modernität gewürzte irische Küche steht.

Reich verzierte Decke der Apsis der St Finbarr's Cathedral

St Finbarr's Cathedral
Bishop St. 021 496 3387. tägl. www.cathedral.cork.anglican.org

In einem ruhigen Stadtviertel südlich des Lee steht die dem Gründer und Schutzheiligen Corks geweihte Kathedrale, ein 1878 nach Plänen von William Burges vollendetes dreitürmiges neogotisches Gotteshaus. Die mit Gemälden und Blattgold ausgeschmückte Decke der Apsis zeigt den von Engeln umgebenen Christus. Die Bleiglasfenster stellen Szenen aus dem Leben Christi dar.

Cork City Gaol
Convent Avenue, Sunday's Well. 021 430 5022. tägl. 10–17 Uhr. www.corkcitygaol.com

Ein 20-minütiger Spaziergang führt zum restaurierten Stadtgefängnis westlich des Zentrums. Eine Ausstellung zeigt das Leben der Häftlinge im 19. und 20. Jahrhundert. Die Bedingungen waren miserabel, als Strafe mussten Gefangene auf einer Tretmühle Getreide mahlen. Das Gefängnisrestaurant ist ebenfalls einen Besuch wert. Das Radio Museum Experience ist im gleichen Gebäude untergebracht: Es dokumentiert die Geschichte des Radios in Irland und auf der ganzen Welt.

INFOBOX

Straßenkarte C5. Co Cork. 136 000. 6 km südl. von Cork (021 431 3131). Kent Station (021 450 6766). Parnell Place (021 450 8188). Tourist House, Grand Parade (021 425 5100). Cork Jazz Festival (Okt), Cork Film Festival (Okt). **www**.discoverireland.ie

Zeichenerklärung *siehe hintere Umschlagklappe*

0 Meter 250

Blick über den South Channel auf die Parliament Bridge

Überblick: Cork

Cork ist eine Wasserstadt – und darin liegt ihr besonderer Reiz. Ihr Herz ist eine von zwei Seitenarmen des Lee gebildete Insel. Viele ihrer Straßen waren einst von Lagerhäusern und Wohnsitzen wohlhabender Kaufleute gesäumte Wasserwege. Einige malerische Brücken und Kais erinnern an holländisches Ambiente. Südlich und nördlich der Insel führen Gassen zu den aus dem 19. Jahrhundert stammenden Randbezirken. Sie bieten Blicke auf die Stadt und ihre interessanten Gebäude.

Fitzpatrick's Secondhand-Shop am George's Quay

Kais
Wirtschaftlich hat der Fluss an Bedeutung verloren, dennoch spielt sich ein großer Teil des Geschäftslebens noch um die alten Kais ab. Die über einem Arm des Lee verlaufende South Mall war bis Ende des 18. Jahrhunderts ein Wasserweg. Die Boote wurden an den Steintreppen festgemacht, die zu den Wohnhäusern der Kaufleute führten. Einige davon sind erhalten. Darunterliegende Gewölbe führen zu den Magazinen, in denen die Waren lagerten.

Nahe der South Mall liegt die **Parliament Bridge**, die 1806 zur Erinnerung an den Act of Union entstand (siehe S. 42). Die elegante einbogige Brücke errichtete William Hargrave aus Kalkstein. Sie wurde an der Stelle einer 1804 bei einer Überschwemmung zerstörten Brücke erbaut. Unweit davon, am Sullivan's Quay, trifft man sich im Quay Co-Op, einem vegetarischen Restaurant. Vom Sullivan's Quay führt eine elegante, 1985 erbaute Fußgängerbrücke über den Fluss zum Südende der Grand Parade.

Grand Parade und St Patrick's Street
Auf dem früheren Wasserweg Grand Parade erinnert das **National Monument** an die irischen Patrioten, die von 1798 bis 1867 für ihr Land starben. Im Bishop Lucey Park an der Grand Parade stehen Reste der Stadtmauer und ein schöner Torweg vom alten Kornmarkt. Zwischen St Patrick's Street und Grand Parade liegt der einfühlsam restaurierte **English Market**, ein überdachter Obst- und Gemüsemarkt von 1610.

National Monument, Grand Parade

Die St Patrick's Street, Hauptschlagader der Stadt, war bis 1800 ein Wasserweg, an dessen Treppen, die zu Häusern wie Chateau Bar (siehe S. 347) führten, die Boote anlegten. Am Ende der Straße, nahe der Patrick Bridge, erinnert die **Father Mathew Statue** an den Begründer der Abstinenzbewegung.

Paul Street
Die für ihre internationalen Restaurants, schicken Bars, Buchläden und Modeboutiquen bekannte Paul Street mit ihren Seitenstraßen Carey's Lane und French Church Street bildet das Zentrum des geschäftigsten Viertels von Cork. Anfang des 18. Jahrhunderts etablierten sich hier Hugenotten als Butterexporteure, Bierbrauer und Großhändler. Dieses Viertel ist für Cork, was Temple Bar (siehe S. 78) für Dublin ist.

Shandon Quarter
Geht man über die Christy Ring Bridge zum Pope's Quay, steht links die **St Mary's Dominican Church** mit einem Portikus aus ionischen Säulen, gekrönt von einem riesigen Giebelfeld. Die John Redmond Street führt in den nördlichen, vom Turm von St Ann's Shandon (siehe S. 174) dominierten Teil Corks. Das stolze Viertel Montenotte im Nordosten verkörperte einst viktorianischen Lebensstil.

St Finbarr's Quarter
Südlich des Flusses thront St Finbarr's Cathedral, Wahrzeichen des Viertels (siehe S. 175). **Elizabeth Fort** aus dem 16. Jahrhundert wurde 1835 zum Gefängnis und später zur Polizeistation umfunktioniert. Etwas östlich davon liegt **Red Abbey**. Die Ruine einer Augustinerabtei aus dem 13. Jahrhundert ist das älteste Bauwerk von Cork.

Obst- und Gemüsestand auf dem English Market

Hotels und Restaurants in Cork und Kerry siehe Seiten 302–306 und Seiten 331–334

Umgebung: Einige schöne Landstriche umgeben die Stadt, insbesondere entlang dem üppigen Tal des Lee *(siehe S. 171).*

Die Landschaft des östlichen Cork ist viel sanfter als die wilde, felsige Küste von West-Cork und Kerry, der Boden wesentlich fruchtbarer. Für Tagesausflüge bieten sich in der Gegend viele lohnende Ziele an, es fehlt auch nicht an Gelegenheiten zum Wandern, Reiten und Angeln.

♠ Blackrock Castle

Blackrock. ● *für die Öffentlichkeit.*
1,5 Kilometer flussabwärts vom Stadtzentrum erhebt sich Blackrock Castle. Es wurde 1582 von Lord Mountjoy als Hafenbefestigung erbaut, brannte 1827 aus und wurde 1830 nach Plänen der Architekten J. und G. R. Pain wiederhergestellt. Das Anwesen wurde kürzlich verkauft und ist nun nicht mehr öffentlich zugänglich.

Etwas südlicher, am Carrigtwohill nahe dem Fota Wildlife Park *(siehe S. 178f)*, liegt Barryscourt Castle, das noch zwei unbeschädigte Türme vorweisen kann.

Blackrock Castle am Ufer des Lee

⌘ Barryscourt Castle

Carrigtwohill, Co Cork. ☎ *021 488 2218.* ● *Juni–Sep: tägl. 10–18 Uhr.*
Die Burg war vom 12. bis 17. Jahrhundert Sitz der Familie Barry. Das Bauwerk wurde umfassend restauriert und im Stil der damaligen Zeit eingerichtet. Zur Burg gehört ein Turmhaus aus dem 15. Jahrhundert, das im 16. Jahrhundert ausgebaut und umgestaltet wurde. Das Turmhaus

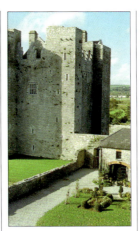

Das Turmhaus (15. Jh.) von Barryscourt Castle

hat einen rechteckigen Grundriss mit einem vierstöckigen Turm. Es steht an der Südwestecke der Burganlage. Was Barryscourt von ähnlichen Turmhaus-Komplexen unterscheidet, ist der 50 Meter lange Saal im westlichen Bereich.

Sowohl die Great Hall als auch die Main Hall können besichtigt werden. Im Bergfried befindet sich eine Ausstellung über irische Kunst von 1100 bis 1600. Auch der Obstgarten wurde nach dem Originalentwurf aus dem 16. Jahrhundert gestaltet.

🏛 Desmond Castle

Kinsale. ☎ *021 477 4855.*
● *Ostern–Okt: tägl. 10–18 Uhr (letzter Einlass 17.15 Uhr).*
www.desmondcastle.ie
Etwa 16 Kilometer südlich von Cork befindet sich Desmond Castle. Es wurde von Maurice Bacach Fitzgerald, dem 9. Earl of Desmond, um 1500 errichtet und gilt als herausragendes Beispiel für eine städtische Turmanlage. Diese umfasst auch einen Bergfried, in dessen rückwärtigem Bereich mehrere Lagerhäuser untergebracht sind.

Die Nutzung wechselte: Die Burg diente als Munitionsdepot, Zollhaus, Fabrik und Gefängnis, 1938 wurde sie zum National Monument erklärt. 1997 wurde im Desmond Castle das **International Museum of Wine** untergebracht.

Blackwater ㉖

Straßenkarte B5. Co Cork.
🚉 *nach Mallow.* 🚌 *nach Fermoy, Mallow oder Kanturk.*

Der Blackwater, nach dem Shannon *(siehe S. 185)* Irlands zweitlängster Fluss, entspringt im moorigen Hochland von Kerry. Er fließt ostwärts durch das County Cork nach Cappoquin im County Waterford, dann nach Süden und durch bewaldete Sandsteinschluchten bei Youghal *(siehe S. 179)* ins Meer. Große Teile des Tals sind bewaldet. Noch bis ins 17. Jahrhundert war die ganze Gegend mit Wäldern bedeckt. Der Fluss fließt auch an einigen herrlichen Landhäusern vorbei.

Berühmt ist die Gegend wegen ihrer Angelmöglichkeiten – die Nebenflüsse des Blackwater sind voller Lachsforellen. Der romantische Blackwater Valley Drive von Youghal nach Mallow bietet die besten Ausblicke ins Tal. An der Strecke liegt die Stadt **Fermoy**, die der schottische Kaufmann John Anderson im Jahr 1789 gründete, ein Anglerparadies mit Rotaugen, Flussbarschen, Rotfedern und Hechten. **Mallow**, westlich davon, ist ebenfalls für Angelgründe, aber auch für seine Golfplätze und Pferderennen bekannt. Die Stadt ist ein guter Ausgangspunkt für Ausflüge. Einen Abstecher lohnt **Kanturk** am Allow, eine nette Marktstadt mit Burg.

Brücke mit Wehr in Fermoy am Blackwater

Cobh ㉗

Straßenkarte C6. Co Cork.
👥 *12000.* 🚉
ℹ️ *Old Yacht Club (021 4813 612).*
www.cobhharbourchamber.ie

Cobh (gesprochen »couv«) liegt auf Great Island, einer der drei Inseln im Hafen von Cork, die jetzt miteinander verbunden sind. Die terrassenförmig angeordneten viktorianischen Häuserreihen am Hafen überragt die imposante neogotische Kathedrale **St Colman's**.

Nach dem Besuch Königin Victorias 1849 wurde Cobh in Queenstown umbenannt, nahm aber 1921 wieder seinen alten Namen an. Cobh liegt an einem der größten Naturhäfen der Welt und war im 18. Jahrhundert ein wichtiger Marinestützpunkt und Handelshafen. Hier schifften sich viele irische Auswanderer nach Amerika ein.

Cobh war auch Anlaufstelle für Luxusdampfer. 1838 startete die *Sirius* von hier aus als erstes Dampfschiff über den Atlantik. 1912 war Cobh die letzte Station der *Titanic* auf ihrer Unglücksreise. Drei Jahre später versenkte ein deutsches U-Boot vor Kinsale *(siehe S. 172f)* südwestlich von Cobh die *Lusitania*. Das Mahnmal auf der Promenade gedenkt der Opfer dieses Angriffs.

IRISCHE AUSWANDERER

Zwischen 1848 und 1950 emigrierten aus Irland fast sechs Millionen Menschen – zweieinhalb Millionen davon über Cobh. Die Hungerjahre 1845–48 *(siehe S. 219)* veranlassten Massen, den Weg über den Atlantik anzutreten, zusammengepfercht und unter untragbaren hygienischen Bedingungen. Die meisten wollten in die USA und nach Kanada, einige nach Australien. Bis Anfang des 20. Jahrhunderts waren auf Einschiffung wartende Auswanderer in Cobh ein gewohnter Anblick. In den 1930er Jahren ließen weltweite Rezession und Einwanderungsbeschränkungen die Zahl der irischen Auswanderer zurückgehen.

Auswanderer im Hafen von Cobh, Stich aus dem 19. Jahrhundert

🏛 The Queenstown Story

Cobh Heritage Centre. ☎ *021 481 3591.* ⏰ tägl. ⬤ *22. Dez–1. Jan.*
♿ & 🅿 **www.cobhheritage.com**
Die Ausstellung *The Queenstown Story* in einem viktorianischen Bahnhof erzählt die Geschichte der Hafenstadt. Exponate und audiovisuelle Technik zeigen die Verschiffung von Auswanderern und Sträflingen. 1791–1853 wurden von hier aus 40 000 Häftlinge auf den berüchtigten »Sargschiffen« in australische Sträflingskolonien gebracht. Andere verbüßten ihre Strafe im Hafen von Cork auf schwimmenden Gefängnissen. In Kontrast dazu steht die Dokumentation über die Rolle Cobhs als Hafen für Luxusliner im Transatlantikverkehr.

Umgebung: Nördlich von Cobh liegt Fota Island mit dem Herrensitz **Fota House and Gardens** (frühes 19. Jh.). Ebenfalls auf der Insel findet sich der **Fota Wildlife Park**, wo man seltene Tiere züchtet. Der Seeadler ist eine der Tierarten, die auf diese Weise in

Der Hafen von Cobh mit dem die Stadt überragenden Turm von St Colman's

Hotels und Restaurants in Cork und Kerry *siehe Seiten 302–306 und Seiten 331–334*

CORK UND KERRY | **179**

Irland vor dem Aussterben bewahrt wurden. Der Park beherbergt über 70 Tierarten, darunter Giraffen, Flamingos und Zebras. Nur die Geparden, deren Züchtung langwierig ist, leben in Gehegen. Ein Zug verbindet die Parkteile.

Fota House and Gardens
Carrigtwohill. 021 481 5543.
tägl.

Fota Wildlife Park
Carrigtwohill. 021 481 2678.
tägl. (Nov–März: Sa, So).

Old Midleton Distillery ㉘

Straßenkarte C5. Distillery Walk, Midleton, Co Cork. 021 461 3594. nach Midleton. tägl. 24. Dez–2. Jan.
www.jamesonwhiskey.com

Die bedachtsam restaurierte Whiskey-Brennerei aus dem 18. Jahrhundert gehört zu den Irish Distillers in Midleton. Bushmills *(siehe S. 266)* ist zwar die älteste irische Whiskey-Brennerei, doch Midleton ist die größte. Sie umfasst mehrere Brennereien, die alle eigene Whiskey-Sorten herstellen, u. a. Jameson.

Audiovisuelle Vorführungen, Modelle und authentische Geräte vermitteln die Geschichte des irischen Whiskeys. Ein Rundgang führt durch Mälzereien, Darren, Destillieranlagen, Kornspeicher und Lagerhäuser. Man kann bei Kostproben versuchen, zwischen verschiedenen irischen Marken und schottischem Whisky zu unterscheiden. Sehenswert ist die weltweit größte Brennblase mit mehr als 1362 Hektolitern Fassungsvermögen.

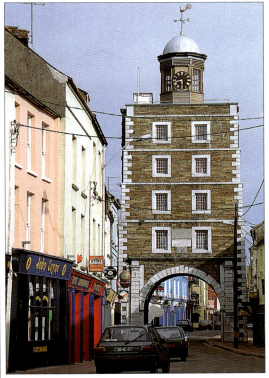

Uhrturm in der Hauptstraße von Youghal

Youghal ㉙

Straßenkarte C5. Co Cork.
7500. *Market House, Market Square (024 92777).*
www.discoverireland.ie

Das historische, von Mauern umgebene Youghal (gesprochen »Yohl«) mit lebhaftem Fischereihafen erhielt Sir Walter Raleigh von Elizabeth I. Später wurde die Stadt an den Earl of Cork verkauft. Zur Zeit Cromwells wurde sie befestigte Garnisonsstadt.

Der malerische, vierstöckige **Uhrturm** war einst Stadttor, später Gefängnis. Neben dem Turm führt eine steile Treppe auf einen gut erhaltenen Teil der mittelalterlichen Stadtmauer mit schönem Blick auf die Mündung des Blackwater. Das Tor leitet zum **Red House** in der dunklen North Main Street. Es stammt aus dem Jahr 1710. Gleich nebenan findet man elisabethanische Armenhäuser und gegenüber den Turm **Tynte's Castle** aus dem 15. Jahrhundert.

In die gegenüberliegenden Stadtmauern schmiegt sich **Myrtle Grove**, eines der wenigen in Irland erhaltenen unbefestigten Herrenhäuser der Tudor-Zeit. Es hat eine dreigiebelige Fassade und im Inneren eine herrliche Eichenholztäfelung. Bergan geht es zur gotischen **Church of St Mary** mit Grabskulpturen und Bleiglasfenstern, die die Wappen der örtlichen Familien zeigen.

Getreide-Lastwagen (um 1940) im Jameson Heritage Centre

Unterer Shannon

CLARE · LIMERICK · TIPPERARY

Die drei Countys, die den Unterlauf des Shannon, des längsten irischen Flusses, säumen, sind sehr unterschiedlich – vom hügeligen Ackerland in Tipperary bis zum unwirtlichen Kalksteinplateau des Burren. Die Erholungsorte am Shannon, mittelalterliche Bollwerke und historisch interessante Städte locken viele Besucher an. Dieser Teil Irlands ist auch für sein Musikleben bekannt.

Am Shannon gab es schon in frühester Zeit Siedlungen. Man fand mehrere Steinzeitstätten, u. a. eine große Siedlung am Lough Gur. Seit dem 5. Jahrhundert lag das Gebiet im Herzen von Munster, einer der vier großen keltischen Provinzen. Der Rock of Cashel, eine imposante befestigte Abtei im County Tipperary, war 700 Jahre lang Sitz der Könige von Munster.

Im 10. Jahrhundert drangen die Wikinger in das Shannon-Gebiet vor, sehr zum Missfallen der gälischen Clans. Diese errichteten in normannischer Zeit Festungen wie Bunratty Castle. Die Bauten standen den Burgen der anglo-irischen Dynastien in nichts nach. Zu den Anglo-Iren gehörten die Familie Butler, die Earls of Ormonde, die in Tipperary viel Land besaßen, und die Fitzgeralds, die bedeutendsten Grundherren im Gebiet um Limerick. Die Stadt war im Mittelalter oft Brennpunkt der Ereignisse am unteren Shannon. 1691 belagerte das Heer Wilhelms von Oranien die Stadt, was zum Vertrag von Limerick führte und die Flucht des katholischen Adels auf den Kontinent auslöste, die sogenannte »Flight of the Wild Geese«.

Typisch für die Region ist üppiges Grasland, das sie zum führenden Gebiet der Milchwirtschaft macht. Malerische Berglandschaften bieten z. B. die Galty Mountains im südlichen Tipperary. Am bezauberndsten ist jedoch die Gegend längs der Küste von Clare, einem County, das als Zentrum traditioneller Musik bekannt ist.

Klosterruine Dysert O'Dea im County Clare mit markantem Hochkreuz (12. Jh.)

◁ Darbietung traditioneller irischer Musik in Feakle, County Clare

Überblick: Unterer Shannon

Die Stadt Limerick ist durch ihre zentrale Lage ein Besuchermagnet. Viele weitere nette Orte in der Region sind jedoch eine ebenso gute Ausgangsbasis für Touren, z. B. Adare und Cashel. Killaloe eignet sich gut zur Erkundung des Shannon. Die meisten interessanten Orte Tipperarys liegen im südlichen Teil des County. Hier findet man am Suir historische Städte wie Clonmel und Cahir. Im Gegensatz dazu gibt es im County Clare nur wenige größere Orte, dafür besitzt es mit Bunratty Castle eine imposante Attraktion. Hinter Ennis wird die Landschaft immer eintöniger, bis man schließlich den Burren erreicht.

Cliffs of Moher

Am unteren Shannon unterwegs

Von Limerick aus ist jede Ecke dieses Gebiets für Autofahrer gut erreichbar. Die Autofähre von Tarbert, County Kerry, nach Killimer, östlich von Kilrush, County Clare, ist eine praktische Abkürzung über den Shannon. Züge fahren von Limerick nach Cahir, Clonmel und Carrick. In anderen Gebieten ist man vom Busnetz abhängig, das jedoch, vor allem in Clare, sehr begrenzt ist. Immerhin gibt es von Limerick aus Busverbindungen zu den wichtigsten Sehenswürdigkeiten der Gegend wie dem Bunratty Castle oder dem Burren.

0 Kilometer   20

Legende

— Schnellstraße
— Hauptstraße
═ Nebenstraße
— Panoramastraße
┼ Eisenbahn (Hauptstrecke)
— Eisenbahn (Nebenstrecke)
— County-Grenze
△ Gipfel

Weitere Zeichenerklärungen *siehe hintere Umschlagklappe*

UNTERER SHANNON

Segelboote auf dem Lough Derg nahe Mountshannon

SEHENSWÜRDIGKEITEN AUF EINEN BLICK

Adare ⑮
Athassel Priory ⑳
Bunratty Castle S. 192f ⑬
Burren S. 186–188 ①
Cahir ㉒
Carrick-on-Suir ㉔
Cashel S. 195–197 ⑲
Cliffs of Moher ②
Clonmel ㉓
Craggaunowen ⑩
Dysert O'Dea ⑦
Ennis ⑧
Foynes ⑤
Glen of Aherlow ㉑
Glin ④
Holy Cross Abbey ⑱
Killaloe ⑫
Kilrush ③
Knappogue Castle ⑨
Limerick ⑭
Lough Gur ⑯
Mountshannon ⑪
Roscrea ⑰
Shannon ⑥

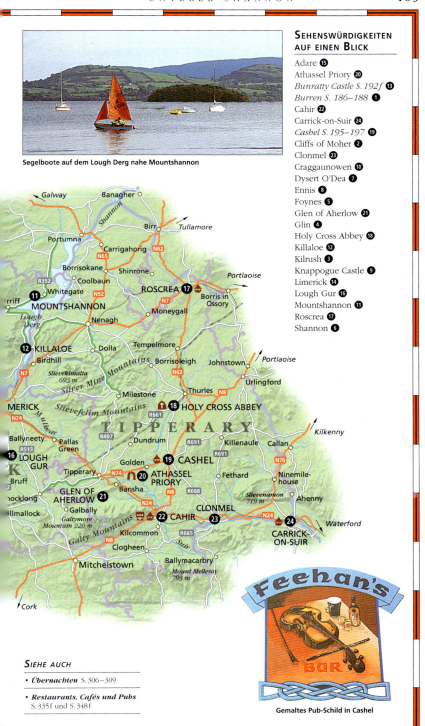

Gemaltes Pub-Schild in Cashel

SIEHE AUCH

- *Übernachten* S. 306–309

- *Restaurants, Cafés und Pubs* S. 335f und S. 348f

Blick nach Süden auf die Cliffs of Moher, einen der imposantesten Abschnitte der Westküste Irlands

Burren ❶

Siehe S. 186–188.

Cliffs of Moher ❷

Straßenkarte B4. Co Clare. von Ennis und Limerick. **Besucherzentrum** 065 708 6141. tägl. Karfreitag, 23.–27. Dez. O'Brien's Tower 061 360 788. März–Okt: tägl. www.discoverireland.com

Die Cliffs of Moher, die auf acht Kilometern Länge 200 Meter hoch aus dem Meer ragen, sind selbst nebelverhüllt ein atemberaubender Anblick. In den Felswänden mit ihren Schichten aus Sandstein und Schiefer nisten Trottellummen, Dreizehenmöwen und andere Seevögel.

Pfade führen die Klippen entlang. Vom **Besucherzentrum** fünf Kilometer nordwestlich von Liscannor wandert man südlich in einer Stunde nach **Hag's Head**. Im Norden geht man drei Stunden vom **O'Brien's Tower**, dem unter Königin Victoria errichteten Aussichtsturm, bis Fisherstreet bei **Doolin** (siehe S. 188).

Kilrush ❸

Straßenkarte B4. Co Clare. 2800. Francis Street (065 905 1577). Mai–Sep (Okt–Apr bitte unter 065 682 8308 anfragen).

Der neue Yachthafen und die Förderung als historischer Ort ließen das Städtchen aus dem 18. Jahrhundert aufblühen. Das **Heritage Centre** informiert über die Hungersnot (siehe S. 219) und die Vertreibung der Grundbesitzer 1888 (siehe S. 42f). Hier beginnt auch der Rundweg zu den Sehenswürdigkeiten.

Umgebung: Boote fahren zu Delfinbeobachtungen oder zum nahen **Scattery Island** mit mittelalterlichem Kloster. Zu den Ruinen gehören fünf Kirchen und einer der höchsten Rundtürme Irlands.

Der 27 Kilometer lange **Loop Head Drive** beginnt beim Resort Kilkee, westlich von Kilrush, und windet sich nach Süden durch wildromantische Küstenlandschaften bis zum Loop Head.

Glin ❹

Straßenkarte B5. Co Limerick. 600. von Limerick.

Das charmante Dorf am Shannon ist Sitz der Knights of Glin, eines Zweigs der Fitzgeralds. Ihre mittelalterliche Burg ist eine Ruine, doch westlich des Dorfs liegt **Glin Castle**, ihr zweiter Sitz. Das 1780 erbaute georgianische Haus – heute ein Hotel (siehe S. 308) – wurde in den 1820er Jahren in gotischromanischer Art mit Zinnen und kitschigen Anbauten verziert. Die Innenräume sind mit schönen Stuckarbeiten und Möbeln aus dem 18. Jahrhundert ausgestattet.

Glin Castle
068 34173. auf Anfrage. obligat. www.glincastle.com

Seltene »fliegende« Doppeltreppe im Glin Castle, 18. Jahrhundert

Foynes ❺

Straßenkarte B5. Co Limerick. 650. von Limerick.

Foynes war in den 1930er und 1940er Jahren als östlicher Endpunkt der ersten Passagierflugroute über den Atlantik bekannt. Das **Foynes Flying Boat Museum** erläutert die Geschichte der Wasserflugzeuglinie. Der Raum mit Funk- und Wetterdienst sowie ein Teeraum im Stil der 1940er Jahre geben die Atmosphäre jener Zeit wieder.

Foynes Flying Boat Museum
Aras Ide, Foynes. 069 65416. März–Dez: tägl.

Umgebung: In **Askeaton**, elf Kilometer östlich von Foynes, gründeten die Fitzgeralds eine Burg und ein Franziskanerkloster. Interessant ist der Kreuzgang aus schwarzem Marmor (15. Jh.) im Kloster. In Rathkeale, acht Kilometer südlich, ist das restaurierte **Castle Matrix** (15. Jh.) für seine Bibliothek bekannt.

Castle Matrix
Rathkeale. 087 792 1702. Mai–Sep: Sa–Do.

Hotels und Restaurants am unteren Shannon siehe Seiten 306–309 und Seiten 335f

UNTERER SHANNON 185

Angeln am Lough Derg, dem größten See am Shannon

Shannon ❻

Straßenkarte B4, C4, C3.
🚊 *nach Limerick oder Athlone.*
🚌 *nach Carrick-on-Shannon, Athlone oder Limerick.* ℹ️ *Arthur's Quay, Limerick (061 317 522).*
www.*discoverireland.ie*

SHANNON

Carrick-on-Shannon ist der wichtigste Hafen für Fahrten auf dem oberen Shannon. Portumna und die Häfen Mountshannon und Killaloe sind die wichtigsten Ausgangspunkte für Fahrten auf Lough Derg.

Boot auf dem Shannon

LEGENDE
ℹ️ Information
⚓ Bootsverleih
🚢 Wasserbusstation

Der Shannon, Irlands längster Fluss, entspringt in der Grafschaft Cavan und schlängelt sich durch das Herz der Insel nach Süden zum Atlantik. Er war schon immer die Grenze zwischen den Provinzen Leinster und Connaught. Im Mittelalter wachten Burgen an den Furten von Limerick bis Portumna. An den Ufern entstanden viele Klöster, so auch das berühmte Clonmacnoise *(siehe S. 250f)*. Schon um 1750 begann man, den Shannon in ein Wasserstraßensystem einzubinden, was aber durch das Aufkommen der Eisenbahnen überflüssig wurde. Das Netz erfuhr durch die Wiedereröffnung des Shannon-Erne-Kanals *(siehe S. 235)* einen enormen Aufschwung.

Entlang dem Fluss verändert sich der Charakter der Landschaft. Südlich des **Lough Allen** ziehen sich die lang gestreckten, für die Midlands typischen Moränenhügel hin. Zum **Lough Ree** hin übersäen Inseln den Fluss und bilden ein Gebiet, in dem Otter, Schwäne, Graureiher und Gänse leben. Südlich von **Athlone** *(siehe S. 249)* fließt er durch Sumpfland zum **Lough**

Graureiher am Shannon

Derg, dem größten der Shannon-Seen. Die Landschaft wird hier interessanter. Das Südende des Sees säumen bergige Waldgebiete. Ab **Killaloe** *(siehe S. 190)* fließt der Fluss schneller gen **Limerick** *(siehe S. 191)* und Meer. Die Schlammzonen an der Mündung ziehen etliche Vogelarten an.

Der Hafen **Carrick-on-Shannon** *(siehe S. 235)* ist Basis für größere Schiffe, es gibt aber Häfen in allen Flussabschnitten, vor allem am Lough Derg, dem für Boote am besten geeigneten See. Wasserbusse verbinden die meisten Häfen südlich von Athlone. Bevor man ein Boot mietet, sollte man sich über das Wetter informieren, vor allem auf Lough Ree und Lough Derg, die sehr exponiert liegen. Für Unerfahrene empfiehlt sich die Strecke zwischen **Portumna** *(siehe S. 213)* und Athlone. Wanderer lieben den ausgeschilderten Lough Derg Way um den See oder die Wälder um **Lough Key** *(siehe S. 219)*.

Athlone und die südlichen Ausläufer von Lough Ree

Burren

Der Name des ausgedehnten Kalksteinplateaus im Nordwesten Clares geht auf das gälische *boireann* für »Felsland« zurück. 1640 beschrieb es Cromwells Verwalter als »wildes Land, das weder genug Wasser hat, um einen Mann zu ertränken, noch einen Baum, um ihn zu hängen, noch genug Erde, um ihn zu begraben«. Tatsächlich wachsen nur wenige Bäume in der kargen Gegend, dafür gedeihen andere Pflanzen. Der Burren ist eine botanische Fundgrube mit mediterranen und alpinen Pflanzen, die sonst in Irland rar sind. Von Mai bis August zaubert eine erstaunliche Blütenvielfalt bunte Farbtupfer in die Landschaft. Üppig gedeihen die Blumen an den seichten Seen und Weideplätzen, sie wurzeln aber auch in den Spalten der Kalksteinplatten, dem auffälligsten geologischen Merkmal des Plateaus. Im südlichen Burren weicht der Kalkstein Sandstein und schwarzem Schiefer, aus denen auch die imposanten Cliffs of Moher bestehen *(siehe S. 184)*.

Braunrote Sumpfwurz

Weiden des Burren
Aufgrund einer klimatischen Eigenart der Gegend ist es im Winter auf den Bergen wärmer als in den Tälern. Daher lässt man hier das Vieh im Winter auf den Höhen.

FAUNA DES BURREN

Insgesamt 28 Arten machen den Burren zu einer der schmetterlingsreichsten Gegenden Irlands. Auch die Vogelwelt ist gut vertreten. Auf den Bergen und den Wiesen sind Lerche und Kuckuck heimisch, an der Küste nisten Tordalken, Trottellummen, Papageitaucher und andere Seevögel. Säugetiere sind seltener. Es gibt Dachse, Füchse und Wiesel. Häufiger sieht man zottelige Wildziegen und irische Hasen.

Der Perlmuttfalter, *eine von vielen hier heimischen Fleckenfalterarten, ist in Irland sonst nirgends anzutreffen.*

Der irische Hase – *sein weiß-brauner Winterpelz wird im Sommer rötlich braun.*

Singschwäne *aus Island strömen im Winter in die Feuchtgebiete des Burren.*

Die Nebelkrähe *erkennt man leicht an ihrem grau-schwarzen Federkleid.*

Turloughs sind seichte Seen, die im Sommer austrocknen. Wenn sie sich im Winter mit Wasser füllen, kommen Wildenten und -gänse sowie Stelzvögel.

Frühlingsenzian

Storchschnabel
Die auffällige, im Burren häufige Pflanze gehört zur Familie der Geranien und blüht im Juni.

BURREN

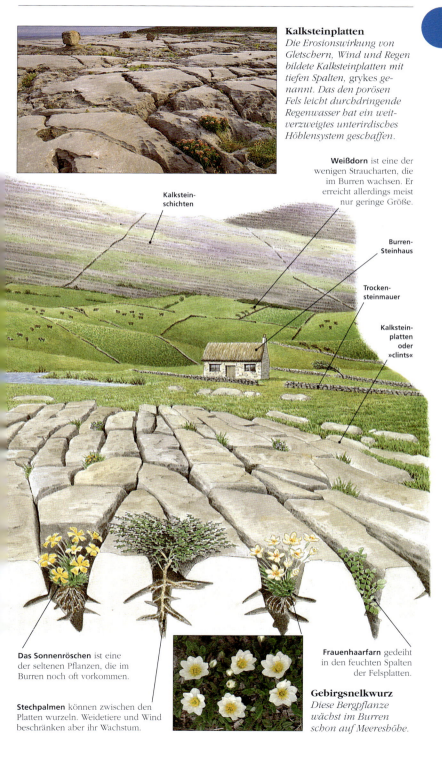

Kalksteinplatten
Die Erosionswirkung von Gletschern, Wind und Regen bildete Kalksteinplatten mit tiefen Spalten, grykes genannt. *Das den porösen Fels leicht durchdringende Regenwasser hat ein weitverzweigtes unterirdisches Höhlensystem geschaffen.*

Weißdorn ist eine der wenigen Straucharten, die im Burren wachsen. Er erreicht allerdings meist nur geringe Größe.

Kalksteinschichten

Burren-Steinhaus

Trockensteinmauer

Kalksteinplatten oder »clints«

Das Sonnenröschen ist eine der seltenen Pflanzen, die im Burren noch oft vorkommen.

Stechpalmen können zwischen den Platten wurzeln. Weidetiere und Wind beschränken aber ihr Wachstum.

Frauenhaarfarn gedeiht in den feuchten Spalten der Felsplatten.

Gebirgsnelkwurz
Diese Bergpflanze wächst im Burren schon auf Meereshöhe.

Überblick: Der Burren

Wenn Sie sich für die einzigartige Geologie und Natur des Burren interessieren, sollten Sie nach **Mullaghmore** fahren, eine der wildesten Gegenden des Plateaus mit einer Höhe von 191 Metern. Hier findet man einige der eindrucksvollsten Kalksteinplatten.

Die leichter zugänglichen Teile des Burren sind gut von den **Cliffs of Moher** *(siehe S. 184)* zu erreichen. Eine kurze Fahrt Richtung Norden bringt Sie nach **Doolin**, unweit des Hafens zu den Aran Islands *(siehe S. 214f)*. In den Doolin Caves gibt es einen der größten frei hängenden Stalaktiten der Welt. Doolin selbst gilt als Zentrum der Volksmusik. Treffpunkt für Liebhaber irischer Musik ist Gus O'Connor's Pub *(siehe S. 348)*. Die Küstenstraße nach Norden führt in ein Kalksteingebiet bei **Black Head**. Richtung Binnenland gelangt man nach **Lisdoonvarna**. In viktorianischer Zeit war es ein Heilbad, heute ist es für seine

Musikladen in Doolin

Pubs und seinen Heiratsmarkt bekannt *(siehe S. 50)*.

Die N67 nach Norden führt zum Fischerdorf **Ballyvaughan** mit schiefergedeckten Häusern, das im Sommer viele Besucher anzieht. Es ist ein guter Ausgangspunkt für Ausflüge. Der geschützte Strand nahe **Bishop's Quarter** bietet einen großartigen Blick über eine Lagune auf die Galway Bay. Von den vielen Höhlen des Burren ist nur **Aillwee Cave** zu besichtigen. In Bear Haven sieht man die Spuren von Gruben, in denen Bären ihren Winterschlaf hielten.

Festungs- und Burgruinen sowie prähistorische Stätten durchsetzen die Landschaft. Der Eingang von **Cahermore Stone Fort**, etwas westlich von Aillwee Cave, ist mit einem wuchtigen Türsturz gedeckt. Südlich befindet sich **Gleninsheen Wedge Tomb**, ein Grab, das für den Übergang von der Steinzeit zur Bronzezeit typisch ist. Bekannter ist der nahe **Poulnabrone Dolmen**, eine Grabstätte aus der Zeit von 2500–2000 v. Chr. Weiter südlich erreicht man die gespenstische Ruine von **Leamaneagh Castle** (17. Jh.), zu der ein von den O'Briens errichtetes Turmhaus gehört.

Am Südrand des Burren liegt das katholische Bistum **Kilfenora**, das durch ein historisches Kuriosum den Papst zum Bischof hat. Die Kathedrale des Dorfs, eine der vielen Kirchen aus dem 12. Jahrhundert im Burren, hat einen dachlosen Chor mit schönen Kapitellen. Bekannt ist Kilfenora vor allem wegen seiner Hochkreuze, von denen einige auf dem Friedhof stehen. Am besten erhalten ist das Doorty Cross. Es hat Skulpturen eines Bischofs und zweier Kleriker. Das **Burren Centre** informiert über Geologie, Flora und ökologische Fragen. Zu den Exponaten zählt ein Modell des Kalksteinplateaus.

Kapitell der Kilfenora Cathedral

Aillwee Cave
Ballyvaughan. 065 707 7036.
tägl.

Burren Centre
Kilfenora. 065 708 8030.
März–Okt: tägl.
www.theburrencentre.ie

Der Poulnabrone Dolmen im Herzen des Burren

Burren-Gebiet

Legende
- Kalksteinplateau
- Nebenstraße
- Hauptstraße
- Information
- Aussichtspunkt

0 Kilometer 10

Hotels und Restaurants am unteren Shannon *siehe Seiten 306–309 und Seiten 335f*

Dysert O'Dea ❼

Straßenkarte 4B. Corrofin, Co Clare. 🚌 *von Ennis.* ☎ *065 682 8308.* ⭕ *Mai–Sep: tägl.*

Das Turmhaus aus dem 15. Jahrhundert thront auf einem Felsen, neun Kilometer nördlich von Ennis. Es birgt das **Archäologiezentrum** mit Museum und ist Ausgangspunkt für einen Rundweg zu historischen Stätten. Im Tea Room erhält man eine Karte für Wanderer und Radfahrer.

Ein Feld trennt die Burg von der Klosteranlage, die der hl. Tola im 8. Jahrhundert gegründet haben soll. Die Ruinen sind schlecht erhalten, aber über einem Eingang ist noch ein romanisches Relief zu sehen. Die Ostseite eines eindrucksvollen Hochkreuzes (12. Jh.) stellt einen Bischof dar *(siehe S. 243)*. Weiter südlich führt der Weg an Resten zweier Steinforts, einer Burgruine und dem Schauplatz einer Schlacht im 14. Jahrhundert vorbei.

Ennis ❽

Straßenkarte 4B. Co Clare. 👥 *25 000.* 🚌 🛈 *Clare Rd (065 682 8366).* **www**.*discoverireland.ie*

Besonders typisch für den Hauptort des County Clare sind die engen Gassen, die an den mittelalterlichen Ursprung der Stadt am Fergus erinnern. Ennis ist für die bemalten Ladenfronten und die Folk-Musik-Festivals (gälisch *fleadh*) bekannt. Hier gibt es viele Singing Pubs und Musik-Shops.

Die farbenfrohe Fassade von Michael Kerins' Pub in Ennis

Die O'Briens, die Könige von Thomond, die im Mittelalter diese Gegend regierten, gründeten hier um 1240 ein Franziskanerkloster. Die großteils aus dem 14./15. Jahrhundert stammende **Ennis Friary** ist für ihre Skulpturen und reliefverzierten Gräber im Chor bekannt. Alabasterreliefs des MacMahon-Grabmals (15. Jh.) wurden für das Creagh-Grab verwendet.

Neben dem Kloster befindet sich in einem Haus aus dem 17. Jahrhundert Cruise's Restaurant. An der Ecke der Francis Street liegt das Queen's Hotel, das in James Joyce' *Ulysses* erscheint. Am südlich liegenden O'Connell Square erinnert ein Denkmal an Daniel O'Connell *(siehe S. 42)*, der 1828 als Vertreter Clares ins Parlament gewählt wurde. Nach ihm ist die Hauptstraße von Ennis benannt, die neben Pubs und Läden auch einen mittelalterlichen Turm, einen Schornsteinkasten aus der Zeit von James I und einen bemerkenswerten Bogen (18. Jh.) besitzt.

Romanische Steinmetzarbeiten über dem Klostertor, Dysert O'Dea

🏛 **Ennis Friary**
Abbey St. ☎ *065 682 9100.*
⭕ *Ostern–Okt: tägl.* 📷 ♿

Umgebung: Die Gegend ist reich an Klosterruinen. Die Augustinerabtei **Clare Abbey** (3 km südlich von Ennis) gründeten die O'Briens 1189. Vieles der Anlage stammt aus dem 15. Jahrhundert.

Quin Franciscan Friary, 13 Kilometer südöstlich, datiert aus dem 15. Jahrhundert und enthält die Ruinen einer normannischen Burg. Der gut erhaltene Kreuzgang ist einer der schönsten seiner Art in ganz Irland.

Knappogue Castle ❾

Straßenkarte 4B. Quin, Co Clare. ☎ *061 360 788.* 🚌 *nach Ennis.* ⭕ *Mai–Sep: 9.30–17 Uhr (letzter Einlass 16.15 Uhr).* 📷 🏛 ♿ *teilweise.* **www**.*shannonheritage.com*

Der mächtige Clan der MacNamaras ließ die Burg 1467 erbauen. Abgesehen von einer zehnjährigen Unterbrechung zur Cromwell-Zeit, blieb sie bis 1815 in ihrem Besitz. Im Unabhängigkeitskrieg *(siehe S. 44f)* nutzte sie die Revolutionsarmee.

Das restaurierte Knappogue ist eine der schönsten Burgen Irlands. Das Turmhaus ist original, die übrigen Teile sind neogotisch. Elisabethanische Kamine und Holztäfelungen zieren die Räume.

Die mittelalterlichen Bankette *(siehe S. 360)*, die hier veranstaltet werden, begleiten Gesang und Erzählungen.

Craggaunowen 🔟

Straßenkarte B4. Kilmurry, Co Clare. 🚌 🚆 nach Ennis. ☎ 061 360 788. ⏰ Mitte Apr–Mitte Okt: tägl. 10–18 Uhr. 📷 ♿ 🚻 🍴
www.shannonheritage.com

Das Museumsprojekt »Craggaunowen: the Living Past« ist der Bronzezeit und keltischen Kultur gewidmet. Es entstand in den 1960er Jahren in der Umgebung von Craggaunowen Castle auf Anregung des Archäologen John Hunt. Inspiriert wurde es von den Ausgrabungen bei Lough Gur *(siehe S. 194f)*. Das Turmhaus der Burg zeigt Bronzen und andere Objekte aus Hunts archäologischer Sammlung, deren restlicher Teil in Limerick zu sehen ist.

Im Sommer führen Personen in Trachten alte Handwerksformen wie Spinnen und Töpfern vor. Sie demonstrieren auch, wie damals das Fleisch in Kochgruben, *fulacht fiadh*, gegart wurde. Auf dem Areal befinden sich zudem Originalteile von *togher*, einer Holzstraße aus der Eisenzeit, die in Longford entdeckt wurde. Besonders beeindruckend ist ein *Crannog (siehe S. 33)*, eine künstliche Insel, auf der Lehmhäuser stehen – bis ins frühe 17. Jahrhundert eine Möglichkeit zur Verteidigung.

Interessant ist auch ein Boot mit Lederverkleidung, das der Entdecker Tim Severin in den 1970er Jahren konstruierte. Er benutzte es, um die Route über den Atlantik zu befahren, die der hl. Brendan der Überlieferung nach im 6. Jahrhundert in einem ähnlichen Fahrzeug genommen haben soll *(siehe S. 27)*.

Eine Frau in Tracht spinnt Wolle, Craggaunowen

Mountshannon ⓫

Straßenkarte C4. Co Clare. 👥 240. ⛴ nach Holy Island. ☎ 061 921 351.

Das hübsche Dorf am Ufer des Lough Derg *(siehe S. 185)* lockt vor allem Angler an. Am Hafen befinden sich Wohnhäuser, eine Kirche (18. Jh.) und gute Pubs, z. B. Madden's, die erste Adresse für irische Musik.

Mountshannon ist ein guter Ausgangspunkt zur Erkundung des Westufers, mit vielen Rad- und Wanderwegen. Hier können Sie per Schiff nach Holy Island fahren. Dort befindet sich ein Kloster aus dem 7. Jahrhundert. Vier Kapellen und ein mittelalterlicher Friedhof sind noch erhalten.

Killaloe ⓬

Straßenkarte C4. Co Clare. 👥 950. 🚌 ℹ️ *Mai–Sep: BrianBorú Heritage Centre, The Bridge (061 376 866)*. www.killaloe.ie

Der Geburtsort von Brian Ború, dem Oberkönig von Irland *(siehe S. 34)*, liegt am Austritt des Shannon aus dem Lough Derg. Er verfügt über den bedeutendsten Freizeithafen am See. Eine Steinbrücke aus dem 17. Jahrhundert verbindet Killaloe mit Ballina auf der anderen Seite des Sees. Zwar hat Ballina bessere Pubs, etwa das Goosers am Ufer *(siehe S. 349)*, doch Killaloe ist der größere Hafen *(siehe S. 365)* und bietet mehr Sehenswertes.

Hauptattraktion ist die **St Flannan's Cathedral** von 1182 mit einem romanischen Torbogen, der von einer früheren Kirche stammt, und einem alten Ogham-Stein *(siehe S. 34)*. Ungewöhnlich ist, dass die Inschrift des Steins in Altnordisch wie in Ogham verfasst ist. Zur Kirche gehört auch das St Flannan's Oratory, etwa zur selben Zeit wie die Kathedrale erbaut.

Das **Brian Ború Heritage Centre** zeigt in einem Bootshaus eine Ausstellung zu Shannon und Lough Derg und ist Start für einen Spaziergang entlang dem Killaloe Canal. Von Killaloe aus kann man mit den Fischern auf den See hinausfahren.

Bunratty Castle ⓭

Siehe S. 192f.

Fahrrad- und Bootsverleih in Mountshannon

Hotels und Restaurants am unteren Shannon *siehe Seiten 306–309 und Seiten 335f*

UNTERER SHANNON 191

Limerick ⑭

Straßenkarte B4. Co Limerick.
🚊 90 000. ✈ *Shannon.* 🚌 🚆 ℹ️
Arthur's Quay (061 317 522). 🛍 *Sa.*
www.discoverireland.ie

Limerick, drittgrößte Stadt der Republik, wurde von den Wikingern gegründet und später von den Normannen erobert, unter deren Herrschaft sie ihren Aufschwung erfuhr. Nach der Schlacht am Boyne *(siehe S. 244)* zog sich der Rest der Armee James' II hierher zurück und verteidigte die Stadt zunächst gegen die englischen Belagerer. Ein Jahr später fiel sie – 1691 besiegelt durch den Vertrag von Limerick, den England jedoch mehrfach verletzte. Diese Erfahrung prägt noch heute die Stadt, in der Katholizismus und Nationalismus deutlich spürbar sind. Das jahrelang von Arbeitslosigkeit und Kriminalität heimgesuchte Limerick ist bemüht, mit Industrieansiedlungen und Restaurierungsprojekten einen Ruf als Handelsmetropole zu erlangen.

Das historische Zentrum bildet der Bezirk King's Island. Zuerst siedelten hier die Wikinger. Später wurde er als Englishtown mittelalterliches Herzstück der Stadt. Hier befinden sich die zwei wichtigsten Sehenswürdigkeiten Limericks, King John's Castle und St Mary's Cathedral. Typisch für den alten Bezirk Irishtown südlich des Abbey sind die düsteren Häuser und Läden. Es finden sich hier allerdings auch historische Gebäude und georgianische Eleganz, etwa am St John's Square, in dessen Nähe die 1861 erbaute St John's Cathedral liegt. Ihr 85 Meter hoher Turm ist der höchste seiner Art im Land.

Der schönste Teil Limericks ist Newtown Pery, ein Netz freundlicher Straßen im georgianischen Stil, die alle in die O'Connell Street einmünden.

♜ King John's Castle
Nicholas St. 📞 061 360 788.
🕐 tägl. 🚫 Karfreitag, 24., 25. Dez.
📷 ♿ **www**.shannonheritage.com
Wahrscheinlich wurde die Burg von King John um 1200, kurz nachdem die Normannen ins Land gekommen waren, erbaut. Sie beeindruckt durch fünf Rundtürme und die starken Befestigungsmauern. Innen zeigt eine Ausstellung zur Stadtgeschichte u. a. alten Schmuck und Töpferwaren. Eine weitere Ausstellung präsentiert das einzigartige Werk des Künstlers Fergus Costello. Zudem sind alte Wikingerhäuser und Befestigungsanlagen aus späterer Zeit zu sehen.

Auf der nahen Thomond Bridge markiert der sogenannte Treaty Stone den Ort, an dem der Vertrag von Limerick – Treaty of Limerick – 1691 unterzeichnet wurde.

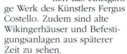
Engel am Chorgestühl der St Mary's Cathedral

🏛 St Mary's Cathedral
Bridge St. 📞 061 310 293.
🕐 Mo–Fr 9.30–16.30 Uhr (So nur zu Gottesdiensten).
Die 1172 erbaute Kirche ist das älteste Gebäude der Stadt. Außer dem sehr schönen romanischen Portal und dem Kirchenschiff ist jedoch wenig

Haustüre im georgianischen Stil am St John's Square

von der ursprünglichen Kirche erhalten. Der Stolz von St Mary's ist das Chorgestühl (15. Jh.) mit schönen Engels- und allegorischen Figuren.

Nahe der Kirche bietet der George's Quay Restaurants und Straßencafés sowie schöne Ausblicke über den Fluss.

🏛 Hunt Museum
Rutland St. 📞 061 312 833.
🕐 Mo–Sa 10–17, So 14–17 Uhr.
📷 🅿 🍴 ♿
www.huntmuseum.com
Das Museum im Old Customs House zeigt eine der bedeutendsten Sammlungen antiker Funde ganz Irlands, die der Archäologe John Hunt zusammengetragen hat, darunter Goldschmuck, Waffen und ein Schild aus der Bronzezeit. Auch keltische Broschen und das Antrim Cross, ein Meisterwerk aus dem 9. Jahrhundert, sind zu sehen.

🏛 Limerick Museum
St John's Sq. 📞 061 417 826.
🕐 Di–Sa 10–13, 14.15–17 Uhr.
🚫 Feiertage, Weihnachtswoche. ♿
www.limerickcity.ie
Das Museum in einem Kornspeicher (19. Jh.) erläutert die Geschichte Limericks und zeigt Kunsthandwerk.

Blick auf die Thomond Bridge und auf King John's Castle, Limerick

Bunratty Castle ⓭

Die wunderschöne, im 15. Jahrhundert erbaute Burg ist eine der Hauptattraktionen Irlands. Ihre berühmtesten Herren waren die O'Briens, Earls of Thomond, die hier von etwa 1500 bis 1640 lebten. Im Inneren präsentiert sich die Burg so, wie sie zu Zeiten des »Great Earl« aussah, der 1624 starb. Im 19. Jahrhundert war sie herrenlos, 1950 wurde sie aber von Lord Gort erworben und sorgfältig im ursprünglichen Stil restauriert. Im angrenzenden Folk Park wird das ländliche Dorfleben des 19. Jahrhunderts reflektiert. Auf Bunratty finden opulente »mittelalterliche« Bankette statt.

Der Kamin, heute eine Kopie aus Holz, bestand ursprünglich aus Stein. Er diente als Abzug für den Feuerplatz in der Great Hall.

★ **North Solar**
Der Kronleuchter aus dem 17. Jahrhundert in den Privaträumen des Great Earl stammt aus Deutschland. Ein »Solar« war im Mittelalter ein oben im Haus gelegenes Zimmer.

Vom Murder Hole aus wurde heißes Wasser oder Pech auf Angreifer gegossen.

Eingang

Das Untergeschoss mit seinen drei Meter dicken Mauern diente wahrscheinlich als Lager oder Stall.

Nordfront
Die Burg weist an Nord- und Südseite ungewöhnlich hohe Torbogen auf. Eingänge auf Höhe des ersten Stocks, die Angreifer abschrecken sollten, waren damals typisch.

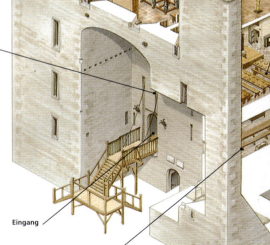

Nicht versäumen
★ Great Hall
★ Main Guard
★ North Solar

BUNRATTY CASTLE

INFOBOX

Straßenkarte B4. Co Clare.
📞 061 360 788. ✈ Shannon.
🚌 von Ennis, Limerick, Shannon.
Burg ⬜ tägl. 9–16 Uhr. **Folk
Park** ⬜ tägl. 9.30–17.30 Uhr.
⬤ Karfreitag, 24.–26. Dez.
📷 🍴 ♿ Folk Park.
Bankett siehe S. 360.
www.shannonheritage.com

★ Main Guard
Der heute für mittelalterliche Bankette genutzte Raum mit direktem Zugang zu den Kerkern der Burg war früher Wohn-, Schlaf- und Essraum der Soldaten von Bunratty. Von der Minstrels' Gallery spielte für sie Musik.

Vorraum

Im Robing Room legten die Earls vor der Audienz in der Great Hall ihre Roben an. Er diente auch privaten Gesprächen.

South Solar
Die im Stil der Tudor-Zeit ausgestatteten Gemächer der Burg waren für Gäste bestimmt. Die sehr schöne Fächerdecke aus Holz ist zum Teil rekonstruiert.

BUNRATTY FOLK PARK

Die Anlage bietet eine sehr genaue Rekonstruktion des irischen Landlebens am Ausgang des 19. Jahrhunderts. Sie enthält u. a. ein altes Bauernhaus, das vor der Zerstörung durch den Bau des nahe gelegenen Flughafens Shannon gerettet werden konnte. Heute befindet sich hier ein vollständig neu errichtetes Dorf mit Läden und im traditionellen Stil erbauten Häusern, darunter ein typisches Arbeiterhaus, ein Haus im eleganten georgianischen Stil, ein Bauernhaus vom Burren *(siehe S. 188)* und eine funktionierende Kornmühle. Im Sommer führen Angestellte in Tracht altes Handwerk wie Weben oder Buttern vor.

Eine Wendeltreppe führt in jedem der vier Türme nach oben.

★ Great Hall
Diese Tudor-Standarte gehört zu der von Lord Gort ausgewählten Ausstattung der Burg. Sie befindet sich in der Great Hall, einst Bankett- und Audienzhalle und damals wie heute Bunrattys größter Raum.

Hauptstraße im Dorf des Bunratty Folk Park

Typisches strohgedecktes Haus in Adare

Adare ⓯

Straßenkarte B5. Co Limerick.
🚶 1000. 🚍 🛈 Heritage Centre,
Main St (061 396 255). ⏱ Feb–Dez:
tägl. **www**.discoverireland.ie

Adare gilt als hübschestes Dorf Irlands. Zyniker nennen es das hübscheste »englische« Dorf, da es so herausgeputzt ist wie kaum ein anderes in Irland. Das einstige Lehnsgut der Fitzgeralds, Earls of Kildare, verdankt sein heutiges Aussehen den Earls of Dunraven, die es von 1820 bis 1830 wieder instand setzten. Der Ort bietet ein sehr malerisches Gesamtbild.

Im New Heritage Centre befinden sich das Fremdenverkehrsbüro und eine sehr schöne Ausstellung zur Klostergeschichte von Adare. Die **Trinitarian Priory** nebenan wurde 1230 von den Fitzgeralds gegründet und vom 1. Earl of Dunraven renoviert. Kirche und Konvent gehören der Katholischen Kirche Irlands. Gegenüber, nahe der Steinbrücke, befindet sich der Washing Pool, das restaurierte Waschhaus des Dorfes.

1315 gründeten die Fitzgeralds die **Augustinian Priory** in der Limerick Road, direkt an der Hauptbrücke. Das auch als Black Abbey bekannte Gebäude hat einen Zentralturm und wunderschöne Kreuzgänge. Auf der anderen Seite der Brücke thront **Desmond Castle** (13. Jh.) an den Ufern des Maigue.

Von hier ist es nicht weit bis zum Luxushotel **Adare Manor** mit Golfplatz (siehe S. 307). In dem zum Anwesen gehörenden 900 Hektar großen Park befinden sich die Ruinen der Kirchen **St Nicholas Church** und **Chantry Chapel**, beide aus dem 12. Jahrhundert. Sie sind zu Fuß bequem erreichbar. Inmitten des Golfplatzes befindet sich die altehrwürdige **Franciscan Abbey** (15. Jh.), die man aber vom Weg aus gut sehen kann.

Im Herzen von Adare wartet das luxuriöse Dunraven Arms Hotel (siehe S. 306). In einigen der Cottages in der Nachbarschaft, die der Earl of Dunraven 1828 ursprünglich für seine Arbeiter erbaut hatte, befinden sich heute schöne Cafés und Restaurants.

Lough Gur ⓰

Straßenkarte B5. Co Limerick. 🚍
Besucherzentrum ☎ 061 360 788.
⏱ Mai–Sep: tägl. 🏛 🅿 ♿ teilweise. **www**.shannonheritage.com

Lough Gur, 26 Kilometer südlich von Limerick, war schon in der Steinzeit, etwa 3000 v. Chr., besiedelt. Heute zeigt hier ein archäologischer Park Steinmonumente und Begräbnisstätten aus der Megalithzeit. Eine der eindrucksvollsten Sehenswürdigkeiten ist der 4000 Jahre alte **Great Stone Circle** unmittelbar vor dem Park an der Straße von Limerick nach Kilmallock. Ausgrabungen in der Umgebung legten in den 1970er Jahren Überreste von rechteckigen, runden und ovalen Häusern aus der Steinzeit frei. Ein Informationszentrum zeigt in Bauten, die der damaligen Zeit nachempfunden sind,

Bunte Häuserfront in der Main Street von Adare

Hotels und Restaurants am unteren Shannon siehe Seiten 306–309 und Seiten 335f

UNTERER SHANNON 195

Fassade des Cashel Palace Hotel

verschiedene Dokumentationen zur Megalithkultur, darunter auch Modelle von Steinkreisen und Grabzimmern sowie Spielzeug und Waffen.

Auf der Knockadoon Peninsula gibt es ebenfalls verschiedene prähistorische Stätten. Zudem bietet die Halbinsel zwei Burgruinen: **Bourchier's Castle** aus dem 15. Jahrhundert und **Black Castle** aus dem 13. Jahrhundert – letztere Burg war einst Sitz der Earls of Desmond.

Roscrea

Straßenkarte C4. Co Tipperary.
5500. Heritage Centre, Castle St (050 521 850).
Mitte Apr–Okt: tägl.
www.heritageireland.ie

Die Klosterstadt Roscrea am Ufer des Bunnow besitzt ein historisches Zentrum. **Roscrea Castle** (13. Jh.) beeindruckt durch einen mächtigen Torturm, zwei große Ecktürme und gut erhaltene Wallanlagen. In einem der Burghöfe befindet sich **Damer House** mit einem wunderschönen Treppenhaus und einem georgianischen Garten. Jenseits des Flusses liegt **St Cronan's Monastery** (12. Jh.) mit einem interessanten Rundturm. In der Abbey Street sind noch Überreste des **Franciscan Friary** (15. Jh.) erhalten geblieben. **Roscrea Pillar** und das Hochkreuz St Cronan's befinden sich in den renovierten Blackmills.

⌂ Roscrea Castle mit Gärten
Castle St. 0505 21850.
Mitte März–Okt: tägl.; Nov, Dez: Sa, So. teilweise.

Holy Cross Abbey

Straßenkarte C5. Thurles, Co Tipperary. 050 443 241. nach Thurles. tägl. 9–20 Uhr.

Ihren Namen erhielt die 1169 von den Benediktinern gegründete Abtei, weil sie einen Splitter vom Heiligen Kreuz besitzen soll. Zisterzienser, die die Abtei 1180 übernahmen, errichteten im 15. Jahrhundert den heutigen Bau. Die Kirche ist in Form eines Kreuzes angelegt und eines der herausragenden Beispiele spätgotischer Baukunst in Irland. Zudem ist sie ein beliebter Wallfahrtsort. Sehenswert sind die schön gearbeiteten Pfeiler, Fenster und Kanzel sowie an der Südseite des Längsschiffs das *tomb of the Good Woman's son*, das »Grab des Sohns der Guten Frau«. Zur Klosteranlage gehören auch einige schöne Kreuzgänge mit begrünten Innenhöfen sowie ein etwas altmodisch anmutendes Pub.

Kruzifix in der Holy Cross Abbey

Cashel

Straßenkarte C5. Co Tipperary.
2500. Heritage Centre, Main St (062 62511).

Die große Attraktion des Orts ist der **Rock of Cashel** (siehe S. 196 f.). Viele verbringen dort die Nacht, um den Anblick zu genießen, wenn der Felsen im Flutlicht erstrahlt. Von dem einstigen Bischofspalais **Cashel Palace Hotel** (siehe S. 307), einem vornehmen Hotel im Queen-Anne-Stil, führt ein Weg zum Rock. Die Reste der nahe gelegenen Burg (12. Jh.) wurden zum Kearney Castle Hotel umgebaut. Das **Brú Ború Heritage Centre**, benannt nach Brian Ború, im 10. Jahrhundert König von Munster (siehe S. 34 f.), bietet abends traditionelle irische Musik, Theateraufführungen und hat einen Laden und ein Restaurant. Am Fuß des Rock of Cashel befindet sich die aus Sandstein erbaute **Dominican Friary** (13. Jh.) mit schönem Westportal und einem Turm aus dem 15. Jahrhundert.

Außerhalb von Cashel trifft man auf die Ruinen von **Hore Abbey**, einem ehemaligen Zisterzienserkloster (13. Jh.) mit einem gut erhaltenen Lettner und Turm der Abtei stammen aus dem 15. Jahrhundert.

🏛 Brú Ború Heritage Centre
Cashel. 062 61122. Juni–Sep: tägl.; Okt–Mai: Mo–Fr.
www.comhaltas.ie

🏛 Dominican Friary
Dominic St. teilweise.

Die Ruinen der Hore Abbey (1272), im Hintergrund der Rock of Cashel

Rock of Cashel

Der Felsen, der sich imposant über der Ebene von Tipperary erhebt, galt jahrhundertelang als Symbol königlicher und priesterlicher Macht. Ab dem 4. Jahrhundert war er Sitz der Könige von Munster, deren Reich sich über ganz Südirland erstreckte. 1101 übergaben sie Cashel der Kirche, die hier ein religiöses Zentrum schuf, das bis zur Belagerung durch die Armee Cromwells im Jahr 1647, bei der über 3000 Menschen starben, bestand. Im 18. Jahrhundert wurde die Kathedrale, die aktuell vollständig renoviert wird, aufgegeben. Heute hat der Felsen nur noch kunsthistorische Bedeutung. Man kann die einstige Anlage aber noch gut erkennen. Beachtenswert ist die Cormac's Chapel, eines der schönsten Beispiele romanischer Architektur in Irland.

★ St Patrick's Cross
Die Bilder auf der Ostseite des Kreuzes sollen vom hl. Patrick stammen, der Cashel 450 besuchte. Das Kreuz ist eine Kopie, das Original befindet sich seit 1982 im Museum.

Hall of the Vicars' Choral
Die Halle entstand im 15. Jahrhundert für die bedeutenderen Chorherren von Cashel. Die nach Originalentwürfen rekonstruierte Decke zieren Gemälde, u. a. dieser Engel.

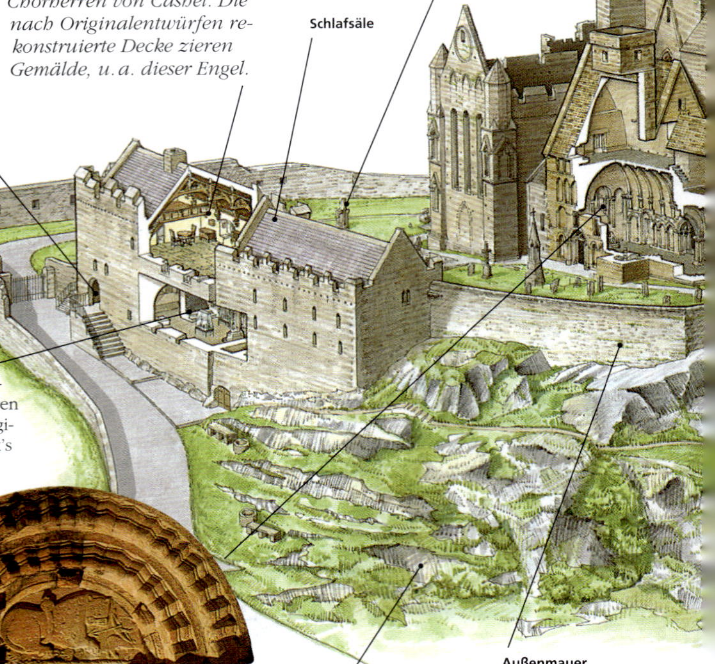

Schlafsäle

Eingang

Das Museum
zeigt verschiedene Skulpturen sowie das originale St Patrick's Cross.

Außenmauer

Kalksteinfelsen

★ Cormac's Chapel
Dieser romanische Türbogen schmückt die Kapelle. Das Tympanon über dem Nordportal zeigt einen Kentaur, der seinen Bogen auf einen Löwen richtet.

Nicht versäumen

★ Cormac's Chapel

★ Kathedrale

★ St Patrick's Cross

ROCK OF CASHEL

LEGENDE

12. Jahrhundert
- 4 St Patrick's Cross (Kopie)
- 12 Cormac's Chapel
- 13 Rundturm

13. Jahrhundert
- 6 Vorraum
- 7 Mittelschiff
- 8 Vierung
- 9 Südschiff
- 10 Chor
- 11 Nordschiff

15. Jahrhundert
- 1 Kartenverkauf
- 2 Hall of the Vicars' Choral (Museum)
- 3 Schlafsaal
- 5 Burg

INFOBOX

Straßenkarte C5. Cashel.
062 61437. nach Thurles. nach Cashel. tägl. (Anfang Sep–Mitte Okt: 9–17.30 Uhr; Mitte Okt–Mitte März: 9–16.30 Uhr; Mitte März–Anfang Juni: 9–17.30 Uhr; Anfang Juni–Mitte Sep: 9–19 Uhr). 24.–26. Dez.

Felsen
Der 28 Meter hohe Turm, das älteste Gebäude auf dem Felsen, ermöglichte es den Bewohnern Cashels, Angreifer schon von Weitem zu erkennen.

Rundturm

Vierung

Im Chor liegt das Grab von Miler Magrath (17. Jh.), der Bischof sowohl der katholischen als auch der protestantischen Kirche war.

Friedhof

Das O'Scully-Monument, 1870 von einer Familie der Gegend als Gedenkstätte errichtet, wurde 1976 bei einem Unwetter zerstört.

Nördliches Querschiff
Die Grabplatten aus dem 16. Jahrhundert im nördlichen Querschiff haben bemerkenswerte Verzierungen. Diese hier an der Nordwand zeigt ein Weinblattmotiv und stark stilisierte Ungeheuer.

★ **Kathedrale**
Die gotische Kathedrale, deren Dach zerstört ist, beeindruckt durch ihr gewaltiges Mauerwerk; im Chor sind schön gefasste Spitzbogenfenster.

Athassel Priory [20]

Straßenkarte C5. 8 km westl. von Cashel, Co Tipperary.
nach Tipperary. tägl.

Die Ruine des ehemaligen Augustinerklosters liegt am Westufer des Suir. In der Kirche befindet sich das Grab von William de Burgh, der das Kloster 1192 gründete. Es heißt, Athassel sei das größte mittelalterliche Kloster Irlands gewesen. 1447 brannte die Anlage nieder. Ihre Ruinen – ein Torhaus, die Kirche und Überreste eines Kreuzgangs und des Kapitelsaals – strahlen noch heute Ruhe und Frieden aus. Bemerkenswert sind das Westportal der Kirche und der Zentralturm aus dem 15. Jahrhundert.

Die Ruinen der Athassel Priory am Ufer des Suir

Glen of Aherlow [21]

Straßenkarte C5. Co Tipperary.
nach Bansha oder Tipperary.
Coach Road Inn an der R663, 8 km östlich von Galbally (062 56331). www.aherlow.com

Das grüne Tal des Aherlow zwängt sich zwischen die Galty Mountains und die Hügel von Slievenamuck. Die von den Orten **Galbally** und **Bansha** begrenzte Ebene war eine wichtige Verbindung zwischen Limerick und Tipperary und ein Rückzugsgebiet für Gesetzesflüchtige.

Heute bietet die Region vielfältige Freizeitmöglichkeiten, etwa Reiten, Radfahren und Angeln. Spazierwege durchziehen die Ebene. Die Galty Mountains locken mit Wanderwegen und mit schönen Ausblicken über Seen, Wälder und den Fluss.

Cahir [22]

Straßenkarte C5. Co Tipperary.
2100. Mai–Sep: Castle Street (052 41453). Fr.
www.discoverireland.com

Das einstige Garnisonsstädtchen ist heute ein lebhafter Marktort. Von der mit Pubs gesäumten Castle Street gelangt man zum Suir, zum Cahir Castle und über einen ausgeschilderten Spazierweg zum Swiss Cottage.

Am Ortsrand liegt die Ruine von **Cahir Abbey**, einem Augustinerkloster aus dem 13. Jahrhundert mit schönen Fenstern.

Cahir Castle

Castle Street. 052 41011.
tägl. 24.–30. Dez. teilweise. www.heritageireland.ie

Die Burg auf einer Felsinsel im Suir ist eine der schönsten Irlands und als solche auch eine beliebte Filmkulisse. Die gut erhaltene Festungsanlage aus dem 13. Jahrhundert gehörte bis 1964 der Familie Butler, einer einst mächtigen irischen Familie, die seit den Tagen der anglo-normannischen Invasion als Lehnsherren der englischen Krone die Geschicke des County Cahir lenkte. Unter ihrer Herrschaft wurde die Burg im 15. und 16. Jahrhundert erweitert.

Die Burganlage besteht aus einem äußeren, mittleren und inneren Teil. Der innere Teil steht an der Stelle einer normannischen Burg. Wallanlagen und Burgfried stammen aus dem 13. Jahrhundert. Die schön restaurierte Great Hall in der Burg wurde 1840 weitgehend erneuert, jedoch stammen Mauern und Fenster noch aus dem 15. Jahrhundert. Von den Wallanlagen aus hat man einen herrlichen Blick über den Fluss.

Swiss Cottage

Ardfinnan Road, Cahir.
052 41144. Mai–Sep: tägl.; März, Apr, Okt, Nov: Di–So.
obligatorisch.

Das Swiss Cottage ist ein wunderschönes Beispiel für ein sogenanntes *cottage orné*. Es wurde von John Nash, einem Regency-Architekten, 1810 für die Butlers entworfen. Hier pflegten sich Lady und Lord Cahir den Annehmlichkeiten des irischen Landlebens hinzugeben. Als typi-

Blick über den Glen of Aherlow

Hotels und Restaurants am unteren Shannon *siehe Seiten 306–309 und Seiten 335f*

sches *cottage orné* musste sich das Haus in die natürliche Umgebung möglichst stilvoll einbinden, so als sei es von der Natur selbst gebildet. Daher die Formvariationen der Fenster, der Dachtraufen und der Fassade. Die Räume sind sorgfältig restauriert und schön möbliert.

Clonmel

Straßenkarte C5. Co Tipperary.
17 000. *8 Sarsfield St (052 22960).* www.clonmel.ie

Der am Suir gelegene, von den Comeragh Mountains umgebene Hauptort der Tipperary-Region gehörte einst zu den Besitzungen der Desmonds und wohl auch der Butlers. Der Wohlstand von Clonmel basierte auf den Erträgen der Mühlen und Brauereien der Gegend. Einige Mühlen sind noch zu sehen.

Die **Franciscan Friary** am Flussufer wurde in viktorianischer Zeit weitgehend umgebaut, doch gibt es immer noch einen Turm aus dem 15. Jahrhundert und ein Grabmal der Butlers (16. Jh.). Die nahe gelegene O'Connell Street, Clonmels Haupteinkaufsstraße, führt zum 1831 errichteten West Gate. Gäste des **Hearn's Hotel** in der Parnell Street kön-

Das Swiss Cottage bei Cahir, originalgetreu restauriert

nen Andenken an Charles Bianconi (1786–1875) bewundern, darunter auch Bilder von den Pferdekutschen, die einst in seinem Auftrag zwischen Clonmel und Cahir verkehrten.

Carrick-on-Suir

Straßenkarte C5. Co Tipperary.
5500. *Heritage Centre (051 640 200).*

Die verschlafene Marktstadt hat eine ganz eigene Atmosphäre. Im 15. Jahrhundert hatte der zwischen Clonmel und Waterford gelegene Ort eine wichtige strategische Funktion, doch seit den Tagen der Tudors sank seine Bedeutung zunehmend. Außer Ormond Castle gibt es nicht viel zu sehen, allerdings können Sie hier typisches Tipperary-Kristall *(siehe S. 353)* kaufen.

♣ Ormond Castle
Castle Park. *051 640 787.*
Mitte Juni–Sep: tägl.
teilweise.

Die frühere Burg ist heute Irlands schönstes Landhaus im Tudor-Stil. Es wurde für die mächtige Familie der Butlers, Earls of Ormonde, erbaut, die ihren Adelstitel 1328 von der englischen Krone erhielten. Der Wehrturm an der Südseite des ursprünglich mittelalterlichen Bauwerks ist mit architektonischen Elementen aus späterer Zeit verziert.

Der schönste Raum ist die Long Gallery mit zwei hübsch gestalteten Kaminen und einer der besten Stuckdecken des Landes mit heraldischen Motiven. Den elisabethanischen Anbau verdankt das Haus Black Tom Butler, dem 10. Earl of Ormonde, einem treuen Diener Königin Elizabeths I. Als er starb, zog die Familie nach Kilkenny *(siehe S. 142f)*.

Schmuckelemente an einem Bettpfosten in Ormond Castle

Umgebung: Auf dem Friedhof von **Ahenny**, etwa zehn Kilometer nördlich von Carrick, befinden sich zwei interessante Hochkreuze *(siehe S. 243)*. Sie sind von einer »Bischofsmitra« gekrönt und mit einigen außergewöhnlichen Mustern verziert.

In **Kilkieran**, fünf Kilometer nördlich von Carrick, findet man drei weitere sehenswerte Hochkreuze aus dem 9. Jahrhundert: das Plain Cross, das West Cross und das Long Shaft Cross, die alle, jedes auf seine Art, ungewöhnlich verziert sind.

Das West Gate in Clonmel, das die O'Connell Street überspannt

WESTIRLAND

Mayo . Galway . Roscommon

Die drei Regionen bilden das Herz von Connaught, Irlands historischem Westteil, der spärlich besiedelt und von sturmgepeitschten Bergen, niedrigen Steinmauern und Torfmooren geprägt ist. In dieser ländlichen Region liegt Galway, eine schnell wachsende Universitätsstadt, in deren mittelalterlichen Straßen und gemütlichen Pubs das moderne Leben pulsiert.

Die zerklüftete Westküste Irlands ist seit über 5000 Jahren besiedelt. Sie ist reich an prähistorischen Sehenswürdigkeiten wie den Céide Fields oder den Steinwällen der Aran Islands. Zeugnisse einer ausgeprägten klösterlichen Kultur gibt es in Kilmacduagh und Clonfert, deren religiöse Traditionen in den Wallfahrten nach Knock und Croagh Patrick fortleben.

Im Mittelalter stand Galway unter anglo-normannischer Herrschaft, seine Umgebung unter der einheimischer Clans. Nach den Siegen Cromwells wurden viele Iren zwischen 1640 und 1650 mit dem Ruf »Zur Hölle oder nach Connacht« (Connaught) in diese Provinz vertrieben. Im Lauf des 17. und 18. Jahrhunderts ließen Landlords prunkvolle Landhäuser errichten, etwa bei Clonalis, Strokestown Park und Westport. Während der Großen Hungersnot verließen viele den Westen Irlands, vor allem die Gegend um Mayo – ein Trend, der bis heute anhält.

Gleichwohl haben alte gälische Traditionen im County Galway überlebt, dem größten Gaeltacht (siehe S. 229) des Landes, in dem die Hälfte der Bevölkerung als Muttersprache noch Gälisch spricht.

Die Braun- und Violetttöne von Connemara im Westen Galways und das fruchtbare Ackerland Roscommons bilden einen reizvollen Kontrast zur schroffen Atlantikküste, die oft in diffuse Nebel getaucht ist und von Sturmwinden heimgesucht wird.

Der Sommer ist die Zeit der Feste: Die Galway Races im Juli, die traditionellen Schiffsregatten bei Kinvarra im August und das Galway Oyster Festival im September sind Ereignisse, die alljährlich große Menschenmengen anlocken.

Schwäne am Ufer des Corrib, in Galways Stadtteil Claddagh

◁ Typische Landschaft in Connemara *(siehe S. 207)*, überragt von den Twelve Bens *(siehe S. 208)*

Überblick: Westirland

Galway, Clifden und Westport sind die besten Ausgangspunkte, um den Westen Irlands zu erkunden. Connemara und die wilde Schönheit von Mayo beeindrucken vor allem Naturliebhaber, während Wassersportler eher zu den Inseln Achill, Aran, Clare und Inishbofin streben. Sehr beliebt bei Anglern sind auch die Seen der Countys Roscommon, Mayo und Galway. Lough Corrib und Lough Key bieten mehr Ruhe und Entspannung.

Dekorativer Stuck im Westport House

SIEHE AUCH

- **Übernachten** S. 309–312
- **Restaurants, Cafés und Pubs** S. 337–339 und S. 349f

IN WESTIRLAND UNTERWEGS

Vom kleinen Flughafen bei Rossaveal aus kann man zu den Aran Islands fliegen, zu denen auch Fährboote von Galway, Rossaveal oder Doolin (County Clare) fahren. Mit Fähren sind von Cleggan aus Inishbofin und von Roonah nahe Louisburgh aus Clare Island erreichbar. Zwischen Galway und Westport gibt es keine Zug-, aber Busverbindungen. Nach Connemara kommt man mit dem Bus von Galway und Clifden (über Oughterard oder Cong) aus. Die Gegend kann von beiden Städten aus auch auf einem Tagesausflug mit dem Reisebus erkundet werden.

Kartenbeschriftungen

North Mayo Sculpture Trail
Broad Haven
Portlurin
Belderg
Ballycastle
CÉIDE FIELDS (1)
Killala Bay
Glenamoy
Killala
Inniscr
Belmullet
Barnatra
Carrowmore Lake
Bangor Erris
Bellacorick
Ballina
Crossmolina
Lough Conn
Moy
Doohooma
Slieve Car 720 m
N57
Ballycroy
Nephin 806 m
FOXFORI (4)
Doogort
Cushcamcarragh 714 m
Pontoon
Lough Cullin
Dooagh
Dooagh
R319
ACHILL ISLAND (2)
Achill Sound
Lough Feeagh
Betra
R310
Bellavary
Blacksod Bay
Mulrany
Newport
Castlebar
MAY
CLARE ISLAND (7)
Clew Bay
N60
WESTPORT (3)
Ballintober
Roonagh Quay
Louisburgh
R335
CROAGH PATRICK (6)
N84
Inishturk
Cregganbaun
N59
Mweelrea 819 m
Asleagh
Lough Mask
Ballinro
INISHBOFIN (8)
KYLEMORE ABBEY
Leenane
Party Mountains
Kilmaine
Neale
CONG (12)
Cleggan
Letterfrack (10)
Maumturk Mountains
Maum
R345
LOUGH CORRIB
CLIFDEN (9)
CONNEMARA NATIONAL PARK (11)
R336
Maam Cross
Headford
Alcock and Brown Memorial
Recess
Oughterard
Aughnanure Castle
Ballyconneely
Cashel
R341
Screeb
Cloor
Roundstone
N59
Carna
Kilkieran
R336
Moycullen
R340
GALWA
Lettermullan
Rossaveal
Spiddle
Inveran
Galway Bay
North Sound
Burren
ARAN ISLANDS
Kilronan (15)
Ennis
N67
South Sound

0 Kilometer 20

Weitere Zeichenerklärungen siehe hintere Umschlagklappe

WESTIRLAND 203

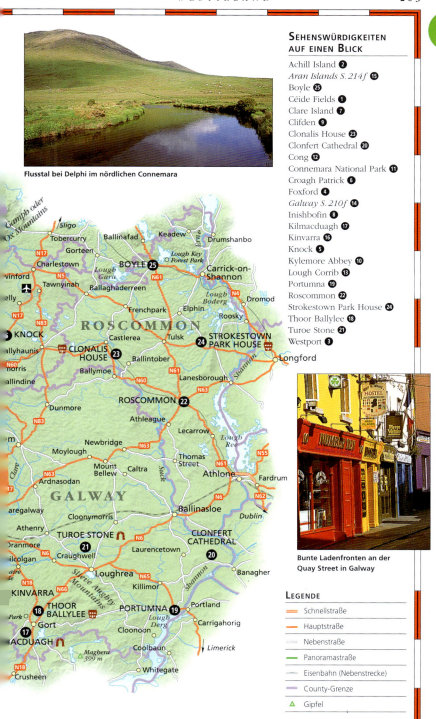

Flusstal bei Delphi im nördlichen Connemara

Sehenswürdigkeiten auf einen Blick

Achill Island ❷
Aran Islands S. 214f ⓯
Boyle ㉕
Céide Fields ❶
Clare Island ❼
Clifden ❾
Clonalis House ㉓
Clonfert Cathedral ⓴
Cong ⓬
Connemara National Park ⓫
Croagh Patrick ❻
Foxford ❹
Galway S. 210f ⓮
Inishbofin ❽
Kilmacduagh ⓱
Kinvarra ⓰
Knock ❺
Kylemore Abbey ❿
Lough Corrib ⓭
Portumna ⓳
Roscommon ㉒
Strokestown Park House ㉔
Thoor Ballylee ⓲
Turoe Stone ㉑
Westport ❸

Bunte Ladenfronten an der Quay Street in Galway

Legende

— Schnellstraße
— Hauptstraße
≡ Nebenstraße
— Panoramastraße
-- Eisenbahn (Nebenstrecke)
— County-Grenze
△ Gipfel

Moorfindling im Dokumentationszentrum von Céide Fields

Céide Fields ❶

Straßenkarte B2. 8 km westl. von Ballycastle, Co Mayo. 096 43325. von Ballycastle. Mitte März–Nov: tägl. Erdgeschoss. www.heritageireland.ie

Der Küstenabschnitt von Mayo, umgeben von mit Heidekraut bewachsenen Mooren und steil abfallenden Bergen, ist Europas größtes Gebiet, das noch von der Kultur der Steinzeit zeugt. Steinmauern gliedern ein Areal von über zehn Quadratkilometern in Parzellen für Acker- oder Weideland. Überreste von Häusern lassen erkennen, dass hier einst eine große Gemeinde lebte. Torf hatte die Felder überzogen und sie so über 5000 Jahre lang erhalten.

Teile dieser Feldmarkierungen sind inzwischen freigelegt. Sachkundige Fremdenführer erklären vor Ort genau die jeweilige Bedeutung der steinernen Zeugen. Bei Ausgrabungen fand man kürzlich einfaches Werkzeug und Töpferwaren. Das überaus interessante Informationszentrum vor Ort bietet zudem Dokumentationen zu Geologie und Botanik der Gegend.

Umgebung: An der spektakulären Nordküste von Mayo, zwischen Ballina und der Halbinsel Mullet, führt der **North Mayo Sculpture Trail** an einer Reihe von Skulpturen vorbei. Die 15 Werke aus Erde, Stein und anderem natürlichen Material stammen von zwölf verschiedenen Bildhauern von drei Kontinenten. Weitere Werke sind geplant. Intention des Projekts ist es, die Großartigkeit der Landschaft durch das künstlerische Werk zu unterstreichen.

Achill Island ❷

Straßenkarte A3. Co Mayo. von Westport. 098 47353. www.achilltourism.com

Irlands größte Insel ist 22 Kilometer lang und 19 Kilometer breit. Man erreicht sie über eine Brücke, die hochgezogen werden kann, wenn Schiffe passieren wollen. Achill bietet Moore, Berge, steile Klippen und weite Strände und ist bei Anglern und Wassersportlern beliebt.

Autofahrern bietet sich der **Atlantic Coast Drive** an, ein Rundkurs ab Achill Sound. Die Straße führt zur Südspitze der Insel und dann an der Nordküste entlang wieder zurück. Zwischen Doeega und Keel im Südwesten erheben sich die Minaun Cliffs und Cathedral Rocks. Im Norden überragt der Slievemore ein gleichnamiges Dorf zu seinen Füßen, das während der Großen Hungersnot *(siehe S. 219)* von seinen Bewohnern verlassen wurde.

Westport ❸

Straßenkarte B3. Co Mayo. 4700. James St (098 25 711). Do. www.discoverireland.ie

Der Angel of Welcome in der Eingangshalle von Westport House

Westport ist ein hübscher, prosperierender Ort. Ende des 18. Jahrhunderts ließ James Wyatt die breiten, baumgesäumten Straßen anlegen sowie die North und die South Mall an beiden Ufern des Carrowbeg. Zur Zeit der Industrialisierung und der Großen Hungersnot *(siehe S. 219)* herrschte auch in Westport große Armut. Das änderte sich erst in den 1950er Jahren, als neue Industrien angesiedelt wurden und auch Urlauber hierherkamen.

In der Bridge Street gibt es eine Reihe Cafés und Pubs, das netteste ist Matt Molloy's *(siehe S. 350)*.

🏛 Westport House
Nahe Louisburgh Rd. 098 25430. März–Okt: tägl. www.westporthouse.ie

Westlich des Orts kommt man zur Mündung des Carrowbeg und zur Clew Bay. Hier befindet sich Westport House, Sitz

Die verlassene Ortschaft Slievemore auf Achill Island

Hotels und Restaurants in Westirland *siehe Seiten 309–312 und Seiten 337–339*

Statue des hl. Patrick zu Füßen des Croagh Patrick mit Blick über die Clew Bay

der Earls of Altamont, Nachfahren der Familie Browne, die einst Untertanen der Tudors waren. Westport wurde in den 1750er Jahren von John Browne, dem ersten Lord Altamont, gegründet, nachdem Westport House bereits 1732 nach Plänen von Richard Castle errichtet worden war. Endgültig fertiggestellt wurde die Anlage 1778 von James Wyatt. Das Haus verfügt über eine beeindruckende Marmortreppe und einen eleganten Speiseraum. Es ist mit Familienporträts, alten Waterford-Kristalllüstern und chinesischen Tapeten ausgestattet. Das Anwesen beherbergt zudem einen Kinderzoo, ein Museum, eine Mini-Eisenbahn, einen künstlichen See sowie einige Läden.

Foxford ❹

Straßenkarte B3. Co Mayo.
🏛 1000. 🚍 von Galway.
ℹ Westport (098 25711).

Der ruhige Marktflecken ist bekannt für seine Angelplätze am nahe gelegenen Lough Conn und für die Herstellung von Stoffen. Die **Foxford Woollen Mills** im Zentrum wurden 1892 von einer irischen Nonne, Mother Arsenius (Mutter Agnes), gegründet. Die Fabrik beliefert die ersten Modehäuser des Landes und kann bei Führungen besichtigt werden.

🏛 Foxford Woollen Mills and Visitor Centre
St Joseph's Place. 📞 094 925 67 56. 🕐 tägl. 🚫 Karfr, 24.–26. Dez.
🅿 📷 🛇 🍽 ♿ Ausstellung.

Knock ❺

Straßenkarte B3. Co Mayo.
🏛 575. ✈ 15 km nördl. von Knock.
🚍 ℹ Mai–Sep: Knock (094 938 8193). **www**.discoverireland.ie

Im Giebel der Kirche St John the Baptist soll 1879 zwei Frauen aus dem Ort die Heilige Jungfrau mit Josef und Johannes dem Täufer erschienen sein. Diese Vision wurde von der katholischen Kirche als Wunder anerkannt. Jedes Jahr kommt über eine Million Menschen nach Knock, 1979 auch Papst Johannes Paul II. und 1993 Mutter Teresa, um den Kirchengiebel zu betrachten, in dem die Muttergottes zu sehen war. Er wurde inzwischen zu einer Art Kapelle umgebaut. In der Nähe steht die Basilica of Our Lady mit einem Marien-

Gefäß aus Mooreiche und Silber, Westport House

Das heilige Wasser von Knock, flaschenweise im Angebot

schrein. Das **Knock Museum** erläutert das Landleben im 19. Jahrhundert und zeigt zudem Dokumentationen zur Geschichte des Wunders von Knock.

🏛 Knock Shrine and Museum
📞 094 938 8100 🕐 Mai–Okt: tägl.; Nov–Apr: nach Vereinbarung.
🅿 📷 ♿ www.knock-shrine.ie

Croagh Patrick ❻

Straßenkarte B3. Murrisk, Co Mayo. 🚍 von Westport. ℹ Murrisk (098 45384), Westport (098 64114).
🍽 www.croagh-patrick.com

Irlands heiliger Berg, benannt nach dem Nationalheiligen *(siehe S. 281)*, ist eine der Attraktionen im County Mayo. Von unten sieht er aus wie ein Kegel, ein Eindruck, der sich jedoch verliert, sobald man den Berg besteigt. Seine Geschichte lässt sich bis 3000 v. Chr. zurückverfolgen. Im Jahr 441 soll der hl. Patrick hier 40 Tage fastend zugebracht haben.

Seit dieser Zeit haben unzählige Pilger, oft barfuß, den Berg erklommen, vor allem am Garland Friday oder Reek Sunday im Juli. Von Campbell's Pub in Murrisk aus, wo eine riesige Statue des Heiligen steht, braucht man zwei Stunden bis zum 765 Meter hohen Gipfel. Am Reek Sunday werden dort in der modernen Kapelle auf dem Gipfel Messen gelesen. Zudem hat man einen herrlichen Blick auf die Umgebung.

Clare Island ❼

Straßenkarte A3. Co Mayo.
165. vom Roonagh Quay,
6,5 km westl. von Louisburgh.
098 26307 (Fährverkehr).
Westport (098 25045).

Clare Island in der Clew Bay wird von zwei Bergen überragt. Eine Burg aus dem 15. Jahrhundert wacht über den Hafen und seine Landspitze. Im 16. Jahrhundert war die Insel in den Händen von Grace O'Malley, Piratenkönigin und irische Patriotin, die die ganze Westküste kontrollierte. Obwohl sie, wie alte Dokumente belegen, am Hof von Königin Elizabeth I. verkehrte, kämpfte sie bis zu ihrem Tod 1603 gegen die englische Herrschaft. Ihr Grab liegt in einer ehemaligen, kleinen Zisterzienserabtei und trägt als Inschrift ihr Lebensmotto: »Unbesiegbar zu Wasser und zu Lande.«

Auf der Insel finden sich Zeugnisse aus der Eisen- und Bronzezeit. Flora und Fauna sind geprägt von Moor- und Sumpfland. Tierfreunde können Delfine, Seehunde und Falken beobachten.

Umgebung: Der Ort **Louisburgh** bietet raue Landschaft an der Atlantikküste sowie

Die Fähre nach Inishbofin verlässt Cleggan Harbour

Angeln und Wassersport. Das Grace O'Malley gewidmete **Granuaile Centre** (*Granuaile* = gälisch für Grace O'Malley) dokumentiert die Archäologie und Folklore der Insel.

🏛 **Granuaile Centre**
St Catherine's Church, Louisburgh.
098 66341. ◯ Mai–Sep: tägl.

Inishbofin ❽

Straßenkarte A3. Co Galway.
200. von Cleggan. Clifden.

Der Name Inishbofin bedeutet »Insel der weißen Kuh«. Der hl. Colman, Abt in Lindisfarne, wählte die oft in Nebel getauchte Insel im 7. Jahrhundert aufgrund ihrer Abgeschiedenheit als Exil. An der Stelle seines einstigen Klosters befindet sich heute eine spätmittelalterliche Kirche. An der Einfahrt zum Hafen liegt eine zerstörte Burg, die der spanische Pirat Don Bosco mit Grace O'Malley im 16. Jahrhundert besetzte. Cromwell nahm sie 1653 ein und funktionierte sie zum Gefängnis für katholische Priester um. Später gehörte Inishbofin verschiedenen Landlords. Heute lebt die Bevölkerung vom Fischfang und von der Landwirtschaft.

Das Aussehen der von Riffen umgebenen Insel ist von Steinmauern und verlassenen Cottages geprägt, die zwischen Seen und Weiden liegen. Hier kann man den Wachtelkönig *(siehe S. 18)* hören oder sogar sehen.

Clifden ❾

Straßenkarte A3. Co Galway.
800. Apr–Sep: Galway Road (095 21163). Di, Fr.
www.discoverireland.ie

Das von der Bergkette der Twelve Bens eingerahmte und von zwei Kirchtürmen überragte Clifden ist Hauptort der Connemara-Region und idealer Ausgangspunkt für deren Erkundung. John d'Arcy, Grundbesitzer und High Sheriff of Galway, gründete den Ort 1812, um der als gesetzlos geltenden Region mehr Ansehen zu verschaffen. Doch wahrscheinlich führte gerade dieses Ansinnen zum Bankrott der Familie. In der protestantischen Kirche des Orts befindet sich eine Kopie des Cross of Cong *(siehe S. 67)*.

Heute hat Clifden einige außergewöhnliche Kunsthandwerksläden. Am zentralen Platz liegen mehrere Pubs, z. B. das lebhafte EJ Kings *(siehe S. 349)*. Connemara ist zwar berühmt für *sean-nos* (A-cappella-Gesang), doch ist in Clifden eher traditionelle Musik verbreitet.

Clifden vor dem Hintergrund der Bergkette der Twelve Bens

Hotels und Restaurants in Westirland *siehe Seiten 309–312 und Seiten 337–339*

CONNEMARA

Die schroffe Landschaft westlich von Galway besteht aus Felsküsten, Bergen und kargen Mooren. Sehenswert sind der Connemara National Park und Kylemore Abbey *(siehe S. 208)*. Busse fahren ab Galway und Clifden *(siehe S. 392f)*.

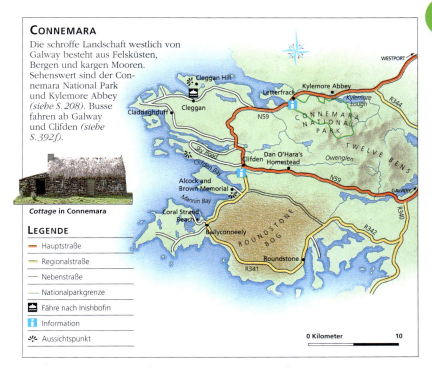

Cottage in **Connemara**

LEGENDE

- Hauptstraße
- Regionalstraße
- Nebenstraße
- Nationalparkgrenze
- Fähre nach Inishbofin
- Information
- Aussichtspunkt

In der **Clifden Bay**, die ab Clifden Square ausgeschildert ist, findet man weite Sandstrände. An der Owenglen Cascade, südlich von Clifden, am Anfang der Roundstone Road, ziehen im Mai Lachse auf ihrer alljährlichen Wanderung vorüber.

Umgebung: Die **Sky Road**, ein elf Kilometer langer Rundkurs, führt nordwestlich von Clifden durch verlassene Gegenden und gewährt herrliche Ausblicke über das Meer. Unterwegs passiert man Clifden Castle, die Ruine von John d'Arcys Gothic Revival und mehrere Buchten.

Die Küstenstraße nördlich von Clifden, über Claddaghduff in Richtung **Cleggan**, bietet eine spektakuläre Landschaft, die Schmuggler einst als Stützpunkt nutzten. Cleggan, ein hübscher Fischerort, liegt an der äußersten Spitze der Cleggan Bay. Von hier aus fahren Boote nach Inishbofin und Inishturk. Auf dem **Cleggan Hill** steht die Ruine eines napoleonischen Martello-Turms. Zu seinen Füßen liegt ein Grab aus der Zeit der Megalith-Kultur. Südlich von Clifden führt die Küstenstraße durch weite Moor- und Seenlandschaft nach Roundstone. Das **Alcock and Brown Memorial** erinnert an den ersten Transatlantikflug von Alcock und Brown im Jahr 1919. Ganz in der Nähe ist der Ort, von dem aus Marconi 1907 die erste drahtlos übermittelte Radiomeldung nach Nova Scotia sandte. Die **Ballyconneely-Region** zeichnet sich durch schroffe Inseln sowie den herrlichen **Coral Strand Beach** aus. **Roundstone** besucht man am besten zur Sommerregatta der berühmten Galway Hooker *(siehe S. 211)*.

Als Ziel einer Ausflugsfahrt Richtung Osten bietet sich **Dan O'Hara's Homestead** an. In wilder, felsiger Landschaft werden auf dieser Bio-Farm traditionelle Lebens- und Arbeitsweisen wiederbelebt.

Dan O'Hara's Homestead
Heritage Centre, Lettershea, an der N59. 095 21808. Apr-Ende Okt: 10–18 Uhr.
www.connemaraheritage.com

Blick von der Sky Road auf die Küste

Die imposante Kylemore Abbey am Ufer des Kylemore Lough

Kylemore Abbey ❿

Straßenkarte A3. Connemara, Co Galway. 📞 095 41146. 🚌 von Galway und Clifden. ⏰ tägl. ⬤ Karfreitag, Weihnachten. **Garten** ⬤ März–Okt. 🎫 🍴 ♿ teilweise.
www.kylemoreabbey.com

Die Burg am Seeufer im Schutz der Twelve Bens ist eine romantische Wiederbelebung gotischer Fantasie-Architektur. Mitchell Henry (1826–1911), ein Großindustrieller aus Manchester, ließ sie als Geschenk für seine Frau errichten. Die Henrys legten weite Moorgebiete trocken, kultivierten das Land und pflanzten Tausende von Bäumen, um den exotischen Garten vor Wind zu schützen. Nach dem plötzlichen Tod seiner Frau und seiner Tochter verließ Henry Kylemore, die Burg wurde verkauft.

Im Ersten Weltkrieg kamen Benediktinerinnen auf ihrer Flucht aus Belgien hierher und gründeten in der Burg ein Kloster, zu dem heute eine Mädchenschule gehört. Besucher können Teile des Klosters besichtigen und die dort hergestellten Töpferwaren (handgearbeitet und -bemalt) kaufen. 1999 wurde ein Garten auf dem Gelände der Abtei eröffnet. Er besitzt die längsten doppelt bepflanzten Rabatten Irlands, ein Vogelhäuschen und einen idyllischen Weg am Wasser.

Connemara National Park ⓫

Straßenkarte A3. Letterfrack, Connemara, Co Galway. 📞 095 41054. **Besucherzentrum** ⬤ Apr–Mitte Okt: tägl. 🎫 ♿ 🅿
www.heritageireland.ie

Der Nationalpark im Herzen Connemaras besteht im Wesentlichen aus Bergen, Seen und Moorland. Auf dem mehr als 2000 Hektar großen Gelände liegen vier der Twelve Bens, darunter Benbaun, der mit 730 Metern höchste der zwölf Berge, und der Diamond Hill. Im Zentrum des Parks befindet sich das Glanmore-Tal mit dem Fluss Polladirk. Besucher können hier eine der spektakulärsten Landschaften im Westen Irlands erleben.

Teile des Landes gehörten ursprünglich zur Kylemore Abbey. 1980 wurde der Nationalpark gegründet. Überall finden sich Zeugnisse aus prähistorischer Zeit: mehr als 4000 Jahre alte Megalithgräber und Landmarkierungen, die einst Äcker und Weideland begrenzten.

Der Park ist ganzjährig geöffnet, das Besucherzentrum nahe dem Eingang, außerhalb von Letterfrack, nur von April bis Mitte Oktober. Ausstellungen erläutern die Geschichte, Geologie, Flora und Fauna der Region. Es gibt auch Filmvorführungen und ein Restaurant. Zwei ausgeschilderte Wege führen vom Besucherzentrum durch den Park. Im Sommer werden Führungen und Aktivitäten für Kinder angeboten. Wanderungen in den Twelve Bens sollten nur erfahrene, gut ausgerüstete Bergsteiger unternehmen.

CONNEMARAS TIERWELT

Das Sumpf- und Moorland von Connemara ist ein Pflanzenparadies, vor allem für eher ungewöhnliche Torf- und Heidepflanzen. Auch die Vogelwelt präsentiert sich in zahlreichen Arten. Hier gibt es u.a. Nebelkrähen, gut erkennbar an ihrem grauen Gefieder, Störche, Schwarzkehlchen und Zwergfalken, die kleinsten Falken auf den Britischen Inseln. Zudem wurde Rotwild angesiedelt, das man im Nationalpark sehen kann, ebenso wie Dachse, Füchse, Otter und Seehunde.

Der Zwergfalke nistet im Heidekraut und ernährt sich meist von kleinen Vögeln.

Die irische Glockenheide, eine besonders hübsche Art, wächst nur in der Connemara-Region.

Hotels und Restaurants in Westirland siehe Seiten 309–312 und Seiten 337–339

Cong ⓬

Straßenkarte B3. Co Mayo.
350. Cong Holiday Centre (094 954 6089).
www.quietman-cong.com

Der malerische Ort liegt am Ufer des Lough Corrib im County Mayo. *Cong* bedeutet »Landenge« – damit ist der Landstrich zwischen Lough Corrib und Lough Mask gemeint. In den 1840er Jahren baute man einen Kanal, um die beiden Seen miteinander zu verbinden, jedoch verschwand das Wasser im porösen Kalkstein des Flussbetts. Über den ausgetrockneten Kanal führen noch Brücken. Bisweilen stößt man auf alte Schleusenanlagen.

Nahe der Hauptstraße befindet sich **Cong Abbey**, eine im 12. Jahrhundert von Turlough O'Conor, König von Connaught und Oberkönig von Irland, gegründete Augustinerabtei. Einst stand hier im im 6. Jahrhundert vom hl. Fechin errichtetes Kloster. Die Portale der Kirche sind im romanisch-gotischen Stil gestaltet. Sehr schön ist auch der Kreuzgang des Klosters. Das berühmte Cross of Cong, ein verziertes Prozessionskreuz, befindet sich heute im Dubliner Nationalmuseum *(siehe S.66f)*. Sehenswert sind auch der gotische Kapitelsaal und das Fischerhaus der Mönche über dem Fluss. Ein Klingelzug ließ eine Glocke in der Küche erklingen, wenn ein Fisch angebissen hatte. Südlich von Cong liegt **Ashford Castle**, das von Lord Ardilaun aus der Guinness-Familie 1870 erbaut wurde – nun eines der besten irischen Hotels *(siehe S. 292)*. Das Gelände ist zugänglich. Es ist per Schiff von Galway oder Oughterard aus erreichbar.

Lough Corrib ⓭

Straßenkarte B3. Co Galway.
von Galway u. Cong. *von Oughterard u. Wood Quay, Galway.*
Oughterard (091 552 808).

Das Anglerparadies bietet die Gelegenheit, mit einheimischen Fischern Forellen, Hechte, Flussbarsche oder Lachse zu angeln. Trotz seiner Nähe bei Galway ist der See mit seinen kleinen Inseln und den umliegenden Weiden und Wäldern eine Oase der Ruhe, in der Blesshühner und Schwäne leben. Auf **Inchagoill**, der größten Insel, befinden sich die Ruinen einer frühchristlichen Klosteranlage und romanischen Kirche.

Man erreicht den See von Galway aus. Üblicherweise fährt man durch das Marschland, vorbei an verschiedenen Zeugnissen aus der Eisenzeit, an Kalksteinfelsen und an Menlo Castle. Nach Belieben kann man am See für ein Picknick rasten oder nach Cong weiterfahren.

Umgebung: Der Ort **Oughterard** am Ufer des Lough Corrib ist als »Tor nach Connemara« bekannt. Er bietet einige Kunsthandwerksläden, Cottages und nette Pubs. In der Umgebung kann man Golf spielen, angeln, reiten, bergwandern und Rad fahren. Zudem gibt es Spazierwege am See oder zu einem Wasserfall westlich des Dorfs.

Vier Kilometer südöstlich von Oughterard (nahe der N59) liegt **Aughnanure Castle**. Das schön restaurierte Turmhaus direkt am Drimneen entstand auf dem Areal einer alten Burg, die die Familie O'Flaherty 1256 errichten ließ. Zwischen dem 13. und 16. Jahrhundert kontrollierte sie West Connaught vom Lough Corrib bis zur Küste bei Galway. Von der Burg aus verteidigte sie das Land im 16. Jahrhundert gegen die Engländer. 1545 heiratete Donal O'Flaherty die Piratenkönigin Grace O'Malley *(siehe S.206)*. Das Turmhaus verfügt über eine ungewöhnliche doppelte Steinmauer *(siehe S. 20)* und ein *murderhole*, von dem aus man heißes Pech auf Angreifer schüttete.

⚐ **Aughnanure Castle**
Oughterard. 091 552 214.
Mitte März–Okt: tägl. teilweise. **www**.heritageireland.ie

Blick über den Lough Corrib vom Nordwestufer bei Oughterard

Verziertes Portal von Cong Abbey (12. Jh.)

Connemara-Ponys *sollen von Araberpferden abstammen, die von den Wracks der Spanischen Armada hierherkamen.*

Fuchsien *gedeihen und blühen üppig im milden Klima von Connemara.*

Galway ⑭

Muster eines Claddagh-Rings

Galway ist Zentrum der Irisch sprechenden Region im Westen sowie Universitätsstadt. 1396 erhielt es königliche Privilegien und wurde dann zwei Jahrhunderte lang von 14 Kaufmannsfamilien, den »tribes«, dominiert. Unter dem Einfluss Englands prosperierte die Stadt, doch Galway bezahlte seine Untertänigkeit gegenüber der englischen Krone teuer: 1652 zerstörten die Truppen Cromwells die Stadt. Nach der Schlacht am Boyne (siehe S. 244) verfiel Galway zusehends. In den letzten Jahren ist die Stadt durch die Entwicklung zu einem Hightech-Zentrum zu neuem Leben erwacht.

The Quays – ein Fischrestaurant und gleichzeitig Pub

Häuser am Ufer des Corrib

Überblick: Galway

Das Zentrum liegt am Corrib, der vom Lough Corrib (siehe S. 209) herabfließt und von hier weiter zur Galway Bay. Die Stadterneuerung in den 1970er Jahren verhalf den engen Straßen dieser einst von einer Mauer umgebenen Stadt zu neuem Glanz. Galway mit seinen vielen Cafés, Pubs und historischen Sehenswürdigkeiten lässt sich sehr gut und entspannt zu Fuß erkunden.

Eyre Square

Der neu gestaltete Platz umfasst eine Plaza mit Park, umgeben von Häusern aus dem 19. Jahrhundert. An der Nordwestseite befindet sich das **Browne Doorway**, ein Hauszugang aus dem 17. Jahrhundert, der ursprünglich von einem Landhaus in der Abbeygate Street Lower stammt. Daneben steht ein Brunnen mit einem Galway Hooker. Beim Bau des **Eyre Square Centre**, einem beliebten Einkaufszentrum, hat man Teile der alten Stadtmauer integriert. Wege verbinden den Penrice Tower mit dem Shoemakers Tower. Beide Türme gehören zur alten Stadtbefestigung (17. Jh.).

Latin Quarter

Vom Eyre Square führen William Street und Shop Street ins quirlige »Latin Quarter«. An der Ecke Abbeygate Street Upper und Shop Street befindet sich **Lynch's Castle**, die größte Stadtresidenz Galways (16. Jh.). Sie gehörte einst der Lynch-Familie, einer der 14 »tribes« von Galway.

Eine Seitenstraße führt zur **Collegiate Church of St Nicholas**, dem schönsten mittelalterlichen Gebäude der Stadt. Die 1320 gegründete Kirche wurde im 15. und 16. Jahrhundert erweitert, dann aber von Cromwells Armee zerstört, die sie als Pferdestall nutzte. Das Westportal stammt aus dem 15. Jahrhundert. Die Fassade zeigt einige schöne Wasserspeier.

Wappen der Lynchs auf Lynch's Castle

Die Quay Street wird von Lokalen und Pubs gesäumt, z. B. **The Quays** (siehe S. 349). Das Haus Tí Neachtain, heute Restaurant (siehe S. 349), gehörte einst »Humanity Dick«, einem Parlamentarier, der sich im 18. Jahrhundert gegen Gewalt an Tieren engagierte. In der Nähe liegen die Theater Taibhdhearc und Druid (siehe S. 358).

Nord-Galway

Die aus örtlichem Kalkstein und Connemara-Marmor erbaute **Cathedral of St Nicholas** (1965) erhebt sich am Westufer des Flusses. Von hier aus sieht man Wood Quay, Startpunkt der Schiffe zum Lough Corrib (siehe S. 209). Die

Eines der vielen Straßencafés in der Shop Street

GALWAY HOOKER

Galways traditionelle Segelboote, auch im Wappen der Stadt verankert, sind als *pucans* oder *gleotogs* bekannt (englisch *hookers*). Sie haben einen schwarzen Rumpf. Der dicke Mast besitzt ein Haupt- und zwei Vorsegel. Sie stammen wohl aus dem Claddagh-Distrikt. Man benutzte sie auch, um an der Küste Torf, Vieh oder Bier zu transportieren. Die Boote sind beim Cruinniú na mBád-Festival zu sehen *(siehe S. 212)*.

Kleiner Galway Hooker nahe den Old Quays und dem Spanish Arch

INFOBOX

Straßenkarte B4. Co Galway. 56 000. Carnmore, 11 km nordöstl. von Galway. Ceannt Station (091 561 444). Ceannt Station (091 562 000). The Fairgreen, Foster St (091 537 700). Sa. Galway Arts Festival (Mitte Juli), Galway Races (Ende Juli–Aug), Oyster Festival (Ende Sep).

National University of Ireland

Galway im Westen hat einen großen Campus, der 1849 im gotischen Stil angelegt wurde. Unter der Salmon Weir Bridge kann man Lachse auf ihrem Weg ins Meer beobachten.

Old Quays

Der **Spanish Arch**, einst Anlegeplatz der spanischen Kaufleute, wurde 1584 zum Schutz des Hafens errichtet, der damals außerhalb der Stadtbefestigung lag. Dies ist eine ruhige Gegend, in der man zu den Docks spazieren kann.

Claddagh

Hinter dem Spanish Arch liegt am Westufer des Corrib Claddagh. Der Name stammt von *An Cladach* (»flache, steinige Küste«). Seit dem Mittelalter wurde die unabhängige Gemeinde der Fischer außerhalb der Stadtmauern von einem »König« regiert. Der letzte dieser »Könige« starb 1954. Die einzige Erinnerung an jene Zeit sind die gemütlichen Pubs und die Claddagh-Ringe, Verlobungsringe, die traditionell von den Müttern an die Töchter weitergegeben werden *(siehe S. 356)*.

Umgebung: Westlich der Stadt liegt **Salthill**, Galways Hausstrand. Beliebt sind auch die Strände von Palmer's Rock und Grattan Road. Zum typischen Strandleben gehört ein Bummel auf der Strandpromenade.

Der Spanish Arch am alten Hafen von Galway

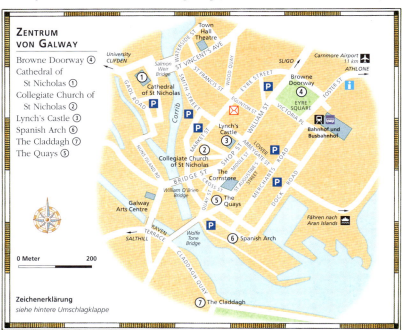

ZENTRUM VON GALWAY

- Browne Doorway ④
- Cathedral of St Nicholas ①
- Collegiate Church of St Nicholas ②
- Lynch's Castle ③
- Spanish Arch ⑥
- The Claddagh ⑦
- The Quays ⑤

0 Meter 200

Zeichenerklärung *siehe hintere Umschlagklappe*

Hotels und Restaurants in Westirland *siehe Seiten 309–312 und Seiten 337–339*

Wandbild an einem Geschäftshaus im Zentrum von Kinvarra

Aran Islands ⓯

Siehe S. 214f.

Kinvarra ⓰

Straßenkarte B4. Co Galway. 550. Galway (091 537 700).

Kinvarra ist eines der hübschesten Fischerdörfer an der Galway Bay. Es verfügt über einen geschützten, von Seetang überzogenen Hafen und über die typische Atmosphäre irischer Küstenorte. Seit dem Mittelalter ist sein Schicksal verknüpft mit Kilmacduagh, dem mächtigen Kloster und Bischofssitz.

Am Pier stehen die Häuser der Fischer. Im Hafen liegen einige Galway Hooker (siehe S. 211). Im August findet hier das Cruinniú na mBád-Festival mit diesen Segelbooten statt. In der Umgebung führen Wanderwege zu historischen und landschaftlichen Sehenswürdigkeiten. Vogelfreunde können an der Küste u. a. Krickenten, Triele und Austernfischer sehen.

Umgebung: Nördlich von Kinvarra liegt oberhalb der Bay of Galway, hinter einigen Häusern und einer Brücke, **Dunguaire Castle**. Die Burg ist nach Guaire of Connaught benannt, im 7. Jahrhundert König der Region. Sein Hof war einst Treffpunkt von Balladen- und Bänkelsängern. Die heutige Burg mit einem schönen Turmhaus (siehe S. 20) und mächtigen Festungsanlagen stammt aus dem 16. Jahrhundert. Im Bankettsaal finden auch heute noch »mittelalterliche Bankette« statt, bei denen die Gäste mit Harfenmusik und irischen Gedichten unterhalten werden.

Dunguaire Castle
091 637 108. Mitte Mai–Sep: tägl.
www.shannonheritage.com

Kilmacduagh ⓱

Straßenkarte B4. außerhalb Gort an der Corofin Rd, Co Galway. bis Gort. tägl.

Die schöne Klosteranlage liegt im Gebiet zwischen den Countys Clare und Galway, fünf Kilometer südwestlich von Gort. Der Eindruck von Einsamkeit wird noch verstärkt durch die sich von hier nach Westen ziehende karge Landschaft des Burren (siehe S. 186–188). Das Kloster soll vom hl. Colman MacDuagh im 7. Jahrhundert gegründet worden sein. Seit dem 11. Jahrhundert wurde es im Zug der Wiederbelebung der Klöster immer wieder erneuert. Im Zentrum befinden sich ein sehr großer Rundturm (11. oder 12. Jh.) und eine Kirche ohne Dach, auch bekannt als Cathedral oder Teampall. Sie stammt aus vornormannischer Zeit, wurde jedoch später im gotischen Flamboyant-Stil umgebaut. In der Umgebung liegen Ruinen anderer Kirchen, die alle zum Kloster gehörten. Nordwestlich der Kathedrale liegt das mittelalterliche Glebe oder Abbot's House im Stil eines Turmhauses aus dem 14. oder 15. Jahrhundert (siehe S. 20).

Thoor Ballylee ⓲

Straßenkarte B4. Gort, Co Galway. **Ballylee Castle** 091 631 436. bis Gort. Juni–Sep: tägl., Zeiten telefonisch erfragen. teilweise.

Zwischen 1920 und 1930 kam der Dichter W. B. Yeats (siehe S. 22f) sehr oft in dieses Turmhaus, um hier den Sommer zu verbringen. Yeats reiste regelmäßig zum nahe gelegenen Coole Park, Wohnsitz seiner Freundin Lady Gregory (1852–1932), die zu den Begründern des Abbey Theatre (siehe S. 88) gehörte. Bei einem der Besuche kam Yeats nach Ballylee Castle, einem Turmhaus aus dem 14. Jahrhundert, das zu einem hübschen Cottage mit Park gehörte. 1902 gelangte das Anwesen in den Besitz der Gregorys, von denen Yeats es

Rundturm und Kathedrale, die bedeutendsten Zeugnisse des Klosters von Kilmacduagh

Hotels und Restaurants in Westirland siehe Seiten 309–312 und Seiten 337–339

1916 erwarb. Ab 1919 lebte seine Familie dort oder in Dublin. Yeats gab dem Namen Thoor Ballylee auch als seine Adresse an, bewusst den irischen Namen für Turm benutzend. Die Sammlung *The Tower* (1928) enthält Gedichte, die vom Turmhaus inspiriert sind. Heute finden hier Führungen mit Lesungen von Yeats-Gedichten statt. Der Charme eines Turmbesuchs liegt allerdings in dessen steinerner Wendeltreppe. Von oben überblickt man Wälder und Farmland.

Sanfte Hügel und Weideland am Coole Lake in Coole Park

Umgebung: Nördlich von Gort liegt **Coole Park**, einst Wohnsitz von Lady Gregory. Das Wohnhaus wurde zwar 1941 zerstört, Farm und Gärten sind aber erhalten geblieben. Sehenswert ist der »autograph tree«, eine Rotbuche, in deren Stamm die Initialen von G.B. Shaw, W.B. Yeats, J.M. Synge *(siehe S. 22f)*, Jack Yeats *(siehe S. 70)* und anderen Gästen eingeritzt sind. Im Haus befinden sich Dokumentationen über diese Gäste. Das Besucherzentrum beschäftigt sich mit dem Leben von Lady Gregory. Es ist auch Ausgangspunkt von zwei ausgeschilderten Spazierwegen um die Gärten bzw. unter den Bäumen zum Coole Lake.

Coole Park
3 km nordöstl. von Gort.
091 631 804. Besucherzentrum Ostern–Sep: tägl. Park ganzjährig. teilweise.
www.coolepark.ie

Turmhaus von Thoor Ballylee, Sommerwohnsitz von W.B. Yeats

Portumna

Straßenkarte C4. Co Galway.
1200. Galway (091 537 700). Fr.

Portumna ist eine Marktstadt mit einigen renovierten Sehenswürdigkeiten. Am Lough Derg gelegen und mit einem modernen Hafen versehen, ist sie ein beliebter Ausgangspunkt für Ausflüge auf dem Shannon *(siehe S. 185)*. **Portumna Castle** aus dem frühen 17. Jahrhundert war Hauptsitz der Familie de Burgo. Es besitzt einige sehenswerte Steinmetzarbeiten. Nahe der Burg liegt die **Portumna Priory**, 1414 von Dominikanern gegründet. Viele Überreste des Klosters stammen aus dieser Zeit. Man findet auch Spuren eines älteren Zisterzienserklosters. Das Land der de Burgos, heute der **Portumna Forest Park**, reicht bis zum Lough Derg hinunter.

Portumna Castle
090 974 1658. tägl.
www.heritageireland.ie

Clonfert Cathedral

Straßenkarte C4. Clonfert, Co Galway. tägl.

Dort, wo das Tal des Shannon an das Sumpfgebiet der Midlands grenzt, steht Clonfert Cathedral, ein Juwel irisch-romanischer Baukunst. Sie gehört zu einem Kloster, das der hl. Brendan 563 gründete, und soll die Grabstätte des Heiligen sein.

Der hl. Brendan gilt als der »große Steuermann«, von dessen Reisen die *Navigatio Sancti Brendani* erzählt, ein Text von 1050, der in Handschriften verschiedener Sprachen, darunter Flämisch, Altnordisch und Französisch, überliefert ist. Dieser Text spricht von Reisen nach Wales, zu den Orkneys, nach Island sowie an die Ostküste Nordamerikas. Wissenschaftler versuchen heute, mittels Rekonstruktionen seines Schiffs *(siehe S. 190)* herauszufinden, ob er vielleicht schon 900 Jahre vor Kolumbus in Amerika war.

Tympanon mit Menschenköpfen, Clonfert Cathedral

Besonders beachtenswert an Clonfert Cathedral ist das wunderschöne Portal, dessen Rundbogen mit geometrischen und symbolischen Figuren sowie mit Tier- und Menschenköpfen verziert ist. Letztere finden sich außerdem im dreieckigen Tympanon über dem Rundbogen. Die Ostfenster des Chorraums, dessen Bogen (15. Jh.) mit Engeln und einer Seejungfrau geschmückt ist, stammen aus dem 13. Jahrhundert und sind sehr schöne Beispiele später irisch-romanischer Kunst. Obwohl Clonfert über mehrere Jahrhunderte erbaut und im 17. Jahrhundert verändert wurde, vermittelt die Kirche ein harmonisches Gesamtbild.

Aran Islands ⓯

Ponywagen auf Inishmore

Die Aran Islands – Inishmore, Inishmaan und Inishheer – sind kahle Kalksteininseln, deren größte, Inishmore, 13 Kilometer lang und drei Kilometer breit ist. Ihr Reiz liegt in der kargen, von Steinwällen und prähistorischen Zeugnissen geprägten Landschaft. Als der hl. Enda im 5. Jahrhundert das Christentum hierherbrachte, begann eine lang andauernde klösterliche Tradition. Die Inseln, seit Jahrhunderten durch ihre isolierte Lage geschützt, sind heute Bastionen alter irischer Kultur. Landwirtschaft, Fischerei und Fremdenverkehr sind wichtige Einnahmequellen der Bewohner.

Blick über den Klippenrand bei Dún Aonghasa

Clochán na Carraige ist eine große, gut erhaltene Bienenstockhütte *(siehe S. 21)*. Sie wurde wohl von den ersten christlichen Siedlern errichtet.

Na Seacht dTeampaill
Die sogenannten Sieben Kirchen waren einst ein dem hl. Brecan geweihtes Kloster. Sie wurden zwischen dem 9. und 15. Jahrhundert errichtet und dienten wohl zum Teil auch als Wohnhäuser.

Dún Eoghanachta ist ein Rundfort (1. Jh. v. Chr.) mit nur einer terrassenförmig angelegten Mauer.

★ **Dún Aonghasa**
Das Eisenzeit-Fort (siehe S. 20) hat vier konzentrische Steinmauern und ist durch einen chevaux de frise, einen Ring messerscharf gespitzter Steinpfeiler, geschützt.

TRADITIONEN AUF ARAN ISLANDS

Tracht auf Aran Islands

Die Inseln sind bekannt für ihre Strickwaren *(siehe S. 354)* sowie für ihre Trachten: Frauen tragen einen roten Flanellrock und ein Häkeltuch, Männer eine ärmellose Tweed-Jacke und dazu einen bunten Wollgürtel. Von Zeit zu Zeit sieht man ein *currach*, ein flaches Boot, seit Jahrhunderten wichtigstes Verkehrsmittel der Inseln. Landgewinnung – das bedeutet, dass die kahlen Felsen mit Sand und Seetang bedeckt werden – wird hier seit Jahrhunderten betrieben.

Currach, traditionelles Boot aus geteertem Segeltuch

Hotels und Restaurants in Westirland *siehe Seiten 309–312 und Seiten 337–339*

ARAN ISLANDS

INFOBOX

Straßenkarte A4, B4. Co Galway. 🚹 *1500.* ✈ ab Connemara Airport, Inverin (**www.aerarannislands.ie**, 091 593 034). ⛴ ab Rossaveal: **Island Ferries** (091 568 903), **www.aranislandferries.com**. **Aran Islands Direct** (**www.arandirect.com**), von Doolin. **Doolin Ferry Company** (Ostern–Okt; 065 707 4189); die Fähren verkehren ganzjährig; einige zu allen drei Hauptinseln. Details per Telefonauskunft. Keine Autos; in Kilronan Fahrradverleih und Fahrten im Ponywagen oder mit dem Minibus (099 61169). 🛈 Kilronan, Inishmore (099 61263). **Aran Heritage Centre** Kilronan. 📞 099 61355. 🕒 Apr, Mai, Sep, Okt: tägl. 11–17 Uhr; Juni–Aug: tägl. 10–17 Uhr. 🅿 ♿ 🛍 🚻
www.discoverireland.ie

Kilmurvey Beach
Die Küste mit schönem Sandstrand östlich von Kilmurvey bietet gute Bademöglichkeiten, der Ort selbst ruhigen Aufenthalt unweit der bedeutendsten Sehenswürdigkeiten der Insel.

Teampall Chiaráin, eine Kirchenruine aus dem 12. Jahrhundert mit schönen Portalen, ist dem hl. Ciaran gewidmet. In der Nähe finden sich Steine mit Kreuzgravuren.

Dún Eochla ist ein Rundfort aus der Bronzezeit auf dem höchsten Punkt von Inishmore.

★ Kilronan
Der größte Hafen der Aran Islands ist ein geschäftiger Ort, in dem zweirädrige Ponywagen und Minibusse für Inselrundfahrten am Pier bereitstehen. Auch Fahrräder kann man mieten. Im nahen Aran Heritage Centre kann man den Aran way of life entdecken.

★ Dún Duchathair
Die Burg aus der Eisenzeit auf einer Landspitze ist allgemein als Black Fort bekannt.

LEGENDE
- Hauptstraße
- Nebenstraße
- --- Wanderweg
- Strand
- ✈ Flughafen
- ⛴ Fährhafen
- 🛈 Information
- ☼ Aussichtspunkt

0 Kilometer 2

NICHT VERSÄUMEN
★ Dún Aonghasa
★ Dún Duchathair
★ Kilronan

Bauer auf Inishmore, der größten Insel der Aran Islands ▷

Ostwall und Torhaus von Roscommon Castle

Turoe Stone ㉑

Straßenkarte B4. Turoe, Bullaun, Loughrea, Co Galway. 091 841 580. Mai–Sep: tägl., Okt–März: Sa, So u. Feiertage.
www.turoepetfarm.com

Der Turoe Stone befindet sich im Zentrum des Turoe Pet Farm and Leisure Park nahe der Ortschaft Ballaun (an der R350). Der weiße Granitblock, der über einen Meter hoch ist, geht auf das 1. oder 2. Jahrhundert v. Chr. zurück. Die obere Hälfte ist mit keltischen Mustern aus der La-Tène-Zeit verziert, die es auch in anderen, ursprünglich keltischen Räumen Europas gibt. Im unteren Teil sind Bandornamente zu sehen. Der Stein wurde in einem nahe gelegenen Ringfort aus der Eisenzeit gefunden und soll einst als Fruchtbarkeitssymbol gegolten haben.

Der Park selbst ist vor allem für Kinder gedacht. Auf dem Bauernhof gibt es Tiere und einen Teich mit Gänsen und Enten. Ein Wanderweg führt am Fluss entlang (festes Schuhwerk ist ratsam). Zudem gibt es einen Rast- und Imbissplatz, *tea rooms* sowie einen Spielplatz.

Roscommon ㉒

Straßenkarte C3. Co Roscommon. 3500. Juni–Sep: Harrison Hall (090 662 6342). Fr.
www.discoverireland.ie

Der Hauptort des gleichnamigen County ist ein Marktstädtchen, das früher ein Gefängnis besaß und wegen des letzten weiblichen Henkers bekannt ist. »Lady Betty« war 1780 wegen Mordes an ihrem Sohn zum Tod verurteilt, dann begnadigt worden, um das Amt des Henkers auszuüben – was sie 30 Jahre tat.

Südlich des Zentrums, nahe der Abbey Street, liegt die **Dominican Friary**, 1253 von Felim O'Conor, König von Connaught, gegründet, dessen Bild aus dem späten 13. Jahrhundert in der Nordwand des Chors zu sehen ist.

Roscommon Castle, eine anglo-normannische Burg nördlich der Stadt, wurde 1269 von Robert d'Ufford, Lord Justice of Ireland, errichtet. Schon elf Jahre später wurde sie, nachdem sie von Hugh O'Conor, König von Connaught, zerstört worden war, wieder aufgebaut.

Clonalis House ㉓

Straßenkarte B3. Castlerea, Co Roscommon. 094 962 0014. Juni–Mitte Sep: Mo–Sa.
www.clonalis.com

Das Tudor-Landhaus außerhalb von Castlerea war einst Wohnsitz der O'Conors, der letzten Könige von Irland und Connaught. Die gälische Familie konnte ihre Linie über 1500 Jahre zurückverfolgen. Die Ruinen ihres Wohnsitzes (17. Jh.) sind noch zu sehen, ebenso der Familienstein von 90 v. Chr.

Die Anlage besteht aus einem venezianischen Hallengang, einer Bibliothek mit Dokumenten zur Geschichte Irlands, einer Privatkapelle und einer Galerie mit Familienporträts. Im Billardzimmer befindet sich die Harfe eines der letzten der gälischen Barden, des blinden Turlough O'Carolan (1670–1738; *siehe S. 24*).

Strokestown Park House ㉔

Straßenkarte C3. Strokestown, Co Roscommon. Haus, Pleasure Garden und Museum 071 963 3013. Mitte März–Okt: tägl.; ganzjährig nach Anmeldung.
www.strokestownpark.ie

Strokestown Park House, einer der größten Landsitze des County Roscommon, wurde 1730 für Thomas Mahon errichtet, dessen Familie von Charles II das umliegende Land erhalten hatte. Mahon bezog ein Turmhaus *(siehe S. 20, frühes 17. Jh.)* mit in den Bau ein, den der Baumeister Richard Castle *(siehe S. 132)* durchführte.

Das Haus war bis zum Beginn der Renovierung 1979 in Familienbesitz. In seiner Blütezeit gehörten zu dem Landbesitz ein großer Park, ein Hirschgarten, ein Mausoleum sowie der Ort Strokestown. Seine ursprüngliche Größe von 12000 Hektar ging bis 1979 auf 120 Hektar zurück. Der neu angelegte Pleasure

Der keltische Turoe Stone, mit schönen Ornamenten verziert

Hotels und Restaurants in Westirland *siehe Seiten 309–312 und Seiten 337–339*

WESTIRLAND

Garden vermittelt jedoch immer noch den Eindruck von großzügiger Weite. Die alte Einrichtung des Hauses ist noch erhalten.

In den Stallungen ist heute das **Famine Museum** eingerichtet, das der Großen Hungersnot in den 1840er Jahren gewidmet ist. Während dieser Krisenzeit teilten sich die Landlords in zwei Lager: Die einen unterstützten die Bevölkerung, die anderen beachteten die allgemeine Not nicht. Zu Letzteren zählten auch die Mahons. Major Denis Mahon wurde, nachdem er zwei Drittel seiner hungernden Bauern von ihrem Land vertrieben bzw. in sogenannten *coffin ships* (Sargschiffen) nach Nordamerika verfrachtet hatte, ermordet. Das Museum stützt sich in seinen Dokumentationen auf die Archive von Strokestone. In einer eigenen Abteilung informiert es über die Geschichte des Hungers und über die weltweite Ernährungssituation.

Boyle ㉕

Straßenkarte C3. Co Roscommon. 2200. Mai–Sep: King House (071 966 2145). Fr. www.discoverireland.ie

Boyle mit seiner mittelalterlichen Architektur ist der reizvollste Ort im County Roscommon. **Boyle Abbey**, eine gut erhaltene Zisterzienserabtei von 1161, einst Tochterhaus von Mellifont im County Louth *(siehe S. 245)*, überlebte alle Raubzüge der anglo-normannischen Truppen ebenso wie die Auflösung der Klöster 1539. Sie wurde 1659 in eine Burg umgebaut. Erhalten sind Kirche, Kreuzgang, Sakristei und Küche. Im Kirchenschiff finden sich romanische und gotische Gewölbebogen sowie gut erhaltene Kapitelle (12. Jh.). Im alten Pfarrhaus sind Ausstellungen zur Geschichte der Abtei zu besichtigen.

Das **King House** ist das palladianische Herrenhaus der anglo-irischen Königsfamilie, der späteren Earls of Kingstone. Es beherbergt eine Galerie mit zeitgenössischer Kunst, erklärt mit Schautafeln Architektur und Restaurierung und informiert über die Geschichte von Boyle und die Anführer in Connaught.

GROSSE HUNGERSNOT

Der Ausfall der Kartoffelernte wegen Mehltaubefalls der Pflanzen in den Jahren 1845, 1846 und 1848 hatte für die irische Bevölkerung katastrophale Folgen. Mehr als eine Million Menschen starben und mehr als zweieinhalb Millionen verließen bis 1856 die Insel. Zudem zwangen viele Landlords die Bauern trotz allem zu den üblichen Abgaben. Die Konsequenzen: Die Emigration wurde zu einem normalen Bestandteil des Lebens *(siehe S. 42f)*. Viele Familien, vor allem im Westen Irlands, wurden stark dezimiert.

Hungernde Bauern warten auf einen Teller Suppe (1847)

Kapitell im Kirchenschiff von Boyle Abbey

Boyle Abbey
071 966 2604. Mai–Sep.

King House
Main St. 071 966 3242. Mai–Sep: tägl.; sonst nach Anmeldung. auf Anfrage.

Umgebung: Lough Key halten viele für den schönsten See Irlands. Er liegt mitten in einer Waldlandschaft, gehört mit seiner Insel zum 320 Hektar großen **Lough Key Forest Park** und war bis 1957 Teil der Rockingham-Ländereien. In jenem Jahr brannte Rockingham House, ein Werk des Architekten John Nash, bis auf die Wirtschafts- und Gesindehäuser nieder. Die großen Waldgebiete wurden im 18. Jahrhundert von den damaligen Landlords erworben. Heute befinden sich hier noch ein Beobachtungsturm, ein Hirschgehege, ein Eishaus (17. Jh.), ein Aussichtspavillon am See, der sogenannte Tempel, und mehrere Ringforts *(siehe S. 20)*. Man kann von hier aus mit dem Schiff auf dem Boyle zu den Church und Trinity Islands und zu Castle Island fahren.

Lough Key Forest Park
N4 8 km östl. von Boyle. 071 967 3122. tägl. Apr–Sep.

Torhaus und Ruine des Kirchenschiffs von Boyle Abbey

Nordwest-Irland

Donegal · Sligo · Leitrim

Turmhohe Klippen und einsame Strände prägen das Bild der Küste Donegals, die einige der wildesten Landschaften Irlands bietet. Sligo mit seinem Erbe aus prähistorischer und keltischer Zeit besticht durch seine natürliche Schönheit, die Assoziationen an den Dichter W. B. Yeats wachruft. Leitrim hingegen ist eine beschauliche Ecke mit vielen Seen und Wasserwegen.

Sligo ist in der keltischen Mythologie Stammland der Kriegerkönigin Maeve of Connaught *(siehe S. 26)* und reich an Zeugnissen aus prähistorischer Zeit. Es war bereits in keltischer Zeit dicht besiedelt. Wie das benachbarte County Leitrim scheint es von den späteren Ereignissen in Irland kaum berührt worden zu sein. Auch zur Zeit der Normannen regierten hier die gälischen Clans.

Donegal hingegen war bis 1921 Teil von Ulster und spielte stets eine aktive Rolle in der Geschichte dieser Provinz. Im Mittelalter herrschten hier die O'Donnells, doch 1607 flohen auch sie, ebenso wie die O'Neills, als eine der letzten katholischen Landlordfamilien der Insel vor den Engländern aufs europäische Festland *(siehe S. 255)*. In der Folge wurden Protestanten aus England hier angesiedelt, doch diese überließen den größten Teil Donegals mit seinem kargen Boden den Iren, die hier weitab von Ulster isoliert lebten. So blieb diese Ecke der Provinz überwiegend katholisch und wurde bei der Teilung Irlands im Jahr 1921 vom neu gegründeten protestantischen Nordirland ausgeschlossen.

Donegal hat geografisch und historisch mit seinen Nachbarn in der Republik wenig gemein. Die Region ist eine der abgeschiedensten Irlands und hat landesweit den größten Anteil Gälisch sprechender Einwohner.

Die schönsten Landstriche Donegals befinden sich an seinen Küsten, die schönsten Sligos rund um Lough Gill sowie in den spärlich besiedelten Bricklieve Mountains.

Bar in Sligo, deren Einrichtung noch aus dem 19. Jahrhundert stammt

◁ Blick auf Falcarragh von Bloody Foreland im County Donegal

Überblick: Nordwest-Irland

Der größte Reiz Donegals liegt in der Schönheit seiner Küsten mit ihren Landspitzen, Klippen und wunderschönen Stränden. Man findet dort einige hübsche Badeorte, von denen aus man schöne Ausflüge unternehmen kann. Donegal liegt zudem günstig, um von hier aus den Süden des County zu entdecken. Sligo ist das kulturelle Herzland und gleichzeitig die einzige größere Stadt des Nordwestens, von der aus man gut zu den prähistorischen Sehenswürdigkeiten der Gegend gelangt. Etwas weiter im Süden liegen der schöne Lough Gill und der weniger überlaufene Lough Arrow. Wichtigster Ort in Leitrim, dem Land der Seen und Flüsse, ist Carrick-on-Shannon.

Umzug beim Mary-of-Dungloe-Schönheitswettbewerb im Juli

Siehe auch

- *Übernachten* S. 312–314
- *Restaurants, Cafés und Pubs* S. 339–341 und S. 350

Legende

- Schnellstraße
- Hauptstraße
- Nebenstraße
- Panoramastraße
- Eisenbahn (Hauptstrecke)
- Eisenbahn (Nebenstrecke)
- Staatsgrenze
- County-Grenze
- △ Gipfel

0 Kilometer 20

Weitere Zeichenerklärungen *siehe hintere Umschlagklappe*

In Nordwest-Irland unterwegs

Die N56, die Letterkenny mit Donegal verbindet, führt zu den meisten Sehenswürdigkeiten im Nordwesten. Von ihr zweigen Straßen auch zur Küste ab. Einige Busse fahren hier ebenfalls – auch wenn es weiter im Süden einfacher ist, sich ohne Auto zu bewegen, da hier täglich Busse von Donegal via Ballyshannon nach Sligo verkehren. Mit dem Zug kommt man kaum in den Nordwesten, nur zwischen Sligo und Carrick-on-Shannon besteht eine Verbindung.

Reetgedecktes Haus nahe Malin Head auf der Halbinsel Inishowen

Sehenswürdigkeiten auf einen Blick

Ardara ⓫
Ballyshannon ⓲
Bloody Foreland ❷
Carrick-on-Shannon ㉔
Derryveagh Mountains ❸
Donegal ⓯
Fanad Peninsula ❻
Glencolumbkille ⓬
Grianán Ailigh ❽
Horn Head ❹
Killybegs ⓮
Letterkenny ❾
Lissadell House ⓳

Lough Arrow ㉓
Lough Derg ⓰
Organic Centre ㉕
Parke's Castle ㉑
Rosguill Peninsula ❺
Rossnowlagh ⓱
Slieve League ⓭
Sligo ㉒
The Rosses ❿
Tory Island ❶

Touren
Inishowen Peninsula ❼
Yeats Country ⓴

Blick vom Carrowkeel, einem bronzezeitlichen Friedhof über Lough Arrow

Quarzkegel des Errigal, des höchsten Bergs der Derryveagh Mountains

Tory Island ❶

Straßenkarte C1. Co Donegal.
🚶 175. ⛴ vom Magheraroarty Pier bei Gortahork (074 913 5061) u. Bunbeg (074 953 1340); im Sommer tägl., im Winter bei gutem Wetter.

Der wilde Tory Sound trennt die Insel vom Nordwesten Donegals. Da es passieren kann, dass die Insel bei schlechtem Wetter für Tage unerreichbar ist, verwundert es nicht, dass ihre Bewohner, die meist Gälisch sprechen, sich sehr unabhängig fühlen. Zudem hat die Insel ihren eigenen »Monarchen« – dessen Macht ist nicht erblich und auch nicht sehr groß, doch bemüht sich der derzeitige Amtsinhaber, die Interessen seiner »Untertanen« zu wahren und Besucher auf die Insel zu locken.

In den 1970er Jahren versuchte die irische Regierung vergeblich, die Inselbewohner auf dem Festland anzusiedeln. Ihr Widerstand dagegen wurde vor allem von der *Tory's school of Primitive artists* unterstützt, die 1968 von James Dixon gegründet wurde, der seine Kunst selbst höher bewertet als die des englischen Malerfürsten Derek Hill. Seine Schule zieht auch immer mehr Besucher an, und kürzlich wurde im Hauptort der Insel, West Town, die **Dixon Gallery** eröffnet. Darüber hinaus besitzt die Insel spektakuläre Felsküsten sowie Ruinen eines vom hl. Columba *(siehe S. 34)* gegründeten Klosters.

🏛 **Dixon Gallery**
West Town. ☎ 074 913 5011.
◯ Ostern – Sep: tägl.

Bloody Foreland ❷

Straßenkarte C1. Co Donegal.
🚌 von Bunbeg nach Letterkenny oder Dungloe.

Bloody Foreland, dessen Name vom blutroten Glanz der Felsen bei Sonnenuntergang herrührt, bietet einige landschaftliche Sehenswürdigkeiten. Die R257, die an der Küste entlangführt, eröffnet herrliche Ausblicke. Die schönste Aussicht besteht von der Nordküste über die Felsen der vorgelagerten Inseln. Weiter im Süden liegt **Bunbeg** mit einem schönen Hafen. Allerdings ist hier die Küste mit Ferienhäusern zugebaut.

Derryveagh Mountains ❸

Straßenkarte C1. Co Donegal.

Die wilde Schönheit dieser Berge gehört zu den Highlights, die Donegal an landschaftlichen Sehenswürdigkeiten zu bieten hat. Errigal Mountain, mit 752 Metern der höchste Berg, zieht viele Bergsteiger an. Am beeindruckendsten jedoch ist der **Glenveagh National Park**, der nahezu 16 500 Hektar umfasst. Hier befinden sich der in einem Tal gelegene Lough Veagh sowie Poisened Glen, ein sumpfiges Tal, das von spektakulären Felsen überragt wird. Der Park ist auch Heimat der größten Rotwildherde des County.

Am südlichen Ufer des Lough Veagh, nahe dem Besucherzentrum, befindet sich Glenveagh Castle, 1870 von John Adair errichtet. Adair war einst bekannt dafür, dass er nach der Großen Hungersnot *(siehe S. 219)* viele Familien von ihrem Land vertrieb. 1970 übergab der letzte Besitzer, ein Kunsthändler aus Pennsylvania, die Burg an den irischen Staat.

Vom Besucherzentrum aus fahren Busse zur Burg, wo

Glenveagh Castle mit Blick über den Lough Veagh

Hotels und Restaurants in Nordwest-Irland *siehe Seiten 312–314 und Seiten 339–341*

NORDWEST-IRLAND

Blick über Dunfanaghy, das Tor zur Halbinsel Horn Head

man an einer Besichtigung teilnehmen kann. Einer der Wege führt steil hinauf zu einem Aussichtspunkt. Von dort hat man einen herrlichen Blick über den Lough Veagh. **Glebe House and Gallery** liegt sechs Kilometer südlich des Besucherzentrums mit Blick über Lough Gartan. In dem Regency-Anwesen wohnte der Maler und Kunstsammler Derek Hill. Das Haus spiegelt seinen breit gefächerten Stil wider, u. a. gibt es Tapeten von William Morris, Bilder der Tory-Island-Künstler, jedoch auch Werke von Picasso und Renoir.

Brunnen bei Glenveagh

Das weniger als einen Kilometer entfernte **Colmcille Heritage Centre** dokumentiert mit Bleiglasbildern und illuminierten Manuskripten das Leben des hl. Columba (gälisch: Colmcille), der 521 im nahen Church Hill geboren wurde. Den Geburtsort markiert eine Steinplatte.

✤ Glenveagh National Park and Castle
Nahe R251, 16 km nördl. von Churchill. 074 913 7090. **Park und Burg** tägl. teilweise.
www.glenveaghnationalpark.ie

🏛 Glebe House and Gallery
074 913 7071. Ostern, Mai–Sep: Sa–Do. teilweise.

🏛 Colmcille Heritage Centre
074 913 7306. Ostern, Apr–Sep: tägl.

Horn Head ❹

Straßenkarte C1. Co Donegal. von Letterkenny nach Dunfanaghy. The Workhouse, Dunfanaghy (074 913 6540); Mitte März–Mitte Okt. www.dunfanaghyworkhouse.ie

Das mit Heidekraut bewachsene und vogelreiche Horn Head ist die markanteste der Landspitzen im Norden Donegals. Sie reicht 180 Meter weit in den Atlantik und bietet schöne Ausblicke aufs Meer und auf die Berge. Hier liegt der hübsche Ort **Dunfanaghy**, den ein für die Gegend eher ungewöhnlicher Hauch von Reichtum umgibt. Am nahen **Killahoey Strand** kann man gut baden.

Rosguill Peninsula ❺

Straßenkarte C1. Co Donegal.

Die Halbinsel Rosguill ragt zwischen Sheephaven und den Buchten von Mulroy ins Meer. Eine Fahrt auf dem elf Kilometer langen Atlantic Drive, der bis zu den Klippen am Ende der Landspitze führt, ist die beste Art, sie zu erkunden. **Doe Castle**, fünf Kilometer nördlich von Creeslough, empfiehlt sich vor allem wegen des wunderschönen Blicks über die Sheephaven Bay. Es wurde auf den Ruinen einer Burg erbaut, die im 16. Jahrhundert von den MacSweeneys, schottischen Söldnern, errichtet wurde.

Fanad Peninsula ❻

Straßenkarte C1. Co Donegal. von Letterkenny nach Rathmelton u. Portsalon.

Eine Panoramastraße windet sich zwischen dem hügeligen Landesinneren und der steilen Küste der Insel hindurch, deren östlicher Teil der schönste ist. Hier liegt **Rathmelton**, ein hübscher Ort aus dem 17. Jahrhundert mit eleganten Wohnhäusern und Läden. Weiter im Norden bietet **Portsalon** sichere Bademöglichkeiten sowie schöne Ausblicke vom nahe gelegenen Saldanha Head. Unweit von **Doaghbeg**, auf dem Weg nach Fanad Head hoch oben im Norden, trifft man auf eine spektakuläre Klippenlandschaft.

Das zinnenbewehrte Doe Castle auf der Halbinsel Rosguill

Tour über die Inishowen Peninsula ❼

Die größte der nördlichen Halbinseln Donegals ist reich an historischen Sehenswürdigkeiten – von Zeugnissen aus frühchristlicher Zeit bis hin zu Forts und Burgen an einst strategisch wichtigen Plätzen. Die wildesten Landschaften liegen im Westen und Norden, beim Gap of Mamore sowie bei Malin Head, dem nördlichsten Punkt. Die Nordküste bietet viele Bademöglichkeiten, so bei der schönen Isle of Doagh oder den Familienstränden von Buncrana. Von der Küste hat man einen schönen Blick nach Westen auf die Derryveagh Mountains von Donegal und nach Osten auf die nordirische Küste. Man kann die Halbinsel gut an einem Tag erkunden.

Turm auf Banba's Crown, Malin Head

Carndonagh Cross ④
Das christliche Kreuz aus dem 7. Jahrhundert zeigt menschliche Figuren und abstrakte Motive.

Gap of Mamore ③
Zwischen Mamore Hill und Urris Hills bietet eine 250 Meter über dem Meer gelegene Straße schöne Ausblicke über die Küste.

Dunree Head ②
Dunree Fort wurde 1798 an der Küste der Lough Swilly erbaut, um diese vor der drohenden Invasion durch die Franzosen zu schützen. Seit 1986 ist es militärhistorisches Museum.

Buncrana ①
Buncrana hat fünf Kilometer Sandstrand und zwei Burgen. Buncrana Castle wurde 1718 erneuert, während O'Doherty Castle noch unverändert aus normannischer Zeit stammt.

Die Küste von Lough Swilly

LEGENDE
— Routenempfehlung
= Andere Straße
☼ Aussichtspunkt

Grianán Ailigh ⑦
Das wunderschöne Ringfort liegt auf einem Hügel im Südwesten der Halbinsel Inishowen. Sein heutiges Aussehen verdankt es weitestgehend den umfangreichen Restaurierungsarbeiten von 1870.

ROUTENINFOS

Länge: 157 km.
Rasten: In Malin, Greencastle und Carndonagh gibt es Pubs und Esslokale; an der Küste finden sich mehrere Picknickplätze. Das Guns of Dunree Military Museum hat ein Café. Zwischen Moville und Greencastle verläuft ein drei Kilometer langer, sehr schöner Spazierweg (siehe S. 387–389).

Malin Head ⑤
Das Cottage bietet sich für eine Teepause an. Auf dem höchsten Punkt von Malin Head, Banba's Crown, steht ein Turm, der 1806 zur Überwachung der Schiffahrt errichtet wurde.

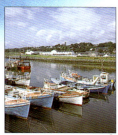

Greencastle ⑥
Der Ferienort und Fischereihafen Greencastle ist nach den Ruinen einer Burg benannt, die 1305 von Richard de Burgo, Earl of Ulster, errichtet wurde und einst die Einfahrt zum Lough Foyle bewachte.

0 Kilometer 5

Das Grianán Ailigh bietet wunderschöne Ausblicke über die Gegend

Grianán Ailigh ⑧

Straßenkarte C1. Co Donegal.
von Letterkenny oder Londonderry. Buncrana (074 936 2600).

Das eindrucksvollste und wohl auch eigenartigste der historischen Bauwerke Donegals liegt zehn Kilometer westlich der Stadt Londonderry (siehe S. 258 f) und bildet sozusagen das Tor zur Halbinsel Inishowen. Man geht davon aus, dass dieses Ringfort, das sowohl den Lough Swilly wie den Lough Foyle überblickt, ursprünglich im 5. Jahrhundert v. Chr. als ein heidnischer Tempel erbaut wurde, obgleich dieser Ort wohl auch schon früher Kultstätte war. Später wurde es christianisiert: Es heißt, der hl. Patrick habe hier 450 den Begründer der O'Neill-Dynastie, Owen, getauft. Im 12. Jahrhundert zerstörte die Armee Murtagh O'Briens, König von Munster, die Anlage.

Erst in den 1870er Jahren wurde das Fort restauriert. Zwei Eingänge führen durch vier Meter dicke Mauern in die Ringanlage, die einen Durchmesser von 23 Metern hat und von drei Terrassen umgeben ist. Der tiefste Eindruck jedoch, den dieses Fort hinterlässt, sind die herrlichen Ausblicke.

Zu Füßen des Hügels befindet sich eine schöne Kirche, 1967 errichtet und St. Aengus geweiht. Ihre kreisförmige Anlage spiegelt die Architektur von Grianán wider.

Letterkenny ⑨

Straßenkarte C1. Co Donegal.
12 000. Blaney Rd (074 912 1160). www.discoverireland.ie

Malerisch zwischen den Sperrin Mountains im Osten und den Derryveagh Mountains (siehe S. 224 f) im Westen am Fluss Swilly liegt Letterkenny, die größte Stadt Donegals und das größte Geschäftszentrum der Region – eine Rolle, die die Stadt nach der Teilung des Landes im Jahr 1921 von Londonderry übernahm. Das hübsche Letterkenny bietet sich an, um von hier aus die nördliche Küste Donegals zu erkunden oder die Fischgründe des Lough Swilly zu besuchen.

Letterkenny verfügt über eine der längsten Hauptstraßen Irlands. Sie wird vom Kirchturm der **St Eunan's Cathedral** überragt. Die Ende des 19. Jahrhunderts im neogotischen Stil errichtete Kirche birgt Bildhauerarbeiten im keltischen Stil, einen Marmoraltar und Bleiglasfenster. Das **County Museum** zeigt Dokumentationen zur Geschichte der Region von der Steinzeit bis zum 20. Jahrhundert.

Im August findet hier das International Folk Festival statt. In den Pubs der Stadt wird dann *traditional* und *folk music* gespielt. Dazu gibt es Tanzwettbewerbe.

County Museum
High Rd. 074 912 4613.
Mo – Sa. 10 Tage an Weihnachten, Feiertage.

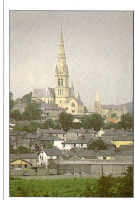

St Eunan's Cathedral mit ihrem imposanten Kirchturm, Letterkenny

Hotels und Restaurants in Nordwest-Irland siehe Seiten 312 – 314 und Seiten 339 – 341

Cottage in den Rosses, nahe Burtonport

The Rosses ❿

Straßenkarte C1. Co Donegal.
🚌 *ab Letterkenny bis Dungloe oder Burtonport.* ℹ️ *Juni–Sep: Main St, Dungloe (074 952 1297).*
⛴ *ab Burtonport bis Aranmore (074 952 0532).*

Die Rosses, eine felsige Küstenlandschaft mit über 100 Seen, sind eine der ursprünglichsten Gegenden Donegals. Hier sprechen noch sehr viele Menschen Gälisch.

Hauptort ist **Dungloe** am Südende der Landzunge, eine geschäftige Marktstadt und Treffpunkt für Angler.

Umgebung: Von der **Maghery Bay** mit ihrem schönen Strand (westlich von Dungloe) kann man zum Küstenabschnitt **Crohy Head** gehen, der für seine Höhlen und bizarren Felsformationen bekannt ist. Von Burtonport, acht Kilometer nördlich von Dungloe, fahren Autofähren täglich nach **Aranmore**, der größten Insel Donegals mit schöner Steilküste. Von der Südküste aus hat man einen herrlichen Blick auf die Rosses. Die meisten der 700 Bewohner leben in Leabgarrow, dessen Pubs lockere Öffnungszeiten haben: Sie besitzen wegen der Arbeitszeiten der Fischer 24-Stunden-Lizenzen.

Ardara ⓫

Straßenkarte C2. Co Donegal.
👥 *700.* 🚌 *ab Killybegs oder Donegal.* ℹ️ *Triona Design Visitor's Centre (074 954 1422).*
www.trionadesign.com

Ardara ist Donegals Zentrum der Tuchherstellung. Deshalb gibt es hier eine Vielzahl von Läden, die Tweed und handgestrickte Pullover anbieten. Einige der größeren Läden haben auch handgewebte Waren im Angebot. Ardaras Pubs sind wegen ihrer *fiddle sessions* beliebt.

Umgebung: Zwischen Ardara und **Loughros Point**, zehn Kilometer westlich des Orts, ist die Küstenlandschaft spektakulär. Eine andere Straße führt südwestlich von Ardara durch malerische Gegenden nach Glencolumbkille über den **Glengesh Pass**, dessen Serpentinen sich durch eine wilde, verlassene Landschaft winden.

Arbeiter an einem Handwebstuhl in Ardara

Glencolumbkille ⓬

Straßenkarte B2. Co Donegal.
👥 *260.* 🚌 *ab Killybegs.*
ℹ️ *Donegal (074 972 1148).*
www.discoverireland.ie

In Glencolumbkille, einem Tal mit vielen Cottages, scheint die Zeit trotz des großen Besucherzuspruchs stehen geblieben zu sein.

»Glen of St Colmcille« ist ein populärer Wallfahrtsort, der eng mit der Erinnerung an den hl. Columba (gälisch: Colmcille) verknüpft ist. Unmittelbar nördlich von Cashel auf dem Weg nach Glen Head steht zudem eine kleine Kapelle, die Columba geweiht ist: Eine Legende besagt, dass der Heilige hier auf den beiden Steinen schlief, die in einer Ecke des Kirchleins zu sehen sind.

Eine weitere Sehenswürdigkeit ist das **Folk Village Museum**, das das frühere ländliche Leben Donegals doku-

Alte Bügeleisen im Folk Village Museum von Glencolumbkille

Hotels und Restaurants in Nordwest-Irland *siehe Seiten 312–314 und Seiten 339–341*

Slieve League, die höchste Felsklippe Europas

Killybegs ⓮

Straßenkarte C2. Co Donegal.
1700. von Donegal.
Donegal (074 972 1148).
www.discoverireland.ie

Schmale Straßen winden sich durch Killybegs und geben dem Ort den Anschein von Zeitlosigkeit, doch die Kleinstadt ist ein wichtiges und prosperierendes Zentrum der Teppichherstellung. Teppiche aus Killybegs schmücken Dublin Castle *(siehe S. 76 f)* sowie andere Paläste auf der ganzen Welt.

Killybegs ist zudem einer der geschäftigsten Fischereihäfen Irlands. Es lohnt sich zuzusehen, wenn die Fischer mit ihren Schiffen dort ankommen und ihren Fang ausladen. Sie kommen von nah und fern hierher – man hört zunehmend auch osteuropäische Sprachen.

mentiert. Es wurde 1950 von einem Priester, Father James MacDyer, gegründet, der vor dem Hintergrund der anhaltenden Emigration aus dieser Gegend die Menschen ermutigte, sich in Kooperativen zusammenzuschließen und Kunsthandwerk herzustellen. Der Folk Village Shop verkauft diese Waren sowie »Weine«, die aus Seetang und Fuchsien hergestellt sind.

Im Tal selbst sind Dolmen, Steinsäulen und andere Monumente zu finden. Auch die Küste ist hier sehr schön. Ein Spazierweg führt nach Westen über **Malin Beg**. Bei Malin More führen Stufen hinunter zu einer idyllischen Felsbucht mit Sandstrand.

Folk Village Museum
Cashel. 074 973 0017. Ostern–Sep: tägl.

Slieve League ⓭

Straßenkarte B2. Co Donegal.
bis Carrick ab Glencolumbkille oder Killybegs.

Slieve League, die höchste Felsklippe Europas, bietet vor allem am Abend, wenn die Sonne das Gestein in roten Farbtönen erstrahlen lässt, einen spektakulären Anblick. Die acht Kilometer lange Strecke von **Carrick** zur östlichen Spitze der Slieve League ist zwar holprig, jedoch lohnt sich die Fahrt. Hinter Teelin gibt es tiefe Schlaglöcher, doch dann erreicht die Straße **Bunglass Point** und Amharc Mor, die »gute Aussicht«. Von hier aus kann man die gesamte Slieve League überblicken.

Nur erfahrene Bergsteiger und Kletterer sollten versuchen, den gefährlichen **One Man's Pass** zu begehen. Dieser Pass ist Teil eines Wegs durch die Felswand, der von Teelin westwärts zum höchsten Punkt der Slieve League führt – mit Blick auf den glitzernden Ozean in 598 Metern Tiefe. Der Weg führt zum 16 Kilometer westlich gelegenen Malin Beg weiter. Im Sommer kann man einen Bootseigner in Teelin anheuern, um auf eine zwar weniger aufregende, dafür aber viel sicherere Art vom Meer aus die Klippen zu betrachten.

Die Besatzung eines Fischkutters im Hafen von Killybegs

IRISCHE GAELTACHTS

»Gaeltacht« bezeichnet eine irische Region, in der heute noch Gälisch gesprochen wird. Bis zum 16. Jahrhundert wurde in Irland überall Gälisch gesprochen, doch die britische Herrschaft und die Große Hungersnot *(siehe S. 219)* unterminierten die irische Kultur. Seit dieser Zeit wird die alte Sprache von immer weniger Leuten benutzt. In den Gaeltachts allerdings sprechen sie noch 75 Prozent der Bewohner. Auch die Straßenschilder sind hier gälisch.

Donegals Gaeltacht erstreckt sich von Fanad Head die Küste entlang bis zur Slieve League und beheimatet die meisten Gälisch sprechenden Iren des Landes. Die beiden anderen bedeutenden Gaeltachts sind Galway und Kerry.

Gälisches Wirtshausschild

Donegal, überragt von den Ruinen seiner Burg aus dem 15. Jahrhundert

Donegal ⓯

Straßenkarte C2. Co Donegal.
🚶 2300. 🅿 ℹ Kiosk, Quay St
(074 972 1148).

Donegal bedeutet »Burg der Fremden«. Der Name geht auf die Wikinger zurück, die hier einst ein Fort errichteten. Die Stadt selbst entstand erst unter den O'Donnells. Der Turm von **Donegal Castle** im Zentrum stammt noch aus dem 15. Jahrhundert. Die übrigen Gebäude wurden unter Sir Basil Brooke errichtet, der die Burg übernahm, nachdem die O'Donnells 1607 von den Engländern vertrieben worden waren *(siehe S. 38f)*.

Brooke ließ auch den Marktplatz anlegen, den **Diamond**. Ein Obelisk in seiner Mitte gedenkt der vier Franziskaner, die um 1630 die *Annals of the four Masters* schrieben. Das Manuskript erzählt die Geschichte des gälischen Volkes seit dem 40. Tag vor der Sintflut bis ins 16. Jahrhundert hinein. Teile davon wurden in der **Donegal Abbey** geschrieben, die südlich des Marktplatzes am Fluss Eske liegt. Von der Abtei (1474) gibt es nur wenige Überreste, darunter einige gotische Fenster und Bogen des Kreuzgangs.

Etwa 1,5 Kilometer weiter befindet sich **Donegal Craft Village**, wo Kunsthandwerk zu sehen ist.

Es gibt einige sehr hübsche Hotels *(siehe S. 313)* in Donegal. Die Stadt ist damit ein guter Ausgangspunkt für die Erkundung des südlichen Teils des County.

🏰 **Donegal Castle**
Tirchonaill St. ☎ 074 972 2405.
◯ März–Okt: tägl.; Nov–März: Do–Mo. 🎫 📷 👥 teilweise.

🏛 **Donegal Craft Village**
Ballyshannon Rd. ☎ 074 972 2105. ◯ Mai–Okt: tägl.; Nov–Apr: Di–Sa. 👥 teilweise.

Lough Derg ⓰

Straßenkarte C2. Co Donegal.
🚢 Juni–Mitte Aug (nur für Pilger).
🚌 bis Pettigo ab Donegal.

Seit der hl. Patrick auf einer der Inseln im Lough Derg 40 Tage im Gebet verbrachte, um Irland von bösen Geistern zu befreien, ist der Ort Ziel vieler Pilger. Die Pilgrimage of St Patrick's Purgatory fand erstmals um 1150 statt. Auch heute kommen noch Tausende von Pilgern zur kleinen **Station Island** am Südufer des Lough Derg, das mit dem Schiff von einem Hafen acht Kilometer nördlich von Pettigo erreichbar ist. Die Insel ist religiöses Zentrum mit einer 1921 errichteten Basilika und Pilgerherbergen.

Die Wallfahrer kommen von Juni bis Mitte August und verbringen drei Tage auf der Insel, in denen sie nur eine Mahlzeit pro Tag, bestehend aus trockenem Brot und Tee, zu sich nehmen. Die Insel dürfen ausschließlich Pilger besuchen. Der Hafen, von dem sie losfahren, ist sehenswert. Er bietet zudem eine schöne Sicht auf die Basilika.

Rossnowlagh ⓱

Straßenkarte C2. Co Donegal.
🚶 55. 🚌 ab Bundoran u. Donegal.
ℹ Apr–Okt: Main St, Bundoran (071 984 1350). **www**.discoverireland.ie

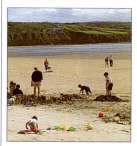

Feriengäste am Sandstrand von Rossnowlagh

Bei Rossnowlagh brechen sich die Wellen des Ozeans an einem der schönsten Strände Irlands, der Badegäste wie Surfer anzieht. Dennoch ist der Ort sehr viel ruhiger als der Ferienort Bundoran 14 Kilometer südlich. Zudem bietet die Küste hier wunderschöne Spazierwege. Etwas abseits vom Meer befindet sich das **Donegal Historical Society Museum** in einem schönen Franziskanerkloster von 1950. Die kleine, aber

Blick vom Ufer des Lough Derg auf die Basilika von Station Island

Hotels und Restaurants in Nordwest-Irland *siehe Seiten 312–314 und Seiten 339–341*

Esszimmer im Lissadell House mit den Familienporträts der Gore-Booths

interessante Sammlung des Museums umfasst Funde aus der Steinzeit, irische Musikinstrumente sowie örtliches Kunsthandwerk.

In Rossnowlagh findet jedes Jahr im Juli die einzige Parade des protestantischen Oranier-Ordens (engl. *orange order*, siehe S. 49) in der Republik Irland statt.

🏛 **Donegal Historical Society Museum**
📞 071 985 1342. ● 25. Dez.

Ballyshannon ⓘ

Straßenkarte C2. Co Donegal.
👥 2600. 🚌 ab Bundoran u. Donegal.

In Ballyshannon säumen gut erhaltene Häuser im georgianischen Stil die Straßen am Ufer des Erne, der nur unweit von hier in die Donegal Bay mündet. Die Stadt mit ihrem ganz eigenen Charakter ist voller Leben und liegt, obwohl hier im August eines der besten Festivals traditioneller Musik stattfindet, abseits der großen Besucherströme.

Über dieses Musikfestival hinaus ist Ballyshannon als Geburtsort des Dichters William Allingham (1824–1889) bekannt, der seine Heimatstadt so besang: »Adieu to Ballyshanny and the winding banks of the Erne.« Er ist auf dem Friedhof der St Anne's Church nahe der Hauptstraße begraben. Von hier aus hat man einen schönen Blick über den Fluss: Man sieht die Insel **Inis Saimer**, auf der einer Sage zufolge Griechen nach der Sintflut ihre erste Kolonie in Irland gründeten. Dahinter ist eine große Militärbasis der irischen Armee zu erkennen. Ballyshannons Lage auf einem steil abfallenden Hang hoch über den Ufern des Erne machte es schon immer strategisch bedeutend.

1,5 Kilometer nordwestlich von Ballyshannon stehen die Ruinen der **Assaroe Abbey**, die 1184 von Zisterziensern gegründet wurde. Nahebei wurden zwei Wasserräder restauriert. Diese **Water Wheels** bieten auch ein Informationszentrum mit Café.

🏛 **Water Wheels**
Assaroe Abbey. 📞 071 985 1580.
● Mitte Apr–Sep: So (im Aug tägl.).

Hund der Gore-Booths, Wandbild in Lissadell

Lissadell House ⓘ

Straßenkarte B2. Carney, Co Sligo.
📞 071 916 3150. 🚌 oder 🚆 bis Sligo. ● tägl. 10.30–18 Uhr.
www.lissadellhouse.com

Lissadell, ein um 1830 erbautes Wohnhaus im klassizistischen Stil, ist weniger aufgrund seiner Architektur, sondern eher wegen seiner einstigen Bewohner von Interesse. Hier lebten die Gore-Booths, die der Region im Lauf von vier Jahrhunderten viel Gutes angedeihen ließen. Während der Großen Hungersnot *(siehe S. 219)* verpfändete Sir Robert sein Haus, um sein Personal zu versorgen.

Berühmtestes Familienmitglied ist die Enkeltochter von Sir Robert: Constance Markievicz (1868–1927). Als Nationalistin war sie am Aufstand von 1916 *(siehe S. 44f)* beteiligt. Sie war die erste Frau, die ins British House of Commons gewählt wurde. Später war sie Arbeitsministerin im ersten Dáil. W. B. Yeats, der das Haus 1894 erstmals besuchte, verewigte Constance und ihre Schwester Eva in einem Gedicht, in dem er sie beschrieb als »zwei Mädchen in seidenen Kimonos, beide schön, eine von ihnen eine Gazelle«.

Das Lissadell House aus grauem Kalkstein erscheint von außen relativ bescheiden. Im Inneren jedoch herrscht eine Atmosphäre der Hochherrschaftlichkeit, unterstrichen von Gemälden und Andenken an die früheren Bewohner dieses Hauses. Die schönsten Räume sind die Galerie und der Speiseraum, der mit außergewöhnlichen Wandbildern geschmückt ist, die die Familie Gore-Booth und ihren Lieblingsbutler Thomas Kilgallon zeigen. Die Porträts stammen von Constance' Mann, dem selbst ernannten »Count« Casimir Markievicz, einem Abenteurer.

Das Haus und das wundervolle Umland werden allmählich restauriert, doch kann man schon jetzt die schöne Umgebung genießen. Es gibt zudem ein Tierreservat.

Tour durch Yeats Country [20]

Yeats-Tour-Beschilderung

Auch für jene, die mit der Dichtung von W. B. Yeats nicht vertraut sind, lohnt sich eine Fahrt durch die schöne Landschaft Sligos. Die Strecke führt an Sandküsten und spektakulären Kalkfelsen vorbei, durch Wälder und an Seen und Flüssen entlang. Im Herzen von Yeats Country, dem Land des Dichters, liegt der Lough Gill, umgeben von bewaldeten Hügeln mit Wanderwegen. Im Sommer kann man hier mit dem Boot fahren oder an den Stränden von Rosses Point verweilen.

Ben Bulben [5]
Der Ben Bulben ragt unvermittelt aus der Ebene heraus. Seien Sie achtsam, wenn Sie zum Gipfel hochsteigen!

Lissadell House [4]
Yeats war ein enger Freund der Schwestern Gore-Booth, die in Lissadell lebten. Yeats' Zimmer kann hier u.a. besichtigt werden *(siehe S. 231)*.

Drumcliff [3]
Obwohl Yeats in Frankreich starb, liegt er auf dem Friedhof in Drumcliff begraben. Bei den Ruinen eines alten Klosters steht ein schönes Hochkreuz.

ROUTENINFOS

Länge: 88 km.
Rasten: Außerhalb Sligos isst man am besten in Rosses Point, auch wenn es in Drumcliff und Dromahair gute Pubs sowie in Parke's Castle ein schönes Café gibt. Am Lough Gill findet man schöne Picknickplätze.
Bootsfahrten: Wild Rose Water Bus (071 916 4266 oder 087 259 8869) *(siehe S. 387–389)*.

LEGENDE

— Routenempfehlung
= Andere Straße
▭ Bootsausflüge
✻ Aussichtspunkt

Rosses Point [2]
Hier verbrachte Yeats gewöhnlich mit seinem Bruder den Sommer. Der Ort liegt an der Einfahrt zur Sligo Bay, wo stets Boote vorüberkommen.

Sligo [1]
Sligo ist gut geeignet als Ausgangspunkt für eine Fahrt durch Yeats Country. Vieles hier erinnert an den Dichter und seine Familie, deren literarisches Erbe die Kunstszene Sligos inspirierte *(siehe S. 234)*.

NORDWEST-IRLAND 233

W. B. Yeats und Sligo

W. B. Yeats (1865–1939)

Als Schuljunge in London sehnte Yeats *(siehe S. 23)* sich zurück nach seinem Geburtsort Sligo – als Erwachsener kam er deshalb so oft wie möglich hierher. Er beschreibt das Land, das seine ganze Dichtung inspirierte, in seinen *Reveries over Childhood and Youth*. »In gewisser Hinsicht«, so Yeats, »war Sligo immer meine Heimat«, und hier wollte er auch beerdigt werden. Sein Grabstein in Drumcliff trägt die Inschrift: »Blicke kühl auf das Leben, auf den Tod. Reiter, zieh weiter.«

Blick über den Lough Gill auf Parke's Castle

Parke's Castle ㉑

Straßenkarte C2. 6 km nördl. von Dromahair, Co Leitrim. 071 916 4149. oder nach Sligo. Mitte März–Okt: tägl. 10–18 Uhr (letzter Einlass 17.15 Uhr). nur Erdgeschoss. www.heritageireland.ie

Glencar Lough ⑥
»Hier ist ein Wasserfall …, der mir als Kind sehr teuer war«, schrieb Yeats über jene Wasser, die sich in den Glencar Lough ergießen. Von der Straße führt ein Weg dorthin.

Parke's Castle ⑦
Der befestigte Landsitz aus dem 17. Jahrhundert liegt schön mit Blick über den Lough Gill. Von hier aus kann man Bootsfahrten unternehmen.

Isle of Innisfree ⑧
»Um Mitternacht ist alles hier in Glanz getaucht, am Mittag gibt es Purpurleuchten«, schrieb Yeats einst über Innisfree. Im Sommer kann man mit dem Boot zu der kleinen, romantischen Insel übersetzen.

Dooney Rock ⑨
Ein steiler Weg führt von der Straße zum Dooney Rock mit herrlichem Blick über den See und auf den Ben Bulben. In den umliegenden Wäldern und am See locken Spazierwege.

0 Kilometer 3

Der Landsitz am Ostufer des Lough Gill wurde 1609 von Captain Robert Parke errichtet, der für Leitrim im Parlament saß. Er wurde schön mit irischer Eiche und gemäß alten Bautechniken aus dem 17. Jahrhundert renoviert. Parke's Castle wurde anstelle eines alten Turmhauses (16. Jh.) errichtet, das den O'Rourkes gehörte, einer mächtigen Familie dieser Region. Die Steine des Turmhauses wurden für den Bau des Landsitzes verwendet. Die Grundmauern und Teile des alten Grabens wurden in das neue Gebäude integriert. Das Anwesen wird von einer Mauer geschützt, zu der das Haus selbst, ein Torhaus und zwei Türme gehören.

Zu den architektonischen Eigenheiten der Anlage gehören die Kamine, die Fenster und die Fensterbrüstungen. Zudem gibt es eine merkwürdige Steinhütte, bekannt als »Schwitzhaus«, eine frühe irische Sauna. Eine Ausstellung und audiovisuelle Präsentationen erläutern die Geschichte des Hauses und prähistorische Sehenswürdigkeiten in der Nähe. Es gibt auch eine Schmiede.

Ab Parke's Castle kann man Bootsfahrten zu verschiedenen Plätzen am Lough Gill unternehmen, die an W. B. Yeats erinnern.

Hotels und Restaurants in Nordwest-Irland *siehe Seiten 312–314 und Seiten 339–341*

Hargadon's Bar, ein urgemütliches Pub in Sligo

Sligo ㉒

Straßenkarte C2. Co Sligo. 20 000. ✈ Sligo Airport (071 916 8280). 🚆 🚌 🏠 Aras Reddan, Temple St (071 61201). 🎭 Fr. www.discoverireland.ie

Sligo liegt an der Mündung des Garavogue zwischen Atlantik und Lough Gill. Die heute größte Stadt im Nordwesten erlangte bereits unter den Normannen als Verbindungstor zwischen Ulster und Connaught Berühmtheit. Die Blütezeit im späten 18. und im 19. Jahrhundert prägte Sligos Charakter.

Die Stadt liegt günstig für Touren in die Umgebung, zudem ist sie ein bedeutendes Zentrum traditioneller Musik. Sligo selbst mag etwas düster erscheinen, hat jedoch durchaus Atmosphäre und Charme, nicht zuletzt aufgrund seiner engen Verbindung zu W. B. Yeats (siehe S. 232f), der hier geboren wurde. Vom Dachtürmchen des Kaufhauses Pollexfen am westlichen Ende der Wine Street beobachtete einst der Großvater des Dichters seine Handelsflotte, die hier im Hafen festmachte.

Das einzige Gebäude der Stadt aus dem Mittelalter ist **Sligo Abbey** (1253). Vom ursprünglichen Bau sind nur noch Fenster im Chor erhalten. Der größte Teil der ehemaligen Dominikanerabtei stammt aus dem 15. Jahrhundert. Schön sind ein geschnitzter Altar und der Kreuzgang.

Ein kleines Stück weiter im Westen gelegen befindet sich die O'Connell Street mit großen Läden und Hargadon's Bar – eine traditionsreiche Institution in Sligo. Sie ist in dunklem Holz gehalten, mit gemütlichen Ecken und einer Lebensmitteltheke. Nahe der Kreuzung Wine Street, mit Blick über die Hyde Bridge, steht das Yeats Memorial Building. Hier haben die Yeats Society und die **Sligo Art Gallery**, die ausländische und irische Künstler ausstellt, ihren Sitz.

Der Ruf Sligos als Kunstzentrum gründet sich auf die Yeats International Summer School – ein jährliches Festival mit Lesungen und Seminaren zu Leben und Werk des Dichters. Überquert man die Hyde Bridge, trifft man auf eine Statue des Dichters, mit einigen Versen aus seinen Dichtungen versehen.

Statue des Dichters Yeats

Ganz in der Nähe liegt das **Sligo County Museum**, das Erinnerungsstücke an Yeats sowie Bilder von Landschaften rund um Sligo zeigt. Die **Model Arts & Niland Gallery** umfasst die Niland-Sammlung, zu der auch Bilder von Yeats' Bruder gehören, sowie zeitgenössische irische Kunst.

🏛 **Sligo Abbey**
Abbey St. ☎ 071 914 6406.
◯ Mitte März–Okt: tägl.; Nov–Mitte Dez: Fr–So. 🎭 Ostern–Okt.

🏛 **Sligo Art Gallery**
Hyde Bridge. ☎ 071 914 1623.
◯ Mo–Sa 10–17.30 Uhr.
www.sligoartgallery.com

🏛 **Sligo County Museum**
Stephen St. ☎ 071 914 7190.
◯ Di–So (Okt–Mai nur nachm.).

🏛 **Model Arts & Niland Gallery**
The Mall. ☎ 071 914 1405.
◯ Di–So. www.modelart.ie

Umgebung: In einem Außenbezirk liegt der **Carrowmore Megalithic Cemetery**, eine große steinzeitliche Grabanlage. Da sie als Steinbruch genutzt wurde, sind heute nur noch 40 Ganggräber (siehe S. 246f) und Dolmen (siehe S. 32) zu sehen. Sie liegen verstreut, zum Teil in Privatgärten oder sind sogar im Mauerwerk der Bauernhäuser.

Knocknarea ist ein riesiger, über 5000 Jahre alter Steinhügel – und angeblich das Grab von Königin Maeve von Connaught (siehe S. 26).

Tobernalt, fünf Kilometer südlich von Sligo, bedeutet »heiliger Fels« und ist nach einer angeblich heilkräftigen Quelle benannt. In keltischer Zeit war dies ein heiliger Ort, später ein christliches Sanktuarium. Im 18. Jahrhundert, als der katholische Glaube verboten war, kamen Priester heimlich hierher. Der Altar auf einem Felsen ist auch heute noch Ziel von Pilgern.

🏛 **Carrowmore Cemetery**
☎ 071 916 1534.
◯ Ostern–Okt. 🎭

Altar beim Sanktuarium von Tobernalt

Hotels und Restaurants in Nordwest-Irland siehe Seiten 312–314 und Seiten 339–341

Lough Arrow ㉓

Straßenkarte C3. Co Sligo. 🚌 bis Ballinafad. ℹ️ Mai–Okt: Boyle (071 966 2145). www.discoverireland.ie

Ganggrab auf dem Carrowkeel-Friedhof oberhalb des Lough Arrow

Man kommt zum Lough Arrow, um zu segeln und Forellen zu angeln oder einfach um die schöne Landschaft zu genießen. Man kann den See mit dem Boot erkunden, doch ist der Blick vom Ufer das eigentlich Reizvolle. Ein Spaziergang rund um den See ist empfehlenswert, auf jeden Fall aber bis nach **Ballinafad** am Südufer, das herrliche Ausblicke bietet. Die kleine Stadt liegt schön umgeben von den Bricklieve und Curlew Mountains.

Der **Carrowkeel Passage Tomb Cemetery** befindet sich ebenfalls in herrlicher Lage in den Bricklieve Mountains, nördlich von Ballinafad. Man erreicht den Friedhof am besten von fünf Kilometer entfernten Castlebaldwin.

Die 14 Ganggräber aus dem Neolithikum, die auf einem Hügel mit Blick über den Lough Arrow verstreut sind, weisen ausgearbeitete Kragsteinstrukturen auf. Ein Grab ist mit jenem von Newgrange *(siehe S. 246f)* vergleichbar, nur dass hier die Sonne am 21. Juni (und nicht zur Wintersonnenwende) in die Grabkammer fällt. In der Nähe befinden sich Überreste einer Steinzeitsiedlung, deren Bewohner früher vermutlich ihre Toten in den Ganggräbern von Carrowkeel beerdigten.

Carrick-on-Shannon ㉔

Straßenkarte C3. Co Leitrim. 🚶 2500. 🚌 🚆 ℹ️ The Old Barrel Store (071 962 2045). www.leitrimtourism.com

Die kleine County-Hauptstadt von Leitrim, eines der zuletzt besiedelten Countys Irlands, liegt an einer scharfen Biegung des Shannon. Die Lage am Fluss und nahe dem Grand Canal war ausschlaggebend für die Entwicklung Carricks und ihrer Attraktivität für Besucher. Die Stadt hat einen modernen Hafen, im Sommer auch mit Bootsverleih.

Zusätzlich hat Carrick von der Wiedereröffnung der Shannon-Erne-Wasserstraße profitiert, die sechs Kilometer nördlich bei Leitrim ihren Anfang nimmt. Dieser Kanal wurde von Nordirland und der Republik Irland gemeinsam instand gesetzt – ein Unternehmen, das auch als Symbol friedlicher Kooperation zwischen den beiden Teilen der Insel wichtig ist.

Abgesehen von seinem modernen Hafen geht Carrick vornehmlich auf das 19. Jahrhundert zurück. Erhalten sind Kirchen und Klöster aus dieser Zeit sowie viele Häuser im etwas vornehmeren georgianischen Stil. Das merkwürdigste Gebäude der Stadt ist die **Costello Chapel** in der Bridge Street. Die kleine, durchaus sehenswerte Kapelle wurde 1877 von dem hier ansässigen Geschäftsmann Edward Costello als Begräbnisstätte für sich und seine Frau errichtet.

Organic Centre ㉕

Straßenkarte C3. Rossinver, Co Leitrim. 📞 071 985 4338. 🕐 tägl. 🚫 Weihnachten–Neujahr. www.theorganiccentre.ie

Das etwa drei Kilometer von Rossinver entfernte Organic Centre wurde 1995 eingerichtet. Die Anlage wurde mit dem Ziel gegründet, ein Informations- und Dokumentationszentrum rund um Gartenbau und Landnutzung zu schaffen.

Das Organic Centre umfasst eine Fläche von rund acht Hektar in der noch relativ intakten Landschaft im dünn besiedelten Norden von Leitrim. In mehreren thematischen Gärten wird der Zauber des Gartenbaus vermittelt. Eine Abteilung wendet sich an Kinder. Das Café hat an den Wochenenden im Sommer geöffnet.

SHANNON-ERNE-WASSERSTRASSE

Die Wasserstraße – ein labyrinthartiges System von Seen und Flüssen durch unberührtes Grenzland – verbindet Leitrim am Shannon mit dem Upper Lough Erne in Fermanagh. Die Wasserstraße folgt einem alten Kanal, der jedoch ab 1860 nicht mehr genutzt wurde. Erst 1993 wurde der Kanal wiedereröffnet. Seitdem ist es wieder möglich, hier sowohl die viktorianischen Bauten, darunter 34 Brücken, als auch die Technologie der 16 Schleusen zu bewundern.

Motorboot in einer Schleuse der Shannon-Erne-Wasserstraße

MIDLANDS

CAVAN · MONAGHAN · LOUTH · LONGFORD · WESTMEATH
MEATH · OFFALY · LAOIS

Die Midlands sind die Wiege der keltischen und irischen Kultur. Hier liegen die meisten der einst heiligen, immer noch symbolträchtigen Orte der Insel. In der verlassenen und verwilderten Landschaft mit ihren Weiden, Seen und Sumpfgebieten finden sich keltische Kreuze, normannische Abteien und alte Burgen.

Schon in der Steinzeit siedelten im Boyne Valley im County Meath Menschen. Hier lag das Zentrum der Zivilisation in Irland. Zeugnisse der Siedlungsgeschichte findet man überall, darunter Newgrange, die schönste Grabanlage der Region. In keltischer Zeit verlagerte sich der Siedlungsschwerpunkt nach Süden in Richtung Hill of Tara – Sitz der Oberkönige Irlands und geistig-politisches Zentrum der Kelten. Taras Blütezeit begann im 3. Jahrhundert n. Chr. Es behielt seine Bedeutung bis zur normannischen Invasion im 12. Jahrhundert.

Normannische Burgen, etwa die riesige befestigte Anlage bei Trim im County Meath, zeugen von den sich verschiebenden Grenzen des englischen Einflussbereichs, der als *Pale* (siehe S. 132) bekannt ist und dem Ende des 16. Jahrhunderts nahezu alle Countys der Midlands angehörten. 1690 erlangte das Boyne Valley erneut historische Berühmtheit, als in der Schlacht am Boyne die Protestanten über die Katholiken siegten (siehe S. 38f). Seit 1921 sind Monaghan und Cavan Teil der Republik. Sie gehören historisch jedoch zu Ulster – und Monaghan steht noch in enger Verbindung zu dieser Provinz. Typisch für die Region sind sanfte Hügel, sogenannte *drumlins*.

Weiden und Sumpfland charakterisieren die Midlands. Die Slieve Bloom Mountains und die Cooley Peninsula bieten jedoch auch gute Wandermöglichkeiten. Neben prähistorischen Stätten findet man in Meath Sehenswürdigkeiten wie die Klöster Fore Abbey und Clonmacnoise.

Carlingford mit seinem Hafen und den Hügeln der Cooley Peninsula im Hintergrund

◁ Der Rundturm Temple Finghin beim Kloster Clonmacnoise *(siehe S. 250f)* am Ufer des Shannon

Überblick: Midlands

Ausgangspunkt für die Erkundung des Boyne Valley und schöner Klosteranlagen wie Monasterboice ist die Stadt Drogheda. Trim und Mullingar, im Südwesten gelegen, sind weniger bekannt, bieten jedoch den angenehmeren Aufenthalt. Die nördlichen Countys Monaghan, Cavan und Longford ziehen mit ihren Seen vor allem Angler an. Im Süden hingegen bestimmen dunkle, weite Sümpfe die Landschaft von Offaly und Laois, doch rund um das georgianische Birr finden sich auch einige Sehenswürdigkeiten. Das malerische Carlingford auf der Cooley Peninsula eignet sich für einen Abstecher zum Meer.

Westportal der Nun's Church bei Clonmacnoise

Legende

- ━━━ Autobahn
- ━━━ Schnellstraße
- ━━━ Hauptstraße
- ┅┅┅ Nebenstraße
- ━━━ Panoramastraße
- ─── Eisenbahn (Hauptstrecke)
- ─── Eisenbahn (Nebenstrecke)
- ━━━ Staatsgrenze
- ━━━ County-Grenze
- △ Gipfel

In den Midlands unterwegs

Die Midlands besitzen ein gutes Straßen- und Eisenbahnnetz, das von Dublin aus das Land erschließt. Deshalb ist es hier einfacher als in anderen Gegenden, mit öffentlichen Verkehrsmitteln zu fahren. Dundalk und Drogheda liegen an der Strecke Dublin–Belfast, Mullingar und Longford an der Strecke Dublin–Sligo. Sowohl mit der Bahn als auch auf der N7 von Dublin nach Limerick erreicht man Laois und Offaly. Die Straßen der Midlands verlaufen eben und gerade, haben jedoch oft Schlaglöcher.

Weitere Zeichenerklärungen *siehe hintere Umschlagklappe*

MIDLANDS

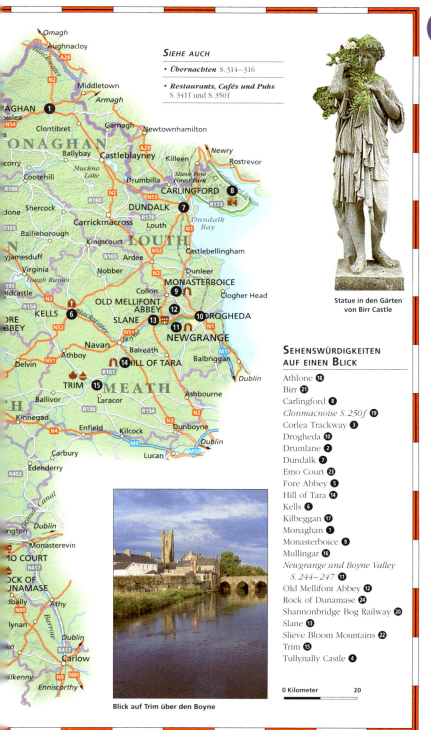

Siehe auch

- *Übernachten* S. 314–316
- *Restaurants, Cafés und Pubs* S. 341f und S. 350f

Statue in den Gärten von Birr Castle

Blick auf Trim über den Boyne

Sehenswürdigkeiten auf einen Blick

Athlone ⑱
Birr ㉑
Carlingford ⑧
Clonmacnoise S. 250f ⑲
Corlea Trackway ③
Drogheda ⑩
Drumlane ②
Dundalk ⑦
Emo Court ㉓
Fore Abbey ⑤
Hill of Tara ⑭
Kells ⑥
Kilbeggan ⑰
Monaghan ①
Monasterboice ⑨
Mullingar ⑯
Newgrange und Boyne Valley S. 244–247 ⑪
Old Mellifont Abbey ⑫
Rock of Dunamase ㉔
Shannonbridge Bog Railway ⑳
Slane ⑬
Slieve Bloom Mountains ㉒
Trim ⑮
Tullynally Castle ④

0 Kilometer 20

Der Rossmore-Memorial-Brunnen in Monaghan

Monaghan ❶

Straßenkarte D2. Co Monaghan.
6000.
Knockaconny (047 71818).
www.monaghantourism.com

Das lebhafte Monaghan ist der urbane Mittelpunkt im Norden der Midlands. Es wurde 1613 von James I (siehe S. 39) gegründet und entwickelte sich dank der ansässigen Leinenherstellung zu einem blühenden Industriezentrum. Ein *Crannog* (siehe S. 33) bei der Glen Road ist das einzige Zeugnis des keltischen Ursprungs dieser Stadt.

Im Herzen von Monaghan liegen drei Plätze eng beieinander. Der schönste von ihnen ist der Market Square (18. Jh.). Hier steht das **Market House**, ein kleines, hübsches Haus mit Eichenbalken, in dem sich das Fremdenverkehrsbüro befindet. Östlich des Platzes liegt der Church Square, Mittelpunkt des modernen Monaghan. Er wird von Häusern aus dem 19. Jahrhundert gesäumt, etwa dem Gerichtshaus. Der dritte Platz, der sogenannte Diamond, war früher der Marktplatz. Hier steht das **Rossmore Memorial**, ein Brunnen im viktorianischen Stil mit Steinbaldachin.

Besuchen Sie das **County Museum**, das die Geschichte von Monaghan und seiner Leinenindustrie präsentiert. Stolz der historischen Abteilung ist das Cross of Clogher, ein Bronzealtar (um 1400).

Auf einem Hügel außerhalb der Stadt erhebt sich die im neogotischen Stil errichtete St Macartan Cathedral. Von hier aus hat man einen schönen Blick auf Monaghan.

🏛 County Museum
Hill St. 047 82928. Di–Sa.
Feiertage. teilweise.

Drumlane ❷

Straßenkarte C3. 1 km südl. von Milltown, Co Cavan.
nach Belturbet.

Die mittelalterliche Kirche und der Rundturm lohnen einen Besuch allein aufgrund ihrer herrlichen Lage. Die Abteikirche (Anfang 13. Jh.) wurde um 1400 umgebaut. Sie zeigt schöne romanische Dekors. Dem nahen Rundturm fehlt das Dach, doch verfügt er über hübsches Mauerwerk, das an der Nordseite mit Vogeldarstellungen verziert ist.

Corlea Trackway ❸

Straßenkarte C3. Kenagh, Co Longford. 043 22386. nach Longford. Apr–Sep: tägl. 10–18 Uhr (letzter Einlass 17.15 Uhr).
teilweise.

Das Corlea Trackway Visitor Centre zeigt eine Moorstraße aus der Eisenzeit (148 v.Chr.). Die aus Mooreichen gebaute Straße ist die größte ihrer Art, die in Europa ausgegraben wurde. 18 konservierte Meter der Straße sind zu sehen. Dafür wurde eigens eine Halle gebaut, um das Holz vor Hitze zu schützen.

Corlea Trackway

Hotels und Restaurants in den Midlands *siehe Seiten 314–316 und Seiten 341 f*

MIDLANDS 241

Viktorianische Küche in Tullynally Castle

Umgebung: Etwa zehn Kilometer nördlich des Corlea Trackway liegt **Ardagh**, das schönste Dorf in Longford mit hübschen Cottages um den Dorfanger. Der Shannon, Lough Ree, der Inny und Lough Gowna machen die Gegend zu einem Paradies für Angler. Der Streifen mit »warmen Löchern« bei Lanesborough ist bekannt für seine Weißfische. Kanuten ziehen die Wasserläufe bei Ballymahon magisch an.

Tullynally Castle ❹

Straßenkarte C3. Castle Pollard, Co Westmeath. 044 966 1159. nach Mullingar. **Schloss** nur für Gruppen nach Voranmeldung. obligatorisch. **Teesalons und Gärten** Mai, Juni: Sa, So u. Feiertage 12–18 Uhr; Juli, Aug: tägl. 12–18 Uhr. teilweise. **www**.tullynallycastle.com

Das riesige Gebäude mit seinen vielen Türmen und Zinnen ist eines der größten Schlösser Irlands. Es wurde im georgianischen Stil (17. Jh.) errichtet. Später wurde das einstige Turmhaus im neogotischen Stil umgebaut. Seit 1655 lebt die Familie Pakenham auf Tullynally Castle.

Die große Eingangshalle führt zum getäfelten Esszimmer. Ebenso interessant sind die viktorianische Küche und der Wäscheraum.

Die mit 8000 Büchern ausgestattete Bibliothek bietet einen wunderschönen Blick auf die bewaldete Parklandschaft des Anwesens, die im 18. Jahrhundert mit viktorianischen Terrassen, Blumen- und Nutzbeeten angelegt wurde. Hier befinden sich auch zwei kleine Seen mit schwarzen Schwänen.

Fore Abbey ❺

Straßenkarte C3. Fore, Castle Pollard, Co Westmeath. 044 966 1780. nach Castle Pollard. tägl.

Die Ruinen von Fore Abbey liegen in einer Hügellandschaft, etwa acht Kilometer östlich von Tullynally Castle. 630 gründete hier der hl. Fechin ein Kloster. Die Ruinen stammen jedoch von einer Abtei von ca. 1200. Fore Abbey liegt an der nördlichen Grenze des Pale *(siehe S. 132)* und wurde im 15. Jahrhundert zum Schutz gegen die irische Bevölkerung befestigt. Die heute zerfallene Kirche war Teil der alten normannischen Abtei. Kreuzgang und Refektorium hingegen stammen aus der Zeit um 1400. Auf einem Hügel gegenüber steht die normannische St Fechin Church mit einer Einsiedlerzelle (15. Jh.).

Kells ❻

Straßenkarte D3. Co Meath. 5500. *Kells Heritage Centre, Navan Rd (046 924 9336).* Dez, Jan. **www**.meath.ie

Die mit ihrem irischen Namen Ceanannus Mór ausgeschilderte kleine Stadt ist so schön wie ihr Kloster.

Kells Monastery wurde im 6. Jahrhundert vom hl. Columba gegründet. Seine Blütezeit erlebte es jedoch ab 806, als Mönche aus Iona hierher flohen. Sie waren es wohl auch, die die prachtvolle Handschrift *Book of Kells* erstellten, die heute im Dubliner Trinity College *(siehe S. 62)* aufbewahrt wird.

Die Abtei liegt im Westen der Stadt. Ihr Zentrum bildet eine Kirche (18. Jh.), neben der ein Rundturm ohne Spitze steht. Hier findet man auch mehrere Hochkreuze (9. Jh.), von denen das Südkreuz am besten erhalten ist.

Nördlich des Kirchhofs liegt **St Columba's House**, ein Oratorium, das an St Kevin's Kitchen in Glendalough *(siehe S. 140)* erinnert.

In der Cross Street im Zentrum des Orts steht ein Hochkreuz, das vom Kloster hierher gebracht und während des Aufstands von 1798 *(siehe S. 41)* als Galgen benutzt wurde. Am Sockel ist eine Schlacht dargestellt.

Die Ruinen von Fore Abbey, einer mittelalterlichen Benediktinerabtei

Cottage in Carlingford auf der hügeligen Halbinsel Cooley

Dundalk [7]

Straßenkarte D3. Co Louth.
32 000. Jocelyn St (042 933 5484). Fr.
www.discoverireland.ie

Dundalk war einst nördlichster Punkt des Pale, des Gebiets, das im Mittelalter die Engländer kontrollierten (siehe S. 132). Die Stadt liegt auf halbem Weg zwischen Dublin und Belfast und ist heute die letzte größere vor der Grenze zu Nordirland.

Dundalk bildet das Tor zur prächtigen Landschaft der Cooley Peninsula. Das in einer alten Destillerie (18. Jh.) eingerichtete County Museum gibt Einblicke in Handwerksarten wie das Bierbrauen.

County Museum
Jocelyn St. 042 932 7056.
Mai–Sep: tägl.; Okt–Apr: Di–So.
25., 26. Dez, 1. Jan.

Carlingford [8]

Straßenkarte D3. Co Louth.
950. **Holy Trinity Heritage Centre** Churchyard Rd (042 937 3454). **Carlingford Adventure Centre** Tholsel St (042 937 3100).
2 Wochen an Weihnachten.
www.carlingfordadventure.com

Das Fischerdorf liegt malerisch zwischen den Bergen der Halbinsel Cooley und dem Meeresarm Carlingford Lough. Die Grenze zu Nordirland verläuft mitten durchs Flusstal. Vom Dorf aus überblickt man die Mountains of Mourne (siehe S. 284f). Der Ort mit hübschen weißen Cottages, alten Häusern und mittelalterlichen Gassen wird vom **King John's Castle** überragt, das die Normannen zum Schutz des Lough errichteten. Einige Gebäude wie die Münze sind sehenswert. Gleiches gilt für das **Holy Trinity Heritage Centre** in einer mittelalterlichen Kirche, das die Geschichte des Hafens seit anglo-normannischen Zeiten dokumentiert.

Carlingford gilt als Zentrum der Austernzucht. Das Austernfestival im August lockt jedes Jahr viele Menschen an. Der See ist auch ein beliebtes Wassersportzentrum. Im Sommer kann man schöne Bootsfahrten entlang der Küste unternehmen. Es gibt nun eine neue Marina.

Das **Carlingford Adventure Centre** bietet zudem Wanderungen, Segeltörns und Kanuausflüge an.

Umgebung: Eine Panoramastrecke führt rund um die **Cooley Peninsula**, zunächst an der Küste entlang und dann quer durch die Berge. Der Abschnitt an der Nordküste ist der spektakulärste: Drei Kilometer nördlich von Carlingford windet sich eine Straße durch den **Slieve Foye Forest Park** und bietet atemberaubende Ausblicke über die Berge und den Lough.

Von Carlingford aus führt ein rund 30 Kilometer langer Rundweg durch einige der zerklüftetsten Gebiete der Insel. Im Moorland sind einige prähistorische Zeugnisse zu sehen. Rüstige Wanderer können die Strecke innerhalb eines Tages auch zu Fuß bewältigen.

Monasterboice [9]

Straßenkarte D3. Co Louth.
nach Drogheda. tägl.

Das Kloster wurde im 5. Jahrhundert vom hl. Buite, einem Schüler des hl. Patrick, gegründet. Das Ruinenfeld ist eine von Irlands sakralen Hauptsehenswürdigkeiten. Es liegt malerisch abgeschieden, umgeben von einem Friedhof, nördlich von Drogheda. Zum Kloster gehören ein Rundturm und zwei Kirchen. Der bedeutendste Schatz sind allerdings die Hochkreuze (10. Jh.).

Muiredach's High Cross, das schönste seiner Art in ganz Irland, ist mit biblischen Darstellungen verziert, die bemerkenswert gut erhalten sind. Sie zeigen Szenen aus dem Leben Jesu und dem Alten Testament. Am Fuß des Kreuzes steht die Inschrift: »Ein Gebet für Muiredach, der dieses Kreuz fertigte« – möglicherweise ein Hinweis auf den Abt von Monasterboice. Das 6,50 Meter hohe Westkreuz, auch Tall Cross genannt, ist eines der höchsten in Irland. Die Ornamente hier sind nicht so gut erhalten wie jene des Muiredach's Cross, doch kann man einige Szenen von Christi Tod erkennen. Das Nordkreuz, das am wenigsten bemerkenswerte, zeigt eine Kreuzigung sowie Spiralmuster.

Grabstein auf dem Friedhof von Monasterboice

Rundturm und Westkreuz von Monasterboice

Hotels und Restaurants in den Midlands siehe Seiten 314–316 und Seiten 341–342

Irlands Hochkreuze

Hochkreuze gibt es überall in den keltischen Gebieten Irlands und Englands, doch Irlands Hochkreuze sind außergewöhnlich, was ihre Anzahl und ihre Gestaltung betrifft. Einst fester Bestandteil der mittelalterlichen Klöster, wurden sie vom 8. bis zum 12. Jahrhundert reich verziert. Erste Hochkreuze weisen bis ins 8. Jahrhundert eine einfache geometrische Ornamentik auf. Im 9. und 10. Jahrhundert zeigen sie ganze Szenen oder Bildgruppen aus der Bibel. Diese »Erzählungen in Stein« wurden wohl dazu benutzt, dem leseunkundigen Volk die Bibel nahezubringen. Die Hochkreuze waren auch Statussymbole der Klöster oder der örtlichen Landherren.

Steinsäulen *mit eingraviertem Kreuz wie diese Säule bei Riasc (siehe S. 158; 6. Jh.) gelten als Vorläufer der Hochkreuze.*

Schlussstein, der die Heiligen Antonius und Paulus in der Wüste zeigt

Zapfen

Das Hochkreuz bei Ahenny *(siehe S. 199)* zeigt die typischen Ornamente des 8. Jahrhunderts. Die Muster ähneln jenen, die man auf keltischen Schmuck- und Metallarbeiten findet.

MUIREDACH'S CROSS

Jede Seite des Kreuzes (10. Jh.) im Kloster Monasterboice zeigt Szenen aus der Bibel, darunter auch die hier abgebildete östliche Seite. Das 5,50 Meter hohe Kreuz besteht aus drei Sandsteinblöcken, die ineinandergesetzt sind.

Das Jüngste Gericht zeigt Christus im Glorienschein, umgeben von erretteten Seelen. Zu seiner Rechten ist der Teufel, bereit, die Seelen der Verdammten in die Hölle zu stoßen.

Winkelform

Die Weisen aus dem Morgenland

Kampf Davids gegen Goliath

Der Ring hatte sowohl dekorative wie funktionale Bedeutung. Er stützte die Quer- und Längsbalken ab.

Moses lässt Wasser aus dem Felsen entspringen.

Das Dysert O'Dea Cross (11. Jh.; *siehe S. 189*) ist ein typisches Hochkreuz der späteren Zeit. Es zeigt Christus und einen Bischof.

Höhlung

Sockel

Zapfen

Der Sündenfall zeigt Adam und Eva neben dem Apfelbaum. Daneben erschlägt Kain seinen Bruder Abel. Beide Szenen findet man oft auf Hochkreuzen dargestellt.

Drogheda ❿

Straßenkarte D3. Co Louth.
🚶 30 000. 🚉 🚌 ℹ️ *Donore Rd (041 983 7070); Millmount (041 984 5684).* 🛒 *Sa.*
www.discoverireland.ie

Blick über den Boyne auf Drogheda vom Millmount aus

Im 12. Jahrhundert war die normannische Hafenstadt an der Mündung des Boyne eine der bedeutendsten Städte Irlands. Jedoch scheint sich der Ort niemals von der Attacke Cromwells im Jahr 1649 *(siehe S. 39)* erholt zu haben, bei der 2000 Einwohner getötet wurden. Auch wenn die Stadt etwas heruntergekommen erscheint, verfügt sie noch immer über ein reiches mittelalterliches Erbe.

Von den Befestigungsanlagen ist noch das **St Lawrence Gate** (13. Jh.) erhalten. In der Nähe stehen zwei Kirchen, **St Peter's** genannt. Die schönere der beiden, 1753 erbaut, gehört der Church of Ireland an. Sehenswert in der katholischen Kirche ist das einbalsamierte Haupt von Oliver Plunkett, einem Erzbischof, der 1681 als Märtyrer starb.

Südlich des Flusses geht es zum Millmount hinauf, einer normannischen Anlage. Hier bieten sich schöne Ausblicke über die Stadt. Das **Millmount Museum** präsentiert Sammlungen zu Geschichte, Kunst und Kunsthandwerk.

🏛 Millmount Museum
Millmount Square. 📞 *041 983 3097.* 🕐 *tägl. (So nur nachmittags).* 🔒 *Weihnachtswoche.* 🎫 📷 ♿ *teilweise.* www.millmount.net

Newgrange und Boyne Valley ⓫

Straßenkarte D3. Co Meath.
🚌 *bis Drogheda.* 🚌 *nach Slane oder Drogheda.* ℹ️ *Brú na Bóinne Interpretative Centre (041 988 0300).* 🕐 *tägl.*

Das als Brú na Bóinne, als »Palast des Boyne«, bekannte Flusstal war einst die Wiege der irischen Zivilisation. Der fruchtbare Boden bot in neolithischer Zeit einer hochstehenden Siedlergemeinschaft Lebensraum. Viele Zeugnisse dieser Zeit sind erhalten geblieben, etwa Ringforts, Gang- und Hügelgräber sowie sakrale Stätten. Die bedeutendsten neolithischen Funde im Boyne Valley sind drei Ganggräber: Das herausragendste ist **Newgrange** *(siehe S. 246f)*, doch auch **Dowth** und **Knowth** sind bemerkenswert. Zum Boyne Valley gehören zudem der

Der Boyne, nahe dem Schauplatz der berühmten Schlacht am Boyne

---

DIE SCHLACHT AM BOYNE

1688 wurde James II, der katholische König Englands, gestürzt. Seine protestantische Tochter Mary und ihr Gatte Wilhelm von Oranien kamen auf den Thron. Um die Macht zurückzuerlangen, sicherte sich James die Unterstützung der irischen Katholiken und forderte Wilhelm am Boyne zur Schlacht heraus. Die Schlacht fand am 1. Juli 1690 statt. Etwa 25 000 französische und irische Katholiken standen Wilhelms Armee von 36 000 französischen Hugenotten, Dänen, Engländern und Schotten gegenüber. Die Protestanten siegten, James floh nach Frankreich. Die Schlacht markiert den Beginn der protestantischen Macht über Irland. »Katholisches Land« wurde niedergebrannt, katholische Interessen unterdrückt – das Schicksal Irlands war für die nächsten 300 Jahre besiegelt.

Wilhelm von Oranien führt seine Truppen in die Schlacht am Boyne, 1. Juli 1690

Hotels und Restaurants in den Midlands *siehe Seiten 314–316 und Seiten 341 f*

MIDLANDS

Hill of Slane und der Hill of Tara *(siehe S. 248)*, wichtige Stätten keltischer Mythologie. Die gesamte Region ist voller Bezüge zu Irlands Prähistorie, mit Monumenten, die älter als die ägyptischen Pyramiden sind. Deshalb wird Boyne Valley auch als irisches »Tal der Könige« bezeichnet. Knowth und Newgrange können nur mit einer Führung des **Brú na Bóinne Interpretative Centre** besucht werden. Dort werden auch Zeugnisse aus der Steinzeit und eine Rekonstruktion von Newgrange gezeigt.

Slane Castle Demesne mit den Gartenanlagen von Capability Brown

Dowth

Nahe N51, 3 km östl. von Newgrange. ● *für die Öffentlichkeit.*
Das Ganggrab von Dowth ist nicht vollständig freigelegt und wurde zudem von viktorianischen Grabräubern geplündert. Es ist nur von der Straße aus zu sehen.

Knowth

An der N51, 1,5 km nordwestl. von Newgrange. 041 24824. ● *wie Newgrange (siehe S. 246 f).*
Knowth übertrifft Newgrange durch die hier gefundenen Schätze. Sie bilden den reichsten neolithischen Fund, der je in Europa gemacht wurde. Zudem war die Anlage von der Steinzeit bis etwa 1400 bewohnt. Ungewöhnlicherweise hat sie zwei Ganggräber statt nur eines. Die Gräber dürfen nur von außen besichtigt werden, um einen weiteren Verfall zu verhindern.

Ruine des Lavabo in Old Mellifont Abbey

Old Mellifont Abbey ⑫

Straßenkarte D3. Cullen, Co Louth. 041 982 6459. ● nach Drogheda. ● nach Drogheda.
● *Mai–Sep: tägl. 10–18 Uhr (letzter Einlass 17.15 Uhr).*

An den Ufern des Mattock, zehn Kilometer westlich von Drogheda, liegt Old Mellifont Abbey, Irlands erste Zisterzienserabtei, die 1142 vom hl. Malachy, dem Erzbischof von Armagh, einem Anhänger des hl. Bernhard von Clairveaux, gegründet wurde. Der Erzbischof führte in Mellifont jedoch nicht nur die Ordensregeln der Zisterzienser ein, sondern auch den formalen Stil klösterlicher Architektur. Seine Klosteranlage wurde zum Modell für andere Zisterzienserklöster in Irland, über die sie doch stets ihre Vormachtstellung bewahrte, bis sie 1539 geschlossen und in eine befestigte Anlage umgewandelt wurde. Wilhelm von Oranien nutzte Mellifont während der Schlacht am Boyne im Jahr 1690 als Hauptquartier. Größe und Grundriss der Abtei, heute eine Ruine, sind noch gut erkennbar. Von der Kirche ist nur wenig erhalten, jedoch südlich davon, umgeben vom einstigen romanischen Kreuzgang, befindet sich das interessanteste Gebäude Mellifonts: ein Lavabo (13. Jh.), wo sich die Mönche vor den Mahlzeiten die Hände wuschen. Vier der ursprünglich acht Seitenmauern des Gebäudes sind noch erhalten, alle versehen mit sehr schönen romanischen Torbogen. An der Ostseite des Kreuzgangs befindet sich das Kapitelhaus (14. Jh.) mit eindrucksvollem Deckengewölbe und mittelalterlichen Bodenfliesen aus Keramik.

Keramikfliese in Old Mellifont Abbey

Slane ⑬

Straßenkarte D3. Co Meath. 950. ●

Slane ist ein hübsches Dorf mit einigen georgianischen Häusern. Durch den Ort fließt der Boyne, vorbei auch am **Slane Castle Demesne** mit seinem schönen Garten, der im 18. Jahrhundert von Capability Brown angelegt wurde. Nördlich des Orts erhebt sich der **Hill of Slane**. Im Jahr 433 soll der hl. Patrick hier ein Osterfeuer entzündet haben, um den heidnischen Oberkönig von Tara *(siehe S. 248)* herauszufordern. Dieses Ereignis stand symbolhaft für den Sieg der Christenheit über das Heidentum.

Newgrange

Spiralmuster am Stein in der Kammer

Die Ursprünge von Newgrange, einem der bedeutendsten Ganggräber Europas, sind unklar. Nach keltischer Überlieferung wurden hier die legendären Könige von Tara (*siehe S. 248*) bestattet, doch Newgrange ist älter als diese Dynastie. Das Grab wurde um 3200 v. Chr. errichtet und von keinem der Invasoren je angerührt. Seit 1960 wird es freigelegt. Archäologen entdeckten, dass zur Wintersonnenwende (21. Dezember) Sonnenstrahlen die Grabkammer erhellen – damit ist sie das älteste Sonnenobservatorium der Welt. Newgrange zieht viele Besucher an. Im Sommer gibt es oft lange Warteschlangen. Besichtigungen starten am Besucherzentrum Brú na Bóinne und führen auch nach Knowth (*siehe S. 244f*).

Steinbecken
Die behauenen Steine, die man in allen Nischen der Grabkammer fand, waren wohl ursprünglich für die Grabbeigaben gedacht.

Die Grabkammer hat drei Seitenkammern. Die nördliche wird am Tag der Wintersonnenwende von Sonnenstrahlen erhellt.

Grabgewölbe
Das sechs Meter hohe Gewölbe der Grabkammer ist vollständig erhalten. Es wird von sich überlappenden Steinplatten geformt und bildet eine konisch zulaufende Kuppel, die von einem Schlussstein gekrönt wird.

DIE ANLAGE VON NEWGRANGE

Das Grab von Newgrange wurde von Menschen errichtet, die über außergewöhnliche künstlerische und technische Fähigkeiten verfügten, aber weder Rad noch Metallwerkzeuge kannten. Über 200 000 Tonnen Felsgestein wurden transportiert, um den Grabhügel zu errichten, der wohl einst von einer Steinmauer umgeben war. Große Findlinge dienten für einen Steinkreis um die Anlage (zwölf von wahrscheinlich 35 Steinen sind noch erhalten). Viele der Steine und Säulen in Gang und Grabkammer sind mit geometrischen Mustern verziert. Das Grabgewölbe besteht aus kleineren, nicht verzierten Steinplatten und ist seit 5000 Jahren wasserdicht.

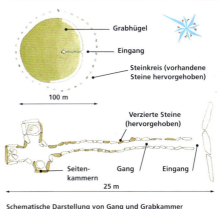

Schematische Darstellung von Gang und Grabkammer

NEWGRANGE

INFOBOX

Straßenkarte D3. 8 km östl. von Slane, Co Meath. 041 988 0300. bis Drogheda. bis Drogheda u. Brú-na-Boinne-Besucherzentrum. Mai–Sep: tägl. 9–18.30 Uhr (Juni–Mitte Sep: bis 19 Uhr); Okt–Apr: tägl. 9.30–17.30 Uhr (Nov–Feb: bis 17 Uhr); letzte Tour 105 Min. vor Schließung. 24.–27. Dez. im Grab. nur Brú-na-Boinne-Besucherzentrum. obligatorisch.

Die Wiederherstellung von Newgrange
Newgrange auf einem Hügel nördlich des Boyne wurde ca. 3200 v.Chr. errichtet. Zwischen 1962 und 1975 wurden Ganggrab und Mauerwall so originalgetreu wie möglich restauriert und rekonstruiert.

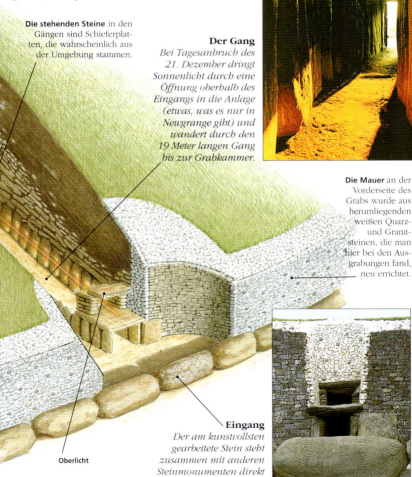

Die stehenden Steine in den Gängen sind Schieferplatten, die wahrscheinlich aus der Umgebung stammen.

Der Gang
Bei Tagesanbruch des 21. Dezember dringt Sonnenlicht durch eine Öffnung oberhalb des Eingangs in die Anlage (etwas, was es nur in Newgrange gibt) und wandert durch den 19 Meter langen Gang bis zur Grabkammer.

Die Mauer an der Vorderseite des Grabs wurde aus herumliegenden weißen Quarz- und Granitsteinen, die man hier bei den Ausgrabungen fand, neu errichtet.

Oberlicht

Eingang
Der am kunstvollsten gearbeitete Stein steht zusammen mit anderen Steinmonumenten direkt vor dem Eingang.

Trim Castle in der grünen Auenlandschaft des Boyne

Hill of Tara ⑭

Straßenkarte D3. Nähe Killmessan Village, Co Meath. 📞 046 902 5903. 🚌 bis Navan. 🕐 Mitte Mai–Mitte Sep: tägl. 10–18 Uhr (letzter Einlass 17 Uhr). 🎫 Besucherzentrum. 🌐 www.heritageireland.ie

Tara, das politische und spirituelle Zentrum des keltischen Irland, war bis ins 11. Jahrhundert Sitz der Hochkönige. Den Siegeszug des Christentums dokumentiert eine Statue des heiligen Patrick. Auch Daniel O'Connell (siehe S. 42) war sich Taras symbolträchtiger Bedeutung bewusst: 1843 hielt er hier eine Versammlung mit über einer Million Teilnehmern ab.

Das Dokumentationszentrum bietet Führungen zum steinzeitlichen Ganggrab und zu Hügelfestungen der Eisenzeit, die schlichten Gräben und Grashügeln gleichen. Deutlich erkennbar ist der Bezirk der Könige: Im Zentrum hütet Cormac's House den »Stein des Schicksals« (Liath Fáil), Fruchtbarkeitssymbol und Krönungsstein. Am stärksten wirkt aber die Sicht über das Boyne Valley.

Trim ⑮

Straßenkarte D3. Co Meath. 🚌 6500. 🚉 🅿️ ℹ️ Mill St (046 943 7227). 📅 Fr. 🌐 www.discoverireland.ie

Trim ist eines der schönsten Marktstädtchen in den Midlands. Es wurde in normannischer Zeit als Festung am Boyne gegründet und markierte einst die Grenze des Pale (siehe S. 132). Trim bietet historische Sehenswürdigkeiten und heitere Unterhaltung im **Irish Heritage Trim Folk Theatre**. Das spektakuläre **Trim Castle** wurde 1173 von Hugh de Lacy, einem normannischen Adligen, gegründet und ist eine der größten mittelalterlichen Burgen Irlands. Mit ihrem aufsehenerregenden Ambiente ist sie auch als Filmkulisse beliebt.

Jenseits des Flusses liegt **Talbot Castle**, eine Augustinerabtei, die im 15. Jahrhundert in ein Wohnhaus umgebaut wurde. Nördlich der Abtei steht die **St Patrick's Cathedral** mit einem Turm aus dem 15. Jahrhundert.

Die **Butterstream Gardens** sind die anmutigsten Grünanlagen der Stadt. Den Mittelpunkt bildet eine Staudenrabatte. Schön sind auch die exotischen Bäume, die Blumenbeete sowie die Pergolen, Teiche und Brücken.

🏰 **Trim Castle**
📞 046 943 8619. 🕐 Ostern–Okt: tägl. 10–18 Uhr; Nov–Ostern: Sa, So 10–17 Uhr. ℹ️ Mill St (046 943 7227). 🎫 🔒 obligatorisch.

Mullingar ⑯

Straßenkarte C3. Co Westmeath. 🚌 25 000. 🚉 🅿️ ℹ️ Dublin Rd (044 934 8761). 🌐 www.discoverireland.ie

Das Landstädtchen in Westmeath ist ein blühender, jedoch wenig beachteter Marktflecken am Royal Canal (siehe S. 101), der mit seinen 46 Schleusen Dublin mit dem Shannon verbindet. Die Kosten für den Bau des Kanals

Luftaufnahme der eisenzeitlichen Festungen am Hill of Tara

Hotels und Restaurants in den Midlands *siehe Seiten 314–316 und Seiten 341 f* ruinierten sämtliche Geldgeber, auch war die Wasserstraße nie profitabel. Mullingar, vor allem als Ausgangspunkt für Fahrten in die Umgebung genutzt, bietet angenehme Pubs, z.B. das Con's oder das Canton Casey's.

Umgebung: Die Sanierung des Teilstücks Dublin–Mullingar des Royal Canal hat auch zu einer Verbesserung der Wanderwege und der Angelmöglichkeiten geführt.

An der Straße von Mullingar nach Kilbeggan befindet sich **Belvedere House**, eine romantische palladianische Villa mit Blick über den Lough Ennel. Das Haus mit Rokoko-Stuckaturen wurde 1740 von Richard Castle erbaut und liegt in einem schönen Gelände.

Kurz nach Fertigstellung des Baus beschuldigte der 1. Earl of Belvedere seine Ehefrau, ein Verhältnis mit seinem Bruder zu haben, und sperrte sie deshalb für die nächsten 31 Jahre in ein Nachbarhaus ein. 1760 ließ der Earl die *Jealous Wall* errichten, um die Sicht auf das Haus seines Bruders zu verstellen, das prachtvoller war als seines. Die Mauer und eine Aussichtsplattform sind noch erhalten. Es gibt zudem Terrassen zum See und einen ummauerten Garten.

Belvedere House
6,5 km südl. von Mullingar.
044 49060. Mai–Aug: tägl. 10–17 Uhr (Villa), 9.30–21 Uhr (Garten); März, Apr, Sep, Okt: tägl. 10.30–17 Uhr (Villa), 10.30–19 Uhr (Garten); Nov–Feb: tägl. 10.30–16.30 Uhr (nur Villa). Theater u. Besucherzentrum.
www.belvedere-house.ie

Die Jealous Wall bei Belvedere House nahe Mullingar

Athlone Castle im Schatten der Türme von St Peter and St Paul

Kilbeggan ⓱

Straßenkarte C4. Co Westmeath.
1000.

Das Städtchen liegt zwischen Mullingar und Tullamore und verfügt über einen kleinen Hafen am Grand Canal. Hauptattraktion ist die **Locke's Distillery** von 1757. Sie soll die älteste lizenzierte Whiskey-Brennerei der Welt sein. Da sie mit den schottischen Whisky-Herstellern nicht mehr konkurrieren konnte, musste sie 1954 schließen – doch der Duft des Whiskeys hing noch jahrelang in den Räumen des Hauses und wurde als »the angel's share« (»Anteil der Engel«) bezeichnet. 1987 wurde die Brennerei als Museum wiedereröffnet. Gebäude und Ausstattung sind im Originalzustand erhalten – mit Wasserrad und Dampfmaschinen. Bei der Führung werden die einzelnen Schritte der Destillation irischen Whiskeys erläutert, angefangen beim Maischebottich bis hin zum riesigen Gärfass sowie dem eigentlichen Destillierverfahren und Reifungsprozess.

Miniatur-Whiskeyflaschen der Locke's Distillery in Kilbeggan

Locke's Distillery
Main St. 0506 32134.
tägl. www.lockesdistillerymuseum.ie

Athlone ⓲

Straßenkarte C3. Co Westmeath.
16.000. März–Mitte Okt: The Castle, Market Square (090 649 4630). Fr.

Dank seiner Lage an einer Furt im Shannon erlangte Athlone historische Bedeutung. **Athlone Castle** (13. Jh.) wurde in den Jakobinischen Kriegen *(siehe S. 38f)* stark beschädigt. Die Burg liegt im Schatten der Kirche St Peter and St Paul (19. Jh.). Es gibt mehrere nette Pubs. Vom Hafen fahren Schiffe nach Clonmacnoise *(siehe S. 250f)* und zum Lough Ree.

Athlone Castle Besucherzentrum 090 649 2912. Mai–Sep: tägl.; Okt–Apr: nach Vereinbarung. teilweise.

Umgebung: Der **Lough Ree Trail** beginnt bei Glasson, acht Kilometer nordöstlich von Athlone. Er bietet schöne Ausblicke und unberührte Landschaften.

Clonmacnoise [19]

Grabstein-ornament

Das am Shannon gelegene Kloster wurde 545–48 vom hl. Ciaran gegründet. Es lag an einer Straßenkreuzung, die es mit ganz Irland verband. Berühmt für Gelehrsamkeit und Frömmigkeit, erlebte es vom 7. bis zum 12. Jahrhundert seine Blütezeit. Viele der Könige von Tara und Connaught wurden hier beigesetzt. Von Wikingern und Normannen geplündert, fiel es 1552 an die Engländer. Zu sehen sind Kapellen *(temples)*, die Kathedrale, zwei Rundtürme und drei Hochkreuze.

Der letzte Rundgang von Pilgern um Clonmacnoise
Das Bild (1838) von G. Petrie zeigt Pilger auf dem Pilgerweg (dreimal um die Anlage), der heute noch alljährlich am 9. September, dem St Ciaran's Day, gegangen wird.

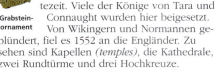

Pope's Shelter Hier zelebrierte Johannes Paul II. bei seinem Irland-Besuch 1979 eine Messe.

Cross of the Scriptures
Kopie eines Kreuzes aus dem 9. Jahrhundert (heute im Museum). Es ist mit biblischen Szenen dekoriert, die jedoch kaum identifizierbar sind.

Besichtigung von Clonmacnoise

Das Besucherzentrum ist in drei bienenkorbartigen *(siehe S. 21)* Gebäuden eingerichtet. Das Museum zeigt die drei Hochkreuze des Klosters, deren Kopien an den Originalplätzen stehen. Die Kirche der Nonnen, nordöstlich der eigentlichen Anlage, weist ein romanisches Portal und einen Altarraum auf.

Legende

1 South Cross	7 Kathedrale
2 Temple Dowling	8 North Cross
3 Temple Hurpan	9 Cross of the Scriptures
4 Temple Melaghlin	10 Rundturm
5 Temple Ciaran	11 Temple Connor
6 Temple Kelly	12 Temple Finghin

MIDLANDS

INFOBOX

Straßenkarte C4. 7 km nördl. von Shannonbridge, Co Offaly.
090 967 4195. bis Athlone, dann Minibus (090 647 4839, 087 240 7706). ab Athlone.
tägl.; Gruppen nach Anmeldung. 25. Dez. Sommer.
www.heritageireland.ie

Whispering Door
Das Nordportal der Kathedrale zeigt Darstellungen der Heiligen Francis, Patrick und Dominik aus dem 15. Jahrhundert. Die Akustik lässt selbst ein Flüstern in der Kirche hören.

Die Shannonbridge Bog Railway unterwegs durch Torfgebiete

Shannonbridge Bog Railway ⑳

Straßenkarte C4. 5 km östl. von Shannonbridge, Co Offaly.
090 967 4450. bis Athlone.
Apr–Okt: tägl., Nov–März: Gruppen nach Vereinbarung.
www.bnm.ie

Der Rundturm *(siehe S. 20)* ist über 19 Meter hoch. Der Eingang liegt über dem Erdgeschossniveau.

Nahe Shannonbridge startet dieser Sightseeing-Zug. Die Tour wird vom Irish Peat Board (Bord na Móna) organisiert. Die neun Kilometer lange Strecke führt durch Moore und Sumpfland und gibt Einblicke in die Geschichte und die Entwicklung der Landschaft, die von großer ökologischer Bedeutung ist und zum Teil unter Naturschutz steht.

Unterwegs wird erläutert, wie aus einem See erst Marsch-, dann Moorland *(siehe S. 252)* entsteht, das sich später wiederum in Felder und Wälder verwandelt. Es gibt Erklärungen zur Flora und Fauna der Region, zu Libellen, Sumpfgras, Torfmooren und vielen Vogelarten.

Mooreichen – alte Bäume, die im Moor konserviert werden – findet man dort, wo Torf gestochen wird. Jahrhundertelang war Torf die wichtigste Einnahmequelle der Region. Man kann zusehen, wie Torf mit dem traditionellen Werkzeug, dem *slane*, per Hand gestochen wird. Moderne Maschinen zum Torfstechen vereinfachen heute die Arbeit in Shannonbridge. In der Nähe gibt es auch einen Laden für Kunsthandwerk und ein Maschinenmuseum.

Kapellen *(temples)*: **Dowling, Hurpan und Melaghlin**
Hurpan wurde im 17. Jahrhundert in Ergänzung zur romanischen Kapelle Dowling als Begräbnisstätte errichtet. Melaghlin (13. Jh.) weist schöne Rundbogenfenster auf.

Hochmoore der Midlands

Torf- oder Moorland bedeckt etwa 15 Prozent der Fläche Irlands – im Westen überwiegend als Niedermoor, während das kuppelförmige Hochmoor vor allem für die Midlands charakteristisch ist (vor allem in bekannten Bog of Allen). Obwohl das irische Moorland eines der ausgedehntesten in ganz Europa ist, hat die Nutzung von Torf als Brenn- und Düngemittel den Flächenbestand stark reduziert. Dies hat nicht nur das Aussehen der irischen Landschaft verändert, sondern gefährdet auch den Lebensraum für seltene Pflanzen und Tiere.

Libelle oder Wasserjungfer

Unberührtes Moorland Bog of Allen

Torfstecher *leisten in Teilen Irlands noch Handarbeit. Nach dem Stechen wird der Torf getrocknet und ist dann ein gutes Düngemittel, reich an Nährstoffen, die sich in Jahrtausenden gebildet haben.*

8000 v. Chr.: *Seichte Schmelzwasserseen, die sich nach der Eiszeit bilden, füllen sich langsam mit Schlamm. Riedgras, Schilf und andere Sumpfpflanzen beginnen sich auszubreiten.*

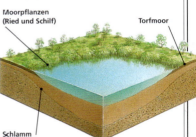

6000 v. Chr.: *Wenn die Vegetation abstirbt, sinkt sie auf den Grund des Sees und bildet hier eine Torfschicht. Diese wächst zunächst nach oben und breitet sich dann seitlich aus.*

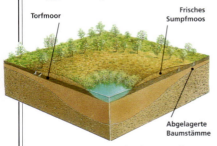

3000 v. Chr.: *Die Seen verlanden. Die Pflanzenwelt im entstehenden Moor ist auf Regenwasser angewiesen, das jedoch sauer ist. In dieser Atmosphäre können die alten Moorpflanzen nicht überleben und sterben zugunsten von Sumpfmoosen aus. Beim Absterben bilden diese Moose eine Torfschicht auf der Mooroberfläche, die so über Jahrhunderte ihre charakteristische Kuppelform erhält.*

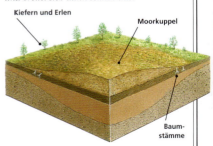

Heute: *Einige neue Moore entstehen heute noch. Die alten Moore geben einen Einblick in die Geschichte ihrer Landschaft. Alte Bäume dokumentieren die konservierende Wirkung des Moors.*

Sumpfmoos

Birr ㉑

Straßenkarte C4. Co Offaly.
🚻 4100. 🚌 🛈 Mai–Sep: Rosse Row (05791 20110).

Nische in der vorderen Halle von Emo Court mit Trompe-l'Œil-Decke

Birr entwickelte sich im Schatten einer Burg, in der die Earls of Rosse vier Jahrhunderte lang residierten. Der Ort ist berühmt für sein geschlossenes Stadtbild im georgianischen Stil und für seine Häuser mit typischen Oberlichtern, Kassettentüren und schmiedeeisernen Geländern. Die elegantesten Straßen sind die Oxmantown Mall (angelegt vom 2. Earl of Rosse) und die John's Mall. Emmet Square wurde mittlerweile kommerzieller, doch die alte Poststation Dooley's Hotel ist sehr schön erhalten – ebenso die Forster's Bar in der nahen Connaught Street.

🏰 Birr Castle
Rosse Row. 📞 05791 20336.
Gärten ☐ tägl. 🖼 ♿ 🅿 🍴
www.birrcastle.com

Birr Castle wurde 1620 von den Parsons, den späteren Earls of Rosse, gegründet und ist heute noch Sitz der Familie. Die Parsons waren bekannt für ihr Interesse an der Astronomie. Das Teleskop, das der 3. Earl of Rosse 1845 bauen ließ, war zu damaliger Zeit das größte der Welt. Das 17 Meter lange restaurierte Fernrohr ist auf dem Burggelände zu sehen.

Die Burg selbst ist zwar nicht zugänglich, doch die Gartenanlage, die man besichtigen darf, ist auch sehr reizvoll. Sie entstand im 18. Jahrhundert und ist berühmt für die neun Meter hohe Buchsbaumhecke sowie die exotischen Bäume und Sträucher, die von Expeditionen stammen, die der 6. Earl of Rosse finanzierte. Schön sind auch die Magnolien und Ahornbäume, eine Hängebrücke und der Blick vom Garten auf die zwei Flüsse.

Slieve Bloom Mountains ㉒

Straßenkarte D4. Co Offaly u. Co Laois. 🚌 bis Mountmellick. 🛈 Mai–Sep: Rosse Row, Birr (05791 20110).

Die niedrige Hügelkette erhebt sich aus dem flachen Moorland von Offaly und Laois und bietet Abwechslung in der sonst recht flachen Landschaft der Midlands. Der 30 Kilometer lange Rundweg **Slieve Bloom Way** führt durch unberührte Natur mit bewaldeten Schluchten und Bergbächen. Zudem gibt es hier Wanderwege, die man sehr gut von **Cadamstown** mit seiner alten Mühle oder von **Kinnitty** aus erreicht – beide liegen im Norden zu Füßen der Hügelkette.

Emo Court ㉓

Straßenkarte D4. 13 km nordöstl. von Portlaoise, Co Laois. 📞 05786 26573. 🚌 bis Monasterevin oder Portlaoise. **Haus** ☐ Ostern–Okt: tägl. 10–18 Uhr (letzter Einlass 17 Uhr). **Gärten** ☐ tägl. 🖼 ♿ teilweise.

Emo Court, das der Earl of Portarlington 1790 errichten ließ, ist das einzige Beispiel eines Wohnhauses, der Architekt James Gandon, der das Dubliner Custom House (siehe S. 88) baute, entwarf. Das monumentale, neoklassizistische Haus hat einen Portikus mit ionischen Säulen, eine vergoldete Rotunde und Stuckdecken im Esszimmer und in der Bibliothek.

Der derzeitige Besitzer von Emo Court hat das Haus restauriert und widmet sich nun dem Anwesen mit seinen Statuen und einem schönen See.

Rock of Dunamase ㉔

Straßenkarte D4. 5 km östl. von Portlaoise, Co Laois. 🚌 bis Portlaoise.

Der Rock of Dunamase, der sich imposant über die Ebenen östlich von Portlaoise erhebt, war lange Zeit gesperrte Militärzone. Das einstige Ringfort aus der Eisenzeit wurde im 13. Jahrhundert zur Burg – diese wurde von den Truppen Cromwells 1650 fast vollständig zerstört. Zu sehen sind noch Mauern und Gräben, zwei Tore und der befestigte Burghof.

Blick von der Küste auf den Rock of Dunamase

Hotels und Restaurants in den Midlands *siehe Seiten 314–316 und Seiten 341f*

NORDIRLAND

LONDONDERRY · ANTRIM · TYRONE · FERMANAGH
ARMAGH · DOWN

Nordirland ist ein Landesteil des Vereinigten Königreichs Großbritannien. Es besteht aus dem größten Teil der historischen irischen Provinz Ulster. Im Vergleich zur Republik Irland kamen früher nur wenige Besucher hierher. Seit den Friedensbestrebungen erhält nun aber auch der Norden mehr Aufmerksamkeit.

Die Provinz Nordirland wurde 1921, nach der Teilung der Insel, gegründet. Ihre sechs Countys (plus Donegal, Monaghan und Cavan) gehörten einst zu Ulster, einem der vier alten Königreiche Irlands. Hier hat sich wahrscheinlich auch zuerst das Christentum in Irland etabliert. 432 landete der hl. Patrick in Saul im County Down und gründete später eine Kirche in Armagh, das auch heute noch das geistliche Zentrum Irlands ist.

In dieser Zeit lag die politische Macht in den Händen der Familie Uí Néill, deren Nachfahren, die O'Neills, im späten 16. Jahrhundert England hartnäckig Widerstand leisteten. Hugh O'Neill, Earl of Tyrone, wurde jedoch 1607 von der Armee Elizabeths I geschlagen und floh mit anderen irischen Landesherren von Ulster aufs europäische Festland, ein Ereignis, das als »Flight of the Earls« in die Geschichte einging. Später wurden hier englische und schottische Protestanten angesiedelt *(siehe S. 39)*. Viele der sogenannten Plantation Towns wie Londonderry – angelegt um einen zentralen Platz, den »diamond« – haben ihre Gestalt aus dem 17. Jahrhundert bewahrt. Die Ankunft der neuen Siedler marginalisierte die katholische Bevölkerung Irlands und legte den Samen für einen über 400 Jahre dauernden Konflikt.

Im 18. Jahrhundert baute der anglo-irische Adel stattliche Häuser, etwa Mount Stewart House auf Ards Peninsula oder Castle Coole bei Enniskillen. Auch Ulster hatte im 19. Jahrhundert eine Blütezeit, dank seiner Werft-, Leinen- und Seilindustrie.

Belfast ist stark industrialisiert und bevölkerungsreich, doch der Rest von Nordirland ist sehr agrarisch geprägt. Sehr schöne Landschaften bieten die Küste rund um Giant's Causeway, die Mountains of Mourne im County Down und die Seen von Erne im Westen der Provinz.

Rathaus von Belfast (1906), Symbol städtischen Bürgerstolzes

◁ Carrick-a-rede Rope Bridge, eine ungewöhnliche Attraktion an der Causeway Coast *(siehe S. 261)*

Überblick: Nordirland

Ausgangspunkt für eine Fahrt durch die Provinz ist Belfast, die Hauptstadt mit ihren viktorianischen Häusern, guten Pubs und dem exzellenten Ulster Folk and Transport Museum. Doch die größten Attraktionen Nordirlands liegen an der Küste. Dazu gehören die außergewöhnliche Vulkanlandschaft von Giant's Causeway, Carrickfergus, Irlands am besten erhaltene normannische Burg, viktorianische Städtchen wie Portstewart, kleine Fischerdörfer und unberührte Sandstrände wie Benone Strand. Wanderer zieht es in die Mountains of Mourne, Angler und Wassersportler in die Seenlandschaft von Lower Lough Erne.

Hafen und Küstenpromenade in Portstewart

LEGENDE

▬	Autobahn
▬	Schnellstraße
▬	Hauptstraße
▬	Nebenstraße
▬	Panoramastraße
▬	Eisenbahn (Hauptstrecke)
▬	Eisenbahn (Nebenstrecke)
▬	Staatsgrenze
▬	County-Grenze
△	Gipfel

IN NORDIRLAND UNTERWEGS

Belfast ist das Zentrum Nordirlands. Von hier erstreckt sich das Bahnnetz nordwestlich nach Londonderry und südlich nach Dublin. Die meisten Orte der Provinz sind mit Bussen erreichbar, die oft verkehren und pünktlich sind. Wenn Sie die ausgetretenen Pfade für historische und landschaftliche Sehenswürdigkeiten verlassen oder die Küste aufsuchen wollen, brauchen Sie allerdings ein Auto. Je nach aktueller Situation müssen Sie mit Straßenkontrollen von Polizei und Armee rechnen *(siehe S. 374)*.

Weitere Zeichenerklärungen *siehe hintere Umschlagklappe*

NORDIRLAND

SEHENSWÜRDIGKEITEN AUF EINEN BLICK

Ards Peninsula ㉙
Armagh ㉓
Ballycastle ⑨
Beaghmore Stone Circles ⑬
Belfast S. 276–279 ㉗
Belleek Pottery ⑯
Benone Strand ②
Carrickfergus ㉖
Castlewellan Forest Park ㉞
Causeway Coast ⑤
Cookstown ⑫
Cushendall ⑩
Devenish Island ⑱
Downpatrick ㉜
Dungannon ㉒
Enniskillen ⑲
Florence Court ㉑
Giant's Causeway S. 262f ⑥
Glenariff Forest Park ⑪
Hillsborough ㉛
Larne ㉕
Lecale Peninsula ㉝
Londonderry S. 258f ①
Lough Neagh ㉔
Marble Arch Caves ⑳
Mount Stewart House S. 282f ㉚
Mountains of Mourne ㉟
Mussenden Temple ③
Old Bushmills Distillery ⑦
Portstewart ④
Rathlin Island ⑧
The Wilson Ancestral Home ⑭
Ulster-American Folk Park ⑮
Ulster Folk and Transport Museum ㉘

Touren
Lower Lough Erne ⑰
Mourne Coast ㊱

Steinwälle an den Ausläufern der Mountains of Mourne

SIEHE AUCH

- *Übernachten* S. 316–319
- *Restaurants, Cafés und Pubs* S. 342–345 und S. 351

Londonderry ❶

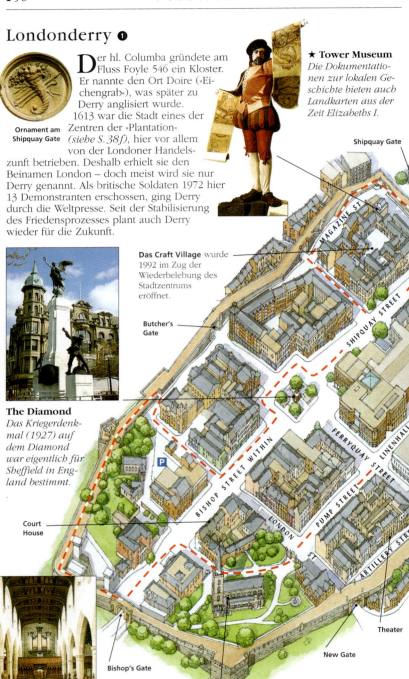

Ornament am Shipquay Gate

Der hl. Columba gründete am Fluss Foyle 546 ein Kloster. Er nannte den Ort Doire («Eichengrab»), was später zu Derry anglisiert wurde. 1613 war die Stadt eines der Zentren der »Plantation« (siehe S. 38f), hier vor allem von der Londoner Handelszunft betrieben. Deshalb erhielt sie den Beinamen London – doch meist wird sie nur Derry genannt. Als britische Soldaten 1972 hier 13 Demonstranten erschossen, ging Derry durch die Weltpresse. Seit der Stabilisierung des Friedensprozesses plant auch Derry wieder für die Zukunft.

★ **Tower Museum**
Die Dokumentationen zur lokalen Geschichte bieten auch Landkarten aus der Zeit Elizabeths I.

Shipquay Gate

Das Craft Village wurde 1992 im Zug der Wiederbelebung des Stadtzentrums eröffnet.

Butcher's Gate

The Diamond
Das Kriegerdenkmal (1927) auf dem Diamond war eigentlich für Sheffield in England bestimmt.

Court House

MAGAZINE ST.
SHIPQUAY STREET
FERRYQUAY STREET
LINENHALL STR
BISHOP STREET WITHIN
LONDON ST
PUMP STREET
ARTILLERY STREET

Theater

New Gate

Bishop's Gate

★ **St Columb's Cathedral**
Die Holzdecke stammt von 1862. An den Kragsteinen sind die Häupter von Bischöfen und Dekanen dargestellt.

LEGENDE

🅿 Parken
--- Routenempfehlung

LONDONDERRY

INFOBOX

Straßenkarte C1. Co Londonderry. 106000. 11 km östl. Waterside, Duke St (028 7134 2228). Foyle St (028 7126 2261). 44 Foyle St (028 7126 7284). Sa. Walled City Cultural Trail (Juli/Aug), Hallowe'en Festival (Okt). www.derryvisitor.com

★ **Guildhall**
Das Bleiglasfenster zeigt den hl. Columba, andere stellen Szenen der Belagerung Derrys dar, etwa die Lehrlinge, die 1688 die Tore der Stadt schlossen.

Ferryquay Gate

Zur Craigavon Bridge und zum Fluss Foyle

0 Meter 100
0 Yards 100

NICHT VERSÄUMEN

★ Guildhall

★ St Columb's Cathedral

★ Tower Museum

St Columb's Cathedral
London St. 028 7126 7313. Mo–Sa. auf Anfrage. www.stcolumbscathedral.org

1628–33 im »Planters Gothic«-Stil gebaut und im 19. Jahrhundert im Inneren stark verändert, war St Columb's die erste katholische Kirche, die auf den Britischen Inseln nach der Reformation errichtet wurde. Im Kapitelsaal sind Dokumente aus der Zeit der Belagerung Derrys 1689 *(siehe S. 38f)* zu sehen sowie in der Vorhalle eine Kanonenkugel, die James II mit der Aufforderung zur Kapitulation in die Stadt feuerte. Doch die Protestanten antworteten mit »No surrender« (»Keine Kapitulation«), ein Begriff, der auch heute noch bei englischen Königstreuen gängig ist.

Schloss des Stadttors, St Columb's Cathedral

Tower Museum
Union Hall Place. 028 7137 2411. Di–Sa 10–16.30 Uhr.

Im O'Doherty Tower (wiedererrichtet nach Plänen aus dem 16. Jh.) dokumentiert das Museum die Stadtgeschichte. Das Obergeschoss ist der Spanischen Armada gewidmet und zeigt Fundstücke aus den Wracks ihrer 1688 in der Kinnagoe Bay gesunkenen Schiffe.

City Walls of Derry
Zugang von der Magazine Street.

Die Stadtbefestigung von Derry ist als einzige in Irland noch komplett. Sie gehört zu den am besten erhaltenen in Europa. Die Mauern sind bis zu acht Meter hoch und zum Teil neun Meter breit. 1618 wurde die Befestigung zur Verteidigung der Handelsstadt gegen die gälischen Herren von Donegal fertiggestellt – und sie wurde nie eingenommen, auch nicht bei der Belagerung von 1689, als 7000 der 20000 Einwohner durch Krankheit oder Hunger umkamen. Nach Abschluss der Restaurierungsarbeiten wird es möglich sein, die Stadt auf diesen Anlagen zu umrunden. Außerhalb der Mauern, vor Butcher's Gate, beginnt Bogside, ein katholisches Viertel, angezeigt durch die Mauerinschrift »Hier betreten Sie das freie Derry«.

Guildhall
Guildhall Square. 028 7137 7335. Mo–Fr 9–17 Uhr.

Die Guildhall, zwischen Stadtbefestigung und dem Fluss Foyle gelegen, wurde 1890 im neogotischen Stil errichtet. Ein Brand 1908 und eine Bombe 1972 machten Renovierungen notwendig. Bleiglasfenster (Kopien) erzählen die Geschichte Derrys. In der Nähe liegt Derry Quay, von wo aus irische Emigranten im 18. und 19. Jahrhundert nach Amerika aufbrachen.

Umgebung: An der B194 in Richtung Muff liegt das **Amelia Earhart Centre** mit einer Ausstellung über die amerikanische Fliegerin Amelia Earhart, die im Mai 1932 als erste Frau allein über den Atlantik flog. Sie landete – auf dem Weg nach Paris – auf einem Feld bei Derry.

Amelia Earhart Centre
Ballyarnet. 028 7135 4040. Mo–Do 9–16, Fr 10–13 Uhr.

Blick über den Foyle auf die befestigte Altstadt

Hotels und Restaurants in Nordirland *siehe Seiten 316–319 und Seiten 342–345*

Häuserzeilen hinter der Küstenpromenade von Portrush

Benone Strand ❷

Straßenkarte D1. Co Londonderry. *Benone Tourist Complex, 53 Benone Ave, Seacoast Rd, Magilligan (028 7775 0555).* tägl. www.caravancampingsites.co.uk

Der goldfarbene Sand von Irlands längstem Strand, dem sogenannten Magilligan Strand, erstreckt sich über zehn Kilometer an der Küste von Londonderry. Er ist wegen seines sauberen Zustands mit dem blauen EU-Symbol ausgezeichnet. Am westlichen Ende liegt **Magilligan Point**, an dem ein Martello-Turm aus der Zeit der Napoleonischen Kriege die flaschenhalsförmige Einfahrt zum Lough Foyle überwacht. Die Gegend hier ist bekannt für ihre seltenen Muscheln und für Vogelarten. Der Weg dorthin führt unterhalb der Wachtürme und Beobachtungsstationen einer riesigen Militärbasis vorbei, doch er lohnt die Mühe.

Mussenden Temple ❸

Straßenkarte D1. Co Londonderry. *028 2073 1582.* tägl. Sonnenaufgang bis -untergang (letzter Einlass 30 Min. vor Schließung). teilweise. www.ntni.org.uk

Eine eigenartige Sehenswürdigkeit an der Küste von Londonderry ist der Mussenden Temple, ein runder Kuppelbau, der auf einer vom Wind heimgesuchten Landzunge nahe dem Ferienort Castlerock steht. Der Tempel wurde 1785 vom protestantischen Bischof Frederick Augustus Hervey nach Plänen des Vesta-Tempels nahe Rom errichtet – als Gedenkstätte für seine Kusine Mrs Frideswide Mussenden.

Die mit Sandstein verkleideten Mauern sind, jeweils in unterschiedlicher Himmelsrichtung, von drei Fenstern und einer Tür durchbrochen. Ursprünglich sollte der Tempel eine Bibliothek aufnehmen (oder, wie manche behaupten, die Geliebte des Bischofs). Heute steht er unter Obhut des National Trust.

Der Bischof erlaubte dem örtlichen katholischen Priester, im Erdgeschoss Messen zu lesen. Heute gibt es hier Objekte aus der einstigen bischöflichen Residenz, dem nahen Downhill Castle, das einem Brand zum Opfer fiel.

In der Umgebung liegen einige schöne Wanderwege mit Ausblick auf die Küsten von Londonderry und Antrim. Unterhalb des Tempels liegt Downhill Strand, wo einst vom Bischof finanzierte Pferderennen unter Beteiligung des Klerus stattfanden.

Portstewart ❹

Straßenkarte D1. Co Londonderry. 6000. *nach Coleraine oder Portrush.* 028 7083 6396. www.nationaltrust.org.uk

Einst war Portstewart ein beliebter Ferienort der viktorianischen Mittelschicht – und dieses Flair spürt man noch. Die Küstenpromenade wird von Felsvorsprüngen geschützt. Westlich der Stadt, über eine Straße und einen Klippenweg erreichbar, erstreckt sich der Sandstrand **Portstewart Strand**.

Ostwärts, am Ramore Head, liegt der Ferienort **Portrush**. Der östliche landeinwärts gehende Strand wird von Dünen gesäumt. Er erstreckt sich parallel zu den **Royal Portrush Golf Links**. Am Strand entlang geht es zu den White Rocks, von Wind und Wasser bizarr geformten Kalksteinklippen.

Südlich von Portstewart liegt die Universitätsstadt **Coleraine**. Die North West 200 *(siehe S. 28)*, die schnellste Motorradrennstrecke der Welt, verläuft zwischen Portstewart, Coleraine und Portrush. Die Rennen finden im Mai statt und ziehen über 100 000 Zuschauer an.

Mussenden Temple an der Küste von Londonderry

Hotels und Restaurants in Nordirland siehe Seiten 316–319 und Seiten 342–345

Causeway Coast ❺

Straßenkarte D1. Co Antrim.
🛈 *Giant's Causeway (028 2073 1855).* **Carrick-a-rede Rope Bridge**
📞 *028 2073 1582.* 🕓 *17. März– Okt: tägl. (wetterabhängig).*
💷 *für Parkplatz.*
www.giantcausewaycentre.com

Die Ruinen von Dunluce Castle aus dem 13. Jahrhundert

Der Ruhm des **Giant's Causeway** *(siehe S. 262f)* stellt alle anderen Attraktionen in diesem Abschnitt der Nordküste von Antrim in den Schatten. Es lohnt sich, die Besichtigung mit einer Fahrt zu den Sandbuchten, Felsklippen und Ruinen der Gegend zu verbinden.

Erreicht man den Causeway von Westen, so kommt man an den Ruinen von **Dunluce Castle** vorbei, die ungeschützt auf einer hohen Klippe liegen. Einst blies ein Sturm die Küche der Burg ins Meer. Die im 13. Jahrhundert erbaute Burg war Hauptsitz der Mac-Donnells, Herren von Antrim. Obwohl ohne Dach, sind Teile der Burg noch gut erhalten.

Dunseverick Castle erreicht man über die Straße oder einen Weg vom Causeway aus. Von der Burg ist nur noch eine Steinmauer zu sehen.

Einst war sie Zentrum des Königreichs von Dalriada und durch eine Straße mit Tara *(siehe S. 248)* verbunden. Die Burg war Ausgangspunkt irischer Überfälle auf Schottland (5. Jh.).

Hinter der **White Park Bay** führt eine schmale, kurvenreiche Straße hinunter zum malerischen Hafen von **Ballintoy**. Auf **Sheep Island**, einer Felsinsel vor der Küste, wohnt eine Kormorankolonie. Im Sommer kann man mit dem Boot um die Insel fahren. Unmittelbar östlich von Ballintoy befindet sich eine der abenteuerlichsten Attraktionen Irlands, die **Carrick-a-rede Rope Bridge**, die 25 Meter über der See hängt. Die aus Bohlen und Stahlseilen konstruierte Brücke führt über einen etwa 20 Meter tiefen Abgrund zu den Lachsgründen einer kleinen Insel. Obwohl die Brücke gut abgesichert, ist sie nur etwas für Schwindelfreie. Etwas weiter im Osten befinden sich unmittelbar an der Küste die Ruinen von **Kinban Castle** (16. Jh.). Von hier hat man eine spektakuläre Aussicht.

🏰 **Dunluce Castle**
📞 *028 2073 1938.* 🕓 *tägl. im Sommer; sonst auf Anfrage.*
www.ehsni.gov.uk

Fischerboote im Hafen von Ballintoy

Carrick-a-rede Rope Bridge

KÜSTE VON NORTH ANTRIM

LEGENDE

=	Nebenstraße	🅿	Parken
━	Hauptstraße	🛈	Information

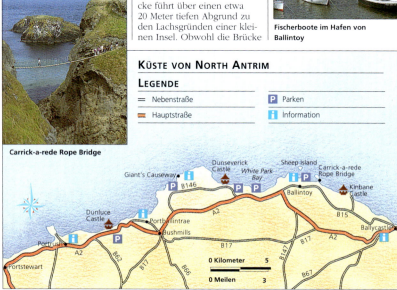

Giant's Causeway ❻

Die Strenge dieser Felsformationen mit ihren bizarren Basaltsäulen ließ um Giant's Causeway viele Sagen entstehen. Die populärste berichtet, dass der Riese Finn MacCool *(siehe S. 26f)* hier einen Damm über das Meer baute, um zu seiner Geliebten zu gelangen, die auf der Insel Staffa bei Schottland lebte, wo ähnliche Säulen gefunden wurden. Unzählige Besucher kommen mit dem Bus hierher. Das Einzigartige, ja Magische des Orts mit seinen grauen Klippen und schreienden Möwen kann allerdings durch nichts gestört werden. Die Wege entlang der Küste ermöglichen es, den Besucherströmen zu entgehen.

Kamintürme

Aird's Snout
Das Steinmassiv erhebt sich wie eine Felsnase über den 120 Meter hohen Basaltklippen von Giant's Causeway.

GEOLOGISCHE FORMATION DES CAUSEWAY

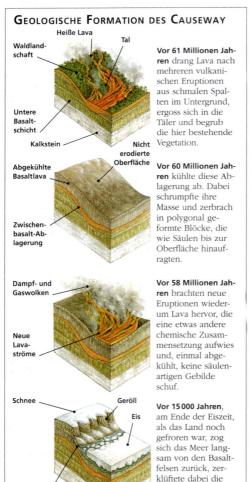

Vor 61 Millionen Jahren drang Lava nach mehreren vulkanischen Eruptionen aus schmalen Spalten im Untergrund, ergoss sich in die Täler und begrub die hier bestehende Vegetation.

Vor 60 Millionen Jahren kühlte diese Ablagerung ab. Dabei schrumpfte ihre Masse und zerbrach in polygonal geformte Blöcke, die wie Säulen bis zur Oberfläche hinaufragten.

Vor 58 Millionen Jahren brachten neue Eruptionen wiederum Lava hervor, die eine etwas andere chemische Zusammensetzung aufwies und, einmal abgekühlt, keine säulenartigen Gebilde schuf.

Vor 15 000 Jahren, am Ende der Eiszeit, als das Land noch gefroren war, zog sich das Meer langsam von den Basaltfelsen zurück, zerklüftete dabei die Vorküste und bildete allmählich den Giant's Causeway.

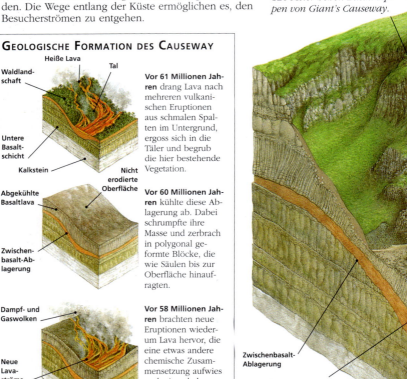

Säulenformen
Die meisten Säulen sind sechseckig. Es gibt auch welche mit vier, fünf, acht und zehn Seiten. Ihr Durchmesser beträgt rund 30 Zentimeter.

GIANT'S CAUSEWAY

263

INFOBOX

Straßenkarte D1. Co Antrim.
🚂 bis Portrush. 🚌 ab Portrush, Bushmills oder Coleraine. **Visitors' Centre** Causeway Head (028 2073 1855). ◯ tägl. ♿ teilweise. 📷 nach Vereinbarung. 🏛
Giant's Causeway Bushmills Railway *Dampfeisenbahn* ☎ 028 2073 2844; Fahrplanansage 028 2073 2594. ◯ tel. erfragen. ♿ 🎁 ⓘ www.giantscausewaycentre.com

Giant's Causeway und North Antrim Coast
Mehrere Millionen Jahre geologischer Aktivität prägten die verwitterten Klippen am Causeway. Das sich wie ein rotes Band durch den Felsen ziehende Gestein ist eine Ablagerung von Zwischenbasalt, die während einer langen Wärmeperiode entstand. Ein hoher Eisengehalt bedingt die starke Ockerfärbung des Felsens.

Straße

Little Causeway

Middle Causeway
Dieser Abschnitt des Middle Causeway, der sogenannte Honeycomb, erhielt wie viele andere Felsformationen seinen Namen in viktorianischer Zeit.

DER GIANT'S CAUSEWAY HEUTE
Schätzungsweise erstrecken sich 37 000 Basaltsäulen von den Klippen bis ins Meer hinaus. Jene an der Küste bilden heute Grand, Middle und Little Causeway.

Pflanzliche Ablagerungen sind im Lavagestein eingeschlossen.

Wishing Chair
Der Sage nach wurde dieser Felsensessel für den Knaben Finn MacCool errichtet; hier sollen Wünsche in Erfüllung gehen.

Untere Basaltschicht

Grand Causeway

Besucher auf dem Giant's Causeway bei Ebbe ▷

Old Bushmills Distillery [7]

Straßenkarte D1. Bushmills, Co Antrim. 028 2073 3218. von Coleraine u. Giant's Causeway. tägl. 2 Wochen an Weihnachten; Okt–Apr: Sa, So vorm. obligatorisch. teilweise.
www.bushmills.com

Die kleine Stadt Bushmills verfügt außer über einen Fluss, in dem man Lachse und Forellen angeln kann, über eine Whiskey-Destillerie. Die Old-Bushmills-Fabrik am Stadtrand rühmt sich, die älteste Brennerei der Welt zu sein. Sie erhielt 1608 das Brennrecht, obwohl hier bereits 200 Jahre früher Whiskey hergestellt wurde.

1974 fusionierte Bushmill mit der Irish Distillers Group, zu der auch Jameson gehört (siehe S. 179), doch die Whiskeys von Bushmills behielten ihren einzigartigen Charakter. Im Gegensatz zu anderen Herstellern verwendet Bushmills nur jeweils eine Sorte Malz und Korn.

Eine Besichtigung der Brennerei endet mit einem Umtrunk in der 1608 Bar in der alten Malzdarre. Dort gibt es auch ein kleines Museum, in dem alte Geräte zur Whiskey-Herstellung zu sehen sind.

Whiskey-Fass in Bushmill's Distillery

Murlough Bay liegt gegenüber der schottischen Küste

Rathlin Island [8]

Straßenkarte D1. Co Antrim. 75. tägl. von Ballycastle (028 2076 9299). Ballycastle (028 2076 2225).

Rathlin hat die Form eines Bumerangs – elf Kilometer lang, maximal 1,6 Kilometer breit – und ist per Boot in 50 Minuten von Ballycastle aus zu erreichen. Auf der Insel leben noch etwa 30 Familien, vor allem von Fischerei, Landwirtschaft und ein wenig Fremdenverkehr. Besuchereinrichtungen gibt es nur wenige. Dazu gehören ein Café, ein Pub und ein Gästehaus. Wegen der starken Winde gibt es fast keine Bäume auf der Insel, die in weiten Teilen von hohen, weißen Klippen umgeben ist. Mit Kleinbussen gelangt man zur Westspitze, dem zerklüfteten **Bull Point**. Hier leben Zehntausende von Seevögeln, darunter Dreizehenmöwen, Papageitaucher und Tordalken. Am anderen Inselende liegt **Bruce's Cave**. Robert Bruce, entmachteter König Schottlands, wurde hier 1306 von der Beharrlichkeit einer Spinne dazu inspiriert, sein Königreich zurückzuerobern.

Ballycastle [9]

Straßenkarte D1. Co Antrim. 4800. nach Campbelltown (Schottland). Sheskburn House, 7 Mary St (028 2076 2225). Oul' Lammas Fair (Ende Aug), Apple Fair (letzter Di im Okt).
www.moyle-council.org

Ballycastle, ein mittelgroßer Ferienort, bietet einen schönen Hafen und zentral gelegene Sandstrände. Nahe dem Hafen befindet sich ein Denkmal für Guglielmo Marconi, dessen Assistent im Jahr 1898 die erste drahtlos übermittelte Botschaft von hier nach Rathlin Island sandte.

Ballycastles jährlich Ende August stattfindende Oul' Lammas Fair ist der traditionsreichste Viehmarkt Irlands, bei dem es aber auch *honeycomb toffees* und *dulce* (getrocknete Algen) gibt.

In der **Bonamargy Friary** (15. Jh.) am Stadtrand ist das Erbe von Sorley Boy MacDonnell zu sehen, der einst Herr dieses Teils von Antrim war.

IRISCHER WHISKEY

Das Wort Whiskey stammt vom gälischen *uisce beatha*, »Wasser des Lebens«. Das Brennverfahren wurde wahrscheinlich im 10. Jahrhundert von Mönchen aus Asien eingeführt. Bald wurde überall auf der Insel Whiskey gebrannt. Erst der Engländer führten Lizenzen ein und legten viele private Brennereien still. Im 19. Jahrhundert ging die Whiskey-Nachfrage stark zurück, vor allem bedingt durch die Große Hungersnot sowie die Abstinenzler-Bewegung. Schottischer Whisky (ohne »e«) eroberte den irischen Markt. In den letzten Jahren nahm die Produktion in Irland wieder zu, dank verbesserter Herstellungsverfahren und der Beliebtheit von Irish Coffee.

Plakat mit der Old Bushmills Distillery am Fluss Bush

Hotels und Restaurants in Nordirland *siehe Seiten 316–319 und Seiten 342–345*

NORDIRLAND 267

Umgebung: Von der A2 zweigt fünf Kilometer östlich eine schmale Straße nach Cushendall ab, die die Küste entlangführt. Erster Haltepunkt ist **Fair Head**. Von hier führt ein (leider schlecht ausgeschilderter) Weg durch Heideland zu 200 Meter hohen, fast senkrecht aus dem Meer ragenden Klippen, die fantastische Ausblicke bieten.

Auf der windgeschützten Seite der Landspitze liegt **Murlough Bay**, die schönste Bucht der Küste und mit dem Auto gut erreichbar. Weiter im Südosten befindet sich Torr Head, eine Halbinsel, die der Schottland am nächsten gelegene geografische Punkt Irlands ist (Entfernung: 21 km).

Der Hafen von Carnlough, einem beliebten Ferienort südlich von Cushendall

Cushendall [10]

Straßenkarte D1. Co Antrim. 2400. 24 Mill St (028 2177 1180). ganzjährig (Okt–Juni: nur vormittags). www.moyle-council.org

Da drei der neun Glens of Antrim Richtung Cushendall verlaufen, wird die Stadt auch als »Capital of the Glens« bezeichnet. In dem hübschen Ort mit seinen in hellen Farben gestrichenen Häusern steht der Curfew Tower. Er diente einst als Gefängnis für Diebe und Landstreicher.

Umgebung: 1,5 Kilometer nördlich befindet sich **Layde Old Church**. Sie wurde von den Franziskanern gegründet und war 1306–1790 Pfarrkirche. Damit steht sie in Bezug zu den MacDonnells, den einstigen Herren der Region.

Etwa drei Kilometer westlich von Cushendall, am Hang des Tievebulliagh Mountain, befindet sich **Ossian's Grave**, benannt nach dem legendären Kämpferpoeten und Sohn des Riesen Finn MacCool (siehe S. 26 f.). Tatsächlich handelt es sich dabei um ein Grab aus der Steinzeit. Damals war diese Region ein wichtiges Zentrum der Herstellung von Werkzeugen (vor allem Äxten), die aus hartem Felsgestein gefertigt wurden und die man überall auf den Britischen Inseln fand.

An der Küstenstraße weiter südlich liegen die hübschen Orte **Carnlough** (mit Sandstränden) und **Ballygally**, dessen Burg von 1625 (in der es angeblich spukt) heute ein Hotel (siehe S. 317) ist.

Glenariff Forest Park [11]

Straßenkarte D1. Co Antrim. 028 2955 6014. tägl. für Parkplatz. teilweise. www.forestserviceni.gov.uk

Neun Flüsse haben in den Antrim Mountains tiefe Täler zum Meer hin gegraben. Die Glens of Antrim gelten als wildester Teil von Ulster. Im 19. Jahrhundert gab es hier keine englischen und schottischen Siedlungen (Plantations). So bildeten sie die letzte Region Nordirlands, in der Gälisch gesprochen wurde. Die Berge sind durch die Küstenstraße von Antrim miteinander verbunden und leicht erreichbar. Der Glenariff Forest Park bietet eine herrliche Landschaft mit Wäldern und Blumenwiesen, durch die ein Weg vorbei an einer Schlucht und drei Wasserfällen führt. Über weitere Pfade gelangt man zu Aussichtspunkten in der Höhe. Der englische Schriftsteller William M. Thackeray bezeichnete die Landschaft im 19. Jahrhundert als »Schweiz en miniature«.

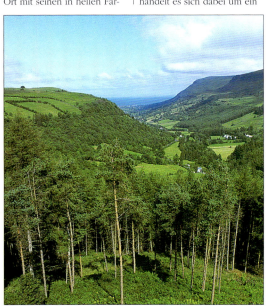

Glenariff Forest Park mit Blick aufs Meer

Steinkreise und Steinreihen von Beaghmore

Cookstown ⑫

Straßenkarte D2. Co Tyrone.
🚶 12 000. 🚌 Burnavon, Bum Rd. 📞 028 8676 2205. 📅 Sa.
www.cookstown.gov.uk

Wer einmal in Cookstown gewesen ist, wird sich stets an die absolut gerade Hauptstraße erinnern. Sie ist über 40 Meter breit und bietet Ausblicke in Richtung Norden auf den massigen Umriss des Slieve Gallion, des höchsten Bergs der Sperrin Mountains. Cookstown, eine »Plantation Town« (siehe S. 38f) aus dem 17. Jahrhundert, ist nach ihrem Gründer Alan Cook benannt.

Umgebung: Die Umgebung von Cookstown ist reich an Zeugnissen aus neolithischer und frühchristlicher Zeit. Östlich der Stadt, am Ufer des Lough Neagh, befindet sich an der Stelle eines Klosters (6. Jh.) **Ardboe Cross**. Wenn auch nicht sehr gut erhalten, so ist dieses Hochkreuz (10. Jh.; siehe S. 243) doch eines der schönsten Beispiele seiner Art in Ulster: Auf seinen 22 Steinplatten sind an der nach Osten weisenden Seite Szenen aus dem Alten, auf der gegenüberliegenden Szenen aus dem Neuen Testament dargestellt. Die **Wellbrook Beetling Mill** westlich von Cookstown bietet einen Einblick in die örtliche Tuchherstellung. »Beetling« bedeutete, das Tuch derart zu »hämmern«, dass es einen ganz charakteristischen Glanz erhielt. Die Mühle, die 1768 am Ballinderry River errichtet wurde, ist vom National Trust restauriert worden. Von hier führen einige Wege am Fluss entlang.

Ardboe Cross

🏛 Ardboe Cross
Nahe B73, 16 km östl. von Cookstown.

🏭 Wellbrook Beetling Mill
Nahe A505, 6,5 km westl. von Cookstown. 📞 028 8675 1735.
🕐 Mitte März–Okt: 13–18 Uhr (einige Tage geschlossen).
www.nationaltrust.org.uk

Beaghmore Stone Circles ⑬

Straßenkarte D2. Co Tyrone.
Nahe A505, 14 km nordwestl. von Cookstown.

Am Fuß der Sperrin Mountains liegt in einem Moorgebiet eine große Ansammlung von Steinmonumenten aus der Zeit zwischen 2000 und 1200 v. Chr. Insgesamt finden sich hier sieben Steinkreise, einige Steinreihen und andere Steinmale, eventuell Reste einer verfallenen Mauer. Ihre Bedeutung ist unbekannt, wenn ihre Anordnung auch zum Teil mit dem Verlauf von Sonne, Mond und Sternen in Verbindung zu bringen ist. Drei Steinreihen liegen z. B. exakt in Richtung der aufgehenden Sonne am Tag der Sommersonnenwende.

Die Steinkreise sind nicht sehr hoch – keiner misst über als 1,20 Meter –, dennoch sind sie in ihrer Gesamtheit beeindruckend. Zudem finden sich hier noch ein Dutzend runder Grabhügel. Bis 1945 war der Komplex, einer der bedeutendsten archäologischen Funde in Ulster, unter einer Torfschicht begraben.

ULSTERS EINSTIGE TUCHHERSTELLUNG

Die Tuchherstellung in Ulster erlebte im 17. Jahrhundert mit der Ankunft französischer Hugenotten, darunter vieler Weber, einen bedeutenden Aufschwung. Zwei Jahrhunderte lang blühte das Gewerbe, doch mittlerweile gibt es hier nur noch wenige Tuchfabriken. Hunderte ehemalige Fabriken liegen nun verlassen im sogenannten »Linen Triangle« zwischen Belfast, Armagh und Dungannon. Der Niedergang der Betriebe war auch begründet durch den aufwendigen und damit teuren Herstellungsprozess: Nach dem Schneiden musste der Flachs in großen, künstlich angelegten Weihern geröttet (eingeweicht) werden, damit sich die Fasern voneinander lösten. Nach dem Auskämmen wurde Flachs gesponnen, dann wurde das Leinen gewebt, das Tuch in der Sonne gebleicht und anschließend gehämmert, wodurch es seinen typischen Glanz erhielt.

Zeitgenössischer Druck: Flachs wird zum Spinnen aufbereitet

The Wilson Ancestral Home ⓮

Straßenkarte C2. 28 Spout Road, Dergalt, Strabane, Co Tyrone.
📞 028 7138 2204. ⏰ *Juli–Aug: Di–So 14–17 Uhr (nur Führungen; ansonsten nach Absprache).*

Das Haus der Vorfahren von US-Präsident Thomas W. Wilson (1856–1924) liegt drei Kilometer südöstlich von Strabane an der Straße nach Plumbridge. Woodrows Großvater, der Richter James Wilson, verließ 1807 mit 20 Jahren seine Heimat, um nach Amerika zu gehen. Heute zeigt ein Besuch in dem strohgedeckten weißen Haus an den Ausläufern der Sperrin Mountains, warum es so innige Verbindungen zwischen Ulster und Amerika gibt. Die sorgsam restaurierten Räume haben noch die originale Möblierung, darunter Betten mit Vorhängen, Küchenutensilien und landwirtschaftliche Geräte.

Umgebung: Gleich außerhalb des Dorfs Newtownstewart, zwölf Kilometer südlich von Strabane, liegt die Ruine des mittelalterlichen Harry Avery's Castle. Die gälische Bastion (14. Jh.) bestand aus zwei Stockwerken mit Zwillingstürmen. Die Türme sind heute noch zu sehen.

Ulster-American Folk Park ⓯

Straßenkarte C2. Co Tyrone.
📞 028 8224 3292. 🚌 *von Omagh.*
⏰ *Apr–Sep: tägl.; Okt–März: Mo–Fr.* ● *1.–3. Jan, 24.–28. Dez.*
www.folkpark.com

Der Folk Park, eines der schönsten Open-Air-Museen seiner Art, entstand rund um das restaurierte Haus, in dem der Richter Thomas Mellon (Gründer der Pittsburgher Bankdynastie) seine Kindheit verbrachte. Die Ausstellung »Emigrants« dokumentiert die Gründe, warum im 18. und 19. Jahrhundert zwei Millionen Menschen aus Ulster nach Amerika emigrierten, als Sklaven verkauft oder als Sträflinge deportiert wurden. Zudem wird dargestellt, was den Ausgewanderten in Amerika widerfuhr.

Der Park umfasst mehr als 30 originale oder rekonstruierte Gebäude, darunter auch Wohnhäuser (u. a. das von John Joseph Hughes, dem ersten katholischen Erzbischof von New York), Kirchen, ein Schulhaus und eine Schmiede. Einige zeigen Ausstellungen zu Handwerk und Kunsthandwerk. Zudem bietet der Park einen typischen Ulster-Straßenzug, ein nachgebautes Emigrantenschiff sowie ein Farmhaus aus Pennsylvania mit Stall, Scheune und Räucherhaus – eine Nachbildung jener Farm, die Thomas Mellon und sein Vater in Amerika errichteten.

In der gut ausgestatteten Bibliothek können Besucher auch Familienforschung betreiben. Im Park werden populäre amerikanische Feiertage wie der Independence Day, Hallowe'en und Anfang September das Appalachian-Bluegrass-Musikfestival begangen.

Belleek Pottery ⓰

Straßenkarte C2. Belleek, Co Fermanagh. 📞 028 6865 9300.
⏰ *Apr–Okt: tägl.; Nov–März: Mo–Fr.* ● *17. Jan, 10 Tage an Weihnachten.* www.belleek.ie

Arbeiter der Belleek Pottery mit einer *Parian-ware*-Figur

Die kleine Grenzstadt Belleek zöge außer Anglern wohl kaum Besucher an, gäbe es hier nicht seit 1857 die weltberühmte Belleek Pottery. Das bemalte Porzellan dieser Werkstatt ist als *Parian ware* bekannt. Es wurde im 19. Jahrhundert entwickelt und sollte an den Parian-Marmor aus dem alten Griechenland erinnern.

Heute bringt man Belleek auch mit den Schmuckgittern, die mit pastellfarbenen Blumen verziert sind, in Verbindung. Sie sind vor allem in den USA populär. Einige der schönsten Stücke sind im kleinen Museum des Besucherzentrums zu sehen, ebenso ein Videofilm, der die Geschichte der Werkstatt dokumentiert. Es gibt auch einen Geschenkeladen.

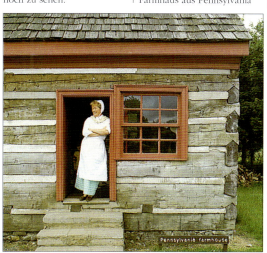

Pennsylvania-Farmhaus im Ulster-American Folk Park

Tour am Lower Lough Erne 🅱

Die Gegend um den Lower Lough Erne ist reich an Sehenswürdigkeiten. Seit vorchristlicher Zeit siedelten hier Menschen in den Wäldern und an den Buchten. Auf einigen der vielen Inseln wurden im Mittelalter Klöster gegründet. Ein Ring von Forts und Burgen erinnert an die Zeit der »Plantation« *(siehe S. 39)*. Der See ist ein Paradies für Wasservögel wie Enten, Seetaucher und Eisvögel. Die vielen Forellen ziehen Angler an. Lough Erne lässt sich gut zu Land wie zu Wasser erkunden. Im Sommer fahren Schiffe zu einigen Inseln. Zudem kann man Boote mieten.

Eisvogel

Blick über den Lower Lough Erne

Castle Caldwell Forest Park ⑥
Die bewaldeten Halbinseln des Parks sind Vogelschutzgebiet. Von der Küste aus kann man Tiere aller Art beobachten, darunter Haubentaucher, Enten und manchmal auch Fischotter.

Boa Island ⑤
Auf dem Friedhof von Caldragh, einer christlichen Begräbnisstätte auf Boa Island, stehen zwei doppelgesichtige Figuren, die wohl aus vorchristlicher Zeit stammen.

Belleek ⑦
Belleek, das westlichste Dorf Nordirlands, ist für seine Töpferwaren *(siehe S. 269)* berühmt.

Lough Navar Forest Drive ⑧
Eine elf Kilometer lange Straße führt durch Nadelwälder zu einem Aussichtspunkt hoch über den Cliffs of Magho mit schönem Blick über den Lough Erne. Den Wald durchziehen Wanderwege.

Tully Castle ⑨
Das *Plantation house (siehe S. 39)* mit gut erhaltenem Schutzwall besitzt einen Kräutergarten, der im Stil des 17. Jahrhunderts angelegt wurde.

ROUTENINFOS

Länge: 110 km.
Rasten: Außerhalb Enniskillen kann man am besten in den Pubs von Kesh und Belleek essen. Im Sommer hat im Castle Archdale Country Park ein Café geöffnet. Überall gibt es schöne Picknickplätze, beispielsweise beim Aussichtspunkt der Cliffs of Magho (siehe S. 387–389).

LEGENDE

- Routenempfehlung
- Andere Straße
- Bootsanlegestelle
- Aussichtspunkt

NORDIRLAND

White Island ④
Eine der Mauern der romanischen Kirche von White Island weist bizarre, heidnisch aussehende Figuren auf, die wahrscheinlich von einem frühen Kloster an dieser Stelle stammen. Im Sommer fahren von Castle Archdale Marina aus Fähren zur Insel.

Rundturm auf Devenish Island

Devenish Island ⑱

Straßenkarte C2. Co Fermanagh.
🚢 *Devenish Ferry (077 0205 2873) ab Trory Point, 5 km nördl. von Enniskillen: Ostern–Sep: tägl.*
🎫 *für Museum u. Rundturm.*
www.ehsni.gov.uk

Im 6. Jahrhundert gründete der hl. Molaise III, der an die 1500 Schüler und Gelehrte um sich geschart hatte, auf dieser kleinen, Wind und Wetter ausgesetzten Insel ein Kloster. Es wurde von den Wikingern im 9. Jahrhundert geplündert und 1157 niedergebrannt, dennoch blieb es bis ins 17. Jahrhundert ein bedeutendes religiöses Zentrum.

Einige sehr schöne Gebäude des mittelalterlichen Klosters sind noch erhalten, etwa **Teampall Mor** (1225), ein sehr gutes Beispiel für die Architektur im Übergang von der Romanik zur Gotik. Am höchsten Punkt der Insel steht **St Mary's Priory**, eine Augustinerkirche (15. Jh.). Nicht weit entfernt findet man ein schön gearbeitetes Steinkreuz aus derselben Zeit.

Die faszinierendste Sehenswürdigkeit auf der Insel ist ein Rundturm aus dem 12. Jahrhundert, der über 25 Meter hoch ist. Er ist vollständig erhalten. Seine fünf Stockwerke sind über Leitern im Inneren erreichbar. Das schöne Dachgesims weist wunderbar gearbeitete menschliche Gesichter auf, die in alle vier Himmelsrichtungen schauen, eine für einen Rundturm in Irland einmalige Dekoration. Ein kleines Museum dokumentiert die Geschichte des Klosters.

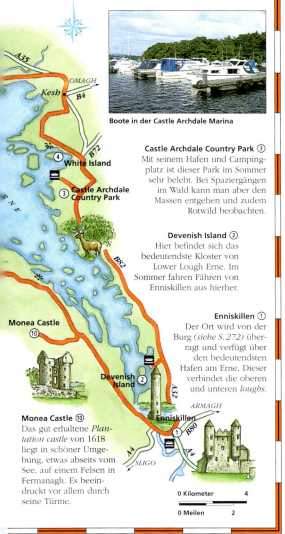

Boote in der Castle Archdale Marina

Castle Archdale Country Park ③
Mit seinem Hafen und Campingplatz ist dieser Park im Sommer sehr belebt. Bei Spaziergängen im Wald kann man aber den Massen entgehen und zudem Rotwild beobachten.

Devenish Island ②
Hier befindet sich das bedeutendste Kloster von Lower Lough Erne. Im Sommer fahren Fähren von Enniskillen aus hierher.

Enniskillen ①
Der Ort wird von der Burg *(siehe S. 272)* überragt und verfügt über den bedeutendsten Hafen am Erne. Dieser verbindet die oberen und unteren *loughs*.

Monea Castle ⑩
Das gut erhaltene *Plantation castle* von 1618 liegt in schöner Umgebung, etwas abseits vom See, auf einem Felsen in Fermanagh. Es beeindruckt vor allem durch seine Türme.

Hotels und Restaurants in Nordirland siehe Seiten 316–319 und Seiten 342–345

Enniskillen

Straßenkarte C2. Co Fermanagh.
14 000. Wellington Rd
(028 6632 3110). Do.
www.fermanagh.gov.uk

Das geschäftige Ferienzentrum Enniskillen liegt auf einer Insel zwischen Upper und Lower Lough Erne. Die Stadt erlangte 1987 traurige Berühmtheit, als hier eine Bombe der IRA elf Menschen tötete.

Im Westen ragt **Enniskillen Castle** (15. Jh.) auf, das das **Fermanagh County Museum** sowie das Inniskilling Regimental Museum beherbergt. Schön ist das sogenannte Watergate, ein märchenhaft anmutender Turm, der seinerseits von zwei Türmchen gekrönt ist. Die weiter im Westen gelegene, 1618 gegründete **Portora Royal School** zählte einst Oscar Wilde und Samuel Beckett *(siehe S. 22f)* zu ihren Schülern.

In einem hübschen Park im viktorianischen Stil steht das **Cole Monument**, eine hohe, dorische Säule. Eine Wendeltreppe führt im Inneren zur Turmspitze, die herrliche Ausblicke über die Stadt bietet.

Blick über den Erne auf Enniskillen Castle

Enniskillen Castle
028 6632 5000. Juli, Aug: Di–Fr 10–17, Sa–Mo 14–17 Uhr; Mai, Juni, Sep: Di–Fr 10–17, Mo, Sa 14–17 Uhr; Okt–Apr: Di–Fr 10–17, Mo 14–17 Uhr. 1. Jan, 25., 26. Dez. teilweise.
www.enniskillencastle.co.uk

Umgebung: Außerhalb der Stadt liegt, umgeben von einem Park und mit Blick über den See, **Castle Coole**, eines der schönsten Wohnhäuser Irlands im klassizistischen Stil. Die lange, aus Portland-Stein errichtete Fassade wird von einem Portikus aufgelockert und an beiden Seiten von je einem Pavillon abgeschlossen. Der Stein wurde von Dorset mit dem Schiff nach Ballyshannon im County Donegal gebracht. Für den 1. Earl of Belmore, der das Gebäude um 1790 errichten ließ, bedeutete dies fast den Bankrott. Ursprünglich wurde der Bau von dem Iren Richard Johnston entworfen, doch dann beauftragte der Earl den englischen Architekten James Wyatt. Der extravagante Earl verstarb 1802 hoch verschuldet. Es oblag seinem Sohn, das Haus bis 1825 fertigzustellen. Es ist heute noch fast im Originalzustand erhalten. Familienporträts aus dem 18. Jahrhundert schmücken das Esszimmer. Im sogenannten State Bedroom steht das Bett, das eigens für den Besuch von König George IV in Irland im Jahr 1821 gebaut wurde – der König schlief jedoch nie darin. Zu den schönsten Räumen von Castle Coole gehört der Salon (Ballsaal) im hinteren Teil des Hauses. Mit Eichenfußboden, schweren Vorhängen und reich dekorierten Regency-Möbeln vermittelt er dezenten Luxus.

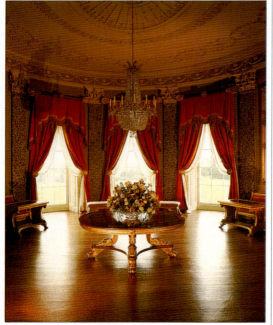

Der Salon von Castle Coole mit originalem Regency-Mobiliar

Castle Coole
Nahe A4, 1,6 km südöstl. von Enniskillen. 028 6632 2690.
Haus 13. März–10. Okt: tägl. 12–18 Uhr (einige Tage geschlossen). Park tägl.
www.nationaltrust.org.uk

Hotels und Restaurants in Nordirland *siehe Seiten 316–319 und Seiten 342–345*

Marble Arch Caves ⑳

Straßenkarte C2. Marlbank Scenic Loop, Florence Court, Co Fermanagh. 📞 028 6634 8855.
⏰ *Mitte März–Juni, Sep: tägl. 10–16.30 Uhr; Juli, Aug: 10–17 Uhr (wetterbedingte Schließungen möglich).*
🎟 obligatorisch. 🍴 ♿
www.marblearchcaves.net

Die Höhlen wurden von Flüssen ausgewaschen, die vom Cuilcagh Mountain herunterfließen und sich unterirdisch zum Claddagh River vereinigen. Eine 75-minütige Fahrt mit dem Boot führt in die Tiefen der Höhlen, vorbei an Stalagmiten und Stalaktiten, an Kaskaden und den merkwürdigsten Kalksteinformationen. Der neun Meter hohe »Marble Arch« befindet sich außerhalb des Höhlensystems in einer Schlucht.

Da die Besichtigungen sehr gefragt sind, sollte man sie im Voraus buchen. Achten Sie auf die Wettervorhersagen – wenn es regnet, kann man die Höhlen bisweilen nicht besuchen. Sie sollten zudem festes Schuhwerk anziehen.

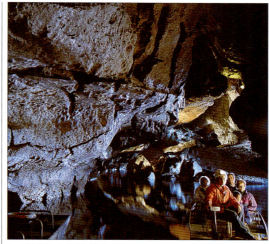

Bootsfahrt durch die Marble Arch Caves

Florence Court ㉑

Straßenkarte C2. Co Fermanagh. 📞 028 6634 8249. **Haus** ⏰ Juni–Aug: tägl. (nur nachmittags); 15. März–Mai, Sep: Sa, So u. Feiertage (nur nachmittags). 🎟 ♿ 🍴 🅿 **Park** ⏰ tägl. 🎟 für Parkplatz.
www.discovernorthernireland.com

Der Landsitz wurde von der Familie Cole Mitte des 18. Jahrhunderts errichtet. Die Arkaden und Pavillons wurden wahrscheinlich um 1770 von William Cole, dem 1. Earl of Enniskillen, angefügt. Die im Rokoko-Stil gehaltenen Stuckverzierungen des Baus werden dem aus Dublin stammenden Stuckateur Robert West zugeschrieben. Doch ist das wenigste hiervon original erhalten, da große Teile des Gebäudes bei einem Brand im Jahr 1955 schwer beschädigt wurden. Die Inneneinrichtung wurde nicht wieder ersetzt, jedoch rekonstruierte man die Mauerdekorationen nach alten Fotografien so originalgetreu wie möglich.

Faszinierender als das Haus ist wohl das Anwesen selbst, das in einem von Hügeln und Bergen geformten »Amphitheater« liegt. Es gibt eine Vielzahl schöner Spazierwege, darunter einen Waldweg, der zur berühmten Florence-Court-Eibe führt, deren Abkömmlinge man in ganz Irland findet. Im Garten beim Haus wachsen im Frühsommer wunderschöne hellrote und weiße Rosen.

Dungannon ㉒

Straßenkarte D2. Co Tyrone. 👥 10 000. 🚌 ℹ Killymaddy Tourist Centre, Ballygawly Rd, 8 km westl. der Stadt (028 8776 7259). 🛒 Do.
www.dungannon.gov.uk

Dungannon liegt auf einem Hügel und war Herrschaftssitz der O'Neill-Dynastie, die vom 14. Jahrhundert bis zur Zeit der Plantation (*siehe S. 38f*) herrschte. Dann wurde ihre Burg zerstört. Die hier ansässige **Royal School** (1614) ist die älteste Schule Nordirlands. Seit 1789 ist sie in einem Gebäude in der Northland Row untergebracht.

Der bekannteste Betrieb der Stadt ist **Tyrone Crystal**, der größte Konzern seiner Art in Nordirland. Führungen geben Einblick in die Glasbläserei.

🏭 Tyrone Crystal
Coalisland Rd. 📞 028 8772 5335. ⏰ Mo–Sa 9–18, So 13–17 Uhr. ❌ 10 Tage an Weihnachten. 🎟 Gebühr. ♿ 🍴
www.tyronecrystal.com

Florence Court, die ehemalige Residenz der Earls of Enniskillen

Blick auf Armagh mit der katholischen St Patrick's Cathedral

Armagh ㉓

Straßenkarte D2. Co Armagh.
🚶 17000. 🅿 🛈 40 English St (028 3752 1800). 🚌 Di, Fr.
www.visitarmagh.com

Als eine der ältesten Städte Irlands geht Armagh auf die Zeit des hl. Patrick *(siehe S. 281)* zurück, der hier 455 eine Kirche gründete. Auf zwei Hügeln erheben sich heute die beiden **St Patrick's Cathedrals**, deren beeindruckendere die riesige katholische Kathedrale im neogotischen Stil ist. Die ältere, protestantische Kathedrale stammt noch aus dem Mittelalter. Sie birgt ein Hochkreuz aus dem 11. Jahrhundert und die Gebeine von BrianBorú, jenem König von Irland, der 1014 die Wikinger besiegte *(siehe S. 34f.)*.

Armaghs prächtige, baumbestandene Mall, auf der im Sommer Cricket gespielt wird, ist von schönen Häusern im georgianischen Stil umgeben. Darunter ist auch das kleine **Armagh County Museum** mit Dokumentationen zur Geschichte der Region. In der Nähe liegt **St Patrick's Trian**, ein *heritage centre*, das der Geschichte der Stadt und dem »Land of Lilliput« gewidmet ist, wie es in *Gullivers Reisen* von Jonathan Swift *(siehe S. 82)* beschrieben wird. Auf dem College Hill in den **Observatory Grounds** steht das einzige Planetarium Irlands, von dem aus man auch Ausblicke über die Stadt hat.

🏛 **Armagh County Museum**
The Mall East. ☎ 028 3752 3070.
◯ Mo–Sa. ● einige Feiertage.
◾ nach Anmeldung. www.armaghcountymuseum.org.uk

🏛 **St Patrick's Trian**
40 English St. ☎ 028 3752 1801.
◯ tägl. ● 25., 26. Dez. 🏛 🍴
◾ www.visitarmagh.com

♣ **Observatory Grounds**
College Hill. ☎ 028 3752 2928.
◯ tägl. (nur nachmittags).
Planetarium ☎ 028 3752 2928.
◾ für Shows. 🏛 ♿

Umgebung: Im Westen von Armagh steht auf einem Hügel **Navan Fort**, der Sage nach das ehemalige Emain Macha, ein kultisches und spirituelles Zentrum Ulsters und eng verbunden mit den Erzählungen über den großen Krieger Cúchulainn *(siehe S. 26)*. Der Ort war bereits vor 4000 Jahren eine Kultstätte und erlangte seine größte Bedeutung um 100 v. Chr., als hier ein großes Holzgebäude auf einem gigantischen Grabhügel errichtet wurde. Der Komplex wurde niedergebrannt und danach mit Erde bedeckt. Forschungen ergaben, dass dies nicht während eines Krieges, sondern im Rahmen einer rituellen Handlung vollzogen wurde.

Unterhalb der Anlage bietet das **Navan Centre** Dokumente zu Geschichte und Mythologie des Orts (außerhalb der sommerlichen Hochsaison ist es für Gruppen geöffnet). Zu den Objekten zählt auch der Schädel eines Berberaffen, der in einem der Häuser aus der Bronzezeit gefunden wurde. Er muss aus Spanien oder Nordafrika stammen und zeigt, dass Emain Macha bereits 500 v. Chr. Handel trieb.

🏛 **Navan Centre**
An der A28 4 km westl. von Armagh. ☎ 028 3752 1801.
◯ Juni–Sep: tägl. 🏛 ♿

Navan Fort: Schädel eines Berberaffen

Lough Neagh ㉔

Straßenkarte D2. Co Armagh, Co Tyrone, Co Londonderry, Co Antrim.

Der Sage nach entstand Lough Neagh, weil der Riese Finn MacCool *(siehe S. 26f)* dem Land einen Klumpen Erde entriss. Diesen warf er ins Meer, sodass sich die Isle of Man formte. Lough Neagh ist der größte See der Britischen Inseln. Seine Ufer bestehen vorwiegend aus mit Schilf bewachsenem Marschland, deshalb führen auch nur wenige Straßen an der Küste entlang. Die schönsten Feriengebiete liegen im Süden: Oxford Island, heute eine Halbinsel, bietet Wanderwege und das **Lough Neagh Discovery Centre**. Am südwestlichen

Navan Fort, Stätte des ehemaligen Emain Macha, einst Hauptstadt von Ulster

Hotels und Restaurants in Nordirland *siehe Seiten 316–319 und Seiten 342–345*

Beobachtungsposten für Vogelfreunde auf Oxford Island am Südufer des Lough Neagh

Ufer des Lough Neagh fährt eine Bahn durch das Moorland von **Peatlands Park**. Eine der weltgrößten Aalfischereien befindet sich in **Toome** am Nordufer des Sees.

⌂ Lough Neagh Discovery Centre
Oxford Island. Ausfahrt 10 an der M1. 028 3832 2205. tägl. 25., 26. Dez. Besucherzentrum

♣ Peatlands Park
Ausfahrt 13 an der M1. 028 3885 1102. Park tägl. 25. Dez. Besucherzentrum Juni–Aug: tägl. (nur nachmittags), Ostern–Ende Mai, Sep: Sa, So u. Feiertage (nur nachmittags). www.peatlandsni.gov.uk

Larne ㉕

Straßenkarte D1. Co Antrim.
20 000. Narrow Gauge Rd (028 2826 0088). Apr–Sep: Mo–Sa; Okt–März: Mo–Fr. www.larne.gov.uk

Die Industriestadt Larne, in der die schottischen Fähren *(siehe S. 384–386)* ankommen, ist das Tor zur Küste von Antrim *(siehe S. 267)*.

An der Küste von Lough Larne wird seit der mittleren Steinzeit Schifffahrt betrieben – Splitter aus Feuersteinen, die man hier fand, geben Zeugnis von der frühesten menschlichen Präsenz auf der Insel vor etwa 9000 Jahren. Im 10. Jahrhundert nutzten die Norweger Lough Larne als Seestützpunkt, 1315 landete Edward Bruce hier, und 1914 unterhielt die Ulster Volunteer Force hier für ihren Kampf gegen die Home Rule *(siehe S. 44f)* ein Waffenlager.

Carrickfergus ㉖

Straßenkarte E2. Co Antrim.
38 500. Antrim St (028 9335 8049). Mo–Fr 9–17 Uhr. Do. www.carrickfergus.org

Carrickfergus entstand um eine gewaltige Burg, mit deren Bau John de Courcy 1180 begann, um die Zufahrt zum Belfast Lough zu kontrollieren. De Courcy war Anführer des anglo-normannischen Heers, das nach Strongbows Eroberung von Leinster in Ulster einfiel *(siehe S. 36f)*.

Carrickfergus Castle wurde auf einem Felsen mit Blick über den Hafen errichtet und ist die schönste und besterhaltene normannische Burg in Irland *(siehe S. 36f)*. Sie hat seit dem 12. Jahrhundert manche Veränderung erfahren, z. B. wurden Kanonen installiert. Waffen und Rüstzeug sind heute im rechteckigen Burgfried zu sehen. Entlang der Wehranlagen sind lebensgroße Modellsoldaten postiert. Bis 1928 wurde die Burg ununterbrochen genutzt, hat aber öfter den Besitzer gewechselt. 1315 übernahmen die Schotten unter Edward Bruce für drei Jahre die Anlage. Von 1688 an wurde sie von der Armee James' II kontrolliert, bis General Schomberg sie 1690 für Wilhelm von Oranien eroberte, der sich hier im Juli 1690, kurz vor der Schlacht am Boyne *(siehe S. 244)*, aufhielt.

De Courcy gründete auch die **St Nicholas' Church**. Sie hat Bleiglasmosaiken sowie ein »Lepra-Fenster«, durch das Infizierte die Sakramente empfingen. Weitere Attraktionen sind das **Andrew Jackson Centre**, das das Andenken an den 7. Präsidenten der USA bewahrt, und **Flame**, ein Museum über die Gasversorgung in viktorianischer Zeit.

⚓ Carrickfergus Castle
028 9335 1273. tägl. So nachm., 25. Dez. www.ehsni.gov.uk

⌂ Andrew Jackson Centre
2 Boneybefore. 028 9335 8049.

Das wuchtige normannische Carrickfergus Castle

Belfast ㉗

Red Hand of Ulster, Linen Hall Library

Belfast war die einzige Stadt Irlands, die von der industriellen Revolution des 19. Jahrhunderts profitierte. Wegen der hier gebotenen Arbeitsplätze auf den Werften, in der Leinen-, Seil- und Tabakindustrie wuchs die Bevölkerung bis Ende des Ersten Weltkriegs auf 400 000 an. Der einstige Reichtum der Stadt ist noch heute an Kirchen und öffentlichen Gebäuden zu erkennen. Der Niedergang traditioneller Industrien hat dem wirtschaftlichen Leben sehr geschadet, doch Projekte wie der Odyssey-Komplex am Queen's Quay bringen neue Hoffnung.

Mosaik in der St Anne's Cathedral: Die Reise des hl. Patrick nach Irland

Grand Opera House

Belfast City Hall
Donegall Square. 028 9027 0456. Mo–Fr 11, 14 u. 15 Uhr, Sa 14 u. 15 Uhr. bis Sommer 2009 geschl.

Die meisten Hauptstraßen Belfasts (und viele der wichtigsten Busse) beginnen am Donegall Square. Hier steht das rechteckige, 1906 errichtete Rathaus mit den vier Türmen und der kupfergedeckten, 53 Meter hohen Kuppel. Höhepunkt der Führung ist der mit Eichenholz getäfelte Ratssaal. Die Statuen vor dem Gebäude zeigen u. a. beim Haupteingang Königin Victoria und an der Ostseite Sir Edward Harland, den Gründer der bekannten Schiffswerft Harland and Wolff, die die *Titanic* baute. In unmittelbarer Nähe des Rathauses befindet sich ein Denkmal für die Opfer, die der Untergang des Schiffs auf seiner Jungfernfahrt 1912 forderte.

Detail des *Titanic*-Denkmals vor der Belfast City Hall

Grand Opera House
Great Victoria St. 028 9042 1919. www.goh.co.uk

Das von Frank Matcham, dem bekannten Theaterarchitekten, im spätviktorianischen Stil errichtete und 1894 eröffnete opulent ausgestattete Theater wurde 1980 renoviert und erstrahlt seither in früherer Pracht. Zwar wurde es durch Bombenanschläge auf das benachbarte Europa Hotel in Mitleidenschaft gezogen, es blieb aber als bedeutender Theatersaal Belfasts erhalten.

St Anne's Cathedral
Donegall St. 028 9032 8232. www.belfastcathedral.org

Die Fassade der 1904 geweihten protestantischen Kirche ist neoromanisch und nicht sonderlich imposant. Doch im Inneren bestechen die farbenprächtigen Mosaike. Das Mosaik an der Decke des Baptisteriums ist aus 150 000 Teilen zusammengesetzt. Der Fußboden des Mittelschiffs ist mit kanadischem Ahornholz, der der Seitenschiffe mit irischem Marmor ausgelegt. Im südlichen Seitenschiff liegt das Grab von Lord Carson (1854–1935), einem unerbittlichen Gegner der Home Rule (*siehe S. 44*).

Zeichenerklärung *siehe hintere Umschlagklappe*

ZENTRUM VON BELFAST

Albert Memorial Clock Tower ⑩
Belfast City Hall ③
Botanical Gardens ⑨
Crown Liquor Saloon ②
Grand Opera House ①
Lagan Weir Lookout ⑪
Linen Hall Library ④
Ormeau Baths Gallery ⑧
Queen's University ⑦
St Anne's Cathedral ⑥
The Entries ⑤
W5 ⑫

0 Meter   500
0 Yards   500

Hotels und Restaurants in Nordirland *siehe Seiten 316–319 und Seiten 342–345*

BELFAST

INFOBOX

Straßenkarte D2. Co Antrim. 500.000. George Best Belfast City Airport, 6,5 km östl.; Belfast International, 29 km nordwestl. Central Station, East Bridge St (028 9066 6630); Great Victoria St Station (028 9066 6630). Europa Bus Centre, Great Victoria St; Laganside Bus Centre, Victoria Sq (028 9066 6630). 47 Donegal Pl (028 9024 6609). Royal Agricultural Show u. Lord Mayor's Show (Mai). www.gotobelfast.com

Linen Hall Library

17 Donegall Square North. 028 9032 1707. Mo–Sa. www.linenhall.com

Die 1788 als Belfast Society for Promoting Knowledge gegründete Bibliothek birgt Tausende von alten und seltenen Büchern. Darüber hinaus verfügt sie über Dokumentationen zur neueren Geschichte Irlands seit 1968 und eine umfangreiche genealogische Datenbank. Ein Besuch der Bibliothek lohnt sich, und sei es nur wegen des netten Cafés sowie der Auswahl an Zeitungen und Zeitschriften. Über der Tür zur Bibliothek hängt die Red Hand of Ulster, ein Emblem der Provinz. Darum rankt sich die Sage zweier keltischer Helden, die miteinander wetteiferten, wer zuerst die Erde von Ulster berühren würde. Vom Wunsch getragen, den Wettbewerb zu gewinnen, hackte sich einer der beiden die Hand ab und warf sie an die Küste Ulsters.

The Entries

Die Entries, einige enge Gassen zwischen Ann und High Street, bieten ein paar der besten Pubs der Stadt, z. B. White's Tavern *(siehe S. 351)*, die als älteste Bar Belfasts gilt. Die Globe im Joy's Entry und der Morning Star im Pottinger's Entry bieten gute Mittagsgerichte. In einem der Pubs im Crown Entry wurde 1791 die radikale Gruppe *United Irishmen* gegründet, die sich an den Ideen der Französischen Revolution orientierten. Ihr bekanntestes Mitglied war Wolfe Tone *(siehe S. 40 f)*.

Crown Liquor Saloon

Great Victoria St. 028 9027 9901. tägl. www.nationaltrust.org.uk

Selbst Antialkoholiker sollten dieses Pub aufsuchen. Das Crown, das 1885 eröffnet wurde, ist das berühmteste Pub in Belfast. Das Innere ist mit Bleiglas- und Marmordekorationen gestaltet. Gaslampen schaffen eine gemütliche Atmosphäre: der Ort schlechthin, wo Sie ein *pint* of Guinness trinken und ein paar Strangford-Lough-Austern essen sollten.

Der im viktorianischen Stil gestaltete Crown Liquor Saloon

Überblick: Belfast

Außerhalb des Belfaster Zentrums liegen hübsche Stadtteile, die vom Bürgerkrieg der letzten Jahrzehnte verschont blieben. Nahe der Queen's University im Süden gibt es zwei bedeutende Sehenswürdigkeiten: das Ulster Museum (derzeit geschlossen) und den Botanische Garten. Vom Cave Hill hat man einen grandiosen Blick über den Norden der Stadt. Wer sich für das industrielle Erbe Belfasts interessiert, besucht die alten Docks und die Werft von Harland and Wolff.

Das viktorianische Palmenhaus im Botanischen Garten

Ormeau Baths Gallery
18a Ormeau Ave. ✆ 028 9032 1402. Di–Sa 10–17.30 Uhr. www.ormeaubaths.co.uk
Die kürzlich wiedereröffnete Ormeau Baths Gallery in einem früheren viktorianischen Schwimmbad bietet einen eleganten Rahmen für zeitgenössische Kunst in Nordirland. Die Kunstgalerie wird vom Arts Council of Northern Ireland betrieben und präsentiert sich auf 930 Quadratmetern in zwei Stockwerken. Zu sehen sind Wechselausstellungen nationaler und internationaler Künstler, von Fotografien und zeitgenössischem Design. Eine gefeierte Ausstellung war beispielsweise die Sammlung von 150 Fotografien der Magnum-Gruppe, die Irland über einen Zeitraum von 60 Jahren zeigen. Die Galerie liegt nur einen Steinwurf vom Stadtzentrum entfernt, nahe der Dublin Road. Im Haus gibt es auch eine Buchhandlung, die seltene Kunstbücher, Kunstmagazine und -zeitschriften anbietet.

Botanical Gardens
Stranmillis Rd. ✆ 028 9032 4902. tägl. www.belfastcitycouncil.org
Der hinter der Universität gelegene Botanische Garten ist eine Oase der Ruhe. Das 1839 errichtete Palmenhaus, eine beeindruckend schöne Glas-Stahl-Konstruktion, und das Tropical Ravine, eine mit tropischen Farnen bewachsene Bergschlucht, sind herrliche Beispiele typisch viktorianischer Gartenarchitektur.

Queen's University
University Rd. ✆ 028 9033 5252.
Vom Donegall Square geht man etwa 15 Minuten zu Fuß durch das Vergnügungsviertel der Stadt, die sogenannte Golden Mile, zur Queen's University, Nordirlands angesehenster Universität. Das Hauptgebäude, das 1849 von Charles Lanyon im Tudor-Stil errichtet wurde, ähnelt stark dem Magdalene College in Oxford. Ein turmbewehrtes Tor führt in den Innenhof mit Kolonnaden.

Das lichtdurchflutete Innere der Ormeau Baths Gallery

Politische Wandbilder in West-Belfast

Republikanisches Wandbild (Falls Rd)

Seit die »Troubles«, die Unruhen in Nordirland, 1968 begannen, hat Straßenkunst eine auffallende Rolle dabei gespielt, die Zugehörigkeit zu den beiden unversöhnlichsten Arbeiterviertln Belfasts zu dokumentieren. Dutzende von Häusern in der protestantischen Shankill Road und der katholischen Falls Road wurden mit Wandbildern bemalt, die die Politik der beiden Gruppierungen und die Zugehörigkeit zu diesen deutlich machen. Beispielsweise wurden die Bordsteine in einigen Straßen entweder in den britischen Farben Rot, Weiß und Blau oder den irischen Farben Grün, Weiß und Gold bemalt. Trotz der Erfolge des derzeitigen Friedensprozesses werden viele dieser Bemalungen erhalten bleiben. Zu besichtigen sind die Wandbilder bei einer »Black Cab Tour« des Belfast Welcome Centre (Infos unter: 028 9024 6609).

Protestantisches Wandbild

Hotels und Restaurants in Nordirland *siehe Seiten 316–319 und Seiten 342–345*

BELFAST

🏛 W5

Odyssey, 2 Queen's Quay. 📞 *028 9046 7700.* 🕐 *tägl. (So nur nachmittags).* www.w5online.co.uk
W5 steht für »whowhatwherewhenwhy«. Das preisgekrönte interaktive Museum präsentiert Wissenschaft und Technik. Hier gibt es Abteilungen über die Elemente (Feuersäulen inklusive), Experimente und viele Denkspiele. Die Besucher können versuchen, einen Kran aus dem Belfaster Hafen zu bedienen, ein Boot zu entwerfen und zu bauen, forensische Untersuchungen an (nicht echten) Knochen vorzunehmen oder zu komponieren.

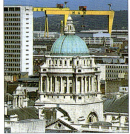

Blick über Belfast mit den Riesenkränen Samson und Goliath

🏛 Albert Memorial Clock Tower

Queen's Square.
Der Uhrturm, eines der bekanntesten Wahrzeichen Belfasts, ist vor allem deshalb berühmt, weil er sich zur Seite neigt. In seiner Nähe befindet sich Custom House, 1854 von Charles Lanyon, Baumeister der Universität, errichtet.

🏛 Lagan Weir Lookout

Donegall Quay. 📞 *028 9031 5304.* 🕐 *tägl. (Sa, So nur nachmittags).* www.laganside.com
Belfasts Hafen überblickt man am besten von der Fußgängerbrücke nahe dem Lagan Weir. Das Lagan Weir, eine Stauanlage mit fünf computergesteuerten Stahltoren, garantiert einen stets gleichbleibenden Wasserpegel. Damit wird vermieden, dass sich durch die Gezeiten Schlamm am Ufer absetzt. Gleichzeitig schuf man am Fluss neue Möglichkeiten für Wassersportler. Das Besucherzentrum auf der Fußgängerbrücke infor-

Das charakteristische Profil des Cave Hill über den Dächern von Belfast

miert über die Stauanlage und das moderne Belfast. Hier hat man einen Blick auf die riesigen Kräne der Werft Harland and Wolff.

🐾 Cave Hill

Antrim Rd, 6,5 km nördl. des Zentrums. **Belfast Castle Visitors' Centre** 📞 *028 9077 6925.* 🕐 *tägl.* ⛔ *25. Dez.* 🍴♿ www.belfastcastle.co.uk
Zoo 📞 *028 9077 6277.* 🕐 *tägl.* ⛔ *25. Dez.* 📷 🍴♿ www.belfastcity.gov.uk
Hier, auf dem Cave Hill nahe den Ruinen von MacArt's Fort (nach einem Stammesältesten aus der Eisenzeit benannt), trafen sich 1795 Wolfe Tone *(siehe S. 41)* und die nordirischen Anführer der Gruppe United Irishmen, um sich zur Rebellion gegen England zu verbünden. Die fünf Höhlen nahe dem Fort stammen aus neolithischer Zeit.
Am bewaldeten Abhang des Hügels steht Belfast Castle (1870). Einst war es Wohnsitz des Earl of Shaftesbury. Heute gehört es der Stadt und beherbergt zwei Restaurants und ein kleines Museum zur Geschichte der Umgebung. Von hier aus gelangt man zum Zoo, der nahezu das gesamte Waldgebiet umfasst.

🛖 Giant's Ring

Nahe B23, 5 km südl. des Zentrums.
Über die prähistorische Anlage, eine kreisförmige Kultstätte mit einem Durchmesser von etwa 200 Metern, ist nur wenig bekannt. Sie ist von einem hohen Erdwall umgeben. In ihrer Mitte befindet sich ein Dolmengrab. Im 18. Jahrhundert war die Ringanlage ein beliebter Ort für Pferderennen.

🏛 Stormont

Newtownards Rd, 8 km südöstl. des Zentrums. 🕐 *für die Öffentlichkeit.* 📷 *nur nach Vereinbarung.*
Stormont, zwischen 1928 und 1932 für 1 250 000 Pfund errichtet, war einst Sitz des nordirischen Parlaments. Das Gebäude aus Portland-Stein und Mourne-Granit liegt am Ende einer langen Straße, die durch einen Park führt. Nahe dem Eingang steht eine Statue Lord Carsons *(siehe S. 44)*.
Seit der Auflösung des Parlaments 1972 wird das Gebäude von der Regierung als Amtssitz genutzt. Seine Zukunft hängt vor allem von der Entwicklung des aktuellen Friedensprozesses ab. Der Sitzungssaal des Parlaments wurde 1994 durch einen Brand schwer beschädigt.

Stormont liegt in einem Park außerhalb Belfasts

Ulster Folk and Transport Museum ㉘

Straßenkarte E2. Cultra, nahe Holywood, Co Down. 028 9042 8428. tägl. 24.– 26. Dez. (für Behinderte frei.)
www.uftm.org.uk

Das Museum verdankt seine Gründung einem Parlamentsbeschluss von 1958, wonach es das Leben und die Traditionen der Menschen in Nordirland veranschaulichen sollte. Ganzjährig werden hier traditionelles Handwerk und alte Methoden des Landbaus demonstriert.

Die A2 trennt das Volksmuseum vom Transportmuseum. Dort ist in einer großen Halle die Irish Railway Collection zu sehen. Die kleinere Transport Gallery zeigt in Ulster hergestellte Maschinen, u. a. einen Salonwagen der Eisenbahnlinie Portrush–Giant's Causeway *(siehe S. 262f)*. Interessant sind das Testmodell des erfolglosen De-Lorean-Autos, das Anfang der 1980er Jahre mit Unterstützung der Regierung gebaut wurde, und eine Dokumentation zur *Titanic*. Für das Museum benötigt man einen halben Tag.

Scrabo Tower, eine der Sehenswürdigkeiten der Ards Peninsula

Straßenbahnwaggon von 1883 im Ulster Folk and Transport Museum

Ards Peninsula ㉙

Straßenkarte E2. Co Down. nach Bangor. Newtownards (028 9182 6846). Heritage Centre 028 9127 1200.
www.ards-council.gov.k

Die Halbinsel liegt östlich von Belfast bei **Bangor**. Dieser Ferienort verfügt über einen modernen Hafen sowie einige Yachtclubs. Etwas weiter im Süden liegt **Donaghadee**. Von hier legen Schiffe zu den drei **Copeland Islands** ab, wo seit den 1940er Jahren nur noch Seevögel leben. Nahe Millisle steht die **Ballycopeland Windmill** (1784), die einzige Windmühle Nordirlands, die noch in Betrieb ist.

Auf der anderen Seite der Halbinsel, beim Strangford Lough, liegt **Newtownards**. Oberhalb des Orts erhebt sich der **Scrabo Country Park** mit dem **Scrabo Tower**, der 1857 zum Gedenken an den 3. Marquess of Londonderry erbaut wurde. 122 Stufen führen zur Turmspitze mit Ausblick über den Strangford Lough.

Am Landsitz **Mount Stewart House** *(siehe S. 282f)* vorbei kommt man zum Dorf Greyabbey mit den Ruinen einer Zisterzienserabtei. 1193 gegründet, war die **Grey Abbey** bis ins 17. Jahrhundert hinein Pfarrkirche. Sehr schön ist das noch erhaltene Westportal der Kirche.

Portaferry an der Spitze der Halbinsel bietet einen herrlichen Blick über die Strangford Narrows und die Lecale Peninsula *(siehe S. 284)*. Portaferrys großes Aquarium **Exploris** zeigt das vielfältige Leben in den Gewässern der Irischen See.

🏛 **Ballycopeland Windmill**
An der B172 1,6 km westl. von Millisle. 028 9181 1491. Juli, Aug: Di–So u. auf Anfrage.

🏛 **Scrabo Country Park**
Bei Newtownards. 028 9181 1491. tägl. **Turm** Ostern–Sep: Sa–Do oder nach Vereinbarung.

🏛 **Grey Abbey**
Greyabbey. 028 4278 8585. Apr–Sep: Di–So; Okt–März: Sa, So u. auf Anfrage.

🐟 **Exploris**
Castle St, Portaferry. 028 4272 8062. tägl. 25. Dez.

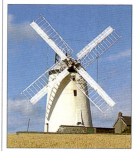

Die Ballycopeland Windmill aus dem Jahr 1784

Mount Stewart House ❸⓪

Siehe S. 282 f.

Hillsborough ❸①

Straßenkarte D2. Co Down.
🏠 2600. 🚌 🛈 The Square
(028 9268 9717).
www.discovernorthernireland.com

Das sehenswerte georgianische Städtchen liegt 16 Kilometer von Belfast entfernt. Beeindruckendstes Gebäude ist **Hillsborough Castle**, in dem Staatsgäste absteigen. Es ist nicht öffentlich zugänglich, doch man kann schöne Tore und Wappen ansehen. Nahe dem Market House (18. Jh.) am Stadtplatz liegt **Hillsborough Fort**, eine Burg von 1650, die im 18. Jahrhundert von den Nachfahren Arthur Hills, des Stadtgründers, umgebaut wurde.

🏛 **Hillsborough Castle**
📞 028 9268 1309. 🕐 Ostern–Sep: Sa (Zeiten tel. erfragen).

🏛 **Hillsborough Fort**
Zugang vom Forest Park. 📞 028 9268 3285.
🕐 Di–So. www.chsni.gov.uk

Häuserzeile in Hillsborough

🏛 **Down County Museum**
English St, The Mall. 📞 028 4461 5218. 🕐 tägl. ⬤ 25., 26. Dez; Sa, So nachm. ♿ teilweise. 🎦 🅿 🛒
www.downcountymuseum.com

Umgebung: Um Downpatrick erinnern Sehenswürdigkeiten an den hl. Patrick. **Struell Wells**, einst wohl eine heidnische Opferstätte, an der der Heilige wirkte, umfasst eine Kirchenruine und ein Badehaus (17. Jh.). Etwas weiter im Norden bei **Saul**, wo der Heilige einst landete und mit der Missionierung Irlands begann, befindet sich eine kleine Gedenkkirche. Der nahe gelegene Hügel **Slieve Patrick** ist eine bedeutende Pilgerstätte. Auf seinem Gipfel erhebt sich eine Granitstatue des Heiligen. Jedes Jahr im Juni wird hier eine Messe unter freiem Himmel zelebriert.

Nahe dem Fluss Quoile steht **Inch Abbey**, eine ehemalige Zisterzienserabtei, die 1180 von John de Courcy gegründet wurde. Sie liegt mitten in Moor- und Torfland und lohnt einen Besuch.

🏛 **Inch Abbey**
5 km nordwestl. von Downpatrick. 🕐 tägl. 📷 www.ehsni.gov.uk

Downpatrick ❸②

Straßenkarte E2. Co Down.
🏠 10300. 🚌 🛈 53a Market St (028 4461 2233). 🕐 Juli, Aug: tägl.; Sep–Juni: Mo–Sa. 🚢 Sa.

Gäbe es nicht die enge Verbindung zum hl. Patrick, kämen nur wenige Besucher nach Downpatrick. Die protestantische **Down Cathedral** auf dem Hill of Down stammt aus dem frühen 19. Jahrhundert. Auf dem Kirchhof steht ein Kreuz aus dem 10. Jahrhundert. Hier soll auch die Grabstätte des hl. Patrick sein. Sie ist durch einen Granitblock mit der Aufschrift »Patric« markiert.

Das überaus sehenswerte **Down County Museum** im Old County Gaol (Gefängnis) ist vor allem dem Andenken des hl. Patrick gewidmet. In der Nähe des Museums befindet sich die normannische Burg **Mound of Down**.

DAS LEBEN DES HL. PATRICK

Vom Leben des hl. Patrick, des Schutzheiligen Irlands, ist wenig bekannt, doch war er wohl nicht der erste Missionar der Insel – bereits 431 war ein gewisser Palladius von Papst Celestin hierhergeschickt worden. Die meisten Legenden berichten, dass Patrick als Junge nach Irland gebracht wurde, jedoch nach Frankreich floh, wo er die christliche Lehre studierte. 432 kam er nach Saul im County Down, wo er den Landesherrn missionierte. Dann reiste er durchs Land und bekehrte viele keltische Stämme zum Christentum. Die Tatsache, dass es in Irland keine Schlangen gibt, schreibt man ebenfalls dem hl. Patrick zu, der diese angeblich alle ins Meer trieb.

Der hl. Patrick treibt die Schlangen ins Meer (Lithografie aus dem 19. Jahrhundert)

Mount Stewart House ③⓪

Lord Castlereagh (1769–1822)

Der Landsitz aus dem 19. Jahrhundert ist im Inneren prachtvoll gestaltet. Die eigentliche Attraktion sind jedoch die wunderschönen Gärten mit Pflanzen und Bäumen, die im subtropischen Klima hervorragend gedeihen. Mount Stewart, heute im Besitz des National Trust, gehörte einst der Familie Londonderry, deren berühmtestes Mitglied Lord Castlereagh war, von 1812 bis zu seinem Tod 1822 britischer Außenminister.

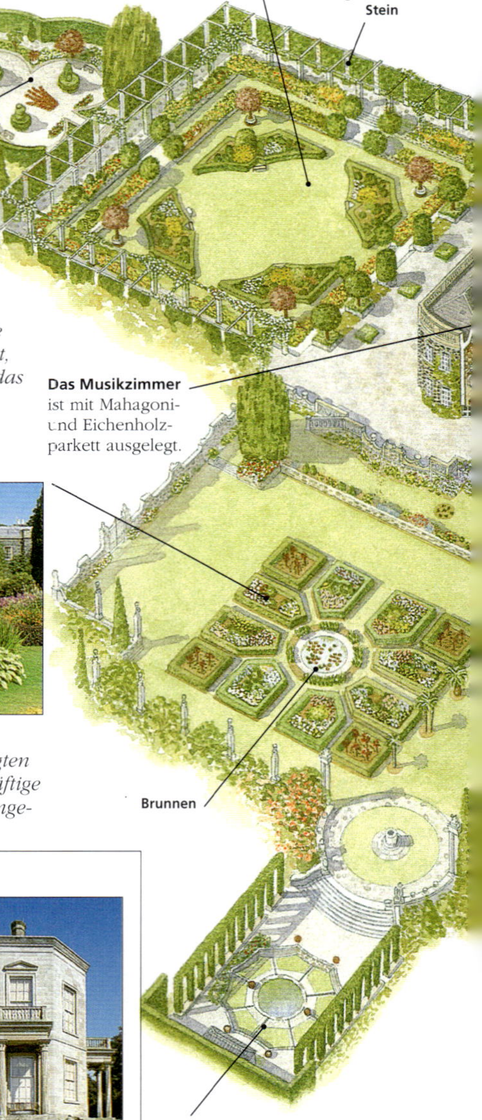

The Sunk Garden besteht aus symmetrisch angelegten Pflanzenterrassen. Im Sommer sind sie ein Meer von blauen, gelben und violetten Blumen.

Pergola aus Stein

★ **Shamrock Garden**
Eine Eibenhecke in Form eines Kleeblatts umgibt die Skulptur einer irischen Harfe und ein Blumenbeet, das die Rote Hand, das Emblem von Ulster, darstellt.

Das Musikzimmer ist mit Mahagoni- und Eichenholzparkett ausgelegt.

Italienischer Garten
Im größten der streng geometrisch angelegten Gärten weisen die Blumen der Ostseite kräftige Rot- und Orangetöne, die der Westseite hingegen zarte Rosa-, Weiß- und Blautöne auf.

Brunnen

TEMPEL DER WINDE

Von diesem Pavillon fällt der Blick über den Strangford Lough auf die Ostfassade von Mount Stewart House. Er wurde 1785 von James »Athenian« Stuart, einem Pionier der klassizistischen Architektur, errichtet, der sich vom Turm der Winde in Athen inspirieren ließ. Das 1960 restaurierte Haus besitzt eine wunderschöne Wendeltreppe und im oberen Stockwerk beeindruckende Stuckdecken und Fußböden.

Der Spanische Garten ist von einem Arkadengang aus Zypressen gesäumt.

MOUNT STEWART HOUSE

★ *Hambletonian* von George Stubbs
Das 1799 gemalte Bild von Hambletonian, einem berühmten Rennpferd aus Newmarket, hängt im Treppenhaus.

INFOBOX

Straßenkarte E2. 3 km nördl. von Greyabbey, Co Down. 028 4278 8387. von Belfast. **Haus** ☐ Mai–Sep: tägl. (Mai, Sep: Di geschl.); Ostern, Apr, Okt: Sa, So u. Feiertage 12–18 Uhr. **Tempel** ☐ Apr–Okt: So, Feiertage 14–17 Uhr. **Gärten** ☐ März–Okt: tägl. **See** ☐ ganzjährig. im Haus.

Eingang

Im Speisezimmer stehen 22 Stühle, die beim Wiener Kongress (1815) benutzt und später Lord Castlereagh vermacht wurden.

Eingangshalle
Die sehr streng gehaltene Eingangshalle mit ihrer lichten Glaskuppel wird von ionischen Steinsäulen getragen, die mit grüner Farbe als »Marmorsäulen« gestaltet sind.

Die Kapelle, einst Wohnzimmer, wurde 1884 zum Gotteshaus umgestaltet.

NICHT VERSÄUMEN

★ Dodo Terrace

★ *Hambletonian* von George Stubbs

★ Shamrock Garden

★ Dodo Terrace
Die Dodos (ausgestorbene Vögel) und die Arche (ark) erinnern an den im Ersten Weltkrieg von Lady Londonderry gegründeten Ark Club, dessen Mitglieder Tiernamen erhielten.

Lady Bangors »gotisches« Boudoir in Castle Ward

Lecale Peninsula ③

Straßenkarte E2. Co Down.
🚌 nach Ardglass. 🛈 Downpatrick (028 4461 2233). 🎭 Castle Ward Opera Festival (Juni; Infos unter 028 9066 1090).
www.discovernorthernireland.com

Man erreicht diesen Teil des County Down mit der Autofähre von Ards Peninsula nach Strangford. Nahe dem Hafen liegt **Castle Ward**, der Sommersitz von Lord und Lady Bangor, die sich offensichtlich über den Stil ihres um 1760 erbauten Hauses nicht einig waren. Die Vorliebe des Hausherrn für Klassizismus erkennt man an der Frontseite des Gebäudes. Die Präferenz von Lady Bangor für Gotik kommt an der Gartenseite zum Tragen. Innen ist das Haus fantasiereich in einer Mischung aus klassizistischem und gotischem Stil gestaltet. Sehenswert ist das Boudoir von Lady Bangor, dessen Deckengewölbe dem der Kapelle von Henry VIII in Westminster Abbey nachempfunden ist. Um das Anwesen liegen Gärten, Spielareale und ein Bauernhof mit einer noch betriebenen Kornmühle.

Vier Kilometer südlich von Strangford führt die A2 an **Kilclief Castle** (15. Jh.), einem der ältesten Turmhäuser (siehe S. 20) Irlands, vorbei und weiter nach **Ardglass**. Das Fischerdorf war einst der geschäftigsten Häfen Ulsters. Zu seinem Schutz wurden vom 14. bis 16. Jahrhundert einige Burgen errichtet, von denen noch sechs zu sehen sind. Den schönsten Blick über die Dundrum Bay hat man von **St John's Point**, sechs Kilometer südwestlich von Ardglass.

🏰 **Castle Ward**
An der A25, 2,5 km westl. von Strangford. 📞 028 4488 1204. House ⏱ Juli, Aug: tägl.; Mai, Juni, Sep: nur Wochenende. 🚫 ♿ 🏪
🌲 Gelände ⏱ tägl. 🚫 für Parkplatz. www.nationaltrust.org.uk

Castlewellan Forest Park ④

Straßenkarte D2. Main St, Castlewellan, Co Down. 📞 028 4377 8664. ⏱ tägl. 10 Uhr – Sonnenuntergang. 🚫 für Parkplatz.

Der Castlewellan Forest Park liegt in den Ausläufern der Mourne Mountains. Bedeutendste Attraktion ist ein weit außerhalb des 1740 gestalteten Parks angelegtes Arboretum, das heute Gewächshäuser, Zwergkoniferen und einen Rhododendronwald umfasst.

Der Park bietet zudem ein Schlösschen (19. Jh.) im Stil eines schottischen Herrenhauses, heute eine Tagungsstätte, sowie einen See und Wälder.

Mountains of Mourne ⑤

Straßenkarte D2. Co Down.
🚌 nach Newry. 🚌 nach Newcastle.
🛈 10–14 Central Promenade, Newcastle (028 4372 2222).
www.armaghanddown.com

Die Berge von Mourne mit einem Dutzend Gipfeln, die etwa 600 Meter Höhe erreichen, ziehen Jahr für Jahr Tausende von Besuchern an.

Nur eine Straße, die B27 von Kilkeel nach Hilltown, durchquert die Mournes. Ein beliebter, aber schwieriger Wanderpfad führt von **Newcastle** zum 848 Meter hohen Gipfel des **Slieve Donard**, dem höchsten Berg. Der Weg passiert zum Teil die **Mourne Wall**, die zwischen 1904 und 1922 zum Schutz der beiden Wasserreservoirs im **Silent Valley** errichtet wurde.

In der Region gibt es über 20 kurze Wanderrouten, etwa leichte Spazierwege im Rostrevor Forest oder schwierige Routen zum Slieve Muck und anderen Gipfeln (Infos gibt es im Informationszentrum).

35 Kilometer nördlich von Newcastle in den Mountains of Mourne befindet sich der **Legananny Dolmen** (siehe S. 32), eine der meistfotografierten historischen Sehenswürdigkeiten des Landes.

Die sanften Gipfel der Mountains of Mourne

Hotels und Restaurants in Nordirland siehe Seiten 316–319 und Seiten 342–345

Tour an der Mourne Coast

Newcastle – dort, wo sich nach den Worten des Dichters Percy French aus dem 19. Jahrhundert »die Mountains of Mourne zum Meer hin verlieren« – ist ein guter Ausgangspunkt für die Erkundung dieser Region. Durch die Mournes zu fahren, ist einer der Höhepunkte einer Reise durch Nordirland. An der Küste verläuft die Straße zwischen den Ausläufern der Berge und der Irischen See entlang und bietet Ausblicke auf Fischerdörfer und Burgen. Fährt man ins Landesinnere, so kommt man durch weite Moorgebiete. Das Silent Valley mit seinen vielen Wanderwegen ist der einzige Teil der Region, der auf touristische Belange ausgerichtet ist.

Dundrum ②
Das Stadtbild prägen die Ruinen einer normannischen Burg. Von einer nahen Bucht sieht man die Berge.

Tollymore Forest Park ③
Den Park zieren Bauten wie das gotische Tor (18. Jh.), das einst zum Landsitz gehörte.

Spelga Dam ④
Nördlich des Spelga Dam bieten sich schöne Ausblicke über die Ausläufer der Hügel.

Newcastle ①
Seit dem 19. Jahrhundert ist Newcastle Ferienort und bietet schöne Strände und Promenaden.

Rostrevor mit dem Slieve Martin

Rostrevor ⑤
Der ruhige viktorianische Ferienort schmiegt sich unterhalb des Slieve Martin an die Küste des Carlingford Lough.

Silent Valley ⑦
Das Tal ist für Autos gesperrt. Im Sommer fahren Busse zum Gipfel des Ben Crom Mountain.

Green Castle ⑥
Green Castle wurde im 13. Jahrhundert errichtet und liegt auf einem Felsvorsprung hoch über der Einfahrt zum Carlingford Lough.

ROUTENINFOS

Länge: 85 km.
Rasten: Newcastle bietet die größte Auswahl an Pubs und Restaurants. In Dundrum, Annalong, Kilkeel und Rostrevor gibt es ebenfalls Pubs, im Silent Valley im Sommer ein Café. Spelga Dam und Tollymore Forest Park haben gute Picknickplätze (siehe S. 387–389.)

0 Kilometer 5
0 Meilen 3

LEGENDE

▬ Routenempfehlung
── Andere Straße
✼ Aussichtspunkt

Zu Gast in Irland

Übernachten 288–319

Restaurants, Cafés und Pubs 320–351

Shopping 352–357

Unterhaltung 358–367

ÜBERNACHTEN

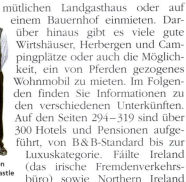

Portier von Waterford Castle

Ob Sie im exklusiven Luxushotel absteigen oder in einer sehr bescheidenen Unterkunft mit Selbstverpflegung, man wird Ihnen in Irland einen herzlichen Empfang bereiten – die Iren sind bekannt für ihr freundliches Wesen. Auch in den großen Hotelketten wird man Ihnen stets gastfreundlich begegnen. Die Auswahl an Hotels ist enorm: Sie können sich in einem eleganten Landhaus aus dem 18. Jahrhundert, einem luxuriösen (oder etwas heruntergekommenen) Schloss, einem viktorianischen Stadthaus, einem altehrwürdig ausgestatteten Hotel, einem gemütlichen Landgasthaus oder auf einem Bauernhof einmieten. Darüber hinaus gibt es viele gute Wirtshäuser, Herbergen und Campingplätze oder auch die Möglichkeit, ein von Pferden gezogenes Wohnmobil zu mieten. Im Folgenden finden Sie Informationen zu den verschiedenen Unterkünften. Auf den Seiten 294–319 sind über 300 Hotels und Pensionen aufgeführt, von B&B-Standard bis zur Luxuskategorie. Fáilte Ireland (das irische Fremdenverkehrsbüro) sowie Northern Ireland Tourist Board veröffentlichen zudem sehr umfangreiche Hotelführer.

Eingangshalle der Delphi Lodge *(siehe S. 311)* in Leenane

HOTELS

An der Spitze der Preisskala rangieren teure Luxushotels, die in einstigen Schlössern, Burgen oder Landhäusern eingerichtet sind. Sie bieten ein Maximum an Komfort, sehr gutes Essen und viele Sportmöglichkeiten. Angeln, Fuchsjagden oder Schießen werden hier ebenso arrangiert wie Reiten, Golfen, Segeln und Radfahren.

Sollten Sie Indoor-Aktivitäten wie Gymnastik, Sauna oder Schwimmen bevorzugen, so sind Sie in einem der modernen Hotels, die zu einer Kette gehören, bestens untergebracht. In der Republik Irland sind dies **Jury's-Doyle** und **The Tower Hotel Group**, in Nordirland **Hastings Hotels**. Man muss aber damit rechnen, dass sie manchmal nicht so charmant sind wie privat geführte Hotels.

Die Hotels an der Küste bieten normalerweise eine Vielzahl sportlicher Möglichkeiten und empfohlenen Sportstätten. In kleineren Städten ist das größte Hotel am Platz meist auch das Zentrum des sozialen Lebens, in dessen Bar sich die Einheimischen zusammenfinden.

Das Kleeblatt-Symbol des nordirischen und irischen Fremdenverkehrsverbands an Hotels zeigt an, dass diese von den entsprechenden Verbänden empfohlen werden.

COUNTRY HOUSES – LANDHÄUSER

Besucher, die in einem Landhaus übernachten und dabei irisches Landleben kennenlernen möchten, können sich an die ganz speziell darauf ausgerichtete Organisation **Hidden Ireland** wenden. Deren Häuser sind weder Gästehäuser noch Hotels oder Bed-and-Breakfast-Pensionen, sondern etwas ganz anderes. Erwarten Sie hier also nicht all jene Annehmlichkeiten wie Fernseher, Schwimmbad oder Gepäckträger. Die Gäste essen hier zusammen mit ihren Gastgebern, so als wären sie zu einem privaten Essen eingeladen. Viele der Häuser werden seit Jahrhunderten von den gleichen Familien geführt. Dieser Ausflug in die Geschichte kann durchaus etwas Faszinierendes haben. Die Preise richten sich nach dem Komfort des Hauses, doch bieten alle Unterkünfte ein hervorragendes Preis-Leistungs-Verhältnis und dazu

Eingang zum Shelbourne Hotel in Dublin

◁ Typisches irisches Pub: Murphy's Pub in Dingle *(siehe S. 157)*

Bar im Hunter's Hotel *(siehe S. 301)* in Rathnew, County Wicklow

die Möglichkeit, irische Lebensart aus erster Hand kennenzulernen.

Zwei nützliche Broschüren, *Friendly Homes of Ireland* und *Ireland's Blue Book*, veröffentlichen entsprechende Listen und Informationen. Sie sind in Buchläden und Fremdenverkehrsbüros erhältlich. Die lokalen Informationszentren verfügen ebenfalls über Verzeichnisse und nehmen Reservierungen vor.

GÄSTEHÄUSER

Die meisten Gästehäuser findet man in den größeren Städten. Sie haben alle ihre ganz eigene Atmosphäre. Sie bieten ein reichhaltiges Irish Breakfast *(siehe S. 320)* und zum Teil auch ein preiswertes Abendessen an. Einige unter den sehr guten Gästehäusern sind besser als manches Hotel. Zudem bekommen Sie hier einen sehr viel persönlicheren Einblick in das Leben einer Stadt. Wenn Sie eher die Anonymität vorziehen, ist ein Gästehaus natürlich nicht der richtige Ort.

Vor allem in der Gegend um Dublin findet man eine große Auswahl an Gästehäusern. Die Preise sind hier normalerweise angemessen. Die **Irish Hotels Federation** gibt ein nützliches Handbuch mit den Adressen aller Gästehäuser in ganz Irland, einschließlich Dublin, heraus. Northern Ireland Tourist Board veröffentlicht eine ähnliche Broschüre mit dem Titel *Where to Stay in Northern Ireland*. Sie werden alljährlich aktualisiert, und man findet hier eine umfassende Liste der vom Fremdenverkehrsverband empfohlenen Gästehäuser. Doch es schadet nicht, auch stets auf Empfehlungen anderer Gäste zu achten.

Schlafzimmer in Enniscoe House *(siehe S. 310)*, Crossmolina

PREISE

Ausgewiesene Zimmerpreise verstehen sich in ganz Irland inklusive Steuer und Trinkgeld. Generell sind sie in der Republik Irland niedriger als in Nordirland. Hotelpreise können, je nach Saison, bis zu 40 Prozent variieren. Das Gleiche gilt für einen Aufenthalt in einem Landhaus. Preise für Gästehäuser hängen meist von der Attraktivität der Gegend sowie deren Anbindung an öffentliche Verkehrsmittel ab.

Allen, die wenig Geld ausgeben wollen, sind Ferien auf dem Bauernhof zu empfehlen. Nur die Selbstverpflegung in einem gemieteten Cottage *(siehe S. 290)* ist billiger.

TRINKGELD

Trinkgeld ist in Irland, auch in den größeren Hotels, allgemein nicht üblich, sondern wird mehr als eine persönliche Entscheidung betrachtet. Verschiedene Serviceleistungen sind im Preis inbegriffen, niemand erwartet von Ihnen ein Trinkgeld, wenn er Ihr Gepäck aufs Zimmer bringt oder Ihnen einen Drink serviert. In Restaurants jedoch gibt man dem Kellner normalerweise zehn Prozent Trinkgeld.

RESERVIERUNG

Während der Hochsaison und an Feiertagen *(siehe S. 51)* empfiehlt es sich, eine Unterkunft zu reservieren, vor allem, wenn Ihr Besuch mit einer besonderen Feier oder einem sportlichen Ereignis *(siehe S. 28f)* zusammenfällt. Fáilte Ireland bietet einen entsprechenden Service für ganz Irland, ebenso der Northern Ireland Tourist Board. Hotels, die einer Kette angehören, bieten die Möglichkeit zentral durchzuführender Reservierungen.

Außenansicht von Londonderry Arms *(siehe S. 318)* in Carnlough

Bed-and-Breakfast-Pension am Fluss Corrib in Galway

BED AND BREAKFAST

Irland steht in dem Ruf, die besten B&Bs in Europa zu bieten. Man findet sie überall. Unterkunft und Verpflegung sind hervorragend, die Aufnahme ist immer herzlich. Auch wenn ein Haus vielleicht von außen nicht hübsch ist, so stellen Komfort und Atmosphäre im Inneren mehr als zufrieden. Zimmer gibt es mit und ohne Bad. Für Erstere muss man etwas mehr zahlen. Da B&Bs jedoch generell sehr preisgünstig sind, schlägt dieser Aufpreis kaum zu Buche.

Die Iren selbst schwören auf B&Bs. Viele ziehen es vor, sich hier einzumieten statt in großen Hotels. Auch Gäste, die häufiger nach Irland fahren, ziehen B&Bs nahezu jedem Hotel vor. Das **Ireland Bed and Breakfast Network** informiert über alles Wissenswerte zu B&Bs in ganz Irland. Für die Republik Irland ist die **Town and Country Homes Association** zuständig.

FERIEN AUF DEM BAUERNHOF

Ferien auf dem Bauernhof sind in Irland beliebt und haben eine lange Tradition. **Irish Farmhouse Holidays Ltd** informiert über alle Bauernhöfe der Republik, die zahlende Gäste aufnehmen. Man kann hier eine Nacht oder auch länger bleiben, um z. B. Ausflüge in die Umgebung zu unternehmen. Wie so oft in Irland ist es vor allem die Gastfreundschaft der Einheimischen, die den Aufenthalt überaus angenehm macht. Zudem bekommen Sie einen guten Einblick in das ländliche Leben Irlands.

FERIENWOHNUNGEN

Ferienwohnungen erfreuen sich in Irland zunehmender Beliebtheit. Im Süden und Westen Irlands findet man ein größeres Angebot, da diese Regionen traditionell mehr Fremdenverkehr haben. Informationen hierzu erhält man bei Fáilte Ireland, doch verfügen die örtlichen Fremdenverkehrsbüros meist über sehr viel mehr Auswahl. Auch findet man oft in irischen wie auch internationalen Zeitungen entsprechende Angebote, die von umgebauten Ställen über Cottages bis zu modernen Wohnhäusern reichen. Die Häuser sind in der Regel mit bequemen Möbeln, einer modernen Küche und einem Fernsehgerät ausgestattet.

Die Organisation **Rent an Irish Cottage** bietet eine Vielzahl an Mietobjekten, meist traditionelle Cottages mit weiß gekalkten Wänden innen und außen sowie den typischen bemalten Dächern und Fenstern. Auch im Inneren sind sie im alten Stil – einfach, aber komfortabel – eingerichtet. Meist liegen sie auch sehr schön, doch, und dies ist vielleicht der einzige Nachteil, stets in kleinen »Kolonien«, sodass sie etwa zehn Nachbarhäuser haben. Wenn Sie also ganz allein sein wollen, können Sie dies in einer Ferienwohnung kaum realisieren.

Sehr viel teurer ist es, eine alte Burg oder ein altes Landhaus zu mieten, die oft sehr gediegen, zum Teil auch mit echten Antiquitäten ausgestattet sind. Derartige Objekte bietet das Unternehmen **Elegant Ireland** an.

CAMPING

Eine Liste aller Campingplätze, die vom Fremdenverkehrsamt empfohlen werden, gibt Fáilte Ireland heraus. Die meisten Campingplätze bieten eine Vielzahl an praktischen Einrichtungen und Möglichkeiten der Freizeitgestaltung – u. a. Läden, Restaurants, Cafés oder Bars, Wäschereien, Spielhallen und Tennisplätze. Die jeweiligen Angebote variieren. Der Campingführer des irischen Frem-

Bauernhof in Clonakilty, County Cork

ÜBERNACHTEN

Pferdewagen – zu mieten bei Slattery's in Tralee

denverkehrsamts bietet hier eine gute Orientierung: Vier-Sterne-Campingplätze haben eine große Auswahl an Einrichtungen und werden exzellent geführt. Zwei-Sterne-Plätze warten mit weniger Einrichtungen auf, haben jedoch ebenfalls ein sehr gutes Management. Plätze mit nur einem Stern bieten normalerweise nicht mehr, als Fáilte Ireland verlangt, um einen Campingplatz zu empfehlen. Eine Liste von Campingplätzen in Nordirland wird vom Northern Ireland Tourist Board herausgegeben.

Wollen Sie Irland auf eine traditionellere Art und Weise kennenlernen, so können Sie auch einen Pferdewagen mieten. Zwei der besten Organisationen, die sich auf diese Form des Reisens spezialisiert haben, sind **Kilvahan Caravans** in Portlaoise in den Midlands und **Slatter's Travel Agency** in Tralee, County Kerry.

JUGENDHERBERGEN

Der irische Jugendherbergsverband **An Óige** verfügt über 23 Jugendherbergen, oft in sehr schönen Gegenden gelegen und zum Teil in alten Burgen eingerichtet. Diese Herbergen bieten einfache Schlafräume sowie die Möglichkeit, sich selbst mit Essen zu versorgen. Als Mitglied von An Óige oder einer anderen Organisation, die dem internationalen Jugendherbergsverband angeschlossen ist, können Sie dort übernachten. Die Preise variieren nach Lage, Ausstattung und Saison. Zuständig für Nordirland ist die **Youth Hostel Association of Northern Ireland**, die über acht Herbergen verfügt.

Die **Independent Holiday Hotels of Ireland** geben einen Führer mit vielen Herbergen heraus. Zudem gibt es weitere Wohnmöglichkeiten, z. B. in Studentenwohnheimen. Informationen erteilen die örtlichen Fremdenverkehrsbüros.

BEHINDERTE REISENDE

Eine Infobroschüre mit Tipps für behinderte Reisende gibt es bei Touristeninformationen, Dublin Tourism und Fáilte Ireland. Diese haben auch Unterkunftslisten mit Hinweisen auf Rollstuhltauglichkeit. Auch die Hotelauswahl in diesem Buch (siehe S. 294–319) kennzeichnet Häuser mit behindertengerechten Räumen mit dem entsprechenden Symbol. Die Behindertenorganisation Comhairle (siehe S. 372f) erteilt weitere Informationen. Das jährlich erscheinende *Holidays in the British Isles* bietet Informationen für behinderte Reisende, die nach Nordirland reisen. Das Northern Ireland Tourist Board publiziert die Broschüre *Accessible Accomodation*.

Von Fáilte Ireland empfohlene Unterkunft

Bed-and-Breakfast-Schild in Pettigo, County Donegal

AUF EINEN BLICK

An Óige (Irish YHA)
61 Mountjoy St, Dublin 7.
01 830 4555.
www.anoige.ie

Elegant Ireland
Box No 10871, Dublin 8.
01 473 225 055.
www.elegant.ie

Hastings Hotels
1066 House, Upper Newtownards Rd, Belfast. *028 9047 1066.*
www.hastingshotels.com

Hidden Ireland
P.O. Box 31, Westport, Co Mayo.
01 662 7166, 098 66650.
www.hiddenireland.com

Independent Holiday Hostels of Ireland
57 Lower Gardiner St, Dublin 1.
01 836 4700.
www.hostels-ireland.com

Ireland Bed and Breakfast Network
www.bnb.ie

Irish Farmhouse Holidays Ltd
2 Michael St, Limerick.
061 400 700.
www.irishfarmholidays.com

Irish Hotels Federation
13 Northbrook Rd, Dublin 6.
01 497 6459. www.ihf.ie

Jury's-Doyle Hotels
Pembroke Rd, Dublin 4. *01 607 0000.* www.jurysdoyle.com

Kilvahan Caravans
Coolrain, Co Laois.
05787 35178.
www.kilvahancarriages.com

Rent an Irish Cottage
51 O'Connell St, Limerick.
061 411 109.
www.rentacottage.ie

Slattery's Travel Agency
1 Russell St, Tralee, Co Kerry.
066 718 6220.
www.slatterys.com

Tower Hotel Group
Tower Hotel Group, FBD House, Naas Rd, Dublin 12.
01 282 400.
www.towerhotelgroup.com

Town and Country Homes Association
Bellek Rd, Ballyshannon, Co Donegal. *071 985 1377.*

YHA Northern Ireland
22–32 Donegall Rd, Belfast.
028 9032 4733.
www.hini.org.uk

Highlights: Hotels

Die hier vorgestellten Häuser sind eine Auswahl der auf den Seiten 294–319 aufgeführten Hotels. Sie geben eine Vorstellung davon, was privat vermietete Häuser, die dem Verband Hidden Ireland angehören *(siehe S. 288)*, luxuriöse Fünf-Sterne-Hotels oder romantische Burgen und Schlösser zu bieten haben. Sie wurden alle aufgrund ihrer beeindruckenden Lage bzw. Ausstattung ausgewählt.

St Ernan's House
Das elegante, pinkfarbene Landhaus im Regency-Stil liegt auf einer privaten Insel nahe Donegal (siehe S. 313).

Delphi Lodge
Das komfortable Landhaus strahlt eine ruhige Atmosphäre aus. Der Fluss Delphi und die nahe gelegenen Seen bieten zahlreiche Sportmöglichkeiten (siehe S. 311).

Ashford Castle
Das große, im gotischen Stil errichtete Haus liegt am Ufer des Lough Corrib. Service und Küche sind ganz hervorragend (siehe S. 310).

NORDWEST-IRLAND

WEST-IRLAND

UNTERER SHANNON

CORK UND KERRY

Adare Manor
Der großzügige Landsitz findet sich in der Nähe des hübschesten Dorfs des Landes. Im viktorianischen Wohnhaus befindet sich ein luxuriöses Hotel (siehe S. 307).

Bantry House
Die Bibliothek des Hauses (18. Jh.) ist zum Garten hin gelegen. Viele Zimmer bieten schöne Ausblicke auf die Bantry Bay (siehe S. 168f und S. 302).

HOTELS

Everglades Hotel
Das imposante Hotel steht am Fluss Foyle und nur eine kurze Autofahrt von den unberührten Stränden des County Donegal und den wunderbaren Sperrin Mountains entfernt (siehe S. 319).

Hunter's Hotel
Kopfsteingepflasterte Innenhöfe, Pferdekoppeln und ein schöner Garten sind nur einige der Attraktionen dieses komfortablen Hotels. Das Haus stammt aus dem Jahr 1720 und wird seit vier Generationen von der Familie Hunter geführt (siehe S. 301).

Roundwood House
Das kleine palladianische Haus liegt inmitten von Kastanien- und Buchenwäldern. Die Slieve Bloom Mountains sind nicht weit. Zudem kann man hier angeln und golfen. Die Zimmer sind mit alten Möbeln ausgestattet. Die Atmosphäre ist entspannt und gemütlich (siehe S. 316).

Waterford Castle
Wirklich »alles hinter sich lassen« können Sie in dieser auf einer Insel im Fluss Suir gelegenen, ehemaligen Burg (15. Jh.). Das Hotel ist nur mit der hauseigenen Fähre zu erreichen (siehe S. 302).

Hotelauswahl

Die Hotels wurden wegen ihres Preis-Leistungs-Verhältnisses, ihrer Lage und Ausstattung ausgewählt. Sie sind nach Regionen und Preisen gelistet, beginnend mit Dublin. Die Kartenverweise für Dublin beziehen sich auf den Stadtplan *(siehe S. 116–119)*, die anderen auf die Straßenkarte der hinteren Umschlaginnenseiten.

> **PREISKATEGORIEN**
> Preise für eine Nacht im Doppelzimmer, inkl. Steuer, Service und Frühstück. Die Kategorien gelten für die Republik Irland, wo der Euro offizielle Währung ist.
> € unter 65 Euro
> €€ 65–130 Euro
> €€€ 130–190 Euro
> €€€€ 190–260 Euro
> €€€€€ über 260 Euro

DUBLIN

SÜDOST-DUBLIN Georgian Hotel
€€

18–22 Baggot St Lower, Dublin 2 **(** 01 634 5000 FAX 01 634 5100 **Zimmer** 20 — Stadtplan F5

Das freundliche Drei-Sterne-Hotel in drei georgianischen Häusern und einem modernen Anbau liegt ein paar Gehminuten von St Stephen's Green entfernt. Geboten werden komfortable, gut ausgestattete Zimmer und eine traditionelle irische Bar, das Maguires. Kein Aufzug. **www.georgianhotel.ie**

SÜDOST-DUBLIN Kilronan House
€€

70 Adelaide Rd, Dublin 2 **(** 01 475 5266 FAX 01 478 2841 **Zimmer** 15

Das denkmalgeschützte Haus von 1834 steht in einer von Bäumen gesäumten Straße nahe St Stephen's Green, um die Ecke der National Concert Hall. Es hat noch georgianisches Flair, bietet aber modernen Komfort, etwa orthopädische Betten. Köstliches Frühstück mit selbst gebackenem Brot. **www.dublinn.com**

SÜDOST-DUBLIN Leeson Hotel
€€

27 Leeson St Lower, Dublin 2 **(** 01 676 3380 FAX 01 661 8273 **Zimmer** 20 — Stadtplan E5

Nahe St Stephen's Green liegt das hübsch dekorierte Hotel in zwei georgianischen Gebäuden. Es geht entspannt und informell zu. Der Service ist erstklassig. Die Bar Kobra ist mit Holzmöbeln elegant eingerichtet. Die Gästezimmer sind sauber und komfortabel, wenn auch eher klein. **www.theleesonhotel.com**

SÜDOST-DUBLIN Buswells
€€€

25 Molesworth St, Dublin 2 **(** 01 614 6500 FAX 01 676 2090 **Zimmer** 67 — Stadtplan E4

Das etwas altmodische Hotel in fünf georgianischen Häusern gibt es bereits seit 1882. Es liegt zentral bei Regierungsgebäuden in einer Straße mit bekannten Kunstgalerien. Das kultivierte Interieur besticht durch warme Farbgebung. Hier steigen häufig Politiker ab. **www.quinnhotels.com**

SÜDOST-DUBLIN Harcourt Hotel
€€€

60 Harcourt St, Dublin 2 **(** 01 478 3677 FAX 01 475 2013 **Zimmer** 104 — Stadtplan D5

Das Hotel gleich bei St Stephen's Green liegt absolut zentral. Das Interieur ist zwar nicht spektakulär, die Zimmer sind jedoch modern und gut eingerichtet. Der beliebte Nachtclub D-Two im Untergeschoss zieht die Nachtschwärmer Dublins an. **www.harcourthotel.ie**

SÜDOST-DUBLIN Longfields
€€€

10 Fitzwilliam St Lower, Dublin 2 **(** 01 676 1367 FAX 01 676 1542 **Zimmer** 26 — Stadtplan F5

Zwei georgianische Gebäude bilden das kleine, stilvolle Hotel zwischen Fitzwilliam Square und Merrion Square. Es ist mit echten und nachgemachten Antiquitäten eingerichtet und verströmt heimeliges Flair. Die Zimmer sind individuell ausgestattet. Das Hotelrestaurant No. 10 genießt einen guten Ruf. **www.longfields.ie**

SÜDOST-DUBLIN Molesworth Court Suites
€€€

Molesworth Court, Schoolhouse Lane, Dublin 2 **(** 01 676 4799 FAX 01 676 4982 **Zimmer** 12 — Stadtplan E4

In einer ruhigen Seitengasse der angesagten Molesworth Street liegt das Vier-Sterne-Hotel mit zwölf Apartments und Penthouses. Die modern eingerichteten Zimmer sind sauber und gemütlich. Der Service ist zuvorkommend. Garage vorhanden. Ideal für Familien. **www.molesworthcourt.ie**

SÜDOST-DUBLIN Mont Clare
€€€

Merrion Square, Dublin 2 **(** 01 607 3800 FAX 01 661 5663 **Zimmer** 74 — Stadtplan F4

Das Mont Clare ist zwar nicht so nobel wie sein Schwesterhaus, das Davenport (gegenüber), hat aber eine gute Lage und traditionelle Einrichtung mit Mahagoni und Messing. Geschmackvoll ausgestattete, klimatisierte Zimmer. In der Bar kann man zu Mittag essen. Gäste dürfen das Fitness-Center gegenüber nutzen. **www.ocallaghanhotels.com**

SÜDOST-DUBLIN Morgan Hotel
€€€

10 Fleet St, Dublin 2 **(** 01 643 7000 FAX 01 643 7060 **Zimmer** 121 — Stadtplan D3

Das moderne Boutique-Hotel mit großzügigen öffentlichen Bereichen liegt im Herzen von Temple Bar. Die minimalistischen Zimmer haben Buchenholzmöbel, Baumwollbettwäsche und CD-Player. Entspannte Atmosphäre. Zimmer zur Straße hin können laut sein. Die Bar Morgan ist angesagt. **www.themorgan.com**

Zeichenerklärung *siehe hintere Umschlagklappe*

ÜBERNACHTEN

SÜDOST-DUBLIN Number 31 €€€
31 Leeson Close, Leeson St Lower, Dublin 2 **01 676 5011** FAX *01 676 2929* **Zimmer** *20*   **Stadtplan** *E5*

Die angeblich stilvollste Pension der Stadt in einem eleganten georgianischen Haus ist eher Boutique-Hotel als B & B. Individuell dekorierte Zimmer. Im Kutschenhaus wird Originalkunst präsentiert. Das sehr gute Frühstück wird im üppig bepflanzten Wintergarten serviert. **www.number31.ie**

SÜDOST-DUBLIN Russell Court €€€
21–25 Harcourt St, Dublin 2 **01 478 4066** FAX *01 478 1576* **Zimmer** *42*   **Stadtplan** *D5*

Das fröhliche Russell Court ist ideal für junge Reisende. Die Zimmer sind sauber, der Service eher bescheiden. Die Hauptattraktion sind der exklusive Krystle Night Club und Bojangles für Leute ab 30, Ruby's für jene darunter. Hinter dem Haus liegt der Biergarten Dicey's Garden. Trams halten vor dem Hotel. **www.russellcourthotel.ie**

SÜDOST-DUBLIN Stauntons on the Green €€€
83 St Stephen's Green, Dublin 2 **01 478 2300** FAX *01 478 2263* **Zimmer** *38*   **Stadtplan** *D5*

Das Gästehaus neben dem Außenministerium bietet gemütliche, schlichte Zimmer in drei georgianischen Stadthäusern. Alle Zimmer haben Bad. Zimmer, die nach hinten liegen, sind ruhiger und blicken auf die Gärten. Parkplätze vorhanden. **www.thecastlehotelgroup.com**

SÜDOST-DUBLIN Stephen's Hall Hotel €€€
14–17 Leeson St Lower, Dublin 2 **01 638 1111** FAX *01 638 1122* **Zimmer** *30*   **Stadtplan** *E5*

Das Hotel nahe St Stephen's Green hat Suiten mit Küchen im Angebot. Die Nähe zum Stadtzentrum macht Stephen's Hall ideal für Familien. Das Hotel wurde vor Kurzem renoviert und hat ein gutes neues Restaurant. In der Tiefgarage gibt es Parkplätze. **www.stephens-hall.com**

SÜDOST-DUBLIN Temple Bar Hotel €€€
Fleet St, Dublin 2 **01 612 9200** FAX *01 677 3088* **Zimmer** *129*   **Stadtplan** *D3*

Wegen seiner Lage im Herzen von Temple Bar – einer lebhaften Gegend mit vielen Pubs und Restaurants – ist das moderne Hotel für Junggesellen-Abschiede sehr beliebt. Die Zimmer sind sauber, wenn auch klein und charakterlos. Ganz in der Nähe gibt es ein Parkhaus. **www.templebarhotel.com**

SÜDOST-DUBLIN Browne's €€€€
22 St Stephen's Green, Dublin 2 **01 638 3939** FAX *01 638 3900* **Zimmer** *11*   **Stadtplan** *D4*

Das zauberhafte Boutique-Hotel in einem georgianischen Haus mit Blick auf St Stephen's Green ist mit echten und nachgebauten Antiquitäten stilvoll möbliert. Jedes Zimmer ist anders gestaltet, alle sind komfortabel. Das gehobene Restaurant Brawn's serviert hervorragendes Essen. **www.brownesdublin.com**

SÜDOST-DUBLIN Trinity Lodge €€€€
12 South Frederick St, Dublin 2 **01 617 0900** FAX *01 617 0999* **Zimmer** *16*   **Stadtplan** *E4*

Das georgianische Haus nahe Grafton Street und Trinity College hat eine Top-Lage zu bieten. Es ist zwar recht traditionell, besitzt aber moderne Annehmlichkeiten. Die gepflegten Zimmer in warmen Farben haben eigene Bäder. Zum Wellness-Angebot gehören Massagen und Aromatherapie. **www.trinitylodge.com**

SÜDOST-DUBLIN Conrad Hotel €€€€€
Earlsfort Terrace, Dublin 2 **01 602 8900** FAX *01 676 5424* **Zimmer** *192*   **Stadtplan** *D5*

Das Hotel gegenüber der National Concert Hall ist auf Geschäftsreisende ausgerichtet. Das Dekor ist geschmackvoll, die Atmosphäre luftig-leicht. Die Zimmer sind modern eingerichtet, mit hellen Holzmöbeln und komfortablen Betten. In den höheren Stockwerken hat man eine tolle Aussicht. Professioneller Service. **www.conraddublin.com**

SÜDOST-DUBLIN Davenport €€€€€
Merrion Square, Dublin 2 **01 607 3500** FAX *01 661 5663* **Zimmer** *114*   **Stadtplan** *F4*

Das Davenport liegt im Herzen des georgianischen Dublin. Die neoklassizistische Fassade stammt von 1863. Mahagoni, Messing und Marmor verleihen dem Haus das Flair eines Gentlemen-Clubs. Die großen Zimmer sind gut ausgestattet und in warmen Tönen dekoriert. Es gibt ein Fitness- und ein Business-Center. **www.ocallaghanhotels.com**

SÜDOST-DUBLIN The Merrion €€€€€
Merrion St Upper, Dublin 2 **01 603 0600** FAX *01 603 0700* **Zimmer** *142*   **Stadtplan** *E4*

Mitten im georgianischen Dublin steht das Merrion, eine elegante Oase mit offenen Kaminen, opulentem Interieur, irischer Kunst und Stilmöbeln. Das Hotel umfasst vier denkmalgeschützte Häuser aus den 1760er Jahren, die feinfühlig restauriert wurden. Gäste können das exzellente Tethra Spa nutzen. **www.merrionhotel.ie**

SÜDOST-DUBLIN Westbury Hotel €€€€€
Grafton St, Dublin 2 **01 679 1122** FAX *01 679 7078* **Zimmer** *204*   **Stadtplan** *D4*

Das Westbury genießt die vielleicht beste Lage in der Stadt: nur Sekunden von der größten Shopping-Meile entfernt. Die Lobby im ersten Stock ist nobel, wenn auch traditionell gestylt und für den Nachmittagstee beliebt. Parkplätze gibt es in der Tiefgarage. Kleines Fitness-Center. **www.jurysdoyle.com**

SÜDOST-DUBLIN Westin Hotel €€€€€
College Green, Dublin 2 **01 645 1000** FAX *01 645 1234* **Zimmer** *163*   **Stadtplan** *D3*

Zwei Gebäude aus dem 19. Jahrhundert, die zur früheren Allied Irish Bank gehörten, wurden wieder aufgebaut und bilden nun das Hotel gegenüber dem Trinity College. Gut ausgestattete Zimmer mit sehr komfortablen Betten. Im ehemaligen Gewölbe der Bank befindet sich jetzt die Bar Mint. **www.westin.com**

Stadtplan Dublin *siehe Seiten 116–119*

SÜDWEST-DUBLIN Avalon House €

55 Aungier St, Dublin 2 **☎** *01 475 0001* **FAX** *01 475 0303* **Zimmer** *70* **Stadtplan** *C4*

Das zentral gelegene Avalon House, eine der renommiertesten Herbergen der Stadt, bietet günstige Unterkünfte in einem restaurierten viktorianischen Ziegelgebäude. Die Zimmer sind sauber, haben Holz- und Fliesenböden, hohe Decken und offene Kamine. Beliebt bei jungen Reisenden. Café vorhanden. **www.avalon-house.ie**

SÜDWEST-DUBLIN Central Hotel €€

1–5 Exchequer St, Dublin 2 **☎** *01 679 7302* **FAX** *01 679 7303* **Zimmer** *70* **Stadtplan** *D5*

Das 1887 gegründete Drei-Sterne-Hotel hat den passenden Namen: Es steht nahe der Grafton Street. Das frisch renovierte Haus bietet moderne Annehmlichkeiten in etwas altmodischem Ambiente mit traditionellem Dekor. Die Zimmer sind sauber, funktional und recht günstig. **www.centralhotel.ie**

SÜDWEST-DUBLIN Mercer Hotel €€

Lower Mercer St, Dublin 2 **☎** *01 478 2179* **FAX** *01 672 0328* **Zimmer** *41* **Stadtplan** *C5*

Das Drei-Sterne-Hotel im Zentrum kombiniert Tradition mit Moderne – Holzfußböden, sanfte Farbgebung und moderne Einrichtungen. Die sauberen, komfortablen Zimmer bieten alle Annehmlichkeiten. Das Personal ist sehr hilfsbereit. Neben dem Restaurant Cusacks gibt es eine frisch renovierte Bar. **www.mercerhotel.ie**

SÜDWEST-DUBLIN Blooms Hotel €€€

Anglesea St, Dublin 2 **☎** *01 671 5622* **FAX** *01 671 5997* **Zimmer** *86* **Stadtplan** *D3*

Hauptanreiz des Blooms ist seine Lage am Rand des lebhaften Temple Bar und unweit des Trinity College. Innen ist es unspektakulär, aber auch angenehm modern. Die nach vorn gelegenen der kompakten Gästezimmer sind die besseren. Die beliebte Vat House Bar bietet Live-Musik, der Club M ist ein populärer Nachtclub. **www.blooms.ie**

SÜDWEST-DUBLIN Grafton Capital Hotel €€€

Lower Stephen's St, Dublin 2 **☎** *01 648 1221* **FAX** *01 648 1222* **Zimmer** *75* **Stadtplan** *D4*

Das moderne Hotel im Zentrum hat eine georgianische Fassade und bietet gut ausgestattete Zimmer zu vernünftigen Preisen. Die Zimmer haben alle modernen Annehmlichkeiten. In der Bar, die bisweilen auch Speiselokal und Nachtclub ist, gibt es Live-Musik. Parkmöglichkeiten. Business-Einrichtungen. **www.graftoncapitalhotel.com**

SÜDWEST-DUBLIN Jury's Inn Christchurch €€€

Christchurch Place, Dublin 8 **☎** *01 454 0000* **FAX** *01 454 0012* **Zimmer** *182* **Stadtplan** *B4*

Gegenüber der Christ Church Cathedral, im alten Wikinger-Zentrum Dublins, liegt das moderne Hotel in Gehweite zu Temple Bar und Stadtzentrum. Die Zimmer sind sauber und gut ausgestattet, ebenso die – etwas kleinen – Badezimmer. Man bezahlt pro Zimmer, weshalb hier gern Familien nächtigen. **www.jurysinn.com**

SÜDWEST-DUBLIN Brooks €€€€

59–62 Drury St, Dublin 2 **☎** *01 670 4000* **FAX** *01 670 4455* **Zimmer** *98* **Stadtplan** *D4*

Das makellos gepflegte, hoch angesehene Boutique-Hotel in Gehnähe zur Grafton Street hat das Flair eines Clubs und ein einladendes Ambiente. Es wurde 1997 gebaut und 2003 mit zeitgemäßer Ausstattung und warmen Farben versehen, das Dekor ist jedoch geschmackvoll traditionell. **www.sinnotthotels.com**

SÜDWEST-DUBLIN Clarence Hotel €€€€€

6–8 Wellington Quay, Dublin 2 **☎** *01 407 0800* **FAX** *01 407 0820* **Zimmer** *49* **Stadtplan** *C3*

Das Dubliner Wahrzeichen von 1852 mit Blick auf den Liffey kaufte 1992 die Rockband U2. Es wurde umfassend renoviert und genießt inzwischen Kultstatus. Das alte Etablissement mit originaler Holztäfelung und luxuriös eingerichteten Gästezimmern kombiniert moderne Kühle mit Komfort. **www.theclarence.ie**

NÖRDLICH DES LIFFEY Harvey's Hotel €€

11 Upper Gardiner St, Dublin 1 **☎** *01 874 8384* **FAX** *01 874 5510* **Zimmer** *16*

Das sehr einladende georgianische Stadthaus wird von einer Familie betrieben. Es steht nur zehn Gehminuten von der O'Connell Street entfernt. Die Zimmer sind sauber, manche etwas verschlissen, die meisten aber hübsch dekoriert. Die Zimmer im hinteren Teil sind ruhiger. Nur für Nichtraucher. **www.harveysguesthouse.com**

NÖRDLICH DES LIFFEY Royal Dublin €€

40–42 O'Connell St, Dublin 2 **☎** *01 873 3666* **FAX** *01 873 3120* **Zimmer** *120* **Stadtplan** *D1*

Das moderne Royal Dublin steht in einer der berühmtesten Straßen der Stadt, die kürzlich umfassend umgestaltet wurde und sich heute viel schöner präsentiert. Dem Hotel mag es an Atmosphäre mangeln, aber die Zimmer sind sehr angenehm. Die nach hinten gehenden sind ruhiger. Freundliches Personal. **www.royaldublin.com**

NÖRDLICH DES LIFFEY Cassidy's Hotel €€€

Cavendish Row, Upper O'Connell St, Dublin 1 **☎** *01 878 0555* **FAX** *01 878 0687* **Zimmer** *113* **Stadtplan** *D2*

Das Hotel in drei georgianischen Ziegelhäusern liegt ideal an der O'Connell Street, gegenüber dem Gate Theatre. Die großen Zimmer wurden modernisiert, sie haben aber noch einige Stilmöbel. Alle Zimmer haben eigene Bäder mit moderner Ausstattung. **www.cassidyshotel.com**

NÖRDLICH DES LIFFEY Clarion IFSC €€€

International Financial Service Centre, North Wall Quay, Dublin 1 **☎** *01 433 8800* **Zimmer** *163* **Stadtplan** *F2*

Das Hotel mit Blick über den Liffey, mitten im Finanzviertel und unweit des Zentrums, besteht seit 2001 und ist bei Besuchern wie Geschäftsreisenden beliebt. Die öffentlichen Bereiche sind hell, luftig und minimalistisch eingerichtet. Schön designte, ordentliche Zimmer. **www.clariondublincity.com**

Preiskategorien *siehe Seite 294* **Zeichenerklärung** *siehe hintere Umschlagklappe*

ÜBERNACHTEN

NÖRDLICH DES LIFFEY Comfort Inn Dublin €€€
Parnell Square, Great Denmark St, Dublin 1 **01 873 7700** FAX *01 873 7777* **Zimmer** *92* **Stadtplan** *D1*

Das komfortable Hotel liegt 100 Meter entfernt vom oberen Ende der O'Connell Street. Die Zimmer wurden kürzlich renoviert und haben Duschen. Freier Highspeed-Internet-Zugang. Es gibt auch eine Bar und ein Bistro. Abends sollte man nicht allein spazieren gehen. **www.comfortparnellsquare.com**

NÖRDLICH DES LIFFEY Hotel Isaacs €€€
Store St, Dublin 2 **01 855 0067** FAX *01 836 5390* **Zimmer** *90* **Stadtplan** *E2*

Das Drei-Sterne-Hotel gegenüber dem Busbahnhof ist modern eingerichtet. Die Café-Bar im europäischen Stil bietet leichtes Mittagessen. Es gibt aber auch ein italienisches Restaurant namens Il Vignardo. Am Wochenende beträgt der Mindestaufenthalt im Isaacs zwei Nächte. **www.isaacs.ie**

NÖRDLICH DES LIFFEY Gresham Hotel €€€€€
23 O'Connell St Upper, Dublin 1 **01 878 7966** FAX *01 878 6032* **Zimmer** *288* **Stadtplan** *D1*

Das Gresham, eines der ältesten und bekanntesten Dubliner Hotels mit stets belebten öffentlichen Bereichen, ist für Rendezvous beliebt. Es ist frisch renoviert. Die Einrichtung kombiniert klassischen und modernen Stil. Gut ausgestattete, schön dekorierte Zimmer. Gutes Business-Hotel. **www.gresham-hotels.com**

NÖRDLICH DES LIFFEY The Morrison €€€€€
Ormond Quay, Dublin 1 **01 887 2400** FAX *01 874 4039* **Zimmer** *141* **Stadtplan** *C3*

Das moderne Luxushotel am Kai wurde 1999 erbaut; verantwortlich fürs Design war John Rocha. Das Interieur ist eine Mischung aus hohen Decken, dunklem Holz, weißen Wänden, gedämpftem Licht, handgewebten Teppichen und Originalkunst. Die Zimmer sind modern. Das Restaurant Halo ist sehr stilvoll. **www.morrisonhotel.ie**

ABSTECHER Bewley's Hotel €€
Merrion Rd, Ballsbridge, Dublin 4 **01 668 1111** FAX *01 668 1999* **Zimmer** *304*

Ein wunderbares rotes Ziegelgebäude, ehemals eine Schule, gehört nun zur Bewley's-Hotelkette. Es ist komfortabel und modern ausgestattet und hat große Zimmer. Das Hotel mit dem besten Preis-Leistungs-Verhältnis in Dublin. Das Restaurant O'Connell's ist sehr beliebt. **www.bewleyshotels.com**

ABSTECHER Clara House €€
23 Leinster Rd, Rathmines, Dublin 6 **01 497 5904** FAX *01 497 5580* **Zimmer** *13*

Das denkmalgeschützte georgianische Ziegelhaus von 1840 ist heute ein B & B. Ins Zentrum geht man 20 Minuten oder man nimmt den Bus. Die Atmosphäre ist entspannt und freundlich. Bewachte Parkplätze gibt es hinter dem Haus. Der Weg am Kanal entlang ist hübsch. **www.clarahouse.com**

ABSTECHER Druid Lodge €€
Killiney Hill Rd, Killiney, Co Dublin **01 285 1632** FAX *01 285 8504* **Zimmer** *4* **Straßenkarte** *D4*

Die romantische Druid Lodge auf dem malerischen Killiney Hill mit Blick auf die Bucht steht elf Kilometer südlich des Stadtzentrums. Die von Efeu umwucherte Pension (1832) ist nach der heiligen Stätte ganz in der Nähe, dem Druid's Chair, benannt. Angenehmer Alte-Welt-Charme. **www.druidlodge.com**

ABSTECHER Glenogra Guesthouse €€
64 Merrion Rd, Ballsbridge, Dublin 4 **01 668 3661** FAX *01 668 3698* **Zimmer** *12*

Das preisgekrönte Bed & Breakfast bietet günstige Unterkünfte in einer grünen, noblen Umgebung. Die Besitzer des Glenogra Guesthouse sorgen für eine einladende Atmosphäre. Die Zimmer sind recht gut ausgestattet. Gutes und reichhaltiges Frühstück. **www.glenogra.com**

ABSTECHER Marble Hall Guest Accommodation €€
81 Marlborough Rd, Donnybrook, Dublin 4 **01 497 7350** **Zimmer** *3*

Das beliebte Gästehaus steht in einem ruhigen Wohngebiet, in die Innenstadt gelangt man mit dem Bus oder in 20 Minuten zu Fuß. Die Unterkunft ist für ihr hervorragendes Frühstück bekannt. Die Gästezimmer sind groß und geschmackvoll mit Antiquitäten eingerichtet. **www.marblehall.net**

ABSTECHER Mount Herbert Hotel €€
7 Herbert Rd, Ballsbridge, Dublin 4 **01 668 4321** FAX *01 660 7077* **Zimmer** *168*

Seit über 50 Jahren besteht das Hotel in einem Wohngebiet nahe dem Rugby- und Fußballstadion Landsdowne. Es besteht aus mehreren Wohnhäusern und ist modern eingerichtet. Die Zimmer, alle mit Bad, sind gut ausgestattet. Die Nutzung des nahen Fitness-Centers ist kostenlos. **www.mountherberthotel.ie**

ABSTECHER Tara Towers Hotel €€
Merrion Rd, Booterstown, Dublin 4 **01 269 4666** FAX *01 269 1027* **Zimmer** *111*

Das Drei-Sterne-Hotel steht an der Küstenstraße südlich des Zentrums. Dun Laoghaire liegt 15 Autominuten entfernt. Entspanntes Ambiete, zuvorkommender Service. Die Zimmer sind komfortabel und geräumig. Es gibt ein traditionelles Restaurant. Busse und DART-Station liegen in der Nähe. **www.taratowers.com**

ABSTECHER Waterloo House €€
8–10 Waterloo Rd, Ballsbridge, Dublin 4 **01 660 1888** FAX *01 667 1955* **Zimmer** *17*

Das hübsche Gästehaus unweit St Stephen's Green liegt in zwei georgianischen Gebäuden an einer baumgesäumten Straße – abseits der Hektik der Stadt. Legere Stimmung. Die Zimmer sind gemütlich. Im schönen Esszimmer wird ein gutes Frühstück serviert. Es gibt Parkplätze. **www.waterloohouse.ie**

Stadtplan Dublin *siehe Seiten 116–119* **Straßenkarte** *siehe hintere Umschlaginnenseiten*

ABSTECHER Aberdeen Lodge €€€
53–55 Park St, Ballsbridge, Dublin 4 **☎** *01 283 8155* **FAX** *01 283 7877* **Zimmer** *17*

Der wohlhabende Vorort Ballsbridge ist Heimat der Lodge mit riesigen Zimmern. Einige haben Betten mit vier Pfosten und einen Whirlpool. Parkmöglichkeit und freier Internet-Zugang. Der große und gepflegte Garten ist eine Oase in der schnelllebigen Stadt. **www.halpinsprivatehotels.com**

ABSTECHER Belcamp Hutchinson €€€
Carrs Lane, Malahide Rd, Balgriffin, Dublin 17 **☎** *01 846 0843* **FAX** *01 848 5703* **Zimmer** *8*

Nur 15 Autominuten vom Flughafen entfernt, bieten die gastfreundlichen Besitzer des abgeschiedenen, von Kletterpflanzen bewachsenen georgianischen B&Bs große Zimmer mit hohen Decken. Das nahe gelegene, malerische Dorf Malahide bietet Möglichkeiten für Golf, Tennis, Segeln und Reiten. **www.belcamphutchinson.com**

ABSTECHER Blakes Townhouse 🏃 €€€
50 Merrion Rd, Ballsbridge, Dublin 4 **☎** *01 668 8324* **FAX** *01 668 4280* **Zimmer** *12*

Das charmante Stadthaus wurde mit allem Luxus stilvoll renoviert. Im Blakes kann man inmitten des Botschaftsviertels von Dublin Ruhe und Privatsphäre genießen. Darüber hinaus gibt es Parkplätze, freien Internet-Zugang und einen erstklassigen Service. **www.halpinsprivatehotels.com**

ABSTECHER Butlers Town House 🏃🎏 €€€
44 Lansdowne Rd, Ballsbridge, Dublin 4 **☎** *01 667 4022* **FAX** *01 667 3960* **Zimmer** *20*

Das georgiansiche Butlers Town House ist im Stil eines Landhauses eingerichtet und bietet Vier-Sterne-Unterkunft. Individuell gestaltete Zimmer mit ägyptischen Baumwolllaken. Im Conservatory Restaurant wird gutes Frühstück und den ganzen Tag über warmes Essen serviert. **www.butlers-hotel.com**

ABSTECHER Crowne Plaza Hotel 🏊🍴🏃🎏 €€€
Northwood Park, Santry Demesne, Santry, Dublin 9 **☎** *01 862 8888* **FAX** *01 862 8800* **Zimmer** *204*

In einem grünen Park – fünf Autominuten vom Flughafen und 15 Minuten vom Zentrum entfernt – bietet das Crowne Plaza modernen Komfort. Gut ausgestattete Zimmer, Fitness-Center, kostenloser Transport zum Flughafen. In der Nähe der Autobahnen M1 und M50. **www.cpdublin.crowneplaza.com**

ABSTECHER Donnybrook Hall 🏃 €€€
6 Belmont Ave, Donnybrook, Dublin 46 **☎** *01 269 1633* **FAX** *01 269 26492* **Zimmer** *9*   **Straßenkarte** *D4*

Das familiengeführte Vier-Sterne-Gästehaus liegt in einer ruhigen Wohnstraße in der Nähe des RDS und des Rugby- und Fußballstadions Lansdowne. Das Innere des Hauses ist licht und elegant. Alle Zimmer haben orthopädische Matratzen. Drei der Räume gehen zum Garten hinaus. Grandioses Frühstück. **www.donnybrookhall.com**

ABSTECHER Grand Canal Hotel 🏊🍴🏃 €€€
Grand Canal St, Ballsbridge, Dublin 4 **☎** *01 646 1000* **FAX** *01 646 1001* **Zimmer** *142*

2005 war das 2004 erbaute Gran Canal das »New Hotel of the Year«. Es ist groß und modern und hat freundliches Personal. Sein Pub Kitty O'Sheas gehört zu den besten der Stadt. Es gibt auch ein neues Restaurant namens Ulysses. Sehr gut gelegen zwischen Trinity College und Lansdowne Road. **www.grandcanalhotel.com**

ABSTECHER Herbert Park Hotel 🏊🍴🎏 €€€
Ballsbridge, Dublin 4 **☎** *01 667 2200* **FAX** *01 667 2595* **Zimmer** *153*

Das große moderne Hotel, das den Park, nach dem es benannt ist, überblickt, ist hell und luftig. Für die Einrichtung wurden polierter Granit, irische abstrakte Kunst, irische Möbel und Glaswände verwendet. Die Gästezimmer sind gut ausgestattet und stilvoll dekoriert. **www.herbertparkhotel.ie**

ABSTECHER The Red Bank 🏃 €€€
6–7 Church St, Skerries, Co Dublin **☎** *01 849 1005* **FAX** *01 849 1598* **Zimmer** *18*   **Straßenkarte** *D3*

Die Pension in einer ehemaligen Bank im Dorf Skerries bietet komfortabel eingerichtete Zimmer mit guter Ausstattung. Das preisgekrönte Restaurant Red Bank hat viel Charakter und ist auf Seafood spezialisiert. Zum Flughafen fährt man nur ein paar Minuten. **www.redbank.ie**

ABSTECHER Dylan 🏊🍴🏃 €€€€€
Eastmoreland Place, Dublin 4 **☎** *01 660 3000* **FAX** *01 660 3005* **Zimmer** *44*

Das Haus wurde von Hospitality Ireland zum besten neuen Hotel 2007 gewählt. Das Dylan besitzt ein prachtvolles Inneres mit üppig ausgestatteten Zimmern, die alle individuell eingerichtet sind. Das Hotelrestaurant Still ist elegant. Im luxuriösen Barbereich kann man Cocktails einnehmen. **www.dylan.ie**

ABSTECHER Four Seasons 🏊🍴🎿🏃🎏 €€€€€
Simmonscourt Rd, Ballsbridge, Dublin 4 **☎** *01 665 4000* **FAX** *01 665 4099* **Zimmer** *259*

Luxushotel mit stilvoller Eleganz und zeitgemäßem Komfort. Die geräumigen öffentlichen Bereiche sind mit flauschigen Teppichen und wunderbaren Möbeln opulent dekoriert. Die Gästezimmer sind groß und luxuriös. Der Service ist herausragend. Die Ice Bar ist ein Magnet für die Modeszene. **www.fourseasons.com**

ABSTECHER Portmarnock Hotel & Golf Links 🏊🍴🏃🎏 €€€€€
Portmarnock, Co Dublin **☎** *01 846 0611* **FAX** *01 846 2442* **Zimmer** *138*   **Straßenkarte** *D3*

Die für ihren irischen Whiskey berühmte Familie Jameson besaß einst das Haus in herrlicher Strandlage. Es ist geschmackvoll dekoriert. Die Zimmer sind hervorragend eingerichtet und haben Blick aufs Meer oder auf den 18-Loch-Golfplatz. Es gibt auch ein Spa. Nahe dem Flughafen Dublin. **www.portmarnock.com**

Preiskategorien *siehe Seite 294* **Zeichenerklärung** *siehe hintere Umschlagklappe*

ÜBERNACHTEN

SÜDOST-IRLAND

ARKLOW Plattenstown House
€€
Arklow, Co Wicklow 📞 *0402 37822* 📠 *0402 37822* **Zimmer** *4* **Straßenkarte** *D4*

Das Farmhaus von Margaret McDowell liegt ruhig inmitten eines riesigen Stücks Land. Hier kann man spazieren gehen, reiten, fischen und in der Nähe auch Golf spielen. Dieser Hafen des Friedens und der Ruhe liegt in der Mitte zwischen Dublin und den touristischeren Gebieten von Wexford. **www.plattenstownhouse.com**

ARTHURSTOWN Glendine Country House
🏃 €€
Arthurstown, Co Wexford 📞 *051 389 500* 📠 *051 389 677* **Zimmer** *6* **Straßenkarte** *D5*

Das Wohnhaus (19. Jh.) der gastfreundlichen Crosbys steht inmitten schöner Gärten und Koppeln. Die recht preisgünstigen Zimmer reichen von altmodisch bis zeitgenössisch, aber alle haben eine schöne Aussicht auf die Barrow-Mündung. Freundliches Personal, gutes Frühstück. **www.glendinehouse.com**

ARTHURSTOWN Dunbrody Country House Hotel & Cookery School
🍴 🏃 €€€€€
Arthurstown, Co Wexford 📞 *051 389 600* 📠 *051 389 601* **Zimmer** *522* **Straßenkarte** *C5*

Das georgianische Herrenhaus liegt inmitten eines riesigen Parks in der Nähe der Fähre in Ballyhack, die Waxford und Waterford verbindet. Kevin Dundon ist einer der bekanntesten Chefköche von Irland. Ein Aufenthalt in diesem eleganten Landhaus hinterlässt bleibende Erinnerungen. **www.dunbrodyhouse.com**

ASHFORD Ballyknocken House
🏃 €€
Ashford, Glenealy, Co Wicklow 📞 *0404 44627* 📠 *0404 44696* **Zimmer** *7* **Straßenkarte** *D4*

In einem romantischen viktorianischen Bauernhaus befindet sich heute ein Hotel im Landhausstil. Im Restaurant bekommt man gesunde irische Küche. Das Frühstück ist hervorragend. Die Lage des Hauses ist ideal für Wanderer, die die Wicklow Mountains erkunden wollen. **www.ballyknocken.com**

ATHY Coursetown House
€€
Stradbally Rd, Co Kildare 📞 *059 863 1101* 📠 *059 863 2740* **Zimmer** *4* **Straßenkarte** *D4*

Das 200 Jahre alte Bauernhaus steht in einem großen Hof. Zu den Attraktionen gehören eine sehr gut sortierte Bibliothek mit Büchern über Naturgeschichte sowie schöne Gärten. Die unterschiedlich großen Zimmer sind alle im Landhausstil dekoriert. Köstliches Frühstück mit Pfannkuchen und Früchten. **www.coursetown.com**

AUGHRIM Clone House
🍴 🏃 📺 €€€
Aughrim, Co Wicklow 📞 *0402 36121* 📠 *0402 36029* **Zimmer** *7* **Straßenkarte** *D4*

Tief in den Wicklow Mountains findet man das große Haus aus dem frühen 19. Jahrhundert, umgeben von schön gestalteten Gärten, einem Bach und einem Wasserfall. Stilvolle Zimmer mit kunstvollem Design und modernem Komfort. Besitzerin und Köchin Carla ist Italienerin und bereitet toskanische Klassiker zu. **www.clonehouse.com**

BAGENALSTOWN Lorum Old Rectory
🏃 €€€
Bagenalstown, Co Carlow 📞 *059 977 5282* 📠 *059 977 5455* **Zimmer** *5* **Straßenkarte** *D4*

Das alte Pfarrhaus am Fuß der Blackstair Mountains wurde 1863 aus heimischem Granit gebaut. Es ist elegant und voller Charakter, hat z.B. offene Kamine mit Marmorsimsen. Raffinierte Hausmannskost aus selbst angebauten Produkten. Es gibt einen Krocketrasen. Zudem kann man wandern und Rad fahren. ◯ *März–Nov.* **www.lorum.com**

BALLON Sherwood Park House
€€
Kilbride, Co Carlow 📞 *059 915 9117* 📠 *059 915 9355* **Zimmer** *5* **Straßenkarte** *D4*

Inmitten hügeligen Parklands, nahe den berühmten Altamount Gardens, steht die imposante georgianische Residenz, eine ländliche Zuflucht mit offenen Kaminen und romantischen Zimmern mit Himmelbetten. Candle-Light-Dinner. Sehr gute Hausmannskost und nette Gastgeber. **www.sherwoodparkhouse.ie**

BALLYMACARBRY Clonanav Farm Guesthouse
🏃 €€
Ballymacarbry, Co Waterford 📞 *052 36141* 📠 *052 36294* **Zimmer** *10* **Straßenkarte** *C5*

Der traditionell eingerichtete Drei-Sterne-Bungalow, gleichzeitig ein Zentrum der Fliegenfischerei, steht auf einem Bauernhof im Nire-Tal. Alle Zimmer haben Bad. Es gibt offene Kamine. Das irische Frühstück ist exzellent. Außerdem im Angebot: ein Tennisplatz und Forellenangeln im Fluss. **www.flyfishingireland.com**

CALLAN Ballaghtobin House
€€
Callan, Co Kilkenny 📞 *056 772 5227* 📠 *056 772 5712* **Zimmer** *3* **Straßenkarte** *C5*

In dem efeuberankten alten Haus auf einem Bauernhof (angebaut werden Weizen, Johannisbeeren und Christbäume) lebt die Familie Gabbett seit 350 Jahren. Die Einrichtung ist geschmackvoll, die Zimmer sind groß und ansprechend. Tennisplatz, Krocketrasen und »Clock Golf«. **www.ballaghtobin.com**

CAPPOQUIN Richmond House
🍴 🏃 €€€
Cappoquin, Co Waterford 📞 *058 54278* 📠 *058 54988* **Zimmer** *10* **Straßenkarte** *C5*

Den gastfreundlichen Deevys gehört das schöne georgianische Haus in einem beschaulichen Garten. Es ist ganz zauberhaft mit Antiquitäten dekoriert. Die Zimmer sind eine Mischung aus georgianischer Pracht und modernem Komfort. Die exzellente Landhauskost wurde mit Preisen ausgezeichnet. **www.richmondhouse.net**

Straßenkarte *siehe hintere Umschlaginnenseiten*

CARLOW Barrowville Town House €€

Kilkenny Rd, Co Carlow **☎** *059 914 3324* **FAX** *059 914 1953* **Zimmer** *7* **Straßenkarte** *D4*

Das denkmalgeschützte Drei-Sterne-Regency-Haus steht ein paar Gehminuten vom Zentrum entfernt auf seinem eigenen Anwesen. Es ist sehr gepflegt und mit Antiquitäten ausgestattet. Der Salon hat einen offenen Kamin. Die unterschiedlich großen Zimmer haben alle Bäder. Superbes Frühstück. **www.barrowville.com**

CASTLEDERMOT Kilkea Lodge Farm €€

Castledermot, Co Kildare **☎** *059 914 5112* **FAX** *059 914 5112* **Zimmer** *5* **Straßenkarte** *D4*

Seit 1740 betreibt die gleiche Familie das attraktive Bauernhaus. Hier nächtigen viele, die Pferderennen sehen wollen, da Curragh, Punchestown und Naas nicht weit weg sind. Es gibt auch ein Reitzentrum, in dem man Unterricht nehmen kann. Große Gastfreundlichkeit, offene Kamine und ein naher Golfplatz. **www.kilkealodgefarm.com**

THE CURRAGH Martinstown House €€€

The Curragh, Co Kildare **☎** *045 441 269* **FAX** *045 441 208* **Zimmer** *4* **Straßenkarte** *D4*

Das zauberhafte Cottage im gotischen Stil steht idyllisch inmitten von Wäldern und Gärten und bietet altmodische Gastfreundlichkeit in unaufdringlicher Eleganz. Jedes Zimmer besitzt einen eigenen Charakter und hat frische Blumen. Hühner, Gänse, Schafe und Pferde verstärken den malerischen Eindruck. **www.martinstownhouse.com**

DUNGARVAN An Bohreen 🟦 €€

Dungarvan, Co Waterford **☎** *051 291 010* **FAX** *051 291 011* **Zimmer** *4* **Straßenkarte** *C5*

In den Ausläufern der Comeragh Mountains, eine kurze Autofahrt westlich von Waterford, steht das günstige moderne Gästehaus mit Blick über die Dungarvan Bay. Geboten werden Komfort und Gastfreundschaft, saubere, traditionell eingerichtete Zimmer und eine preisgekrönte Küche. ○ *Ostern – Okt.* **www.anbohreen.com**

DUNGARVAN Clonea Strand Hotel 🟦 €€

Dungarvan, Co Waterford **☎** *058 45555* **FAX** *058 42880* **Zimmer** *60* **Straßenkarte** *C5*

Hauptattraktion der großen, modernen Drei-Sterne-Ferienanlage ist die Lage an einem drei Kilometer langen Sandstrand. Alle Zimmer sind mit Bad, die meisten haben Meerblick. Beheiztes Hallenbad, Bowlingbahn und gute Angebote für Kinder – ideal für Familien. In der Bar hört man irische Live-Musik. **www.clonea.com**

DUNGARVAN Powersfield House 🟦 €€

Ballinamuck, Co Waterford **☎** *058 45594* **FAX** *058 45550* **Zimmer** *6* **Straßenkarte** *C5*

Das pseudo-georgianische Haus ist mit Antiquitäten und wunderbaren Stoffen stilvoll dekoriert. Die Powers sind überschwängliche Gastgeber mit Sinn für entspannte Atmosphäre und wunderbare Küche. Köstliches Frühstück und Abendessen. Eine Kochschule gehört dazu. **www.powersfield.com**

DUNLAVIN Rathsallagh House 🟦 €€€€

Dunlavin, Co Wicklow **☎** *045 403 112* **FAX** *045 403 295* **Zimmer** *31* **Straßenkarte** *D4*

Eine Autostunde von Dublin entfernt steht das efeubewachsene Landhaus in einem wunderbaren Park. Es ist komfortabel eingerichtet, besitzt offene Kamine und strahlt eine entspannte Atmosphäre aus. Professioneller Service, erstklassiges Frühstück, exzellentes Restaurant und schöne Gärten. **www.rathsallagh.com**

DUNMORE EAST Church Villa 🟦 €€

Dunmore East, Co Waterford **☎** *051 383 390* **FAX** *051 383 187* **Zimmer** *7* **Straßenkarte** *D5*

Das renommierte viktorianische Haus im Zentrum des malerischen Fischerdorfs Dunmore East bietet sehr gute B&B-Unterkunft. Die Zimmer sind hell und sauber. Freundliche Besitzer. Gutes hausgemachtes Gebäck und ebensolches Frühstück. Ideal für Ernährungsbewusste. **www.churchvilla.com**

ENNISCORTHY Salville House 🟦 €€

Enniscorthy, Co Wexford **☎** *& * **FAX** *053 923 5252* **Zimmer** *5* **Straßenkarte** *D5*

Auf einem Hügel mit Blick auf den Fluss Slaney steht das Haus aus dem 19. Jahrhundert. Geboten werden Komfort und freundliche Atmosphäre sowie große Zimmer mit riesigen Fenstern. Nach Vereinbarung kann man im eleganten Speiseraum dinieren. Die ländliche Küche wurde mit Preisen ausgezeichnet. **www.salvillehouse.com**

ENNISCORTHY Ballinkeele House 🟦 €€€

Enniscorthy, Co Wexford **☎** *053 913 8105* **FAX** *053 913 8468* **Zimmer** *5* **Straßenkarte** *D5*

Das elegante Herrenhaus ist seit den 1840er Jahren Wohnsitz der Familie Maher. Es ist von einem riesigen Park, Wäldern, Teichen und Seen umgeben. Die Zimmer sind gut proportioniert, die Originalmöbel sehr gepflegt. Die Hausmannsküche und die Malkurse genießen einen guten Ruf. **www.ballinkeele.com**

FERRYCARRIG Ferrycarrig Hotel 🟦 €€€

Ferrycarrig, Co Wexford **☎** *053 912 0999* **FAX** *053 912 0982* **Zimmer** *102* **Straßenkarte** *D5*

Das moderne Hotel bietet einen Blick über den Fluss Slaney. Es ist in elegantem Stil eingerichtet und verströmt eine ruhige Atmosphäre. Das Personal ist sehr freundlich und kompetent. Exzellenter Wellness-Bereich und ein Fitness-Center mit 20-Meter-Schwimmbecken. **www.ferrycarrighotel.ie**

GOREY Marlfield House 🟦 €€€€

Gorey, Co Wexford **☎** *053 942 1124* **FAX** *053 942 1572* **Zimmer** *18* **Straßenkarte** *D5*

Das Herrenhaus im Regency-Stil gehört zu Irlands führenden Landhäusern. Es ist luxuriös ausgestattet mit Antiquitäten, Kunst, Kristallleuchtern und marmornen Kaminsimsen – zudem eine Oase der Ruhe, umgeben von Wäldern und Gärten. In den opulenten Zimmern steht marmorbädern stehen immer frische Blumen. **www.marlfieldhouse.com**

Preiskategorien *siehe Seite 294* **Zeichenerklärung** *siehe hintere Umschlagklappe*

ÜBERNACHTEN

INISTIOGE Cullintra House €€
The Rower, Co Kilkenny 🔲 *051 423 614* **Zimmer** *6* **Straßenkarte** *D5*

Inmitten von Wäldern und Ackerland steht das schöne 200 Jahre alte Bauernhaus, ein Paradies für Katzenliebhaber. Der Besitzer ist leidenschaftlicher Koch und bietet Frühstück bis mittags an. Ansonsten kocht er köstliche Kreationen aus heimischen Produkten für ein Candle-Light-Dinner. **www.cullintrahouse.com**

KILKENNY Butler House 🔲 €€
16 Patrick St, Co Kilkenny 🔲 *056 772 2828* 🔲 *056 776 5626* **Zimmer** *13* **Straßenkarte** *C4*

Das elegante georgianische Haus steht auf dem Anwesen des Kilkenny Castle. Modernes Dekor mit Originalelementen wie Marmorkaminen und Stuckdecken. Die Zimmer sind groß und recht gemütlich. In den umgebauten Ställen – heute das Kilkenny Design Centre – wird exzellentes Frühstück serviert. **www.butler.ie**

KILKENNY Lacken House and Restaurant 🔲🔲 €€€
Dublin Rd, Co Kilkenny 🔲 *056 776 1085* 🔲 *056 776 2435* **Zimmer** *11* **Straßenkarte** *C5*

In Gehweite zum Stadtzentrum steht das viktorianische Haus, das 1847 als Witwenhaus erbaut wurde und nun umfassend erneuert ist. Es hat den persönlichen Service eines Gästehauses, kombiniert mit Hotelangeboten wie einem exzellenten Frühstück. Renommiertes, preisgekröntes Restaurant. **www.lackenhouse.ie**

MACREDDIN The BrookLodge Hotel & Wells Spa 🔲🔲🔲🔲🔲 €€€€
Macreddin Village, Co Wicklow 🔲 *0402 36444* 🔲 *0402 36580* **Zimmer** *66* **Straßenkarte** *D4*

Der Hotelkomplex an der Stelle eines verlassenen Dorfs im Wicklow-Tal ist als modernes, elegantes Landhaus konzipiert, mit offenen Kaminen und großen, luftigen Räumen. Im Actons Country Pub bekommt man hervorragendes Bier aus der eigenen Brauerei. Zur Anlage gehören mehrere Läden. **www.brooklodge.com**

MAYNOOTH Moyglare Manor 🔲 €€€€
Maynooth, Co Kildare 🔲 *01 628 6351* 🔲 *01 628 5405* **Zimmer** *16* **Straßenkarte** *D4*

Nur 30 Kilometer von Dublin entfernt liegt inmitten schöner Ländereien das georgianische Haus, luxuriös ausgestattet mit Antiquitäten und edlen Möbeln. Alle individuell gestalteten Zimmer blicken auf die umgebende Landschaft. Candle-Light-Dinner in romantischem Ambiente. **www.moyglaremanor.ie**

RATHNEW Tinakilly Country House & Restaurant 🔲🔲🔲🔲🔲 €€€
Rathnew, Co Wicklow 🔲 *0404 69274* 🔲 *0404 67806* **Zimmer** *47* **Straßenkarte** *D4*

Das klassische viktorianisch-italienische Herrenhaus, 48 Kilometer südlich von Dublin, ließ Kapitän Halpin erbauen, der das erste Telegrafenkabel zwischen Europa und Amerika verlegte. Das Haus ist mit eleganten Antiquitäten ausgestattet. Die traditionell dekorierten Zimmer bieten modernen Komfort. Gute Küche. **www.tinakilly.ie**

RATHNEW Hunter's Hotel 🔲🔲 €€€
Rathnew, Co Wicklow 🔲 *0404 40106* 🔲 *0404 40338* **Zimmer** *16* **Straßenkarte** *D4*

Das Hotel, ehemals eine Kutschenstation, befindet sich seit fünf Generationen in der Hand der Hunters und bietet altmodischen Komfort und Charme. Das Haus in einem schönen Garten am Fluss verströmt eine traditionelle, entspannte Atmosphäre. Einfache Landküche. **www.hunters.ie**

ROSSLARE Kelly's Resort Hotel 🔲🔲🔲🔲🔲 €€€€
Rosslare, Co Wexford 🔲 *053 913 2114* 🔲 *053 913 2222* **Zimmer** *123* **Straßenkarte** *D5*

Das Hotel mit Blick auf einen großen Sandstrand ist behaglich, wenn auch etwas charakterlos, und rühmt sich einer umfangreichen Kunstsammlung. Viele Zimmer, einige mit Balkon, bieten eine schöne Aussicht aufs Meer. Viele Freizeitangebote, zwei gute Restaurants und ein Kinderhort machen das Haus für Familien ideal. **www.kellys.ie**

STRAFFAN Kildare Hotel & Country Club 🔲🔲🔲🔲🔲 €€€€€
Straffan, Co Kildare 🔲 *01 601 7200* 🔲 *01 601 7297* **Zimmer** *69* **Straßenkarte** *D4*

Das Haus aus dem 17. Jahrhundert wurde zum Fünf-Sterne-Hotel mit französischem Flair umgebaut. Die gut ausgestatteten Gästezimmer sind unterschiedlich dekoriert. Die Restaurants sind hervorragend. Zum Angebot gehören zwei 18-Loch-Golfplätze, ein Spa, Tennisplätze und Angelmöglichkeiten. **www.kclub.ie**

THOMASTOWN Ballyduff House 🔲🔲 €€
Thomastown, Co Kilkenny 🔲 *056 775 8488* **Zimmer** *3* **Straßenkarte** *D5*

Das zauberhafte Herrenhaus (18. Jh.) mit Blick über den Fluss Nore ist eine Oase der Ruhe und präsentiert sich im Landhausstil. Die großen Zimmer bieten schöne Aussicht über Fluss oder Garten. Man kann wandern sowie Lachse und Forellen angeln. In der Nähe liegen die Woodstock Gardens. 🔲 *März – Okt.* **www.ballyduffhouse.com**

THOMASTOWN Mount Juliet Conrad 🔲🔲🔲🔲 €€€€
Thomastown, Co Kilkenny 🔲 *056 777 3000* 🔲 *056 777 3019* **Zimmer** *32* **Straßenkarte** *D5*

Inmitten von Parkland, Feldern und Gartenanlagen steht eines der schönsten georgianischen Häuser und luxuriösesten Hotels Irlands. Wunderbare Einrichtung, Stuckdecken, offene Kamine und individuell gestylte Zimmer. Ein 18-Loch-Golfplatz, Bogenschießen sowie ein Spa gehören zum Angebot. **www.mountjuliet.ie**

WATERFORD Foxmount Country House 🔲🔲 €€
Passage East Rd, ab Dunmore Rd, Co Waterford 🔲 *051 874 308* 🔲 *051 854 906* **Zimmer** *5* **Straßenkarte** *D5*

15 Autominuten von Waterfords Zentrum steht das eindrucksvolle und dennoch ruhige Foxmount, ein Landhaus (18. Jh.), dessen Molkerei noch in Betrieb ist. Die ansprechenden Zimmer überblicken das Tal oder den Hof. Die Kents sind freundliche Gastgeber und bieten köstliches Selbstgebackenes. **www.foxmountcountryhouse.com**

Straßenkarte *siehe hintere Umschlaginnenseiten*

WATERFORD Sion Hill House & Gardens Castle

Ferrybank, Waterford City 051 851 558 FAX 051 851 678 *Zimmer 4*   **Straßenkarte D5**

George und Antoinette Kavangh sind freundliche Gastgeber in einem Haus am Hang, das von einem Garten mit über 2000 Narzissen und mehr als 400 Rosensorten umgeben ist. Die Zimmer sind gut geschnitten und mit wunderschönen Antiquitäten eingerichtet. **www.sionhillhouse.com**

WATERFORD Waterford Castle

The Island, Ballinakill, Co Waterford 051 878 203 FAX 051 879 316 *Zimmer 19*   **Straßenkarte D5**

Das Luxushotel aus dem 15. Jahrhundert steht auf einer privaten Insel fünf Kilometer außerhalb von Waterford, zu erreichen mit einer eigenen Autofähre. Es kombiniert Alte-Welt-Eleganz mit modernem Komfort. Im Angebot: edle Restaurants, ein 18-Loch-Golfplatz und Tennisplätze. Nur für Nichtraucher. **www.waterfordcastle.com**

WEXFORD McMenamin's Townhouse

6 Glena Terrace, Spawell Rd, Co Wexford 053 914 6442 FAX 053 46442 *Zimmer 5*   **Straßenkarte D5**

Das spätviktorianische B&B in Ziegelbauweise liegt in Gehnähe zum Zentrum und 25 Autominuten von der Rosslare-Fähre entfernt. Es genießt einen guten Ruf. Hübsch dekorierte Zimmer mit moderner Ausstattung, einige mit Himmelbetten. Seamus und Kay McMenamin sind hilfsbereite Gastgeber. **www.wexford-bedandbreakfast.com**

WEXFORD Newbay Country House

Newbay, Co Wexford 053 914 2779 FAX 053 914 6318 *Zimmer 12*   **Straßenkarte D5**

In Gärten und Parks, drei Kilometer außerhalb der Stadt, steht das schöne spätgeorgianische Haus. Freundliche Betreiber, Antiquitäten, offene Kamine und warme Farbgebung schaffen eine heimelige Atmosphäre. Die meisten Zimmer haben Himmelbetten und alle eine schöne Aussicht. Superbe Küche. **www.newbayhouse.com**

CORK UND KERRY

BALTIMORE Baltimore Bay Guest House

The Waterfront, Co Cork 028 20600 FAX 028 20495 *Zimmer 8*   **Straßenkarte B6**

Das Gästehaus mit Blick auf den Hafen wird von Youen Jacob, dem jüngsten Sohn des berühmten Gastronomen Youen, geführt. Luftige Zimmer mit moderner Ausstattung, einige mit Blick aufs Meer und Sherkin Island. Ausgesuchte Antiquitäten verleihen dem modernen Haus Charakter. Exzellentes Restaurant. **www.youenjacob.com**

BALTIMORE Baltimore Harbour Hotel & Leisure Centre

Baltimore, Co Cork 028 20361 FAX 028 20466 *Zimmer 64*   **Straßenkarte B6**

Ein paar Gehminuten vom Dorf entfernt, direkt am Hafen, steht das Drei-Sterne-Hotel mit moderner Einrichtung. Die meisten der gut ausgestatteten Zimmer haben Meerblick. Zum Angebot gehören Wellness-Bereich, Massagen und Reflexzonen-Behandlung. Es gibt auch ein gutes Restaurant. **www.baltimoreharbourhotel.ie**

BANDON Glebe Country House

Ballinadee, Co Cork 021 477 8294 FAX 021 477 8456 *Zimmer 4*   **Straßenkarte B6**

Zehn Autominuten von Bandon stößt man auf das attraktive georgianische Pfarrhaus. Die Gästezimmer haben stilvolles Dekor. Das viergängige Candle-Light-Dinner muss man bis Mittag buchen. Besonders hübsch sind die Gärten. Im Coach House gibt es Unterkünfte für Selbstversorger. **www.glebecountryhouse.com**

BANTRY Ballylickey Manor House

Bantry Bay, Co Cork 027 50071 FAX 027 50124 *Zimmer 14*   **Straßenkarte B6**

Lord Kenmare baute das Herrenhaus in preisgekrönten Gärten vor über 300 Jahren als Jagdhaus. Es liegt sehr idyllisch zwischen Bergen und Mooren. Die Einrichtung ist luxuriös, die Zimmer sind gemütlich. Sehr gute Küche. Beheiztes Schwimmbecken im Freien. **www.ballylickeymanorhouse.com**

BANTRY Bantry House

Bantry, Co Cork 027 50047 FAX 027 50795 *Zimmer 8*   **Straßenkarte B6**

Bantry House aus dem 18. Jahrhundert besitzt eine wunderbare Sammlung von Stilmöbeln. Seit neun Generationen befindet es sich im Besitz der gleichen Familie. Die Gästezimmer blicken auf die hübschen Gärten. Erklimmen Sie die monumentale »Stairway to the Sky«, um die tolle Aussicht zu genießen. *März – Okt.* **www.bantryhouse.ie**

CAHERDANIEL Iskeroon

Bunavalla, Co Kerry 066 947 5119 FAX 066 947 5488 *Zimmer 3*   **Straßenkarte A6**

Das schöne alte Haus mit Blick auf den Hafen von Derrynane ließ 1936 der Earl of Dunraven errichten. Die Familie Hare renovierte es mit viel Gespür für Design, warme Farben und Steinböden. Subtropische Gärten umgeben das Haus und erstrecken sich bis zum Meer. *März – Sep.* **www.iskeroon.com**

CARAGH LAKE Carrig Country House

Caragh Lake, Co Kerry 066 976 9100 FAX 066 976 9166 *Zimmer 16*   **Straßenkarte A5**

In Wäldern und Gärten voller seltener Pflanzen verströmt das viktorianische Haus absolut entspannte Atmosphäre. Es gibt offene Kamine und Antiquitäten. Die Zimmer sind groß und behaglich. Im Restaurant am See serviert man Forelle und Kerry-Lamm. Boote für Angelausflüge sind vorhanden. **www.carrighouse.com**

Preiskategorien *siehe Seite 294* **Zeichenerklärung** *siehe hintere Umschlagklappe*

ÜBERNACHTEN

CARAGH LAKE Ard na Sidhe
€€€€

Caragh Lake, Co Kerry 066 976 9105 FAX 066 976 9282 **Zimmer** *19*

Straßenkarte *A5*

Das Haus (1913) im viktorianischen Stil offeriert Luxusunterkünfte am Caragh Lake. Die Zimmer sind mit Antikmöbeln eingerichtet und blicken entweder auf den See oder die umgebende Landschaft. Preisgekrönte Gartenanlagen erstrecken sich bis zum Seeufer. Boote vorhanden. Mai–Okt. **www.killarneyhotels.ie**

CASTLELYONS Ballyvolane House
€€€

Castlelyons, Co Cork 025 36349 FAX 025 36781 **Zimmer** *6*

Straßenkarte *C5*

Um 1800 baute man das Haus von 1728, das von Parkland umgeben ist, nach italienischem Vorbild um. Dies ist an der klassischen Säulenhalle erkennbar, in der ein Flügel steht. Offene Kamine, elegante Einrichtung und große Zimmer mit Stilmöbeln. Forellen- und Lachsangeln möglich. **www.ballyvolanehouse.ie**

CASTLETOWNSHEND Bow Hall
€€

Main St, Co Cork 028 36114 **Zimmer** *3*

Straßenkarte *B6*

Im Herzen des malerischen Dorfs Castletownshend bietet das Haus aus dem 17. Jahrhundert stilvolle Unterkunft und freundlichen Service. Es ist von schönen Gartenanlagen umgeben und mit interessanten Sammlerstücken im Shaker-Stil dekoriert. **dvickbowhall@eircom.net**

CLONAKILTY O'Donovan's Hotel
€€

Clonakilty, Co Cork 023 33250 FAX 023 33883 **Zimmer** *26*

Straßenkarte *B6*

Das traditionelle Hotel im Zentrum der lebhaften Marktstadt gehört den O'Donovans seit fünf Generationen. Es ist zwar altmodisch und schlicht dekoriert, hat aber eine nette Atmosphäre. Das Restaurant hat Schanklizenz, in der Bar gibt es Live-Musik. Geschützte Buchten und Sandstrände liegen in der Nähe. **www.odonovanshotel.com**

CLOYNE Ballymaloe House
€€€€

Shanagarrry, Co Cork 021 465 2531 FAX 021 465 2021 **Zimmer** *34*

Straßenkarte *C6*

Das elegante Ballymaloe House, vielleicht Irlands bekanntestes Landhaus mit Restaurant und Kochschule, steht inmitten von Feldern und Gärten. Die Zimmer sind geschmackvoll dekoriert, das Restaurant genießt landesweites Renommee. Hilfsbereites Personal. Zum Hotel gehört auch ein Handwerksladen. **www.ballymaloe.ie**

CORK Garnish House
€€

Western Rd, Co Cork 021 427 5111 FAX 021 427 3872 **Zimmer** *14*

Straßenkarte *C5*

Das komfortable, in warmen Farben gehaltene Gästehaus liegt fünf Gehminuten vom Stadtzentrum entfernt. Bei der Ankunft reicht die überaus gastfreundliche Familie Lucey warme selbst gebackene Brötchen mit Tee und Kaffee. Die Zimmer (alle mit Bad, einige mit Jacuzzi) haben moderne Annehmlichkeiten. Nur B&B. **www.garnish.ie**

CORK Jury's Cork Inn
€€

Anderson's Quay, Co Cork 021 494 3000 FAX 021 427 6144 **Zimmer** *133*

Straßenkarte *C5*

Drei-Sterne-Hotel mit Festpreisen pro Zimmer im Herzen Corks, mit Blick auf den Fluss Lee. In den Zimmern mit Bad und moderner Einrichtung können zwei Erwachsene und zwei Kinder schlafen. Es gibt keinen Zimmerservice. Frühstück wird extra berechnet. **www.jurysinn.com**

CORK Lancaster Lodge
€€

Lancaster Quay, Western Rd, Co Cork 021 425 1125 FAX 021 425 1126 **Zimmer** *39*

Straßenkarte *C5*

Das moderne vierstöckige Gästehaus erreicht man von der Innenstadt aus in fünf Minuten zu Fuß. Das Interieur des Hauses ist zeitgenössisch, mit hellem Holzmobiliar. Die geräumigen Zimmer sind gut ausgestattet, die Bäder clever gestaltet. Exzellentes Frühstück. **www.lancasterlodge.com**

CORK Radisson SAS Hotel
€€€

Cork Airport, Co Cork 021 494 7500 FAX 021 494 7501 **Zimmer** *81*

Straßenkarte *C5*

Das Vier-Sterne-Hotel liegt zwar in Gehnähe zum Flughafen-Terminal, ist aber dennoch sehr ruhig. Die Gästezimmer sind recht modern. Es gibt einen 24-Stunden-Shuttledienst zum Terminal und ein kleines Fitness-Center. Das Personal ist sehr zuvorkommend. **www.airport.cork.radissonsas.com**

CORK Maryborough House Hotel
€€€€

Maryborough Hill, Douglas, Co Cork 021 436 5555 FAX 021 436 5662 **Zimmer** *79*

Straßenkarte *C5*

Das Originalgebäude (18. Jh.) wurde bei Um- und Ausbaumaßnahmen in das große Hotel integriert. Schöne Gärten. Die Zimmer sind groß und modern und haben designte Bäder. Man braucht nur zehn Minuten mit dem Auto zum Flughafen und zum Stadtzentrum. Sehr gute Freizeitangebote. **www.maryborough.com**

CORK Hayfield Manor Hotel
€€€€€

Perrott Ave, College Rd, Co Cork 021 484 5900 FAX 021 431 6839 **Zimmer** *88*

Straßenkarte *C5*

Das Mitglied der Kette »Small Luxury Hotels of the World« hat einen wunderschönen Garten. Es wurde 1996 eröffnet, besitzt aber das Flair eines alten Hauses. Elegante, hochwertige Einrichtung, großzügige, durchdachte Zimmer mit Bädern. Exzellente Freizeiteinrichtungen. **www.hayfieldmanor.ie**

COURTMACSHERRY Travara Lodge
€€

Courtmacsherry, Co Cork 023 46493 **Zimmer** *6*

Straßenkarte *C5*

Das frühviktorianische Haus in dem hübschen Küstendorf überblickt die Courtmacsherry Bay. Ursprünglich war es das Wohnhaus eines Kapitäns, dann die Residenz eines Gentlemans, heute ist es ein Gästehaus mit schönem, gemütlichem Mobiliar. Einfache, gute Gerichte aus frischen Produkten. Freundliches Personal.

Straßenkarte *siehe hintere Umschlaginnenseiten*

DINGLE The Captain's House 🚶 €€

The Mall, Co Kerry ☎ *066 915 1531* ℻ *066 915 1079* **Zimmer** 8 **Straßenkarte** A5

Das Hotel, dessen früherer Besitzer tatsächlich Kapitän der Handelsmarine war, erreicht man über eine Fußgänger-brücke über den Fluss Mall. Innen findet man Antiquitäten und nautische Objekte, die Kapitän Jim Milhench auf seinen Fahrten zusammentrug. Offene Kamine und gemütliche Zimmer. **www.captainsdingle.com**

DINGLE Greenmount House €€

Upper John St, Co Kerry ☎ *066 915 1414* ℻ *066 915 1974* **Zimmer** 12 **Straßenkarte** A5

Das moderne B&B nahe dem Stadtzentrum bietet hübsche Gästezimmer und eine wunderbare Aussicht auf die Stadt und den Hafen. Viele der gut ausgestatteten Zimmer sind Junior-Suiten mit Wohnbereich und Balkon. Es herrschen florale Muster und Holzböden vor. Preisgekröntes Frühstück. **www.greenmount-house.com**

DINGLE Dingle Skellig Hotel 🖼️🍴♒🚶📺 €€€

Dingle, Co Kerry ☎ *066 915 0200* ℻ *066 915 1501* **Zimmer** 110 **Straßenkarte** A5

Das Vier-Sterne-Hotel mit schlichter Fassade genießt eine schöne Lage am Meer, am Stadtrand von Dingle. Es eignet sich vor allem für Familien. Das luftige Interieur lässt die Blicke aufs Meer besonders gut zur Geltung kommen. Hervorragende Freizeitangebote und Peninsula Spa. **www.dingleskellig.com**

DINGLE Emlagh House 🛗 €€€€

Dingle, Co Kerry ☎ *066 915 2345* ℻ *066 915 2369* **Zimmer** 10 **Straßenkarte** A5

Nur ein paar Gehminuten von Dingles Innenstadt entfernt steht das luxuriöse Gästehaus in schön gestalteten Gärten. Es ist geschmackvoll im Landhausstil eingerichtet, wirkt jedoch durch und durch modern. Die Zimmer sind behaglich, groß und blumengeschmückt. Die meisten blicken auf den Hafen. **www.emlaghhouse.com**

DINGLE PENINSULA Gorman's Clifftop House & Restaurant 🍴🚶 €€€

Glaise Bheag, Ballydavid, Co Kerry ☎ & ℻ *066 915 5162* **Zimmer** 9 **Straßenkarte** A5

Das Gästehaus liegt schön in einer Gaeltacht-Region und bietet Blick auf den Atlantik. Offene Kamine, Keramik-leuchten und selbst gemachte Backwaren sorgen für entspanntes Flair. Die Zimmer sind mit handgezimmerten gewachsten Kiefernmöbeln eingerichtet. Das Frühstück ist hervorragend. **www.gormans-clifftophouse.com**

FARRAN Farran House 🚶 €€€

Farran, Co Cork ☎ *021 733 1215* ℻ *021 733 1450* **Zimmer** 4 **Straßenkarte** B6

Das elegante Herrenhaus aus dem 18. Jahrhundert steht im grünen Lee Valley, nur 16 Kilometer von Corks Innen-stadt und Flughafen entfernt. Das von Buchenwald und Gärten umgebene Haus wurde gewissenhaft renoviert, konnte aber seinen ursprünglichen Charme erhalten. ◯ *Apr–Okt.* **www.farranhouse.com**

GOLEEN Fortview House 📗 €€

Gurtyowen, Toormore, Co Cork ☎ & ℻ *028 35324* **Zimmer** 5 **Straßenkarte** B6

Das Haus auf einem bewirtschafteten Bauernhof ist elegant mit Kiefernmöbeln eingerichtet. Die Zimmer haben Antiquitäten und Messingbetten. Man kann beim Melken helfen oder einfach spazieren gehen. Großzügiges Früh-stück. Abendessen auf Anfrage. Cottages für Selbstversorger. **www.fortviewhousegoleen.com**

INNISHANNON Innishannon House Hotel 🍴🚶 €€€

Co Cork ☎ *021 477 5121* ℻ *021 477 5609* **Zimmer** 12 **Straßenkarte** B6

Das Haus aus den 1720er Jahren, umgeben von Parks und Gärten am Fluss Bandon, wurde im Landhausstil renoviert. Die geräumigen, hübsch dekorierten Zimmer besitzen Alte-Welt-Charme. Vom Restaurant aus blickt man in den Garten. **www.innishannon-hotel.ie**

KENMARE Hawthorn House 🚶 €€

Shelbourne St, Co Kerry ☎ *064 41035* ℻ *064 41932* **Zimmer** 8 **Straßenkarte** B5

Das von einer überaus gastfreundlichen Familie geführte B&B ist zwar einfach dekoriert, aber einladend und ruhig. Die Zimmer – alle mit Bad – sind hübsch bemalt und mit Kiefernmöbeln eingerichtet. Mary O'Brien, die quirlige, großherzige Chefin, bereitet ein herrliches Frühstück zu. **www.hawthornhousekenmare.com**

KENMARE Sea Shore Farm Guesthouse 🚶 €€

Tubrid, Kenmare, Co Kerry ☎ & ℻ *064 412 705* **Zimmer** 6 **Straßenkarte** B5

Das Gästehaus blickt auf die Beara Pensinsula und liegt nur einen Kilometer vom Zentrum von Kenmare entfernt. Die geräumigen Zimmer sind komfortabel eingerichtet. Der Ausblick ist grandios. Der nahe Glen Inchaquin Park bietet mehrere Wege an Seen, Gebirgsbächen und durch Wälder. **www.seashorekenmare.com**

KENMARE Park Hotel Kenmare 🖼️🍴🚶📺 €€€€€

Kenmare, Co Kerry ☎ *064 41200* ℻ *064 41402* **Zimmer** 46 **Straßenkarte** B5

Das Haus von 1897 in toller Lage mit Blick auf die Kenmare Bay gehört zu Irlands edelsten Hotels. Die opulente Aus-stattung und antike Möbel tragen zum luxuriösen Flair bei. Die Zimmer sind individuell dekoriert. Das neue Spa ist Weltklasse. Es gibt zudem einen 18-Loch-Golfplatz. Der Service ist herausragend. **www.parkkenmare.com**

KENMARE Sheen Falls Lodge 🖼️🍴♒🚶📺 €€€€€

Kenmare, Co Kerry ☎ *064 41600* ℻ *064 41386* **Zimmer** 66 **Straßenkarte** B5

Das Fünf-Sterne-Hotel mit großem Anwesen hat sich seit seiner Eröffnung 1991 den Ruf als eines der besten Hotels des Landes erarbeitet. Das klassische, moderne Mobiliar schafft eine elegante, aber geruhsame Atmosphäre. Zur Anlage gehört ein Reitzentrum. Lachsangeln möglich. **www.sheenfallslodge.ie**

Preiskategorien *siehe Seite 294* **Zeichenerklärung** *siehe hintere Umschlagklappe*

ÜBERNACHTEN

305

KILLARNEY Earls Court House €€

Woodlawn Junction, Muckross Rd, Co Kerry 064 34009 FAX 064 34366 *Zimmer 24* **Straßenkarte** B5

Fünf Gehminuten trennen das luxuriöse Vier-Sterne-Hotel von Killarneys Zentrum. Offene Kamine, Antiquitäten und frische Blumen sorgen für ein entspannendes Ambiente. Die Zimmer sind sauber und geräumig, das Frühstück ist exzellent. **www.killarney-earlscourt.ie**

KILLARNEY Killarney Royal Hotel €€€

College St, Co Kerry 064 31853 FAX 064 34001 *Zimmer 29* **Straßenkarte** B5

Das schön eingerichtete Hotel in Familienhand liegt nahe dem Stadtzentrum. Die Zimmer sind individuell gestaltet – alle haben Marmorbad und Wohnbereich. Die Atmosphäre ist einladend und sehr relaxed. Das Personal ist überaus hilfsbereit. **www.killarneyroyal.ie**

KILLARNEY Hotel Dunloe Castle €€€€

Killarney, Co Kerry 064 44111 FAX 064 44583 *Zimmer 102* **Straßenkarte** B5

Das moderne Hotel steht in schönen subtropischen Gärten, die wegen der seltenen Pflanzen mit Preisen ausgezeichnet wurden. Nahebei sind Ruinen einer Burg aus dem 13. Jahrhundert. Die großen Zimmer sind gut ausgestattet. Es gibt ein Reitzentrum, eine Tennishalle, und im Fluss Luane kann man angeln.

KILLARNEY Hotel Europe €€€€

Killarney, Co Kerry 064 71350 FAX 064 32118 *Zimmer 190* **Straßenkarte** B5

Das Hotel Europe, eine riesige Fünf-Sterne-Anlage mit toller Sicht auf die Seen von Killarney und die Berge, wird makellos geführt. Es bietet große öffentliche Bereiche, elegante Einrichtung sowie großzügig bemessene Zimmer – teilweise mit wunderbarer Aussicht. In der Nähe liegen mehrere Golfplätze. **www.killarneyhotels.ie**

KINSALE Blindgate House €€

Blindgate, Co Cork 021 477 7858 FAX 021 477 7868 *Zimmer 11* **Straßenkarte** B6

Wunderbares Interieur und luftige Atmosphäre bietet das moderne Haus mit eigenem Garten. Zum hervorragenden Frühstück gehören frisch gepresste Säfte, Joghurt, Käse und frischer Fisch. Die schnörkellosen, gut ausgestatteten Zimmer haben alle Bäder. Nur B&B. **www.blindgatehouse.com**

KINSALE Longquay House €€

Kinsale, Co Cork 021 477 4563 FAX 021 477 3201 *Zimmer 7* **Straßenkarte** B6

Das dreistöckige georgianische Stadthaus mit Blick auf den inneren Hafen ist vom Stadtzentrum aus zu Fuß zu erreichen. Luftige, hübsch dekorierte Zimmer mit Bad. Zum Frühstück gibt es z. B. geräucherten Schellfisch und selbst gebackenes Brot. Angelausflüge mit Skipper werden arrangiert. **www.longquayhousekinsale.com**

KINSALE Old Presbytery €€

43 Cork St, Co Cork 021 477 2027 FAX 021 477 2166 *Zimmer 6* **Straßenkarte** B6

Erstklassige Unterkunft bietet das bezaubernde georgianische Gästehaus mit viel Charakter. Die Atmosphäre ist entspannt. Die schönen Zimmer haben antike Messingbetten und Kiefernmöbel im Landhausstil, einige auch Jacuzzi oder Balkon. Sehr gutes Frühstück. In der Penthouse-Suite können fünf Personen schlafen. **www.oldpres.com**

KINSALE Sovereign House €€€

Newman's Mall, Co Cork 021 477 2850 FAX 021 477 4723 *Zimmer 6* **Straßenkarte** B6

Das zauberhafte Queen-Anne-Haus von 1706 hat Alte-Welt-Charakter, bietet aber modernen Komfort. Es besitzt jakobinische Möbel, Gemälde und farbenfrohe Wände. Die Zimmer sind mit Himmelbetten und viktorianischen Bädern ausgestattet. **www.sovereignhouse.com**

KINSALE The Harbour Lodge €€€€

Scilly, Co Cork 021 477 2376 FAX 021 477 2675 *Zimmer 9* **Straßenkarte** B6

Das Vier-Sterne-Gästehaus besitzt große, mit hochwertigen Betten ausgestattete Zimmer, die teilweise Balkone mit Hafenblick haben. Der Service ist freundlich und aufmerksam, das Frühstück sehr gut. Es gibt einen Wintergarten zum Entspannen. **www.harbourlodge.com**

KINSALE Old Bank House €€€€

11 Pearse St, Co Cork 021 477 4075 FAX 021 477 4296 *Zimmer 17* **Straßenkarte** B6

Das Gästehaus im Zentrum war einst eine Filiale der Munster and Leinster Bank. Es bietet geräumige Zimmer, die im Landhausstil ausgestattet sind und schöne Bäder haben. Von manchen Zimmern aus genießt man eine tolle Aussicht auf die Stadt. **www.oldbankhousekinsale.com**

LISTOWEL Allo's Town House and Restaurant €€

41–43 Church St, Co Kerry 068 22880 FAX 068 22803 *Zimmer 3* **Straßenkarte** B5

Gleich beim Hauptplatz der Marktstadt kombiniert das Hotel modernen Komfort mit Alte-Welt-Charme. Die stilvoll dekorierten Zimmer sind mit Stilmöbeln eingerichtet. Die Bäder zeigen Connemara-Marmor. Die Gastgeber sind überaus freundlich. Es gibt kein Frühstück, aber eine nette Bar mit Bistro.

LISTOWEL Listowel Arms Hotel €€€

Listowel, Co Kerry 068 21500 FAX 068 22524 *Zimmer 42* **Straßenkarte** B5

In einer ruhigen Ecke des Hauptplatzes steht das historische Drei-Sterne-Hotel, in dem alljährlich im Juni die Listowel Writers' Week stattfindet. Bei der Renovierung wurde moderner Komfort hinzugefügt, ohne den Charakter zu beeinträchtigen. Das Restaurant serviert traditionelle Küche. **www.listowelarms.com**

Straßenkarte *siehe hintere Umschlaginnenseiten*

MALLOW Longueville House

Co Cork 022 47156 FAX 022 47459 **Zimmer** 20 — €€€€

Straßenkarte B5

In einem riesigen bewaldeten Anwesen im Blackwater Valley bietet das georgianische Herrenhaus großzügig bemessene Zimmer mit Stuckdecken und luxuriösen Antiquitäten. Das Restaurant President's ist preisgekrönt. Weitere Pluspunkte: der georgianische Wintergarten und wunderschöne Spazierwege. **www.longuevillehouse.ie**

MIDLETON Barnabrow House

Barnabrow, Cloyne, Co Cork & FAX 021 465 2534 **Zimmer** 21 — €€

Straßenkarte C6

Das Barnabrow liegt romantisch inmitten hügeligen Parklands mit schöner Sicht auf die Ballycotton Bay. Das ruhige Haus ist stilvoll dekoriert und hat afrikanisches Mobiliar. Die Zimmer – einige davon in restaurierten Gebäuden hinter dem Haupthaus – sind geräumig. Ein Handwerksladen gehört zum Haus. **www.barnabrowhouse.ie**

SCHULL Rock Cottage

Barnatonicane, Co Cork & FAX 028 35538 **Zimmer** 3 — €€

Straßenkarte B6

Das georgianische Jagdhaus liegt zwischen baumbestandenen Koppeln, Feldern und von Heidekraut bewachsenen Hügeln, von denen aus man die Dunmanus Bay überblickt. Das stilvolle Interieur ist modern und mit Liebe zum Detail gestaltet. Frühstück und Dinner sind hervorragend. **www.rockcottage.ie**

SKIBBEREEN West Cork Hotel

Ilen St, Co Cork 028 21277 FAX 028 22333 **Zimmer** 34 — €€

Straßenkarte B6

Das 1900 erbaute West Cork Hotel liegt wunderschön am Flussufer. Kürzlich möbelte man das Haus zeitgemäß auf. Die Gästezimmer haben moderne Einrichtungen. Die Zimmer auf der Rückseite des Hauses blicken auf den Fluss. Zum Hotel gehören ein Restaurant und eine Bar. **www.westcorkhotel.com**

SNEEM Tahilla Cove Country House

Sneem, Co Kerry 064 45204 FAX 064 45104 **Zimmer** 9 — €€€

Straßenkarte A6

Die freundliche Pension in zwei Häusern, umgeben von Eichenwald und Gärten, bietet hübsch eingerichtete Zimmer, alle mit Bad. Von den meisten Zimmern blickt man auf die Berge oder aufs Meer. Die Familie Waterhouse kümmert sich rührend um ihre Gäste. Gute ländliche Küche. **www.tahillacove.com**

SNEEM Parknasilla Hotel

Parknasilla, Co Kerry 064 45122 FAX 064 45323 **Zimmer** 95 — €€€€€

Straßenkarte A6

Umgeben von subtropischen Gärten, genießt das viktorianische Hotel eine schöne Lage mit Blick auf die Kenmare Bay. Antiquitäten, Kunst und frische Blumen schaffen die richtige Atmosphäre. Die unterschiedlich großen Zimmer mit Bad sind gut ausgestattet. Empfehlenswert: das elegante Restaurant Pygmalion. **www.parknasillahotel.ie**

WATERVILLE The Old Cable House

Waterville, Co Kerry 066 947 4233 **Zimmer** 13 — €€

Straßenkarte A6

Von dem Haus im viktorianischen Stil hat man einen wunderbaren Blick über den Atlantik. Alan und Margaret Brown sorgen für einen behaglichen Aufenthalt. Das Hotel liegt in einem der schönsten Gebiete Irlands, in der Nähe befinden sich der Ring of Kerry sowie der berühmte Golfclub Waterville. **www.oldcablehouse.com**

YOUGHAL Ballymakeigh House

Killeagh, Co Cork 024 95184 FAX 024 95523 **Zimmer** 6 — €€

Straßenkarte C5

Das von Kletterpflanzen überwucherte Bauernhaus (18. Jh.) wurde für seine Gastfreundlichkeit und die makellos gepflegten Zimmer mehrfach mit Preisen ausgezeichnet. Zur Ausstattung gehören elegante Antiquitäten und geschmackvolle Dekoration. Besitzerin Margaret Browne ist Kochbuchautorin. **www.ballymakeighhouse.com**

YOUGHAL Aherne's

Youghal, Co Cork 024 92424 FAX 024 93633 **Zimmer** 13 — €€€€

Straßenkarte C5

Die Familie Fitzgibbon führt bereits in der dritten Generation ein bekanntes Seafood-Restaurant, das kürzlich um Hotelunterkünfte erweitert wurde. Die Zimmer sind elegant mit Antiquitäten eingerichtet, jedes verfügt über ein Badezimmer. Das Frühstück ist exzellent. Es gibt auch Apartments. **www.ahernes.net**

UNTERER SHANNON

ABBEYFEALE Fitzgerald's Farmhouse & Equestriar Centre

Mount Marian, Co Limerick 068 31217 FAX 068 31558 **Zimmer** 6 — €

Straßenkarte B4

Das Haus an der Grenze zwischen Kerry und Limerick ist für Kinder perfekt. Es gibt ein Tiergehege mit Schafen, Gänsen, Perlhühnern, Hühnern und über 30 Pferden. Auf den Pferden kann man am Strand ausreiten. Es gibt auch einen hervorragenden Naturpfad. Freundliches Personal. **www.fitzgeraldsfarmhouse.com**

ADARE Dunraven Arms

Adare, Co Limerick 061 605 900 FAX 061 396 541 **Zimmer** 86 — €€€€

Straßenkarte B5

1792 wurde in einem der malerischsten Dörfer des Landes die Pension gegründet, die sich ihren Charakter erhalten hat, obwohl sie sich zum luxuriösen Landhotel entwickelte. Das Haus mit offenen Kaminen und Antiquitäten ist für beispielhafte irische Gastfreundlichkeit bekannt. Schön eingerichtete Zimmer. **www.dunravenhotel.com**

Preiskategorien *siehe Seite 294* **Zeichenerklärung** *siehe hintere Umschlagklappe*

ÜBERNACHTEN

ADARE Adare Manor Hotel & Golf Resort €€€€€

Adare, Co Limerick 061 396 566 FAX *061 396 124* **Zimmer** *63* **Straßenkarte** *B5*

Das neugotische Herrenhaus von 1720, ehemals Residenz der Earls of Dunraven, steht in einem großen Garten am Fluss Maigue. Die Zimmer mit hohen Decken und Originalelementen sind luxuriös eingerichtet und bieten Ausblick auf den Garten und einen Golfplatz. Elegante Gästezimmer. Spa. **www.adaremanor.com**

ARDFINNAN Kilmaneen Farmhouse €€

Newcastle, Co Tipperary & *052 36231* **Zimmer** *3* **Straßenkarte** *C5*

Das 200 Jahre alte, preisgekrönte Bauernhaus steht auf dem Anwesen einer Molkerei. Die Gastgeber sind freundlich, das Ambiente ist entspannend. Gute Hausmannskost. Umgeben von Bergen und nahe am Fluss Suir gelegen, ist die Unterkunft ideal für einen Wander- oder Angelurlaub. **www.kilmaneen.com**

BALLINDERRY Kylenoe House €€€

Ballinderry, Nenagh, Co Tipperary 067 22015 FAX *067 22275* **Zimmer** *4* **Straßenkarte** *C4*

Nahe Lough Derg, inmitten von Ackerland und Wäldern, steht das 200-jährige Steinhaus. Es ist mit Antiquitäten und offenen Kaminen im Landhausstil gestaltet und verströmt ein einladendes, ruhiges Ambiente. Das Frühstück ist mit Preisen ausgezeichnet worden. Abendessen gibt es auf Anfrage.

BALLYVAUGHAN Hylands Burren Hotel €€

Ballyvaughan, Co Clare 065 707 7037 FAX *065 707 7131* **Zimmer** *29* **Straßenkarte** *B4*

Im Herzen des Dorfs Ballyvaughan liegt das familiengeführte, traditionelle Hotel (18. Jh.). Die Zimmer sind sauber und schlicht, die Atmosphäre ist – auch dank offener Kamine und irischer Live-Musik in der Bar – einladend und vergnüglich. Essen gibt es den ganzen Tag über. Populär wegen der Lage am Burren. **www.hylandsburren.com**

BANSHA Lismacue House €€€

Bansha, Co Tipperary 062 54106 FAX *062 54055* **Zimmer** *5* **Straßenkarte** *C5*

Das irische Landhaus, Mitglied der Hotelgruppe »Hidden Ireland«, geht auf das Jahr 1813 zurück. Man erreicht es über eine mit Linden gesäumte Allee. Elegantes Interieur mit Stilmöbeln und ruhige Lage mit Blick auf die Galtee Mountains. Auf dem Anwesen kann man Forellen angeln. **www.lismacue.com**

BORRISOKANE Coolbawn Quay House €€

Coolbawn, Nenagh, Co Tipperary 067 28158 FAX *067 28162* **Zimmer** *48* **Straßenkarte** *C4*

Auf dem Areal am See kann man Apartments, Zimmer und Cottages mieten. Für Segler stehen auch Ankerplätze bereit. Darüber hinaus gibt es ein Spa mit wunderschönem Blick über Lough Derg, eine kleine Bar und einen Speisesaal. Gutes Frühstück, vor allem das hausgemachte Müsli. **www.coolbawnquay.com**

BUNRATTY Bunratty Castle Hotel €€€

Bunratty, Co Clare 061 478 700 FAX *061 364 891* **Zimmer** *80* **Straßenkarte** *B4*

Das georgianische Hotel mit eigenem Garten liegt nur acht Kilometer vom Flughafen Shannon entfernt, gegenüber dem historischen Bunratty Castle. Geräumige, moderne Zimmer. Kathleen's Irish Pub & Restaurant bietet Mittag- und Abendessen sowie regelmäßig traditionelle irische Musik. **www.bunrattycastlehotel.com**

CASHEL Legends Townhouse & Restaurant €€

Cashel, Co Tipperary 062 61292 **Zimmer** *7* **Straßenkarte** *C5*

Von den Zimmern und vom Speiseraum des Hauses am Fuß des Rock of Cashel hat man eine wunderbare Aussicht. Die Zimmer sind schlicht eingerichtet, haben aber gute Bäder. Offene Kamine zaubern romantische Stimmung. Ideal für die Erkundung der Gegend. **www.legendsguesthouse.com**

CASHEL Cashel Palace Hotel €€€€

Main St, Co Tipperary 062 62707 FAX *062 61521* **Zimmer** *23* **Straßenkarte** *C5*

Das schöne Queen-Anne-Haus von 1730, ursprünglich ein Bischofspalais, steht in einem ruhigen Garten im Zentrum der Stadt. Die großen, eleganten Zimmer blicken auf den Garten und den berühmten Rock of Cashel. Das Restaurant Bishop's Buttery bietet Mittag- und Abendessen. **www.cashel-palace.ie**

CLONMEL Kilmaneen Farmhouse €€

Ardfinnan, Newcastle, Co Tipperary & *052 36231* **Zimmer** *3* **Straßenkarte** *C5*

Der ländliche Rückzugsort liegt zwischen den Bergen von Knockmealdown, Comeragh und Galtee sowie den Flüssen Suir und Tar. Das 200 Jahre alte Bauernhaus bietet Unterkunft auf B & B- oder Selbstversorgungsbasis. Hausmacher-Gerichte aus lokalen Produkten. Dinner 24 Stunden vorher buchen. **www.clonmelarmshotel.com**

CLONMEL Minella Hotel €€€

Clonmel, Co Tipperary 052 22388 FAX *052 24381* **Zimmer** *90* **Straßenkarte** *C5*

Das Vier-Sterne-Hotel Minella am Fluss Suir entstand Schritt für Schritt aus einem Gebäude von 1863. Das Hotel der pferdenärrischen Nallens hat nur ein Thema: Pferde. In der Nähe gibt es auch Reitställe. Serviert wird traditionelle irische Küche. Es gibt einen Freizeitbereich mit Schwimmbad und Warmbadebecken. **www.hotelminella.ie**

COROFIN Fergus View €€

Kilnaboy, Co Clare 065 683 7606 FAX *065 683 7192* **Zimmer** *6* **Straßenkarte** *B4*

Das preisgünstige Gästehaus hat kleine, aber nette Zimmer mit vielen Broschüren über die umliegenden Sehenswürdigkeiten. Mary Kellehers Küche basiert auf selbst angebauten Produkten. Fürs Dinner muss man sich anmelden. Der gepflegte Garten reicht bis hinunter zum Fluss Fergus. Ostern–Okt. **www.fergusview.com**

Straßenkarte *siehe hintere Umschlaginnenseiten*

3 0 8   ZU GAST IN IRLAND

ENNIS Newpark House

Ennis, Co Clare 📞 *& FAX 065 682 1233* **Zimmer** *6*   **Straßenkarte** *B4*

Das historische Haus in Nähe des Zentrums ist von alten Linden, Buchen und Eichen umgeben. Die geruhsamen, nett ausstaffierten Zimmer sind unterschiedlich groß, haben aber alle ein Bad. Die Familie Barron ist Gästen bei der Verfolgung ihres Stammbaums behilflich. **www.newparkhouse.com**

ENNIS The Old Ground

Ennis, Co Clare 📞 *065 682 8127* FAX *065 688 8112* **Zimmer** *85*   **Straßenkarte** *B4*

Das efeuberankte Hotel aus dem 18. Jahrhundert steht mitten in einer der lebhaftesten irischen Städte. The Poet's Corner ist eine traditionelle Bar mit irischer Musik von mittwochs bis freitags. The O'Brien Room ist ein erstklassiges Restaurant, in dem sich Besucher und Einheimische mischen. **www.oldgroundhotel.ie**

GLEN OF AHERLOW Aherlow House

Glen of Aherlow, Co Tipperary 📞 *062 56153* FAX *062 56212* **Zimmer** *29*   **Straßenkarte** *C5*

Mitten in einem Kiefernwald im Glen of Aherlow Nature Park bietet das Hotel gute Unterkunft mit Blick auf die Galty Mountains. Beliebte Beschäftigungen sind Waldspaziergänge und Angeln. In der Nähe kann man auch Rad fahren und reiten. Es gibt zudem gut ausgestattete Lodges für Selbstversorger. **www.aherlowhouse.ie**

GLIN Glin Castle

Glin, Co Limerick 📞 *068 34173* FAX *068 34364* **Zimmer** *15*   **Straßenkarte** *B5*

Die Fitzgeralds, die Knights of Glin, bewohnen die herrliche Burg seit den 1780er Jahren. Die heutigen Besitzer, der 29. Knight Desmond und seine Frau, möbelten das Interieur opulent auf. Es gibt eine hervorragende Sammlung irischer Antiquitäten und Kunstwerke. Die Gärten sind wunderbar gestaltet. **www.glincastle.com**

KILKEE Stella Maris Hotel

Kilkee, Co Clare 📞 *065 905 6455* FAX *065 906 0006* **Zimmer** *20*   **Straßenkarte** *B4*

Das familiengeführte Hotel im Zentrum von Kilkee wirkt freundlich-entspannt. Im Winter prasselt ein Feuer im Kamin, im Sommer lockt die Lage am Meer die Gäste an. Die Zimmer sind hell und luftig. Das Hotelrestaurant serviert traditionelle irische Gerichte. **www.stellamarishotel.com**

KILMALLOCK Flemingstown House

Kilmallock, Co Limerick 📞 *063 98093* FAX *063 98546* **Zimmer** *5*   **Straßenkarte** *B5*

Das 250 Jahre alte Bauernhaus auf einem bewirtschafteten Bauernhof wurde ausgebaut und bietet nun gepflegte Zimmer, Gastlichkeit und legere Atmosphäre. Das Frühstück mit selbst gebackenem Brot und sahniger Butter und Käse aus eigener Herstellung ist ein Genuss. Dinner können arrangiert werden. **www.flemingstown.com**

LAHINCH Moy House

Lahinch, Co Clare 📞 *065 708 2800* FAX *065 708 2500* **Zimmer** *9*   **Straßenkarte** *B4*

Das Haus aus den 1820er Jahren mit tollem Blick über die Liscannor Bay aufs Meer, Richtung Cliffs of Moher, ist das luxuriöseste Hotel der Gegend – mit Teppichen, Antiquitäten und eleganten Stoffen. Die gut ausgestatteten Zimmer haben Meerblick. Zum Anwesen gehören ein Obst- und ein ökologischer Gemüsegarten. **www.moyhouse.com**

LIMERICK Woodfield House Hotel

Ennis Rd, Co Limerick 📞 *061 453 022* FAX *061 326 755* **Zimmer** *25*   **Straßenkarte** *B4*

Das angenehme Drei-Sterne-Hotel gleich außerhalb Limericks, Richtung Ennis, ist recht traditionell. Die Zimmer sind elegant eingerichtet und haben modernen Komfort. Das Stadtzentrum und die Sehenswürdigkeiten sind leicht zu erreichen. Woodies Steakhouse ist empfehlenswert. **www.woodfieldhousehotel.com**

LIMERICK The Clarion Hotel

Steamboat Quay, Dock Rd, Co Limerick 📞 *& FAX 061 444 117* **Zimmer** *158*   **Straßenkarte** *B4*

Das moderne, 17-stöckige Hotel mit Blick auf den Shannon ist angeblich das höchste des Landes. Klare Linien, moderne Farbgebung und Walnusstäfelungen geben den Ton an. Die Zimmer sind gut ausgestattet. Das Restaurant Sinergie genießt eine wunderbare Uferlage. Wellness- und Fitness-Center. **www.clarionhotellimerick.com**

LOOP HEAD Anvil Farm Guesthouse

Kilbaha, Co Clare 📞 *065 905 8018* FAX *065 905 8331* **Zimmer** *5*   **Straßenkarte** *B4*

Das geschmackvoll dekorierte Bauernhaus steht auf dem wunderbar unberührten Loop Head. Die Zimmer (alle mit Bad) sind behaglich. Ideale Basis zur Erkundung der Gegend: Man kann Delfine und Vögel beobachten, wandern, angeln, tauchen und Pony-Ausflüge unternehmen. Gute Hausmannskost. ⬤ *März – Okt.*

NENAGH Ashley Park House

Ardcroney, Co Tipperary 📞 *& FAX 067 38223* **Zimmer** *5*   **Straßenkarte** *C4*

Das attraktive Landhaus (18. Jh.) steht inmitten von Buchenwäldern und Gärten am Ufer des Lough Ourna. Das elegant eingerichtete Haus verströmt altmodischen Charme und Komfort. Die Zimmer mit Stilmöbeln und Messingbetten blicken auf den See und die Slieve Bloom Mountains dahinter. **www.ashleypark.com**

NEWMARKET-ON-FERGUS Carrygerry House

Newmarket-on-Fergus, Co Clare 📞 *& FAX 061 360 500* **Zimmer** *11*   **Straßenkarte** *B4*

Nur zehn Minuten vom Flughafen Shannon entfernt steht das Carrygerry House (spätes 18. Jh.) in beschaulicher ländlicher Umgebung mit Blick auf die Mündungen von Shannon und Fergus. Das Interieur ist ländlich-rustikal mit offenen Kaminen. Herzhaftes Frühstück. Im Restaurant gibt es Hausmannskost. **www.carrygerryhouse.com**

Preiskategorien *siehe Seite 294* **Zeichenerklärung** *siehe hintere Umschlagklappe*

ÜBERNACHTEN

NEWMARKET-ON-FERGUS Dromoland Castle
Newmarket-on-Fergus, Co Clare **061 368 144** FAX *061 363 355* **Zimmer** 99 **Straßenkarte** B4

Dromoland Castle ist eines der besten Hotels des Landes. Dromolands Eleganz mit opulentem Mobiliar, Antiquitäten und Kristalllüstern wird durch die Postkarten-Szenerie des Anwesens unterstrichen. Die Zimmer sind luxuriös. Nur 13 Kilometer vom Flughafen Shannon entfernt. **www.dromoland.ie**

SHANNON The Park Inn
Shannon Airport, Co Clare **061 471 122** FAX *061 471 982* **Zimmer** 114 **Straßenkarte** B4

Das Drei-Sterne-Hotel in Gehnähe zum Flughafengebäude bietet angenehme Übernachtungsmöglichkeiten. Die hübschen Zimmer sind gut ausgestattet, einige blicken auf die Flussmündung. Kleines Fitness-Center und Restaurant mit irischer und kontinentaler Küche. Gute Business-Einrichtungen. **www.shannon.parkinn.ie**

THURLES Inch House
Bouladuff, Co Tipperary **0504 51348** FAX *0504 51754* **Zimmer** 5 **Straßenkarte** C4

Das stattliche georgianische Haus inmitten von Farmland hat große, nett eingerichtete Zimmer mit hohen Decken. Der Salon im William-Morris-Stil besitzt eine schöne Stuckdecke und ein Bleiglasfenster. Zum Haus gehört auch ein preisgekröntes Restaurant. **www.inchhouse.ie**

WESTIRLAND

ACHILL ISLAND Bervie
Keel, Co Mayo **098 43114** FAX *098 43407* **Zimmer** 14 **Straßenkarte** A3

Früher war das Haus am Strand eine Station der Küstenwache, heute erwarten den Gast nettes Personal und offenes Feuer. Die Zimmer mit Bad sind relativ kompakt. Der Nachmittagstee mit frischem Gebäck ist ein Genuss. Dinner gibt es nur für Hausgäste. **www.bervieachill.com**

ACHILL ISLAND Gray's Guest House
Dugort, Co Mayo **098 43244** **Zimmer** 14 **Straßenkarte** A3

Im kleinen Dorf Dugort besetzt die renommierte Pension mehrere Häuser. Sie ist seit 1970 für ihre große Gastfreundlichkeit bekannt. Es gibt mehrere Bereiche, die unterschiedlich dekoriert sind. Die Zimmer bieten altmodischen Komfort. Mittagessen, Nachmittagstee und Abendessen. ◯ *Ostern – Okt.*

ARAN ISLANDS An Dún Guest House
Inis Meáin, Co Galway **& FAX** *099 73047* **Zimmer** 5 **Straßenkarte** B4

Das einladende Gästehaus steht am Fuß von Connor's Fort auf Inishmaan (Inis Meáin), der traditionellsten der drei Aran Islands. Die Fahertys betreiben das Etablissement mit Mini-Spa (in dem Aromatherapie-Massage angeboten wird). Gäste können auf den Klippen wandern und angeln gehen. **www.inismeainaccommodation.com**

ARAN ISLANDS Kilmurvey House
Kilronan, Co Galway **099 61218** FAX *099 61397* **Zimmer** 12 **Straßenkarte** B4

Auf der Westseite der Insel, unterhalb von Dún Aonghasa und nahe Kilmurvey Bay, steht das 150 Jahre alte Steinhaus. Von den Zimmern (alle mit Bad) hat man großartige Aussicht. Die leutselige Mrs Joyce erntet in ihrem Garten Gemüse fürs Dinner (nur im Sommer). Ideale Basis zum Radfahren und Wandern. **www.kilmurveyhouse.com**

ARAN ISLANDS Man of Aran Cottage
Kilmurvey, Inishmore, Co Galway **099 61301** FAX *099 61324* **Zimmer** 3 **Straßenkarte** B4

Das hübsche Cottage, das durch den Film gleichen Namens berühmt wurde, bietet drei gute Zimmer (allerdings hat nur eines ein eigenes Bad). Das Haus steht neben dem Kilmurvey-Strand und ist umgeben von Wildblumen und einem Gemüsegarten. ◯ *März – Okt.* **www.manofarancottage.com**

BALLINA Teach Iorrais
Geesala, Co Mayo **097 86888** FAX *097 86855* **Zimmer** 31 **Straßenkarte** B2

Das funktionale, aber günstige Hotel in der Gaeltacht-Region bietet freundlichen Service. Die Zimmer sind sauber und angenehm, alle haben ein Bad. Die Bar besitzt Charakter und ein knisterndes Feuer. Hier werden auch leichte Mahlzeiten serviert. In der Nähe kann man fischen, radeln, Golf spielen und wandern. **www.teachiorrais.com**

BALLYCONNEELY Emlaghmore Lodge
Ballyconneely, Co Galway **095 23529** FAX *095 23860* **Zimmer** 4 **Straßenkarte** A3

Das kleine, abgeschiedene alte Fischerhaus zwischen Roundstone und Ballyconneely ist mit Antiquitäten und Familienporträts dekoriert. Von den schnörkellosen Zimmern hat man eine herrliche Aussicht. Gäste können im Galway Hooker der Familie segeln oder zum Fliegenfischen an den Fluss gehen. **www.emlaghmore.com**

BOYLE Forest Park House
Rockingham, Co Roscommon **071 966 2227** **Zimmer** 7 **Straßenkarte** C3

Das frisch renovierte Gästehaus steht unter Bäumen am Eingang zum Lough Key Forest Park. Gemütliche Zimmer, nette Gastgeber. Leichte Snacks, irisches Frühstück mit selbst gebackenem Brot. Essenswünsche werden berücksichtigt. Großer Parkplatz. **www.bed-and-breakfast-boyle.com**

Straßenkarte *siehe hintere Umschlaginnenseiten*

CARRICK-ON-SHANNON Hollywell Country House €€

Carrick-On-Shannon, Co Leitrim & FAX 071 962 1124 *Zimmer 4*   **Straßenkarte** *C3*

Tom und Rosaleen Maher sind die Gastgeber in dem Gästehaus direkt am Shannon. Hier herrscht eine gemütliche und ruhige Atmosphäre. Das Frühstück ist sehr gut, dazu gibt es frisch gebackenes Brot und irische Pancakes mit Ahornsirup.

CASHEL BAY Zetland House €€€€

Cashel Bay, Co Galway 095 31111 FAX 095 31117 *Zimmer 22*   **Straßenkarte** *A3*

Ursprünglich ein Jagdhaus (19. Jh.), ist das stilvolle Landhaus heute eine Oase der Ruhe in beneidenswerter Lage oberhalb der Cashel Bay, umgeben von Gärten mit Bäumen und blühenden Sträuchern. Die schönen Zimmer sind mit Antiquitäten eingerichtet. Die Küche des Hauses ist erstklassig. **www.zetland.com**

CASHEL BAY Cashel House €€€€€

Cashel Bay, Co Galway 095 31001 FAX 095 31077 *Zimmer 32*   **Straßenkarte** *A3*

Das bekannte Landhaus in einem großen Garten bietet tolle Sicht auf Cashel Bay. Hier nächtigten schon Charles de Gaulle und Gattin. Der beschauliche Komfort der mit Antiquitäten ausgestatteten Zimmer – alle mit offenen Kaminen und frischen Blumen – ist angenehm. Hervorragende Küche. **www.cashel-house-hotel.com**

CASTLEBAR Lynch Breaffy House Hotel & Spa €€€

Castlebar, Co Mayo 094 902 2033 FAX 094 902 2276 *Zimmer 125*   **Straßenkarte** *B3*

Am Stadtrand von Castlebar steht das Hotel von 1890, das in den letzten Jahren umfassend renoviert und modernisiert wurde, dabei jedoch das Flair eines alten Landhauses erhalten konnte. Die sauberen Gästezimmer sind gut ausgestattet. Sehr gute Freizeitangebote, darunter ein Spa. **www.lynchhotels.com**

CASTLECOOTE Castlecoote House €€€

Castlecoote, Co Roscommon 0906 663 794 FAX 0183 30666 *Zimmer 5*   **Straßenkarte** *C3*

Umgeben von schöner Landschaft mit Blick auf den Fluss Suck, steht das georgianische Haus auf dem Grund einer mittelalterlichen Burg. Luxuriöses Interieur mit Stuckdecken, marmornen Kaminen und Porträts von Sir Joshua Reynolds. Schöne Zimmer, ein Spielezimmer, Tennisplätze und Krocketrasen. **www.castlecootehouse.com**

CASTLEREA Clonalis House €€€€

Castlerea, Co Roscommon & FAX 094 962 0014 *Zimmer 4*   **Straßenkarte** *C3*

Das imposante viktorianisch-italienische Herrenhaus in einem bewaldeten Anwesen ist die Heimat der O'Conors of Connacht, Nachkommen von Irlands letzten Oberkönigen. Zu den Erbstücken gehören eine wunderbare Bibliothek und die berühmte Carolan-Harfe. Große, gut eingerichtete Zimmer. Landküche. **www.clonalis.com**

CLIFDEN Sea Mist House €€

Clifden, Co Galway 095 21441 *Zimmer 4*   **Straßenkarte** *A3*

Das Steinhaus im Herzen von Clifden wurde sorgfältig renoviert und hat heute moderne Einrichtungen. Stilvolles, mit Liebe ausgewähltes Dekor. Die Zimmer sind gut ausgestattet, vom Wintergarten aus überblickt man den ruhigen Garten, in dem Früchte fürs leckere Frühstück geerntet werden. **www.seamisthouse.com**

CLIFDEN Dolphin Beach Country House €€€

Lower Sky Rd, Co Galway 095 21204 FAX 095 22935 *Zimmer 9*   **Straßenkarte** *A3*

Das zauberhafte Haus am Strand mit eigener Bucht ist hell, freundlich und stilvoll. Die geräumigen Gästezimmer sind mit antiken Möbeln und steifen Bettlaken ausgestattet. Im Speiseraum mit Blick auf die Bucht wird wohlschmeckende Hausmannskost serviert. **www.dolphinbeachhouse.com**

CLIFDEN The Quay House €€€

Beach Rd, Co Galway 095 21369 FAX 095 21608 *Zimmer 14*   **Straßenkarte** *A3*

1820 wurde das Haus, das wohl älteste Gebäude Clifdens, für den Hafenmeister gebaut. Die in die Jahre gekommenen Gastgeber, Paddy und Julia Foyle, haben einen angeborenen Sinn für großen Stil, zu erkennen in den üppig ausgestatteten, schrulligen Zimmern. Das köstliche Frühstück gibt es im Wintergarten. **www.thequayhouse.com**

CONG Ashford Castle €€€€€

Cong, Co Mayo 094 954 6003 FAX 094 954 6260 *Zimmer 83*   **Straßenkarte** *B3*

Irlands luxuriösestes großes Burghotel liegt romantisch in einem schönen Parkgelände mit Seen und Gärten. Die Burg aus dem 13. Jahrhundert besitzt eine opulente Ausstattung mit dunkler Holztäfelung, eine Rüstkammer, viel Kunst und schöne Kamine. Formelle, aber beschauliche Atmosphäre. **www.ashford.ie**

CROSSMOLINA Enniscoe House €€€€

Castlehill, nahe Crossmolina, Co Mayo 096 31112 FAX 096 31773 *Zimmer 6*   **Straßenkarte** *B2*

Das schöne georgianische Haus auf einem wunderbaren Grundstück am Lough Conn ist voller Antiquitäten und Kunstwerke. Relaxtes Flair. Susan Kellet, die charmante Besitzerin, ist eine direkte Nachfahrin der Familie, die hier seit den 1660er Jahren residiert. Sie bietet einfache, aber gute Hausmannskost. **www.enniscoe.com**

GALWAY Devondell €€

47 Devon Park, Lower Salthill, Co Galway 091 528 306 *Zimmer 4*   **Straßenkarte** *B4*

Das kleine, moderne Gästehaus in einem Wohngebiet wirkt von außen unscheinbar, bietet innen aber echte Gastfreundlichkeit und gute Unterkunft. Berna Kelly ist eine nette und professionelle Gastgeberin. Hübsche, mit Bedacht eingerichtete Zimmer mit Gusseisenbetten. Superbes Frühstück. *März – Nov.* **www.devondell.com**

Preiskategorien *siehe Seite 294* **Zeichenerklärung** *siehe hintere Umschlagklappe*

ÜBERNACHTEN

311

GALWAY Jurys Inn Galway
Quay St, Co Galway **☎** *091 566 444* **FAX** *091 568 415* **Zimmer** *130*

€€€

Straßenkarte *B4*

Das zentral gelegene Drei-Sterne-Hotel – neben dem historischen Spanish Arch – ist ideal, um von hier aus die Innenstadt Galways zu erkunden. Die Zimmer bieten ein gutes Preis-Leistungs-Verhältnis, sind schlicht dekoriert und mit funktionalen Möbeln eingerichtet. Frühstück kostet extra. **www.jurysinns.com**

GALWAY Hotel Meyrick
Eyre Square, Co Galway **☎** *091 564 041* **FAX** *091 566 704* **Zimmer** *99*

€€€€

Straßenkarte *B4*

Das 1845 errichtete Eisenbahnhotel im Herzen Galways wurde sensibel modernisiert, ohne ein Flair einzubüßen. Das Interieur besteht aus viel Mahagoni und Messing, die Zimmer sind elegant. Es gibt ein neues Wellness-Spa mit schöner Aussicht auf die Stadt. **www.hotelmeyrick.ie**

GALWAY Radisson SAS Hotel & Spa Galway
Lough Atalia Rd, Co Galway **☎** *091 538 300* **FAX** *091 538 380* **Zimmer** *217*

€€€€

Straßenkarte *B4*

Modernes Hotel mit Blick auf Lough Atalia, rund fünf Gehminuten vom Zentrum entfernt. Ansprechendes, geruhsames Ambiente. Gästezimmer gibt es in drei Stilen: skandinavisch, maritim und klassisch. Alle sind gut ausgestattet. Im Restaurant Marinas serviert man internationale Küche. **www.radissonsas.com**

GALWAY Connemara Coast Hotel House
Furbo, Co Galway **☎** *091 592 108* **FAX** *091 592 065* **Zimmer** *142*

€€€€€

Straßenkarte *B4*

Von dem Hotel hat man einen fantastischen Blick auf die Bucht von Galway. In zehn Minuten ist man mit dem Auto mitten in der Stadt. Das Coast Club Leisure Centre ist exzellent ausgestattet. Das Hotel hat zwei Restaurants, The Gallery und Daly's, sowie zwei Bars, Sin Sceal Eile und Player's. **www.sinnotthotels.com**

INISHBOFIN ISLAND Murray's Doonmore Hotel
Inishbofin Island, Co Galway **☎** *095 45804* **FAX** *095 45814* **Zimmer** *20*

€€

Straßenkarte *A3*

Das traditionelle Hotel mit Blick auf die Einfahrt des beschaulichen Inselhafens ist eine gute Ausgangsbasis zur Erkundung von Inishbofin Island. Im Restaurant gibt es Frühstück, Mittag- und Abendessen, es ist auf frisch gefangenen Fisch spezialisiert. Die einladende Bar mit Kamin ist bei Musikern beliebt. **www.doonmorehotel.com**

KNOCKRANNY Knockranny House Hotel
Knockranny, Co Mayo **☎** *098 28600* **FAX** *098 28611* **Zimmer** *53*

€€€€

Straßenkarte *B3*

Das 1997 eröffnete Vier-Sterne-Hotel erreicht man durch idyllische Gärten. Es ist in viktorianischem Stil gehalten und überblickt die Stadt Westport. Offene Kamine, warme Farben und Antiquitäten tragen zum einladenden Flair bei. Zu essen gibt es moderne irische Küche. Zum Hotel gehört auch ein Spa. **www.khh.ie**

LEENANE Delphi Lodge
Leenane, Co Galway **☎** *095 42222* **FAX** *095 42296* **Zimmer** *12*

€€€

Straßenkarte *B3*

Die Delphi Lodge, eines der berühmtesten Jagdhäuser der Landes, baute der Marquis of Sligo in den 1830er Jahren. Das Grundstück liegt in einem Tal zwischen majestätischen Bergen. Innen gibt es eine wunderbare Bibliothek, Antiquitäten und Anglerzeug. Gegessen wird gemeinsam. Man kann fischen und wandern. **www.delphilodge.ie**

LETTERFRACK Renvyle House Hotel
Renvyle, Co Galway **☎** *095 43511* **FAX** *095 43515* **Zimmer** *68*

€€€

Straßenkarte *A3*

Das historische, romantische Haus am Atlantik gehört zu Irlands beliebtesten Hotels. Holzbalken, polierte Böden und offene Kamine schaffen eine stilvolle und dennoch entspannte Atmosphäre. Hier schliefen schon W. B. Yeats und Winston Churchill. Gutes Essen. Ideal für Familien. Tennis, Golf, Krocket und Forellenangeln. **www.renvyle.com**

LETTERFRACK Rosleague Manor House Hotel
Letterfrack, Co Galway **☎** *095 41101* **FAX** *095 41168* **Zimmer** *20*

€€€

Straßenkarte *A3*

Das wundervolle, 200 Jahre alte Regency-Herrenhaus ist eine Oase, die alle Sinne anspricht. Die Gärten mit exotischen Pflanzen erstrecken sich bis zur Ballinakill Bay. Das elegant eingerichtete Haus hat Charme und Charakter und bietet Luxus, Panoramablicke sowie hervorragende ländliche Küche. **www.rosleague.com**

MULRANY Rosturk Woods
Mulrany, Co Mayo **☎** *& FAX 098 36264* **Zimmer** *6*

€€

Straßenkarte *B3*

Das stilvoll möblierte, gemütliche Haus in einem Wald nahe am Meer liegt in Familienhand. Der Service ist freundlich, die Zimmer (alle mit Bad) sind hübsch. Von der schönen Veranda blickt man auf die Clew Bay. Der Besitzer, ein Segellehrer, bietet Boots- und Angelausflüge an. **www.rosturk-woods.com**

NEWPORT Newport House
Newport, Co Mayo **☎** *098 41222* **FAX** *098 41613* **Zimmer** *18*

€€€€€

Straßenkarte *B3*

Das prächtige, von wildem Wein umwucherte georgianische Herrenhaus liegt inmitten von Gärten, die sich zum Fluss Newport erstrecken. Ideal für alle, die echten Komfort und wahre Gastlichkeit suchen. Das Restaurant ist berühmt für frisches Seafood und die herausragende Weinkarte. In der Nähe kann man angeln. **www.newporthouse.ie**

OUGHTERARD Ross Lake House
Rosscahill, Co Galway **☎** *091 550 109* **FAX** *091 550 184* **Zimmer** *13*

€€€

Straßenkarte *B3*

In dem Landhaus von 1850 mit schönen Gärten bieten charmante Gastgeber komfortable, geräumige Gästezimmer mit Antiquitäten und Himmelbetten an. In den nahe gelegenen Loughs kann man fischen. Auf dem Anwesen gibt es auch Tennisplätze. **www.rosslakehotel.com**

Straßenkarte *siehe hintere Umschlaginnenseiten*

OUGHTERARD Currarevagh House

Oughterard, Co Galway 091 552 312 FAX 091 552 731 **Zimmer** 15 | €€€€€

Straßenkarte B3

An einem ruhigen Ort am Lough Corrib, umgeben von Wald, Parkland und Gärten, steht das romantische viktorianische Landhaus. Gute Hausmannskost aus frischesten Produkten. In der Gegend ist Angeln beliebt – es gibt Lachse, Forellen, Hechte und Barsche. Großartige Wanderwege. **www.currarevagh.com**

PONTOON Healy's Restaurant & Country House Hotel

Pontoon, Foxford, Co Mayo 094 925 6443 FAX 094 925 6572 **Zimmer** 14 | €€

Straßenkarte B3

Das alte Steingebäude mit hübschem Garten liegt schön an den Ufern von Lough Conn und Lough Cullen. Es wurde aufgefrischt, besitzt aber noch Alte-Welt-Flair. Schlichte, saubere Zimmer zu vernünftigen Preisen. Beliebt bei Vogelbeobachtern und Anhängern des Angelsports. Gute irische Küche. **www.healyspontoon.com**

RECESS Lough Inagh Lodge Hotel

Recess, Co Galway 095 34706 FAX 095 34708 **Zimmer** 13 | €€€€€

Straßenkarte A3

Der charmante, ländliche Rückzugsort liegt am Ufer von Lough Inagh, in der schönen Landschaft Connemaras. Die einfach-eleganten Zimmer des Hotels sind ideal als Basis für Angelfreunde und Radfahrer. In der Nähe gibt es einen 18-Loch-Golfplatz. *März – Dez.* **www.loughinaghlodgehotel.ie**

RECESS Ballynahinch Castle Hotel

Recess, Co Galway 095 31006 FAX 095 31085 **Zimmer** 40 | €€€€€

Straßenkarte A3

Die viktorianische Burg, einst Residenz des indischen Maharadschas Ranjit Singh, ist bei Anglern beliebt. Sie steht in einem schönen Parkgelände am Ufer des Flusses Ballynahinch. Das elegante Restaurant Owenmore mit Blick auf den Fluss serviert Connemara-Lamm und frischen Fisch. **www.ballynahinch-castle.com**

ROSCOMMON Abbey Hotel Conference & Leisure

Galway Rd, Co Roscommon 090 662 6240 FAX 090 662 6021 **Zimmer** 50 | €€€€€

Straßenkarte C3

Das Vier-Sterne-Hotel mit eigenem Garten ist nach der Dominikanerabtei aus dem 13. Jahrhundert benannt, von der man noch Ruinen sieht. Das frisch renovierte Hotel bietet nette Zimmer und ebensolche Atmosphäre. Die Zimmer (alle mit Bad) sind gut eingerichtet und haben moderne Annehmlichkeiten. **www.abbeyhotel.ie**

ROUNDSTONE The Anglers Return

Toombeola, Co Galway & FAX 095 31091 **Zimmer** 5 | €€

Straßenkarte A3

Das einstige Jagdhaus (18. Jh.) ist heute ein charmantes Gästehaus mit schnörkellosem Interieur, ein paar Antiquitäten, weiß getünchten Wänden, Holzböden, offenen Kaminen und frischen Blumen. Die Zimmer sind geschmackvoll eingerichtet. Lynn Hill ist eine aufmerksame, freundliche Gastgeberin. **www.anglersreturn.com**

WESTPORT Ardmore Country House Hotel

The Quay, Co Mayo 098 25994 FAX 098 27795 **Zimmer** 13 | €€€

Straßenkarte B3

Das kleine familiengeführte Haus bietet einen Grad an Gastfreundlichkeit, dem man sich nur schwer entziehen kann. Die Unterkunft ist luxuriös. Einige Zimmer blicken auf die Clew Bay. Fantastisches Frühstück mit frischem Obst und selbst gebackenem Brot. *März – Dez.* **www.ardmorecountryhouse.com**

WESTPORT Knockranny House Hotel & Spa Cottage

Westport, Co Mayo 098 28600 FAX 098 28611 **Zimmer** 95 | €€€€

Straßenkarte B3

Das Vier-Sterne-Hotel wartet mit großen, elegant eingerichteten Zimmern in einer ruhigen Umgebung auf. Das Salveo Spa verfügt über zwölf Behandlungsräume. Im Restaurant La Fougère werden Gerichte mit frischen Kräutern aus dem Garten serviert. **www.khh.ie**

WESTPORT Carlton Atlantic Coast Hotel

The Quay, Co Mayo 098 29000 FAX 098 29111 **Zimmer** 85 | €€€€€

Straßenkarte B3

Hinter der traditionellen Steinfassade einer alten Mühle verbirgt sich das moderne Hotel. Das Spa hat neun Behandlungsräume, ein Hydrotherapie-Bad und ein Basenbad im Float Tank. Im Blue Wave Restaurant und in der Harbourmaster Bar gibt es gute Gerichte und großartiges Bier. **www.atlanticcoasthotel.com**

NORDWEST-IRLAND

ARDARA The Green Gate

Ardvally, Co Donegal 074 954 1546 **Zimmer** 4 | €€

Straßenkarte C2

Der Franzose Paul Chatenoud, ein Gesinnungstäter, führt das B & B, das auch wegen seiner schönen Lage eines der besten in der Region ist. Die Zimmer verteilen sich auf drei Cottages. Sie sind sehr einfach, aber angenehm, mit Tweed-Überwürfen auf den schlichten Betten. **www.thegreengate.com**

ARDARA Woodhill House

Woodhill, Co Donegal 074 954 1112 FAX 074 954 1516 **Zimmer** 14 | €€

Straßenkarte C2

Die Restaurierung des Landhauses wurde mit viel Liebe betrieben. Die Besitzer haben 15 Jahre dafür gebraucht. Es gibt 14 unterschiedlich eingerichtete Zimmer (alle mit Bad) – entweder im Haupthaus oder im umgebauten Kutschenhaus. Das Restaurant serviert u. a. Wildlachs und Donegal-Lamm. **www.woodhillhouse.com**

Preiskategorien *siehe Seite 294* **Zeichenerklärung** *siehe hintere Umschlagklappe*

ÜBERNACHTEN

313

BUNDORAN Fitzgerald's Hotel and Bistro
Bundoran, Co Donegal **071 984 1336** FAX *071 984 2121* **Zimmer** 16
Straßenkarte C2

Das Hotel an der Hauptstraße von Bundoran überblickt die Donegal Bay. Es ist zwar unspektakulär, die Zimmer sind aber groß und komfortabel eingerichtet. Der Service ist effizient und nett. Das Bistro genießt einen guten Ruf wegen seiner irischen Standardgerichte. Torffeuer erwärmt die Rezeption. **www.fitzgeraldshotel.com**

DONEGAL Atlantic Guest House
Main St, Donegal Town, Co Donegal **& FAX** *074 972 1187* **Zimmer** 16
Straßenkarte C2

Das familiengeführte Gästehaus bietet eine freundliche Unterkunft im Herzen der Stadt. Zum Bus geht man eine Minute. Die preisgünstigen Zimmer sind geräumig, wenn auch etwas spärlich eingerichtet, jedes hat Fernseher und Kaffeemaschine, einige teilen sich ein Bad. Das Personal ist zuvorkommend. **www.atlanticguesthouse.ie**

DONEGAL St Ernan's House
Country Inn Lodgings, Co Donegal **074 972 1065** FAX *074 972 2098* **Zimmer** 10
Straßenkarte C2

Der Neffe des Duke of Wellington baute das rosafarbene Haus 1826 auf der kleinen Insel, die ein Damm mit dem Festland verbindet. Es ist elegant möbliert, doch die Atmosphäre ist leger. Jedes Zimmer ist individuell dekoriert, fast alle haben eine atemberaubende Aussicht. ◯ *Mitte Apr–Ende Okt.* **www.sainternans.com**

DRUMCLIFF Urlar House
Co Sligo **071 916 3110** **Zimmer** 4
Straßenkarte C2

In ruhiger Lage im Schatten des Ben Bulben findet man das schöne Bauernhaus – die perfekte Ausgangsbasis für Ausflüge nach Yeats Country. Einfache Zimmer mit Bad. Die hervorragende Hausmannskost wird in den Galtee Breakfast Awards sehr gelobt. Buchung im Voraus wird empfohlen.

DUNFANAGHY The Mill
Figart, Co Donegal **& FAX** *074 913 6985* **Zimmer** 6
Straßenkarte C1

The Mill liegt wunderbar am New Lake und war ursprünglich das Wohnhaus vom Großvater des jetzigen Besitzers. Die Zimmer haben nette Details, neue Betten und antike Möbel. Im Wintergarten mit Seeblick kann man herrlich entspannen. Nebenan befindet sich das sehr gute Restaurant Mill. **www.themillrestaurant.com**

DUNKINEELY Castle Murray House
St John's Point, Co Donegal **074 973 7022** FAX *074 973 7330* **Zimmer** 10
Straßenkarte C2

Ein wundervoller Ort mit herrlichem Blick auf die McSweeney Bay. Das Dekor ist schlicht, aber jedes Zimmer hat ein eigenes Thema. Es gibt z. B. den Hunting Room, Oriental Room oder Golf Room. Im Restaurant serviert man Kreationen des Küchenchefs Remy Dupuy: Seafood mit französischem Einschlag. **www.castlemurray.com**

LETTERKENNY Castle Grove Country House Hotel
Ballymaleel, Co Donegal **074 915 1118** FAX *074 915 1384* **Zimmer** 15
Straßenkarte C1

Über eine lange Allee gelangt man zu dem Haus aus dem 17. Jahrhundert mit Blick auf den Lough Swilly. Ein beschaulicher, entspannender Ort. Die Zimmer sind geräumig und schön. Zudem gibt es eine elegante Bibliothek und Gemeinschaftsräume. **www.castlegrove.com**

LETTERKENNY Silver Tassie Hotel
Ramelton Rd, Letterkenny, Co Donegal **074 912 5619** **Zimmer** 36
Straßenkarte C1

Von dem in den malerischen Hügeln von Donegal gelegene Silver Tassie hat man einen schönen Blick über Lough Swilly. Das komfortable Hotel mit einem Restaurant mit Eichenpaneelen und einem Foyer mit Glaswand ist nur fünf Minuten von Letterkenny entfernt. **www.silvertassiedonegal.com**

LETTERKENNY Radisson SAS Hotel Letterkenny
Loop Rd, Letterkenny, Co Donegal **074 919 4444** FAX *074 919 4455* **Zimmer** 114
Straßenkarte C1

Das Vier-Sterne-Hotel, ein relativ neues Mitglied der angesehenen Radisson-Gruppe, liegt fünf Gehminuten vom Zentrum entfernt. Die Lobby im Stil eines Atriums schlägt den modernen Ton des ganzen Hauses an. Es gibt Zimmer für Rollstuhlfahrer und zahlreiche Parkplätze. **www.radissonsas.com**

LOUGH ESKE Harvey's Point
Donegal Town, Co Donegal **074 972 2208** FAX *074 972 2352* **Zimmer** 33
Straßenkarte C2

Das Hotel im Schweizer Stil am Ufer des Lough Eske ist modern eingerichtet und bietet ein exzellentes Restaurant sowie viele Sportmöglichkeiten. Die meisten der luftigen, komfortablen Zimmer blicken auf den See. In den Executive Suites, etwas abseits vom Haupthaus gelegen, stehen Himmelbetten. **www.harveyspoint.com**

MOHILL Glebe House
Ballinamore Rd, Co Leitrim **071 963 1086** FAX *071 963 1886* **Zimmer** 8
Straßenkarte C3

B & B-Unterkunft auf hohem Niveau bietet das ehemalige Pfarrhaus aus dem frühen 19. Jahrhundert, das von Parkland, Wald und Äckern umgeben ist. In den Gärten kann man wunderbar spazieren gehen. Senioren und Kinder bekommen hier Preisnachlässe. **www.glebehouse.com**

RIVERSTOWN Coopershill House
Riverstown, Co Sligo **071 916 5108** FAX *071 916 5466* **Zimmer** 8
Straßenkarte C2

Sehr kultiviertes, elegantes Haus (17. Jh.) mit einem riesigen Anwesen. Die großen Zimmer sind geschmackvoll mit Antiquitäten und Himmelbetten eingerichtet. Offene Kamine, das historische Flair und der aufmerksame Service sorgen für Behaglichkeit. Exzellente Küche. **www.coopershill.com**

Straßenkarte *siehe hintere Umschlaginnenseiten*

ROSSES POINT Yeats Country Hotel €€€
Rosses Point, Co Sligo **☎** *071 917 7211* **FAX** *071 917 7203* **Zimmer** *100*　　　　**Straßenkarte** *B2*

Das Hotel am Fuß des Ben Bulben mit Blick auf den Atlantik ist eine gute Basis für die Erkundung der Gegend. Die einfachen Zimmer haben Bad, Multikanal-TV, Telefon, Fön und Kaffeemaschine. Im Haus finden auch viele Veranstaltungen statt. **www.yeatscountryhotel.com**

ROSSNOWLAGH Sand House Hotel €€
Rossnowlagh, Donegal Bay, Co Donegal **☎** *071 985 1777* **FAX** *071 985 2100* **Zimmer** *55*　　**Straßenkarte** *C2*

Das imposante weiße Gebäude mit Zinnen direkt an einem Sandstrand in der Donegal Bay ist ein renommiertes, überaus komfortables und schön dekoriertes Hotel mit relaxter Atmosphäre. Ursprünglich war es ein Fischerhaus. Heute nächtigen die Gäste in schönen Zimmern, einige davon haben Himmelbetten. **www.sandhouse-hotel.ie**

ROSSNOWLAGH Heron's Cove €€€
Rossnowlagh, Co Donegal **☎** *071 982 2070* **FAX** *071 982 2075* **Zimmer** *10*　　　　**Straßenkarte** *C2*

Seoirse und Maeve O'Toole führen das schöne Gasthaus mit zehn Zimmern in der Nähe des Landungsstegs von Creevy. Es gibt attraktive Angebote, damit Gäste, die im Steak- und Seafood-Restaurant gegessen haben, auch hier übernachten. Alle Zimmer verfügen über ein Bad. Das Frühstück sollte man nicht verpassen. **www.heronscove.ie**

STRANORLAR Kee's Hotel and Leisure Club €€€
Ballybofey, Co Donegal **☎** *074 913 1018* **FAX** *074 913 1917* **Zimmer** *53*　　　　**Straßenkarte** *C2*

Im 19. Jahrhundert war dies eine Kutschen- und Poststation. Inzwischen besitzen die gastfreundlichen Kees das Hotel in der vierten Generation. Das Restaurant, das sich zwei AA-Rosetten verdient hat, bietet exzellente moderne Küche. Zum Haus gehört ein vorzügliches Freizeitzentrum. **www.keeshotel.ie**

MIDLANDS

ATHLONE Hodson Bay Hotel €€€€
Hodson Bay, Co Westmeath **☎** *090 644 2000* **FAX** *090 644 2020* **Zimmer** *182*　　　**Straßenkarte** *C3*

Im Zentrum Irlands, am Ufer des Lough Ree, liegt neben dem Athlone Golf Club das schön eingerichtete Hotel. Die großen Zimmer sind frisch renoviert, viele bieten tolle Sicht auf den See. Das Haus ist 90 Minuten von Dublin und Galway entfernt. Man kann auf dem Shannon Boot fahren. **www.hodsonbayhotel.com**

BALLYCONNELL Slieve Russell Hotel, Golf & Country Club €€€€
Ballyconnell, Co Cavan **☎** *049 952 6444* **FAX** *049 952 6046* **Zimmer** *219*　　　**Straßenkarte** *C3*

Seinen Namen hat das Hotel mit schön gestalteten Gärten und Seen von dem Berg in der Nähe. Es ist so etwas wie ein Business- und Gesellschaftszentrum der Gegend. Die Zimmer sind geräumig und haben gute Bäder. Zu den exzellenten Freizeitangeboten gehören Golfplatz, Spa und Therapie-Center. **www.quinnhotels.com**

BELTURBET International Fishing Centre €€
Loughdooley, Co Cavan **☎** *&* **FAX** *049 952 2616* **Zimmer** *14*　　　　**Straßenkarte** *C3*

Der Franzose Michael Neuville bietet in seiner wunderbar ruhigen Anlage direkt am Wasser Anglerurlaub an. In den Holz-Chalets am Fluss Erne kommen bis zu fünf Personen unter – ideal also für Familien, ob sie nun angeln oder nicht. **www.angling-holidays.com**

BIRR The Stables Town House & Restaurant €€
6 Oxmantown Mall, Co Offaly **☎** *057 912 0263* **FAX** *057 912 1677* **Zimmer** *6*　　　**Straßenkarte** *C4*

Das georgianische Haus im Stadtzentrum ist ein renommiertes B & B mit einem beliebten Restaurant. Die komfortablen Zimmer mit Alte-Welt-Charme haben eigene Bäder und blicken entweder auf die Mall oder den Hof. Haustiere sind hier erlaubt. Die zentrale Lage ist perfekt für die Erkundung der Stadt. **www.thestablesbirr.com**

CARLINGFORD Beaufort House €€
Ghan Rd, Co Louth **☎** *042 937 3879* **Zimmer** *5*　　　　**Straßenkarte** *D3*

Das Beaufort ist eines von 14 irischen Gästehäusern, die für den hohen Standard einen Michelin-Bib-Hotelpreis erhielten. Die Zimmer sind sehr schön eingerichtet. Das Haus liegt an der Küste der Bucht mit Blick aufs Meer und auf die Berge. Die Besitzer haben eine Segelschule und betreiben einen Yacht-Service. **www.beauforthouse.net**

CARLINGFORD Grove House €€
Grove Rd, Co Louth **☎** *042 937 3494* **FAX** *042 938 3851* **Zimmer** *6*　　　　**Straßenkarte** *D3*

Grove Haus mit Blick auf die Mourne Mountains liegt in Gehweite zum Carlingford Lough. B & B-Unterkunft mit freundlicher Atmosphäre. Die schön dekorierten und nicht zu kostspieligen Zimmer haben alle Bad. Das Frühstück wird in einem Raum mit Bergblick serviert. **www.grovehousecarlingford.com**

CARLINGFORD McKevitt's Village Hotel €€€
Market Square, Co Louth **☎** *042 937 3116* **FAX** *042 937 3144* **Zimmer** *17*　　　**Straßenkarte** *D3*

Der beliebte Landgasthof in Familienhand steht mitten im Stadtzentrum. Die Zimmer sind hell, sauber und hübsch eingerichtet, ebenso die Badezimmer. Bar, Lounge und Speiseraum des Restaurants Schooner's kombinieren Alte-Welt-Charme mit modernem Komfort. Gelegentlich gibt es Sonderangebote. **www.mckevittshotel.com**

Preiskategorien *siehe Seite 294* **Zeichenerklärung** *siehe hintere Umschlagklappe*

ÜBERNACHTEN

CLONES Hilton Park
Clones, Co Monaghan 📞 *047 56007* FAX *047 56033* **Zimmer** *6*   **Straßenkarte** *C2*

Das prächtige Herrenhaus, eines der schönsten in Irland, blickt auf riesige Flächen von Wald, Seen und Wiesen – ein romantisches Fleckchen samt »Lover's Walk« und barocken Gärten. Seit 1734 ist das Haus im Besitz der Familie Madden. Hier gibt entspannte Eleganz den Ton an. **www.hiltonpark.ie**

CLOVERHILL Olde Post Inn
Cloverhill, Co Cavan 📞 *047 55555* FAX *047 55111* **Zimmer** *6*   **Straßenkarte** *C3*

Das schöne Steinhaus, einst ein Postamt, ist seit 1974 eine beliebte Pension. Das Ambiente ist rustikal, die Zimmer (alle mit Bad) sind schlicht, aber gemütlich. Das hervorragende Restaurant serviert Gerichte aus regionalen Produkten. Der Service ist effizient. Man kann reiten, wandern und angeln. **www.theoldepostinn.com**

COLLINSTOWN Lough Bishop House
Derrynagara, Co Westmeath 📞 *044 966 1313* **Zimmer** *3*   **Straßenkarte** *C3*

An einem Südhang mit Blick auf Bishop's Lough steht das attraktive georgianische Haus, das gründlich renoviert wurde und nun ansprechende Zimmer mit schöner Aussicht bietet. Gute Landküche aus den jeweils frischesten Produkten der Region. Dinner nur nach vorheriger Absprache. **www.derrynagarra.com**

CROSSDONEY Lisnamandra Country House
Lisnamandra, Co Cavan 📞 *049 433 7196* **Zimmer** *5*   **Straßenkarte** *C3*

Das restaurierte und modernisierte Bauernhaus aus dem 17. Jahrhundert eignet sich für all jene, die eine einfache, aber gute Unterkunft zu vernünftigen Preisen suchen. Die Zimmer haben alle eigene Bäder. Die Besitzer, die Familie Neill, sind überaus gastfreundlich. ⏺ *Mai–Okt.* **lisnamandra@eircom.net**

DROGHEDA Boyne Valley Hotel & Country Club
Drogheda, Co Louth 📞 *041 983 7737* FAX *041 983 9188* **Zimmer** *71*   **Straßenkarte** *D3*

Umgeben von Gärten und Wäldern hat sich das Herrenhaus (18. Jh.) trotz umfassender Erweiterungen und moderner Ausstattung sein traditionelles Flair erhalten. Gute Freizeitangebote, tüchtiges Personal. Die Zimmer im alten Haus haben mehr Charakter, die neueren eine bessere Ausstattung. **www.boyne-valley-hotel.ie**

DUNBOYNE Dunboyne Castle Hotel & Spa
Dunboyne, Co Meath 📞 *01 801 3500* FAX *01 436 6801* **Zimmer** *145*   **Straßenkarte** *D3*

Das Dunboyne ist das Schwesterhotel des Dylan in Dublin. Es liegt 16 Kilometer von Dublin entfernt in einem Anwesen mit Gärten und Wäldern. Die modernen Zimmer blicken auf die Gärten. Das Seoid Spa besitzt 18 Behandlungsräume und einen Hydrotherapie-Pool. Eleganter Ort, um perfekt zu relaxen. **www.dunboynecastlehotel.com**

KILMESSAN Station House Hotel & Restaurant
Kilmessan, Co Meath 📞 *046 902 5239* FAX *046 902 5588* **Zimmer** *20*   **Straßenkarte** *D3*

Der letzte Passagierzug hielt in Kilmessan im Jahr 1947. Das viktorianische Bahnhofsgebäude erinnert an die gute alte Zeit, doch heute ist es ein behagliches Hotel mit gehobener, moderner Ausstattung. Von der Bar blickt man in schöne Gärten, deren Blumen man im ganzen Hotel findet. **www.thestationhousehotel.com**

KINNITTY Ardmore House
The Walk, Co Offaly 📞 *05791 37009, 086 278 9147 (mobil)* **Zimmer** *5*   **Straßenkarte** *C4*

Das gewissenhaft restaurierte viktorianische Haus mit Garten liegt im malerischen Dorf Kinnitty am Fuß der Slieve Bloom Mountains. Offenes Feuer, Hausmannskost und relaxte Atmosphäre tragen zum altmodischen Flair des Hauses bei. Die Zimmer sind geschmackvoll dekoriert, wenn auch nicht sehr gut ausgestattet. **www.kinnitty.net**

LONGFORD Viewmount House
Dublin Rd, Co Longford 📞 *043 41919* FAX *043 42906* **Zimmer** *5*   **Straßenkarte** *C3*

Das georgianische Haus aus den 1750er Jahren am Stadtrand von Longford, einst im Besitz des Earl of Longford, wurde kürzlich mit Flair und Liebe zum Detail restauriert. Die Gärten sorgen für einladende Stimmung, die Zimmer mit Stilmöbeln und Teppichen auf den Holzböden sind recht hübsch. **www.viewmounthouse.com**

LONGFORD The Longford Arms Hotel
Main St, Co Longford 📞 *043 46296* FAX *043 46244* **Zimmer** *60*   **Straßenkarte** *C3*

Im Herzen der Stadt steht das populäre, traditionell ausgestattete Hotel in Familienhand. Alle der komfortablen Zimmer haben ihr eigenes Bad. Im Coffee Shop kann man bis 20 Uhr essen, abends speist man im Restaurant. Zum Hotel gehören Wellness- und Freizeiteinrichtungen. **www.longfordarms.ie**

MOATE Temple Country House & Spa
Horseleap, Co Westmeath 📞 *05793 35118* FAX *05793 35008* **Zimmer** *23*   **Straßenkarte** *C4*

Das schöne, 250 Jahre alte Landhaus ist ein Relax- und Wohlfühl-Paradies. Die makellos gepflegten Zimmer sind hell, luftig und stilvoll dekoriert. Köstliche Hausmannskost. Es werden verschiedene Wellness-Anwendungen angeboten. Die Gäste können auch wandern, reiten und Fahrrad fahren. **www.templespa.ie**

MOUNTNUGENT Ross House Equestrian Centre
Mountnugent, Co Cavan 📞 & FAX *049 854 0218* **Zimmer** *6*   **Straßenkarte** *C3*

Das alte Herrenhaus liegt am Lough Sheelin idyllisch inmitten von Gärten und bietet erschwingliche Zimmerpreise sowie viele Freizeitangebote. Die Zimmer sind komfortabel, einige haben sogar einen Kamin oder Wintergarten. Bei allen Mahlzeiten gibt es gute Hausmannskost. Es gibt auch Lunch-Pakete für unterwegs. **www.ross-house.com**

Straßenkarte *siehe hintere Umschlaginnenseiten*

316 ZU GAST IN IRLAND

MOUNTRATH Roundwood House €€€
Mountrath, Co Laois (05787 32120 FAX 05787 32711 **Zimmer** 10 **Straßenkarte** C4

Das imposante palladianische Haus (18. Jh.) in Parkland ist von Buchen, Linden und Kastanienbäumen umgeben. Die Zimmer sind komfortabel und recht geräumig. Die Familie Kennan schreibt Gastfreundschaft groß. Gute Hausmannskost und köstliches Frühstück. Man isst gemeinsam. **www.roundwoodhouse.com**

MULLINGAR Bloomfield House €€€
Mullingar, Co Westmeath (044 934 0894 FAX 044 934 3767 **Zimmer** 111 **Straßenkarte** C3

Fünf Kilometer außerhalb Mullingars blickt das frisch renovierte Hotel auf den beschaulichen Lough Ennell. Hübsches Parkland umgibt das ehemalige Witwenhaus, das komfortabel eingerichtete Zimmer bietet. Das Personal ist sehr um die Gäste bemüht. Zum Hotel gehört ein Freizeitzentrum. **www.bloomfieldhouse.com**

MULLINGAR Greville Arms €€€
Pearse St, Co Westmeath (044 934 8563 FAX 044934 8052 **Zimmer** 40 **Straßenkarte** C3

Mitten in Mullingar richtet sich das Drei-Sterne-Hotel an Einheimische wie Besucher. Die Zimmer sind sauber und behaglich. Es gibt eine große Bar, Ulysses, und einen Nachtclub, Le Louvre. Hier nächtigte schon James Joyce, der die Bar in seinem Buch *Stephen Hero* verewigte. Essen gibt es den ganzen Tag über. **www.grevillearmshotel.ie**

MULTYFARNHAM Mornington House €€€
Mornington, Co Westmeath (044 72191 FAX 044 72338 **Zimmer** 5 **Straßenkarte** C3

Seit 1858 gehört das zauberhafte viktorianische Haus nahe dem Lough Derravarragh der Familie O'Hara. Warme Farbgebung, offene Kamine, Stilmöbel und Gemälde schaffen das Ambiente eines typisch irischen Landhauses. Kanus, Boote und Räder kann man leihen. Auch Ausritte mit Pferden sind möglich. **www.mornington.ie**

OLDCASTLE Lough Crew House €€€
Oldcastle, Co Meath (049 854 1356 FAX 049 854 1921 **Zimmer** 3 **Straßenkarte** D3

Mitten in dem archäologisch interessanten Gebiet steht das B & B, umgeben von Wäldern und Seen. Schönes Mobiliar, Gemälde und offene Kamine verströmen unaufdringliche Eleganz. Die kreative Familie Naper organisiert im Sommer Opernaufführungen im Garten und gibt Unterricht im Vergolden. **www.loughcrew.com**

PORTLAOISE Ivyleigh House €€
Bank Place, Church St, Co Laois (05786 22081 FAX 05786 63343 **Zimmer** 6 **Straßenkarte** C4

Das hübsch restaurierte Haus von 1850 ist wohl das beste B & B der Stadt. Sorgfältig, komfortabel und anmutig eingerichtet, kombiniert es Alt und Neu. Die Zimmer sind groß und sehr behaglich. Das Frühstück aus den besten saisonalen Produkten der Gegend ist exzellent. **www.ivyleigh.com**

SLANE Conyngham Arms €€€
Slane, Co Meath (041 988 4444 FAX 041 982 4205 **Zimmer** 15 **Straßenkarte** D3

Familiengeführtes Drei-Sterne-Hotel im Herzen des zauberhaften Dorfs, das einst die Conyngham-Familie von Slane Castle gründete. Das Haus mit schöner Steinfassade ist einladend und garantiert einen entspannenden Aufenthalt. Die Zimmer (mit Bad) sind ordentlich. Ideal für Ausflüge ins Boyne Valley. **www.conynghamarms.com**

TULLAMORE Annaharvey Farm €€€
Tullamore, Co Offaly (05793 43544 FAX 05793 43766 **Zimmer** 7 **Straßenkarte** C4

Aktivitäten mit Pferden sind die Hauptattraktion der restaurierten Getreidescheune mit Pechkiefernböden, Balken und offenen Kaminen. Die Zimmer haben eigene Bäder. Reitunterricht gibt es in der Halle oder im Freien. Ausritte und Reitausflüge werden organisiert. Radfahren, Wandern und Golf. **www.annaharveyfarm.ie**

NORDIRLAND

ANNALONG Glassdrumman Lodge €€
Mill Rd, Co Down, BT34 4RH (028 4376 8451 FAX 028 437 67041 **Zimmer** 10 **Straßenkarte** D2

Das Hotel tief im »Königreich Mourne« blickt auf einige der berühmten Trockensteinmauern der Region. Die hellen Zimmer sind geschmackvoll dekoriert und haben Satelliten-TV, Fön, 24-Stunden-Zimmerservice und Telefon. Das Restaurant hat sich auf Austern aus der Dundrum-Bucht spezialisiert. **www.glassdrummanlodge.com**

ARMAGH Desart Guest House €
99 Cathedral Rd, Co Armagh, BT61 8AE (& FAX 028 3752 2387 **Zimmer** 3 **Straßenkarte** D2

Auch wenn das Herrenhaus eine Art Hitchcock-Atmosphäre besitzt, garantiert es dem Reisenden einen angenehmen Aufenthalt. Es ist voller Charakter, vom außergewöhnlichen Äußeren bis zum ausgestopften Vogel im Flur. Die Zimmer sind groß und komfortabel. **sylvia.mcroberts@armagh.gov.uk**

ARMAGH Charlemont Arms €€
57–65 English St, Co Armagh, BT61 7LB (028 3752 2028 FAX 028 3752 6979 **Zimmer** 30 **Straßenkarte** D2

Das Hotel im Landhausstil liegt ideal für die wichtigsten Sehenswürdigkeiten der Gegend. Was ihm an Luxus fehlt, macht es mit einladendem Flair wieder wett. Die frisch renovierten Zimmer haben eigene Bäder und sind mit Designer-Stoffen, Fernseher und Klimaanlage ausgestattet. **www.charlemontarmshotel.com**

Zeichenerklärung *siehe hintere Umschlagklappe* **Straßenkarte** *siehe hintere Umschlaginnenseiten*

ÜBERNACHTEN **3 1 7**

BALLYCASTLE Fragrens' B&B
34 Quay Rd, Co Antrim, BT54 6BH [028 2076 2168 *Zimmer 7* **Straßenkarte** *D1*

Das von Grund auf modernisierte Haus (17. Jh.) steht am Hafenende der Quay Road im Zentrum von Ballycastle. Alle Zimmer haben Bad, Zentralheizung, Kaffeemaschine und Farbfernseher. Panoramablicke. Die Familie Greene ist ausgesprochen hilfsbereit. **www.members.aol.com/jgreene710**

BALLYGALLY Hastings Ballygally Castle
274 Coast Rd, Co Antrim, BT40 2QZ [028 2858 1066 FAX 028 2858 3681 *Zimmer 44* **Straßenkarte** *D1*

Angeblich spukt es in der Burg. Mittelpunkt des Interesses in dem Vier-Sterne-Hotel ist denn auch der Ghost Room, ein kleines Turmzimmer mit einer makabren Sage. Balkendecken und antike Kiefernmöbel machen die ansonsten modern ausgestatteten Zimmer sehr behaglich. **www.hastingshotels.com**

BALLYMENA Galgorm Manor
136 Fenaghy Rd, Co Antrim, BT42 1EA [028 2588 1001 FAX 028 2588 0080 *Zimmer 75* **Straßenkarte** *D1*

Der Fluss Maine fließt an der umgebauten Gentleman-Residenz vorbei. Alle der luxuriös ausgestatteten Zimmer haben eigene Bäder. Es gibt auch sechs Cottages für Selbstversorger. Auf dem herrlichen Grundstück kann man angeln und anderen Aktivitäten nachgehen. Exzellenter Service. **www.galgorm.com**

BANGOR Cairn Bay Lodge
278 Seacliff Rd, Co Down, BT20 5HS [028 91 467636 *Zimmer 5* **Straßenkarte** *E2*

Das alte B & B am Ufer der Ballyholme Bay ist ein seltenes Juwel mit eigenem Garten. Innen findet man elegante, viktorianisch gestaltete Lounges. Die Mahlzeiten werden in einer eichengetäfelten Lounge mit Gartenblick serviert. Im Angebot sind auch Beauty- und Wellness-Behandlungen. **www.cairnbaylodge.com**

BELFAST Maranatha Guesthouse
254 Ravenhill Rd, Co Antrim, BT6 8GJ [028 9046 0200 FAX 028 9059 8740 *Zimmer 10* **Straßenkarte** *D2*

Das sorgfältig restaurierte rote Ziegelgebäude aus dem 18. Jahrhundert blickt auf einen der größten und schönsten Parks der Stadt: den Ormeau Park. Große Zimmer mit moderner Ausstattung. Ein gemütlicher Ort in einer attraktiven Gegend, etwas außerhalb des Zentrums. **www.maranatha-guesthouse.com**

BELFAST Avenue Guesthouse
23 Eglantine Ave, Co Antrim, BT9 6DW [028 9066 5904 FAX 028 9079 18190 *Zimmer 4* **Straßenkarte** *D2*

Im ruhigen Vorort der Universitätsgegend steht das renovierte viktorianische Haus, das Alt und Neu erfolgreich mischt. Originalelemente wurden erhalten. Neu sind kabellose Internet-Anschlüsse und Computer in der Lounge. Die großen, eleganten Zimmer haben Dusche, TV und Telefon. **www.avenueguesthouse.com**

BELFAST Duke's Hotel
65 University St, Co Antrim, BT7 1HL [028 9023 6666 *Zimmer 12* **Straßenkarte** *D2*

Das frisch renovierte moderne Hotel mitten in der Stadt bietet Komfort, Stil und internationale Küche. Jedes Zimmer hat TV, Telefon sowie Tee- und Kaffeemaschine. Es gibt eine quirlige Bar, die von den Studenten der nahen Queen's University frequentiert wird. **www.welcome-group.co.uk**

BELFAST Marine House
30 Eglantine Ave, Co Antrim, BT9 6DZ [& FAX 028 9066 2828 *Zimmer 10* **Straßenkarte** *D2*

Die große viktorianische Villa an einer Allee bietet luftiges Interieur mit sehr hohen Decken. Angesichts des gebotenen hohen Standards, der großen Zimmer und des Vorgartens eine sehr günstige Unterkunft. Alle Zimmer haben Bäder und werden abends zentral beheizt. **www.marineguesthouse3star.com**

BELFAST Ash Rowan
12 Windsor Ave, Co Antrim, BT9 6EE [028 9066 1758 FAX 028 9066 3227 *Zimmer 5* **Straßenkarte** *D2*

Ash Rowan im grünen Süden der Stadt ist ein luxuriöses Gästehaus mit eleganten Zimmern, die mit hochwertigem Leinen und kostenlosen Snacks bestückt sind. Das geschmackvolle Dekor besteht u. a. aus schönen Antiquitäten. Neun verschiedene Gourmet-Frühstücke stehen zur Auswahl.

BELFAST Hastings Stormont Hotel
587 Upper Newtonards Rd, Co Antrim, BT4 3LP [028 9065 1066 FAX 028 9048 0240 *Zimmer 110* **Straßenkarte** *D2*

Nahe dem Flughafen, mit Blick auf die Gärten von Stormont Castle, ist das moderne, funktionelle Hotel ideal für Geschäftsreisende. Der Lounge-Bereich ist frisch renoviert. Die Zimmer sind luxuriös und in warmen Farben geschmackvoll dekoriert, sie haben große Schreibtische und eigene Bäder. **www.hastingshotels.com**

BELFAST Belfast Hilton
4 Lanyon Place, Co Antrim, BT1 3LP [028 9027 7000 FAX 028 9027 7277 *Zimmer 197* **Straßenkarte** *D2*

Das gigantische, opulente Hotel im Hafenviertel fällt in Belfasts Skyline auf. Luxus und Preise entsprechen dem Standard der Hilton-Hotels. Die Executive Rooms in den oberen drei Etagen bieten spektakuläre Sicht auf die Stadt. In der Lobby gibt es kabellosen Internet-Zugang. Das Restaurant Sonoma ist superb. **www.hilton.co.uk/Belfast**

BELFAST Europa Hotel
Great Victoria St, Co Antrim, BT2 7AP [028 9027 1066 FAX 028 9032 7800 *Zimmer 240* **Straßenkarte** *D2*

Das imposante Europa an der Golden Mile ist eines der besten Hotels der Stadt und ideal für Geschäfsleute wie für Besucher. Bill Clinton wohnte hier bei Belfast-Aufenthalten. Die Standardzimmer haben Bad und alle anderen Annehmlichkeiten. In der Nähe von Grand Opera House und Waterfront Hall. **www.hastingshotels.com**

£ unter 50 £   ££ 50–100 £   £££ 100–150 £   ££££ 150–200 £   £££££ über 200 £

CARNLOUGH Londonderry Arms Hotel

20 Harbour Rd, Co Antrim, BT44 0EU 028 2888 5255 FAX *028 2888 5263* **Zimmer** *35* **Straßenkarte** *D1*

Einst gehörte der efeubewachsene Gasthof in Hafennähe, am Fuß des Glencloy, Winston Churchill. Heute besitzen und betreiben die O'Neills, eine der renommiertesten Hotelier-Familien des Landes, das Hotel und verleihen der Residenz das Flair echter Gastlichkeit. **www.glensofantrim.com**

COLERAINE Camus House

27 Curragh Rd, Castleroe, Co Londonderry, BT51 3RY 028 7034 2982 **Zimmer** *3* **Straßenkarte** *D1*

Das denkmalgeschützte Landhaus von 1685 blickt auf den Fuss Bann. Eine elegante Kiesauffahrt führt zu einer efeuberankten Fassade. Dahinter liegen geschmackvoll dekorierte Zimmer (nur für Nichtraucher!) mit TV und Kaffeemaschine. Das Haus ist Preisträger des Regional Galtee Irish Breakfast.

CRAWFORDSBURN The Old Inn at Crawfordsburn

Crawfordsburn, Co Down, BT19 1JH 028 9185 3255 FAX *028 9185 2775* **Zimmer** *30* **Straßenkarte** *E2*

Die strohgedeckte Pension aus dem 16. Jahrhundert, einer der ältesten Gasthöfe des Landes, bietet Qualität und Komfort mit offenen Kaminen und Himmelbetten in einigen Zimmern. Jedes Zimmer (mit Bad) ist individuell ausgeschmückt und nach hiesigen Wahrzeichen, Gebäuden oder Wildblumen benannt. **www.theoldinn.com**

CUSHENDALL Glendale

46 Coast Rd, Co Antrim, BT44 0RX 028 2177 1495 **Zimmer** *6* **Straßenkarte** *D1*

Großzügig bemessene Zimmer und ein herzlicher Empfang machen das Glendale das entscheidende bisschen besser als Cushendalls restliche B & Bs. Alle farbenfroh gestalteten Zimmer haben Bad, Kaffeemaschine, Kekse und TV. Es gibt auch eine separate Fernseh-Lounge. Vernünftige Preise. **mary.glendale@btinternet.com**

DOWNHILL Downhill Hostel

12 Mussenden Rd, Coleraine, Co Londonderry, BT51 4RP 028 7084 9077 **Zimmer** *9* **Straßenkarte** *D1*

Vor der schönen Herberge für Rucksackreisende liegt ein Strand, dahinter ragen Klippen auf, und ein Bach fließt seitlich vorbei. Waschmaschine, Gästeküche und Grillareal und Töpferei-Atelier. Es gibt Einzelzimmer und Schlafsäle mit Hochbetten und handgenähten Quilts. **www.downhillhostel.com**

DOWNPATRICK Denvir's Hotel

14–16 English St, Co Down, BT30 6AB 028 4461 2012 FAX *028 4461 7002* **Zimmer** *6* **Straßenkarte** *E2*

1642 baute Thomas McGeevy das nun unter Denkmalschutz stehende Gebäude. Die Restaurierung und Modernisierung brachte interessante Elemente zutage. Die Zimmer (alle mit Bad) sind geräumig. Das stimmungsvolle Restaurant serviert lokale Spezialitäten. **www.denvirshotel.com**

DOWNPATRICK Pheasants' Hill Country House

37 Killyleagh Rd, Co Down, BT30 9BL & FAX *028 4461 7246* **Zimmer** *5* **Straßenkarte** *E2*

Mitten in der natürlichen Landschaft des County Down steht am Ufer des Strangford Lough das luxuriöse Landhaus. Das Grundstück ist vom Quoile Pondage National Nature Reserve umgeben. Der zum Anwesen gehörende Bauernhof sorgt für die Frühstückszutaten. Jedes Zimmer ist individuell gestaltet. **www.pheasantshill.com**

DUNGANNON Grange Lodge

7 Grange Rd, Co Tyrone, BT71 7EJ 028 8778 4212 FAX *028 8778 4313* **Zimmer** *5* **Straßenkarte** *D2*

Das hübsche georgianische Haus in schöner Umgebung ist für seine Ulster-Küche und seine Gastlichkeit bekannt. Die Wirtin Norah Brown kreiert seit über 20 Jahren preisgekrönte kulinarische Freuden. Es gibt ein großes Wohnzimmer und eine TV-Lounge. **www.grangelodgecountryhouse.com**

ENNISKILLEN Railway Hotel

32–34 Forthill St, Co Fermanagh, BT74 6AJ 028 6632 2084 FAX *028 6632 7480* **Zimmer** *19* **Straßenkarte** *C2*

Das Hotel in Familienhand zieht nicht nur Bahnliebhaber an. Das gelbe Haus gegenüber der alten Great Northern Railway Station bietet schön dekorierte Gästezimmer. Alle verfügen über ein eigenes Bad, Fernseher und Kaffeemaschine. **www.railwayhotelenniskillen.com**

ENNISKILLEN Killyhevlin Hotel

Killyhevlin, Co Fermanagh, BT74 6RW 028 6632 3481 FAX *028 6632 4726* **Zimmer** *70* **Straßenkarte** *C2*

Das Anwesen des Hotels zieht sich bis zum Lower Lough Erne hinunter. Viele Zimmer haben Blick auf den See – dafür kosten sie allerdings auch mehr. Die tolle Lage in wunderbarer Landschaft und die Gastfreundschaft sorgen für einen unvergesslichen Aufenthalt. Es gibt auch Chalets zu mieten **www.killyhevlin.com**

ENNISKILLEN Manor House Country Hotel

Killadeas, Co Fermanagh, BT94 1NY 028 6862 2200 FAX *028 6862 1545* **Zimmer** *81* **Straßenkarte** *C2*

Das Landhotel mit opulentem Interieur am Ufer des Lough Erne ist voller Antiquitäten und Gemälde. Freundliches Personal. Die Zimmer sind geschmackvoll dekoriert. Es gibt eine große Auswahl an De-luxe-Doppelzimmern bis zu Familien-Suiten. Manche Zimmer haben Himmelbetten. **www.manor-house-hotel.com**

HOLYWOOD Hastings Culloden Hotel

Bangor Rd, Co Antrim, BT18 0EX 028 9042 1066 FAX *028 9042 6777* **Zimmer** *79* **Straßenkarte** *E2*

Das erstklassige Hotel inmitten von Gärten und Wäldern am Belfast Lough, ursprünglich das Palais des Bischofs von Down, hat die Opulenz von damals erhalten. Es gibt hier z. B. wertvolle Antiquitäten und Gemälde. Viele Zimmer blicken auf den See und den Garten, alle sind hübsch gestaltet. **www.hastingshotels.com**

Zeichenerklärung *siehe hintere Umschlagklappe*   **Straßenkarte** *siehe hintere Umschlaginnenseiten*

ÜBERNACHTEN

KILKEEL The Kilmorey Arms Hotel · ££

41–43 Greencastle St, Co Down, BT34 4BH **028 4176 2220** FAX *028 4176 5399* **Zimmer 25** · **Straßenkarte D3**

Das Hotel, eine ideale Basis für die Region Mourne, bietet hübsch eingerichtete, einfache Zimmer mit Bad, Kaffee-maschine und Telefon. Der Service ist freundlich und effizient. In der Nähe gibt es u. a. die Möglichkeit, Golf oder Tennis zu spielen oder an Pony-Ausflügen teilzunehmen. **www.kilmoreyarmshotel.co.uk**

LONDONDERRY Saddlers House · ££

36 Great James St, Co Londonderry, BT48 7DB **028 7126 9691** FAX *028 7126 6913* **Zimmer 7** · **Straßenkarte C1**

Das anheimelnde Haus, das ein fantastisches Frühstück serviert, liegt nur zehn Minuten zu Fuß von der Innenstadt entfernt. Das viktorianische Stadthaus hat einen ummauerten Garten – und eine friedliche Bulldogge. Gleich um die Ecke liegt das Merchant's House mit luftigen Zimmern mit Antikmöbeln. **www.thesaddlershouse.com**

LONDONDERRY Travelodge Hotel · £

22–24 Strand Rd, Co Londonderry, BT48 7AB **028 7127 1271** FAX *028 7127 1277* **Zimmer 39** · **Straßenkarte C1**

Direkt im Zentrum beim Fluss und der berühmten Stadtmauer befindet sich das Travelodge, eines von Londonderrys besseren Hotels. Die großen, sauberen Zimmer haben Bäder und alle modernen Annehmlichkeiten. Die Familienzim-mer bieten viel fürs Geld. **www.travelodge.ie**

LONDONDERRY Beech Hill Country House · ££

32 Ardmore Rd, Co Londonderry, BT47 3QP **028 7134 9279** FAX *028 7134 5366* **Zimmer 27** · **Straßenkarte C1**

Guter Service, ebensolches Essen und heimelige Atmosphäre. In einigen Zimmern findet man schöne viktorianische Möbelstücke. Die Gäste können über das große bewaldete Anwesen wandern oder sich Massagen, Reflexzonen- und Reiki-Behandlungen hingeben. **www.beech-hill.com**

LONDONDERRY Everglades Hotel · ££££

Prehen Rd, Co Londonderry **028 7132 1066** FAX *028 7134 9200* **Zimmer 64** · **Straßenkarte C1**

Von dem eindrucksvollen Vier-Sterne-Hotel am Foyle aus kann man das Derry des 17. Jahrhunderts erkunden. Die Zimmer sind schön gestaltet, luxuriös und geräumig. Das Restaurant Satchmo's konzentriert sich auf lokale Zutaten, die Library Bar bietet sich für einen legeren Drink am Abend oder einen Snack an. **www.hastingshotels.com**

NEWCASTLE Burrendale Hotel and Country House · £££

51 Castlewellan Rd, Co Down, BT33 0JY **028 4372 2599** FAX *028 4372 2328* **Zimmer 69** · **Straßenkarte E2**

Das Hotel ist ein guter Ausgangspunkt für Unternehmungen wie Klettern, Reiten und Golf. Alle Zimmer sind gut ausgestattet. Einige bieten einen spektakulären Blick auf die Mourne Mountains. Ein paar Ambassador-Zimmer haben Jacuzzi. Nette Bar. Das Restaurant Vine ist exzellent. Weiteres Plus: das Spa. **www.burrendale.com**

NEWCASTLE Hastings Slieve Donard · ££££

Downs Rd, Co Down, BT33 0AH **028 4372 1066** FAX *028 4372 4830* **Zimmer 178** · **Straßenkarte E2**

Das auffällige viktorianische Ziegelgebäude blickt auf den Strand und den Royal County Down Golf Course. In der Mitte des Hotels erhebt sich ein Turm, passend zum namengebenden Berg dahinter. Die meisten Zimmer bieten eine atemberaubende Aussicht. 24-Stunden-Zimmerservice. **www.hastingshotels.com**

NEWTOWNARDS Strangford Arms Hotel · ££

92 Church St, Co Down, BT23 4AL **028 9181 4141** **Zimmer 38** · **Straßenkarte E2**

Newtownards' einziges Hotel, ein viktorianisches Drei-Sterne-Haus, war einst die Residenz der berühmten Rosen-züchter Dicksons of Hawlmark und Zentrale der North Down Militia. Freundliche Atmosphäre, vor allem in der Horseshoe Lounge Bar. Alle Zimmer mit Bad. **www.strangfordhotel.co.uk**

PORTADOWN Cherryville Luxury House · ££

180 Dungannon Rd, Co Armagh, BT62 1UR **028 3885 2323** FAX *028 3885 2526* **Zimmer 3** · **Straßenkarte D2**

In dem großen zweistöckigen Gebäude mit Garten wird man herzlich empfangen. Modem-Anschluss, Fax und Kopiergerät können genutzt werden. Die hellen, luftigen Zimmer haben Bad, TV und Kaffeemaschine. Exzellentes, vielfältiges Frühstück. **www.cherryvillehouse.com**

PORTADOWN Seagoe Hotel · ££

Upper Church Lane, Co Armagh, BT78 1RB **028 3883 3076** FAX *028 3883 0210* **Zimmer 34** · **Straßenkarte D2**

Das Hotel liegt im Obstgebiet Armagh. Das Dekor ist einfach und modern. Das Restaurant Avanti serviert gute Ge-richte, vom Café aus blickt man auf eine japanische Gartenterrasse. Die beiden Zimmer im Erdgeschoss eignen sich für behinderte Reisende. **www.seagoe.com**

PORTAFERRY Portaferry Hotel · ££

The Strand, Co Down, BT22 1PE **028 4272 8231** FAX *028 4272 8999* **Zimmer 14** · **Straßenkarte E2**

Die Pension in einer naturgeschützten Ecke auf der Ards Peninsula blickt auf den Strangford Lough. Viele Gäste-zimmer bieten einen schönen Ausblick aufs Wasser. Alle sind behaglich und ansprechend dekoriert. In der Umge-bung gibt es viele Freizeitangebote. **www.portaferryhotel.com**

PORTRUSH Clarmont House · ££

10 Lansdowne Crescent, Co Antrim, BT56 8AY **028 7082 2397** **Zimmer 11** · **Straßenkarte D1**

Das Clarmont House mit seiner schönen weißen Fassade steht direkt am Meer. Hauptattraktion des familiengeführ-ten Hauses ist wohl der Panoramablick auf die Skerries Islands und die Küste. Alle Zimmer haben Bad, Fernseher und wunderbar weiche Decken. Rechtzeitige Reservierung empfohlen. **www.clarmont.com**

£ unter 50 £ ££ 50–100 £ £££ 100–150 £ ££££ 150–200 £ £££££ über 200 £

Restaurants, Cafés und Pubs

Obwohl in Irland die meisten Spitzenrestaurants in den großen Städten zu finden sind, gibt es doch auch in abgelegenen Orten Hotels und Lokale mit sehr guter Küche. Gutes und preiswertes Essen wird nahezu überall angeboten. Die auf den Seiten 324–345 aufgeführten Restaurants haben alle einen hervorragenden Ruf, was Service, Qualität und Preis-Leistungs-Verhältnis betrifft. Weitere Informationen über Essen und Trinken in Irland finden Sie in der Broschüre *Dining in Ireland*, herausgegeben von Fáilte Ireland, dem irischen Fremdenverkehrsamt. Ansonsten ist Essen im Pub eine hervorragende Möglichkeit, in Irland gute, reichhaltige Gerichte, frisches Gemüse und bestes Fleisch preiswert zu bekommen. Leichte Gerichte, Snacks und Essen zum Mitnehmen erhalten Sie ebenfalls überall.

Restaurantschild in Kinsale

Essgewohnheiten

Traditionellerweise beginnen die Iren ihren Tag mit einem reichhaltigen Frühstück: Speck, Würste, Blutwurst, Eier, Tomaten und braunes Brot. In Nordirland nennt man ein solches Frühstück – plus Kartoffelkuchen und *soda farls* (siehe S. 322) – »Ulster Fry«.

Obwohl Sie inzwischen fast überall auch ein *continental breakfast* erhalten, entkommen Sie dem traditionellen Frühstück, das in fast allen Hotels und Bed-and-Breakfast-Pensionen im Preis inbegriffen ist, kaum. Vielerorts ist es heute üblich, nur ein leichtes Mittagessen zu sich zu nehmen und abends ausgiebig zu essen. Jedoch bekommen Sie in den meisten Pubs ein reichhaltiges Gericht auch schon mittags.

Ankunft an einem Café in Kinvarra (siehe S. 212)

Auswärts essen

Sehr schön und gut essen zu gehen, ist mittags meist günstiger als abends. In vielen der Spitzenrestaurants erhalten Sie zwar mittags wie abends die gleichen Menüs, jedoch mittags oft zum halben Preis. Die in den Restaurants angebotenen Hausweine sind meist durchaus akzeptabel und sehr preisgünstig, Sie können damit die Kosten für ein Essen leicht reduzieren. Wenn Sie mit Kindern unterwegs sind, achten Sie darauf, eines der vielen Restaurants aufzusuchen, die Kindermenüs anbieten.

Das Mittagessen wird üblicherweise zwischen 12 und 14.30 Uhr serviert, das Abendessen zwischen 18.30 und 22 Uhr. Viele nichtirische Restaurants haben jedoch auch länger geöffnet, vor allem in Temple Bar. B&B-Gäste erhalten meist ein reichhaltiges Abendessen und oft am Nachmittag Tee und etwas Gebäck. Letzteres ist im Pensionspreis inbegriffen.

In Edelrestaurants wird erwartet, dass Herren ein Jackett, jedoch nicht unbedingt eine Krawatte tragen und dass auch Damen entsprechend gekleidet sind. Ansonsten können Sie überall in normaler Straßenkleidung essen gehen.

Gourmet-Restaurants und ethnische Küchen

Anders als früher gibt es heute in Irland eine Vielzahl hervorragender Gourmet-Restaurants, die mit zu den besten in Europa zählen. Darüber hinaus findet man eine große Auswahl an französischen, italienischen, chinesischen, indonesischen sowie auch russischen und kubanischen Restaurants, deren Angebote von traditioneller Küche bis zur *nouvelle cuisine* reichen. Man stößt überall auf solche Spitzenlokale – in Hotels, Land-

Frühstück im Adare Manor Hotel (siehe S. 307)

RESTAURANTS, CAFÉS UND PUBS

gasthöfen, alten Burgen und Schlössern, in kleinen Dörfern wie in großen Städten. Beispielsweise hat sich die Kleinstadt Kinsale im County York den Ruf als Irlands »Hauptstadt der Gourmets« erworben. In der Broschüre *Ireland's Blue Book of Country Houses and Restaurants* des Fremdenverkehrsamts stehen die Adressen entsprechender Restaurants.

PREISWERT ESSEN

In Irland können Sie überall preiswert und gut essen. Sowohl in den Städten wie auch auf dem Land findet man kleine Cafés, »tea rooms« und gemütliche Restaurants, in denen man für wenig Geld ein wohlschmeckendes Essen bekommt. Selbst Lokale in ausgesprochenen Feriengegenden, etwa das Bantry House Café, bieten gute einheimische Küche sowie stets frisch gebackenes Brot und leckere Kuchen. Sandwiches werden extra zubereitet, mit sehr dicken Scheiben Schinken oder Käse. Salatplatten gibt es mit geräuchertem Lachs, gebratenem Hähnchen, Speck, Schweine- oder Rindfleisch, heiße Gerichte mit Gemüsebeilage und natürlich Kartoffeln – gekocht, geröstet oder zu Kartoffelbrei verarbeitet, wie Sie es wünschen.

PUB-GERICHTE

Irlands Pubs haben sich in der Restaurantszene deutlich Gehör verschafft. Außer den üblichen Snacks (Suppen, Sandwiches etc.), von mittags bis spätabends erhältlich, bieten sie von 12 bis 14.30 Uhr auch Salate und warme Gerichte mit frischen Zutaten, darunter Gemüse und Kartoffeln in verschiedenen Variationen sowie Fleisch oder Fisch – diese Angebote sind recht preisgünstig. In den letzten Jahren haben auch Gerichte der internationalen Küche die Speisekarten irischer Pubs erobert, darunter Spaghetti, Lasagne oder Quiche. Eine Liste mit empfehlenswerten Pubs finden Sie auf den Seiten 346–351.

FISH AND CHIPS UND ANDERES FAST FOOD

Die Iren, angefangen beim Bauern bis hin zum Parlamentarier, lieben ihre »chippers«, verewigt in Roddy Doyles Roman *The Van* – ein schöner Abend im Pub klingt unweigerlich im nächstgelegenen Fish-and-Chips-Laden aus. Praktisch zu jeder Tageszeit trifft man bei der international renommierten Institution Leo Burdock's in Dublin (siehe S. 326) auf eine lange Schlange Wartender. Wo immer Sie Fisch essen: Irlands lange Küste garantiert fangfrischen Fisch. Frischer geht's nicht – egal ob Scholle, Kabeljau, Schellfisch, Weißfisch oder auch Rochen (eine Spezialität). Natürlich gibt es in Irland auch die bekannten Fast-Food-Lokale wie McDonald's oder Kentucky Fried Chicken, zudem eine große Auswahl an Kebab- und Burger-Läden. Relativ neu in der Szene ist italienisches Essen von Pizza Express oder Milano.

PICKNICKS

Irland eignet sich hervorragend für Picknicks. Käse und frische Tomaten vom Bauernhof sind die Hauptbestandteile, oder Sie versorgen sich in einem der vielen kleinen Läden auf dem Land mit Sandwiches. Sei es an der Küste oder in den Wäldern, man findet viele Rastplätze mit Tischen. Dazu gibt es kostenlos oft herrliche Aussichten aufs Meer oder die Berge. Wenn Sie die Hauptstraße verlassen und in irgendeine Landstraße einbiegen, so finden Sie meist sofort ein schönes Plätzchen an einem See oder Fluss oder irgendwo zwischen den Feldern.

Eine bunte Gebäckauswahl serviert das Bantry House Café *(siehe S. 168f)*

Caféschild in Baltimore

Das 1601 Pub in Kinsale

Irische Küche

Die irischen Standardgerichte haben fantasievolle Namen – z. B. *boxty, barm brack, champ, coddie, cruibins* oder *colcannon*. Das Geheimnis ihres Erfolgs liegt in den Zutaten, die im warmen, feuchten Klima auf üppig grünen Hügeln wachsen. Rinder sind das ganze Jahr über draußen – die Kühe liefern Milch für köstliche Butter, Käse und Sahne. Schweinefleisch, Schinken und Speck sind Grundnahrungsmittel, aber auch Lammfleisch hat hier Tradition. Kartoffeln werden zu Suppen, Aufläufen, Brot und Gebäck verarbeitet. Flüsse, Seen und Meer liefern eine Vielfalt an Fischen und Meeresfrüchten.

Austern

Ein Küchenchef in Connemara präsentiert traditionelle Gerichte

Standardgerichte

Die schmackhaften irischen Eintöpfe bestehen meist aus Lamm- oder Hammelfleisch, Zwiebeln und Kartoffeln. Dunklere Eintöpfe werden mit Rindfleisch und Guinness zubereitet, manchmal kommen Austern dazu. Die meistverwendeten Gemüsesorten sind Karotten und Rüben. Schweinefleisch ist die Basis vieler Gerichte. Schweinsfüße, *cruibins* oder *crubeens* genannt, werden oft eingelegt. *Dublin coddle*, ein sättigendes Gericht nach einem Abend im Pub, besteht aus Wurst, Kartoffeln und Speck. Schinken wird häufig über Torf geräuchert. Zu besonderen Anlässen wird er mit Gewürznelken und braunem Zucker gebacken und mit gedünstetem Kohl serviert. Kohl ist die Grundzutat von *colcannon*, zu dem auch Kartoffelbrei und Zwiebeln und zuweilen Butter und Milch gehören. *Boxty* besteht aus rohen und gekochten Kartoffeln, die mit Butter, Buttermilch und Mehl zerstampft werden. *Champ* ist Kartoffelbrei mit Milch, Butter und Zwiebeln.

Fisch und Seafood

Atlantik und Irische See sind voller Schaltiere wie Hummer, Garnelen,

Rosinenbrot **Helles Sodabrot** **Braunes Sodabrot** **Kartoffelbrot**

Auswahl irischer Brotsorten

Kartoffelbrot (potato farls)

Nordirisches braunes Sodabrot

Traditionelles Irisches Essen

Gubbeen-Käse

Wer es herzhaft mag, beginnt den Tag mit »Ulster Fry« aus Speck, Blutwurst, Sodabrot und Kartoffelkuchen. Zum »Lady's Breakfast« gehört ein Spiegelei, der »Gentleman« bekommt zwei. Gooseberry-Marmelade auf getoastetem Brot schmeckt ebenfalls – dazu gibt es viel Tee. Für irische Eintöpfe wird traditionell Hammelfleisch verwendet, heute eher Lamm. Für *spiced beef* wird Rinderbrust mit Gewürzen bedeckt und eine Woche liegen gelassen, ehe sie mit Guinness und Gemüse langsam gekocht wird. Mancherorts ist der *high tea*, der Nachmittagstee am frühen Abend, die Hauptmahlzeit. Nach dem Hauptgang gibt es Brot und Kuchen.

Irish Stew *ist Halsfleisch vom Hammel, Kartoffeln, Karotten und Zwiebeln, die stundenlang geschmort werden.*

IRISCHE KÜCHE

Warenanlieferung auf alte Art, Moore Street Market, Dublin

Austern und Muscheln. Das Meer bietet auch Heringe, Makrelen, Schollen und Rochen. Flüsse und Seen liefern Lachse, Forellen und Aale, die häufig geräuchert werden. Galway-Lachs hat den besten Ruf. Galways Austern-Fest ist berühmt. Lachs wird meist über Eichenholz geräuchert. An der Küste werden Rotalgen *(dulse)* gesammelt. Vermischt mit zerstampften ungeschälten Kartoffeln ergeben sie *dulse champ*.

Backwaren

Brot und Kuchen sind irische Grundnahrungsmittel. Ungesäuertes Sodabrot schmeckt mit Käse sensationell. In Nordirland heißt braunes Sodabrot *wheaten bread*. Kartoffelbrot wird oft gebraten oder kalt als Kuchen gegessen. *Farls* (oder *quarters*) bestehen aus Weizenmehl oder Hafer, doppeltkohlensaurem Natron (Soda) und Buttermilch. Das Rosinenbrot *barm brack*, ein Hefegebäck, isst man traditionell an Hallowe'en und Allerheiligen, *porter cake* enthält Guinness oder anderes Starkbier. Weiße und braune Brötchen sowie *fruit scones* gibt es zum Frühstück und zum Tee.

Milchprodukte

Butter, meist gesalzen, wird für Gemüse, Saucen, Pudding verwendet – und großzügig aufs Brot gestrichen. Sahne wird in Suppen gerührt und geschlagen zu Pudding gereicht. Die Vielfalt an hochwertigen irischen Käsesorten von kleinen Produzenten ist imposant. »Bester irischer Käse« wurde bei den World Cheese Awards 2005 jedoch ein mittelalter Cheddar einer großen Käserei.

Irischer Käse

Carrigaline: nussig, dem Gouda ähnlich; aus Cork.

Cashel Blue: Irlands einziger Schimmelkäse aus Tipperary; weich, sahnig, unpasteurisiert.

Cooleeny: kleiner, unpasteurisierter Käse im Camembert-Stil aus Tipperary.

Durrus: cremiger, unpasteurisierter Käse mit Naturrinde, oft geräuchert, aus West-Cork.

Gubbeen: halbweich, milchig mit eingeriebener Rinde.

Milleens: weich, eingeriebene Rinde, unpasteurisiert, von der Halbinsel Beara, Cork.

St Killian: sechseckig, Brie-ähnlich, sahnig, aus Wexford.

Meerforellen (»Lachsforellen«) frisch aus dem Atlantik

Dublin Coddle *ist eine Mischung aus Würsten, Speck, Kartoffeln und Zwiebeln, gekocht in Schinkensud.*

Galway-Lachs *wird oft nur mit Buttersauce, Brunnenkresse und* colcannon *(gedünstetem Kohl) serviert.*

Irish Coffee Pudding *ist ein eisgekühltes Soufflé aus Kaffee, Sahne und Whiskey, bedeckt mit gehackten Walnüssen.*

Restaurantauswahl

Die Restaurants wurden aufgrund ihres Preis-Leistungs-Verhältnisses, der Gerichte und Lage ausgewählt. Sie sind nach Regionen und Preisen gelistet, beginnend mit Dublin. Die Kartenverweise für Dublin beziehen sich auf den Stadtplan *(siehe Seiten 116–119)*, die anderen auf die Straßenkarte der hinteren Umschlaginnenseiten.

PREISKATEGORIEN
Preise für ein Drei-Gänge-Menü, eine halbe Flasche Wein, Service und Steuer. Die Kategorien gelten für die Republik Irland, wo der Euro offizielle Währung ist.

€ unter 25 Euro
€€ 25–35 Euro
€€€ 35–50 Euro
€€€€ 50–70 Euro
€€€€€ über 70 Euro

DUBLIN

SÜDOST-DUBLIN Nude €
21 Suffolk St, Dublin 2 **[** 01 672 5577*   Stadtplan D3*

Paul Hewson, ein Bruder von Bono, dem U2-Frontmann, eröffnete das angesagte Restaurant, in dem man Gerichte aus biologisch angebauten Zutaten bekommt. Die Suppen, Panini, Wraps, Salate und frisch gepressten Säfte bestellt man am Tresen, dann setzt man sich damit an einen der langen Holztische und genießt die Atmosphäre.

SÜDOST-DUBLIN Steps of Rome €
1 Chatham St, Dublin 2 **[** 01 670 5630*   Stadtplan D4*

In dem kleinen italienischen Café mit großartigem Kaffee herrscht immer ein Kommen und Gehen von Leuten, die hier leckere Pizzastücke mitnehmen. Auf der Karte stehen auch Pasta und Bruschetta. Der Service ist flink, zuweilen etwas brüsk. Beliebt bei Studenten und für die Pause beim Einkaufsbummel. ⬭ *tagsüber bis spätabends.*

SÜDOST-DUBLIN Avoca Café €€
11–13 Avoca Café, Dublin 2 **[** 01 672 6019*   Stadtplan D3*

Im obersten Stock des bekannten Handwerksladens Avoca werden in einem hellen, luftigen Raum kreative, bekömmliche und farbenfrohe Gerichte serviert. Mittags bilden sich Warteschlangen – kein Wunder angesichts der köstlichen Salate, Panini, warmen Gerichte und wunderbaren Desserts. ⬭ *nur tagsüber.*

SÜDOST-DUBLIN Café Bar Deli €€
18 South Great George's St, Dublin 2 **[** 01 677 1646*   Stadtplan C4*

Lebhaft geht es in dem Lokal mit Kaffeehausstühlen und Mahagoni-Messing-Interieur zu. Auf der fantasievollen Karte stehen Pizzas, Pasta-Gerichte und Salate sowie Wein, Bier und Stout – alles zu moderaten Preisen. Die Bedienung ist schnell und eifrig. Besonders beliebt bei 20- bis 40-Jährigen. **www.cafebardeli.ie**

SÜDOST-DUBLIN Cornucopia €€
19 Wicklow St, Dublin 2 **[** 01 677 7583*   Stadtplan D3*

Das kleine, oft sehr volle Cornucopia ist eines der wenigen vegetarischen Restaurants in Dublin. Serviert werden Frühstück, Mittag- und Abendessen. Der Treffpunkt junger Bücherwürmer und Studenten bietet gutes, preiswertes, gesundes Essen wie Salate, Suppen, Pasta-Gerichte, Eintöpfe und Quiches.

SÜDOST-DUBLIN Dunne & Cresenzi €€
14 South Frederick St, Dublin 2 **[** 01 677 3815*   Stadtplan E4*

Die schöne italienische Weinbar oder *enoteca* bietet echt italienische Küche und Weine in stilvoll-rustikalem Ambiente. Genießen Sie exzellente Minestrone, Antipasti, Bruschetta, Panini, Pasta-Gerichte, köstliche Obstkuchen und hervorragenden Kaffee. ⬭ *ganztags.*

SÜDOST-DUBLIN Gotham Café €€
8 South Anne St, Dublin 2 **[** 01 679 5266*   Stadtplan D4*

Das quirlige, bunte Café ist immer voll. Serviert wird Bistro-Kost zu erschwinglichen Preisen. An den Wänden hängen Cover der Musikzeitschrift *Rolling Stone* – hier treffen sich Junge und Junggebliebene. Bekannt für schmackhafte, raffinierte Pizzas, es gibt aber auch Nudelgerichte und Salate.

SÜDOST-DUBLIN Kilkenny Restaurant & Café €€
5–6 Nassau St, Dublin 2 **[** 01 677 7075*   Stadtplan E4*

Über einem Laden für Kunsthandwerk blickt man vom Kilkenny aus auf das Grundstück des Trinity College. Im Angebot des Selbstbedienungslokals: bekömmliche Suppen, Sandwiches, Panini, Salate, Quiches, Eintöpfe und Pies sowie ansprechende Desserts wie Käse-, Karotten- und Obstkuchen.

SÜDOST-DUBLIN La Maison des Gourmets €€
15 Castle Market, Dublin 2 **[** 01 672 7258*   Stadtplan D4*

Die edlere *boulangerie* hat oben einen stilvollen, ruhigen Raum, in dem hochwertige Snacks serviert werden, z.B. Zwiebelsuppe, selbst gebackenes Brot, *tartines* (Gourmet-Sandwiches), Salate und köstliche Backwaren. Im Laden unten kann man Gerichte zum Mitnehmen kaufen. Bei gutem Wetter kann man draußen sitzen.

Zeichenerklärung *siehe hintere Umschlagklappe*

RESTAURANTS

SÜDOST-DUBLIN Ely Winebar & Café
22 Ely Place, Dublin 2 01 676 8986   **Stadtplan** E5

Erik und Michelle Robsons ungewöhnliche Weinbar mit Café, gleich beim St Stephen's Green, wurde stilvoll umgebaut. Wählen Sie einen Tropfen aus der erstklassigen Weinkarte. Zu essen gibt es Käse, Kilkee-Austern, Lammeintopf und selbst gemachte Würste. Die Atmosphäre ist lebhaft-behaglich.

SÜDOST-DUBLIN Good World Chinese Restaurant
18 South Great George's St, Dublin 2 01 677 5373   **Stadtplan** C4

Die Tatsache, dass das Restaurant bei Dublins chinesischer Gemeinde so beliebt ist, bestätigt die hohe Qualität der Küche. Die Dim-Sum-Auswahl ist besonders beliebt. Zudem gibt es Rindfleisch-, Huhn- und Fischgerichte sowie die an den westlichen Gaumen angepassten Standards. Freundliche, schnelle Bedienung.

SÜDOST-DUBLIN Pearl Brasserie
20 Merrion St Upper, Dublin 2 01 661 3572   **Stadtplan** D4

Die Keller-Brasserie hat ein kühl-modernes französisches Ambiente. Sie kombiniert charmanten Service mit guter Küche, vor allem Seafood, zu erschwinglichen Preisen. Mittags isst man besonders günstig. In der Oyster Bar bekommt man leichte Gerichte wie Fischplatten. Auf der Weinkarte stehen überwiegend französische Tropfen.

SÜDOST-DUBLIN Peploe's Wine Bistro
16 St Stephen's Green, Dublin 2 01 676 3144   **Stadtplan** D4

Das glamouröse, behagliche und immens populäre Restaurant im Keller eines georgianischen Hauses ist immer voll – weil das Essen immer hochwertig und köstlich ist. Es gibt eine sehr umfangreiche Weinkarte – über 30 Sorten werden glasweise ausgeschenkt. Reservieren Sie auf jeden Fall einen Tisch im Voraus.

SÜDOST-DUBLIN Trocadero
3–4 Andrew St, Dublin 2 01 677 5545   **Stadtplan** D3

Schon seit 1956 gibt es das beliebte Restaurant, Treffpunkt von Schauspielern und Literaten. An den dunkelroten Wänden hängen Schwarz-Weiß-Bilder prominenter Gäste. Zu den Klassikern gehören Lammrücken, Steaks, Garnelen aus der Dublin Bay und verlockende Desserts. Sehr zuvorkommender, diskreter Service. **www.trocadero.ie**

SÜDOST-DUBLIN Unicorn
12b Merrion Court, Dublin 2 01 676 2182   **Stadtplan** E4

Um die Ecke von St Stephen's Green bietet das Unicorn seit 1938 erstklassige Bewirtung. Die legere Atmosphäre ist einzigartig: Die freundlichen Bedienungen tragen nicht unwesentlich dazu bei. Die italienisch-mediterranen Speisen, die sie servieren, sind köstlich – insbesondere die Kalbfleischgerichte.

SÜDOST-DUBLIN Yamamori Noodles
71 South Great George's St, Dublin 2 01 475 5001   **Stadtplan** C4

Der unprätentiöse Japaner (mittags und abends geöffnet) ist vor allem bei der Jugend beliebt. Das Yamamori ist auf *ramen* (Nudelgerichte mit Fleisch und Gemüse), Sushi und Sashimi spezialisiert. Die Bento-Box ist einen Versuch wert. Die Preise sind nicht zu hoch, der Service ist schnell, die Atmosphäre freundlich. Am Abend ist es oft voll.

SÜDOST-DUBLIN Bang Café
11 Merrion Row, Dublin 2 01 676 0898   **Stadtplan** E5

Gegenüber vom Shelbourne Hotel bietet das trendige Restaurant stilvollen Minimalismus: sowohl in Sachen Dekor (Naturfarben, dunkle Holzmöbel) als auch bezüglich des Kulinarischen (gute Fischgerichte, appetitliche Muscheln und hervorragende Würstchen mit Kartoffelpüree). Der Service ist sehr professionell.

SÜDOST-DUBLIN Browne's Brasserie
22 St Stephen's Green, Dublin 2 01 638 3939   **Stadtplan** D4

Das preisgekrönte Restaurant des stilvollen Hotels Browne's *(siehe S. 295)* ist wunderbar romantisch. Das Personal des mit Antiquitäten eingerichteten, einladenden Etablissements ist zudem sehr freundlich. Serviert wird gute internationale Küche. Es gibt vorzügliche Desserts. **www.brownesdublin.ie**

SÜDOST-DUBLIN Dobbins Wine Bistro
15 Stephen's Lane, Dublin 2 01 661 9536   **Stadtplan** F5

Seit 1978 besteht das fröhliche Bistro mit rot-weiß karierten Tischdecken und Sägemehl auf dem Boden. Mit seiner sehr guten Weinkarte ist es für eine eher »flüssige« Mittagspause beliebt. Auf der Speisekarte stehen z. B. Fischkuchen (mit geräuchertem Fisch) und Rinderlende.

SÜDOST-DUBLIN Jaipur
1 South Great George's St, Dublin 2 01 677 0999   **Stadtplan** C4

Das Jaipur gilt als bestes indisches Restaurant der Stadt und bietet hochwertige, innovative Gerichte. Das Dekor in warmen Farbtönen ist stilvoll. Die Bedienungen sind kundig und hilfsbereit. Auch für Vegetarier ist gut gesorgt. Inzwischen gibt es Filialen in Malahide und Dalkey. **www.jaipur.ie**

SÜDOST-DUBLIN La Stampa
35 Dawson St, Dublin 2 01 677 4444   **Stadtplan** D4

Hauptattraktion des Lokals im Brasserie-Stil ist sein Speiseraum, vielleicht der romantischste der ganzen Stadt: ein alter Ballsaal (19. Jh.) mit Spiegelwänden. Angesichts der bescheidenen Qualität ist das Essen recht teuer. Doch das Ambiente und der herzliche Service machen das wieder wett. **www.lastampa.ie**

Stadtplan Dublin *siehe Seiten 116–119*

SÜDOST-DUBLIN L'Ecrivain
109a Lower Baggot St, Dublin 2 01 661 1919   **Stadtplan** F5

Bei L'Ecrivain, einem der besten Restaurants in Dublin, kombiniert man klassische Förmlichkeit mit moderner Coolness. Serviert wird französische Küche mit irischem Einschlag, z. B. Galway-Austern und Kaviar, außerdem Wild und je nach Jahreszeit Seafood sowie leckere Desserts und Käse. **www.lecrivain.ie**

SÜDOST-DUBLIN Shanahan's on the Green
119 St Stephen's Green, Dublin 2 01 407 0939   **Stadtplan** D5

Die großzügigsten Steaks bekommt man in dem bekannten Steakhaus, das in einem georgianischen Gebäude liegt. Die Preise sind stolz, aber das Essen ist durchweg hochwertig, und die Portionen sind riesig. Verzichten Sie auf die Vorspeise, sonst schaffen Sie das Hauptgericht nicht. Auch Seafood steht auf der Karte. **www.shanahans.ie**

SÜDWEST-DUBLIN Leo Burdock's
2 Werburgh St, Dublin 8 01 454 0306   **Stadtplan** B4

Die Kundschaft von Leo Burdock's, dem ältesten Fish-and-Chips-Take-away in Dublin, besteht aus Normalbürgern wie Berühmtheiten. Verwendet werden frischester Fisch und erstklassige Kartoffeln. Es gibt ein breites Angebot, z. B. Scampi, geräucherten Kabeljau und Schellfisch. Der Service ist effizient. In der Liffey Street gibt es eine Filiale.

SÜDWEST-DUBLIN Queen of Tarts
4 Cork Hill, Dame St, Dublin 2 01 670 7499   **Stadtplan** C3

Gegenüber Dublin Castle und Dublin City Hall lädt das kleine Café zur Pause ein. Neben frisch zubereiteten Suppen, Sandwiches und warmen Tartes gibt es zahlreiche verlockende Desserts, etwa Schokotoffee-Kuchen, Obstkuchen und selbst gebackene Kekse. Ideal für einen schnellen, preisgünstigen Snack.

SÜDWEST-DUBLIN Elephant & Castle
18 Temple Bar, Dublin 2 01 679 3121   **Stadtplan** D3

Die laute Brasserie im US-Stil im Herzen von Temple Bar ist sehr beliebt. Bestellen Sie sich als Vorspeise die verführerischen Hähnchenflügel, danach Omelett, Steak, Hamburger oder Salat – alles zu vernünftigen Preisen. Der Brunch am Wochenende ist gut besucht. Telefonische Reservierung ist nicht möglich.

SÜDWEST-DUBLIN Gruel
68a Dame St, Dublin 2 01 670 7119   **Stadtplan** C3

Das kleine, schrullige Café mischt Rustikalität mit raffinierten leichten Imbissen, Suppen, warmen Tagesgerichten, Pizza und Desserts. Die Gästeschar ist bunt. Ein idealer Platz, um schnell etwas Preisgünstiges zu essen. Alles gibt es auch zum Mitnehmen.

SÜDWEST-DUBLIN Eden
Meeting House Square, Temple Bar, Dublin 2 01 670 5372   **Stadtplan** C3

Das Restaurant auf mehreren Ebenen und einer Terrasse am Platz ist hell und modern gestaltet, mit blau gefliesten Wänden und einer offenen Küche. Es ist für sein Lendensteak, seine clever zubereiteten Fischgerichte und einfallsreiche Gemüsekreationen bekannt. Das Angebot für den frühen Abend ist preiswert. **www.edenrestaurant.ie**

SÜDWEST-DUBLIN Lord Edward
23 Christchurch Place, Dublin 8 01 454 2420   **Stadtplan** B4

Das älteste Fischrestaurant der Stadt befindet sich über einem gemütlichen Pub, in dem man zu Mittag essen kann. Das Lord Edward mit seinem altmodischen Flair hat sich im Lauf der Jahre kaum verändert. Die Bedienungen, die hier schon seit Langem arbeiten, sind für charmanten Service bekannt.

SÜDWEST-DUBLIN Monty's of Kathmandu
28 Eustace St, Dublin 2 01 670 4911   **Stadtplan** C3

Das freundliche Nepal-Restaurant bietet schmackhafte und interessante Gerichte aus Fisch, Huhn und Lamm zu erschwinglichen Preisen. Auch Vegetarier werden hier fündig. Probieren Sie die Klößchen oder das Tandoori-Butterhühnchen. Der obere Raum ist nicht legerer als jener im Basement. Guter Service. **www.montys.ie**

SÜDWEST-DUBLIN Les Frères Jacques
74 Dame St, Dublin 2 01 679 4555   **Stadtplan** C3

Ambiente, Küche, Atmosphäre und Service: Hier ist alles französisch geprägt. Das saisonale Angebot besteht aus Seafood und Wildgerichten. Lecker: gegrillter Hummer frisch aus dem Bassin oder gebratenes Lamm-*tian* (Eintopf) mit Zucchini, Auberginen und Thymian. Klassische Desserts, gute Auswahl vor allem französischer Weine.

SÜDWEST-DUBLIN The Mermaid Café
69–70 Dame St, Dublin 2 01 670 8236   **Stadtplan** C3

Das helle moderne Establissement mit großen Fenstern und Holzmobiliar ist vor allem zum Brunch am Wochenende beliebt. Das Flair der amerikanischen Ostküste spiegelt sich in der Speisekarte, auf der Neuengland-Spezialitäten wie Krabbenkuchen stehen. Am Abend geht es zuweilen sehr lebhaft zu. **www.mermaid.ie**

SÜDWEST-DUBLIN The Tea Room
The Clarence Hotel, 6–8 Wellington Quay, Dublin 2 01 407 0800   **Stadtplan** C3

Das Clarence Hotel gehört der Rockband U2. Treten Sie durch den Eingang an der Essex Street, gegenüber dem Project Theatre, ein und genießen Sie in dem stilvollen Establissement exzellente saisonale Küche. Hohe Decken und große Fenster schaffen ein helles, luftiges Ambiente. Das Mittagsangebot ist recht preiswert.

Preiskategorien *siehe Seite 324* **Zeichenerklärung** *siehe hintere Umschlagklappe*

RESTAURANTS

NÖRDLICH DES LIFFEY Epicurean Food Hall 🍴♿ €

Lower Liffey St, Dublin 1
Stadtplan D2

In der Halle servieren mehrere Lokale internationale Gerichte und Snacks. In der Mitte stehen viele Tische, man kann aber alles auch mitnehmen und draußen mit Blick auf den Liffey verspeisen. Itsabagels verkauft Imbisse, Burdock's Fish and Chips. Zudem gibt es türkische, italienische und mexikanische Köstlichkeiten.

NÖRDLICH DES LIFFEY Kingfisher Grill €

166 Parnell St, Dublin 1 **(** 01 872 8732
Stadtplan C2

Der Kingfisher Grill ist schlicht dekoriert, aber makellos gepflegt. Der schnelle Service und die niedrigen Preise machen das Lokal ideal, um zwischendurch einfache Gerichte wie Kartoffelecken und Krabbencocktail und köstliche Desserts wie Gelees oder Eiscreme zu verspeisen.

NÖRDLICH DES LIFFEY Panem €

Ha'penny Bridge House, 21 Lower Ormond Quay, Dublin 1 **(** 01 872 8510
Stadtplan C3

Das kleine Café mit Bäckerei bietet frisch zubereitete italienische und französische Gerichte aus erstklassigen Zutaten. Es gibt z. B. Croissants und *focaccia* mit pikanter Füllung, süße Brioches mit Schokolade, selbst gebackene Kekse und guten Kaffee. Die verführerische heiße Schokolade wird aus dunkler belgischer Schokolade hergestellt.

NÖRDLICH DES LIFFEY The Cobalt Café €

16 North Great George's St, Dublin 1 **(** 01 873 0313
Stadtplan D3

Das Tagescafé serviert Suppen, Sandwiches und Kuchen sowie sein »chicken cobalt«. Da das Café zugleich als Kunstgalerie fungiert – ausgestellt werden die Werke junger, aufstrebender irischer Künstler –, wird es gern von Kunstliebhabern aufgesucht.

NÖRDLICH DES LIFFEY Stillroom Restaurant €€

Old Jameson's Distillery, Bow St, Dublin 1 **(** 01 807 2248
Stadtplan A2

Das Restaurant gehört zur Old Jameson's Distillery, die auf dem Grundstück der Original-Brennerei aus dem 18. Jahrhundert steht. Mittags essen hier die Angestellten des nahen Gerichtshofs. Zu den traditionellen Gerichten auf der Karte gehören Braten, Sandwiches und Suppen.

NÖRDLICH DES LIFFEY 101 Talbot €€€

100–102 Talbot St, Dublin 1 **(** 01 874 5011
Stadtplan E2

Das Mittelmeer bestimmt sowohl das Ambiente als auch das Speiseangebot im 101 Talbot, das die ansonsten eher langweilige Straße belebt. Die »Early bird«-Angebote für jene, die früh zu Abend essen, ziehen das Theaterpublikum an. Auch Vegetarier haben hier die Qual der Wahl. Man erfüllt auch gern Sonderwünsche.

NÖRDLICH DES LIFFEY Bar Italia €€€

Quartier Bloom, 26 Lower Ormond Quay, Dublin 1 **(** 01 874 1000
Stadtplan C3

Die beliebte Bar Italia, spezialisiert auf italienische Küche, ist zur Mittagszeit immer voll. Die Gäste verspeisen frisch zubereitete Antipasti, Risotto, gegrilltes Gemüse oder Pasta-Spezialitäten. Auch die Desserts und der hervorragende Espresso sind zu empfehlen. **www.baritalia.ie**

NÖRDLICH DES LIFFEY D.One Restaurant €€€

IFSC, North Wall Quay, Dublin 1 **(** 01 856 1622
Stadtplan F2

Direkt am Liffey steht das D.One Restaurant, das in zeitgenössischem Stil dekoriert ist und die Blicke auf die phänomenale Aussicht lenkt. Zu essen gibt es Traditionelles mit modernem Touch. Probieren Sie die Fish and Chips. Die »Early bird«-Angebote sind wirklich preiswert.

NÖRDLICH DES LIFFEY Chapter One €€€€€

18–19 Parnell Sq, Dublin 1 **(** 01 873 2266
Stadtplan C1

Das Restaurant, das bei Kritikern als bestes nördlich des Liffey gilt, liegt im Keller des Dublin Writers Museum. In dem charaktervollen, komfortablen Speiseraum wird einfallsreiche europäische Küche mit irischem Einschlag serviert. Das Vor-der-Vorstellung-Angebot für Besucher des nahen Gate Theatre ist der Favorit bei Stammgästen.

ABSTECHER Olive €€

86a Strans St, Skerries, Co Dublin **(** 01 849 0310

In Peter und Deirdre Dorritys Café werden frisch zubereitete Suppen, Panini und selbst gebackene Cookies angeboten. Darüber hinaus gibt es auch Pesto, Hummus, Dips sowie Salate. Ein idealer Ort, um haltzumachen und an einem der Tische draußen zu Mittag zu essen.

ABSTECHER Abbey Tavern €€€

Abbey St, Howth, Co Dublin **(** 01 839 0307

Offene Kamine, Leinentischdecken, frische Blumen und eine etwas altmodische Atmosphäre dominieren in dem Restaurant über einem typischen Pub. Geboten werden gute, unkomplizierte Fisch- und Fleischgerichte. Bei Besuchern beliebt sind die Cabaret-Abende mit Menü im Erdgeschoss.

ABSTECHER Beaufield Mews Restaurant, Gardens & Antiques €€€

Woodlands Ave, Stillorgan, Co Dublin **(** 01 288 0375
Straßenkarte D4

Das Beaufield Mews, eines der ältesten Restaurants des County, befindet sich in einem schönen kopfsteingepflasterten Hof aus dem 18. Jahrhundert mit Rosengarten. In einem eleganten Raum mit irischer Kunst und Antiquitäten wird gute moderne europäische Küche serviert. Einladende Atmosphäre.

Stadtplan Dublin *siehe Seiten 116–119* **Straßenkarte** *siehe hintere Umschlaginnenseiten*

ABSTECHER Bodega

Pavilion Centre, Dun Laoghaire, Co Dublin **℡** *01 284 2982*

Nach einem Bummel über den Pier lässt es sich in dem Café, Club und Tapas-Restaurant im Obergeschoss mit Blick über die Dublin Bay herrlich entspannen. Hauptattraktion ist die Aussicht, doch auch das Essen ist gut. Die vielen unterschiedlichen Tapas – von Fisch bis zu Entenpastete – sind preiswert.

ABSTECHER Bon Appetit

9 St James Terrace, Malahide, Co Dublin **℡** *01 845 0314*

In einem renovierten georgianischen Wohnhaus in der Nähe der Marina liegt das beliebte Lokal in warmen Farben und mit viel Kunst, das exzellentes Seafood serviert. Probieren Sie Garnelensuppe mit Cognac, Seezunge »McGuirk« oder knusprige Ente in Grand-Marnier-Sauce. Die Desserts sind ähnlich verlockend. Reservierung erforderlich.

ABSTECHER Caviston's Seafood Restaurant

59 Glasthule Rd, Dun Laoghaire, Sandycove, Co Dublin **℡** *01 280 9245*

Das kulinarische Kultlokal bietet hervorragendes, einfach zubereitetes Seafood – leider jedoch nur mittags. Reservieren Sie rechtzeitig einen Tisch. Wenn Sie zu den letzten Mittagsgästen gehören, dürfen Sie den Nachmittag über sitzen bleiben und geruhsam Kaffee und Desserts genießen. Der Feinkostladen bietet alles fürs Picknick.

ABSTECHER Expresso Bar Café

1 St Mary's Rd, Ballsbridge, Dublin 4 **℡** *01 660 0585*

Das kleine Restaurant ist modern-minimalistisch gestaltet. Serviert werden Frühstück und Mittagessen. Am Wochenende gibt es Brunch. Die kalifornisch-italienischen Gerichte wie Hühnchen, Fisch, Salate und Pasta bestehen aus hochwertigsten Zutaten. Perfekt als Nachtisch: Brot-Butter-Pudding. Die Bedienungen könnten freundlicher sein.

ABSTECHER Johnnie Fox's

Glencullen, Co Dublin **℡** *01 295 5647*

30 Autominuten südlich der Stadt, Richtung Dublin Mountains, gibt es in dem Pub irische Küche, Kamine, traditionelle Musik und Tanz. Kammmuscheln aus der Pfanne, Krabbensalat, Räucherlachs und Lendensteak stehen auf der Karte. Die »Hooley Night« mit Dinner und Folklore-Show zieht viele Besucher an. Reservierung erforderlich.

ABSTECHER Nosh

111 Coliemore Rd, Dalkey, Co Dublin **℡** *01 284 0666*

Im Herzen des Dorfs Dalkey liegt das moderne Nosh mit heller Holzeinrichtung. Serviert werden hier gute Fisch- und vegetarische Gerichte sowie großzügige Steaks, außerdem Kabeljau mit Kartoffelecken oder Erbsen-Spargel-Risotto. Die selbst gemachten Desserts sind ebenfalls eine gute Wahl. Der Brunch am Wochenende ist sehr beliebt.

ABSTECHER Aqua Restaurant

1 West Pier, Howth, Co Dublin **℡** *01 832 0690*

Das Etablissement im ersten Stock mit Blick auf Meer und Hafen war früher ein Yachtclub. Auf der Speisekarte stehen Steaks sowie Gerichte aus Fisch und Hühnchen. Ein kalifornisch-italienischer Einfluss ist nicht zu leugnen. Die Menüs sind recht preiswert. Zum Sonntagsbrunch gibt es Jazz live. **www.aqua.ie**

ABSTECHER King Sitric Fish Restaurant & Accommodation

East Pier, Howth, Co Dublin **℡** *01 832 5235*

Seinen Namen hat das Restaurant, bekannt für gutes Seafood und Wild, von einem norwegischen König, der im Mittelalter Dublin regierte. Vom modernen Speiseraum hat man eine schöne Aussicht. Zu den Spezialitäten gehören Krabbensuppe, Balscadden-Bay-Hummer und Filetsteak mit Waldpilzen. Exzellenter Weinkeller. **www.kingsitric.ie**

ABSTECHER Roly's Bistro

7 Ballsbridge Terrace, Ballsbridge, Dublin 4 **℡** *01 668 2611*

Das Bistro mitten in Ballsbridge bietet leckere Gerichte wie Fleisch, Wild und große Steaks. Probieren Sie Kerry-Lamm-Pie oder Dublin-Bay-Garnelen auf provenzalische Art. Der obere Raum ist angenehmer. Hier können Sie auch selbst gebackenes Brot kaufen. Reservierung erforderlich. **www.rolysbistro.ie**

ABSTECHER The Lobster Pot

9 Ballsbridge Terrace, Ballsbridge, Dublin 4 **℡** *01 668 0025*

Das renommierte Restaurant im Obergeschoss hat zu Recht eine große Fangemeinde. Professionelle Bedienungen servieren erstklassige Gerichte wie Kilmore-Krabben, Dublin-Bay-Garnelen in provenzalischer Sauce, Seezunge, köstliche Steaks sowie Hühnchen- und Wildgerichte. **www.thelobsterpot.ie**

SÜDOST-IRLAND

BALLYMACARBRY Hanora's Cottage

Nire Valley, Co Waterford **℡** *052 36134* *Straßenkarte C5*

Hanora's Cottage, ein berühmtes Restaurant am Fluss, wird von der netten Familie Wall betrieben. Gäste kommen für die exzellente Küche von weit her. Das gemütliche Lokal mit viel Kunsthandwerk sowie Gartenblick wurde mit Preisen ausgezeichnet. Probieren Sie den Lammrücken. Reservierung erforderlich. **www.hanorascottage.com**

Preiskategorien *siehe Seite 324* **Zeichenerklärung** *siehe hintere Umschlagklappe*

RESTAURANTS

BALLYMORE EUSTACE The Ballymore Inn
Ballymore Eustace, Co Kildare 045 864 585   **Straßenkarte** D4

Die O'Sullivans führen das Restaurant, das dank des ausgezeichneten Essens sehr beliebt ist. Die großteils biologisch angebauten Zutaten sind sorgfältig ausgesucht. Zu köstlichen Suppen gibt es selbst gebackenes Brot. Auf der Karte stehen außerdem Lendensteak mit Paprika, Nudel- und Fischgerichte.

BLESSINGTON Grangecon Café
The Old Schoolhouse, Kilbride Rd, Blessington, Co Wicklow 045 857 892   **Straßenkarte** D4

In einem liebevoll restaurierten Gebäude im Zentrum Blessingtons befindet sich das geschmackvoll dekorierte Café. Es gibt gute, bekömmliche Gerichte wie Salate, Quiches, pikante Tartes, Sandwiches mit selbst gebackenem Brot, Bauernkäse und Chutneys. Man bekommt auch biologische Säfte und leckere Desserts.

CAMPILE The Georgian Tea Rooms
Great Island, Co Wexford 051 388 109   **Straßenkarte** D5

In Kilmokea Country Manor & Gardens steht das zauberhafte georgianische Haus mit eigenem, wunderschönem Garten. In dem hellen, geräumigen Wintergarten mit Blick über den ummauerten Garten bis zum Fluss Barrow werden leichte Mittagsgerichte serviert. Feb–Nov: tägl. 10–17 Uhr.

CARLOW Lennon's Café Bar
121 Tullow St, Co Carlow 059 913 1575   **Straßenkarte** D4

In dem modernen Tagescafé bieten die Byrnes wirklich günstiges, gesundes Essen. Im Angebot stehen köstliche frische Suppen, darunter eine mit Cashel-Blue-Käse, Speck und Zucchini, Sandwiches aus selbst gebackenem Brot, großzügige Salatportionen und eine Auswahl warmer Gerichte. Die Desserts sind eine Versuchung.

CARLOW Reddy's
67 Tullow St, Co Carlow 059 914 2224   **Straßenkarte** D4

Das Restaurant mit Bar gehört schon seit 1768 der Familie Reddy. Die freundlichen Betreiber servieren traditionelle Gerichte mit internationalem Flair, zubereitet aus frischesten Produkten. Auf der Speisekarte stehen vielfältige Steak- und Fischgerichte. Sehr zuvorkommender Service.

CARNE The Lobster Pot Seafood Bar
Carne, nahe Rosslare, Co Wexford 053 913 1110   **Straßenkarte** D5

The Lobster Pot, eine preisgekrönte Seafood-Bar, befindet sich in einem sehr gepflegten Gebäude aus dem 19. Jahrhundert. Hausmannskost und ländliche Gastlichkeit schaffen eine entspannte Atmosphäre. Das Restaurant ist berühmt für frischestes Seafood, darunter Muschelsuppe, Krabbensalat und Räucherlachs.

CASTLEDERMOT De Lacy's Restaurant
Castledermot, Co Kildare 059 914 5156   **Straßenkarte** D4

Das Restaurant im Kilkea Castle Hotel, einem feinfühlig modernisierten Gebäude aus dem 12. Jahrhundert, ist mit Leinentischdecken, Kerzen und frischen Blumen elegant dekoriert und bietet eine fabelhafte Aussicht. Probieren Sie das gegrillte Schweinefilet. In der Bar kann man den ganzen Tag über essen. **www.kilkeacastle.ie**

DUNGARVAN The Tannery Restaurant
10 Quay St, Co Waterford 058 45420   **Straßenkarte** C5

Das hervorragend gestaltete, preisgekrönte Tannery befindet sich in einem einstigen Lagerhaus für Leder, das mit Flair und Fantasie umgewandelt wurde. Hochwertiges Mobiliar, Kunstwerke und frische Blumen bilden den Rahmen für die überaus innovative moderne Küche – ein unvergessliches Erlebnis.

ENNISKERRY Poppies Restaurant
The Square, Co Wicklow 01 282 8869   **Straßenkarte** D4

Das kleine, anheimelnde Café-Restaurant bietet gute Landküche zu guten Preisen. Lecker die Lauch-Schimmelkäse-Tarte oder der Rindfleisch-Guinness-Pie. Außerdem gibt es Suppen, Sandwiches, Salate und Ofenkartoffeln – vieles davon ist für Vegetarier geeignet. Ein Dessert sollte noch Platz im Magen haben. tägl. bis 18 Uhr.

GOREY Marlfield House
Courtown Rd, Co Wexford 05394 21124   **Straßenkarte** D4

Das vielleicht beste Restaurant der Region hat einen wundervoll romantischen, eleganten Speisesaal, der in einen herrlichen Wintergarten überführt. Genießen Sie in einladender Atmosphäre exzellente Küche. Das Gemüse kommt aus dem eigenen Garten. Umfangreiches Weinangebot, kundiger Service. Reservierung empfohlen.

GREYSTONES The Hungry Monk
Church Rd, Co Wicklow 01 287 5759   **Straßenkarte** D4

Das Lokal im Obergeschoss ist ein Garant für gutes Essen, ebensolche Weine (vielleicht mit der besten Weinkarte des Landes) und Unterhaltung. Überall sieht man lustig gewandete Mönche. Zu den Spezialitäten des Hauses gehören Lammnieren in Senfsauce und Seafood-Gerichte. **www.thehungrymonk.ie**

KILDARE The Silken Thomas
The Square, Co Kildare 045 522 232   **Straßenkarte** D4

Das nach einem extravagant gekleideten Lord of Kildare, der einen Aufstand gegen Henry VIII anzettelte, benannte Etablissement hat drei Bars, ein Restaurant und einen Nachtclub. In der größten der Bars bekommt man von 11 bis 21 Uhr etwas zu essen, im Restaurant serviert man Mittag- und Abendessen. **www.silkenthomas.com**

Straßenkarte *siehe hintere Umschlaginnenseiten*

KILKENNY Kilkenny Design Centre

Castle Yard, Co Kilkenny ☎ *056 772 2118*　　　　　　　　　　**Straßenkarte** C4

Das helle Selbstbedienungslokal blickt auf den kopfsteingepflasterten Hof des Kilkenny Castle. Es gibt Suppen, Salate, Sandwiches, Quiches, Eintöpfe u. a. zu vernünftigen Preisen, dazu Weine und heimische Biere. Als Nachtisch lecker: Apfel-Streuselkuchen, Karottenkuchen und Bananenbrot. ◯ *tägl. 10–19 Uhr.* **www.kilkennydesign.com**

KILKENNY Marble City Bar

66 High St, Co Kilkenny ☎ *056 776 1143*　　　　　　　　　　**Straßenkarte** C4

Die aufgemöbelte historische Bar hat viel Charakter und eine lebhafte Atmosphäre. Europäische Bistro-Kost, auch Frühstück, wird ab 10 Uhr den ganzen Tag über serviert. Auf der Karte stehen z. B. Kabeljau in Bierteig, Thai-Fischkuchen und selbst gemachte Burger mit Käse, Speck und Relish. **www.langtons.ie**

KILKENNY Zuni

26 Patrick St, Co Kilkenny ☎ *056 772 3999*　　　　　　　　　　**Straßenkarte** C4

Das Zuni, das auch Gästezimmer anbietet, hat sich zum Synonym für zeitgemäßen Schick und superbes Essen in der schönen mittelalterlichen Stadt entwickelt. Die Küche zeigt Einflüsse von Marokko bis Südostasien. Probieren Sie ein Risotto, einen Salat oder ein Nudelgericht. Das Lokal hat eine tolle Atmosphäre und geschmackvolles Mobiliar.

KILMACANOGUE Avoca Café

Kilmacanogue, Co Wicklow ☎ *01 286 7466*　　　　　　　　　　**Straßenkarte** D4

Auf dem alten Jameson-Anwesen (für Whiskey berühmt), das von hübschen Gärten umgeben ist, steht das preisgekrönte Restaurant und Hauptquartier des bekannten Handwerksladens Avoca. Im Angebot: gesunde Landküche mit mediterranem Einschlag, z. B. Eintöpfe, Gemüse-Lasagne, frisches Brot und tolle Desserts.

KILMACOW The Thatch

Grannagh Castle, Co Waterford ☎ *051 872 876*　　　　　　　　　　**Straßenkarte** D5

In dem gemütlichen, strohgedeckten Pub gegenüber dem Grannagh Castle bietet Besitzer David Ryan gute, frisch zubereitete Pub-Küche wie Suppen, Sandwiches, Salate, Panini, Steaks und Fischgerichte. Daneben gibt es eine herzhafte Grillplatte mit Speck, Ei, Wurst, Blutwurst, Kartoffelkuchen und Pommes frites.

LEIGHLINBRIDGE Lord Bagenal Inn

Leighlinbridge, Co Carlow ☎ *059 972 1668*　　　　　　　　　　**Straßenkarte** D4

Das helle Restaurant in einem renommierten Hotel am Ufer des Barrow hat klassische und traditionelle Gerichte mit modernem Touch auf der Karte. Die Weinkarte wurde schon preisgekrönt. In der beliebten Bar werden zu Mittag Fleischgerichte serviert.

LISMORE The Glencairn Inn & Pastis Bistro

Glencairn, Lismore, Co Waterford ☎ *058 56232*　　　　　　　　　　**Straßenkarte** C5

Das Glencairn Inn & Pastis Bistro ist eine Hommage an eine längst vergangene Zeit. Stéphane und Fiona Tricot lassen hier die alte französische Bistro-Kultur wiederaufleben. Zu essen gibt es köstliche Hauptgerichte aus lokalen Zutaten wie etwa *cassoulet* aus Seeteufel und langsam gebratene Lammkeule.

ROUNDWOOD The Roundwood Inn

Roundwood, Co Wicklow ☎ *01 281 8107*　　　　　　　　　　**Straßenkarte** D4

In Roundwood, Irlands höchstgelegenem Dorf, bietet sich der Gasthof aus dem 17. Jahrhundert als idealer Rastplatz nach einer Wanderung in den Wicklow Hills an. Das etwas formelle Lokal mit knisterndem Feuer und traditioneller Einrichtung bietet den ganzen Tag über exzellente Pub-Kost wie Krabbensuppe, Räucherlachs und Irish Stew.

THOMASTOWN Hudson's

Station Rd, Co Kilkenny ☎ *056 779 3900*　　　　　　　　　　**Straßenkarte** D5

Das Hudson's ist mit seiner modernen Küche und seinem elegant-komfortablen Speisesaal ein Riesenerfolg in der kulinarischen Szene. Zu den Spezialitäten gehören Krabben-Frühlingsrollen mit Soja-Buttersauce und Barbary-Ente mit Feigen und Balsamico-Dressing. Aufmerksamer Service. Die »Mittags-Filiale« ist das traditionelle Pub Carroll's.

THOMASTOWN The Lady Helen

Mount Juliet Conrad Hotel, Co Kilkenny ☎ *056 777 3000*　　　　　　　　　　**Straßenkarte** D5

Genießen Sie klassische Küche in einem edlen Raum mit hoher Decke und schöner Sicht auf die Gärten, in denen Gemüse und Kräuter angebaut werden. Zu empfehlen: Wildlachs aus dem Nore und Hähnchenbrust mit Fenchelfüllung in Paprikasauce. Reservierung erforderlich. Das Kendal's nebenan ist weniger förmlich. **www.mountjuliet.ie**

TRAMORE Coast

Upper Branch Rd, Co Waterford ☎ *051 393 646*　　　　　　　　　　**Straßenkarte** D5

Das elegante, moderne Coast gehört zu den Restaurants der Region, über die man spricht. Das schicke Lokal mit klassischem Mobiliar bietet nobles Flair und exzellente Küche. Die Hauptgerichte bestehen aus Fisch oder Fleisch mit Gemüse der Saison. Die Weine sind leider recht teuer.

WATERFORD The Gingerman

6–7 Arundel Lane, Co Waterford ☎ *051 879 522*　　　　　　　　　　**Straßenkarte** D5

Das Pub steht in einer Fußgängerstraße abseits der Broad Street im normannischen Teil der Stadt. Kaminfeuer und freundliches Personal machen das Tageslokal sehr einladend. Zu den preisgünstigen Angeboten gehören Suppen, Sandwiches, Panini, Ofenkartoffeln und spezielle Tagesgerichte.

Preiskategorien *siehe Seite 324* **Zeichenerklärung** *siehe hintere Umschlagklappe*

RESTAURANTS

WATERFORD Bodega! 🚹🎵 €€€
54 John St, Co Waterford 📞 *051 844 177* **Straßenkarte** *D5*

Das Ausrufezeichen im Namen verweist schon auf die lebhafte Atmosphäre des populären Lokals, das in warmen Tönen gehalten und mit Holztischen und wechselnden Kunstwerken ausgestattet ist. Es gibt Sonntagsbrunch und eine Abendkarte mit frischem *foie gras*, Steaks und Seebarsch.

WATERFORD La Bohème €€€
2 George's St, Co Waterford 📞 *051 875 645* **Straßenkarte** *D5*

Das schöne Gebäude von Waterfords Handelskammer ist ein ungewöhnlicher Ort für ein Restaurant, das im Erdgeschoss untergebracht ist. Weiße Tischtücher, Silberbesteck und mit Blumen geschmückte Tische laden zu gutem französischem Essen ein. Vor allem *crab brûlée* ist zu empfehlen.

WATERFORD Fitzpatrick's Restaurant 🚹🎵♿ €€€€
Manor Court Lodge, Cork Rd, Co Waterford 📞 *0591 378 851* **Straßenkarte** *D5*

Ein denkmalgeschütztes Gebäude am Stadtrand von Waterford beherbergt das helle, farbenfrohe Restaurant, das für klassische Küche mit französischem Einfluss bekannt ist. Leinen-Tischdecken, Blumen und Kerzen schaffen eine einladende Atmosphäre. Probieren Sie den gebratenen Wolfsbarsch. Aufmerksames Personal. Reservierung erforderlich.

WEXFORD La Dolce Vita ♿♿ €€€
6/7 Trimmers Lane, Co Wexford 📞 *053 917 0806* **Straßenkarte** *D5*

Roberto Pons behauptet von seinem Restaurant, es sei das beste italienische in ganz Irland. Das hausgemachte italienische Brot, das Risotto und die Salate sind opulent und preisgünstig. Der gegrillte Wolfsbarsch und die italienischen Würste mit Linsen sind nur schwer zu schlagen. Kommen Sie früh, wenn Sie hier zu Mittag essen wollen.

CORK UND KERRY

BALLYCOTTON Bayview 🚹 €€€€
Ballycotton, Co Cork 📞 *021 464 6746* **Straßenkarte** *C6*

Das feine Restaurant befindet sich in einem Vier-Sterne-Haus. Der Chefkoch legt größten Wert auf die Ausgewogenheit von Aroma und Maserung ebenso wie auf die Präsentation der Gerichte auf den Tellern. Als Hauptgerichte werden z. B. gebratene Ente, Lachsfilets und Schweinebauch serviert. Große Weinauswahl.

BALLYDEHOB Annie's Restaurant 🚹♿ €€€
Main St, Co Cork 📞 *028 37292* **Straßenkarte** *B6*

Das beliebte Annie's Restaurant wurde vergrößert. Den Aperitif nimmt man in der nahen Levi's Bar, danach speist man gesunde Hausmannskost: Seafood, Fleisch und Ente. Als Nachtisch gibt es Bauernkäse, selbst gebackenes Brot, süße Desserts oder Eis. Annie ist eine charmante Gastgeberin, Dano Barry ein gewissenhafter Küchenchef.

BALTIMORE Chez Youen 🚹♿ €€€€
The Squaret, Co Cork 📞 *028 20136* **Straßenkarte** *B6*

Seit 1979 hat Youen Jacobs Restaurant eine treue Stammkundschaft. Die Hauptattraktion ist Seafood, das wunderbar präsentiert wird. Die Platte mit Meeresfrüchten ist Augen- und Gaumenschmaus zugleich. Oder probieren Sie den Steinbutt in schwarzer Buttersauce. Die Weinkarte ist ebenfalls exzellent.

BANDON Otto's Creative Catering 🚹♿ €€€
Dunworley, Butlerstown, Co Cork 📞 *023 40461* **Straßenkarte** *B6*

Das unglaubliche Etablissement in einem Bauernhaus mit Blick auf den Atlantik hat einen erstklassigen Ruf. Otto und Hilde Kunze halten im Garten Hühner und Schweine und bauen Bio-Gemüse an. Auf der Speisekarte stehen z. B. Salat mit gebratenem Fasan, gegrillte Schweinekoteletts und Seafood. Reservierung erforderlich.

BANTRY O'Connor's Seafood Restaurant 🚹 €€€
The Square, Co Cork 📞 *027 50221* **Straßenkarte** *B6*

Im Herzen der Stadt serviert das renommierte Restaurant Mittag- und Abendessen. Die Spezialität ist zwar Seafood – Hummer und Austern frisch aus dem Bassin, besonders gute Muscheln –, es gibt aber auch Filetsteaks, Berglamm, Hähnchen und Wild. **www.oconnorseafood.com**

BANTRY Blair's Cove House & Restaurant 🚹 €€€€
Durrus, nahe Bantry, Co Cork 📞 *027 61127* **Straßenkarte** *B6*

Das Restaurant liegt wunderschön mit Blick auf die Dunmanus Bay. Das Lokal wird hauptsächlich von Kerzen beleuchtet und verströmt mit seinen Steinwänden, den Deckenbalken, dem Lüster und einem Flügel ein großartiges Flair. Attraktion des Hauses ist das hervorragende Horsd'œuvre-Buffet. **www.blairscove.ie**

BANTRY Sea View House Hotel 🚹♿🏠 €€€€
Ballylickey, Co Cork 📞 *027 50073* **Straßenkarte** *B6*

Das elegante Restaurant in einem Vier-Sterne-Landhotel mit Sicht auf die Bantry Bay ist mit Antiquitäten ausgestattet. Es gibt Landküche mit Schwerpunkt auf Seafood. Probieren Sie Bantry-Bay-Krabbensalat oder Lammrücken mit Rosmarin. Klassische Desserts wie Beeren, Mousse und Tiramisù. **www.seaviewhousehotel.com**

Straßenkarte *siehe hintere Umschlaginnenseiten*

BLARNEY Blair's Inn

Cloghroe, Co Cork 021 438 1470 — €€€
Straßenkarte B5

Vor dem sehr gepflegten, einladenden weiß getünchten Pub am Fluss hängen Blumenampeln. Innen gibt es offene Kamine, zauberhaftes Interieur und gute traditionelle Gerichte wie Steak, Rindfleisch, Seeteufel und Lachs in einer modernen Variation. **www.blairsinn.ie**

CASTLETOWNSHEND Mary Ann's Bar

Castletownshend, Skibbereen, Co Cork 028 36146 — €€
Straßenkarte B6

Die Bar, ein Wahrzeichen des malerischen Dorfs, wurde 1846 eröffnet und hat einen gemütlichen, einzigartigen Charakter. Vor allem kommt man aber wegen des guten Essens hierher. Zu den Spezialitäten gehören exzellente Seafood-Platten, Muschelsuppe und Glattbutt aus der Pfanne. Auch das Käseangebot ist hervorragend.

CORK Crawford Gallery Café

Emmet Place, Co Cork 021 427 4415 — €€
Straßenkarte C5

Zur Crawford Municipal Art Gallery im alten Zollhaus gehört eines der besten Tageslokale der Stadt. In dem hellen, angenehmen Crawford Gallery Café serviert man den Gästen frisch zubereitete Landhausküche und exzellente hausgemachte Desserts.

CORK Farmgate Café

The English Market, Co Cork 021 427 8134 — €€
Straßenkarte C5

Das Farmgate Café auf der Galerie oberhalb des quirligen English Market, in dem viele der Zutaten gekauft werden, ist ein lebhaftes Restaurant mit Selbstbedienungs- und Service-Bereich. Holztische und schwarz-weiße Kacheln schaffen ein bodenständiges Ambiente. Hauptanziehungspunkt ist aber die gute Hausmannskost.

CORK Isaacs Restaurant

48 MacCurtain St, Co Cork 021 450 3805 — €€€
Straßenkarte C5

Das legere und doch stilvolle Restaurant in einem Lagerhaus aus dem 18. Jahrhundert bietet verlässlich gute Küche im Bistro-Stil zu angemessenen Preisen. Auf der Speisekarte stehen z. B. gebratener Kabeljau, Bruschetta mit Wildpilzen und gegrillten Paprikaschoten. Die Weinkarte ist umfangreich, der Service freundlich.

CORK The Pembroke

Imperial Hotel, South Mall, Co Cork 021 427 4040 — €€€
Straßenkarte C5

Das Pembroke, ein modernes Restaurant im Hotel Imperial, bietet in seinem renovierten Speisesaal traditionelle irische Küche. Es gibt ein umfangreiches Weinangebot. Auf der Speisekarte stehen u. a. Gambas und knuspriger Entenbraten. Frühstück, Mittag- und Abendessen. **www.flynnhotels.ie**

CORK Café Paradiso

16 Lancaster Quay, Western Rd, Co Cork 021 427 7939 — €€€€
Straßenkarte C5

Das Café Paradiso, zweifellos Irlands bestes vegetarisches Restaurant, lockt auch Leute an, die eigentlich nicht auf Fleisch verzichten mögen. Das saisonale Angebot ist fantasievoll und immer gut. Die Desserts sind exquisit. Das heiter dekorierte moderne Interieur ist sehr behaglich. **www.cafeparadiso.ie**

CORK Jacobs on the Mall

30a South Mall, Co Cork 021 425 1530 — €€€€
Straßenkarte C5

Das angesehene Restaurant mit einem der führenden Küchenchefs des Landes wurde in einem ehemaligen türkischen Bad eingerichtet – eine einzigartige Kulisse für die kreativen, farbenfrohen Kreationen, darunter Muschel- und Krabbenkuchen mit Mangosalat und süßsaurem Dressing. Das selbst gemachte Eis ist unwiderstehlich.

CORK The Ivory Tower

The Exchange Buildings, 35 Princes St, Co Cork 021 427 4665 — €€€€
Straßenkarte C5

Einer von Irlands kreativsten Küchenchefs, Seamus O'Connell, sucht die besten Zutaten aus, um daraus ungewöhnliche und köstliche Kombinationen zu schaffen. Das Crozier-Käsesoufflé, in einer Artischocke serviert, ist ein Favorit, ebenso das »Aphrodisiakum« aus tropischen Früchten.

DINGLE The Chart House

The Mall, Co Kerry 066 915 2255 — €€€
Straßenkarte A5

Das preisgekrönte legere Restaurant ist in warmen Farben gehalten und besitzt Holzfußböden. Überschwängliche, aufmerksame Wirte sorgen für eine einladende Atmosphäre. Hochwertige Zutaten werden z. B. zu Kabeljaufilet mit Fenchelrisotto oder Kerry-Lamm mit roten Zwiebeln und Feta verarbeitet.

DINGLE The Half Door

John St, Co Kerry 066 915 1600 — €€€
Straßenkarte A5

Charmantes kleines Restaurant im Cottage-Stil, das für gutes saisonales Seafood bekannt ist. Probieren Sie die warme oder kalte Seafood-Platte mit Krebsscheren, Hummer, Austern, Muscheln und Garnelen. Es gibt leckere Desserts und eine gute Auswahl an Bauernkäse. Die Portionen sind großzügig.

DINGLE Lord Baker's Restaurant & Bar

Main St, Co Kerry 066 915 1277 — €€€
Straßenkarte A5

Das einladende Etablissement mit offenem Kamin ist angeblich Dingles älteste Bar. Serviert wird Bar-Küche wie Suppen, Krebsscheren in Knoblauchbutter und Räucherlachs. Im Restaurant geht es etwas förmlicher zu. Hier gibt es Seafood in Sauce Mornay oder Seeteufel im Speckmantel. **www.brdbakers.ie**

Preiskategorien *siehe Seite 324* **Zeichenerklärung** *siehe hintere Umschlagklappe*

RESTAURANTS

DINGLE Out of the Blue
Waterside, Co Kerry 066 915 0811   **Straßenkarte** *A5*

Das Restaurant und Deli bietet frischesten Fisch. Das Dekor ist schnörkellos, das Essen hervorragend. Versuchen Sie Petersfisch mit Knoblauch-Auberginen, Seezunge mit Mandelsahne oder Garnelen in süßer Chilisauce. Der Hummer ist recht preiswert. Das Weinangebot ist gut zusammengestellt. **www.outoftheblue.ie**

DURRUS Good Things Café
Ahakista Rd, Co Cork 027 61426   **Straßenkarte** *B6*

Das behagliche Café-Restaurant sorgt seit 2003 für Aufregung bei irischen Gourmets. Die Speisekarte liest sich wie eine Straßenkarte zu den angesagtesten Produzenten der Region. Zu den Spezialitäten gehören West-Cork-Fischsuppe und geräucherter Schellfisch mit Desmond-Käse. *Apr–Sep; vorher anrufen.*

KENMARE The Purple Heather
Henry St, Co Kerry 064 41016   **Straßenkarte** *B5*

The Purple Heather, eine traditionelle Bar mit Restaurant, ist mit dafür verantwortlich, dass sich Kenmare als kulinarische Stadt etablierte. Auf der Speisekarte stehen Suppen, Pasteten, Brote, Desserts sowie Seafood-Salate, Räucherlachs und Sandwiches mit Krabbenfleisch.

KENMARE The Lime Tree Restaurant
Shelburne St, Co Kerry 064 41225   **Straßenkarte** *B5*

Das zauberhafte Steingebäude aus den 1830er Jahren hat einen einzigartigen Charakter und ein spezielles Flair, nicht zuletzt wegen des offenen Kamins und der Galerie für moderne Kunst im Obergeschoss. Kompetente Kellner servieren exzellentes Seafood, Kerry-Lamm und leckere Desserts. *Ostern–Okt.*

KENMARE Packie's
Henry St, Co Kerry 064 41508   **Straßenkarte** *B5*

Das renommierte Restaurant mit einladendem Ambiente hat eine treue Fangemeinde. Der Schwerpunkt liegt auf Seafood und biologisch angebauten Produkten, aber auch mediterrane und moderne Aromen finden ihren Weg in die fantasievollen Kreationen.

KENMARE Mulcahy's
36 Henry St, Co Kerry 064 42383   **Straßenkarte** *B5*

Bruce Mulcahy gehört zu Irlands führender Riege junger Küchenchefs. Seine Experimentierfreude lockt nicht nur Anwohner und Besucher, sondern auch andere Köche und Gastronomen in das freundliche Lokal mit geschmackvollmodernem Dekor. Die Pasta-, Fisch- und Fleischgerichte bestehen aus hochwertigen Zutaten.

KILLARNEY Panis Angelicus
15 New St, Co Kerry 064 39648   **Straßenkarte** *B5*

Das kleine Café bietet schmackhafte Hausmannskost in stilvoll-modernem Interieur. Probieren Sie ein leckeres Gourmet-Sandwich, eine Suppe oder warmen Kartoffelkuchen mit Knoblauchbutter. Die selbst gebackenen Brote und Kekse sind ebenfalls zu empfehlen. Ideal für den Mittagsimbiss, an Sommerwochenenden auch abends geöffnet.

KILLARNEY The Cooperage
Old Market Lane, Co Kerry 064 37716   **Straßenkarte** *B5*

Das ansprechende moderne Restaurant ist minimalistisch eingerichtet, wirkt aber sehr einladend. Serviert wird verlässlich gutes Essen aus ausgesuchten und aromatisch zubereiteten Zutaten. Ein Tipp ist die knusprige Entenbraten mit süßer Früchtesauce, Zwiebeln und gebratenem Lauch.

KILLARNEY Gaby's Seafood Restaurant
27 High St, Co Kerry 064 32519   **Straßenkarte** *B5*

Gaby's, Mitglied der World Master Chefs Society und eines der etabliertesten Seafood-Restaurants des Landes, soll das beste Seafood der Stadt servieren. Die Küche ist einfallsreich und auf hohem Niveau, die Weine sind sorgfältig ausgesucht. Ein Genuss ist der Hummer »Gaby« mit Cognac und Sahne. Exquisite Desserts.

KILLARNEY The Garden Room Restaurant
Malton Hotel, East Avenue Rd, Co Kerry 064 38000   **Straßenkarte** *B5*

Der viktorianische Speiseraum liegt im Malton Hotel. Man blickt von hier auf die wunderschön gestalteten Gärten des Hotels. Chefkoch John O'Leary bereitet traditionelle Rezepte mit moderner Abwandlung zu. Peppers, ein weiteres Restaurant innerhalb des Hotels, bietet eine gute, aber nicht so formelle Alternative.

KILLORGLIN Nick's Seafood Restaurant & Piano Bar
Lower Bridge St, Co Kerry 066 976 1219   **Straßenkarte** *A5*

Nick's Seafood Restaurant ist eines der beliebtesten Lokale in Irland und für seine üppigen Fleischgerichte und feines Seafood bekannt. Das Ambiente ist behaglich, mit offenen Kaminen und Klaviermusik. Probieren Sie den Hummer Thermidor oder die Kammmuscheln in Sauce Mornay.

KINSALE Fishy Fishy Café
O'Connell St, Co Cork 021 470 0415   **Straßenkarte** *B6*

Feinkost- und Fischladen sowie Café in einem: Fishy Fishy ist für die Frische der Nahrungsmittel und deren raffinierte einfache Zubereitung bekannt. Das legere Café ist sehr beliebt. Oft bilden sich Warteschlangen, da man nicht reservieren kann. Ein besonderer Genuss sind Scampi mit Kartoffelecken, Sauce tartare und Pesto.

Straßenkarte *siehe hintere Umschlaginnenseiten*

KINSALE Max's Wine Bar

48 Main St, Co Cork ☎ *021 477 2443* €€€

Straßenkarte B6

Seit 30 Jahren ist die charmante Weinbar mit Restaurant der Vorreiter von Kinsales Gourmet-Szenerie. Zur Auswahl stehen leichte Mittagsgerichte und eine umfangreiche Abendkarte. Holztische und ein kleiner Wintergarten tragen zum speziellen Charme bei.

KINSALE The Vintage Restaurant

50 Main St, Co Cork ☎ *021 477 2502* €€€

Straßenkarte B6

Das Vintage, eines der ältesten Lokale von Kinsale, bietet eine entspannte Atmosphäre in einem komfortablen Ambiente. Die Küche arbeitet mit frischesten Zutaten. Die Karte wird im Sommer von Seafood dominiert, im Winter von Wild. Lecker: Hummer, Seezunge, Steinbutt, Hirsch und Wildente. ◖ *März–Dez.*

KINSALE Casino House

Coolmain Bay, Kilbrittain, Co Cork ☎ *023 49944* €€€€

Straßenkarte B6

Das Restaurant in einem hübschen alten Gebäude gilt als eines der besten der Region. Frische Meeresfrüchte und Ballydehob-Ente dominieren die originelle Speisekarte. Probieren Sie Hummerrisotto oder die gebratene Entenbrust auf Linsen-Kartoffel-Kuchen mit Honig-Portwein-Sauce. Die Desserts sind eine Sünde wert. ◖ *Mitte März–Dez.*

KINSALE Man Friday

Scilly, Co Cork ☎ *021 477 2260* €€€€

Straßenkarte B6

Man Friday, Kinsales ältestes Restaurant, ist landesweit für seine exzellente Küche, die einzigartige Atmosphäre und den freundlichen Service bekannt und wurde schon mit zahlreichen Preisen ausgezeichnet. Es hat mehrere Räume und eine schöne Terrasse. Zur großen Speisenauswahl gehört eine superbe Seafood-Platte.

LISTOWEL Allo's Restaurant, Bar & Bistro

41–43 Church St, Co Kerry ☎ *068 22880* €€€€

Straßenkarte B5

Die bezaubernde Bar kombiniert klassische und moderne Küche. Das Lokal von 1959 ist traditionell eingerichtet und hat einen wunderbar einladenden Charakter. Probieren Sie Dover-Seezunge mit Kapern und Kräuterbutter oder das Filet vom irischen Rind in Blätterteig.

MALLOW Presidents' Restaurant

Longueville House, Co Cork ☎ *022 47156* €€€€€

Straßenkarte B5

Porträts irischer Präsidenten hängen an den Wänden des eleganten Restaurants, das sich zu einem viktorianischen Wintergarten hin öffnet – eines der romantischsten Lokale im Land. Viele der frischen Produkte, die professionell verarbeitet und präsentiert werden, kommen vom Bauernhof auf dem Grundstück. **www.longuevillehouse.ie**

MITCHELSTOWN O'Callaghan's Café & Delicatessen

19–20 Lower Cork St, Co Cork ☎ *025 24657* €

Straßenkarte C5

Im Herzen der quirligen Marktstadt bietet das Café köstliche Quiches, Panini, Sandwiches, Suppen, delikate *focaccia* mit Schmelzkäse und gegrilltes Gemüse. Die Fisch-Kebabs und Knoblauch-Muscheln sind sehr gut. Selbst gebackenes Brot, Eingelegtes und Chutney gibt es ebenfalls. Man kann auch alles mitnehmen. **www.callaghans.ie**

MOLL'S GAP Avoca Handweavers

Moll's Gap, Co Kerry ☎ *064 34720* €€

Straßenkarte B5

Das Restaurant in dem bekannten Kunsthandwerksladen liegt hoch auf einem Felsgrat mit Blick über die Bergseen Killarneys. Es serviert gesunde Kost, von Suppen und frisch zubereiteten Salaten bis zu warmen Hauptgerichten und verführerischen hausgemachten Desserts. ◖ *März–Mitte Jan tagsüber.*

MONKSTOWN The Bosun

The Pier, Co Cork ☎ *021 484 2172* €€€

Straßenkarte B5

Am Ufer des Flusses Lee gibt es sehr gutes Seafood. Zu den Spezialitäten des Lokals gehören Knoblauch-Muscheln, gefülltes Forellenfilet, Mönchsfisch-Medaillons und geräucherter Wildlachs. Für Fleischliebhaber gibt es Filetsteak, Lammkotelett und Würste aus Wildbret. Die Desserts sind ebenfalls eine Versuchung.

SHANAGARRY Ballymaloe House

Shanagarry, Midleton, Co Cork ☎ *021 465 2531* €€€€€

Straßenkarte C6

Die kulinarische Institution ist landesweit für ihre exzellente Landküche bekannt, die in eleganten Speiseräumen serviert wird. Viele Zutaten werden im eigenen Garten angebaut. Das abendliche Fünf-Gänge-Menü ist fantasievoll zusammengestellt. In der Nähe befindet sich eine renommierte Kochschule. **www.ballymaloe.ie**

TRALEE Restaurant David Norris

Ivy House, Ivy Terrace, Co Kerry ☎ *066 718 5654* €€€

Straßenkarte B5

Im ersten Stock eines modernen Gebäudes liegt das angesehene Nobelrestaurant, das mit Jugendstilstühlen und Leinen-Tischdecken sowie frischen Blumen ausgestattet ist. Hier wird großer Wert auf Details gelegt. Die Weinkarte ist sehr gut, die häufig wechselnde Speisekarte bietet Klassiker wie Kerry-Rind.

YOUGHAL Ahernes Seafood Restaurant & Townhouse

163 North Main St, Co Cork ☎ *024 92424* €€€€

Straßenkarte C5

Das preisgekrönte Seafood-Restaurant, in der dritten Generation im Besitz der Familie Fitzgibbon, bietet Gastfreundlichkeit, eine relaxte Atmosphäre sowie fangfrischen Fisch, Rind- und Lammfleisch aus der Region, Gemüse der Saison, selbst gebackene Brote und köstliche Desserts.

Preiskategorien *siehe Seite 324* **Zeichenerklärung** *siehe hintere Umschlagklappe*

RESTAURANTS

UNTERER SHANNON

ADARE The Wild Geese Restaurant
Rose Cottage, Main St, Co Limerick **061 396 451**
Straßenkarte B5

Das Seafood-Restaurant in einem hübschen Cottage im Bilderbuch-Dorf Adare hat sich mit seiner noblen Küche, der umfangreichen Weinkarte und dem freundlichen Service einen guten Ruf erarbeitet. Alle Zutaten werden vor Ort erzeugt, meist ökologisch. Die Desserts sind ein Gedicht.

BALLINDERRY Brocka-on-the-Water Restaurant
Kilgarvan Quay, Co Tipperary **067 22038**
Straßenkarte C4

Der etablierte und renommierte Familienbetrieb ist vor allem bei schönem Wetter einfach herrlich. Offene Kamine, geschmackvolle Einrichtung, fantasievolle Küche und einladendes Ambiente sorgen dafür, dass das Restaurant sehr beliebt ist. Reservieren Sie also auf jeden Fall einen Tisch.

BALLINGARRY The Mustard Seed at Echo Lodge
Ballingarry, Co Limerick **069 68508**
Straßenkarte B5

The Mustard Seed in einem viktorianischen Gebäude gehört zu den schönsten Restaurants des Landes. Es ist bekannt für hervorragenden Service und exzellente Küche. Auf der Karte, einer Mischung aus klassischen und modernen irischen Gerichten, stehen z. B. Rinderfilet und Seebarsch. Einladendes Flair. **www.mustardseed.ie**

BALLYVAUGHAN Monks
Ballyvaughan, Co Clare **065 707 7059**
Straßenkarte B4

Das beliebte Pub-Restaurant bietet eine exquisite Seafood-Suppe. Die mit Knoblauch gedämpften Muscheln, die Krebsscheren und die Meeresfrüchte-Platte sind ebenfalls ein Genuss. Im Sommer kann man die Gerichte mit nach draußen nehmen und in der Sonne verspeisen.

BIRDHILL Matt the Thresher Pub & Restaurant
Birdhill, Co Tipperary **061 379 227**
Straßenkarte C4

Das traditionelle Pub auf dem Land, an der Straße zwischen Dublin und Limerick, ist eine beliebte Raststätte. Den ganzen Tag bis in den Abend bekommt man hier etwas zu essen, u. a. frische Scampi und Hühnchen-Pilz-Pastete – alles weit über dem Standard des normalen Pub-Essens.

BUNRATTY Durty Nelly's
Bunratty, Co Clare **061 364 861**
Straßenkarte B4

Neben dem Bunratty Castle steht das etablierte Pub, das im Sommer oft überfüllt ist. Mit seinem traditionellen Dekor strahlt es Charakter aus. In der Bar wird den ganzen Tag Essen serviert. Das Oyster Restaurant bietet Mittag- und Abendessen. Das Loft Restaurant im ersten Stock bewirtet nur abends Gäste. **www.durtynellys.ie**

CAHIR Cahir House Hotel
Cahir House Hotel, The Square, Co Tipperary **052 43000**
Straßenkarte C5

Das Cahir House Hotel ist das Zentrum des Gesellschafts- und Wirtschaftslebens der Gegend. The Butler's Pantry, ein fröhlich dekoriertes Restaurant für den Abend, ist auf traditionelle Küche spezialisiert. Das Lendensteak und das Lachsfilet sind ganz besonders zu empfehlen. **www.hotelcahir.com**

CARRON Burren Perfumery Tea Rooms
Carron, Co Clare **065 708 9102**
Straßenkarte B4

Irlands erste Parfümerie, vor über 30 Jahren gegründet, ist ein Familienbetrieb mit biologischem Kräutergarten, Destillierraum und Laden. Die einfachen, hübschen Tea Rooms bieten exzellente Suppen, Quiches und Sandwiches sowie frisch gepresste Fruchtsäfte und selbst gebackene Kuchen. ◯ *Ostern – Sep.*

CASHEL Café Hans
Moore Lane, Co Tipperary **062 63660**
Straßenkarte C5

Das kleine moderne Café, Ableger des berühmten Restaurants Chez Hans, ist eines der besten Irlands. Wer von Dublin nach Cork unterwegs ist, findet hier einen idealen Rastplatz. Wählen Sie unter delikaten Salaten, Sandwiches und den selbst gemachten Pommes frites, die man im ganzen Land kennt.

CASHEL Chez Hans Restaurant
Moore Lane, Co Tipperary **062 61177**
Straßenkarte C5

Seit 1968 kommen Gäste aus dem ganzen County hierher, um die exzellente Küche zu genießen. Das Restaurant in einer umgebauten Kirche hat sich zum Gourmet-Tempel entwickelt. Es gibt viele Gerichte mit Tipperary-Rind und -Lamm. Die Seezunge ist besonders gut. Das »Early bird«-Dinner ist preiswert. Reservierung empfohlen.

CLOGHEEN The Old Convent Gourmet Hideaway
Mount Anglesby, Co Tipperary **052 65565**
Straßenkarte C5

Der ursprünglich aus Connemara stammende Chefkoch Dermot Gannon nutzt organisch angebaute Produkte und irisches Fleisch, um eine wahre Geschmacksexplosion zu kreieren, die an das frühere Gannon's Above the Bell erinnert. Das Acht-Gang-Degustationsmenü variiert jeden Tag. Abends Sonntag bis Donnerstag geöffnet.

Straßenkarte *siehe hintere Umschlaginnenseiten*

CLONMEL Befani's

6 Sarsfield, Co Tipperary 052 77893 €€€
Straßenkarte *C5*

Chefkoch Adrian Ryan hat aus diesem renovierten, denkmalgeschützten Haus ein Heim für seine gut aufgenommene Küche gemacht. Serviert werden Frühstück, Mittag- und Abendessen. Als Tapas werden z. B. Hühnchen mit Paprika und Rosinenchutney angeboten. Auch für Vegetarier ist gesorgt. Legeres Ambiente.

DOOLIN Cullinan's Seafood Restaurant and Guest House

Doolin, Co Clare 065 707 4183 €€€
Straßenkarte *B4*

Mit Blick auf den Fluss Aille speist man in dem fröhlich eingerichteten, beliebten Restaurant frisches Seafood zu vernünftigen Preisen. Hauptgerichte sind etwa gebratene Muscheln, Lendenbraten vom Burren-Lamm oder Petersfisch. Ein leckeres Dessert ist Kardamom-Brûlée. Das Team ist zuvorkommend und effizient. **www.cullinansdoolin.com**

DOONBEG Morrisseys Seafood Bar & Grill

Doonbeg, Co Claire 065 905 5304 €€€
Straßenkarte *B4*

Das Bar-Restaurant in einem ansehnlichen grauen Gebäude mitten in dem hübschen Dorf ist schon seit vier Generationen in Familienhand. Das unprätentiöse Lokal serviert hauptsächlich Seafood. Auch gegrillte Fleischgerichte, Krebssuppe und grünes Thai-Curry finden sich auf der Karte. **www.morrisseysdoonbeg.com**

ENNIS Town Hall Café

O'Connell St, Co Clare 065 682 8127 €€€
Straßenkarte *B4*

Im restaurierten Rathaus, gegenüber dem Old Ground Hotel, liegt das elegante Café mit Bistro-Küche. Mittags und abends gibt es hier z. B. Rinderfilet mit Senfkörnern, Seebarsch mit Couscous und Lammrücken. Probieren Sie zum Nachtisch Bailey's Parfait oder Haselnuss-Brownies. Schneller Service. Reservierung empfohlen.

KILLALOE Cherry Tree Restaurant

Lakeside, Ballina, Co Clare 061 375 688 €€€€
Straßenkarte *C4*

Das nette Restaurant am Wasser hat ein farbenfrohes Interieur und einen guten Ruf für seine herausragende moderne Küche aus sorgfältig ausgewählten Zutaten. Es gehört sicher zu den besten der Region. Lecker: Seafood und in Butter gebratenes Rinderfilet. Verlockende Desserts. **www.cherrytreerestaurant.ie**

LAHINCH Barrtra Seafood Restaurant

Lahinch, Co Clare 065 708 1280 €€€
Straßenkarte *B4*

In einem weiß getünchten Haus ein paar Kilometer südlich von Lahinch, mit Blick über die Liscannor Bay, befindet sich ein erstklassiges, preisgekröntes Restaurant. Es ist im schlichten Cottage-Stil dekoriert. Von den Fenstertischen hat man Meerblick. Das Essen ist immer sehr gut. Probieren Sie den köstlichen Hummer. ● *Jan, Feb.*

LIMERICK Copper and Spice

2 Cornmarket Row, Co Limerick 061 313 620 €€
Straßenkarte *B4*

Das stilvolle Copper and Spice ist hell und modern eingerichtet und bietet eine interessante, umfangreiche Speisenauswahl, eine Mischung aus indischer und thailändischer Küche. Beliebt sind vor allem gemischte Platten aus Fleisch-Samosa, Dim Sum und Hühnchen-Satay. Es gibt auch gute vegetarische Gerichte. **www.copperandspice.ie**

LIMERICK Green Onion Restaurant

Old Town Hall, Rutland St, Co Limerick 061 400 710 €€
Straßenkarte *B4*

Das Lokal auf mehreren Ebenen ist modern und eklektisch, das Personal ist kompetent und zuvorkommend. Im Angebot stehen auf Wunsch zubereitete Sandwiches, Salate, Suppen und Nudelgerichte. Spezialitäten sind u. a. gebackener Ziegenkäse mit Walnüssen, gegrillte Lammnüsschen und köstliche Desserts.

LIMERICK Brûlées Restaurant

Ecke Henry St und Mallow St, Co Limerick 061 319931 €€€
Straßenkarte *B4*

Von außen wirkt es eher unscheinbar, doch innen ist das Restaurant sehr geschmackvoll eingerichtet. Auf der einfallsreichen Speisekarte stehen z. B. frische Meeresfrüchte. Die hausgemachten Desserts sind ebenfalls eine Sünde wert. Besonders günstig kann man hier zu Mittag essen. Die Bedienungen sind sehr freundlich.

NENAGH The Pepper Mill

27 Kenyon St, Co Tipperary 067 34598 €€€
Straßenkarte *C4*

Mairead und Robert Gill zogen in das größere Gebäude um, um alle ihrer Gäste bewirten zu können, die ein typisches irisches Menü zu sich nehmen wollen. Besonders zu empfehlen sind Hühnchen in Cider-Sauce, Clonakilty-Blutwurst und Lammkeule. Große Portionen.

NEWMARKET-ON-FERGUS Earl of Thomond Restaurant

Dromoland Castle, Co Clare 061 368 144 €€€€€
Straßenkarte *B4*

Opulent dekoriertes Etablissement samt Lüstern und Blick auf den See. Am Abend spielt ein Harfenist traditionelle Musik, während die Gäste ihre Sechs-Gänge-Menüs genießen (man kann aber auch à la carte bestellen). Probieren Sie das Seebarschfilet mit Muschel-Risotto. Sonntags gibt es zudem Mittagsmenüs. **www.dromoland.ie**

TERRYGLASS The Derg Inn

Terryglass, Co Tipperary 067 22037 €€
Straßenkarte *C4*

In Gehweite vom Hafen liegt das Gastro-Pub, ein Favorit bei Anwohnern und Bootsinhabern. Zu essen gibt es irische Standards wie Rindfleisch-Guinness-Pie, hausgemachte Pasteten und Braten vom Tipperary-Lamm. Testen Sie den frischen Fisch aus dem nahen Lough Derg. Im Sommer gibt es am Wochenende Live-Musik. **www.derginn.ie**

Preiskategorien *siehe Seite 324* **Zeichenerklärung** *siehe hintere Umschlagklappe*

RESTAURANTS

WESTIRLAND

ACHILL ISLAND The Beehive Coffee & Craft Shop
Keel, Co Mayo 098 43134 — **Straßenkarte** A3

Das legere Selbstbedienungsrestaurant (nur tagsüber) mit Handwerksladen blickt auf den Keel Beach. Zu essen gibt es hochwertige Hausmannskost, etwa Suppen, Seafood-Suppe und selbst gebackene Brötchen. Aus eigener Herstellung sind auch die Sandwiches, Kuchen, Kekse und anderes Gebäck.

ACHILL ISLAND Ferndale Restaurant & Guest Accommodation
Crumpaun, Keel, Co Mayo 098 43908 — **Straßenkarte** A3

Ferndale Restaurant & Guest Accommodation liegt oberhalb des Dorfs. Vom Restaurant aus hat man eine weite Sicht aufs Meer und die Insel. Die Küche zeigt Einflüsse aus aller Welt, von mongolischem Barbecue bis zu traditionelleren Gerichten. **www.ferndale-achill.com**

BALLINA Gaughan's
O'Rahilly St, Co Mayo 096 70096 — **Straßenkarte** B2

Seit 1936 betreibt die gleiche Familie das Restaurant mit seinem charmanten Charakter und Alte-Welt-Flair. Auch die Küche ist altmodisch. Es gibt z.B. Backschinken und gebratenes Hähnchen, Fisch-Pies, Hackbraten, Wildlachs und Krabbenfleisch, daneben wird aber auch Leichteres wie Sandwiches und Suppen serviert.

BALLYCASTLE Mary's Bakery & Tea Room
Main St, Co Mayo 096 43361 — **Straßenkarte** B2

Das nette Restaurant in der Dorfmitte bietet heimeliges Flair (mit offenem Kamin) und ebensolche Kost wie hausgemachte Suppen, Sandwiches und frische Salate sowie eine Auswahl an warmen Hauptgerichten. Probieren Sie die köstlichen Quiches, z.B. mit Speck und Käse. Gutes Brot und Desserts aus eigener Herstellung.

BARNA O'Grady's on the Pier
Seapoint, Barna, Co Galway 091 592223 — **Straßenkarte** B4

Bei O'Grady's genießt man wunderbare Sicht auf Meer und Berge sowie einfach zubereitetes, hochwertiges Seafood. Besonders beliebt ist die superbe Seafood-Platte. Durch die Kombination von modernen und alten Elementen entsteht eine sehr behagliche Atmosphäre.

CLEGGAN Oliver's Bar
Cleggan, Co Galway 095 44640 — **Straßenkarte** A3

Oliver's Bar mit Blick auf den arbeitsamen Pier und den Hafen, wo Boote Richtung Inishbofin ablegen, wird von Einheimischen und Tagesausflüglern frequentiert, die hier bis in den Abend ultrafrische Meeresfrüchte verspeisen. Auf der Karte: Tintenfisch, Räucherlachs, Krabbenfleisch-Sandwiches, Austern und Steaks. ⬤ *Ostern–Okt.*

CLIFDEN Ardagh Hotel & Restaurant
Ballyconneely Rd, Co Galway 095 21384 — **Straßenkarte** A3

Vom preisgekrönten Restaurant im ersten Stock des Hotels hat man einen schönen Meerblick, vor allem bei Sonnenuntergang. Das moderne Lokal mit Leinen-Tischdecken, Kerzen, Blumen und offenem Kamin wirkt sehr einladend. Zu essen gibt es Hummer frisch aus dem Bassin, fangfrischen Fisch und gute Fleischgerichte.

CLIFDEN Mitchell's Restaurant
Market St, Co Galway 095 21867 — **Straßenkarte** A3

Im hübschen familiengeführten Mitchell's bekommt man in freundlichem Ambiente mit unverputzten Wänden und einem offenen Kamin gutes Essen. Auf der Karte: Seafood-Suppe, exzellenter Krabbensalat, selbst gebackenes Brot und Irish Stew.

CONG The Connaught Room
Ashford Castle, Co Mayo 094 954 6003 — **Straßenkarte** B3

Das Restaurant gehört zu den schönsten des Landes. Es besitzt Holzschnitzereien und offene Kamine. Hier wird exzellente französische Küche mit irischem Touch serviert, z.B. Cleggan-Hummer oder Connemara-Lamm. Sehr gute Desserts. Das siebengängige Probiermenü ist sehr zu empfehlen. ⬤ *Mai–Sep.*

GALWAY Goya's Coffee Shop
2–3 Kirwan's Lane, Co Galway 091 567010 — **Straßenkarte** B4

Das moderne, tagsüber geöffnete Eckcafé mit Bäckerei ist ein beliebter Treffpunkt. Geboten werden Suppen, Pasteten, Salate, getoastete Sandwiches sowie Spezialitäten wie Hühnchen-Lauch-Pilz-Pie. Die wunderbaren Backwaren aus eigener Herstellung sind berühmt. **www.goyas.ie**

GALWAY Homeplate
Mary St, Co Galway 091 561475 — **Straßenkarte** B4

Das Homeplate bietet eines der besten Frühstücke der ganzen Stadt. Das vollgestopfte Interieur des Etablissements wirkt sehr relaxt und gemütlich. Die Bratkartoffeln des Hauses sind nach einer Nacht in Irlands Party-Metropole genau das Richtige.

Straßenkarte *siehe hintere Umschlaginnenseiten*

GALWAY McDonagh's Seafood Bar

22 Quay St, Co Galway 091 565 001   €€
    Straßenkarte *B4*

Die Galwayer Institution ist ein Muss für jeden, der erstklassige Fish and Chips und wirklich frisches Seafood sucht. Das Lokal in der lebhaftesten Straße der Stadt hat eine Take-away-Abteilung mit Holzbänken und -tischen sowie ein gemütliches, farbenfrohes Restaurant.

GALWAY The Park Room Restaurant

Park House Hotel, Co Galway 091 564 924   €€€
    Straßenkarte *B4*

Das Restaurant im schönen Park House Hotel beim Eyre Square bietet irische und internationale Küche auf hohem Niveau. Leinen-Tischdecken und frische Blumen sorgen für eine einladende Atmosphäre. Probieren Sie Gerichte wie gebratenes Petersfischfilet oder Straußenfilet mit Knoblauchkartoffeln. **www.parkhousehotel.ie**

GALWAY Kirwan's Lane Restaurant

Kirwan's Lane, Co Galway 091 568 266   €€€
    Straßenkarte *B4*

Das Restaurant mit modernem Dekor und ebensolcher Küche befindet sich in einem hübschen Steinhaus. Die geschmackvolle Einrichtung wirkt sehr einladend. Die Bistro-Gerichte lassen asiatische Einflüsse erkennen. Der orientalische Salat mit knusprigen Entenbruststreifen ist hervorragend.

INISHMORE Dún Aonghasa

Kilronan, Co Galway 099 61104   €€€
    Straßenkarte *B4*

Hoch über der Kileaney Bay liegt das neue Restaurant mit makellosem Interieur. Traditionelle Inselrezepte werden hier mit Fantasie abgewandelt. Außer Fischgerichten gibt es auch Fleisch- und Geflügelkreationen. Die spektakuläre Aussicht auf die Bucht ist freilich auch ein großer Pluspunkt.

INISHMORE Pier House

Kilronan, Co Galway 099 61811   €€€
    Straßenkarte *B4*

Der wundervolle Blick auf Kilronan Harbour inspiriert sicher die Brüder Damien und Rohan O'Malley, die ursprünglich aus Clifden stammen. Sie sind spezialisiert auf moderne irische Gerichte, es gibt viel frisches Seafood und Lammkeule aus Connemara. ○ *Mitte März–Okt: tägl.*

KILCOLGAN Moran's On The Weir

The Weir, Kilcolgan, nahe Clarinbridge, Co Galway 091 796 113   €€€
    Straßenkarte *B4*

Bereits in der siebten Generation führt die Familie Moran das Seafood-Restaurant, dessen Spezialität Austern sind. Das strohgedeckte Cottage mit einfachem Dekor wurde erweitert, um mehr Gäste aufnehmen zu können. Auf der Speisekarte stehen auch Krebse, Hummer, Garnelen, Wildlachs, Krebsscheren und Muscheln.

KINVARRA The Pier Head Bar & Restaurant

The Quay, Co Galway 091 638 188   €€
    Straßenkarte *B4*

Vom Lokal im Hafen des malerischen Fischerdorfs sieht man hinüber zur Kinvarra Bay und zum Dunguaire Castle. Es ist eines der besten Restaurants der Gegend, mit warmer Farbgebung und freundlicher Atmosphäre. Hummer und Filetsteak sind hier hervorragend. Oft gibt es Live-Musik.

LEENANE Blackberry Café

Leenane, Co Galway 095 42240   €€
    Straßenkarte *B3*

Charmantes kleines Café und Restaurant am Killary Harbour. Auf der Speisekarte stehen hausgemachte Suppen, Sandwiches, Panini, frische Austern, Räucherlachs, Irish Stew und Salate mit Meeresfrüchten. Als Nachspeise gibt es z.B. köstlichen Rhabarberkuchen. ○ *Sommermonate: tägl. 12–21 Uhr.*

LETTERFRACK Kylemore Abbey Restaurant

Kylemore, Co Galway 095 41155   €€
    Straßenkarte *A3*

Das Selbstbedienungsrestaurant auf dem Grundstück der Kylemore Abbey in herrlicher Lage auf einem Hügel blickt auf einen malerischen See. Die fleißigen Benediktinerinnen betreiben eine Mädchenschule, einen Handwerksladen und das beliebte Lokal mit guter, gesunder Küche: u.a. Salate, Sandwiches, Eintöpfe und Quiches.

LETTERFRACK Pangur Bán Restaurant

Letterfrack, Co Galway 095 41243   €€€
    Straßenkarte *A3*

Das elegante Pangur Bán in einem schön restaurierten, 300 Jahre alten Cottage bietet auf seiner interessanten Speisekarte gute Hausmannskost mit orientalischen Einflüssen. Probieren Sie Hühnerbrust vom Holzkohlengrill mit Blutwurst auf Knoblauch-Wasabi-Püree und Tomatensauce. Reservierung empfohlen. **www.pangurban.com**

MOYCULLEN White Gables

Moycullen, Co Galway 091 555 744   €€€€
    Straßenkarte *B4*

Das anheimelnde Restaurant in einem Cottage aus den 1920er Jahren serviert traditionelle Küche mit Schwerpunkt Seafood. Zu den Klassikern gehören pochierter Heilbutt »Veronique« und Kammmuscheln in Sauce Mornay. An Fleischgerichten gibt es etwa Entenbrust mit Orangensauce und Connemara-Lamm. **www.whitegables.com**

OUGHTERARD The Yew Tree

Main St, Oughterard, Co Galway 091 866 986   €
    Straßenkarte *B3*

Köstliche selbst gebackene Kreationen sind das Wahrzeichen der wunderbaren Bäckerei mit kleinem Restaurant in der Dorfmitte. Es gibt Gourmet-Sandwiches, Suppen, Quiches, Wraps und eine hervorragende Brotauswahl. Probieren Sie Zitronen-Biskuitkuchen, Schoko-Muffins oder Ingwerkuchen. ○ *Mo–Sa 9–16 Uhr.*

Preiskategorien *siehe Seite 324* **Zeichenerklärung** *siehe hintere Umschlagklappe*

RESTAURANTS

PORTUMNA Castlegates Restaurant
Shannon Oaks Hotel, Co Galway 090 974 1777 — **Straßenkarte** C4

Im hellen, schönen Castlegates Restaurant werden am Abend klassische Gerichte und Fusionsküche aus den besten Gemüse-, Fisch- und Fleischsorten der Region serviert. In der unprätentiösen Bar bekommt man den ganzen Tag über etwas zu essen. Da der Shannon vorbeifließt, weht im Sommer eine angenehme Brise. **www.shannonoaks.ie**

ROSCOMMON Gleeson's Restaurant & Townhouse
Market Sq, Co Roscommon 090 662 6954 — **Straßenkarte** C3

Das restaurierte Restaurant mit Café in einem Gebäude (19. Jh.) am historischen Marktplatz serviert köstliche Hausmannskost in einladender Atmosphäre. Versuchen Sie gebratenen Kabeljau mit Welsh Rarebit (gegrillte Käseschnitte) auf Tomaten-Basilikum-Bett mit *Sauce vierge* oder ein üppiges Steak. **www.gleesonstownhouse.com**

ROUNDSTONE O'Dowd's Seafood Bar & Restaurant
Roundstone, Co Galway 095 35809 — **Straßenkarte** A3

Schon seit 1906 bietet das freundliche O'Dowd's in der Bar mit holzgetäfelten Wänden und offenen Kaminen bis 21.30 Uhr typische Bistro-Kost. Das formellere, traditionell eingerichtete Restaurant serviert gute Meeresfrüchte – Muschelsuppe, frische Austern, Hummer, Muscheln – oder auch Hühnchen-Pilz-Pie. Reservierung empfohlen.

WESTPORT McCormack's at The Andrew Stone Gallery
Bridge St, Co Mayo 098 25619 — **Straßenkarte** B3

Die Metzgerei McCormack's gibt es bereits seit 1847, heute ist sie in der sechsten Generation im Besitz derselben Familie. Darüber liegt das schlicht dekorierte Tageslokal. Die Gerichte wie Seafood-Chowder, pikante Tartes und Fleischeintöpfe werden nach Familienrezepten zubereitet. Die hausgemachten Desserts sind verführerisch.

WESTPORT The Lemon Peel
The Octagon, Co Mayo 098 26929 — **Straßenkarte** B3

Das lebhafte moderne Restaurant im Bistro-Stil mit schnörkellosem Dekor, gastlicher Atmosphäre und nettem Personal bietet z.B. Krebse, Cajun-Garnelen, Caesar-Salat, Entenbraten in Grand-Marnier-Sauce und großartige Desserts. Die »Early bird«-Angebote bieten besonders viel fürs Geld.

NORDWEST-IRLAND

ANNAGRY Danny Minnie's Restaurant
Teach Killindarragh, Co Donegal 074 954 8201 — **Straßenkarte** C1

Für ein romantisches Candle-Light-Dinner ist das elegante Restaurant in einem luxuriösen B&B im Herzen des gälischsprachigen Gaeltacht ideal. Das Danny Minnie's mit Drucken, Gobelins und Originalgemälden an den Wänden und zwei offenen Kaminen serviert hauptsächlich Seafood und Fleischgerichte. Reservierung empfohlen.

BALLYSHANNON Sopranos
Main St, Co Donegal 071 985 1415 — **Straßenkarte** C2

Das Sopranos ist ein typisches familiengeführtes italienisches Restaurant, das mittags ein preisgünstiges Menü und abends À-la-carte-Gerichte serviert. Zu empfehlen sind die hausgemachten Nudelgerichte, Pizzas, die Lasagne und die exotischen Fleischgerichte. Im Untergeschoss gibt es noch eine Pizzeria. Sehr kinderfreundlich.

CARRICK-ON-SHANNON Oarsman Bar & Boathouse Restaurant
Bridge St, Co Leitrim 071 962 1733 — **Straßenkarte** C3

Die Brüder Conon und Ronan Maher stellen bereits die siebte Generation einer Gastronomen-Familie. Sie führen die schöne Bar mit legerer Atmosphäre. Ein gut eingespieltes Team unter Küchenchef Shaun Hanna bereitet superbe Kreationen zu. **www.theoarsman.com**

CASTLEBALDWIN Cromleach Lodge Country House
Castlebaldwin, Co Sligo 071 916 5155 — **Straßenkarte** C3

Der Lough Arrow und die Bricklieve Mountains bilden die Kulisse des Landhauses auf einem Hügel. Unter der Leitung von Moira Tighe entstehen in der Küche aus besten Produkten der Region fantasievolle Gerichte wie Kaninchenlende in knusprigem *pancetta* (geräuchertem italienischem Speck) auf Vanille-Risotto. **www.cromleach.com**

DUNKINEELY Castle Murray House
St John's Point, Co Donegal 074 973 7022 — **Straßenkarte** C2

Das legere Restaurant mit wunderbarem Blick auf die Bucht und die spektakuläre Umgebung ist der perfekte Ort, um klassische französische Küche zu genießen. Spezialität des Hauses sind Gambas und Mönchsfisch in Knoblauchbutter. Das Speiseangebot wechselt saisonal, im Winter liegt der Schwerpunkt auf Fleisch. **www.castlemurray.com**

GLENTIES Highlands Hotel
Main St, Co Donegal 074 955 1111 — **Straßenkarte** C1

Das Restaurant mit Bar, für viele der Mittelpunkt des Lebens in Glenties, bietet tolle Steaks, aber auch vegetarisches Curry, Pfannengerichte und Seafood. Die großen Portionen am Mittag sind sehr günstig. Freundliches, sehr zuvorkommendes Personal. Im Haus gibt es auch eine kleine Kunstgalerie. **www.thehighlandshotel.com**

Straßenkarte *siehe hintere Umschlaginnenseiten*

GREENCASTLE Kealy's Seafood Bar

The Harbour, Co Donegal **074 938 1010**   Straßenkarte C1

Das Kealy's am Hafen verarbeitet frische Meeresfrüchte und biologisch angebautes Gemüse zu preisgekrönten Kreationen wie Atlantik-Lachs in Senfkruste oder Seehechtfilet auf gedünstetem Fenchel mit Tomaten-Safran-Sauce. Alle Gerichte sind köstlich-herzhaft.

INISHOWEN PENINSULA Nancy's

Ardara, Co Donegal **074 954 1187**   Straßenkarte C1

Das Nancy's, in der siebten Generation in Familienbesitz, ist für günstige Bar-Kost und Snacks bekannt, die zwar schlicht, aber sehr lecker zubereitet werden. Zu den Spezialitäten gehören Muschelsuppe und Charlie's Supper – Garnelen und Räucherlachs in Knoblauch-Chili-Sauce. Die Stimmung hier ist sehr fröhlich.

KINCASSLAGH Iggy's Bar

Kincasslagh, Co Donegal **074 954 3112**   Straßenkarte C2

Das großartige kleine Pub, auch als Atlantic Bar bekannt, ist bei Einheimischen wie Besuchern beliebt. Ann und Iggy Murray servieren einfache Pub-Kost mit Schwerpunkt auf Seafood. Die Sandwiches und Suppen sind besonders verlockend. Zum Krabben-Sandwich passt hervorragend ein Pint Guinness.

LAGHEY Coxtown Manor

Laghey, Co Donegal **074 973 4575**   Straßenkarte C1

Das georgianische Haus liegt eine kurze Fahrt von Donegal entfernt in einem ruhigen Park. Gäste, die hier nicht wohnen, müssen reservieren, wenn sie hier dinieren wollen. Zu empfehlen sind Jakobs- und Miesmuscheln als Vorspeise, danach Thornhill-Ente und Charolais-Rind auf der belgisch angehauchten Karte. Nur frische Zutaten aus der Gegend.

LETTERKENNY Yellow Pepper

36 Lower Main St, Co Donegal **074 912 4133**   Straßenkarte C1

Das Yellow Pepper befindet sich in einer viktorianischen Hemdenfabrik, dominiert von einem gusseisernen Balken, der durch das ganze Lokal verläuft. Zu essen gibt es moderne irische Gerichte, besonders empfehlenswert sind die Fischspezialitäten. Die umfangreiche Weinkarte ist ebenfalls sehr gut. **www.yellowpepperrestaurant.com**

LETTERKENNY Castle Grove Country House Hotel

Ballymaleel, Co Donegal **074 915 1118**   Straßenkarte C1

Das neue Mitglied der Castle-Grove-Gruppe passt im Stil zum Rest des Hauses. Die Küche kombiniert Produkte aus dem Hotelgarten mit gälischem Flair – das Ergebnis sind wunderbare Gerichte. Lecker: Rinderfilet mit gegrillter Meerrettich-Polenta und karamellisiertem Chicorée. **www.castlegrove.com**

RATHMULLAN Weeping Elm

Rathmullan Country House, Co Donegal **074 915 8188**   Straßenkarte C1

Liam McCormick, bekannt für seine einfallsreichen Donegal-Kirchen, entwarf das Zeltdach des hübschen Feinschmecker-Restaurants. Probieren Sie das ungewöhnliche Dessert aus Carrageen-Algen mit gedämpften Früchten. Auf dem exzellenten Frühstücksbuffet stehen auch Joghurt und Carrageen-Pudding.

ROSSES POINT The Austies

Rosses Point, Co Sligo **071 917 7111**   Straßenkarte B2

The Austies, ein 200 Jahre altes Pub hoch über der Sligo Bay, bietet frisches Seafood wie Krabbengratin, Muscheln in Knoblauchsauce und Seafood-Suppe. Daneben gibt es für Fleischliebhaber aber auch Steaks und hausgemachte Burger.

ROSSES POINT Waterfront Bar and Restaurant

Rosses Point, Co Sligo **071 917 7122**   Straßenkarte B2

Hinter der typischen Pub-Fassade verbirgt sich ein Restaurant mit exzellenter Küche. Der Küchenchef bereitet einfache, köstliche Bistro-Gerichte sowie aufwendigere Speisen wie langsam gebratene Ente, frischen Hummer und Riesengarnelen zu. Es gibt auch Käse, Pizzas und eine umfangreiche Weinkarte.

SLIGO Café Bar Deli

15–16 Stephen's St, Co Sligo **071 914 0104**   Straßenkarte C2

Hauptsächlich junge Leute bevölkern das auffällig designte Lokal mit hohen Fenstern, einem alten Mühlrad und einer Terrasse zum Fluss. Im unteren Teil gibt es eine Speisekarte mit saisonalen Gerichten. Oben werden Pizzas, Pasta-Gerichte und Salate serviert – auch zum Mitnehmen. **www.cafebardeli.ie**

SLIGO Davi's Restaurant @ Yeats Tavern

Drumcliff Bridge, Co Sligo **071 916 3117**   Straßenkarte C2

Mit der Renovierung hat sich Davi's Restaurant @ Yeats Tavern zum preisgekrönten Lokal gemausert. Hier treffen Einheimische und Besucher aufeinander, um traditionelle und internationale Gerichte zu genießen, etwa die unwiderstehlichen Muscheln in Knoblauchsauce oder süße Chili-Garnelen. **www.yeatstavernrestaurant.com**

SLIGO Montmartre

1 Market Yard, Co Sligo **071 916 9901**   Straßenkarte C2

Das Montmartre ist bei Einheimischen sehr beliebt und gilt als bestes Restaurant von Sligo. Wie der Name andeutet, ist die Speisekarte französisch angehaucht. Stéphane Magaud serviert einfallsreiche Gerichte aus den besten lokalen Zutaten, darunter je nach Saison Wild und Seafood.

Preiskategorien *siehe Seite 324* **Zeichenerklärung** *siehe hintere Umschlagklappe*

TOBERCURRY Killoran's Traditional Restaurant €€€

Teeling St, Co Sligo **071 918 5679** **Straßenkarte** B3

Wie der Name schon sagt: Hier bekommt man echt irische Küche. An Abenden mit irischer Musik (Juli und August) stehen auf der Karte *boxty* (Kartoffelpfannkuchen), *crubeens* (Schweinefüße) und Irish Stew. Es gibt auch Lachs aus dem Fluss Moy. Snacks und Hauptmahlzeiten werden den ganzen Tag über serviert.

MIDLANDS

ATHLONE The Left Bank Bistro €€€

Fry Place, Co Westmeath **090 649 4446** **Straßenkarte** C3

Im Herzen von Old Athlone liegt das stilvoll-minimalistische Restaurant. In relaxter, informeller Atmosphäre wird hier kreative, köstliche Küche serviert. Mittags gibt es Suppe, Hühnchen-Fajitas und belegte *focaccia*. Auf der umfangreichen Abendkarte stehen auch Steaks und Meeresfrüchte.

ATHLONE Wineport Lodge €€€€

Glasson, Co Westmeath **090 643 9010** **Straßenkarte** C3

Die hübsche Lodge am See ist ein preisgekröntes Restaurant, das heimische Produkte und internationale Zutaten kombiniert. Probieren Sie einmal Krebse mit Hoi-Sin-Pfannkuchen oder Kaninchen mit Minzsauce und Chorizo-Risotto. Über Torf geräuchertes Lamm ist ein guter Appetizer. Es gibt auch Kindergerichte. **www.wineport.ie**

BIRR The Thatch Bar & Restaurant €€€€

Crinkill, Co Offaly **0509 20682** **Straßenkarte** C4

Das schöne traditionelle Pub mit Strohdach, weiß getünchten Wänden, Pflastersteinen und Blumenschmuck liegt vor den Toren der Stadt. Geboten werden echte Gastfreundlichkeit und gute, einfallsreiche Küche. Versuchen Sie den wunderbaren gebratenen Fasan mit frischen Kräutern und Obstfüllung.

BLACKLION MacNean House & Bistro €€€€

Main St, Co Cavan **071 985 3022** **Straßenkarte** D2

Neven Maguire, einer der führenden Köche, genießt wegen seiner exzellenten Küche im ganzen Land einen hervorragenden Ruf. Das Restaurant seines Gästehauses hat ihm zahlreiche Preise eingetragen. Auf der einfallsreichen Speisekarte stehen Kreationen aus lokalen Produkten. Zu empfehlen: Kammmuscheln mit Krabben-Safran-Risotto.

CARLINGFORD Georgina's Bakehouse Tearooms €

Castle Hill, Co Louth **042 937 3346** **Straßenkarte** D3

Georginas behagliche, elegant dekorierte kleine Teestuben liegen versteckt und sind schwer zu finden, doch die Suche lohnt sich. Serviert werden bekömmliche Suppen, Sandwiches und Salate sowie selbst gebackene Kuchen, Torten und Kekse.

CARLINGFORD Kingfisher Bistro €€€

Darcy McGee Court, Dundalk St, Co Louth **042 937 3716** **Straßenkarte** D3

Das gemütliche kleine Restaurant im Heritage Centre ist wahrscheinlich das beste in der Gegend. Es bietet gute Kontinentalküche mit südostasiatischen Einflüssen sowie Steaks und Fischgerichte zu vernünftigen Preisen. Auch Vegetarier kommen hier auf ihre Kosten.

CARRICKMACROSS Nuremore Hotel & Country Club €€€€

Carrickmacross, Co Monaghan **042 966 1438** **Straßenkarte** D3

Das edle Restaurant im schön gelegenen Nuremore Hotel gilt als eines der besten in der Region. Der hochtalentierte Küchenchef zieht Gäste aus dem ganzen Land an. Probieren Sie *tian* aus Annagassan-Krebsen. Sie werden den Umweg nicht bereuen. **www.nuremore.com**

COLLON Forge Gallery Restaurant €€€€

Collon, Co Louth **041 982 6272** **Straßenkarte** D3

Das Forge Gallery Restaurant ist seit 20 Jahren das führende in der Gegend: ein makellos geführtes Lokal mit viel Charakter. Die Köche kombinieren – mit großem Erfolg – französische und irische Küche. Die saisonale Speisekarte dominieren Seafood und Wild, beides aus der Region.

DUNDALK Quaglino's €€

The Century Bar, 19 Roden Place, Co Louth **042 933 8567** **Straßenkarte** D3

Das preisgekrönte Quaglino's im ersten Stock eines schönen, denkmalgeschützten Gebäudes von 1902 bietet hochwertige Küche. Carlingford-Austern in Kräuter-Knoblauch-Butter sind die Spezialität des Hauses. Die charaktervolle Century Bar hat noch viele Originalelemente. Gutes Angebot für »Early birds«.

KELLS The Ground Floor Restaurant €€€

Bective 52, Co Meath **044 75284** **Straßenkarte** D4

Die unkonventionellen Bilder tragen zur jugendlichen Atmosphäre des Restaurants bei. Auf der Speisekarte finden sich Gerichte aus aller Welt, etwa mexikanische *quesadilla* und saftige Fajitas. Zudem gibt es Steaks, Pasta-Gerichte und Pizzas. Sehr gutes Angebot für »Early birds«.

Straßenkarte *siehe hintere Umschlaginnenseiten*

KELLS The Vanilla Pod

Headfort Arms Hotel, Co Meath ☎ 046 924 0084 — **Straßenkarte** *D3*

Das angesagte Restaurant im Bistro-Stil hat Eichentische, gedämpftes Licht und stilvolle Tischdekorationen. Die Küche gibt sich modern mit internationalen Einflüssen. Zu empfehlen sind die gegrillten Ziegenkäse-*crostini* mit Pflaumen-Chutney. Das Schoko-Fondue ist eine süße Verführung.

LONGFORD Aubergine Gallery Café

1. Stock, The White House, 17 Ballymahon St, Co Longford ☎ 043 48633 — **Straßenkarte** *C3*

Das helle, stilvolle Restaurant im ersten Stock bietet internationale Küche mit mediterranem Touch. Serviert werden großzügige Steaks, gutes Seafood, Geflügel und schmackhafte vegetarische Gerichte zu vernünftigen Preisen. Ein Gedicht ist das Lendensteak mit Whiskey-Pfeffer-Sahnesauce.

MONAGHAN Andy's Restaurant

12 Market St, Co Monaghan ☎ 047 82277 — **Straßenkarte** *D2*

Andy's Restaurant, ein Familienbetrieb im Herzen der Stadt, hat schon mehrere Preise eingestrichen. Die schöne altmodische Stimmung hier lockt viele Stammgäste an. Die Küche verwendet nur hochwertige Zutaten. Unten in der traditionellen Bar geht es lockerer zu.

MULLINGAR Ilia A Coffee Experience

28 Oliver Plunkett St, Co Westmeath ☎ 044 934 0300 — **Straßenkarte** *C3*

Das lebhafte, farbenfrohe moderne Café-Restaurant (nur tagsüber offen) ist aufgrund des gesunden, frisch zubereiteten Essens immens beliebt. Es gibt köstliches Frühstück, Suppen, Bruschetta, Panini und Salate, außerdem frisch gepresste Säfte, Smoothies, Gebäck und andere süße Leckereien.

MULLINGAR The Belfry Restaurant

Ballingall, Co Westmeath ☎ 044 934 2488 — **Straßenkarte** *C3*

Das wunderbare Belfry in einer ehemaligen Kirche ist geschmackvoll eingerichtet, sehr schön beleuchtet und strahlt eine einladende Atmosphäre aus. Die perfekt zubereiteten und ansprechend präsentierten Gerichte kombinieren moderne irische mit traditionell französischer Küche. ◗ *Mi–So.*

NAVAN Ryan's Bar

22 Trimgate St, Co Meath ☎ 046 902 1154 — **Straßenkarte** *D3*

Die zentral gelegene, überaus beliebte Ryan's Bar bietet überdurchschnittliche Bistro-Kost zu absolut vernünftigen Preisen. Mittags werden moderne Snacks serviert: Suppen, Seafood-Suppe, Garnelen- und Lachs-Sandwiches, Wraps, Panini, spezielle Tagesgerichte – und leckere Desserts.

PORTLAOISE The Kitchen & Foodhall

Hynds Sq, Co Laois ☎ 057 866 2061 — **Straßenkarte** *C4*

Das tagsüber geöffnete Selbstbedienungs-Bistro mit Feinkostladen ist so etwas wie ein Wahrzeichen im Stadtzentrum. Serviert wird köstliche Hausmannskost wie Eintöpfe, Quiches, selbst gebackenes Brot, Salate, gesunde Hauptgerichte und wundervolle Desserts.

TRIM Franzini O'Brien's

French's Lane, Co Meath ☎ 046 943 1002 — **Straßenkarte** *D3*

Elegantes, großes Lokal in herrlicher Lage mit Blick über Trim Castle. Die kundigen, freundlichen Bedienungen servieren internationale Küche, z.B. Fajitas und Suppen, zu erschwinglichen Preisen. Die Atmosphäre ist leger und lebhaft. Gute Weinkarte. Nur abends geöffnet.

NORDIRLAND

ARDGLASS Aldo's

7 Castle Pl, Ardglass, Downpatrick, Co Down BT30 7TP ☎ 028 4484 1315 — **Straßenkarte** *E2*

Seit 1973 betreiben die Vinaccias das italienische Restaurant in Ardglass. Der Service ist sehr zuvorkommend und freundlich. Zu essen gibt es Antipasti sowie verschiedene Pasta-, Fisch- und Fleischgerichte. Auch Vegetarier haben eine große Auswahl. ◗ *So mittags, sonst nur abends.*

ARMAGH The Famous Grouse Country Inn

16 Ballyhagan Rd, Loughgall, Co Armagh BT61 8PX ☎ 028 3889 1778 — **Straßenkarte** *D2*

Das Paradies für Fleischliebhaber in einem frisch renovierten Gebäude bietet gute Küche aus frischen Produkten der Region, z.B. Steaks, Gambas und orientalisch angehauchte Kebabs. Die Preise sind durchweg vernünftig. Die ruhige ländliche Lage ist ein zusätzlicher Pluspunkt.

ARMAGH Pilgrim's Table

40 English St, Co Armagh BT61 7LJ ☎ 028 3752 1814 — **Straßenkarte** *D2*

Im »Pilgertisch«, einem Selbstbedienungs-Restaurant, bekommen Sie gute Hausmannskost aus frischesten Zutaten, darunter Salate, Eintöpfe, Sandwiches und sehr leckeres Gebäck. Die schlicht zubereiteten Gerichte, vor allem die Suppen, sind schmackhaft, sättigend und wirklich günstig. Das Lokal hat allerdings keine Ausschanklizenz für Wein.

Zeichenerklärung *siehe hintere Umschlagklappe*   **Straßenkarte** *siehe hintere Umschlaginnenseiten*

RESTAURANTS

BALLYCASTLE Wysner's Restaurant ♿♿ €€€

16 Anne St, Co Antrim, BT54 6AD 〖 *028 2076 2372* **Straßenkarte** D1

Unten bietet Wysner's ein elegantes Café im französischen Stil, oben ein kleines Restaurant. Ein Muss ist der Bush-mills-Malt-Käsekuchen. Daneben gibt es abenteuerliche Kombinationen wie gedünstete Muscheln mit Guacamole und Chili sowie traditionellere Gerichte wie *champ* mit Zwiebelsauce.

BANGOR Seasalt ♿♿♿ €€

51 Central Promenade, Newcastle, Co Down, BT33 0AA 〖 *028 4372 5027* **Straßenkarte** D2

Das Seasalt auf einer Terrasse am Meer bietet eine erstaunliche Auswahl. Ganz oben steht freilich Seafood wie Ardglass-Krabben und Dundrum-Bay-Muscheln. Die Aussicht ist grandios, die Atmosphäre freundlich-leger. Das Restaurant hat keine Ausschanklizenz für Alkohol, man darf aber selbst Wein oder Bier mitbringen.

BELFAST The Barnett Room ♿♿ €€

Malone House, Barnett Demesne, Co Antrim, BT9 5LH 〖 *028 9068 1246* **Straßenkarte** D2

Der Barnett Room in einem eleganten spätgeorgianischen Herrenhaus ist bekannt für seine hervorragende Küche und ein Favorit bei den Einheimischen. Nur die besten Produkte aus Ulster werden zu Gerichten im Brasserie-Stil verarbeitet. Oft bilden vegetarische Spezialitäten die Tagesgerichte. ○ *mittags*

BELFAST Belfast Castle Cellar Restaurant ♿♿♿ €€

Antrim Rd, Belfast, Co Antrim BT15 5GR 〖 *028 9077 6925* **Straßenkarte** D2

Das Restaurant in wunderbar romantischer Lage bietet eine der besten Aussichten in ganz Belfast. Das Design des Lokals passt zur prächtigen Architektur der Burg. Zu den Spezialitäten des Hauses gehören Wildbretfilet und geräucherter Lachs. ○ *Mo–Sa mittags und abends.*

BELFAST Crown Liquor Saloon ♿♪ €€

46 Great Victoria St, Belfast, Co Antrim BT2 7BA 〖 *028 9027 9901* **Straßenkarte** D2

Der Crown Liquor Saloon mit Schwingtüren und echtem Wildwest-Flair ist ein Belfaster Wahrzeichen. In den gemütlichen Sitzecken verspeist man Schüsseln voll Irish Stew oder *champ* (eine regionale Spezialität aus Kartoffeln, Frühlingszwiebeln und Butter). Oder betrachten Sie bei einem Pint einfach das faszinierende Interieur.

BELFAST Duke of York ♿♿♪♿ €€

11 Commercial Court, Co Antrim, BT1 2NB 〖 *028 9024 1062* **Straßenkarte** D2

Das Restaurant in einem langen, schmalen Raum bietet typische Pub-Kost. Es liegt versteckt in einer uralten Kopfsteinpflastergasse nahe der St Anne's Cathedral und ist durch und durch irisch: Überall sieht man Zeugnisse von Belfasts Vergangenheit, vor allem Druckerei-Gerätschaften.

BELFAST The Potthouse ♿♿♪ €€

1 Hill St, Co Antrim, BT1 2LB 〖 *028 9024 4044* **Straßenkarte** D2

Das Restaurant mit Glasböden, gebaut an der Stelle einer Töpferei aus dem 17. Jahrhundert, ist Teil eines dreistöckigen Komplexes, zu dem auch ein Nachtclub gehört. Eine junge Gästeschar isst hier einfache irische Pub-Kost – das Angebot ist umfangreich.

BELFAST Raj Put ♿♿ €€

461 Lisburn Rd, Co Antrim, BT9 7EY 〖 *028 9066 2168* **Straßenkarte** D2

Indisches Restaurant mit gutem Preis-Leistungs-Verhältnis und kunstvollen, nicht zu scharfen Gerichten. Ausgezeichnet sind z. B. *saag aloo* (ein Kartoffel-Spinat-Gericht) und *saag paneer* (Spinat mit Hüttenkäse) sowie – für Liebhaber fleischlicher Genüsse – Hühnchen-*tikka masala*. Das Lokal liegt recht weit südlich, aber unweit hiesiger B & Bs.

BELFAST Archana Balti House ♿♿ €€€

53 Dublin Rd, Co Antrim, BT2 7HE 〖 *028 9032 3713* **Straßenkarte** D2

Eines der besten indischen Restaurants in Belfast und eines der ersten auf der Insel überhaupt serviert eine verlockende Auswahl von Currys und Balti-Gerichten. Besonders lecker sind die vegetarischen Kreationen, die meist auch für Veganer geeignet sind. Günstig ist der Thali-Lunch. Volle Alkohol-Ausschanklizenz.

BELFAST Bourbon ♿♿ €€€

60 Great Victoria St, Belfast BT2 7BB 〖 *028 9033 2121* **Straßenkarte** D2

In einem opulenten, ganz in Rottönen gehaltenen Interieur serviert man im Bourbon einfach unwiderstehliche kulinarische Kreationen. Hier findet sich für jeden Geschmack etwas. Besonders empfehlenswert sind die Wildgerichte sowie die knusprige Ente.

BELFAST Café Paul Rankin ♿♿♿ €€€

27–29 Fountain St, Co Antrim, BT1 6ET 〖 *028 9031 5090* **Straßenkarte** D2

Das Café gehört zur Kette von Nordirlands Gastronomie-Messias Paul Rankin. Serviert wird eine herausragende Auswahl hausgemachter Leckereien, darunter vielerlei Brote, Suppen und Chutneys. Das ist eine exzellente, relativ günstige Alternative zu Rankins anderem Etablissement, dem Cayenne *(siehe S. 344).*

BELFAST Metro Brasserie ♿♿ €€€

13 Lower Crescent, Co Antrim, BT7 1NR 〖 *028 9032 3349* **Straßenkarte** D2

Die moderne Version der traditionellen Brasserie befindet sich im wunderschönen Crescent Townhouse. Das ungewöhnliche Interieur verleiht dem Lokal eine gehobene und dennoch entspannte Atmosphäre. Neben Standardgerichten gibt es eine Karte für Vegetarier und eine große Cocktail-Auswahl.

€ unter 15 £   €€ 15–25 £   €€€ 25–35 £   €€€€ 35–50 £   €€€€€ über 50 £

BELFAST Zen

55–59 Adelaide St, Co Antrim, BT2 8FE 028 9023 2244   **Straßenkarte D2**

Wie der Name andeutet, ist das Zen ein Restaurant mit der Ruhe und Beschaulichkeit eines buddhistischen Steingartens. In schönem, elegantem Interieur werden wunderbare Kreationen präsentiert. Auf der Karte stehen Sashimi, Sushi, Tempura, Maki-Röllchen und andere japanische Spezialitäten. Probieren Sie das Abendmenü.

BELFAST Alden's

229 Upper Newtownards Rd, Co Antrim, BT4 3JF 028 9065 0079   **Straßenkarte D2**

Das Alden's ist eine willkommene, bereits mit Preisen ausgezeichnete Neuerung in Belfasts aufblühender Gastro-Szene. Das einladende, legere Ambiente passt nicht so recht zum gehobenen Speisenangebot. Die Karte wechselt regelmäßig, doch Fisch und Meeresfrüchte sind immer zu empfehlen.

BELFAST Cayenne

7 Ascor House, Shaftesbury Sq, Co Antrim, BT2 7DB 028 9033 1532   **Straßenkarte D2**

Das berühmte Küchenchef-Paar Paul und Jeanne Rankin bieten hier seit 1999 eine wunderbare Mischung aus thailändischen, japanischen und anderen exotisch-asiatischen Gerichten wie würzige Entenbrust mit Shanghai-Nudeln, Brokkoli und Austernpilzen in einer Sauce aus schwarzen Bohnen.

BELFAST Deane's Restaurant

36–40 Howard St, Co Antrim, BT1 6PF 028 9033 1134   **Straßenkarte D2**

Hier kann man zwischen einem eleganten, formellen Restaurant im ersten Stock und einer entspannteren Brasserie im Erdgeschoss wählen. Küchenchef Michael Deane (Michelin-gekrönt) hat einen sehr guten Ruf. So überrascht es kaum, dass man hier hervorragend speist – egal ob oben oder unten.

BELFAST Nick's Warehouse

35–39 Hill St, Co Antrim, BT1 2LB 028 9043 9690   **Straßenkarte D2**

Das umgebaute Lagerhaus von Nick und Kathy Price versteckt sich in einer kleinen Gasse in Belfasts Zentrum. Es bekommt Höchstnoten für sein Ambiente. Auf der Speisekarte stehen Nicks neueste kulinarische Kreationen aus den biologischen Produkten der besten Lieferanten der Gegend.

BUSHMILLS Bushmills Inn

9 Dunluce Rd, Co Antrim, BT57 8QG 028 2073 3000   **Straßenkarte D1**

Der beliebte Gasthof, ursprünglich eine Kutschenstation, liegt ein paar Kilometer vom Giant's Causeway entfernt in der Nähe der Bushmills Distillery. Wundervolle Atmosphäre, Blick in den hübschen Hof sowie klassische und moderne irische Küche aus der Hand von Chefköchin Donna Thompson.

DUNDRUM The Buck's Head

77 Main St, Co Down, BT33 0LU 028 4375 1868   **Straßenkarte E2**

Offene Kamine und sehr freundlicher Service machen das Lokal zum beliebten Treffpunkt für Mittagessen, Teestunde oder Abendessen. Serviert wird eine traditionell-moderne Mischung aus frischesten Zutaten, etwa Seafood wie Austern aus der Dundrum Bay. Vom schönen Speiseraum aus blickt man in einen Garten.

DUNGANNON Viscount's Restaurant

10 Northland Row, Co Tyrone, BT71 6AP 028 8775 3800   **Straßenkarte D2**

Ehemals viktorianische Kirche, nun ein mittelalterlich anmutender Bankettsaal, in dem das Vergnügen so wichtig ist wie das Essen. Braune Tücher, Wappenbilder und schöne Bleiglasfenster schaffen ein einzigartiges Ambiente. Auf der langen Speisekarte findet jeder etwas. Tagsüber bei Familien beliebt.

ENNISKILLEN Franco's

Queen Elizabeth Rd, Co Fermanagh, BT74 7DY 028 6632 4424   **Straßenkarte C2**

Das quirlige italienische Restaurant ist voller Leben. Neben einer großen Auswahl an Pizza und Nudelgerichten gibt es Lachs und 28 Tage abgehangenes Rindfleisch sowie andere italienische Speisen. Das Personal ist sehr freundlich und schnell. Sehr preisgünstig.

ENNISKILLEN The Sheelin

Bellanaleck, Co Fermanagh, BT92 2BA 028 6634 8232   **Straßenkarte C2**

Das Sheelin am Ufer des Lower Lough Erne, ein Restaurant in einem strohgedeckten Cottage, verspricht gute Pub-Gerichte. Auf der traditionellen irischen Speisekarte stehen z. B. T-Bone-Steak und Rindfleisch-Guinness-Eintopf. Die Weinkarte ist sehr umfangreich, bei absolut fairen Preisen.

FLORENCE COURT Arch Tullyhona House Restaurant

59 Marble Arch Rd, Co Fermanagh, BT92 1DE 028 6634 8452   **Straßenkarte C2**

Bei den Marble-Arch-Höhlen bietet der Landgasthof großartige Küche mit Produkten vom eigenen Hof sowie Lachs oder Forellen aus dem Lough Erne. Exzellenter Service. Köstliche Desserts wie Zitronensoufflé und Pavlova mit frischen Früchten. Wenn Ihnen der Sinn nach Hausmannskost steht, sind Sie hier richtig.

HILLSBOROUGH Hillside Restaurant & Bar

21 Main St, Co Down, BT26 6AE 028 9268 2765   **Straßenkarte D2**

Das schöne ländliche Restaurant mit Bar hat eine exzellente saisonale Speisenauswahl. Man kann im noblen edwardianischen Restaurant oder im informelleren »Refectory« essen. In der Bar wird eine Auswahl an Real Ales und – im Winter – Glühwein serviert.

Zeichenerklärung *siehe hintere Umschlagklappe*   **Straßenkarte** *siehe hintere Umschlaginnenseiten*

RESTAURANTS

345

HOLYWOOD Bay Tree Coffee House
118 High St, Co Down, BT18 9HW **028 9042 1419**
€€€

Straßenkarte E2

Das Café gehört zu einem wunderbaren Laden, der irisches Kunsthandwerk, vor allem Töpferwaren, verkauft. Jeden Tag gibt es Mittagessen mit Schwerpunkt auf frischen Fisch und vegetarischen Gerichten. Abendessen gibt es nur am Freitag, dann muss man auch reservieren.

LIMAVADY The Lime Tree
60 Catherine St, Co Londonderry, BT49 9DB **028 7776 4300**
€€€

Straßenkarte D1

Das Lime Tree an der Hauptstraße des schönen Orts ist klein und recht einfach gestaltet. Das Speiseangebot ist dafür imposant. Es gibt auch Probierportionen der ungewöhnlicheren Kreationen. Fleischliebhaber kommen bei Sperrin-Lamm mit marokkanischer Sauce oder gefülltem Kaninchenrücken auf ihre Kosten. **www.limetreerest.com**

LONDONDERRY The Sandwich Company
The Diamond, Co Londonderry, BT48 6HP **028 7137 2500**
€

Straßenkarte C1

In schwarz-weißem Interieur werden von freundlichen Bedienungen gute Sandwiches serviert. Die Auswahl an Broten und Belägen, sowohl kalt als auch warm, ist riesig. Baguettes mit Räucherlachs oder Garnelen sind doch eine nette Alternative zum üblichen Schinken-Käse-Sandwich. Außerdem kann man hier Kaffee und Kuchen genießen.

LONDONDERRY Badger's Bar & Restaurant
16–18 Orchard St, Co Londonderry, BT48 6EG **028 7136 0763**
€€

Straßenkarte C1

Das charmante Badger's wird vor allem von älteren Gästen frequentiert, die hier beim Pint einen Plausch abhalten. Auf der Karte stehen Steaks und Salate. Nachmittags wird Tee serviert. Besonders empfehlenswert ist der Guinness-Eintopf, auch wenn seine flüssige Konsistenz vielleicht nicht jedermanns Geschmack ist.

LONDONDERRY The Metro Bar
3–4 Bank Pl, Co Londonderry, BT48 6EA **028 7126 7401**
€€

Straßenkarte C1

Das von der Stadtmauer überschattete Metro ist seit den 1980er Jahren ein Lieblingslokal der Einheimischen. Das Essen, von Suppen und Sandwiches bis Rindfleisch-Guinness-Eintopf, ist erstklassig, der Service sehr freundlich. Die schöne Aussicht kann man bei einem Pint genießen. Nur mittags geöffnet.

LONDONDERRY Brown's Bar & Brasserie
1 Bonds Hill, Co Londonderry, BT47 6DW **028 7134 5180**
€€€

Straßenkarte C1

Hinter einer unscheinbaren Fassade entdeckt man eines der besten Speiselokale der Stadt mit minimalistischem, aber einladendem Interieur (Lunch von dienstags bis freitags, Dinner von dienstags bis samstags). Die modern-europäische Küche verarbeitet frische, großteils biologisch angebaute Produkte.

OMAGH Grant's Restaurant
29 George's St, Co Tyrone, BT78 2EY **028 8225 0900**
€€€

Straßenkarte C2

Das nach Ulysses S. Grant, dem 18. US-Präsidenten, benannte Restaurant bietet Bistro-Kost in komfortablem Ambiente. Auf der Abendkarte stehen Seafood, Pasta-Gerichte und Steaks. Manche Gerichte sind etwas überteuert, ein Tipp für Preisbewusste sind jedoch die Festpreismenüs, die es mittags und abends gibt.

PORTAFERRY The Narrows
8 Shore Rd, Co Down, BT22 1JY **028 4272 8148**
€€€

Straßenkarte E2

Das helle Restaurant in einem Gebäude aus dem 18. Jahrhundert ist auf Seafood spezialisiert. Auf der Karte stehen z. B. Portaferry-Muscheln in Knoblauch-Weißwein-Sahnesauce sowie im Ganzen gegrillter Hummer. Die Ruffian Bar bietet Tapas und eine umfangreiche Weinauswahl. **www.narrows.co.uk**

PORTBALLINTRAE Sweeney's Wine Bar
6b Seaport Ave, Co Antrim, BT57 8SB **028 2073 2405**
€€€

Straßenkarte D1

In der relativ günstigen, behaglichen Sweeney's Wine Bar bekommt man kreativ zubereitete Gerichte. Zu den Seafood-Spezialitäten gehören Hummer und Wildlachs. Das Lokal befindet sich in einem umgebauten Stall an der Causeway Coast und überblickt den Portballintrae Harbour. Abends kann es hier sehr voll werden.

PORTRUSH The Harbour Bistro
The Harbour, Co Antrim, BT56 8DF **028 7082 2430**
€€

Straßenkarte D1

The Harbour ist wahrscheinlich das hübscheste Lokal am Ort. Das traditionelle Pub im Erdgeschoss bietet offenes Feuer und eine großartige Atmosphäre. Auch das Restaurant ist recht informell, hier wird eine gute Auswahl an Speisen serviert, hauptsächlich irische Gerichte mit einem Hauch Raffinesse. Gute Weinkarte.

PORTSTEWART Morellis Ninos
53 The Promenade, Portstewart, Co Londonderry, BT55 7AF **028 7083 2150**
€

Straßenkarte D1

Das 1911 als Eisdiele eröffnete Morellis Ninos ist heute ein italienisches Café, in dem es nun auch warme Gerichte, z. B. authentische Pasta, sowie Sandwiches, Panini und viele Kaffeesorten gibt. Das Gebäck aus eigener Herstellung und die Desserts sind eine Augen- und Gaumenfreude. Gute Lage an der Promenade mit Blick auf die Bucht.

STRANGFORD The Lobster Pot Bar & Restaurant
The Square, Co Down, BT30 7ND **028 4488 1288**
€€€

Straßenkarte E2

Nur frischeste Meeresfrüchte werden in dem Restaurant mit Blick auf den Strangford Lough serviert. Der namengebende Hummer ist die Spezialität des Hauses, aber es gibt auch Dundrum-Bay-Austern, Krebse und Muscheln. Im Sommer kann man auch im schönen Biergarten essen. **www.lobsterpotstrangford.com**

€ unter 15 £   €€ 15–25 £   €€€ 25–35 £   €€€€ 35–50 £   €€€€€ über 50 £

Pubs

Das typisch irische Pub wird für seine offene Atmosphäre gerühmt. Das Personal ist herzlich, und es gibt *crack*, wie die Iren sagen: Spaß. Man trinkt Guinness oder Whiskey – die Nationalgetränke der Iren. Die Pubs gehen auf mittelalterliche Tavernen zurück bzw. auf *shebeens*, Lokale, in denen zur Zeit der Kolonialherrschaft illegal Alkohol ausgeschenkt wurde. In viktorianischer Zeit waren Brauen und Destillieren wichtige Industriezweige, die Inneneinrichtung mancher Pubs zeugt noch von dieser Zeit. Die *snugs*, gemütliche, abgeteilte Sitzecken, sind typisch für die Pubs, von denen manche wild bemalt und strohgedeckt sind oder sich in Fachwerkhäusern befinden. In einigen ländlichen Pubs ist gleichzeitig der Dorfladen untergebracht. In allen Pubs darf inzwischen nicht mehr geraucht werden.

Kilkenny im Südosten ist ein Paradies für Pub-Fans, während Cork und Kerry weniger, doch dafür einige der malerischsten Pubs aufweisen. Der untere Shannon ist bekannt für seine lauten Lokale, vor allem im County Clare, wo spontane Musikdarbietungen ganz normal sind. Im Westen gibt es Pubs in Hülle und Fülle, und in Galway garantieren die vielen Studenten und die Besucher, dass man überall gute Pubs findet. Nachstehende Auflistung bietet eine landesweite Auswahl. Dubliner Pubs finden Sie auf den Seiten 110f.

SÜDOST-IRLAND

Brittas Bay: *Jack White's Inn*
Jack White's Cross, Co Wicklow. **Straßenkarte** D4. [0404 47106.
Das typisch irische Pub liegt perfekt unweit der N11 zwischen Dublin und dem Südosten. Einfache, aber gute Pub-Kost gibt es bis 21 Uhr. Leider hat das Lokal eine unschöne Geschichte: 1996 wurde hier ein Mord begangen.
🍴 ♿ ♫

Carlow: *Teach Dolmain*
Tullow St, Co Carlow.
Straßenkarte D4.
[059 913 0911.
In dem mit vielen Preisen ausgezeichnete Pub in Carlows Stadtzentrum sind ungewöhnliche Töpferwaren und alte Artefakte aus der Stadt- und Landesgeschichte ausgestellt. Exzellente Speisekarte, sehr gut für große Gruppen geeignet.
🍴 ♫ ♿

Dunmore East: *The Ship Inn*
Co Waterford. **Straßenkarte** D5.
[051 383 141.
Das alte, efeubewachsene Pub steht oberhalb des Hafens, abseits des Strandtrubels. Es ist für sein ausgezeichnetes Seafood und seine Verbindung zur Seefahrt bekannt. An der Theke findet man nautische Memorabilien und Sitzgelegenheiten aus halben Fässern. Die große Terrasse ist an Sommertagen perfekt. 🍴 ♿

Enniscorthy: *The Antique Tavern*
14 Slaney St, Co Wexford. **Straßenkarte** D5. [053 923 3428.
Traditionelles Fachwerk-Pub. Im dunklen, gemütlichen Interieur gibt es Andenken an den Kampf von Vinegar Hill, der entscheidenden Schlacht beim Aufstand von 1798. Es gibt Pub-Küche, und man redet mit den Einheimischen. Bei gutem Wetter kann man auf dem Balkon mit Blick auf den Fluss Slaney sitzen. 🍴 ♫ ♿

Enniscorthy: *Holohan*
Slaney Place, Co Wexford. **Straßenkarte** D5. [053 923 3179.
Das schlichte, unprätentiöse Pub hinter dem Castle Museum sollte man schon wegen seiner ungewöhnlichen Lage auf ein Pint aufsuchen. Es ist in einen Steinbruch hineingebaut. Eine vertikale Klippe bildet einen Teil der Rückwand der Bar.

Kilkenny: *Bollard's Pub*
St Kieran's St, Co Kilkenny.
Straßenkarte C4.
[056 772 1353.
200 Meter von der sehr beliebten Saint Francis's Abbey Brewery entfernt steht das Pub, dem die Familie Bollard bereits seit 1904 betreibt. Hier wird Sport großgeschrieben. Bei Fernsehübertragungen von Hurling- oder Fußballspielen ist hier vor allem am Sonntag viel los.
🍴 ♿

Kilkenny: *Hibernian*
1 Armonde St, Co Kilkenny. **Straßenkarte** C4. [056 777 1888.
Recht förmliches Pub in einer alten Bank, heute Teil des Hotels Hibernian. Hier treffen sich Leute jeden Alters. Moderne irische Küche. Jeden Dienstag irische Live-Musik. 🍴 ♿ ♫

Kilkenny: *Kyteler's Inn*
27 St Kieran's St, Co Kilkenny.
Straßenkarte C4.
[056 772 1064.
Bei gutem Wetter kann man im Hof der alten Kutschenstation und Kellerbar sitzen. Essen gibt es den ganzen Tag über bis 21 Uhr (letzte Bestellung). Im Fenster sitzt eine Hexe und erinnert an die ehemalige Besitzerin: Alice Kyteler, die 1324 mit ihrer Magd der Hexerei beschuldigt wurde, da vier ihrer Ehemänner auf mysteriöse Art starben. Nach einem Freispruch erneut angeklagt, floh sie, während ihre Magd Petronella auf den Scheiterhaufen kam. 🍴 ♿ ♫

Kilkenny: *Langton's*
69 John St, Co Kilkenny.
Straßenkarte C4.
[056 776 5133.
Pub in einem schönen Fachwerkhaus im edwardianischen Stil, innen sehr gemütlich gestaltet. Bar mit niedriger Decke. Im Angebot sind kleine Pub-Gerichte. Im Sommer gibt es mindestens einmal pro Woche Musik und Tanz, dienstags, donnerstags und samstags abends Club-Musik. 🍴 ♿ ♫

Kilkenny: *Marble City Bar*
66 High St, Co Kilkenny. **Straßenkarte** C4. [056 776 1143.
Berühmteste Bar der Stadt, deren Name vom Kalkstein der Umgebung herrührt, der beim Polieren schwarz wird. Das vierstöckige Gebäude hat eine Art-déco-Fassade. Leider kann man in der sehr beliebten, quirligen Bar keinen Tisch reservieren lassen. Küche bis 21 Uhr. 🍴 ♿

Kilkenny: *Tynan's Bridge House Bar*
2 John's Bridge, Co Kilkenny.
Straßenkarte C4.
[056 772 1291.
Das ursprünglichste Pub der Stadt, gemütlich ausgestattet mit bezaubernden Lampen und alten Erinnerungsstücken aus einem ehemaligen Laden und einer Apotheke. Es gibt keine Musik und keinen Fernseher. Das Pub ist, wie sein Besitzer Michael betont, ›a chat bar‹ – ausschließlich ein Ort der Kommunikation. Draußen vor der Bar gibt es einen neuen Raucherbereich. ♿

PUBS 347

Kilmore Quay: *Kehoe's*
Co Wexford. **Straßenkarte** D5.
(053 912 9830.
Ein Pub mit vielen Erinnerungsstücken an die Seefahrt, das für
seine fangfrischen Seafood-
Gerichte bekannt ist. Letzte Bestellung um 20.30 Uhr. Kinderfreundlich. 🍴 🎔 🎵

Leighlinbridge: *The Lord
Bagenal*
Co Carlow. **Straßenkarte** D5.
(059 972 1668.
Beliebtes Lokal für eine Rast auf
dem Weg von Dublin gen Süden.
Das Lord Bagenal in einem kleinen beschaulichen Dorf im County
Carlow blickt auf einen malerischen Yachthafen am Fluss Barrow. Die Küche wurde mit Preisen
ausgezeichnet. Im Haus gibt es
sogar einen Kinderhort.
🎔 🍴 🎔

New Ross: *Corcoran's Pub*
Irishtown, Co Wexford. **Straßenkarte** D5. (051 425 920.
Wenn Ihnen der Sinn nach frischer
Hausmannskost steht, sind Sie hier
richtig. Seit fünf Generation betreibt die gleiche Familie das
freundliche Corcoran's, eines der
ältesten Pubs der Stadt. Jeden
Montag finden hier Kartenspiele
statt. Am Wochenende gibt es Sessions irischer Musik mit fröhlichem
Singen und Tanzen. 🎵 🍴 🎔 🎔

Waterford: *Henry Downes*
8–10 Thomas St, Co Waterford.
Straßenkarte D5. (051 874 118.
Das ungewöhnliche Pub aus dem
Jahr 1759 im County Waterford
füllt seinen eigenen Whiskey ab.
Es ist dunkel und voller Ecken mit
einer bunten Geschichte. Gut für
einen kurzen Stopp, ein Pint Bier
und einen Schwatz mit Einheimischen.

Waterford: *Jack Meade's Pub*
Cheekpoint Rd, Co Waterford.
Straßenkarte D5. (051 850 950.
Das Pub unter einer alten Brücke
sieben Kilometer südlich der Stadt
hat entspannte, ruhige Atmosphäre. Im Sommer spielen Musiker im
Freien, und Kinder vergnügen sich
auf dem Spielplatz. Kommen Sie,
um die Lage zu genießen und zu
Mittag zu essen. 🍴 🎔 🎔 🎵

Waterford: *T and H Doolin*
George's St, Co Waterford.
Straßenkarte D5. (051 841 504.
Das traditionsreiche Fachwerk-Pub
aus dem 18. Jahrhundert liegt in
der reizvollsten Straße der Fußgängerzone und verbreitet gemütliche,
familiäre Stimmung. Jeden Abend
gibt es traditionelle Musik.
🍴 🎔 🎔 🎵

Wexford: *Centenary Stores*
Charlotte St, Co Wexford. **Straßen-
karte** D5. (053 912 4424.
Stimmungsvolles, gemütliches Pub
in einem umgebauten Lagerhaus –
das populärste in ganz Wexford.
Freundliches Personal versorgt die
Gäste, darunter die Bohemiens der
Stadt, mit Bier. Jeden Sonntagmor-
gen werden sie mit traditioneller
Musik unterhalten. 🍴 🎔 🎵 🎔

Wexford: *Macken's*
Bull Ring, Co Wexford. **Straßenkarte** D5. (053 912 2949.
Das Pub hat eine erstklassige Lage
direkt an den Ecken des historischen Bull Ring. Ein exzellenter
Platz, um ein oder zwei Pint zu
trinken und die Seele baumeln zu
lassen. Mit etwas Glück gibt es
sogar Live-Musik. 🎵

CORK UND KERRY

Baltimore: *Bushe's*
Co Cork. **Straßenkarte** B6.
(028 20119.
Das im ganzen County Cork berühmte Pub serviert Baltimores
beste Ales und Pints. Im Sommer
kann man draußen sitzen, zu den
Inseln hinüberschauen und bei
einem guten Pint den wunderbaren Sonnenuntergang beobachten.
🍴 🎔 🎔

Caherciveen: *The Point Bar*
Valentia Harbour, Co Kerry. **Straßenkarte** A5. (066 947 2165.
Hier kommt man am besten im
Sommer her. Aufgrund der großen
Auswahl an frischem Seafood, der
spontanen Musik-Sessions und des
einmalig schönen Blicks auf Valentia Island gilt die Point Bar als eine
der schönsten in ganz Kerry.
🍴 🎔 🎔 🎵

Castletownshend: *Mary Ann's*
Co Cork. **Straßenkarte** B6.
(028 36146.
Seit der Eröffnung 1846 bietet das
Mary Ann's exzellenten Service
und hochwertige Küche. Das
Lokal voller interessanter Antiquitäten ist eines der besten Beispiele
für ein traditionelles irisches Pub.
🍴 🎔 🎔

Clonakilty: *De Barra's*
Co Cork. **Straßenkarte** B6.
(023 33381.
Eines der bekanntesten Pubs in
West-Cork, mit einem Club für irische Musik. Viele Musiker kommen aus dem Gaeltacht (*siehe
S. 229*). Die liebevoll renovierte
Bar ist mit handgemalten Schildern
und alten Whiskeygläsern geschmückt. Einfache Imbisse und
auch volle Mahlzeiten werden hier
von 12 bis 16 Uhr serviert.
🍴 🎔 🎵

Cork: *Bodega*
46–49 Cornmarket St, Co Cork.
Straßenkarte C5.
(021 427 2878.
Helles modernes Pub in einem
alten Lagerhaus. Hohe Decken
und an den Wänden Kunst (die
man auch kaufen kann). Nachmittags gibt es Sandwiches und Suppen, abends internationale Küche.
Am Samstag, dem Markttag, ist
hier besonders viel los. 🍴 🎔 🎔

Cork: *Chateau Bar*
St Patrick's St, Co Cork. **Straßenkarte** C5. (021 427 0370.
Die Bar befindet sich in einem
auffälligen Gebäude im Herzen
der Stadt. Das 1793 gegründete
elegante Pub hat stilvolles viktorianisches Interieur und bietet gute
Bar-Kost. 🍴 🎔 🎔

Cork: *Clancy's*
15–16 Princes St, Co Cork. **Straßenkarte** C5. (021 427 6097.
Das Clancy's ist eines der ältesten
Pubs von Cork, es wurde 1824 eröffnet. Es gehört zu den längsten bestehenden Lokalen Irlands
mit Live-Musik (von Mai bis September). Mittagsgerichte mit
Schwerpunkt auf Fleisch im Steak-
Restaurant. 🎔 🍴 🎔 🎵

Cork: *The Gables*
31–34 Douglas St, Co Cork.
Straßenkarte C5.
(021 431 3076.
Traditionelles irisches Pub mit
gutem Essen und Live-Musik. Spei-
se- wie Weinkarte sind abwechslungsreicher als die sonstigen typischen Pub-Angebote. Essen wird
von 12.30 bis 15 Uhr und von
17 bis 21 Uhr serviert. Folkloremusik macht am Mittwoch und
Sonntag das Pub noch stimmungs-
voller. 🍴 🎵

Cork: *Henchy's*
40 St Luke's Cross, Co Cork. **Straßenkarte** C5. (021 450 7833.
Das traditionelle Pub von 1884 hat
sich sein viktorianisches Ambiente
großteils erhalten, samt Mahagoni-
tresen und Bleiglasscheiben. Seit
langer Zeit wird das Lokal mit
Kunst assoziiert: Junge, hoffnungs-
volle Künstler präsentieren hier
einem großen gleich gesinnten
Publikum ihre Werke. 🎔 🎔

Cork: *The Long Valley*
Winthrop St, Co Cork. **Straßenkarte** C5. (021 427 2144.
Gleich bei der Patrick Street steht
das Pub, das alle möglichen Leute
anzieht, von Lebenskünstlern über
Büroangestellte bis zu Besuchern.
The Long Valley ist sehr mit Murphy's bekannt – ein Bier, das jeder
Einheimische mit etwas Selbst-
bewusstsein über Guinness stellt.
🍴 🎔 🎔

Straßenkarte *siehe hintere Umschlaginnenseiten*

Dingle: *Dick Mack's*
Green St, Co Kerry. **Straßenkarte**
A5. 066 915 1960.
Das individualistische Etablissement ist teils Schuhladen, teils Pub. Hier treffen sich hiesige Künstler, Exzentriker und Extrovertierte. Abends versammeln sich die Stammgäste oft ums Klavier.

Dingle: *Doyle's Townhouse*
John St, Co Kerry. **Straßenkarte**
A5. 066 915 1174.
Das Restaurant mit Bar ist berühmt für köstliches, fangfrisches Seafood. Das rustikale und dennoch gemütliche Interieur ist ein netter Ort für ein Abendessen. Probieren Sie unbedingt die Spezialität des Hauses: Hummer. ◯ *Mitte Feb–Dez.*

Dunquin: *Krugers*
Co Kerry. **Straßenkarte** A5.
066 915 6127.
Nahe den Kais, von denen Boote zu den Blasket Islands ablegen, steht das Krugers, das von März bis September auch Unterkunft bietet. Das Etablissement schmücken Familienandenken und Standfotos aus berühmten Filmen, die in der Gegend gedreht wurden, z.B. *Ryans Tochter* und *In einem fernen Land.*

Glencar: *The Climber's Inn*
Co Kerry. **Straßenkarte** B5.
066 976 0101.
Das von einer Familie betriebene Pub an der Straße Richtung Kerry Highlands ist berühmt. Offener Kamin und großartige Küche mit interessanten vegetarischen Angeboten. Unterhalten Sie sich mit anderen Wanderern und Kletterern über die Erlebnisse Ihres Tages.

Killarney: *Buckley's Bar*
College St, Co Kerry.
Straßenkarte B5. 064 31037.
Die eichengetäfelte Bar ist für ihre regelmäßigen Musik-Sessions und ihre sättigende Küche bekannt. Tom Buckley eröffnete das Lokal 1926, nachdem er aus New York in die Heimat zurückgekehrt war. Essen kann man bis 16 Uhr.

Killarney: *The Laurels*
Main St, Co Kerry. **Straßenkarte**
B5. 064 31149.
Killarneys lebhaftestes Pub ist bei jungen Einheimischen und Besuchern populär. Die Familie O'Leary führt das Pub nun schon seit fast einem Jahrhundert. Es bietet exzellente Bar-Snacks und in einem separaten Bereich auch Mahlzeiten (Steaks, Muscheln, Austern und Fisch).

Killorglin: *The Old Forge*
Co Kerry. **Straßenkarte** A5.
066 976 1231.
Das strohgedeckte Pub am berühmten Ring of Kerry ist wunderbar altmodisch und sehr authentisch. Sehr voll ist es hier während der Puck Fair im August *(siehe S. 49)*. Im Sommer gibt es auch Live-Musik.

Kinsale: *Kieran's Folk House Inn*
Guardwell, Co Cork. **Straßenkarte**
B6. 021 477 2382.
Das gesellige Lokal im alten Kinsale lockt Einheimische wie Besucher an. Es ist gemütlich und einladend. In der Hauptsaison gibt es jeden Abend Live-Musik. Zu Kieran's gehört auch eine hübsche Pension und ein gutes Restaurant, das Shrimps Seafood Bistro.

Kinsale: *The Lord Kingsale*
Main St, Co Cork. **Straßenkarte**
B6. 021 477 2371.
Das altmodische Pub hat zumeist ruhige, gesetzte Gäste. Das Haus selbst ist zwar sehr alt, aber das Interieur ist zum Teil nur auf alt gemacht. Im Sommer werden jeden Abend Konzerte gegeben. Essen gibt es von 12 bis 15 Uhr.

Scilly: *The Spaniard Inn*
Kinsale, Co Cork. **Straßenkarte** B6.
021 477 2436.
Das bei Fischern sehr beliebte Pub an einer Haarnadelkurve im Dorf Scilly hat das Flair einer alten Schmugglerkneipe. Im Sommer gibt es oft Live-Musik. Besonders voll wird es am Wochenende. Das Restaurant und die Bar bieten einfache, aber sehr schmackhafte Küche.

Sherkin Island: *The Jolly Roger*
Co Cork. **Straßenkarte** B6.
028 20379.
Insel-Flair durchdringt das behagliche Pub, in dem man ein hervorragendes Mittagessen zu einem guten Preis bekommt. Im Sommer kann man auch draußen sitzen und den Blick auf den Baltimore Harbour und die Bucht genießen.

Unterer Shannon

Annacotty: *Finnegan's*
Co Limerick. **Straßenkarte** B5.
061 337 338.
Das Etablissement, einst eine Kutschenstation, umweht der Hauch der Vergangenheit. Spezialitäten sind Steaks und fangfrisches Seafood. Gemütliches, überaus freundliches Lokal.

Ballyvaughan: *Monk's Pub*
The Pier, Co Clare. **Straßenkarte**
B4. 065 707 7059.
Das anheimelnde Pub liegt am Kai mit schönem Blick auf die Bucht von Galway. Im ländlichen Mobiliar wird Seafood, z.B. Muschelsuppe, serviert. Es gibt auch Vorstellungen traditioneller irischer Musik.

Bunratty: *Durty Nelly's*
Co Clare. **Straßenkarte** B4.
061 364 072.
Das sehr kommerzielle Pub neben dem Bunratty Castle zieht sowohl Einheimische als auch Besucher an. Das Flair des 17. Jahrhunderts wird durch das Gewirr von Räumen, offene Kamine und historische Porträts noch verstärkt. Abends gibt es meist traditionelle Musik. Die Bar und zwei Restaurants bieten gesunde Gerichte an.

Doolin: *McDermott's*
Roadfoard, Co Clare. **Straßenkarte**
B4. 065 707 4328.
Kein Pub in Clare kommt ohne traditionelle Live-Musik aus. McDermott's macht da keine Ausnahme: Von St Patrick's Day bis Ende Oktober wird jeden Abend musiziert. Freundliches Personal serviert kühles Bier. Noch immer steht man auf dem Original-Fliesenboden von 1867.

Doolin: *O'Connor's*
Co Clare. **Straßenkarte** B4.
065 707 4168.
Das berühmte Pub ist bei Fans traditioneller Musik auf der ganzen Welt bekannt. Die O'Connors führen das lebhafte Pub mit dem authentischen Lebensmittelladen schon seit über 150 Jahren. Das O'Connor's ist *der* Ort für spontane Musikeinlagen, einfache Bar-Küche und viel Spaß.

Ennis: *The Cloister*
Abbey St, Co Clare. **Straßenkarte**
B4. 065 682 9521.
Das frisch renovierte historische Pub befindet sich bei der berühmten Ennis Friary *(siehe S. 189)*. Das Interieur ist behaglich und stimmungsvoll. Außerdem gibt es einen Innenhof für den Sommer. An einigen Abenden wird Live-Musik gespielt.

Ennis: *Queen's Front Bar*
Abbey St, Co Clare. **Straßenkarte**
B4. 065 682 8963.
Auch dieses historische Pub steht bei den imposanten Ruinen der Ennis Friary *(siehe S. 189)*. Das Queen's bietet superbe traditionelle Küche und ist ideal für Familien, da hier alle Altersgruppen willkommen sind.

PUBS

Killaloe: *Goosers*
Ballina, Co Clare. **Straßenkarte** C4.
℃ 061 376 791.
Das pittoreske Pub auf der Ballina-Seite des Flusses hat ein Strohdach, traditionelles Interieur und einladende Atmosphäre. Im Restaurant wird recht preisgünstiges Seafood serviert. In der rustikalen Bar bekommt man gute Pub-Gerichte. 🍴 🚌 ♿

Kilrush: *Crotty's Pub*
Market Square, Co Clare.
Straßenkarte B4.
℃ 065 905 2470.
Einst führte die berühmte Ziehharmonika-Spielerin Lizzie Crotty (1885–1960) das nach ihr benannte, preisgekrönte Pub. Heute finden hier im Sommer dreimal die Woche Konzerte traditioneller Musik statt. Von Montag bis Samstag wird den ganzen Tag über hervorragende Pub-Küche serviert. 🍴 🚌 ♿ 🎵

Limerick: *The Locke*
3 George's Quay, Co Limerick.
Straßenkarte B4. **℃** 061 413 733.
Das typische Fachwerk-Pub an einem Kai am Shannon ist im Sommer ein beliebter Treffpunkt nach einem Spaziergang am Fluss. Im Winter wirkt das Lokal mit gemütlichen Sitzecken und offenen Kaminen besonders behaglich. Donnerstags und sonntagsabends gibt es traditionelle Live-Musik. Das Lokal ist ganztags geöffnet. 🍴 🚌 ♿ 🎵

Limerick: *Nancy Blake's*
Upper Denmark St, Co Limerick.
Straßenkarte B4. **℃** 061 416 443.
Limericks bekannteste Bar bietet gute Unterhaltung und traditionelle Musik. Wenn Sie jedoch Rhythm and Blues bevorzugen, gehen Sie in die Outback Bar hinüber. Im gemütlichen Nancy Blake's serviert man zu Mittag Suppen und Sandwiches. Konzerte gibt es am Montag, Dienstag, Mittwoch und Samstag. 🚌 🎵

WESTIRLAND

Aran Islands: *Ti Joe Mac's*
Kilronan, Inishmore, Co Galway.
Straßenkarte B2. **℃** 099 61248.
Das Pub steht direkt vor einem, wenn man von Bord geht. Serviert werden Suppen und Sandwiches. 🍴 🚌 ♿

Clarinbridge: *Moran's Oyster Cottage*
The Weir, Kilcolgan, Co Galway.
Straßenkarte B4. **℃** 091 796 113.
Die Bar in einem strohgedeckten Cottage war früher regelmäßig die Anlaufstelle der Besatzungen von »Hookers« (traditionellen Schiffen).

Heute kann man hier alle Arten von Meeresfrüchten probieren. Am bekanntesten ist das Moran's (*siehe S. 338*) jedoch als berühmteste Austernbar Irlands – der Besitzer hält den hiesigen Geschwindigkeitsrekord im Austern-Öffnen. Von der Terrasse aus kann man Fischern bei der Arbeit zusehen. 🍴 🚌 ♿

Clarinbridge: *Paddy Burke's Oyster Inn*
Co Galway. **Straßenkarte** B4.
℃ 091 796 226.
Das authentische strohgedeckte Pub von 1835 besitzt Bleiglasfenster und charmantes Interieur. Außer den bekannten Clarinbridge-Austern und dem Mittagsbuffet gibt es mittags und abends auch Gourmet-Mahlzeiten. 🍴 ♿

Clifden: *EJ Kings*
The Square, Co Galway. **Straßenkarte** A3. **℃** 095 21330.
Das große, quirlige Pub verteilt sich über mehrere Etagen, am schönsten ist jedoch das Erdgeschoss. Es gibt Seafood-Platten und Pub-Gerichte. Im Sommer wird oft Live-Musik geboten, vor allem Balladen und Folklore. Das Personal ist ausgesprochen freundlich. 🍴 🚌 ♿

Galway: *Busker Brownes*
Cross St Upper, Co Galway. **Straßenkarte** B4. **℃** 091 563 377.
Das mehrstöckige, scheunenähnliche Stadt-Pub besitzt ganz oben das »Gerippe« eines Konvents aus dem 16. Jahrhundert. Das Slate House, das Pub nebenan, hat dasselbe Management. Beide Lokale sind bei den hiesigen Studenten beliebt. Sonntags gibt es Jazz-Sessions. 🍴 🚌 ♿ 🎵

Galway: *The Cottage*
79, Salthill Lower, Co Galway. **Straßenkarte** B4. **℃** 091 564 041.
Das Pub in County Galway ist kürzlich renoviert worden. Dank der ruhigen und intimen Atmosphäre ist es ein idealer Platz für einen Drink und einen kurzen Schwatz. Leider liegt das Pub in einem urbanen Niemandsland zwischen Salthill und dem Stadtzentrum. 🍴

Galway: *Cooke's Thatch Bar*
Cooke's Corner, 2 Newcastle Rd, Co Galway. **Straßenkarte** B4.
Am Stadtrand von Galway steht der traditionelle, strohgedeckte Gasthof, der nach sieben Generationen den Besitzer wechselte, aber noch immer sehr freundlich wirkt. Ausgeschenkt werden über 20 Weine sowie Bier und Spirituosen. 🚌

Galway: *Dew Drop Inn*
Mainguard St, Co Galway. **Straßenkarte** B4. **℃** 091 561 070.
Die Einheimischen kennen das Pub besser unter dem Namen Myles Lee. Der gemütliche Gasthof mit schummriger Beleuchtung verkörpert Galways Boheme-Tradition. Vor allem an kalten Abenden, wenn ein Feuer im Kamin knistert, ist es hier sehr behaglich. Das Dew Drop serviert mit das beste Guinness der ganzen Stadt.

Galway: *The King's Head*
15 High St, Co Galway. **Straßenkarte** B4. **℃** 091 566 630.
Das 1649 gegründete Pub mit geschwungener Fassade hat ein heimeliges Interieur mit Kaminen aus dem 17. Jahrhundert. In der Hauptbar werden Mittagsimbisse serviert, in der hinteren Bar spielen abends Live-Bands vor einem zumeist jungen Publikum. 🚌 ♿ 🎵

Galway: *McSwiggan's*
Eyre St, Wood Quay, Co Galway. **Straßenkarte** B4. **℃** 091 568 917.
Die gemütliche, legere Bar im Stadtzentrum besitzt Terrakottaböden und behagliche Sitzgelegenheiten. Donnerstags und freitags wird hier Live-Musik geboten. 🍴 ♿

Galway: *The Quays*
Quay St, Co Galway. **Straßenkarte** B4. **℃** 091 568 347.
The Quays war ursprünglich ein kleines Cottage mit Strohdach. Nach dem Abriss wurde es durch ein dreistöckiges Gebäude ersetzt. Die oberste Etage ist eine runde Mansarde, von der man in die Bar hinunterschauen kann. Traditionelle Live-Musik gibt es am Freitag- und Sonntagabend. Jeden Mittag wird herzhafte Kost serviert. Im Sommer kann man auch draußen sitzen. 🍴 🚌 ♿ 🎵

Galway: *Ti Neachtain*
Quay St, Co Galway. **Straßenkarte** B4. **℃** 091 568820.
Das alte Gebäude im »Latin Quarter« hat ein schönes Erkerfenster, Holzinterieur, gemütliche Sitzecken sowie freundliche Bedienungen. Hier kommt man oft in den Genuss von traditioneller irischer Musik. Im ersten Stock befindet sich das Restaurant Ard Bia. 🍴 🚌 ♿ 🎵

Killala: *Golden Acres*
Co Mayo. **Straßenkarte** B2.
℃ 096 32183.
Von dem komfortablen, heimeligen Land-Pub aus erreicht man zu Fuß leicht die Bootsanlegestellen und die Unternehmen, die Ausflüge zum Hochseefischen anbieten. Zu essen gibt es herzhafte Pub-Gerichte. 🍴 🚌 ♿ 🎵

Straßenkarte *siehe hintere Umschlaginnenseiten*

Oughterard: *The Boat Inn*
Connemara, Co Galway. **Straßenkarte** B3. 091 552 196.

Das Hotel mit Bar und Restaurant liegt beim Lough Corrib am Rand der Connemara-Region. Die Bar im Bootsdesign serviert Bar-Gerichte und Snacks. Im Sommer gibt es unter der Woche und am Wochenende Live-Musik von hiesigen Musikern. 🍴 🎵 🛇 🎵

Westport: *The Asgard Tavern*
The Quay, Co Mayo. **Straßenkarte** B3. 098 25319.

Der alte Gasthof mit Blick auf den Pier und die Clew Bay ist nautisch dekoriert. Sowohl die Hauptbar unten als auch das Restaurant oben bieten exzellente Meeresfrüchte und Salate. Die kleinere Bar unten ist jedoch am stimmungsvollsten. 🍴 🛇 🎵

Westport: *Matt Molloy's*
Bridge St, Co Mayo. **Straßenkarte** B3. 098 26655.

Der Flötist der traditionellen irischen Folkloreband The Chieftains gründete das geräumige Pub, das traditionell gestaltet ist. Im hinteren Raum spielt jeden Abend eine Musikgruppe. Nach 21 Uhr dürfen sich hier keine Kinder mehr aufhalten. 🛇 🎵

NORDWEST-IRLAND

Burtonport: *The Lobster Pot*
Co Donegal. **Straßenkarte** C1. 074 954 2012.

Das gemütliche Pub steht in der Nähe des Piers. Das alte Holzinterieur bildet die Kulisse einer schier unglaublichen Sammlung von gälischen Sportandenken. Seafood ist besonders zu empfehlen, aber auch die anderen Gerichte sind gut. 🍴 🛇 🎵

Crolly: *Leo's Tavern*
Menaleck, Co Donegal. **Straßenkarte** C1. 074 954 8143.

Der Vater der modernen Folkloremusiker Clannad und der Sängerin Enya betreibt das freundliche Pub, das sowohl Einheimische als auch Besucher anlockt. Es gibt Gesangsrunden mit Akkordeonbegleitung und Abende mit Vorführungen traditioneller irischer Musik.
🍴 🎵 🛇 🎵

Culdaff: *McGrory's*
Co Donegal. **Straßenkarte** C1. 074 937 9104.

Auf der idyllischen Inishowen Peninsula *(siehe S. 226 f)* findet man den Gasthof mit erstklassiger Küche. Im komfortablen Restaurant McGrory's können bis zu 60 Gäste bewirtet werden. In der Backroom Bar finden Live-Konzerte statt. 🍴 🛇 🎵

Donegal: *O'Donnell's*
The Diamond, Co Donegal. **Straßenkarte** C2. 074 972 1049.

Das mitten am Platz stehende Etablissement besitzt eine kleine Bar. Im hinteren, größeren Bereich gibt es oft Live-Musik und Karaoke-Nächte. Hiesige Musiker unterhalten fast jeden Abend die Gäste mit traditioneller Musik.
🎵 🛇 🎵

Dromahair: *Stanford's Inn*
Main St, Co Leitrim. **Straßenkarte** C2. 071 916 4140.

Das traditionelle Pub in einem malerischen Dorf ist seit Generationen in der Hand derselben Familie. Die winzige, anheimelnde Biddy's Bar mit Familienporträts und alten Krügen aus einem Lebensmittelladen ist noch original erhalten. Die Hauptbar hat Ziegelwände in zarten Tönen und Fliesen aus einer Burgruine. In den Sommermonaten bekommt man sehr gutes Essen, und es gibt häufig spontan improvisierte Musik-Sessions. 🎵 🎵

Sligo: *Hargadon's Bar*
4 O'Connell St, Co Sligo. **Straßenkarte** C2. 071 917 0933.

Alte-Welt-Pub mit entsprechendem authentischem Interieur. In warmer Atmosphäre wird schmackhaftes Pub-Essen serviert. Im Sommer kann man in lauen Nächten auch im schönen Biergarten sitzen.
🍴 🎵

Sligo: *Osta*
Stephen St, Sligo. **Straßenkarte** C2. 071 914 4639.

In der Weinbar am Ufer des Flusses Garavogue geht es immer lebhaft zu. Die Weine des Osta sind von wahren Kennern sind handverlesen. Außerdem kann man hier gut essen. 🍴

Sligo: *Shoot the Crows*
Grattan St, Co Sligo. **Straßenkarte** C2.

Das Pub mit einem authentischen Alte-Welt-Flair zieht die unterschiedlichsten Gäste an. Eine grandiose Atmosphäre ist deshalb garantiert. Die Musik pendelt zwischen Jazz und traditionellem Folk. 🍴 🛇 🎵

Strandhill: *Strand House Bar*
Strandhill, Co Sligo. **Straßenkarte** C2. 071 916 8140.

Das Torffeuer in der Strand House Bar wärmt die Surfer vom nahe gelegenen Strand. Die kleinen Nischen des Pubs eignen sich perfekt für einen Schwatz unter vier Augen bei einem Pint und etwas zu essen. 🍴

MIDLANDS

Abbeyleix: *Morrissey's*
Main St, Co Laois. **Straßenkarte** C4. 05787 31233.

Wenn man durchs County Laois fährt, lohnt sich ein Zwischenstopp in dem authentischen Pub. Der Gasthof aus dem 18. Jahrhundert wurde in viktorianischer Zeit umgebaut und seither nicht mehr verändert. Es gibt auch einen Lebensmittelladen und eine unprätentiöse Bar, in der einfache, aber schmackhafte Gerichte serviert werden. 🍴 🎵

Carlingford: *PJ O'Hare's Anchor Bar*
Tholsel St, Co Louth. **Straßenkarte** D3. 042 937 3106.

Das schlicht PJ's genannte, stimmungsvolle Pub mit Lebensmittelgeschäft ist bei Seeleuten und Anwohnern beliebt. Die Gäste werden herzlich begrüßt und bekommen gutes Pub-Essen, etwa frische Austern oder gute Sandwiches. Im Sommer werden die Gäste mit irischer Live-Musik unterhalten. 🍴 🎵 🛇 🎵

Crinkill: *The Thatch*
Birr, Co Offaly. **Straßenkarte** C4. 05791 20682.

The Thatch gilt vielen als das traditionelle Pub schlechthin, jedenfalls ist es eines der ältesten Pubs in Süd-Offaly und hatte, wie sein Name vermuten lässt, schon immer ein Strohdach. Fünfmal war es schon All Ireland Pub of the Year – und es wird seinem Ruf vollkommen gerecht. Kinder sind hier ebenfalls willkommen.
🍴 🎵

Dundalk: *The Jockeys*
Anne St, Co Louth. **Straßenkarte** D3. 042 933 4621.

Freundliches Pub mit stilvollem Mittagessen zu vernünftigen Preisen. Die Wände zieren Andenken der Gaelic Athletic Association *(siehe S. 29)*. Das bereits seit 1799 bestehende Lokal ist ein idealer Zwischenstopp auf dem Weg nach Norden. Jeden Freitagabend wird hier Live-Musik gespielt.
🍴 🛇 🎵

Kilbeggan: *Locke's Distillery Museum*
Mullingar, Co Westmeath. **Straßenkarte** C3. 05793 32307.

Die älteste lizenzierte Whiskey-Brennerei der Welt (1757) verfügt über eine Bar – ideal, um vor dem Kauf ein paar der Whiskeys zu probieren *(siehe S. 249)*. Nebenan befindet sich auch ein Restaurant.
🍴 🛇

PUBS

Kilnaleck: *The Copper Kettle*
Co Cavan. **Straßenkarte** C3.
☎ 0494 336 223.
Das lebhafte familiengeführte Pub
hat eine wundervolle Atmosphäre.
Es ist für seine gesunde und bekömmliche Küche bekannt, die
den ganzen Tag über serviert wird.
Im Sommer gibt es samstagabends
oft Unterhaltung.
🍴 � 🕭 🎵

Kinnitty: *The Dungeon Bar*
Birr, Co Offaly. **Straßenkarte** C4.
☎ 05791 37318.
Die »Verlies«-Bar im Keller des mittelalterlichen Kinnitty Castle, etwa
einen Kilometer vom Dorf entfernt, ist nicht so unheimlich, wie
ihr Name klingt. Bilder zur Geschichte Irlands bedecken die
Wände. Speisen und Getränke
werden hübsch präsentiert. Bisweilen unterstreicht abends traditionelle Musik das historische Flair.
🍴 🚕 🕭 🎵

Longford: *Edward
Valentine's*
Main St, Co Longford. **Straßenkarte** C3. ☎ 043 45509.
Entspannen Sie sich in der wunderbaren, warmen Alte-Welt-Atmo-
sphäre. An den Wochenenden
geht es in dem Pub, für viele
ein »zweites Wohnzimmer« ist, lebhafter zu. 🚕 🕭 🎵

Portlaoise: *O'Donoghues*
Market Square, Co Laois. **Straßenkarte** C4. ☎ 057 862 1199.
Lassen Sie die moderne Welt hinter sich und tauchen Sie ab in die
traditionelle Atmosphäre des preisgekrönten Pubs alten Stils. Der
perfekte Ort, um ein Pint zu genießen. Das Restaurant Seasons
befindet sich darüber. 🕭

Portlaoise: *Tracey's Pub and
Restaurant*
The Heath, Co Laois. **Straßenkarte** C4. ☎ 05786 46539.
Das malerische strohgedeckte Restaurant mit Pub sechs Kilometer
außerhalb der Stadt lohnt die An-
fahrt. Es ist das älteste familiengeführte Lokal in der Gegend und
bietet eine gute Auswahl an Pub-
Essen und auch Steaks zu erstaun-
lich vernünftigen Preisen.
🍴 🕭 🚕

NORDIRLAND

Ardglass: *The Lighthouse Bar*
Bath St, Co Down. **Straßenkarte** E2. ☎ 028 4484 1443.
Im Lighthouse in der typischen
Fischerstadt Ardglass redet man
beim Pint über Themen wie Netz-
eknüpfen, Angelköder und Segelboote. Ein einzigartiges Erlebnis in
schönem Ambiente. 🕭 🚕

Bangor: *Jenny Watt's*
41 High St, Co Down. **Straßenkarte** E2. ☎ 028 9146 0682.
Die Wände der sehr beliebten,
viktorianisch dekorierten Bar mit
Biergarten im Stadtzentrum zieren
Fotos und Erinnerungsstücke. Am
Sonntagmittag gibt es Live-Jazz,
am Dienstag-, Mittwoch- und Don-
nerstagabend gibt es ebenfalls
Musik. Kleine Gerichte werden
bis 19 Uhr serviert. Biergarten.
🍴 🚕 🎵

Belfast: *Crown Liquor Saloon*
46 Great Victoria St, Co Antrim.
Straßenkarte D2.
☎ 028 9027 9901.
Der viktorianische Gin-Palast gehört zu den prächtigsten Bars in
ganz Irland *(siehe S. 277)*. Mittags
gibt es Spezialitäten wie Irish Stew
und *champ*. Besonders zu empfehlen sind die Strangford-Lough-
Austern. Robinson's, das Pub nebenan, ist vor allem abends sehr
voll. 🍴

Belfast: *Irene and Nans*
12 Brunswick St, Co Antrim. **Stra-
ßenkarte** D2. ☎ 028 9023 9123.
Die stilvolle Bar gleich neben dem
Grand Opera House strahlt das
Flair der 1950er Jahre aus – der
richtige Ort, um zu sehen und ge-
sehen zu werden. Das zuvorkom-
mende Personal serviert superbe
Cocktails und leckere Speisen.
Freitags und samstags gibt es
Abendunterhaltung. 🍴 🕭

Belfast: *Lavery's Gin Palace*
12–14 Bradbury Place, Co Antrim.
Straßenkarte D2.
☎ 028 9087 1106.
Ein weiteres Mitglied aus Belfasts
Gin-Palast-Familie serviert Bar-Ge-
richte am Mittag und Disco am
Abend. Lavery's Gin Palace ist vor
allem bei den Studenten der Queen's
University beliebt. 🍴 🕭 🎵

Belfast: *White's Tavern*
Winecellar Entry, Co Antrim. **Straßenkarte** D2. ☎ 028 9024 3080.
Eines von mehreren Pubs ohne
Tageslicht in den Entries *(siehe
S. 277)*, das mittags gute Pub-
Küche zu vernünftigen Preisen
bieten. White's behauptet, die älteste Taverne (1630) der Stadt zu
sein. Andere Pubs im dem Gassen-
gewirr, die ebenfalls einen Besuch
lohnen, sind Morning Star und
Globe. 🍴 🕭 🚕 🎵

Broughshane: *The Thatch Inn*
57 Main St, Co Antrim. **Straßenkarte** D2. ☎ 028 2586 2727.
Das alte strohgedeckte Pub im
Dorf Broughshane besitzt Charme
und Charakter. The Thatch Inn ist
für hervorragendes Essen, Herzlichkeit und Live-Musik bekannt.
🍴 🕭 🎵

Bushmills: *Bushmills Inn*
9 Dunluce Rd, Co Antrim. **Straßenkarte** D1. ☎ 028 2073 2339.
Die gemütliche Bar in einer ehemaligen Kutschenstation wird von
Gaslaternen beleuchtet. Ein exzellentes Restaurant befindet sich
ebenfalls in dem Anwesen.
🍴 🕭 🚕

Enniskillen: *Blake's of the
Hollow*
6 Church St, Co Fermanagh. **Straßenkarte** C2. ☎ 028 6632 0918.
Das Blake's, eines von mehreren
beliebten Pubs im Zentrum von
Enniskillen, stammt aus viktorianischer Zeit und besitzt noch originale Einrichtungsgegenstände.
🍴 🚕 🕭 🎵

Hillsborough: *Plough Inn*
The Square, Co Down. **Straßenkarte** D2. ☎ 028 9268 2985.
Das typische Dorf-Pub aus den
1750er Jahren hat Deckenbalken
und an den Wänden Keramik, Porzellan und anderes Dekor. Oben
befindet sich ein Tages-Bistro (hier
werden Austern serviert). Außerdem gibt es einen hübschen Biergarten. Einen Besuch lohnt auch
The Hillside ein paar Häuser weiter. 🍴 🚕 🎵

Londonderry: *The Park Bar*
35 Francis St, Co Londonderry.
Straßenkarte C1.
☎ 028 7126 4674.
Freundliche, familiengeführte
Bar nahe dem Zentrum von Lon-
donderry, gleich neben der
St Eugene's Cathedral. Ausge-
schenkt werden europäische
Lagerbiere und Guinness.

Omagh: *Molly Sweeney's*
Gortin Rd, Co Tyrone. **Straßenkarte** C2. ☎ 028 8225 2595.
Das einladende Molly Sweeney's
ist so etwas wie ein Museum für
Irlands Kneipenszene. Die verschiedenen Räume (Library
Lounge, Snug Bar, Celtic Room
und Gothic Tower) sind mit recht
exzentrischen Dekorationen ausgestattet. Serviert werden gute
Speisen und Getränke. Im Haus
befindet sich auch ein Nachtclub,
in dem DJs auflegen.
🍴 🕭 🎵

Portadown: *Jameson's*
Thomas St, Co Armagh. **Straßen-
karte** D2. ☎ 028 3833 4644.
In der schönen Lounge-Bar im
Jameson's wird man abends mit
Disco-Musik unterhalten. Kleine
Gerichte gibt es den ganzen Tag
über. Oben im Toddy's Steakhouse
bekommt man darüber hinaus
Sandwiches und traditionelle Pub-
Gerichte.

Straßenkarte *siehe hintere Umschlaginnenseiten*

Shopping

Leinenhemd und Tweed-Weste

Das Land bietet eine große Auswahl an handgearbeiteten Produkten – je nach Region unterschiedlicher Art, doch alle stets von hoher Qualität. Am bekanntesten sind die Aran-Pullover, Waterford-Kristall, irisches Leinen, Donegal-Tweed und Käse vom Bauernhof. Das blühende Kunsthandwerk basiert auf alten Traditionen, verbunden mit manch innovativer Idee. Typisch für das heutige (Kunst-)Handwerk sind schönes Design, gute Qualität sowie eine reichhaltige Auswahl – die Bandbreite reicht von keltischen Broschen über edles Porzellan und modische Kleidungsstücke bis hin zu Büchern irischer Dichter. Natürlich gibt es auch Kitsch wie nationale Embleme, religiöse Souvenirs oder auch Guinness-Krüge. Auf Seite 355 finden Sie eine Auflistung entsprechender Läden. Die Kartenverweise beziehen sich auf die Straßenkarte der hinteren Umschlaginnenseiten.

Obst- und Gemüsemarkt in der Moore Street, Dublin

Shopping-Möglichkeiten

In Irland kann man sowohl in kleinen Geschäften als auch in den großen Verkaufsräumen von Fabriken, in eleganten Boutiquen oder Kaufhäusern einkaufen gehen. Oftmals bekommt man auch günstig etwas in Trödelläden oder auf Märkten. In diesem Reiseführer sind die Markttage aller Orte aufgeführt. Die besten Produkte bekommt man häufig abseits der ausgetretenen Pfade – fragen Sie die Einheimischen.

Öffnungszeiten

Läden haben meist montags bis samstags von 9 bis 17.30 oder 18 Uhr geöffnet, in Einkaufszentren und größeren Städten mindestens einmal die Woche, donnerstags oder freitags (Dublin: donnerstags), länger. In Urlaubszentren haben Läden für Kunsthandwerk auch sonntags offen. An Ostern, Weihnachten und am St Patrick's Day bleiben alle Geschäfte zu, an anderen Feiertagen oft nicht. In Killarney schließen viele Läden im Sommer nicht vor 22 Uhr.

Bezahlung

Die gängigen Kreditkarten werden in Kaufhäusern und größeren Geschäften generell akzeptiert, in kleineren Läden ist dies jedoch weitaus seltener der Fall. Dies gilt auch für die gängigen Reiseschecks. Beim Einlösen ist die Vorlage des Personalausweises oder des Reisepasses erforderlich.

Mehrwertsteuer und Rückerstattung

Die meisten Waren sind mit 21 Prozent Mehrwertsteuer (VAT) belegt. Die Rückerstattung der Steuer kann bei der Ausreise nur von Besuchern aus Nicht-EU-Staaten geltend gemacht werden. In allen Läden mit dem Cash-Back-Logo erhalten Sie Formulare, die Sie dann ausgefüllt bei der Ausreise am Flughafen Dublin oder am Shannon Airport im Cash-Back-Büro vorlegen.

Bücher

Lesen ist in Irland so etwas wie eine nationale Leidenschaft, deshalb sind die Buchhandlungen gut sortiert. In großen Läden gibt es Abteilungen für irische Archäologie und Architektur, Geschichte, Politik und Küche. Eine der größten Buchladenketten des Landes ist **Eason and Son** mit einer großen Auswahl an irischer Literatur und Zeitungen. In Galway bietet **Kennys Books** neue Bücher und ein Antiquariat.

Musik

Traditionelle Musikinstrumente *(siehe S. 24f)* werden in vielen Regionen hergestellt, z.B. im County Clare, das als »singing county« bekannt ist. Handgefertigte

Geigenbauer in seiner Werkstatt in Dingle

SHOPPING

Trödelladen in Kilkenny

Harfen kommen aus Mayo und Dublin, Instrumente wie *bodhráns* und *uillean pipes* (Dudelsäcke) sowie Geigen findet man in ganz Irland. Es gibt auf Aufnahmen traditioneller Musik spezialisierte Läden. Die Ladenkette **Golden Discs** hat eine gute Auswahl irischer Folkloremusik.

DELIKATESSEN

Märkte werden in irischen Städten immer beliebter. Die meisten der angebotenen Nahrungsmittel werden biologisch-dynamisch angebaut. Räucherlachs, Speck, Käse, Sodabrot, Konserven und Schokolade sind perfekte Mitbringsel.

Guinness eignet sich nicht gut zum Transport und sollte lieber in Irland getrunken werden. Irischer Whiskey hingegen ist ein beliebtes Souvenir, ob nun die billigeren Marken Power's und Paddy oder die berühmten Bushmills *(siehe S. 266)* und Jameson *(siehe S. 179)*. Gute irische Liköre sind z. B. Irish Mist und Baileys Irish Cream.

KUNSTHANDWERK

Kunsthandwerk ist ein florierendes Gewerbe im ländlichen Binnenland. Die Produkte kann man in Kaufhäusern oder Fachgeschäften kaufen. Der **Crafts Council of Ireland** mit Niederlassungen in Dublin und Kilkenny empfiehlt gute Läden im ganzen Land. Die Fremdenverkehrsämter haben Listen der örtlichen Werkstätten, in denen man den Künstlern bei der Arbeit zusehen kann. Läden wie **Kilkenny Design Centre** und **Bricín** bieten eine gute Auswahl an Kunsthandwerk. In Cork und Kerry gibt es unzählige Werkstätten, vor allem in Kinsale und Dingle. Den *Guide to Craft Outlets* bekommt man in Informationsbüros vor Ort. Typisch für diese Gegend sind Fliesen mit Dekorationen, die Mustern aus der Kilkenny Cathedral und anderen Kirchen folgen. Weiter westlich wird grüner Connemara-Marmor zu kleinen »worry stones« verarbeitet, die Familien als Zeichen der Freundschaft austauschen. Bei **Roundstone Music** in Connemara werden seit fast 30 Jahren vor Publikum *bodhráns* hergestellt.

Teekanne, Kylemore Abbey

Weitere Kunsthandwerksobjekte werden aus Metall, Leder und Holz gefertigt. Aus Holz werden beispielsweise Möbelstücke, Spazierstöcke und Skulpturen (Letztere aus 1000 Jahre altem Holz aus den irischen Mooren) hergestellt.

KRISTALL UND GLAS

Außer **Waterford Crystal** *(siehe S. 147)*, dem Branchenführer, gibt es unzählige Hersteller von Glas- und Kristallartikeln. Der Preis hängt vom Ruf der Fabrik, der Bleimenge im Glas und der aufgewendeten Zeit ab. **Tyrone Crystal** ist fast so angesehen wie Waterford, aber günstiger. Wie bei Waterford gibt es auch hier Werksführungen. **Tipperary Crystal** bietet z. B. Siegestrophäen und Leuchten an. Auch **Galway Irish Crystal** fertigt elegante Waren.

In Kilkenny inspiriert die Jerpoint Abbey die Designs von **Jerpoint Glass**. Die kleinen Vasen, Kerzenständer, Krüge und Schalen sind schöne Geschenke. Viele Läden verschicken bei ihnen gekaufte Waren auch ins Ausland.

KERAMIK UND PORZELLAN

In Irland gibt es viele renommierte Hersteller von Keramik- und Porzellanobjekten. Die im 19. Jahrhundert gegründete Belleek Pottery *(siehe S. 269)* in Ulster produziert Porzellanwaren mit sehr schönem Dekor, z. B. mit Klee- und Blumenmotiven. **Royal Tara China** in Galway ist Irlands führender Hersteller von sehr fein gearbeiteten Porzellanwaren, die mit alten keltischen Mustern verziert sind. Kylemore Abbey *(siehe S. 208)* ist auf handbemalte Keramik spezialisiert. Die **Louis Mulcahy's Pottery** in Ballyferriter ist für dekorativ lasierte Objekte bekannt, die **Nicholas Mosse Pottery** in Bennettsbridge für handgemalte Designs. Enniscorthy in Wexford ist ein weiteres Keramikzentrum.

Keramik im Kilkenny Design Centre

Ladenschild am Kaufhaus Brown Thomas in Dublin

Leinen

Damastleinen kam mit den Hugenotten aus Frankreich nach Armagh, mit dem Ergebnis, dass Belfast sich zur Welthauptstadt der Leinenherstellung entwickelte. Heute ist Ulster immer noch führend in diesem Gewerbe. In Belfast kann man überall Leinen und Damast kaufen – z. B. bei **Smyth's Irish Linen**. Handbesticktes Leinen wird in Donegal hergestellt. Die Produktion von Leinen kann man in der Wellbrook Beetling Mill *(siehe S. 268)* verfolgen.

Strickwaren und Tweed

Überall in Irland, jedoch vor allem in Galway und auf den Aran Islands, werden Aran-Pullover verkauft, die von so hervorragender Qualität sind, dass sie in irischen Fischerfamilien von Generation zu Generation weitergereicht werden. Der Sage nach hatte einst jede Familie ihre eigenen Motive, sodass ein Fischer, der auf hoher See ertrunken war, von seiner Familie mittels des Pullovers identifiziert werden konnte – wenn er denn wiedergefunden wurde.

Die auf das unbeständige Inselwetter abgestellte Kleidung der Iren ist generell sehr robust, seien es Dufflecoats, Schaffell- oder Wachstuchjacken. Strickwaren kann man in Irland überall kaufen, die bekanntesten Hersteller sind **Avoca Handweavers** und **Blarney Woollen Mills**. Empfehlenswert sind mit Stickereien verzierte Pullover sowie handgewebte Schals und Tücher.

Der Name *Donegal tweed* steht für Qualität, was Material, Farben (nach traditioneller Art aus Flechten und Mineralien hergestellt) und Muster anbelangt. Tweed-Mäntel, -Hüte, -Jacken, -Schals sowie -Anzüge findet man bei **Magee of Donegal**.

Laden für Secondhand-Möbel in Kenmare

Schmuck

Im Goldenen Zeitalter Irlands war keltischer Metallschmuck der ganze Stolz des Landes *(siehe S. 32–35)*. Viele Kunsthandwerker lassen sich heute von den alten Ornamenten inspirieren. Unter dem industriell oder von Hand gearbeiteten Schmuck aus Gold, Silber, Emaille oder Keramik ist das berühmteste Stück der Claddagh-Ring aus Galway, zwei Hände, die ein gekröntes Herz umfassen – ein Symbol der Liebenden. **Cahalan Jewellers** im County Galway gehört zu den bekanntesten Juwelieren und führt eine große Auswahl neuer und alter Schmuckstücke. Heraldischen Schmuck gibt es bei **James Murtagh Jewellers** in Mayo.

Mode

Angeregt von einer vorwiegend jungen Bevölkerung macht sich Irland im Bereich der Mode mehr und mehr einen Namen. Traditionelle Tweed-Anzüge und Klassiker bilden den konservativen Sektor, während junge Designer fantasievoll mit Stoffen, Farben und Formen arbeiten.

A-Wear, eine Boutique für schicke, junge Damenmode, hat Niederlassungen in vielen Städten. Hier wie in anderen Boutiquen und Kaufhäusern findet man schöne Kleidung der besten irischen Designer, darunter Quin and Donnelly, Paul Costelloe, John Rocha, Louise Kennedy und Mariad Whisker.

Ein paar neue Mode-Designer, z. B. Samantha Corcoran, Pauric Sweeney und Antonia Campbell Hughes, peppen traditionelle irische Textilien mit neuen Materialien auf.

Damenmode und die allerneuesten Trends findet man bei **O'Donnell's** in Limerick. Weiter im Norden gibt es viele Fabrikläden von **Clockwork Orange** und **Fosters Clothing**. Ein Shopping-Erlebnis der besonderen Art bietet **The Pink Room** beim Carlingford Lough, ein Schuhladen im Boudoir-Stil.

Günstige Kleidung führen die Dunnes Stores, die in der Republik und in Nordirland Niederlassungen haben.

Handgestrickte Pullover in einem Geschäft in Dingle

AUF EINEN BLICK

BÜCHER

A. B. O'Connor Bookshop
Shelburne St, Kenmare, Co Kerry. **Straßenkarte** B6. 064 41578.

Eason and Son
113 Patrick's St, Cork, Co Cork. **Straßenkarte** C5. 021 427 0477.

Kennys Books
Kilkerrin Pk, Liosbaun, Tuam Rd, Galway, Co Galway. **Straßenkarte** B4. 091 709 350.

McLoughlin's Books
Shop Street, Westport, Co Mayo. **Straßenkarte** B3. 098 27777.

MUSIK

The Dingle Record Shop
Green St, Dingle, Co Kerry. **Straßenkarte** A5. 087 298 4550.

Golden Discs
Eglinton St, Galway, Co Galway. **Straßenkarte** B4. 091 565 688.

Mulligan Records
5 Middle St Court, Galway, Co Galway. **Straßenkarte** B4. 091 564 961.

DELIKATESSEN

McCambridges
38/39 Shop St, Galway, Co Galway. **Straßenkarte** B4. 091 562 259.

Spillane Seafoods
Lackabane, Killarney, Co Kerry. **Straßenkarte** B5. 064 31320.

KUNSTHANDWERK

Bricín
26 High St, Killarney, Co Kerry.
Straßenkarte B5. 064 34902.

Crafts Council of Ireland
Castle Yard, Kilkenny, Co Kilkenny. **Straßenkarte** C4. 056 776 1804.

Doolin Crafts Gallery
Ballyvoe, Doolin, Co Clare. **Straßenkarte** B4. 065 707 4309.

Geoffrey Healy Pottery
Rocky Valley, Kilmacanogue, Co Wicklow. **Straßenkarte** D4. 01 282 9270.

Kilkenny Design Centre
Castle Yard, Kilkenny, Co Kilkenny. **Straßenkarte** C4. 056 772 2118.

Roundstone Music
Roundstone, Connemara. **Straßenkarte** B4. 095 35875.

West Cork Craft
Rossnagoose, Skibbereen, Co Cork. **Straßenkarte** B6. 028 21890.

The Wicker Man
44–46 High St, Belfast, Co Antrim. **Straßenkarte** D2. 028 9024 3550.

KRISTALL UND GLAS

Connemara Marble Factory
Moycullen, Co Galway. **Straßenkarte** B4. 091 555 102.

Galway Irish Crystal
Merlin Park, Galway, Co Galway. **Straßenkarte** B4. 091 757 311.

Jerpoint Glass
Stoneyford, Co Kilkenny. **Straßenkarte** D5. 056 772 4350.

Sligo Crystal
2 Hyde Bridge, Sligo, Co Sligo. **Straßenkarte** C2. 071 914 3440.

Tipperary Crystal
Ballynoran, Carrick-on-Suir, Co Tipperary. **Straßenkarte** C5. 051 641 188.

Tyrone Crystal
Killybrackey, Coal Island Rd, Dungannon, Co Tyrone. **Straßenkarte** D2. 028 8772 5335.

KERAMIK UND PORZELLAN

Louis Mulcahy's Pottery
Clogher, Ballyferriter, Tralee, Co Kerry. **Straßenkarte** A5. 066 915 6229.

Michael Kennedy Ceramics
Bolands Lane, Gort, Co Galway. **Straßenkarte** B4. 091 632 245.

Nicholas Mosse Pottery
Bennettsbridge, Co Kilkenny. **Straßenkarte** D5. 056 772 7505.

Royal Tara China
Tara Hall, Mervue, Co Galway. **Straßenkarte** B4. 091 705 602.

Treasure Chest
31–33 William St, Galway, Co Galway. **Straßenkarte** B4. 091 567 237.

LEINEN

Forgotten Cotton
Savoy Centre, St Patrick's St, Cork, Co Cork. **Straßenkarte** C5. 021 427 6098.

Smyth's Irish Linen
65 Royal Ave, Belfast, Co Antrim. **Straßenkarte** D2. 028 9024 2232.

STRICKWAREN UND TWEED

Avoca Handweavers
Kilmacanogue, Bray, Co Wicklow. **Straßenkarte** D4. 01 286 7466.

Blarney Woollen Mills
Blarney, Co Cork. **Straßenkarte** B5. 021 438 5280.

Magee of Donegal
The Diamond, Donegal, Co Donegal. **Straßenkarte** C2. 074 972 2660.

Quills Woollen Market
1 High St, Killarney, Co Kerry. **Straßenkarte** B5. 064 32277.

Studio Donegal
The Glebe Mill, Kilcar, Co Donegal. **Straßenkarte** B2. 074 973 8194.

SCHMUCK

Cahalan Jewellers
Main St, Ballinasloe, Co Galway. **Straßenkarte** B2. 09096 42513.

Faller's Jewellers
Williamsgate St, Galway, Co Galway. **Straßenkarte** B4. 091 561 226.

Hilser Brothers
Grand Parade, Cork, Co Cork. **Straßenkarte** C5. 021 427 0382.

James Murtagh Jewellers
14 Bridge St, Westport, Co Mayo.
Straßenkarte B3. 098 25322.

O'Shea's Jewellers
24 Main St, Killarney, Co Kerry. **Straßenkarte** B5. 064 32720.

MODE

A-Wear
Mahon Point Shopping Centre, Cork, Co Cork. **Straßenkarte** C5. 021 451 5190.

Clockwork Orange
Victoria Square, Belfast, Co Antrim. **Straßenkarte** D2. 028 9032 0298.

Fosters Clothing
5 Strand Rd, Londonderry, Co Londonderry. **Straßenkarte** C1. 028 7136 6902.

O'Donnell's
11 Catherine St, Limerick, Co Limerick. **Straßenkarte** B4. 061 415 932.

The Pink Room
Dundalk St, Carlingford, Co Louth. **Straßenkarte** D3. 042 9383 669.

Straßenkarte *siehe hintere Umschlaginnenseiten*

Souvenirs

Hunderte von Geschenk- und Kunsthandwerksläden in ganz Irland bieten irische Waren in allen Preiskategorien. Besonders zu empfehlen sind Tweed, Leinen und Kristall, die man am besten in den Fabrikläden der Produktionsstätten kauft. Irisches Kunsthandwerk eignet sich hervorragend für Souvenirs. Auch religiöse Andenken sind überall zu haben. Typisch irische Speisen und Getränke lassen ebenfalls schöne Erinnerungen an Ihren Urlaub aufkommen.

St Brigid's Cross

Handtrommel *(bodhrán)* mit Schlagstock

»Sorgenstein« aus Connemara-Marmor

Traditioneller Claddagh-Ring

Ohrring in Fuchsienform aus Dingle

Emaille-Brosche

Brosche mit keltischem Motiv

Keltische Figur aus Bronze

Schmuck und Metallarbeiten haben eine lange Tradition. Kunsthandwerker benutzen oft Motive und Ornamente aus alten Quellen wie dem Book of Kells (siehe S. 64) oder lassen sich von der irischen Flora und Fauna inspirieren. In Galway gibt es die Claddagh-Ringe, traditionelle Liebessymbole aus Gold, Silber oder Stein.

Jacke und Weste aus Donegal-Tweed

Tweed-Kostüm

Kleidung »made in Ireland« ist in der Regel von hervorragender Qualität. Die Tweed-Herstellung ist noch immer eine Domäne Donegals, wo man Tweedstoffe in allen möglichen Variationen verarbeitet. Strickwaren erhält man überall im Land in Fabrikläden und in lokalen Handwerksgeschäften. Viele Strickwaren, darunter Aran-Pullover, sind zwar nicht billig, doch halten sie ein halbes Leben.

Tweed-Kappe

Fischerhut aus Tweed

Aran-Pullover

SOUVENIRS

Irisches Leinen *ist weltberühmt. Bett- und Tischwäsche finden Sie in riesiger Auswahl, in traditionellen wie auch modischen Designs. Weniger groß ist die Auswahl bei besticktem Leinen wie Taschentüchern. Tisch-Sets oder Servietten in vielen Mustern und Farben bekommen Sie ebenfalls überall. Darüber hinaus können Sie auch, vor allem in Limerick und Kenmare, schönes Leinen mit nach wie vor handgearbeiteten irischen Spitzen kaufen.*

Tisch-Set aus Leinen

Schöne Leinentaschentücher

Schale von Nicholas Mosse

Belleek-Teekanne

Teetasse von Nicholas Mosse

Irische Keramik *findet man in traditionellem wie modernem Design. Sie können bei Royal Tara China oder bei Belleek Pottery ein ganzes Service kaufen oder in einem kleinen Töpferladen ein einzelnes Stück.*

Irisches Kristall, *mundgeblasen und traditionell verarbeitet, kann man in vielen irischen Läden kaufen. Besuchen Sie die Läden der bedeutenden Hersteller, darunter Waterford Crystal, Tyrone Crystal und Jerpoint Glass, die eine große Auswahl an Glaswaren anbieten.*

Irische Sprichwörter

Bücher und Papierwaren *sind oft schön gestaltet. Museen und Buchläden bieten eine große Auswahl.*

Karten mit keltischen Mustern

Glas und Dekantierkaraffe von Waterford Crystal

Lebensmittel *lassen noch lange nach Ihrer Rückkehr Erinnerungen an Irland wach werden. Whiskeykenner sollten die Old Bushmills Distillery (siehe S. 266) oder das Jameson Heritage Centre (siehe S. 179) aufsuchen, um dort verschiedene Whiskeys zu probieren. Spezialitäten finden Sie überall. Probieren Sie einmal die getrockneten Algen, roh oder als Beilage zu Gerichten.*

| Jameson Whiskey | Bushmills Whiskey | Früchtekuchen mit Guinness | Irische Marmelade | Getrocknete Algen |

UNTERHALTUNG

Unterhaltung wird in Irland großgeschrieben. (Detaillierte Infos zur Unterhaltung in Dublin finden Sie auf den Seiten 108–115.) Die meisten großen Konzerte internationaler Künstler ebenso wie die meisten Nachtclubs findet man in den großen Städten, jedoch gibt es überall in Irland regionale Theater- und Jazzfestivals, Festivals traditioneller und moderner Musik, ebenso Kunstausstellungen oder auch mittelalterliche Bankette. In den meisten Städten gibt es ein bis zwei Kinos, die die neuesten internationalen Filme zeigen. Nicht vergessen sollte man die zahlreichen spontanen Musikdarbietungen, die in vielen irischen Pubs stattfinden. Die vielfältigen Möglichkeiten für sportliche und Outdoor-Aktivitäten sind auf den Seiten 362–367 aufgeführt. Besucher, die einer typisch irischen Sportveranstaltung beiwohnen wollen, können zu einem der berühmten Pferderennen gehen oder sich ein Gaelic-Football-, ein Hurling-, ein Fußball- oder ein Rugby-Spiel ansehen.

Transporter mit Werbung für den Clonakilty Folk Club

Das Ulster Symphony Orchestra in der Ulster Hall in Belfast

INFORMATION

Das Fremdenverkehrsamt der Republik Irland, **Fáilte Ireland**, und das **Northern Ireland Tourist Board** *(siehe S. 371)* geben jährlich den Calendar of Events heraus. Alle regionalen Fremdenverkehrsbüros informieren über lokale kulturelle und sportliche Ereignisse. Informationen finden Sie auch in allen regionalen und überregionalen Tageszeitungen.

KARTENVORVERKAUF

Eintrittskarten für die meisten Veranstaltungen bekommt man problemlos an der Abendkasse. Für größere Veranstaltungen muss man jedoch Karten im Voraus kaufen. Bei vielen Festivals gibt es Karten im Vorverkauf nur für bedeutendere Veranstaltungen. Bei international bekannten Ereignissen wie dem Wexford Festival sollte man sich für alle Vorstellungen Karten im Vorverkauf sichern. Karten für alle größeren Veranstaltungen können Sie bei **Keith Prowse Travel (IRL) Ltd** und bei **Ticketmaster** in Dublin telefonisch bestellen und mit Kreditkarte bezahlen.

VERANSTALTUNGSORTE

In den meisten irischen Städten bieten die großen Theater eine Auswahl an unterschiedlichen Veranstaltungen. In Cork zeigt das **Opera House** im Sommer vor allem Werke irischer Autoren, den Rest des Jahres über Musicals, Opern und Ballett. Im **Everyman Palace Theatre** treten irische Theatergruppen auf. Zudem finden hier Konzerte statt. Theaterstücke und Konzerte werden auch in Sligos **Hawk's Well Theatre** und Limericks **Belltable Arts Centre** aufgeführt. Im **Grand Opera House**, in der **Waterfront Hall** und im **Lyric Theatre** in Belfast gibt es ein reichhaltiges Programm an Theaterstücken, Pantomime, experimentellem Theater und Opern.

THEATER

Nahezu überall in Irland wird hervorragendes Theater geboten. In Galway ist das **Druid Theatre** auf Avantgarde-Theater, auf moderne irische Stücke und auf anglo-irische Klassiker spezialisiert. Aufführungen finden hier oft auch mittags oder spätabends statt. Gälische Theaterstücke sowie irische Musik und Tanz werden schon seit 1928 im **Taibhdhearc Theatre** angeboten. In Waterford ist die Red Kettle Theatre Company zu Hause, die im **Garter Lane Theatre** auftritt, während das **Theatre Royal** Laientheater und Musicals bietet.

Achten Sie auch auf kleinere Theatergruppen, die überall im Land auftreten. Viele sind hervorragend und haben manche der besten irischen Schauspieler hervorgebracht.

Haus der Druid Theatre Company in Galway (siehe S. 210)

Moskauer Staatsballett im Grand Opera House von Belfast *(siehe S. 276)*

KLASSISCHE MUSIK, OPER UND TANZ

Aufführungen klassischer Musik bieten die **Crawford Art Gallery**, das Opera House und der Everyman Palace in Cork, das Theatre Royal in Waterford, das Hawk's Well Theatre in Sligo und das Belltable Arts Centre in Limerick. In Belfasts **Ulster Hall** finden Rock- und Klassikkonzerte statt.

Zum **Wexford Festival of Opera** im Oktober und November kommen jährlich Tausende von Opernfans aus aller Welt, ebenso zum **Waterford Festival of Light Opera** (Ende Sep/Anfang Okt). In Wexford werden vor allem weniger bekannte Opern aufgeführt, während Waterford eher gängiges Repertoire bietet. Opern kann man zudem auch in Corks Opera House und in Belfasts Grand Opera House sehen.

Irland hat keine eigenen Ballettensembles. In größeren Theater- und Opernhäusern treten jedoch internationale Tanzgruppen auf.

ROCK, JAZZ UND COUNTRY

Falls internationale Musikstars in Irland auftreten, dann tun sie dies meist (außer in Dublin) unter freiem Himmel. Das **Semple Stadium** im County Tipperary und Slane Castle *(siehe S. 245)* im County Meath sind dafür beliebte Veranstaltungsorte. Informationen und Karten erhält man bei Ticketmaster.

In Pubs *(siehe S. 346–351)* kann man den besten Rock und Jazz irischer Gruppen hören. Fremdenverkehrsbüros und Tageszeitungen informieren über Rock- und Jazz-Nächte, die normalerweise unter der Woche stattfinden, während am Wochenende oft Country und Folk geboten werden. Jazz-Liebhabern seien die Auftritte der Bigband Waterford's Brass and Co empfohlen. Beim **Cork Jazz Festival** Ende Oktober spielen in den Pubs und auf allen Bühnen von Cork irische und internationale Jazzmusiker.

Musik im Pub beim Feakle Traditional Music Weekend

TRADITIONELLE MUSIK UND TANZ

Insbesondere in den ländlichen Gegenden Irlands haben in den 1960er Jahren die Pubs dazu beigetragen, die traditionelle irische Musik zu bewahren und neu zu beleben. Heute finden überall in den Pubs spontane Musiksessions mit Darbietungen alter Balladen, Rebellenlieder und der noch älteren *sean-nos* statt. Letztere werden in der Art von Bänkelliedern ohne Musikbegleitung – und meist auf Irisch – vorgetragen. Derartige Darbietungen kann man in vielen Pubs miterleben, etwa in The Laurels und im Danny Man in Killarney, in der Yeats Tavern in Drumcliff nahe Sligo sowie im An Phoenix und in The Lobby in Cork. In Derry sind die besten Pubs dieser Art die Gweedore Bar, die Castle Bar und die Dungloe Bar, alle in der Waterloo Street gelegen.

In Tralee bietet das **Siamsa Tíre** (National Folk Theatre) sehr schöne Volksstücke mit traditioneller Musik, Liedern und Tanz. The Barn im Bunratty Folk Park veranstaltet in den Sommermonaten Musiknächte.

Comhaltas Ceoltóirí Éireann in Monkstown nahe Dublin *(siehe S. 103)* organisiert das ganze Jahr über in verschiedenen irischen Orten traditionelle Musik- und Tanzveranstaltungen, bei denen oft auch die Zuschauer aufgefordert werden, sich aktiv am Tanzvergnügen zu beteiligen.

Das **Fleadh Cheoil**, ein traditionelles Musikfestival, das jedes Jahr Ende August in einer anderen Stadt durchgeführt wird, bietet ein ganzes Wochenende lang auf den Bühnen wie auf offener Straße Musik, Tanz, Lieder und Theateraufführungen. Etwas früher im August findet im County Clare das **Feakle Traditional Music Weekend** statt, eine etwas kleinere, weniger spektakuläre Veranstaltung mit Musik, Gesang und Tanz.

Publikum eines Open-Air-Konzerts beim Cork Jazz Festival

Knappogue-Bankett im Knappogue Castle, County Clare

FESTIVALS

Die Iren sind Experten bei der Organisation von Festivals und beim Aufbau von Open-Air-Bühnen für Theater, Musik und Tanz, um so viel wie möglich unter freiem Himmel feiern zu können *(siehe S. 48–50)*.

Mitte Juli findet in Galway das **Galway Arts Festival** statt, eines der größten Festivals in Irland, das Theateraufführungen sowie Musik, Straßenfeste und Veranstaltungen für Kinder bietet. Ende Juli steigt dann eine Woche lang das **Boyle Arts Festival** – mit Ausstellungen, Dichterlesungen und Theateraufführungen, mit klassischem Jazz- und traditionellen Folk-Konzerten sowie Workshops für Erwachsene und Kinder.

Das **Kilkenny Arts Festival** im August, ein weiteres bedeutendes Festival, bietet Dichtkunst, klassische Musik und Filme sowie eine große Auswahl an Kunsthandwerk. Am ersten Wochenende im Oktober findet das **Cork Film Festival** statt. Im Oktober/November lädt Belfast für zwei Wochen zum **Belfast Festival at Queen's** mit gemischtem Programm, das Theater, Ballett, Comedy, Kabarett, Musik und Filme umfasst, ein. Die Darbietungen finden auf dem Campus der Queen's University statt sowie auf den Bühnen und in Veranstaltungsräumen überall in der Stadt.

Im Mai, Juni und Juli zieht das **County Wicklow Gardens Festival** viele Besucher an, die sich in den schönsten Gärten und Parks im County aufhalten wollen. Während des **Music in Great Irish Houses Festival** hingegen hat man die Möglichkeit, klassische Musik hervorragender Künstler in einer Reihe historischer Gebäude zu hören, die sonst kaum zugänglich sind. Dazu gehören beispielsweise das Mount Stewart House *(siehe S. 282f)* und das University College in Cork.

Beim Kilkenny Arts Festival

TRADITIONELLE BANKETTE

Bei diesen Banketten – die sehr vergnüglich und inzwischen weltberühmt sind – servieren Ihnen Kellner in historischen Trachten traditionelle Speisen und Getränke. Am bekanntesten sind die mittelalterlichen Bankette – jenes auf Bunratty Castle *(siehe S. 192f)* war das erste dieser Art und ist immer noch das lebhafteste, mit Darbietungen während des ganzen Jahres. Von April bis Oktober finden im Knappogue Castle *(siehe S. 189)* Bankette statt. Im Dunguaire Castle *(siehe S. 212)* gibt es ein kleineres Programm mit Musik und Dichterlesungen. Von März bis November vermitteln die Killarney Manor Banquets in einem Herrenhaus in der Loreto Road, südlich von Killarney, die Atmosphäre des frühen 19. Jahrhunderts.

BILDUNGSURLAUB

Sich im Urlaub mit Irlands reicher Kultur zu befassen, ist gewinnbringend und vergnüglich. Sie können aus einem breiten Angebot wählen: z. B. Musik, Literatur, Architektur, Gartenanlagen, Sprache, Folklore, Kunsthandwerk und Küche.

Besonders faszinierend ist die 5000-jährige Geschichte Irlands. Im County Mayo bietet die **Achill Archaeological Summer School** Ferienkurse, bei denen man an Ausgrabungen teilnehmen kann.

Wollen Sie die Geheimnisse der irischen Küche ergründen, so ist die **Ballymaloe School of Cookery** im County Cork genau das Richtige. Sie wird von Darina Allen geleitet, einer der bekanntesten Köchinnen Irlands.

Literaturfreunde können in der **Yeats International Summer School** die Werke von Yeats und seinen Zeitgenossen studieren. Die **Listowel Writers' Week** bietet Lesungen und Workshops mit bekannten Schriftstellern.

Mitglieder einer irischen Volkstanzgruppe in traditioneller Tracht

AUF EINEN BLICK

VORVERKAUF

Keith Prowse Travel (IRL) Ltd
Irish Life Mall, Dublin 1.
📞 01 878 3500.
www.keithprowse.com

Ticketmaster
Grafton House, 70 Grafton St, Dublin 2. 📞 01 648 6060. www.ticketmaster.ie

VERANSTALTUNGS-ORTE

Belltable Arts Centre
69 O'Connell St, Limerick.
📞 061 319 866.
www.belltable.ie

Everyman Palace Theatre
MacCurtain St, Cork.
📞 021 450 1673. www.everymanpalace.com

Grand Opera House
Great Victoria St, Belfast.
📞 028 9024 1919.
www.goh.co.uk

Hawk's Well Theatre
Johnson Court, Sligo.
📞 071 916 1526.
www.hawkswell.com

Lyric Theatre
55 Ridgeway St, Belfast.
📞 028 9038 5685.
www.lyrictheatre.co.uk

Opera House
Emmet Place, Cork.
📞 021 427 4308.
www.corkoperahouse.ie

Waterfront Hall
2 Lanyon Place, Belfast.
📞 028 9033 4455.

THEATER

Druid Theatre
Chapel Lane, Galway.
📞 091 568 660.
www.druidtheatre.com

Garter Lane Theatre
22A O'Connell St, Waterford. 📞 051 855 038

Taibhdhearc Theatre
Middle St, Galway.
📞 091 562 024.
www.antaibhdhearc.com

Theatre Royal
The Mall, Waterford.
📞 051 874 402.

KLASSISCHE MUSIK, OPER UND TANZ

Crawford Art Gallery
Emmet Place, Cork.
📞 021 490 7855. www.crawfordartgallery.com

Ulster Hall
Bedford St, Belfast.
📞 028 9032 3900.
www.ulsterhall.co.uk

Waterford Festival of Light Opera
Theatre Royal, Waterford.
📞 051 874 402. www.theatreroyalwaterford.com

Wexford Festival of Opera
Theatre Royal, High St, Wexford. 📞 053 912 2144.
www.wexfordopera.com

ROCK, JAZZ UND COUNTRY

Cork Jazz Festival
20 South Mall, Cork.
📞 021 427 0463. www.corkjazzfestival.com

Semple Stadium
Thurles, Co Tipperary.
📞 0504 22702.

TRADITIONELLE MUSIK UND TANZ

Comhaltas Ceoltóirí Éireann
32 Belgrave Sq, Monkstown, Co Dublin. 📞 01 280 0295.
www.comhaltas.com

Feakle Traditional Music Weekend
Maghera, Caher, Co Clare. 📞 061 924 3885.
www.feaklefestival.ie

Fleadh Cheoil
www.comhaltas.ie

Siamsa Tíre
National Folk Theatre, The Town Park, Tralee, Co Kerry. 📞 066 712 3055.

The Traditional Irish Night
Bunratty Castle and Folk Park, Bunratty, Co Clare.
📞 061 360 788. www.shannonheritage.com.

FESTIVALS

Belfast Festival at Queen's
25 College Gardens, Belfast. 📞 028 9097 2626.
www.belfastfestival.com

Boyle Arts Festival
King House, Main St, Boyle, Co Roscommon.
📞 071 966 3085.
www.boylearts.com

Cork Film Festival
10 Washington St, Cork.
📞 021 427 1711.
www.corkfilmfest.org

County Wicklow Gardens Festival
St Manntan's House, Kilmantin Hill, Wicklow.
📞 0404 20070.

Galway Arts Festival
Black Box Theatre, Dyke Rd, Terryland, Galway.
📞 091 509 700. www.galwayartsfestival.com

Kilkenny Arts Festival
9/10 Abbey Business Centre, Kilkenny.
📞 056 775 2175.
www.kilkennyarts.ie

Music in Great Irish Houses
29 Rose Pk, Dun Laoghaire, Co Dublin.
📞 01 664 2822.

BILDUNGSURLAUB

Archäologie:
Achill Archaeological Summer School
Folk Life Centre, Dooagh, Achill Island, Co Mayo.
📞 098 43564.

Gerard Manley-Hopkins Summer School
Great Connell, Newsbridge, Co Kildare.
📞 045 433 613. www.gerardmanleyhopkins.org

Oideas Gael
Gleanncholmcille, Co Donegal. 📞 074 973 0248.

Häuser, Burgen und Gärten Irlands:
Houses, Castles & Gardens of Ireland
16a Woodlands Pk, Blackrock, Co Dublin.

📞 01 288 9114.
www.gardensireland.com
www.castlesireland.com

National Trust
Rowallane House, Saintfield, Ballynahinch, Co Down.
📞 028 9751 0721.
www.ntni.org.uk

Irische Sprache:
Conversation Classes
Oidhreacht Chorca Dhuibhne, Ballyferriter, Co Kerry.
📞 043 71448.

James Joyce Summer School
University College Dublin, Belfield, Dublin 4.
📞 01 716 8480.

Listowel Writers' Week
24 The Square, Listowel, Co Kerry.
📞 068 21074.
www.writersweek.ie

Literary Goldsmith Summer School
Rathmore, Ballymahon, Co Longford.
📞 090 643 71448.

William Carleton Summer School
Dungannon District Council, Circular Rd, Dungannon, Co Tyrone.
📞 028 8772 5311.

Yeats International Summer School
Yeats Society, Yeats Memorial Building, Douglas Hyde Bridge, Sligo. 📞 071 914 2693.
www.yeats-sligo.com

Kochen:
Ballymaloe School of Cookery
Shanagarry, Midleton, Co Cork. 📞 021 464 6785.
www.cookingisfun.ie

Musik:
South Sligo Summer School of Traditional Music, Song and Dance
Tubbercurry, Co Sligo.
📞 071 912 0912.
www.sssschool.org

Willie Clancy Summer School
Miltown Malbay, Co Clare. 📞 065 708 4148.

Sport und Aktivurlaub

Schild an einem Anglergeschäft in Donegal

Selbst wenn man sich in den großen Städten aufhält, ist man in Irland doch nie allzu weit weg vom Land und vom Landleben. Die beliebtesten Sportveranstaltungen sind Irlands berühmte Pferderennen, doch auch Gaelic Football, Fußball und Hurling bieten viel Spaß. Alle, die nicht nur zuschauen, sondern selbst aktiv werden wollen, können zwischen Angeln, Golf, Reiten, Fahrradfahren, Wandern und Wassersport wählen. Nützliche Adressen finden Sie auf Seite 366f. Weitere Informationen bieten Fáilte Ireland und für Nordirland das Northern Ireland Tourist Board sowie alle örtlichen Fremdenverkehrsbüros. Die bedeutendsten Sportereignisse sind auf Seite 28f dieses Reiseführers zusammengestellt.

Pferderennen auf dem Fairyhouse Racecourse

RENNBAHNEN UND SPORTSTADIEN

Die Leidenschaft der Iren für Pferderennen ist legendär. **The Curragh** (siehe S. 129), wo das Irish Derby stattfindet, ist eine führende Rennbahn. **Fairyhouse**, Austragungsort des Ireland's Grand National, ist das ganze Jahr über gut besucht, vor allem aber um Weihnachten, wenn die Dubliner hier auf die alljährlichen Rennen wetten. **Punchestown** in Kildare ist seit über 150 Jahren eine feste Größe in der Rennszene und kann 80 000 Zuschauer aufnehmen. **Leopardstown** in Dublin veranstaltet das ganze Jahr über Rennen.

Daneben gibt es viele kleinere Rennbahnen mit ungezwungener Atmosphäre. Die Galway Race Week Ende Juli ist ein gesellschaftliches Großereignis. Ein Veranstaltungskalender mit Rennen in ganz Irland ist bei **Horse Racing Ireland** erhältlich.

In der Republik Irland gibt es 18 Stadien für Windhundrennen. Die bekanntesten sind Dublins **Shelbourne Park** und **Harold's Cross Stadium**, die beide gute Restaurants haben.

Croke Park ist Irlands imposantestes Sportstadion. Hier finden Gaelic-Football- und Hurling-Spiele statt. Internationale Rugby- und Fußballspiele werden im Lansdowne Road Stadium ausgetragen. Karten für Fußballspiele erhält man bei der **Football Association of Ireland**. Rugby-Fans wenden sich an die **Irish Rugby Football Union**.

Das alljährliche Highlight für Golfer ist die Irish Open Golf Championship im Juli. Der Austragungsort wechselt. Karten und Infos gibt es bei **European Tour**.

ANGELN

Irlands Anspruch, ein Paradies für Angler zu sein, ist nicht übertrieben. In den Flüssen und Seen des Landes findet man Brasse, Flussbarsch, Plötze und Hecht, in Flüssen am Meer auch den berühmten irischen Lachs und die Meerforelle («Lachsforelle»).

Flunder, Weißfisch, Meeräsche und Barsch bevölkern die Irische See. Hochseeanglern eröffnet sich zudem die ganze Welt von Hundshai, Hai und Rochen. Von vielen Orten aus kann man Hochsee-Angelfahrten organisieren. Besonders beliebt und bekannt hierfür sind die Küsten von Cork und Kerry.

Das **Clonanav Fly Fishing Centre** bei Clonmel im County Waterford ist bei unerfahrenen Anglern wie bei Profis beliebt und bietet sehr gute Unterkünfte sowie kundiges, verlässliches Personal. Als bester Fluss für Angler im Osten Irlands gilt der Slaney mit seinen zahlreichen Fischereien am Ufer. Die **Ballintemple Fishery** ist eine gute Wahl: Hier kann man Anglerausrüstung leihen und bekommt Instruktionen.

Mike's Fishing Tackle in Süd-Dublin verleiht ebenfalls Ausrüstung. Lebende Köder kann man vielerorts kaufen.

Informationen über erforderliche Genehmigungen bekommt man in der Republik Irland beim **Central Fisheries**

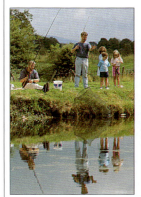

Angeln im Kanal bei Robertstown, County Kildare *(siehe S. 128)*

SPORT UND AKTIVURLAUB 363

Wanderer im Gap of Dunloe, Killarney *(siehe S. 163)*

Board und in Nordirland bei **Inland Fisheries**, Department of Culture, Arts and Leisure. Die **Irish Federation of Sea Anglers** erteilt nützliche Tipps und organisiert Angelausflüge und -kurse.

Landkarten und weitere Informationen gibt es bei Fáilte Ireland in der Republik und beim Northern Ireland Tourist Board *(siehe S. 370f)*. Hilfreich ist auch die Website von **Irish Angling Update** mit Berichten über Angel-Bedingungen, die regelmäßig auf den neuesten Stand gebracht werden.

WANDERN UND BERGSTEIGEN

Wanderferien eröffnen Ihnen die herrliche Landschaft am intensivsten. Ein Netz von Wanderwegen quer durch ganz Irland führt zu einigen der schönsten Orte, die das Land zu bieten hat. Bei Fáilte Ireland und beim Northern Ireland Tourist Board erhalten Sie Informationen über die großen Wanderwege. Dazu zählen Wicklow Way *(siehe S. 139)*, Dingle Way, Munster Way, Kerry Way und Barrow Towpath. Diese Routen können in kleinere Abschnitte unterteilt werden, je nachdem, wie viel Zeit man hat oder wie leistungsfähig man ist. Der 800 Kilometer lange Ulster Way führt durch Nordirland, vorbei an spektakulären Küstenabschnitten beim Giant's Causeway *(siehe S. 262f)* und bis hinauf zu den Gipfeln der Mountains of Mourne *(siehe S. 284f)*. **Irish Ways** bietet Routenvorschläge. Über Wanderungen in Nordirland informiert **Ulster Federation of Rambling Clubs**.

An Óige Hill Walkers Club organisiert jeden Sonntag eine Tour in die Wicklow und Dublin Mountains für erfahrene Wanderer. Einmal im Monat beinhaltet das Programm dieses Clubs eine anstrengende Bergtour, bei der Neulinge das Bergsteigen ausprobieren können.

Das preisgekrönte **Michael Gibbons' Walking Ireland Centre** bietet im Sommer halb- und ganztägige Wanderungen durch die schöne Landschaft Connemaras.

Bei **Skibbereen Historical Walks** erfahren die Teilnehmer am Beispiel von Skibbereen, einer Stadt, deren Name mit der Großen Hungersnot verbunden ist, viel über Irlands Vergangenheit.

Informationen über Bergwandern und Klettern gibt es bei **Mountaineering Council of Ireland**. Achten Sie auf die richtige Ausrüstung für das häufig wechselhafte irische Wetter.

RADFAHREN

Mit seiner vielfältigen Landschaft und den häufig völlig verkehrsfreien Straßen ist Irland für Radtouren geradezu ideal. Organisationen wie **Celtic Cycling** bieten geführte Ausflüge und Unterkünfte. Auch das Unternehmen **Premier Cycling Holidays** hat mehrere schöne Radtouren im Angebot.

Die Website der **MTB Commission of Cycling Ireland** bietet Details zu vielen Wegen sowie Veranstaltungen für Mountainbiker. Außerdem findet man hier Links zu anderen Websites.

Sie können Ihr Rad für wenig Geld im Bus oder im Zug mitnehmen. Wenn Sie ein Rad mieten wollen, empfehlen sich die Depots von **Neill's Wheels** in der Republik und in Nordirland oder **Cycleways** in der Parnell Street in Dublin.

Markierung am Ulster Way, der Route durch Nordirland

Fahrradfahren in der Gegend von Muckross House nahe Killarney *(siehe S. 159)*

Golfspieler in Portstewart, Nordirland *(siehe S. 260)*

GOLF

Von den über 300 Golfplätzen in ganz Irland, viele davon an herrlichen Küstenabschnitten gelegen, fallen über 50 in die Kategorie »championship class«.

Den Weltklasseplatz **Mount Juliet** im County Kilkenny legte die Golf-Legende Jack Nicklaus an. Der **K Club** in Kildare besitzt zwei 18-Loch-Championship-Plätze. Beide gestaltete Arnold Palmer sehr individuell. Der berühmte Golfspieler Christy O'Connor Junior entwarf den Platz des **Galway Bay Golf Club**. Auf diesem schwierigen Platz, ein Muss für jeden ernsthaften Spieler, liegen Ruinen verstreut, die zum Teil auf das 16. Jahrhundert zurückgehen.

Einen der bekanntesten Plätze kann der **Portmarnock Golf Club** sein Eigen nennen. Er liegt knapp 20 Kilometer nördlich der Innenstadt Dublins. Aufgrund seiner erstklassigen Qualität und seiner Lage finden hier hochrangige Turniere statt. An der Atlantikküste, im County Clare, befindet sich der **Lahinch Golf Club**, ein anerkannter Mackenzie-Platz, auf dem jeder ambitionierte Golfer einmal gespielt haben sollte.

Nordirlands bekannteste Plätze sind jene des **Royal Portrush Golf Club** und des **Royal County Down Golf Club**. Die **Golfing Union of Ireland**, die **Irish Ladies Golfing Union** und die lokalen Fremdenverkehrsbüros erteilen Informationen über Golfplätze, Bedingungen und Gebühren. Die meisten Golfer spielen mit eigenem Equipment, wenngleich man Schläger etc. in den meisten Clubs auch ausleihen kann.

REITEN UND PONY-TREKKING

Die Iren sind zu Recht stolz auf ihre schönen Pferde. Viele Reiterhöfe, mit oder ohne Unterkünfte, bieten Reitausflüge durch Wälder, an verlassenen Stränden, auf Landstraßen und quer durch die Berge an. Dingle, Donegal, Connemara und Killarney sind bekannte Regionen für wunderbare Reiterferien. Es gibt zwei Möglichkeiten, diese zu gestalten: *post-to-post* oder *based*. Bei Ersterem sind Sie dauernd unterwegs und übernachten jeden Tag auf einem anderen Hof. Bei *Based*-Ausflügen haben Sie einen festen Stützpunkt, von dem aus Sie jeden Tag einen Ausflug unternehmen und abends wieder zurückkommen.

Das **Aille Cross Equestrian Centre** in Connemara bietet Reitausflüge sowohl für erfahrene Reiter als auch für Neulinge an. Sie sitzen dabei sechs Stunden täglich auf einem Connemara-Pony oder auf einem Jagdpferd. Weiter südlich liegen die **Killarney Riding Stables**, zwei Kilometer von Killarneys Innenstadt entfernt. Unternehmungslustige Reiter können von hier aus den fünf- oder sechstägigen Killarney Reeks Trail in Angriff nehmen.

Das **Mountpleasant Trekking and Riding Centre** liegt in einem riesigen bewaldeten Gebiet bei Castlewellan im County Down. Das Zentrum ist für unerfahrene wie erfahrene Reiter geeignet.

Five Counties Holidays organisiert Reiterferien in den Regionen Nordwest-Irlands. Viele andere Reitzentren, z. B. **Equestrian Holidays Ireland**, bieten geführte Ausritte und Reitunterricht für Anfänger und Fortgeschrittene.

WASSERSPORT

Kein Wunder, dass in Irland mit seiner über 4800 Kilometer langen Küste der Wassersport eine herausragende Rolle spielt. Surfen, Windsurfen, Tauchen und Kanufahren gehören zu den beliebtesten Wassersportarten, die man fast an allen Küsten betreiben kann.

Sligo bietet die besten Bedingungen fürs Surfen, doch auch andere Küstenabschnitte sind hierfür gut geeignet. Die **Irish Surfing Association**, die staatliche Organisation fürs Surfen und ähnliche Sportarten, z. B. Body-Surfen, informiert über die Bedingungen in allen 32 Countys. Windsurf-Zentren findet man vor allem in der Nähe von Dublin, Cork und Westport.

Reiterin in Killarney

Surfer bei Bundoran in der Donegal Bay *(siehe S. 230)*

Die Bedingungen für Taucher sind unterschiedlich. An der Westküste kann man unter Wasser besonders viel sehen. Der **Irish Underwater Council** empfiehlt Tauchschulen. **DV Diving** organisiert Kurse und Unterkünfte in der Nähe des Belfast Lough und der Irischen See, wo man eine Reihe alter Schiffswracks erkunden kann.

Im Landesinneren sind Lower Lough Erne *(siehe S. 270f)* und Killaloe am Lough Derg *(siehe S. 190)* beliebte Ferienzentren. Das **Lakeland Canoe Centre** zwischen Upper und Lower Lough Erne gibt Kanu-Unterricht und organisiert Kanuten-Ferien (mit Camping), z. B. entlang der malerischen Shannon-Erne-Wasserstraße *(siehe S. 235)*. Ab März bietet **Atlantic Sea Kayaking** eintägige Ausflüge und Zwei- bis Dreitagestouren bei Castlehaven und Baltimore.

Viele Küstenabschnitte sind für erfahrene Schwimmer sicher. Fragen Sie am besten Einheimische nach den Bedingungen. In Dublin ist der 40 Foot in Sandycove beliebt zum Schwimmen. Kinder sind im seichten Wasser in Hafennähe sicher. Erwachsene können auch auf der Meerseite der Hafenmauer im tieferen Wasser schwimmen. Mehr Details erfahren Sie beim **Dun Laoghaire-Rathdown County Council**.

SEGELN UND BOOTSFAHRTEN

Ruhige Ferien auf einem Segelschiff oder einem Boot sind eine ideale Alternative zum Alltagsstress. Irlands Flüsse, insgesamt 14 500 Kilometer lang, und die über 800 Seen bieten eine riesige Auswahl an Möglichkeiten für alle, die Ferien auf dem Wasser verbringen möchten. In den Ortschaften an der Küste, an Flüssen und Seen lernen Sie die Iren in ihrem ureigensten Element kennen. Egal, ob man auf dem Lough Derg, auf dem Shannon oder auf dem Grand Canal *(siehe S. 101)* unterwegs ist – überall eröffnet sich einem die Einzigartigkeit der Landschaft.

Segler bei Rosslare im County Wexford *(siehe S. 151)*

Zwischen Carrick-on-Shannon im County Leitrim und Upper Lough Erne in Fermanagh verläuft die **Shannon-Erne-Wasserstraße** *(siehe S. 235)*, ein Kanal, der 1993 wiedereröffnet wurde. Ihm folgend, gelangt man zum Upper und Lower Lough Erne *(siehe S. 270f)* und nach Belleek. **Emerald Star** vermietet hier Boote und Schiffe.

Die **Shannon Castle Line** betreibt eine moderne Flotte aus Kreuzfahrtschiffen auf dem Shannon. Die **Silver Line Cruisers**, die ebenfalls auf dem Shannon unterwegs sind, liegen nur zwei Kilometer vom Grand Canal entfernt und versprechen entspannte Bootsfahrten ohne Gedränge.

Bei Seglern ist die Region zwischen Cork und der Dingle Peninsula beliebt. Segelkurse bieten **International Sailing Centre** bei Cork und **Ulster Cruising School** in Carrickfergus an. Bei der letzteren Schule können erfahrene Segler auch Yachten mieten und dann zur imposanten Westküste Schottlands segeln.

JAGDSPORT

Die Jagdsaison dauert in Irland von Oktober bis März. Fuchsjagden dominieren in der Republik (in Nordirland sind sie untersagt). Es werden aber auch Hasen und Rehe gejagt. Kontaktieren Sie bei Interesse **The Irish Master of Foxhounds Association** in der Republik Irland und **Countryside Alliance** in Nordirland.

Von September bis Ende Januar werden Enten geschossen. Das ganze Jahr zielt man auf Tontauben, von November bis Januar auf Fasane. Das **Mount Juliet Estate** verleiht Waffen und verkauft Munition. Der **Colebrooke Park** im County Fermanagh bietet Hirschjagden mit Übernachtung. Nordirlands **National Countrysports Fair**, meist im Mai abgehalten, ist eine wichtige Messe für Jäger.

Die **National Association of Regional Game Councils** informiert über die erforderlichen Genehmigungen.

BEHINDERTENSPORT

Behinderte erhalten von der **Irish Wheelchair Association** Informationen über Möglichkeiten sportlicher Aktivität. Überregionale wie lokale Fremdenverkehrsbüros und viele der auf Seite 366f aufgeführten Organisationen verfügen ebenfalls über entsprechende Informationen. Das **Share Village** bietet Möglichkeiten im Bereich Aktivurlaub für Behinderte wie Nicht-Behinderte.

Boote im Carnlough Harbour an der Antrim-Küste *(siehe S. 267)*

AUF EINEN BLICK

RENNBAHNEN UND SPORTSTADIEN

Croke Park
Dublin 3. 01 819
2300. www.crokepark.ie

Curragh Racecourse
The Curragh, Co Kildare.
Straßenkarte D4.
045 441 205.
www.curragh.ie

European Tour
www.europeantour.com

Fairyhouse
Rataoth, Co Meath.
Straßenkarte D3.
01 825 6167.www.
fairyhouseracecourse.ie

Football Association of Ireland
80 Merrion Sq, Dublin 2.
Stadtplan Dublin F4.
01 703 7500.
www.fai.ie

Harold's Cross Stadium
Harold's Cross Rd, Dublin
6. 01 497 9023.
www.igb.ie

Horse Racing Ireland
Ballymany, The Curragh,
Co Kildare. Straßenkarte
D4. 045 455 455.
www.hri.ie

Irish Rugby Football Union
62 Lansdowne Road,
Dublin 4. 01 647
3800. www.irishrugby.ie

Leopardstown
Foxrock, Dublin 18.
01 289 0500.
www.leopardstown.com

Punchestown
Naas, Co Kildare.
Straßenkarte D4.
045 897 704.
www.punchestown.com

Shelbourne Park
Pearse Street, Dublin 2.
01 202 6621. www.
shelbournepark.com

ANGELN

Ballintemple Fishery
Ardattin, Co Carlow.
Straßenkarte D4.

059 915 5566.
www.ballintemple.com

Central Fisheries Board
Swords. 01 884 2600.
www.cfb.ie

Clonanav Fly Fishing Centre
Ballymacarbry, Co
Waterford.
Straßenkarte C5.
052 36141.
www.flyfishingireland.
com

Inland Fisheries
Interpoint, 20–24 York
St, Belfast.
Straßenkarte D2.
028 9025 8825.
www.dcalni.gov.uk

Irish Angling Update
01 884 2600.
www.cfb.ie

Irish Federation of Sea Anglers
Mr Hugh O'Rorke, 67
Windsor Dr, Monkstown,
Co Dublin.
01 280 6873.
www.ifsa.ie

Mike's Fishing Tackle
Patrick St, Dun Laoghaire,
Co Dublin.
Straßenkarte D4.
01 280 0417.

WANDERN UND BERGSTEIGEN

An Óige Hill Walkers Club
61 Mountjoy St, Dublin 7.
Stadtplan Dublin C1.
01 830 4555.
www.anoige.ie/activities

Irish Ways
Belfield Bike Shop,
University College Dublin,
Dublin 4.
01 216 0340.
www.irishways.com

Michael Gibbons' Walking Ireland Centre
Market Street, Clifden, Co
Galway. Straßenkarte
A3. 095 21492.
www.walkingireland.com

Mountaineering Council of Ireland
13 Joyce Way, Parkwest
Business Park, Dublin 12.
01 625 1115.
www.mountaineering.ie

Skibbereen Historical Walks
Skibbereen Heritage Ctr,
Skibbereen, Co Cork.
Straßenkarte B6.
028 40900.
www.skibbereen.ie

Ulster Federation of Rambling Clubs
12b Breda Hse, Drumart
Dr, Belfast. Straßenkarte
D2. 028 9064 8041.
www.ufrc-online.co.uk

RADFAHREN

Ardclinis Activity Centre
High St, Cushendall,
Co Antrim.
Straßenkarte D1.
028 2177 1340.
www.ardclinis.com

Celtic Cycling
Lorum Old Rectory,
Bagenalstown, Co Car-
lcw. Straßenkarte D4.
059 977 5282.
www.celticcycling.com

Cycleways
185–186 Parnell St,
Dublin 1.
Stadtplan Dublin C3.
01 873 4748.
www.cycleways.com

MTB Commission of Cycling Ireland
www.mtbireland.com

Neill's Wheels
085 153 0648.

Premier Cycling Holidays
Portland, Nenagh, Co Tip-
perary. Straßenkarte C4.
090 974 7134.

GOLF

Galway Bay Golf Club
Renville, Oranmore, Co
Galway. Straßenkarte
B4. 091 790 711.
www.galwaybaygolf
resort.com

Golfing Union of Ireland
Carton Demesne,
Maynooth, Co Kildare.
Straßenkarte D3.
01 505 4000.
www.gui.ie

Irish Ladies Golfing Union
1 Clonskeagh Sq, Dublin
14. 01 269 6244.
www.ilgu.ie

The K Club
Straffan, Co Kildare.
Straßenkarte D4.
01 601 7200.
www.kclub.com

Lahinch Golf Club
Lahinch, Co Clare.
Straßenkarte B4.
065 708 1100. www.
lahinchgolfhotel.com

Mount Juliet
Thomastown, Co Kilken-
ny. Straßenkarte D5.
056 777 3000.
www.mountjuliet.com

Portmarnock Golf Club
Portmarnock, Co Dublin.
Straßenkarte D3.
01 846 2968. www.
portmarnockgolfclub.ie

Professional Golf Association
Dundalk Golf Club, Black-
rock, Dundalk, Co Louth.
Straßenkarte D3.
042 932 1193.
www.pga.info

Royal County Down Golf Club
36 Golf Links Rd,
Newcastle, Co Down.
Straßenkarte E2.
028 4372 3314. www.
royalcountydown.org

Royal Portrush Golf Club
Dunluce Rd, Portrush, Co
Antrim. Straßenkarte D1.
028 7082 2311. www.
royalportrushgolfclub.com

SPORT UND AKTIVULRAUB

AUF EINEN BLICK

REITEN UND PONY-TREKKING

Aille Cross Equestrian Centre
Loughrea,
Co Galway.
Straßenkarte B4.
℡ 091 841 216.
www.aille-cross.com

Association of Irish Riding Establishments
Beech House, Naas,
Co Kildare.
Straßenkarte D4.
℡ 045 850 800.
www.aire.ie

British Horse Society
House of Sport, Upper
Malone Rd, Belfast.
Straßenkarte D2.
℡ 028 9268 3801.
www.bhsireland.org.uk

Equestrian Holidays Ireland
Whispering Pines,
Crosshaven, Co Cork.
Straßenkarte C6.
℡ 021 483 1950.
www.ehi.ie

Five Counties Holidays
Ardmourne House,
Castlederg, Co Tyrone.
Straßenkarte C2.
℡ 028 8167 0291.
www.five-counties-holidays.com

Killarney Riding Stables
Ballydowney, Killarney,
Co Kerry.
Straßenkarte B5.
℡ 064 31686.
www.killarney-riding-stables.com

Mountpleasant Trekking and Horse Riding Centre
Bannonstown Rd,
Castlewellan, Co Dublin.
Straßenkarte D2.
℡ 028 437 7851. www.
mountpleasantcentre.com

WASSERSPORT

Atlantic Sea Kayaking
The Abbey, Skibbereen,
Co Cork.
Straßenkarte B6.
℡ 028 21058. www.
atlanticseakayaking.com

Baltimore Diving and Watersports Centre
Baltimore, Co Cork.
Straßenkarte B6.
℡ 028 20300. www.
baltimorediving.com

Dun Laoghaire-Rathdown County Council
County Hall, Marine Rd,
Dun Laoghaire, Co Dublin. **Straßenkarte** D4.
℡ 01 205 4700.

DV Diving
138 Mountstewart Rd,
Newtownards, Co Down.
Straßenkarte E2.
℡ 028 9186 1686.
www.dvdiving.co.uk

Irish Surfing Association
Easkey Surf and
Information Centre,
Easkey, Co Sligo.
Straßenkarte B2.
℡ 096 49428.
www.isasurf.ie

Irish Underwater Council
78a Patrick St, Dun
Laoghaire, Co Dublin.
Straßenkarte D4.
℡ 01 284 4601.

Lakeland Canoe Centre
Castle Island, Enniskillen,
Co Fermanagh.
Straßenkarte C2.
℡ 028 6632 4250.
www.arkoutdoor
adventure.com

SEGELN UND BOOTSFAHRTEN

Athlone Cruisers
Jolly Mariner, Athlone, Co
Westmeath.
Straßenkarte C3.
℡ 090 647 2892.
www.acl.ie

Charter Ireland
Galway City Marina.
Straßenkarte B4.
℡ 087 244 7775

Emerald Star
The Marina, Carrick-on-
Shannon, Co Leitrim.
Straßenkarte C3.
℡ 071 962 7633.
www.emeraldstar.ie

International Sailing Centre
East Beach,
Cobh, Co Cork.
Straßenkarte C6.
℡ 021 481 1237.
www.sailcork.com

Lough Melvin Holiday Centre
Garrison,
Co Fermanagh.
Straßenkarte C2.
℡ 028 686 58142.
www.melvinholiday
centre.com

Shannon Castle Line
Williamstown Harbour,
Whitegate, Co Clare.
Straßenkarte C4.
℡ 061 927 042.
www.shannoncruisers.
com

Silver Line Cruisers
The Marina, Banagher, Co
Offaly. **Straßenkarte** C4.
℡ 05791 51112.
www.silverlinecruisers.
com

Tara Cruisers
Unit 12, Market Yard
Centre, Carrick-on-
Shannon, Co Leitrim.
Straßenkarte C3.
℡ 071 962 2266.
www.taracruisers.ie

Ulster Cruising School
The Marina, Carrick-
fergus, Co Antrim.
Straßenkarte E2.
℡ 028 9332 6304.
www.ulstercruising.com

JAGDSPORT

Colebrooke Park
Brookeborough,
Co Fermanagh.
Straßenkarte C2.
℡ 028 8953 1402.

Countryside Alliance
Larchfield Estate,
Bailliesmills Road, Lisburn,
Co Antrim.
Straßenkarte D2.
℡ 028 9263 9911.
www.caireland.org

The Irish Master of Foxhounds Association
℡ 086 255 2366.
www.imfha.com

Mount Juliet Estate
Thomastown, Co
Kilkenny.
Straßenkarte D5.
℡ 056 777 3000.
www.mountjuliet.com

National Association of Regional Game Councils
6 Sandford Road,
Ranelagh, Dublin 6.
℡ 01 497 4888.
www.nargc.ie

National Countrysports Fair
Moira Demesne, Lisburn,
Co Antrim.
Straßenkarte D2.
℡ 02892 662 306.
www.irishfieldsports.com

BEHINDERTEN-SPORT

Irish Wheelchair Association
Blackheath Dr, Clontarf,
Dublin 3.
℡ 01 818 6400.
www.iwa.ie

Share Village
Smith's Strand,
Lisnaskea,
Co Fermanagh.
Straßenkarte C2.
℡ 028 6772 2122.
www.sharevillage.org

Stadtplan Dublin *siehe Seiten 116–119* **Straßenkarte** *siehe hintere Umschaginnenseiten*

Grund-
informationen

Praktische Hinweise 370-381

Reiseinformationen 382-393

Praktische Hinweise

Obwohl Irland eine relativ kleine Insel ist, darf man nicht davon ausgehen, dass man für ihre Erkundung deshalb nur wenig Zeit braucht. Im Gegenteil, denn viele Sehenswürdigkeiten befinden sich in ländlichen Gegenden. In den abgelegenen Teilen der Insel sind die Straßen eng, das Leben verläuft eher langsam. Banken haben zum Beispiel oft nur ein oder zwei Tage pro Woche geöffnet, öffentliche Verkehrsmittel fahren relativ selten. Die Republik Irland gehört noch zu den am wenigsten von Umweltschäden belasteten Staaten Europas, doch das Land entwickelt sich rasch. Auch abgelegene Ortschaften bieten mittlerweile ein Fremdenverkehrsbüro und touristische Einrichtungen. Nordirland hat ein eigenes Fremdenverkehrsamt, ebenfalls mit Filialen in ländlichen Regionen. Der Standard aller Einrichtungen für Besucher ist hervorragend.

Logo von Fáilte Ireland

Fremdenverkehrsämter

Sowohl Nordirland als auch die Republik Irland verfügen über ein dichtes Netz von Fremdenverkehrsbüros, die regional relevante Informationen bieten. Büros in größeren Städten verkaufen auch Karten und Reiseführer und reservieren gegen eine kleine Gebühr Unterkünfte. In den kleineren Städten und Ortschaften gibt es ebenfalls Informationsbüros, die zum Teil jedoch nur im Sommer geöffnet sind. Museen und Büchereien bieten oft nützliche Informationen sowie eine gute Auswahl an Reiseliteratur.

Bereits vor Ihrem Urlaub können Sie von **Tourism Ireland** Informationsmaterial anfordern – sowohl über Nordirland als auch über die Republik. Büros dieser Organisation findet man in größeren Städten auf der ganzen Welt. Auch **Fáilte Ireland** und **Northern Ireland Tourist Board** (NITB) statten Sie gern mit Karten und Infoblättern aus.

Darüber hinaus lohnt es sich, die regionalen Fremdenverkehrsbüros in Dublin, Cork, Limerick und Galway zu kontaktieren, da diese meist spezifische Informationen u.a. zu Reisezielen, Unterkünften und Autovermietungen in der jeweiligen Region bieten. Die Hotellisten sind jedoch keineswegs flächendeckend, da Fáilte Ireland ausschließlich solche Etablissements in Broschüren aufnimmt, die vom Fremdenverkehrsamt selbst getestet wurden.

Der Landsitz Parke's Castle im County Leitrim *(siehe S. 233)*

Eintrittspreise

Der Besuch der meisten Sehenswürdigkeiten in Irland, etwa historische Monumente, Museen und Nationalparks, kostet Eintritt. In diesem Buch sind die kostenpflichtigen Attraktionen durch ein entsprechendes Zeichen (🎫) markiert. Die Eintrittspreise in der Republik liegen etwa zwischen drei und acht Euro. Für Studenten und Rentner gibt es Ermäßigungen.

Der **Heritage Service** unterhält Parks, Museen und Denkmäler und bietet eine sogenannte Heritage Card an. Sie gewährt für ein Jahr freien Eintritt in die vom Heritage Service verwalteten Projekte und ist mit 21 Euro für Erwachsene, 16 Euro für Rentner, acht Euro für Kinder und Studenten sowie 55 Euro für ein Familienticket eine lohnende Investition. Bekannte Sehenswürdigkeiten, die zum Heritage Service gehören, sind Céide Fields *(siehe S. 204)*, Cahir Castle *(siehe S. 198)* und das Blasket Centre *(siehe S. 158)*.

Die Heritage Card gilt vielfach als Eintrittskarte

Die Eintrittspreise in Nordirland sind in etwa mit denen in der Republik vergleichbar. In Nordirland bietet der **National Trust** ebenfalls eine Art Heritage Card an, jedoch kostet diese mehr (45 £ pro Jahr und pro Person, 80 £ für eine Familienkarte) und gilt für weniger Sehenswürdigkeiten. Der Kauf lohnt sich nur, wenn Sie auch in anderen Teilen des United Kingdom die Sehenswürdigkeiten des National Trust besuchen.

◁ Blick auf Waterford über den Suir *(siehe S. 146 f)*

PRAKTISCHE HINWEISE 371

Interpretative centre im Connemara National Park *(siehe S. 208)*

ÖFFNUNGSZEITEN

Die Einträge in diesem Reiseführer weisen stets die Öffnungszeiten von Attraktionen aus. Nur wenige sind sonntagvormittags geöffnet. Die meisten Museen haben montags geschlossen. Die Öffnungszeiten liegen generell zwischen 10 und 17 Uhr, zum Teil mit Mittagspause.

Von Juni bis September sind alle Sehenswürdigkeiten geöffnet. Im Winter sind manche an einigen Wochentagen oder ganz geschlossen, und die Öffnungszeiten pro Tag sind verkürzt. Manche sind an Ostern zugänglich, schließen dann jedoch wieder bis zum Sommer.

BESUCHERZENTREN

Viele bekannte Sehenswürdigkeiten Irlands sind Ruinen oder archäologisch interessante Plätze aus der Steinzeit, deren Bedeutung sich nicht leicht erschließt. In den letzten Jahren hat man deshalb Besucherzentren *(interpretative centres)* eingerichtet, die diese Zeugnisse aus lang vergangenen Zeiten erklären. Hier muss man, anders als für die Sehenswürdigkeiten selbst, Eintritt zahlen.

Auch für landschaftliche Sehenswürdigkeiten haben sich *interpretative centres* als nützlich erwiesen, die Informationsmaterial bieten und Sehenswertes ausstellen. Das Besucherzentrum von Connemara etwa dokumentiert die Geschichte der Region über die letzten 10 000 Jahre. Zudem erhalten Sie hier auch Bücher und Poster.

GOTTESDIENSTE

Irland ist tief religiös, für viele Iren ist der Kirchgang Teil des Alltags. Da etwa 95 Prozent der Bevölkerung der Republik Irland römisch-katholisch sind, ist es schwierig, eine Kirche anderer Konfession zu finden. Sowohl in der Republik als auch in Nordirland informieren die Fremdenverkehrsbüros und Hotels über Gottesdienste.

AUF EINEN BLICK

IRISCHE FREMDEN-VERKEHRSÄMTER

Fáilte Ireland
Baggot St Bridge, Dublin 2.
1890 525 525, 01 602 400.
www.failteireland.ie

Northern Ireland Tourist Board
59 North St, Belfast BT1 1NB.
028 9023 1221.
Belfast Welcome Centre:
47 Donegall Place.
028 9024 6609. www.discovernorthernireland.com

WEITERE ADRESSEN

National Trust
Rowallane House, Saintfield, Ballynahinch, Co Down BT24 7LH.
028 9751 0721.
www.nationaltrust.org.uk

The Heritage Service
Ely Place, Dublin 2.
01 647 6000.
www.heritageireland.ie

Deutschland
Irland-Information/Tourism Ireland:
Gutleutstr. 32,
60329 Frankfurt am Main.
069 923 1850.
www.discoverireland.com

Österreich
Botschaft von Irland:
Landstraßer Hauptstr. 2,
1030 Wien.
01/7 15 42 46.

Schweiz
Irland-Informationsbüro:
Neumühlestr. 42,
8406 Winterthur.
052 202 6906/7.

SPRACHE

Die Republik Irland ist offiziell zweisprachig – fast alle Straßenschilder sind englisch und irisch beschriftet. Außer in einigen Gegenden im Westen, den sogenannten Gaeltachts *(siehe S. 229)*, wird überall Englisch gesprochen. Doch findet man bisweilen Schilder etc. mit nur gälischen Namen. Nachstehend finden Sie einige irische Wörter, auf die Sie am häufigsten treffen.

NÜTZLICHE WÖRTER

an banc – **Bank**
an lár – **Stadtzentrum**
an trá – **Strand**
ar aghaidh – **gehen**
bád – **Boot**
bealach amach – **Ausgang**
bealach isteach – **Eingang**
dúnta – **geschlossen**
fáilte – **willkommen**
fir – **Herren**
gardaí – **Polizei**
leithreas – **Toilette**

Schild in altem Gälisch

mná – **Damen**
oifig an phoist – **Postamt**
oscailte – **geöffnet**
óstán – **Hotel**
siopa – **Laden**
stop/stad – **Stopp**
ticéad – **Ticket**
traein – **Zug**

Republik Irland und Nordirland

European Youth Card

Irland ist in die Republik Irland und die britische Provinz Nordirland geteilt. Beide haben unterschiedliche Währungen und Telefonsysteme *(siehe S. 376–381)*. Es gibt aber auch viele Gemeinsamkeiten: Irland und Großbritannien gehören der Europäischen Union an, in der Republik Irland wie in Nordirland ist Englisch Amtssprache, in beiden Gebieten ist der Fremdenverkehr sehr gut entwickelt. Im Folgenden finden Sie nützliche Informationen über die beiden Irlands und über die zwischen ihnen bestehenden Regularien. Außerdem gibt es Wissenswertes über spezielle Möglichkeiten, die Irland vor allem für Studenten oder behinderte Reisende bietet, sowie einige nützliche Adressen.

Studenten vor dem Trinity College

EINREISEPAPIERE

Besucher aus Staaten der Europäischen Union und der Schweiz brauchen für die Einreise nach Irland lediglich einen gültigen Reisepass oder Personalausweis. Das entsprechende Dokument muss lediglich für die Dauer des Aufenthalts gültig sein. Kinder unter 16 Jahren benötigen einen Kinderausweis (ab zehn Jahren nur mit Foto), einen Kinderreisepass oder einen Eintrag im Pass der Eltern. Wer in Irland studieren oder arbeiten möchte, sollte sich rechtzeitig vor der Abreise mit der irischen bzw. britischen Botschaft (Nordirland) in Verbindung setzen.

Für die Mitnahme von Haustieren braucht man den EU-Heimtierausweis. Bitte beachten Sie, dass Irland und Großbritannien schärfere Anforderungen in Bezug auf Tollwutimpfung und Bandwurm- und Zeckenbefall haben.

ZOLL

Bürger aus Mitgliedsstaaten der Europäischen Union können Waren zum nachweislich eigenen Gebrauch zollfrei ein- und ausführen. Schweizer Staatsangehörige können sich im Bedarfsfall bei ihrer Botschaft erkundigen.

STUDENTEN

Studenten mit einem gültigen ISIC-Ausweis (International Student Identity Card) bekommen in Museen und Konzerten Vergünstigungen, außerdem sind Fahrten mit Bus Éireann um 15 Prozent billiger. Den ISIC-Ausweis erhalten Sie bei Ihrer Universität sowie auch bei **USIT** in Dublin, Belfast und anderen Universitätsstädten (www.isic.de).

USIT vergibt außerdem an Personen bis 26 Jahre, die keine Studenten sind, den EYC-Ausweis (European Youth Card), mit dem man Ermäßigungen in Restaurants, Läden und Theatern bekommt. Den Ausweis gibt es (teilweise unter anderem Namen) auch in vielen anderen europäischen Staaten.

Leider gibt es mit der ISIC-Karte keine Ermäßigung mehr bei Bahnfahrten. Irish Rail bietet jedoch die Student Travelcard an, mit der es einen Preisnachlass bei Irish Rail, DART, Dublin Bus und Luas gibt. Die Karte kann man schriftlich beantragen oder persönlich in einem der Card Centres (Standorte siehe unter www.studenttravelcard.ie) abholen. Man braucht eine Beglaubigung der Universität.

Ermäßigungen für NIR, Ulsterbus und Metro (Bus in Belfast) gibt es mit der Translink Student Discount Card (www.translink.co.uk).

BEHINDERTE REISENDE

Die meisten Sehenswürdigkeiten Irlands sind für Rollstuhlfahrer zugänglich. Sie finden in diesem Reiseführer bei den Sehenswürdigkeiten entsprechende Vermerke (♿), doch empfiehlt es sich, Details telefonisch zu erfragen. **Comhairle** erteilt entsprechende Informationen für die Republik Irland und gibt für jedes County Reiseführer mit Auflistungen von Unterkünften etc. heraus. In Nordirland hilft **Disability Action** weiter; **ADAPT** informiert zudem über kulturelle Events, die mit Rollstuhl zugänglich sind. Auch die beiden **Fremdenverkehrsämter** informieren.

Duty-free-Shop am Shannon Airport

Zeitungsleser auf dem Eyre Square in Galway

Radio und Fernsehen

In Irland gibt es drei öffentlich-rechtliche Fernsehprogramme (RTE 1, RTE 2 und das irischsprachige Teilifís na Gailge, TG 4) sowie einen Privatsender (TV 3). Zu hören sind sechs landesweite und viele lokale Radiosender. Die fünf britischen Fernsehprogramme empfängt man fast überall im Land, außerdem eine große Auswahl von Kabelsendern.

Auswahl an irischen Tageszeitungen

Zeitungen und Zeitschriften

In der Republik Irland erscheinen fünf Tageszeitungen und fünf Sonntagszeitungen. *Irish Independent*, *Examiner* und die *Irish Times*, die für gründlichen Journalismus bekannt ist, sind renommierte Tageszeitungen. Sie informieren auch über aktuelle Veranstaltungen und haben zum Teil Beilagen, die über lokal bedeutsame Ereignisse berichten. Irlands Boulevardzeitung ist der *Star*. Die beste Tageszeitung in Nordirland ist der *Belfast Telegraph*, der nachmittags erscheint. *News Letter* und *Irish News*, die morgens erscheinen, sind weniger angesehen.

In größeren Städten Irlands bekommt man auch britische Zeitungen, z. B. *The Times*, die billiger ist als die irischen Zeitungen.

Ausländische Zeitschriften erhält man zwar in den größeren Städten, doch kaum auf dem Land.

Zeit

In ganz Irland gilt – wie auch in Großbritannien – die Greenwich Mean Time (GMT), die eine Stunde hinter der Mitteleuropäischen Zeit (MEZ) liegt. In beiden Teilen Irlands gilt auch die Sommerzeit – wie in allen Ländern Europas.

Umrechnungstabelle

Britisch in Metrisch
1 inch = 2,5 Zentimeter
1 foot = 30 Zentimeter
1 mile = 1,6 Kilometer
1 ounce = 28 Gramm
1 pound = 454 Gramm
1 pint = 0,6 Liter
1 gallon = 4,6 Liter

Metrisch in Britisch
1 Millimeter = 0,04 inches
1 Zentimeter = 0,4 inches
1 Meter = 3 feet 3 inches
1 Kilometer = 0,6 miles
1 Gramm = 0,04 ounces
1 Kilogramm = 2,2 pounds
1 Liter = 1,8 pints

Auf einen Blick

Botschaften

Deutschland
31 Trimleston Ave, Booterstown, Blackrock/Co Dublin.
01 269 3011.
www.dublin.diplo.de

Österreich
93 Ailesbury Rd, Dublin 4.
01 269 4577.
dublin-ob@bmaa.gv.at

Schweiz
6 Ailesbury Rd, Dublin 4.
01 218 6382.
www.eda.admin.ch/dublin

Nützliche Adressen

ADAPT
109–113 Royal Avenue, Belfast.
028 9023 1211.
www.adaptni.org

Comhairle
Hume House, Ballsbridge, Dublin 4. 01 605 9000.
www.comhairle.ie

Disability Action
189 Airport Rd West, Belfast.
028 9029 7880.
www.disabilityaction.org

USIT
19/21 Aston Quay, Dublin 2.
01 602 1906. Fountain Centre, College St, Belfast BT1 6ET.
028 9032 7111. www.usit.ie

Masse und Gewichte

Trotz der allgemeinen Umstellung der Geschwindigkeits- und Entfernungsangaben auf das metrische System sind noch nicht alle Schilder in Kilometern ausgewiesen, sondern noch in Meilen angegeben (vor allem in ländlichen Gebieten). Besonders in Nordirland vollzieht sich der Wandel zu metrischen Maßangaben nur langsam. Benzin wird in beiden Gebieten in Litern verkauft, Bier stets in *pints*. In Lebensmittelgeschäften gibt es keine einheitliche Regelung bezüglich der Maßeinheiten.

Eines der neuen Kilometer-Straßenschilder in der Republik Irland

Sicherheit und Notfälle

Die Republik Irland gehört zu den ziemlich sicheren Reiseländern. Außer in bestimmten Stadtteilen Dublins und einigen anderen Städten sind Diebstähle, auch Taschendiebstähle, äußerst selten. Fremdenverkehrsbüros und Hotels machen auf Gegenden aufmerksam, die man besser meiden sollte. Die Sicherheitslage in Nordirland hat sich seit 1998 kontinuierlich entspannt. Ein Aufflammen von Gewalt ist aber weiter möglich – vor allem während der sommerlichen Paraden.

Apothekenschild in Dublin mit Äskulapschlange

Garda-Polizeiwache in Dublin

Persönliche Sicherheit

Polizisten heißen in der Republik Irland Gardaí. Für Nordirland ist der Police Service of Northern Ireland (PSNI) zuständig. Straßenüberfälle und andere kriminelle Übergriffe sind in Nordirland und der Republik Irland selten. Dennoch ist es immer ratsam, einige Grundregeln zu beachten. Dazu gehört etwa, in größeren Städten nicht durch schlecht beleuchtete Straßen zu gehen. In Dublins Innenstadt kann es nachts möglicherweise zu Problemen kommen: Hier gibt es eine Drogenszene. Einige Straßenzüge in Limerick sollte man bei Dunkelheit ebenfalls meiden. In jüngster Zeit gab es in Dublin leider auch einige rassistisch motivierte Gewalttaten, doch man ist tagsüber selbst in Nebenstraßen sicher. In einigen Städten im Süden Irlands werden Besucher auf der Straße gelegentlich um Geld angebettet.

Persönliche Sicherheit in Nordirland

Selbst auf dem Höhepunkt des Bürgerkriegs in Nordirland ist es nie vorgekommen, dass Reisende ernsthaft verletzt oder beeinträchtigt wurden. Seitdem der Friedensprozess auf den Weg gebracht wurde (Karfreitags-Abkommen 1998), sind für Nordirland keine besonderen Sicherheitsmaßnahmen mehr erforderlich. Allerdings ist ein Aufflammen der Gewalt nicht vollständig auszuschließen – insbesondere während der »Marching-season« von Mitte Juni bis Mitte August. Hier kann es zu gewaltsamen Auseinandersetzungen zwischen den marschierenden paramilitärischen Gruppen kommen. Die Polizei in Belfast erteilt Auskunft zur aktuellen Situation (Tel. (0044) 2890 650 222, von Irland aus ist die Auslandsvorwahl 048). Stoßen Sie als Autofahrer auf ein Schild, das eine Straßensperre anzeigt, so verlangsamen Sie die Fahrt, blenden die Scheinwerfer ab und halten den Ausweis bereit. Achten Sie in kleineren Städten darauf, dass Sie Ihr Auto nicht unbeaufsichtigt in einer als »Control Zone« ausgeschilderten Gegend abstellen. In Städten wie Belfast oder Londonderry gibt es eine starke Polizei- bzw. Militärpräsenz.

Diebstahl

Am besten schließen Sie vor Ihrer Abreise eine Reiseversicherung ab – in Irland ist dies schwieriger und teurer. Eine Reiseversicherung für Großbritannien gilt nicht in der Republik Irland. Da Taschendiebstahl in den größeren Städten der Republik Irland nicht auszuschließen ist, sollten Sie Ihren Pass und größere Geldbeträge im Hotel lassen – die meisten Hotels verfügen über einen Safe. Falls Sie größere Summen mitführen wollen, sind Reiseschecks *(siehe S. 378f)* eine gute Lösung. Wenn Sie unterwegs sind, tragen Sie Wertsachen immer so nah und sicher wie möglich bei sich, vor allem an belebten Orten.

Garda-Polizeistation

PSNI-Abzeichen

Legen Sie Ihre Tasche selbst im Restaurant oder im Kino nicht unbeaufsichtigt ab. Achten Sie außerdem darauf, dass Sie keine Wertsachen im Auto zurücklassen, vor allem nicht sichtbar im Innenraum. In Nordirland sollten Sie niemals Taschen oder Pakete im Innenraum eines abgestellten Autos liegen lassen – Sie könnten damit eventuell einen größeren Sicherheitsalarm auslösen.

Polizist der Garda   **Polizist der PSNI**

Fundbüros

Melden Sie verlorene oder gestohlene Gegenstände sofort der Polizei. Für Ihre Versicherung benötigen Sie eine polizeiliche Bestätigung des Verlusts. Die meisten Eisenbahn- und Busbahnhöfe haben ein Fundbüro – eine Institution, die es in Nordirland allerdings nicht gibt.

Wenn Sie einen Tagesausflug oder eine Stadtbesichtigung unternehmen wollen, ohne dauernd Ihr Gepäck herumzutragen: Die meisten Hotels und die Informationsstellen in den größeren Städten bieten eine Gepäckaufbewahrung an (auch in Nordirland).

Medizinische Versorgung

Reisende aus Ländern der Europäischen Union und der Schweiz erhalten in der Republik Irland unter Vorlage der Europäischen Krankenversicherungskarte (EHIC) kostenlose medizinische Versorgung, wenn diese dringlich ist. Irland versucht, den medizinischen Standard zu erhöhen und seine Lücken im Gesundheitswesen zu schließen. Es gibt einen Mangel an Pflegepersonal. Die Kosten für Arztbesuche und Krankenhausaufenthalte liegen über den deutschen Sätzen (und müssen von den Iren privat bezahlt werden, falls es sich nicht um eine Notfallbehandlung handelt). In Dublin können alle Operationen vorgenommen werden. Es wird Reisenden dringend empfohlen, eine Auslandsreise-Krankenversicherung abzuschließen, die die Risiken abdeckt, die nicht von den gesetzlichen Krankenkassen ihres Landes übernommen werden.

In Nordirland gelten die kostenlosen medizinischen Leistungen des britischen Gesundheitswesens (National Health Service) im Notfall auch für Besucher. Bürger eines EU-Lands bzw. der Schweiz müssen nur den Ausweis vorlegen. Dennoch ist für Nordirland die Mitnahme der EHIC-Karte anzuraten.

Apotheken

Apotheken gibt es in Irland in großer Anzahl. Viele Medikamente sind nur gegen Vorlage eines Rezepts erhältlich, das von einem Arzt der Gegend ausgestellt sein muss. Wenn Sie regelmäßig ein bestimmtes Medikament benötigen, sollten Sie dies entweder in ausreichender Menge mitnehmen oder aber ein Schreiben Ihres Arztes bei sich haben, damit ein hiesiger Arzt ein entsprechendes Rezept ausstellen kann.

Krankenwagen, Dublin

Feuerwehrauto, Dublin

Streifenwagen der Garda

Kleines *health centre* im County Donegal

Auf einen Blick
Nützliche Adressen

Polizei, Feuerwehr, Notarzt und Küstenwache
📞 999 oder 112 (in der Republik Irland und in Nordirland).

Polizeiwache
Nordirland (nicht in Notfällen).
📞 028 9065 0222.

Hickey's Pharmacy
21 Grafton St, Dublin 2.
📞 01 679 0467.

Beaumont Hospital
Beaumont Rd, Dublin 9.
📞 01 809 3000.

Dublin Dental Hospital
Lincoln Place, Dublin 2.
📞 01 612 7200.

New Royal Victoria Hospital
Grosvenor Rd, Belfast BT12 6BA.
📞 028 9024 0503.

City Hospital
Lisburn Rd, Belfast BT9 7AB.
(Hier gibt es auch einen zahnärztlichen Notdienst.)
📞 028 9032 9241.

Währung

Die Republik Irland und Nordirland haben unterschiedliche Währungen. Der Euro gilt in der Republik Irland, in Nordirland bezahlt man mit Pfund Sterling. Das Pfund Sterling wird in einigen Geschäften der Republik noch akzeptiert, doch ist dies zunehmend weniger der Fall. Sowohl in Irland als auch in Nordirland gibt es viele Möglichkeiten, Geld zu wechseln beziehungsweise Geld abzuheben. Die besten Wechselkurse erhalten Sie bei Banken und Wechselstuben. Auch bei vielen Sehenswürdigkeiten kann Geld gewechselt werden.

Zweigstelle der Ulster Bank in Delvin, County Westmeath

NORDIRLANDS WÄHRUNG

In Nordirland gilt britische Währung: *pound sterling*; ein *pound* sind 100 *pence*. Man kann nach Nordirland beliebig hohe Geldsummen ein- und ausführen. Einige Banken in Nordirland drucken ihre eigenen Banknoten, die sich im Design, aber nicht im Wert von den englischen unterscheiden (englische Banknoten haben den Aufdruck »Bank of England«). Viele große Geschäfte in Nordirland akzeptieren mittlerweile auch den Euro als Zahlungsmittel (herausgegeben wird allerdings in Pfund Sterling).

Banknoten
Britische Banknoten gibt es im Wert von 50 £, 20 £, 10 £ und 5 £. Farbe und Größe variieren.

50-£-Note

20-£-Note

10-£-Note

5-£-Note

Münzen
Die folgenden Münzen sind im Umlauf: 2 £, 1 £, 50 p, 20 p, 10 p, 5 p, 2 p und 1 p. Sie zeigen jeweils auf einer Seite das Bild der Queen und gleichen so den britischen – mit Ausnahme der 1-£-Münze, die stattdessen eine Flachspflanze ziert.

2 £   **1 £**   **50 p**

20 p   **10 p**   **5 p**   **2 p**   **1 p**

Euro in der Republik Irland

Die europäische Gemeinschaftswährung Euro (€) gilt in 16 EU-Mitgliedsstaaten: Belgien, Deutschland, Finnland, Frankreich, Griechenland, Irland, Italien, Luxemburg, Malta, Niederlande, Österreich, Portugal, Slowakei, Slowenien, Spanien, Republik Zypern. Alte irische Scheine können bei der Irischen Zentralbank umgetauscht werden (www.centralbank.ie).

Die Euroscheine sind einheitlich gestaltet, bei den Münzen prägt jedes Land unterschiedliche Rückseiten. Seit 2004 kann jeder Euro-Staat einmal jährlich eine Zwei-Euro-Gedenkmünze bedeutender Ereignisse (z. B. Olympische Spiele) herausgeben. Alle Münzen gelten in jedem Staat der Euro-Zone.

Euro-Banknoten

Euro-Banknoten gibt es in sieben Werten (5, 10, 20, 50, 100, 200 und 500 €). Die unterschiedlich großen Scheine wurden vom Österreicher Robert Kalina entworfen und zeigen Architekturelemente und Baustile verschiedener Epochen, eine Europakarte und die EU-Flagge mit den zwölf Sternen.

5-Euro-Schein (Baustil: Klassik)

10-Euro-Schein (Baustil: Romanik)

20-Euro-Schein (Baustil: Gotik)

50-Euro-Schein (Baustil: Renaissance)

100-Euro-Schein (Baustil: Barock & Rokoko)

200-Euro-Schein (Eisen- und Glasarchitektur)

500-Euro-Schein (Moderne Architektur des 20. Jh.)

2 Euro

1 Euro

50 Cent

20 Cent

10 Cent

Euromünzen

Euromünzen gibt es in acht Werten (2 €, 1 € sowie 50, 20, 10, 5, 2 und 1 Cent). Die einheitlichen Vorderseiten entwarf der Belgier Luc Luycx. Die Rückseiten sind in jedem Land anders gestaltet. Irische Münzen zeigen auf der Rückseite die keltische Harfe.

5 Cent

2 Cent

1 Cent

Banken

Die Banken in Nordirland haben andere Öffnungszeiten als die in der Republik Irland, die auf dem Land wiederum andere als die in Städten. In Nordirland und in der Republik gibt es in kleineren Ortschaften oft Büros, die auch Bankgeschäfte tätigen, es ist aber möglich, dass sie nur an einem oder an zwei Tagen in der Woche geöffnet haben. Daher empfiehlt es sich, Geldangelegenheiten in größeren Städten abzuwickeln. Davon abgesehen, bieten alle Banken einen guten Service und lösen, ebenso wie die Postämter, Reiseschecks meist gebührenfrei ein.

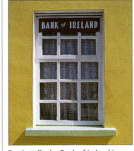

Zweigstelle der Bank of Ireland in Sneem, County Kerry

Banken

Zu den großen Banken in der Republik Irland gehören die Bank of Ireland, die Allied Irish Bank (AIB), die Ulster Bank, die National Irish Bank, die Bank of Scotland (Ireland) sowie die Permanent tsb. In Nordirland gibt es vier große Banken: die Ulster Bank, die Bank of Ireland, die Northern Bank und die First Trust Bank.

Bankautomat

In der Republik Irland haben Banken gewöhnlich von montags bis freitags von 10 bis 12.30 Uhr und von 13.30 bis 16 Uhr geöffnet. Inzwischen bleiben viele Zweigstellen auch während der Mittagszeit geöffnet. An einem Tag in der Woche haben Banken nachmittags bis 17 Uhr offen.

Logo der First Trust Bank

In Dublin, Cork und in vielen anderen Städten ist das der Donnerstag, in vielen ländlichen Gegenden der jeweilige Markttag. Einige ländliche Regionen werden ein- oder zweimal in der Woche von einer mobilen Bank besucht. Die Niederlassungen der Permanent tsb haben durchgehend bis 17 Uhr geöffnet.

In Nordirland haben die meisten Banken von 10 bis 16.30 Uhr offen, einige über Mittag von 12.30 bis 13.30 Uhr geschlossen.

Sowohl im Norden als auch in der Republik haben Banken an Feiertagen *(siehe S. 51)* geschlossen. In Städten besitzen immer mehr Banken einen Geldautomaten, sodass Sie auch außerhalb der Öffnungszeiten Geld abheben können.

Kreditkarten

In Irland können Sie in den meisten Hotels, an Tankstellen, in großen Läden und Supermärkten mit Kreditkarte zahlen. **Visa** oder **MasterCard** sind die gängigsten Karten. Einige Geschäfte akzeptieren auch **American Express** und **Diners Club**. Mit der Karte und Ihrer PIN können Sie an den Geldautomaten auch Bargeld abheben.

Reiseschecks

Reiseschecks sind zwar eine etwas »antiquierte«, aber sichere Methode, unterwegs über größere Geldbeträge zu verfügen. Man tauscht sie am besten in den größeren Banken oder in einem *bureaux de change* ein, doch auch viele Läden und Restaurants akzeptieren Reiseschecks – meist aller-

Postamt und *bureau de change* in Ventry, County Kerry

dings gegen eine kleine Gebühr. Bewahren Sie die Quittung mit den Seriennummern unbedingt getrennt von den Schecks auf.

ÜBERWEISUNGEN

Die billigste Methode, Geld von zu Hause nach Irland zu erhalten, ist eine EU-Standardüberweisung (bis zu einer Höhe von 50 000 Euro). Dafür dürfen nur Gebühren in Höhe von Inlandsüberweisungen in Rechnung gestellt werden – oder keine, da bei vielen Banken mittlerweile die Inlandsüberweisungen gebührenfrei sind.

Kundin an einem Geldautomaten der Allied Irish Bank

GELDAUTOMATEN

Durch die positive wirtschaftliche Entwicklung Irlands in den letzten Jahren gibt es auch immer mehr Geldautomaten – zunehmend auch auf dem Land. Diese sind sowohl mit Kreditkarten als auch mit Maestro-/EC-Karten (unter Eingabe der PIN) zu bedienen.

KARTENVERLUST

Allg. Notrufnummer
 0049 116 116.
www.116116.eu

American Express
 1800 282 728 (Irland).

Diners Club
 1800 709 944 (Irland).

MasterCard
 1800 55 7378 (Irland).

Visa
 1800 55 8002 (Irland).

Maestro-/EC-Karte
 0049 69 740 987.

Post

Zeichen der Post von Nordirland

Die großen Postämter in der Republik Irland und in Nordirland haben montags bis freitags von 9 bis 17.30 Uhr geöffnet, samstags von 9 bis 13 Uhr. Kleinere Postämter haben mittags und samstags geschlossen. Briefmarken für Briefe und Postkarten kann man auch in Zeitungsläden kaufen.

In der Republik Irland kosten Briefe und Postkarten (bis 50 g) in ein anderes europäisches Land 0,82 Euro. Die Beförderung dauert etwas länger – rechnen Sie für einen Brief aufs Festland mit bis zu fünf Tagen

In Nordirland gibt es die Möglichkeit, Briefe innerhalb von Großbritannien »first« oder »second class« zu verschicken. First class

Postlogo der Republik Irland

werden die Briefe schneller befördert, innerhalb des United Kingdom von einem Tag auf den anderen. Airmail-Briefe und Postkarten (bis 20 g) von Nordirland in ein anderes europäisches Land kosten 50 Pence. (Infos unter www.anpost.ie bzw. www.royalmail.com).

BRIEFKÄSTEN

Briefkästen gibt es in Irland in zwei unterschiedlichen Farben – grün in der Republik, rot in Nordirland. Viele der irischen Postkästen sind alt. Einige in der Republik Irland sind sogar noch mit dem Monogramm von Queen Victoria versehen, einem Relikt aus der Zeit der britischen Herrschaft. Selbst das kleinste Dorf in Irland hat einen Briefkasten, der ein- bis viermal täglich geleert wird.

Briefmarken der Republik Irland

Second-class- und First-class-Briefmarken Nordirlands

Einwurf für First-class- und Übersee-Briefe

Einwurf für Second-class-Briefe

Tägliche Leerungszeiten

Insignien der britischen Monarchie

Monogramm von Queen Victoria

Briefkasten in der Republik Irland   **Briefkasten in Nordirland**

Telefonieren

EIRCOM-Telefon

Das Telefonsystem in der Republik Irland wird von der EIRCOM unterhalten, die einen modernen und effizienten Service bietet. Heute findet man überall öffentliche Telefonzellen, die mit Münzen und (Kredit-)Karten funktionieren. Telefoniert man häufiger, so lohnt sich der Kauf einer Telefonkarte, mit der das Telefonieren preiswerter ist als mit Münzen. Zudem gibt es inzwischen in der Republik Irland mehr Karten- als Münztelefone. Nordirland hat, wie Großbritannien insgesamt, Münz- und Kartentelefone der British Telecom. Telefonkarten bekommt man in Nordirland und in der Republik Irland in Zeitungskiosken, Postämtern, Supermärkten und einigen Läden.

Kaffee und Computer im Central Cyber Café in Dublin

TELEFONIEREN VON DER REPUBLIK IRLAND

Für Telefonate gilt unter der Woche von 18 bis 8 Uhr ein Billigtarif, am Wochenende auch tagsüber. Dies gilt im Prinzip auch bei Auslandsgesprächen.
• Wollen Sie von Irland aus in Nordirland anrufen, wählen Sie 048, dann Vorwahl und Rufnummer.
• Für Telefonate ins Ausland wählen Sie 00, danach die internationale Vorwahlnummer des betreffenden Landes (Deutschland 49, Österreich 43, Schweiz 41), die Ortsnetzvorwahl (ohne 0) und dann die Rufnummer.
• Deutschland Direkt: 1800 550 049.

INTERNET-ZUGANG

In größeren Städten gibt es etliche Möglichkeiten, Zugang ins Internet zu bekommen. Kostenlos geht das in den öffentlichen Bibliotheken. Der einfachste Weg ins Web führt über eines der Internet-Cafés in Dublin und in anderen Städten und Orten (siehe S. 381).

MOBILTELEFONE UND ROAMING

Wie überall bezahlt man auch in Irland für Anrufe aus der Heimat. Allerdings werden die Roaming-Tarife aufgrund von EU-Interventionen und von Preisen für ganze Ländergruppen immer billiger. In Irland gibt es drei Netze. Informieren Sie sich vor Ihrem Urlaub über Anbieter und Tarife (Infos etwa unter www.tariftip.de).

TELEFON DER EIRCOM

1 Nehmen Sie den Hörer ab und warten Sie auf das Freizeichen.

2 Stecken Sie Ihre Telefon- oder Kreditkarte in den Schlitz oder werfen Sie Münzen dieses Werts ein: 10, 20, 50 Cent, 1 €, 2 €. Das Minimum sind 40 Cent. Wählen Sie und warten Sie auf die Verbindung.

3 Auf der Anzeige erscheinen der gezahlte Betrag sowie das verbliebene Restgeld. Ein akustisches Signal zeigt an, dass Sie weitere Münzen oder eine neue Karte brauchen.

4 Wollen Sie ein weiteres Gespräch führen, so legen Sie nicht auf, sondern drücken Sie den »Follow on«-Knopf.

5 Für die Wahlwiederholung drücken Sie den mit »R« gekennzeichneten Knopf.

6 Haben Sie Ihr Gespräch beendet, legen Sie den Hörer auf. Das Restgeld erhalten Sie zurück.

Telefonieren mit Kreditkarte

Telefonkarten

1 Euro   50 Cent

20 Cent   10 Cent

TELEFONIEREN VON NORDIRLAND

Die Billigtarife für Telefonate innerhalb Nordirlands und von dort ins Ausland entsprechen denen in der Republik Irland.
• Für Gespräche innerhalb Nordirlands und nach Großbritannien: Wählen Sie die Ortsvorwahl und danach die Rufnummer.
• Für Gespräche in die Republik Irland: 00 353, dann die Ortsnetzkennzahl ohne die 0, dann die Rufnummer.
• Für Telefonate ins Ausland wählen Sie erst 00, dann die Vorwahlnummer des Landes, dann die Vorwahl ohne die 0 und die Rufnummer.
• Einige Telefone der British Telecom akzeptieren auch Kreditkarten.
• Für alle Telefonnummern in Nordirland gilt die Ortsvorwahl 028, der eine achtstellige Rufnummer folgt.
• Deutschland Direkt: 0800 890 049

TELEFON DER BT

1 Nehmen Sie den Hörer ab und warten Sie auf das Freizeichen.

2 Stecken Sie Ihre Telefon- oder Kreditkarte in den Schlitz oder werfen Sie Münzen dieser Größe ein: 10 p, 20 p, 50 p, 1 £, 2 £. Das Minimum sind 20 p.

3 Wählen und die Verbindung abwarten.

4 Auf der Anzeige erscheinen der gezahlte Betrag sowie das verbliebene Restgeld. Ein akustisches Signal zeigt an, dass Sie weitere Münzen oder eine neue Karte brauchen.

5 Wollen Sie ein weiteres Gespräch führen, so legen Sie nicht auf, sondern drücken Sie den »Follow on«-Knopf.

6 Wenn Sie Ihr Gespräch beendet haben, legen Sie den Hörer auf und entnehmen Ihre Karte. Teilverbrauchte Münzen werden nicht zurückgegeben.

1 £   50 p   20 p   10 p

TELEFONZELLEN

Die meisten Telefonzellen in der Republik Irland sind relativ modern. In Nordirland gibt es zwei Modelle: die neuen und die alten, traditionell roten – beide Modelle sind allerdings mit den gleichen Telefonen ausgestattet. An allen Telefonzellen, im Norden wie in der Republik, ist angezeigt, ob sie mit Münzen, Karte und/oder Kreditkarte funktionieren.

Altes BT-Telefon   Neues BT-Telefon

AUF EINEN BLICK

NÜTZLICHE NUMMERN REPUBLIK IRLAND

Notruf
📞 999 oder 112.

Auskunft
📞 11811 (Republik Irland und Nordirland).
📞 11818 (alle anderen Länder).

Vermittlung
📞 10 (Irland u. UK).
📞 114 (alle anderen Länder).

NÜTZLICHE NUMMERN NORDIRLAND

Notruf
📞 999 oder 112.

Auskunft
📞 118118 (Großbritannien, Republik Irland, alle anderen Länder).
📞 153 (alle anderen Länder).

Vermittlung
📞 100 (Großbritannien).
📞 114 (alle anderen Länder).

INTERNET-CAFÉS

Central Cyber Café
6 Grafton St, Dublin.
📞 01 677 8298.
www.globalcafe.ie

Claude's Internet Café
4 Shipquay St, Derry.
📞 028 7127 9379.
http://fp.claudes.plus.com

Computer World Armagh
43 Scotch St, Armagh.
📞 028 3751 0002.
www.computerworlds.co.uk

Global Internet Café
8 Lower O'Connell St, Dublin.
📞 01 878 0295.
www.globalcafe.ie

Planet Cyber Café
13 St Andrew's St, Dublin.
📞 01 670 5183.

Revelations Internet Café
27 Shaftesbury Sq, Belfast.
📞 028 9032 0337.
www.revelations.co.uk

Surf City Cafe
207 Woodstock Rd, Belfast.
📞 028 9046 1717.

REISEINFORMATIONEN

Die drei größten Flughäfen Irlands – Dublin, Shannon und Belfast – werden von nationalen und auch vielen internationalen Fluggesellschaften angeflogen. Wenn Sie erst nach England und dann mit dem Schiff weiter nach Irland reisen wollen, können Sie zwischen vielen Fährverbindungen zu den Häfen der Republik Irland und denjenigen Nordirlands wählen. An Bahnhöfen in England kann man nahezu überall kombinierte Tickets für Bus und Fähre oder Zug und Fähre erwerben. Die recht günstigen öffentlichen Verkehrsmittel in ganz Irland sind ein Indiz für die ländliche Struktur der »grünen Insel«. Halten Sie sich dies vor Augen, nehmen Sie sich genügend Zeit – genießen Sie die Insel.

Airbus der Aer Lingus

Dublin International Airport

MIT DEM FLUGZEUG IN DIE REPUBLIK IRLAND

Die meisten Flugzeuge, die von europäischen Städten aus Irland anfliegen, landen auf dem **Dublin International Airport**, dem mit Abstand geschäftigsten Flughafen des Landes. Von Londons fünf Flughäfen aus (Heathrow, City, Gatwick, Luton und Stansted) gibt es ebenfalls regelmäßige Verbindungen in die Republik Irland. Dies gilt auch für viele andere Städte Großbritanniens sowie für die Isle of Man und die Channel Islands. Von Dublin aus bestehen gute regelmäßige Flugverbindungen in viele andere Städte.

Die sicher bedeutendste Fluggesellschaft für Linienflüge zwischen dem europäischen Festland bzw. Großbritannien und Irland ist die irische Airline **Aer Lingus**. Sie bietet mehrmals in der Woche Direktflüge von Berlin, Frankfurt, Düsseldorf, München und Hamburg nach Dublin. **Lufthansa** und **Swiss** fliegen direkt nach Dublin Airport und **Shannon Airport**, zehn Kilometer außerhalb Limericks. (Die alte Faustregel, dass jedes Flugzeug, das Dublin in östlicher Richtung anfliegt, zuerst in Shannon landen muss, gibt es nicht mehr.)

Cork Airport wird auch von vielen britischen Flughäfen aus angeflogen, u. a. von London (Heathrow und Stansted), Birmingham, Manchester, Bristol, Plymouth, Cardiff, Swansea und Newcastle.

Die anderen Flughäfen der Republik Irland sind wesentlich kleiner und bieten keine regelmäßigen Flugverbindungen. Für Pilger gibt es Charterflüge zu **Ireland West Airport Knock**, der auch von London (Stansted) und Manchester aus angeflogen wird. Flugverbindungen von Düsseldorf und München bestehen zum Kerry Airport.

FLUGHAFENTRANSFER

Die drei großen Flughäfen verfügen über regelmäßige Busverbindungen. Die kleineren Flughäfen werden vorwiegend von Taxis bedient. Zwischen Dublin Airport und Dublin verkehren zwei Expressbusse. Sie fahren im 20-Minuten-Takt vom frühen Morgen bis Mitternacht. Die Fahrt dauert zwischen 30 Minuten und einer Stunde. In Cork unterhält Bus Éireann eine Busverbindung zwischen Stadt und Flughafen (Fahrzeit etwa 25 Minuten). Die Busse fahren an Wochentagen alle 45 Minuten, am Wochenende stündlich. Bus Éireann betreibt auch eine Buslinie von Shannon Airport nach Limerick. Die Fahrt dauert etwa 30 Minuten. Mehrmals am Tag gibt es eine Busverbindung nach Ennis, etwa 30 Kilometer vom Shannon Airport entfernt. Bei allen Flughäfen der Republik gibt es Parkplätze.

Einer der Flughafenbusse, die Reisende vom Dublin International Airport in die Innenstadt bringen

Anzeigetafeln im Hauptterminal des Shannon Airport

FLUGVERBINDUNGEN

Fluggäste im Belfast International Airport

MIT DEM FLUGZEUG NACH NORDIRLAND

Von London Heathrow aus fliegen **British Airways** und **British Midland** stündlich zum **Belfast International Airport** (BIA), der 30 Kilometer nordwestlich des Zentrums von Belfast liegt. Aer Lingus fliegt seit 2008 London Heathrow und viele andere britische Flughäfen an.

George Best Belfast City Airport wird von kleineren Maschinen bedient. Viele Fluggäste favorisieren ihn wegen seiner Lage (6,5 Kilometer vom Stadtzentrum). Hier landen auch mehr Flugzeuge aus Großbritannien – von etwa 16 Städten plus Gatwick, Stansted und Luton – als auf dem BIA. Der City of Derry Airport ist der kleinste Flughafen Nordirlands. Er wird einmal täglich von Manchester und Glasgow aus angeflogen.

FLUGHAFENTRANSFER IN NORDIRLAND

Die Verkehrsverbindungen zu und von den Flughäfen in Nordirland sind sehr gut. Der BIA-Airbus-Service bringt Sie vom Flughafen zum Europa Buscentre (via Oxford Street Bus Station und Central Railway Station). Die Busse fahren jede halbe Stunde und brauchen etwa 40 Minuten für die gesamte Strecke. Vom und zum Belfast City Airport fahren alle 30 Minuten Bus Nr. 21 (er braucht etwa zehn Minuten vom Flughafen in die Innenstadt – zum Busbahnhof Belfast City Hall) sowie Züge zum Hauptbahnhof. Derrys Flughafen liegt direkt an einer Buslinie: Der Bus Nr. 143 fährt einmal pro Stunde ins Stadtzentrum (weniger häufig am Wochenende). An allen Flughäfen gibt es außerdem Taxistände sowie Langzeit- und Kurzzeit-Parkplätze.

Hinweisschild in Gälisch und Englisch

TICKETPREISE

Die verschiedenen Fluggesellschaften bieten für einen Flug von deutschen Flughäfen nach Irland unterschiedliche Tickets an. Normalerweise richten sich die Preise danach, wie flexibel Sie sind und wie lange im Voraus Sie buchen. Die billigsten Flüge sind meist jene, die zeitlich strikt festgelegt sind. Wesentlich günstiger ist natürlich ein Flug von England aus. Grundsätzlich ist es nicht schwierig, einen Hin- und Rückflug von England nach Irland für unter 100 £ zu bekommen, oft jedoch unter der Voraussetzung, dass Ihr Aufenthalt in Irland mindestens eine Nacht von Samstag auf Sonntag einschließt. Am billigsten sind Flüge von London aus.

Die Flugpreise sind relativ stabil, mit Ausnahme von Weihnachten, während der Sommerferien oder der *bank holidays*. Zu diesen Zeiten gibt es kaum Billigflüge. Auch normale Flüge sind meist schon lange im Voraus ausgebucht. Viele Fluggesellschaften bieten jungen Leuten unter 25 Jahren Ermäßigungen. USIT *(siehe S. 372)*, Campus Travel und andere Agenturen bieten Billigflüge für Studenten und Jugendliche unter 26 Jahren an.

AUF EINEN BLICK
FLUGHÄFEN

Belfast International Airport
📞 028 9448 4848.
www.belfastairport.com

Cork Airport
📞 021 431 3131.
www.corkairport.com

Dublin International Airport
📞 01 814 1111.
www.dublinairport.com

George Best Belfast City Airport
📞 028 9093 9093.
www.belfastcityairport.com

Ireland West Airport Knock
📞 094 936 8100.
www.knockairport.com

Shannon Airport
📞 061 712 000.
www.shannonairport.com

FLUGLINIEN

Aer Lingus
📞 081 836 5000 (Rep. Irland).
📞 0870 876 5000 (Nordirland).
www.aerlingus.com

British Airways
📞 1890 626 747 (Rep. Irland).
📞 0870 850 9850 (Nordirland).
www.ba.com

British Midland (bmi)
📞 01 407 3036 (Rep. Irland).
📞 0870 607 0555 (Nordirland).
www.flybmi.com

Austrian Airlines
📞 05 1766 4455.
www.aua.com

Lufthansa
📞 0180 - LUFTHANSA.
📞 0180 583 8426.
www.lufthansa.com

Swiss
📞 0848 700 700 (Schweiz).
📞 0180 300 0337 (Deutschland). www.swiss.com

Cityjet
📞 01 870 6900.
📞 0345 445 588 (Nordirland).
www.cityjet.com

Fährverbindungen

Mit der Fähre nach Irland zu fahren, ist vor allem bei Besuchern beliebt, die mit dem eigenen Auto quer durch Irland reisen wollen. Neun Häfen in England und zwei in Frankreich bieten Fährverbindungen zu insgesamt sechs Häfen in Irland. Heutzutage verfügen alle Fähren über Aufenthaltsräume, Restaurants und Tax-free-Shops – jedoch nicht bei Fahrten von England nach Nordirland. Zudem sind diese modernen Schiffe wesentlich schneller als früher.

Logo der Irish Ferries

Eine Stena-HSS-Fähre verlässt den Hafen von Dun Laoghaire

Fähren nach Dublin und Dun Laoghaire

Zwischen Wales und Irland besteht eine große Anzahl an Fährverbindungen. Von Holyhead nach Dublin bietet ausschließlich **Irish Ferries**, die größte Schifffahrtsgesellschaft des Landes, sechsmal täglich Überfahrten an. High-Speed-Services benötigen eine Stunde 49 Minuten, während die herkömmlichen Fähren dreieinviertel Stunden brauchen. **Stena Line** verkehrt mit zwei normalen Fähren auf dieser Route. Wie die meisten anderen Gesellschaften fährt auch Irish Ferries weder an Heiligabend noch am ersten Weihnachtstag.

Die Strecke von Holyhead nach Dun Laoghaire nahe Dublin, von jeher einer der geschäftigsten Häfen Irlands, wird von Stena Line befahren. Hier verkehren sowohl normale Schiffe wie auch die Hochgeschwindigkeitsfähre Stena HSS. Als größtes Beförderungsmittel auf der Irischen See bietet die HSS-Fähre die gleichen Platzkapazitäten wie einfache Schiffe, ist dabei jedoch doppelt so schnell.

Dazu kommt, dass auch die Be- und Entladezeiten der HSS-Fähren kürzer sind als üblich. Passagiere, die besondere Hilfestellung brauchen, können sich an die Schifffahrtsgesellschaft wenden. Irish Ferries und Stena Line transportieren kostenlos Fahrräder, wenn Sie beim Kauf des Tickets darauf hinweisen. **P & O Irish Sea**, **Norfolk Line-Ferries** und **SeaCat Dublin Maritime** bieten den Transport von Dublin nach Liverpool an. Die Fahrt dauert etwa acht Stunden.

Fähren nach Rosslare

Fähren von Südwales nach Irland fahren zumeist Rosslare im County Wexford an. Stena Line fährt von Fishguard ab und bietet sowohl herkömmliche wie auch die schnelleren, katamaranähnlichen Sea-Lynx-Fähren. Wer auf Letztere sein Auto mitnehmen will, sollte sich vor der Abfahrt genau über dessen Maße und Gewicht informieren, da Stena Line für diese Schiffe genaue Höchstmaße für Autos vorschreibt (Höhe 3 m, Länge 6 m, Gewicht 3 t).

Irish Ferries bietet das ganze Jahr hindurch zwei Überfahrten täglich von Pembroke nach Rosslare (Fahrzeit rund vier Stunden). Im Angebot ist auch eine 17-stündige Überfahrt von Roscoff (Frankreich) aus (März bis Oktober). Irish Ferries bedient die Strecke Cherbourg–Rosslare (18 Stunden). Kabinen und Betten kann man auf allen Überfahrten buchen (allerdings nur im Voraus).

Fähren nach Cork

Die Aussicht auf eine zehn Stunden lange Seereise schreckt manche Besucher vielleicht davon ab, die Fähre nach Cork zu nehmen. Wer jedoch den Südwesten von Irland erkunden will, dem erspart diese Schiffsreise in die kleine Stadt Ringaskiddy nahe Cork, mit dem Auto fast 400 Kilometer über Land zu fahren.

Swansea Cork Ferries haben Ende 2006 zwar den Betrieb eingestellt, es ist jedoch geplant, die Fährverbindung im Sommer 2009 wieder aufzunehmen. Bitte informieren Sie sich vorab auf der Website www.directferries.ie.

Auch von Frankreich aus gibt es eine Fährverbindung nach Cork. Von Mitte März bis Anfang November fahren **Britanny Ferries** wöchentlich von Cork nach Roscoff (samstags) und zurück (freitags). Die Fahrzeit beträgt 14 Stunden. Für alle Überfahrten nach Cork kann man Kabinen

Beladung einer Fähre von Irish Ferries im Hafen von Rosslare

FÄHRVERBINDUNGEN

Besuchergalerie am Kai von Rosslare Harbour

oder Schlafplätze bekommen. In der Hochsaison sollten diese sicherheitshalber im Voraus gebucht werden.

VON UND ZUM HAFEN

Alle Häfen Irlands verfügen über gute Zug- und Busverbindungen. Von Dublin Port bringen Éireann-Busse die Reisenden ins Stadtzentrum. Von Dun Laoghaire aus fahren DART-Züge alle zehn bis 15 Minuten nach Dublin (zu den Stationen Pearse Street, Tara Street und Connolly). Sie fahren vom Bahnhof nahe dem großen Wartesaal ab. Von Dun Laoghaire verkehren darüber hinaus alle zehn bis 15 Minuten Busse zum Eden Square und in die Fleet Street im Zentrum. In jedem Hafen sind zudem problemlos Taxis zu finden. Wer ein Auto mieten will, findet einen Schalter der Firma Hertz in Dun Laoghaire. Wer in Dublin Port ankommt, muss dagegen zunächst ins Stadtzentrum fahren, bevor er einen Wagen mieten kann.

Hinweisschild für Fährpassagiere

MIT ZUG ODER BUS PLUS FÄHRE

Wenn Sie über England nach Irland reisen wollen, haben Sie die Möglichkeit, von jedem Bahnhof in Großbritannien zu einem beliebigen Reiseziel in Irland mit einem kombinierten *sea/rail ticket* zu fahren. Mit dieser Kombi-Fahrkarte ist auch die zwischen den beiden Inseln notwendige Fährverbindung bezahlt. Das Ticket können Sie in den meisten Bahnhöfen des Landes kaufen. **Eurolines** bietet Busverbindungen von über 35 Städten in Großbritannien aus zu über 100 Zielen in der Republik Irland an.

Einen vergleichbaren Service bietet auch **Translink** zwischen englischen Städten und Fahrzielen in Nordirland. Die entsprechenden Kombi-Fahrkarten von beiden Unternehmen erhalten Sie bei **National Express**, einem Unternehmen, das insgesamt über 2000 Niederlassungen in Großbritannien unterhält.

AUF EINEN BLICK

FÄHRUNTERNEHMEN

Brittany Ferries
021 427 7801 (Cork).
0871 244 0744 (GB).
www.brittany-ferries.com

Irish Ferries
0818 300 400 (Irland).
0870 517 1717 (GB).
www.irishferries.com

Isle of Man Steam Packet und SeaCat-Fähren
1800 805055 (Irland).
0871 22 1333 (GB).
www.steam-packet.com

Norfolk Line Ferries
01 819 2999 (Irland).
0844 499 0007 (GB).
www.norfolkline-ferries.co.uk

P&O Irish Sea
01 407 3434 (Irland).
0871 6644 999 (GB).
www.poirishsea.com

Stena Line
01 204 7777 (Dublin).
08705 707 070 (GB).
www.stenaline.co.uk

Swansea Cork Ferries
021 483 6000 (Cork).
01792 456 116 (GB).
www.directferries.ie

BUSUNTERNEHMEN

Eurolines/Bus Éireann
01 836 6111 (Dublin).
0870 514 3219 (GB).
www.eurolines.ie

National Express
0871 781 8181 (GB).
www.nationalexpress.com

Ulsterbus/Translink
028 9066 6630 (Belfast).
www.translink.co.uk

FÄHRROUTEN IN DIE REPUBLIK IRLAND	BETREIBER	REISEDAUER
Fishguard – Rosslare	Stena Line Stena Line	3:30 Std. (Stena Europe) 1:50 Std. (Fastcraft)
Holyhead – Dublin	Irish Ferries Stena Line	1:49 Std. (Jonathan Swift) 3 Std. (Stena Adventurer)
Holyhead – Dun Laoghaire	Stena Line	1:49 Std. (Stena HSS)
Liverpool – Dublin	Norfolk Line Ferries P&O SeaCat Dublin Maritime	8 Std. 8 Std. (Norbay) 3:55 Std. (Super SeaCat 3)
Cherbourg – Rosslare	Irish Ferries	18 Std. (Normandy)
Pembroke – Rosslare	Irish Ferries	3:45 Std. (Isle of Inishmore)
Swansea – Cork	Swansea Cork Ferries (prüfen)	10 Std. (Superferry)

REISEINFORMATIONEN

Fähren nach Belfast und Larne

Die Reederei **Stena Line** befährt die Strecke Stranraer–Belfast mit drei Schiffen. Bei der schnellsten Verbindung dauert die Überfahrt knappe zwei Stunden.
Norfolk Line Ferries unterhält zwischen Liverpool und Belfast eine Fährlinie. Die Schiffe fahren das ganze Jahr über jeden Abend und sechsmal pro Woche morgens von Liverpool ab und sind nach acht Stunden in Belfast. Wenn Sie die Irische See mit einer Fähre der **Isle of Man Steam Packet Co.** überqueren, können Sie auch noch die Isle of Man besuchen. Die Fähren fahren nur im Sommer von Liverpool aus. Sie können in Dublin vom Schiff gehen, Ihre Heimreise aber von Belfast aus antreten oder umgekehrt.

Nach Larne bestehen von Schottland aus drei Fährrouten: ab Cairnryan, Troon und von Fleetwood aus. Sie werden von der **P&O Irish Sea** befahren. Zum Einsatz kommen konventionelle Fähren und der schnelle Superstar Express auf der Route Cairnryan–Larne. Die Schiffe fahren von Mitte April bis Mitte September, in der Hochsaison viermal täglich.

Die Reederei **SeaCat Scotland** hat den Betrieb eingestellt. Ob die Fährrouten wieder aufgenommen werden, ist aktuell unklar. Bitte informieren Sie sich vorab unter www.norfolkline.com oder www.directferries.co.uk.

Autos und Lastwagen bei der Ankunft in Larne Port

Logo des Port of Belfast

Vom und zum Hafen

Obwohl man zu Fuß nur zehn Minuten vom Belfast Port zum Stadtzentrum geht, stehen am Hafen Flexibus Shuttles bereit, die Sie über das Europa Buscentre und die Central Railway Station in die Innenstadt bringen. Von Larne Harbour aus verkehrt eine Buslinie zum Busbahnhof. Außerdem fahren jede Stunde Busse ins Zentrum von Belfast. Von Larne Port fahren Züge zu Belfasts Bahnhöfen Yorkgate und Central Railway Station. Zudem bekommen Sie an beiden Häfen immer Taxis.

Fahrpreise

Die Fahrpreise richten sich nach den Jahreszeiten – während der Hochsaison von Mitte Juni bis Mitte September können die Preise doppelt so hoch sein. Um Weihnachten und Neujahr steigen die Preise erneut stark an. Es empfiehlt sich immer, bereits vor der Abfahrt auch die Rückfahrt auf der Fähre zu buchen. Ohne vorherige Reservierung sollten Sie nie nach Irland reisen.

Die billigste Möglichkeit für Familien oder Gruppen, mit dem Schiff nach Irland zu kommen, ist ein Gruppenticket für eine Überfahrt mit dem Auto. Ein solches Ticket kostet zu bestimmten Jahreszeiten für ein Auto plus fünf Erwachsene weniger als 80 Euro. Am billigsten sind die Hin- und Rück-Tickets, bei denen der Reisende an bestimmte Fahrzeiten gebunden ist. Unter der Woche, frühmorgens oder am späten Abend sind die Fahrpreise meist auch günstiger. Studenten, die eine Student Travelcard *(siehe S. 372)* vorlegen, sowie Jugendliche, die mit einem InterRail-Ticket *(siehe S. 391)* unterwegs sind, bekommen Ermäßigungen für die Fahrt auf der Fähre.

FÄHRROUTEN NACH NORDIRLAND	BETREIBER	REISEDAUER
Cairnryan–Larne	P&O	1:45 Std. (European Causeway)
	P&O	1 Std. (Superstar Express)
	P&O	1:45 Std. (European Highlander)
Fleetwood–Larne	Stena Line	8 Std. (Stena Pioneer)
		8 Std. (Stena Leader)
Heysham–Belfast	SeaCat Scotland (derzeit nicht in Betrieb)	4 Std. (SeaCat Rapide)
Liverpool–Belfast	Norfolk Line Ferries	9 Std.
Stranraer–Belfast	Stena Line	1:45 Std. (Stena HSS)
		3:15 Std. (Stena Caledonia)
		1:45 Std. (HSS Stena Voyager)
Troon–Belfast	SeaCat Scotland (derzeit nicht in Betrieb)	2:30 Std.
Troon–Larne	P&O	1:50 Std. (Superstar Express)

Straßenverkehr

Eine der besten Möglichkeiten, Irland zu bereisen, ist sicherlich, mit dem Auto quer durchs Land zu fahren. Auf den schmalen Landstraßen der Insel begegnet Ihnen manchmal kilometerweit kein Auto, doch kann es natürlich auch frustrierend sein, wenn man längere Zeit hinter einem Traktor oder einer Kuhherde hinterherfahren muss, weil die Straße zu eng zum Überholen ist. Wollen Sie nicht mit dem eigenen Wagen fahren, können Sie in Irland ein Auto mieten. Achtung: Auf der ganzen Insel herrscht **Linksverkehr**, der am Anfang etwas gewöhnungsbedürftig ist.

Straßenschild in gälischer Sprache: Vorfahrt beachten!

MIT DEM EIGENEN AUTO

Wollen Sie Ihr eigenes Auto mit nach Irland nehmen, sollte es entsprechend versichert sein. Zudem sollten Sie sich eine grüne Versicherungskarte für das Ausland geben lassen. Neben Versicherungspolice, grüner Karte, Nachweis über den Fahrzeughalter und Führerschein ist es empfehlenswert, das Europäische Unfallprotokoll (EUP) mitzuführen. Jeder erhält es bei seiner Kfz-Versicherung (oft als Download). Auch sollte man eine lichtreflektierende Warnweste im Kofferraum haben.

Für die Zeit Ihres Aufenthalts in Irland können Sie Mitglied bei einem Automobilclub bzw. Pannendienst (z. B. **AA** oder **Green Flag National Breakdown**) werden. Der ADAC ist Partner von AA. In abgelegenen Gegenden von Irland findet man nur schwer Reparaturwerkstätten.

MIT DEM MIETWAGEN

Mietwagenfirmen machen in Irland kein schlechtes Geschäft. Es ist ratsam, für die Hochsaison ein Auto im Voraus zu mieten. Ein Mietwagen ist, vor allem in der Republik Irland, relativ teuer – auch deshalb lohnt sich eine Reservierung vorab (insbesondere übers Internet). Agenturen wie **Holiday Autos** arbeiten mit den größten europäischen Mietwagenfirmen zusammen und sind meist sehr bemüht, ein gutes Angebot zu machen. Preisnachlässe erhält man auch, wenn man Flug und Leihwagen oder auch Zug, Fähre und Mietwagen kombiniert bucht. Normalerweise können Sie mit einem Mietwagen beliebig viele Kilometer fahren. Im Preis inbegriffen sind Insassen-, Feuer- und Diebstahlversicherung, jedoch keine Versicherung gegen Schäden am Wagen selbst. Wollen Sie die innerirische Grenze überqueren, müssen Sie dies angeben.

Um ein Auto zu mieten, benötigen Sie einen gültigen Führerschein und müssen mindestens 21, bei manchen Firmen 23 oder sogar 25 Jahre alt sein.

Zapfsäule mit Bierreklame

TANKEN

Diesel und bleifreies Benzin erhalten Sie überall. Die Preise variieren oft von Tankstelle zu Tankstelle, doch ist Benzin in der Republik Irland generell relativ teuer, in Nordirland sogar noch teurer. Fast alle Tankstellen akzeptieren Kreditkarten, jedoch sollten Sie in ländlichen Gegenden sicherheitshalber Bargeld bei sich haben.

STRASSENKARTEN

Die Karte auf den hinteren Umschlaginnenseiten verzeichnet alle Städte und Ortschaften, die in diesem Reiseführer erwähnt sind. Zusätzlich finden Sie am Anfang jedes Kapitels eine Karte der jeweiligen Region, die wichtige Sehenswürdigkeiten verzeichnet und Tipps für Ausflüge bietet. Dennoch brauchen Sie eine ordentliche Straßenkarte, beispielsweise vom AA, ADAC oder ÖAMTC. Stadtpläne erhalten Sie meist kostenlos von den Fremdenverkehrsbüros *(siehe S. 370)*, die zudem auch oft Vorschläge für Fahrradtouren machen können.

Das Büro von Hertz am Flughafen Dublin

Eine Viehherde – ein vertrauter Anblick auf Irlands Landstraßen

Verkehrsregeln

Fahrer, die den Linksverkehr nicht gewohnt sind, sollten am Anfang defensiv fahren. Sowohl in Nordirland als auch in der Republik Irland besteht Gurtpflicht – auch Mitfahrer auf den Rücksitzen müssen Sicherheitsgurte anlegen. Für Kinder sind Kindersitze vorgeschrieben. Für Motorradfahrer besteht Helmpflicht.

Trotz des Linksverkehrs hat in der Regel der von rechts Kommende Vorfahrt. Die Promillegrenze für Alkohol liegt bei 0,8. Es besteht Handyverbot. Abblendlicht wird tagsüber auf Straßen außerhalb von Ortschaften lediglich empfohlen (Achtung: je nach Auto Scheinwerfer abkleben). In Nordirland treffen Sie häufig auf Autos, die mit einem roten »R«, d.h. »restricted«, markiert sind. Dieses Zeichen verweist darauf, dass der Fahrer seinen Führerschein erst in den letzten zwölf Monaten gemacht hat.

Geschwindigkeitsbeschränkungen

Die Höchstgeschwindigkeiten sind in Nordirland in Meilen (mph) angegeben, in der Republik Irland – bis auf ländliche Gegenden – in Kilometern (km/h). Folgende Geschwindigkeitsgrenzen gelten:
• 30 mph / 50 km/h in geschlossenen Ortschaften,
• 60 mph / 100 km/h auf Landstraßen,
• 70 mph / 110 km/h auf Autobahnen.

Auf einigen entsprechend klar bezeichneten Straßen gilt eine Höchstgeschwindigkeit von 40 mph (64 km/h) oder 50 mph (80 km/h). In der Republik Irland dürfen Autos mit Anhänger auf allen Straßen nicht schneller als 55 mph (88 km/h) fahren.

Verkehrsschilder

Die meisten Verkehrsschilder in der Republik Irland sind in gälischer und englischer Sprache. Dabei geht man mehr und mehr dazu über, Streckenangaben in Kilometern anzuzeigen. Jedoch treffen Sie vor allem in ländlichen Regionen auch noch auf einige der alten, schwarz-weißen Straßenschilder, die Meilenangaben aufweisen. In Nordirland sind wie in Großbritannien alle Streckenangaben auf den Straßenschildern in Meilen ausgewiesen. Überall in Irland verweisen braune Schilder, die in weißer Farbe beschriftet sind, auf historische oder kulturelle Sehenswürdigkeiten.

Verkehrsschilder der Republik Irland

Nicht befestigtes Ufer   **Achtung, Kreuzung**

Achtung, Kinder   **Gefährliche Kurve**

Schilder in Nordirland

Hinweisschild zur Autobahn

Hinweis auf eine Hauptstraße

Strassenverhältnisse

Die Straßen in Nordirland sind meist in besserem Zustand als die in der Republik. In beiden Teilen Irlands sind viele Straßen sehr kurvenreich. Hier ist besondere Vorsicht geboten. Das Verkehrsaufkommen, vor allem im Süden, ist relativ gering. Auf manchen Landstraßen begegnet Ihnen kilometerweit kein einziges Auto, auch auf größeren Straßen herrscht wenig Verkehr. In ganz Irland gibt es nur wenige Autobahnen, auch wenn in den letzten Jahren in der Republik Irland neue, mehrspurige Straßen gebaut wurden, selbst in so ländlichen Gegenden wie Donegal.

In Meilen (mph) angezeigtes Tempolimit, Landstraße in Cork

STRASSENVERKEHR

PARKEN

In einem Land mit so niedrigem Verkehrsaufkommen wie Irland ist es kaum ein Problem, einen Parkplatz zu finden – was in Dublin allerdings zusehends schwieriger wird. Die meisten Städte bieten mindestens einen kostenlosen Parkplatz. Dublin, Belfast und einige andere größere Städte haben mit Parkuhren bestückte Parkzonen oder (sehr teure) Parkplätze. Man kann überall auf den Straßen parken – mit Ausnahme von wenigen, mit einer gelben Linie markierten Zonen. Eine gelbe Doppellinie bedeutet generelles Parkverbot.

Parken mit Parkscheibe ist an vielen Stellen vorgeschrieben. Parkscheiben bekommen Sie in Zeitungsläden, bei Tankstellen und Fremdenverkehrsbüros. In Nordirland haben fast alle Städte und Ortschaften sogenannte Control Zones, die mit gelben und pinkfarbenen Schildern ausgewiesen sind. Aus Sicherheitsgründen ist es verboten, hier zu parken.

Parken nur mit Parkscheibe

Verbotsschild in Nordirland

RADFAHREN

Auf den ruhigen Landstraßen Irlands ist es ein Vergnügen, mit dem Rad zu fahren. Doch sollte man bei der Planung immer an das unbeständige Wetter denken. **Neill's Wheels** in Dublin bietet Stadttouren mit dem Rad an. Auch Läden wie **Cycleways** in Dublin (sieben Tage die Woche geöffnet) und **Kearney Cycles** in Galway vermieten Fahrräder. Oft kann man auch Räder an einem Ort mieten und anderswo stehen lassen. Bei vielen Händlern bekommt man Helme, wetterfeste Kleidung sollten Sie mitbringen. In Zügen und Bussen kann man Räder gegen eine Gebühr mitnehmen.

STRASSENSPERREN IN NORDIRLAND

Zu Beginn des Bürgerkriegs in Nordirland in den späten 1960er Jahren wurden in der Provinz unzählige Straßensperren errichtet, die bis vor einigen Jahren bestanden. Derartige von Polizisten oder Soldaten besetzte Blockaden gibt es mittlerweile nur noch selten. Sollten Sie einmal angehalten werden, so zeigen Sie Ihren Ausweis und Führerschein, Ihre Versicherungspapiere bzw. Ihren Mietwagennachweis vor, sofern dies verlangt wird. Bleiben Sie gelassen, denn dann wird man auch Ihnen gegenüber freundlich und höflich sein – und Ihre Weiterfahrt verzögert sich nicht.

Radfahrer in Ballyvaughan, County Clare

AUF EINEN BLICK

MIETWAGEN

Alamo
01 844 4199 (Dublin).
028 9073 9400 (Belfast).
www.alamo.com

Argus Rent-a-Car
01 499 9611 (Irland).
0870 387 5670 (GB).
www.argus-rentacar.com

Avis
01 605 7500 (Dublin).
0870 608 6317 (Belfast).
www.avis.com

Budget
01 844 5150 (Dublin).
www.budget.ie

Dan Dooley
01 677 2723 (Dublin).
www.dan-dooley.ie

Hertz
01 844 5466 (Dublin).
0207 026 0077 (GB).
www.hertz.com

Holiday Autos
0871 472 5229 (GB).
www.holidayautos.co.uk

Irish Car Rentals
1850 206 088 (Irland).
0800 4747 4227 (GB).
www.irishcarrentals.com

Murrays/Europcar
01 614 2888 (Dublin).
www.europcar.ie

National Car Rental
021 432 0755 (Cork).
www.carhire.ie

PANNENDIENSTE

ADAC-Notruf
0049 89 22 22 22.

Automobile Association
01 617 9999 (Irland).
1800 667788 (Notruf).
www.aaireland.ie

Green Flag National Breakdown
0800 000111 (GB).
www.greenflag.com

FAHRRADVERLEIH

Cycleways
01 873 4748 (Dublin).

Kearney Cycles
091 563 356 (Galway).

Neill's Wheels
085 1530648 (Dublin).

Zugverbindungen

Das Bahnnetz der Republik Irland wird von **Irish Rail** (Iarnród Éireann) betrieben und unterliegt staatlicher Kontrolle. Zugfahren ist relativ teuer, jedoch sind die Züge zuverlässig und bequem und eignen sich somit vor allem für längere Fahrten durchs Land. Der Bahn-Service der **Northern Ireland Railways** (NIR) ist etwas begrenzter, dafür billiger. Es gibt eine sehr gute, modernisierte Zugverbindung zwischen Dublin und Belfast. Die Reisezeit beträgt weniger als zwei Stunden (Tickets ab 43 Euro).

An der Killarney Station im Südwesten Irlands

Zugfahrten in der Republik Irland

Auch wenn die ländlichen Gegenden der Republik Irland nicht an das Bahnnetz angebunden sind, bietet Irish Rail doch gute Verbindungen zwischen den großen Städten. Bahn zu fahren, ist eine bequeme Möglichkeit, z. B. von Dublin nach Waterford, Cork, Limerick oder Galway zu kommen. Dennoch weist das Bahnnetz Lücken auf: So ist Donegal etwa völlig abgeschnitten. Wenn man also zur Westküste möchte, kann man mit dem Zug nur bis Galway, Sligo, Limerick oder Westport fahren und muss dann mit dem Bus weiter.

Die beiden großen Bahnhöfe von Dublin sind Connolly Station (für alle Züge nach oder von Norden, Nordwesten und Rosslare) und Heuston Station, von wo aus die Züge in den Westen, den Südwesten und die Midlands verkehren. Die beiden Bahnhöfe verbindet der Bus Nr. 90, der alle 10 bis 15 Minuten fährt (15 Minuten Fahrzeit). Alle Züge verfügen über Standard- und Superstandard-Abteile (1. Klasse). Für die 1. Klasse müssen Sie einen Aufschlag zahlen, ebenso für die Mitnahme eines Fahrrads (bis zu zehn Euro). Fahrpläne und Zugauskünfte erhalten Sie an Bahnhöfen, Informationsblätter kosten um die 80 Cent.

Grossraum Dublin

Der DART (Dublin Area Rapid Transit) bedient 30 Bahnhöfe zwischen Malahide und Greystones mit Haltestellen in Dublins Zentrum. Das Dublin Explorer Ticket ermöglicht es, an drei aufeinanderfolgenden Tagen mit DART-Zügen und mit Bussen der Dublin Bus Services zu fahren. Dieses Ticket erhalten Sie bei allen DART-Stationen. Luas-Bahnen (Niederflur-Straßenbahnen) verbinden Dublin mit den Vorstädten. Die ersten Linien wurden im Jahr 2004 fertiggestellt.

Zugfahrten in Nordirland

Neben dem Express-Service nach Larne Harbour und den Nahverkehrszügen nach Bangor gibt es nur zwei bedeutendere Zugverbindungen ab Belfast: eine nach Londonderry über Coleraine (zum Giant's Causeway) und Nordirlands einzige Zugverbindung über die Grenze, eine Hochgeschwindigkeitsverbindung zwischen Belfast und Dublin (achtmal am Tag). Alle Züge fahren ab Central Station. 1995 wurde Belfasts neuer Bahnhof Great Victoria Street eröffnet, der Anbindung ans Zentrum bietet. In Nordirland kann man aus Sicherheitsgründen weder an Bahnhöfen noch an Busbahnhöfen Gepäck aufbewahren.

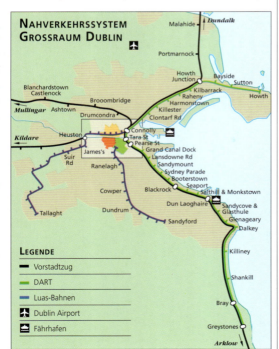

NAHVERKEHRSSYSTEM GROSSRAUM DUBLIN

LEGENDE
- Vorstadtzug
- DART
- Luas-Bahnen
- Dublin Airport
- Fährhafen

FAHRKARTEN

In ganz Irland sind Zugfahrkarten recht teuer, es gibt allerdings Sonderangebote. Die meisten günstigen Tickets gelten auch für Fahrten mit dem Bus, sodass man mit nur einer Fahrkarte praktisch quer durch Irland reisen kann.

Die günstigste Möglichkeit, mit öffentlichen Verkehrsmitteln zu reisen, bietet die Emerald Card, die für Irish Rail und Northern Irland Railways sowie für Ulsterbus gilt. Für 157 £ kann man mit der Emerald Card innerhalb von 15 Tagen acht Tage lang unbegrenzt fahren. Das Explorer Ticket für acht Tage (210 Euro) gilt für Irish Rail und Bus Éireann in der Republik Irland. Beide Fahrausweise gelten auch für viele lokale Verkehrsmittel, z. B. in den Städten Cork, Waterford, Limerick und Galway.

Fahrkartenschalter, Belfast Central Station

ERMÄSSIGUNGEN

Studenten erhalten Ermäßigungen für alle Zugfahrten in der Republik Irland und Nordirland mit entsprechenden Karten von Irish Rail und Translink *(siehe S. 372)*.

Mit dem InterRail Youth Global Pass können junge Leute unter 26 Jahren entweder 22 Tage oder einen Monat am Stück oder innerhalb eines flexibleren Zeitraums von fünf oder zehn Tagen die Republik Irland mit dem Zug bereisen. Ältere Reisende können sich die etwas teurere InterRail-Plus-26-Karte besorgen.

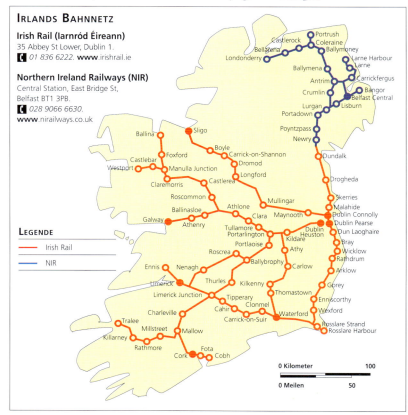

IRLANDS BAHNNETZ

Irish Rail (Iarnród Éireann)
35 Abbey St Lower, Dublin 1.
01 836 6222. www.irishrail.ie

Northern Ireland Railways (NIR)
Central Station, East Bridge St,
Belfast BT1 3PB.
028 9066 6630.
www.nirailways.co.uk

LEGENDE
— Irish Rail
— NIR

Mit Bus oder Taxi

Das Busnetz in ganz Irland ist gut ausgebaut, wenn man auch bei längeren Busreisen öfter umsteigen muss. Planen Sie genügend Zeit ein, wenn Sie mit dem Bus unterwegs sind. Busreisen sind eine gute Möglichkeit, Irland kennenzulernen. Bei den Fremdenverkehrsbüros erhalten Sie Informationen über Routen und Preise. Oft kann man hier auch reservieren. Taxis fahren in allen größeren Städten Irlands. In der Republik erkennt man sie am gelben Licht auf dem Autodach. In Belfast und Londonderry gibt es sowohl kleine Taxis als auch die größeren, wie man sie aus London kennt.

Fahrgäste am Europa Buscentre in Belfast

Logo der Lokal- und Expressbusse von Bus Éireann

Mit dem Bus unterwegs

Das Busunternehmen der Republik Irland, **Bus Éireann**, bietet Verbindungen zwischen allen großen Städten der Republik. Der größte Busbahnhof in Dublin ist Busáras in der Store Street, unweit der O'Connell Street. Es gibt eine Reihe privater Busunternehmen, die zum Teil die gleichen Strecken wie Bus Éireann befahren, aber auch andere Verbindungen bieten. Im County Donegal etwa gibt es Busunternehmen, die nicht voll lizenziert sind, was im Schadensfall zu Versicherungsproblemen führen kann. Erkundigen Sie sich bei den Fremdenverkehrsbüros.

In Nordirland unterhält **Ulsterbus** einen hervorragenden Service, der das ganze Land abdeckt und Expresslinien zwischen größeren Städten bietet. In Belfast gibt es zwei Busbahnhöfe – das Europa Buscentre nahe der Great Victoria Street und die Laganside Station. Erkundigen Sie sich rechtzeitig, welche Busse von welchem Bahnhof aus abfahren, und denken Sie daran, dass es in Nordirlands Bahnhöfen aus Sicherheitsgründen keine Möglichkeiten gibt, das Gepäck aufzubewahren.

Fahrkarten

In der Republik Irland sind Langstreckenfahrten mit dem Bus nur etwa halb so teuer wie eine entsprechende Zugfahrt. Wenn Sie am gleichen Tag hin- und zurückfahren, können Sie eine preisgünstigere Rückfahrkarte kaufen. Jugendliche unter 16 Jahren zahlen ungefähr den halben Preis. Studenten mit einer Student Travelcard (siehe S. 372) erhalten eine großzügige Ermäßigung. Wer viel mit dem Bus fahren will, für den empfiehlt sich ein »Rambler«-Ticket. Damit kann man beispielsweise 15 Tage lang unbegrenzt umherfahren. Daneben gibt es mehrere andere Fahrscheine.

Ein »Freedom of Northern Ireland«-Ticket gewährt freie Fahrt mit allen Bussen von Ulsterbus. Diese Tickets gibt es für einen Tag oder für eine Woche. Ulsterbus bietet zudem günstige Rückfahrkarten. Studenten erhalten bei Vorlage des ISIC-Ausweises 15 Prozent Ermäßigung. Zudem gibt es preisgünstige Angebote, Bus- und Zugreisen zu kombinieren (siehe S. 391).

Besichtigungstouren

Zwischen den großen Städten Irlands bestehen gute Busverbindungen. Mit öffentlichen Verkehrsmitteln in abgelegenere Orte zu gelangen, ist hingegen schwierig. Wenn Sie z. B. in Connemara (siehe S. 206–208) unterwegs sind und wenig Zeit zur Verfügung haben, bietet sich für den Besuch zumindest der bedeutendsten Sehenswürdigkeiten eine der organisierten Besichtigungstouren an. Für etwa 25 Euro können Sie an der »Figure of Eight«-Busfahrt teilnehmen. Sie führt von Galway nach Spiddal, Kylemore, Letterfrack und Oughterard – und zurück nach Galway (nur im Sommer). Die Busse fahren um 10 Uhr ab und kommen um 17.30 Uhr zurück. Unterwegs machen sie an vielen interessanten Orten halt. Im Preis inbegriffen sind jedoch weder Eintrittsgelder noch Speisen oder Getränke.

Expressbus in Nordirland

Eine Busfahrt können Sie beim Galway Tourist Information Centre buchen. Ähnliche Fahrten werden in vielen interessanten und beliebten Regionen der Insel angeboten. Weitere bekannte Touren führen durch das ländliche Irland nach Glendalough *(siehe S. 140f)*, durch Donegal *(siehe S. 224–231)* und über den Ring of Kerry *(siehe S. 164f)*. In Dublin und anderen Städten der Republik Irland bieten auch Bus Éireann und einige private Busunternehmen Tages- und Halbtagesausflüge an. **Dublin Bus** (Bus Átha Cliath) hat zudem Stadtrundfahrten im Programm.

In Nordirland können Sie mit Ulsterbus vom Europa Buscentre aus Fahrten zu den bedeutendsten Sehenswürdigkeiten der Provinzen unternehmen, beispielsweise zur Causeway Coast, zu den Glens of Antrim und zum Ulster-American Folk Park nahe Omagh. Fahrten können Sie im Büro von Ulsterbus buchen, telefonische Reservierungen sind nicht möglich. In den Sommermonaten bietet **Belfast Citybus** auch Stadtrundfahrten.

STADTBUSSE

Die Stadtbusse der Republik bieten generell einen guten Service und sind preiswert. **Dublin Bus** hat Verbindungen in den gesamten Großraum Dublin. Die Busse in der Innenstadt fahren von 6 bis 23.30 Uhr mit einem Nachtservice an den Wochen-

Taxis vor dem Ankunftsterminal am Flughafen in Dublin

Fahrgäste beim Aussteigen aus einem Waterford Citybus

enden. Tageskarten kosten sechs Euro. Das neue **Luas**-Netz verbindet die Vorstädte, die bisher nur per Bus erreichbar waren. Die Luas-Linien stoßen an der Connolly Station auf das DART-Netz *(siehe S. 390)*, eine Verbindung mit der künftigen U-Bahn ist geplant.

Im Rest des Landes werden die Buslinien, darunter die Stadtbusse in Cork, Galway, Limerick und Waterford, von Bus Éireann betrieben. Fahrzeiten und Streckenverlauf sind dem Fahrplan zu entnehmen, der bei Info-Zentren und an Busbahnhöfen erhältlich ist. Einige regionale Buslinien werden von privaten Unternehmen betrieben.

Mit Ausnahme von Belfast betreibt **Ulsterbus/Translink** das nordirische Busnetz. Die Provinzhauptstadt versorgt **Metro** mit einem gut ausgebauten Busnetz. Sowohl für Ulsterbus als auch für Metro gibt es Vergünstigungen, darunter preiswerte Mehrfahrtenkarten. Regionale Fahrpläne erhalten Sie an allen Busbahnhöfen Nordirlands.

TAXIS IN DER REPUBLIK IRLAND

Außer in sehr ländlichen Gegenden gibt es überall Taxis. Einzelheiten können Sie im Hotel erfragen. Taxis in Dublin findet man am ehesten vor Bahnhöfen, bei Hotels oder am Taxistand. Der Preis richtet sich nach der Streckenlänge – falls nicht, sollte man die Gebühr vorher erfragen. Hat ein Taxi keinen Taxameter, so klären Sie vorher, was die Fahrt kosten soll.

TAXIS IN NORDIRLAND

In Nordirland sind Taxis relativ preiswert. Fahrten im Stadtzentrum von Belfast kosten meist nicht mehr als 6 £. Auch in den abgelegeneren Städten im Norden gibt es jeweils mindestens ein Taxiunternehmen bzw. einen Taxistand, an dem man relativ problemlos einen Wagen findet. Ansonsten können Sie auch vom Hotel oder B&B aus ein Taxi rufen lassen.

AUF EINEN BLICK

STADTVERKEHR

Citybus (Belfast)
028 9033 3000.

DART (Dublin)
01 836 6222.
www.irishrail.ie

Dublin Bus
01 873 4222.
www.dublinbus.ie

Luas (Dublin)
1 800 300 604.
www.luas.ie

NATIONALE BUSLINIEN

Bus Éireann
01 836 6111.
www.buseireann.ie

Ulsterbus/Translink
028 9066 6630.
www.translink.co.uk

REISEBUSSE

Irish City Tours & Gray Line
Dublin Tourist Office, Dublin 2.
01 605 7705.
www.irishcitytours.com

McGeehan Coaches
Fintown PO, Co Donegal.
074 954 6150.
www.mcgeehancoaches.com

Textregister

Seitenzahlen in **fetter** Schrift
bezeichnen die Haupteinträge.

4 Dame Lane (Bar, Dublin) 112

A

A-Wear (Cork) 355
A.B. O'Connor Bookshop
  (Kenmare) 355
Abbey Theatre (Dublin) **88**, 112
  Detailkarte 87
  Dublin Highlights:
  Unterhaltung 115
  Geschichte 44
  Irische Literatur 22f
Abbeyfeale
  Hotels 306
Abbeyleix
  Pubs 350
Abteien
  Assaroe Abbey
    (Ballyshannon) 231
  Athassel Priory **198**
  Augustinian Priory (Adare) 194
  Black Abbey (Kilkenny) 144
  Bonamargy Friary 266
  Boyle Abbey 219
  Cahir Abbey 198
  Clare Abbey (Ennis) 189
  Cong Abbey 209
  Donegal Abbey 230
  Duiske Abbey 149
  Dunbrody Abbey 148
  Ennis Friary 189
  Fore Abbey **241**
  Grey Abbey 280
  Holy Cross Abbey **195**
  Hore Abbey 195
  Inch Abbey 281
  Jerpoint Abbey **145**
  Kylemore Abbey **208**
  Moore Abbey (Monasterevin)
    128
  Muckross Abbey 162
  Old Mellifont Abbey 35, **245**
  Portumna Priory 213
  Quin Franciscan Friary 189
  Red Abbey (Cork) 176
  Rock of Cashel **196f**
  Selskar Abbey 150
  Sligo Abbey 234
  St Mary's Abbey (Dublin) 93
  Timoleague Abbey **170f**
  Tintern Abbey 148
  siehe auch Klöster
Academy, The (Nachtclub,
  Dublin) 113
Achill Archaeological Summer
  School 361
Achill Island **204**
  Hotels 309
  Restaurants 337
Act of Union (1800) 42
Adair, John 224
ADAC 389
Adams, Gerry 47
ADAPT 373
Adare 15, **194**
  Hotels 292, 306f
  Restaurants 335

Adare Manor 292
Aer Lingus 383
Agricola 33
Ahenny 199
  Hochkreuz 243
Aherlow, Glen of **198**
Aille Cross Equestrian Centre
  (Loughrea) 367
Aillwee Cave 188
Aird's Snout 262
Alamo 389
Albert Memorial Clock Tower
  (Belfast) 279
Alcock and Brown Memorial
  207
All-Ireland Football Final 29, 50
All-Ireland Hurling Final (Croke
  Park) 29, 50
Allen, Lough 185
Allihies 166
Allingham, William 231
Allow, Fluss 177
Altamont, Earls of 205
Altamont, John Browne,
  1. Earl of 205
Amelia Earhart Centre 259
American Express 378f
An Óige 291
An Óige Hill Walkers Club 366
An Taisce (Irish Nat. Trust) 82
Anderson, John 177
Angeln 28, **362f**, 366
Anglo-irische Familien 125
Anglo-irische Literatur 22
Anglo-irische Vereinbarung
  (1986) 47
Anglo-irischer Vertrag (1921)
  44
  Pale 132
Anglo-Normannen **36f**
  Dublin Castle 76
  Einfall in Irland 31, 125
  Südost-Irland 125
Annacotty
  Pubs 348
Annagry
  Restaurants 339
Annalong
  Hotels 316
Annals of the Four Masters 39
Antique Prints (Dublin) 107
Antiques Fairs 107
Antiquitätenläden, Dublin **106f**
Antrim, County 255
  Küste, Karte 261
  Regionalkarte 256f
  siehe auch Nordirland
Apartments 290
Apollo Gallery (Dublin) 107
Apotheken 375
Aquarium
  Exploris (Portaferry) 280
Aran Islands 201, **214f**
  Hotels 309
  Pubs 349
Aranmore 228
Áras an Uachtaráin, Phoenix
  Park (Dublin) 96
Archäologische Ferienkurse
  361

Architektur **20f**
  Dublins Stadthäuser **69**
  Georgianisches Irland 40f
Ardagh 241
Ardara **228**
  Hotels 312
Ardboe Cross 268
Ardclinis Activity Centre
  (Cushendall) 366
Ardess Craft Centre (Kesh) 361
Ardfert Cathedral **156**
Ardfinnan
  Hotels 307
Ardglass 284
  Pubs 351
  Restaurants 342
Ardgroom 166
Ardilaun, Lord 60
Ardmore **145**
  Rundturm 21
Ards Peninsula 255, **280**
Argus Rent-a-Car 389
Arklow
  Hotels 299
Armada, Französische (1796)
  French Armada Centre
  (Bantry House) 168
Armada, Spanische (1588)
  Duncannon 148
  Geschichte 38
  Schatz 257, 278
  Ulster Museum 278
Armagh 255, **274**
  Hotels 316
  Restaurants 342
Armagh, County 255
  siehe auch Nordirland
Armagh Computer World
  (Armagh) 381
Arnott's (Dublin) 107
Arrow, Lough **235**
Arsenius, Mother 205
Arthurstown
  Hotels 299
Asgard (Schiff) 97
Ashford
  Hotels 299
Ashford Castle 209, 292
Ashtown Castle, Phoenix Park
  (Dublin) 96
Askeaton 184
Assaroe Abbey 231
Association of Irish Riding
  Establishments 367
Athassel Priory **198**
Athlone 185, **249**
  Hotels 314
  Restaurants 341
Athlone Castle 249
Athlone Cruisers 367
Athy
  Hotels 299
Atlantic Coast Drive (Achill
  Island) 204
Atlantic Sea Kayaking 367
Aughnanure Castle 209
Aughrim
  Hotels 299
Augustinerorden 150, 189
Automobile Association 389

Autos 387–389
  Autovermietung 387, 389
  Benzin 387
  Pannendienste 389
  Parken 389
  Straßenkarten 387
  Straßensperren (Nordirland) 389
  Straßenverhältnisse 388
  Tempolimits 388
  Verkehrsregeln 388
  Versicherung 387
  siehe auch Touren mit dem Auto
Avis 389
Avoca Handweavers (Bray) 139, 355
Avondale Forest Park 141
Avondale House **141**
Avonmore, Fluss 141

B
Bacon, Francis 91
Bagenalstown
  Hotel 299
Baily Lighthouse 102
Balgriffin (Dublin)
  Hotels 298
Ballina
  Hotels 309
  Restaurants 337
Ballinafad 235
Ballinasloe Fair 50
Ballincollig 171
Ballinderry
  Hotels 307
  Restaurants 335
Ballingarry
  Restaurants 335
Ballingeary 171
Ballintemple Fishery (Ardattin) 366
Ballintoy 261
Ballon
  Hotels 299
Ballsbridge (Dublin)
  Hotels 297
  Restaurants 328
Ballycastle (County Antrim) **266f**
  Festivals 48f
  Hotels 317
  Restaurants 343
Ballycastle (County Mayo)
  Restaurants 337
Ballyconneely 207
  Hotels 309
Ballyconnell
  Hotels 314
Ballycopeland Windmill 280
Ballycotton
  Restaurants 331
Ballydehob 167
  Restaurants 331
Ballyferriter
  Tour über die Dingle Peninsula 158
Ballygally 267
  Hotels 317
Ballyhack 148
Ballyhack Castle 148

Ballymacarbry
  Hotels 299
  Restaurants 328
Ballymaloe School of Cookery (Midleton) 361
Ballymena
  Hotels 317
Ballymore Eustace
  Restaurants 329
Ballyshannon **231**
  Restaurants 339
Ballyshannon International Folk Festival 49
Ballyvaughan 188
  Hotels 307
  Pubs 348
  Restaurants 335
Baltimore **170**
  Hotels 302
  Pubs 347
  Restaurants 331
Baltimore Diving and Watersports Centre 367
Bamboo Park 167
Bandon
  Hotels 302
  Restaurants 331
Bangor 280
  Hotels 317
  Pubs 351
  Restaurants 343
Bangor, Lord und Lady 284
Bank of Ireland (Dublin) **60**
  Detailkarte 58
Bank of Ireland Arts Centre (Dublin) 112
Banken 378f
Bankette **360**
  Bunratty Castle 192f
  Knappogue Castle 189
Banknoten 376f
Banna Strand 156
Bannow Bay 148
Bansha 198
  Hotels 307
Banshees **26**
Bantry 167
  Hotels 292, 302
  Restaurants 331
Bantry, Richard White, 1. Earl of **168**
Bantry, 2. Earl of 168f
Bantry Bay 167
Bantry House **168f**, 292
Barley Cove 153, 167
Barna
  Restaurants 337
Barralet, James 101
Barrow, Fluss 148
Barryscourt Castle 177
Bars (Dublin) 110, 112f
Bauernhäuser, Unterkünfte 290
Beaghmore, Steinkreise **268**
Beara Peninsula **166**
Beaufield Mews (Dublin) 107
Beaumont Hospital 375
Becher-Leute 32
Becket, Thomas 150
Beckett, Samuel 22f, **62**
  Nobelpreis 46

Portora Royal School 272
Trinity College (Dublin) 62
Bed and Breakfast 290
Bedell, Bishop 83
Begegnung des hl. Brendan mit dem unglücklichen Judas, Die (Clarke) 174
Behan, Brendan 23, 115
Behinderte Reisende 372
  Hotels 291
  Sport **365**, 367
Beit, Sir Alfred 132f
Beit Art Collection (Russborough House) 132
Belfast 255, **276–279**
  Bahnhof 390
  Busse 392
  Fähren 386
  Hotels 317
  Infobox 277
  Politische Wandbilder in West-Belfast **278**
  Pubs 351
  Restaurants 343
  Sicherheit 374
  Zentrumskarte 276f
Belfast Castle 279
Belfast City Hall 255, 276
Belfast Civic Festival and Lord Mayor's Show 48
Belfast Festival at Queen's 50, 361
Belfast International Airport 383
Belfast Music Festival 51
Belfield Bike Shop (Dublin) 389
Bellaghy 39
Belleek 269
  Lower Lough Erne, Tour 270
Belleek Charter Cruising 367
Belleek Pottery **269**
Belltable Arts Centre (Limerick) 361
Belmore, 1. Earl of 272
Belturbet
  Hotels 314
Belvedere, 1. Earl of 249
Belvedere College (Dublin) 90
Belvedere House (Mullingar) 249
Ben Bulben
  Yeats Country, Tour 232
Benediktiner
  Fore Abbey **241**
  Holy Cross Abbey **195**
  Kylemore Abbey **208**
  St Mary's Abbey (Dublin) 93
Bennettsbridge 144
Benone Strand **260**
Benzin 387
Bere Island 167
Berge
  Bergsteigen **363**, 366
  Flora und Fauna 19
Bernard, hl. 245
Bernini, Gian Lorenzo 135
Bewley's Café Theatre 108, 112
Bianconi, Charles 42, 199
Bibliotheken
  Chester Beatty Library & Gallery of Oriental Art (Dublin) **77**
  Linen Hall Library (Belfast) 277

Bibliotheken *(Fortsetzung)*
  Marsh's Library (Dublin) **83**
  National Library (Dublin) 59,
  65
  Old Library, Trinity College
  (Dublin) 55, 57, 63
Bienenstockhütten 21
Bier
  Guinness **98f**
  Guinness Storehouse (Dublin)
  98
Big Brother Records (Dublin) 107
Bildungsurlaub **360**, 361
Birdhill
  Restaurants 335
Birr **253**
  Hotels 314
  Restaurants 341
Birr Castle 48, 253
Bishop's Quarter 188
Black, Mary 17, 24
Black and Tans 44, 153
Black Castle 195
Black Death 37
Black Head 188
Blacklion
  Restaurants 341
Blackrock Castle 177
Blackwater, Fluss 145, **177**
Blarney
  Restaurants 332
Blarney Castle **171**
Blarney House 171
Blarney Stone 154, 171
Blarney Woollen Mills (Blarney)
  171, 355
Blasket Centre
  Dingle Peninsula, Tour 158
Blennerville Windmill 156f
Blessington 133
  Restaurants 329
Bloody Foreland 221, **224**
Bloody Sunday (1972) 46
Bloom, Leopold und Molly 90
Bloomsday (Dublin) 48
Blues 109, 112
Boa Island
  Lower Lough Erne, Tour 270
Bodhrán (Trommel) 24, 352f,
  356
Bog of Allen Nature Centre 128,
  252
Bonamargy Friary 266
Bonet (Gärtner) 133
Bono 24
Book of Durrow 34, 55, 63
Book of Kells **64**, 241
Books Upstairs (Dublin) 107
Boom Boom Room, The
  (Nachtclub, Dublin) 113
Boomtown Rats 24
Boote
  currachs 214
  Fähren 384–386
  Galway Hooker **211**, 212
  Segeln **365**, 367
Booterstown (Dublin)
  Hotels 297
Borderline Records (Dublin) 107
Borrisokane
  Hotels 307

Bosco, Don 206
Botanical Gardens (Belfast) 278
Botschaften 373
Boucicault, Dion 88
Bourchier's Castle 195
Boycott, Captain 42
Boyle **219**
  Hotels 309
Boyle Abbey 219
Boyle Arts Festival 361
Boyle, Grabmal der Familie 82f
Boyne, Schlacht am (1690) 31,
  237, **244**
  Gedenktag 49
  Geschichte 38f
  Talbot, Familie 102
  Wandteppich 38
Boyne Valley 237, **244f**, 248
Brauereien *siehe* Bier
Bray 127, **133**
Brazen Head (Pub, Dublin) 112
Brecan, hl. 214
Brendan, hl. **27**
  Ardfert Cathedral 156
  Boot 190
  Clonfert Cathedral 213
  Reisen 213
Brennereien *siehe* Whiskey
Brian Ború, König von Munster
  34f, 195
  Grab 274
  Killaloe 190
  Sieg über die Wikinger 79
Brian de Staic (Killarney) 355
Bricín (Killarney) 355
Bricklieve Mountains 221
Brigid, hl. 128
Brigit's Garden 209
Bristol, Frederick Augustus
  Hervey, Earl of 260
British Airways 383
British Horse Society 367
British Midland (bmi) 383
Brittany Ferries 385
Brittas Bay
  Pubs 346
Broighter Gold-Boot **33**, 66
Bronzezeit 32f, 66
Brooke, Sir Basil 230
Broughshane
  Pubs 351
Brown, Capability 245
Brown Thomas (Dublin) 107
  Detailkarte 58
Browne, Familie 205
Browne's Hill Dolmen **141**
Brú Ború *siehe* Brian Ború
Brú Ború Heritage Centre
  (Cashel) 195
Bruce, Edward 36, 275
Bruce, Robert, König von
  Schottland 266
Bruce's Cave (Rathlin Island) 266
Bryce, Annan 166
Buchhandlungen **352**, 355
  Dublin **106**, 107
  Souvenirs 357
Budget (Autovermietung) 389
Buite, St 242
Bull Point 266
Bunbeg 224

Buncrana
  Inishowen Peninsula, Tour 226
Bundoran
  Hotels 313
Bunglass Point 229
Bunnow, Fluss 195
Bunratty
  Hotels 307
  Pubs 348
  Restaurants 335
Bunratty Castle 181, **192f**
Burgen
  Ashford Castle 209
  Athlone Castle 249
  Aughnanure Castle 209
  Ballyhack Castle 148
  Belfast Castle 279
  Birr Castle 253
  Black Castle 195
  Blackrock Castle 177
  Blarney Castle **171**
  Bourchier's Castle 195
  Bunratty Castle 181, **192f**
  Cahir Castle 198
  Carrickfergus Castle 36f, 275
  Carrigafoyle Castle **156**
  Carrignacurra Castle 171
  Desmond Castle (Adare) 194
  Desmond Castle (Kinsale) 172
  Doe Castle 225
  Donegal Castle 230
  Dublin Castle 54, 74, **76f**
  Dunguaire Castle 212
  Dunluce Castle 261
  Dunseverick Castle 261
  Dysert O'Dea 189
  Enniscorthy Castle 149
  Enniskillen Castle 272
  Glenveagh Castle 224f
  Green Castle 285
  Hillsborough Castle 281
  Jordan's Castle 284
  Kilclief Castle 284
  Kilkenny Castle 123, 143, **144**
  Kinbane Castle 261
  King John's Castle
  (Carlingford) 242
  King John's Castle (Limerick)
  191
  Knappogue Castle **189**
  Kylemore Abbey **208**
  Leamaneagh Castle 188
  Lismore Castle 145
  Malahide Castle **102**
  Monea Castle 271
  Ormond Castle 199
  Parke's Castle **233**
  Portumna Castle 213
  Rathlannon Castle 151
  Reginald's Tower (Waterford)
  146
  Roscommon Castle 218
  Roscrea Castle 195
  Ross Castle 162
  Slade Castle 148
  Trim Castle 237, 248
  Tully Castle 270
  Tullynally Castle **241**
Bürgerkrieg 44, 93, 153
Burges, William 175
Burgh, William de 198

Burke, Éamonn 37
Burke, Edmund 62
  Statue 62
Burne-Jones, Sir Edward 145
Burren **186–188**
  Karte 188
Burtonport
  Pubs 350
Bus Éireann 393
Bushmills
  Old Bushmills Distillery **266**
  Pubs 351
  Restaurants 344
  Souvenirs 357
Busreisen 392f
Busse 392f
  Fahrscheine 385
  Flughafen 383
Butler, Familie (Earls of
  Ormonde) 125, 181
  Cahir Castle 198
  Clonmel 199
  Gräber 144
  Kilkenny 142
  Kilkenny Castle 123, 144
  Ormond Castle 199
  Swiss Cottage (Cahir) 198f
Butler's Chocolate Café (Dublin)
  107
Butter Exchange Shandon Craft
  Centre (Cork) 174
Butterstream Gardens (Trim) 248

C
Cabot & Co (Dublin) 107
Cadamstown 253
Café en Seine (Bar, Dublin) 112
Caha Mountains 166
Cahalan Jewellers (Ballinasloe)
  355
Caherciveen
  Pubs 347
  Ring of Kerry, Tour 164
Caherdaniel
  Hotels 302
Cahermore Stone Fort 188
Cahir **198f**
Cahir Abbey 198
Cahir Castle 198
Callan
  Hotels 299
Campile
  Restaurants 329
Camping 290f
Canova, Antonio,
  Die drei Grazien 177
Cape Clear Island 170
Cappoquin
  Hotels 299
Caragh Lake
  Hotels 302f
Caravaggio,
  Kreuzabnahme Christi 71
Carlingford 237, **242**
  Hotels 314
  Pubs 350
  Restaurants 341
Carlow
  Hotels 299
  Pubs 346
  Restaurants 329

Carlow, County 125
  siehe auch Südost-Irland
Carndonagh Cross
  Inishowen Peninsula, Tour 226
Carne
  Restaurants 329
Carnlough 267
  Hotels 318
Carrick 229
Carrick-a-rede
  Rope Bridge 255, 261
Carrick-on-Shannon 185, **235**
  Hotels 310
  Restaurants 339
Carrick-on-Suir **199**
Carrickfergus **275**
Carrickfergus Castle 36f, 275
  Festivals 49
Carrickmacross
  Restaurants 341
Carrigafoyle Castle **156**
Carrignacurra Castle 171
Carroll's Irish Gift Stores
  (Dublin) 107
Carron
  Restaurants 335
Carrowkeel Passage Tomb
  Cemetery 223, 235
Carrowmore Megalithic
  Cemetery 234
Carson, Edward (Lord Carson) 44
  Statue 279
  Grab 276f
Carthagus, hl. 145
Casement, Roger 156
Cashel **195**
  Hotels 307
  Restaurants 335
  Rock of Cashel 27, 122, 181,
  195, **196f**
Cashel Bay
  Hotels 310
Cashels (Ringforts) 21
Casino Marino 40f, 95, **100**
Castle, Richard 21
  Belvedere House (Mullingar)
  249
  Conolly's Folly (Castletown
  House) 131
  Leinster House (Dublin) 65
  Powerscourt 134
  Rotunda Hospital (Dublin) 86,
  90
  Russborough House 41, 132
  Strokestown Park House 218
  Westport House 205
Castle Archdale Country Park
  Lower Lough Erne, Tour 271
Castle Caldwell Forest Park
  Lower Lough Erne, Tour 270
Castle Coole 255, 272
Castle Inn (Dublin) 112
Castle Matrix 184
Castle Ward 284
Castle Ward Opera 49
Castlebaldwin
  Restaurants 339
Castlebar
  Hotels 310
Castlecoote
  Hotels 310

Castledermot
  Hotels 300
  Restaurants 329
Castlelyons
  Hotels 303
Castlerea
  Hotels 310
Castlereagh, Lord 282f
Castletown House 125, **130f**
  Stuck 21
Castletownbere 166
Castletownshend
  Hotels 303
  Pubs 347
  Restaurants 331
Castlewellan Forest Park **284**
Cathach Books (Dublin) 107
Causeway Coast **261**
Cavan, County 237, 255
  siehe auch Midlands
Céide Fields 201, **204**
Celtic Cycling (Bagenalstown)
  366
Celtic Note (Dublin) 107
Celtic Whiskey Shop (Dublin) 107
Central Cyber Café (Dublin) 381
Central Fisheries Board 366
Chambers, Sir William
  Marino Casino (Dublin) 100
  Trinity College (Dublin) 62
Chapel Royal (Dublin Castle) 76
Chapters Books (Dublin) 107
Charlemont, 1. Earl of 41, 100
Charles II, König von England
  218
Charles Fort (Kinsale) 153, 172
Charlotte, Königin 168
Cherche Midi, Le (Dublin) 107
Chester Beatty, Sir Alfred 77
Chester Beatty Library and
  Gallery of Oriental Art
  (Dublin) **77**
Christ Church Cathedral
  (Dublin) 54, **80f**
  Detailkarte 74
Christianisierung
  Keltische Christianisierung
  34f
  Hl. Patrick 31
Christy Bird (Dublin) 107
Ciaran, hl. 250
Cineworld Cinema (Dublin) 112
City Arts Centre (Dublin) 112
City Discs (Dublin) 107
City Hall (Dublin) **77**
  Detailkarte 74
City Hospital 375
Citybus (Belfast) 393
Cityjet 383
Claddagh Jewellers (Killarney)
  355
Clan na Gael 43
Clannad 17
Clara, Vale of *siehe* Vale of Clara
Clare, County 181
  siehe auch Unterer Shannon
Clare, Richard de *siehe*
  Strongbow
Clare Abbey 189
Clare Island **206**
Clarendon 83

Clarinbridge
  Pubs 349
Clarke, Harry 175
  Die Begegnung des hl. Bren-
  dan mit dem unglücklichen
  Judas 174
Clarke, Tom 45
Claude's Café (Derry) 381
Claudio's (Dublin) 107
Cleggan 207
  Restaurants 337
Cleggan Hill 207
Clements, Familie 235
Clery's (Dublin) 107
Clifden 206f
  Hotels 310
  Pubs 349
  Restaurants 337
Clifden Bay 207
Clifford Antiques (Dublin) 107
Cliffs of Moher 182, **184**, 188
Clochán na Carraige 214
Clockwork Orange (Belfast) 355
Clogheen
  Hotels 335
Clonakilty **170**
  Hotels 303
  Pubs 347
Clonalis House 201, **218**
Clonanav Fly Fishing Centre
  (Ballymacarbry) 366
Clones
  Hotels 315
Clonfert Cathedral 201, **213**
Clonmacnoise 31, **250f**
  Nuns' Church 35, 238
  Temple Finghin, Rundturm 237
Clonmel **199**
  Hotels 307
  Restaurants 336
Clontarf, Schlacht von (1014) 34
Cloverhill
  Hotels 315
Cloyne
  Hotels 303
Club M (Nachtclub, Dublin) 113
Cobblestone (Dublin) 112
Cobh 153, **178f**
Cole, Familie 273
Cole Monument (Enniskillen) 272
Colebrook Park
  (Brookeborough) 367
Coleraine 260
  Hotels 318
Collins, Michael 45
Collins Barracks (Dublin) **101**
Collinstown
  Hotels 315
Collon
  Restaurants 341
Colman, St 206
Colmcille, hl. *siehe* Columba, hl.
Colmcille Heritage Centre 225
Colthurst, Familie 171
Columba, hl. (hl. Colmcille) 34
  Colmcille Heritage Centre 225
  Glencolumbkille 228
  Kells Monastery 241
  Londonderry 258f
  St Columba's House (Kells) 241
  Tory Island 224

Comfort Inn 296
Comhairle 373
Comhaltas Ceoltóirí Éireann
  (Monkstown) 361
Comyn, John *siehe* Cumin, John
Cong **209**
  Hotels 292, 310
  Restaurants 337
Cong Abbey 209
Connaught 201
Connemara 19, 201
  Karte 207
  Tierwelt 208f
Connemara Marble Factory
  (Galway) 355
Connemara National Park 122,
  208
Connolly, James 45, 97
Conolly, Katherine 131
Conolly, William 130, 131
Conolly's Folly (Castletown
  House) 131
Cook, Alan 268
Cook, Thomas 379
Cookstown **268**
Coole Park 213
Cooley, Thomas 77
Cooley Peninsula 237, 242
Copeland Islands 280
Coral Strand Beach 207
Cork **174–177**
  Fähren 384f
  Hotels 303
  Infobox 175
  Pubs 347
  Restaurants 332
  Zentrumskarte 174f
Cork, County *siehe*
  Cork und Kerry
Cork, Earls of 82f, 179
Cork, Katherine Boyle,
  Countess of 82f
Cork und Kerry **152–179**
  Hotels 302–306
  Pubs 347f
  Regionalkarte 154f
  Restaurants 331–324
Cork Airport 383
Cork Butter Museum 174
Cork Choral Festival 48
Cork City Gaol 175
Cork Film Festival 50, 361
Cork Jazz Festival 50, 361
Cork Week 29
Corlea Trackway 240
Corofin
  Hotels 307f
Corrib, Lough **209**, 210
Corrigan, Mairead 47
Corrs 24
Costello, Edward 235
Costello, John A. 46
Costume (Dublin) 107
Cottages 20
Country-Musik 109, 112, **359**, 361
Countryside Alliance 367
County Wexford Strawberry Fair
  49
County Wicklow Garden
  Festival 48, 361
Courbet, Gustave 91

Courcy, John de 36, 275, 281
Courtmacsherry
  Hotels 303
Covered Market (Dublin)
  Detailkarte 75
Crafts Council of Ireland
  (Kilkenny) 355
Craggaunowen **190**
Cramillion, Bartholomew 90
Cranberries 17, 24
Crannogs 21, 33
Crawdaddy (Nachtclub, Dublin)
  113
Crawford, William Horatio 174
Crawford Art Gallery (Cork) 361
Crawford Municipal Art Gallery
  (Cork) 174f
Crawfordsburn
  Hotels 318
Crinkill
  Pubs 350
Croagh Patrick 201, **205**
Crohy Head 228
Croke Park (Dublin) 50, 366
Crolly
  Pubs 350
Cromwell, Oliver
  Belagerung Droghedas 39, 244
  Geschichte 38
  Macroom Castle 171
  Plünderung von Galway 210
  Plünderung von Kilkenny 144
  Wexford 150
  Zerstörung von Gebäuden 20
Crookhaven 167
Cross of Cong 67, 209
Crossdoney
  Hotels 315
Crossmolina
  Hotels 310
Crown Liquor Saloon (Belfast)
  277
Cruinniú na mBád (Kinvarra) 49
Cúchulainn **26**, 44, 274
Culdaff
  Pubs 350
Cumann na nGaedheal 45
Cumin, John, Erzbischof von
  Dublin 80–82
Currachs (Ruderboote) 214
Curragh
  Hotels 300
Curragh, Rennbahn 366
Cushendall **267**
  Hotels 318
Custom House (Dublin) 55, 85,
  88
  Geschichte 41
  Detailkarte 87
Cycleways (Dublin) 366, 389

D

Dáil Éireann **65**
  Geschichte 44
  Mansion House (Dublin) 61
Dalkey **103**
  Restaurants 328
Dalkey Island 103
Dan Dooley 389
D'Arcy, John 206, 207
DART-Züge (Dublin) 393

Davy Byrne's (Pub, Dublin) 113
Dawson, Joshua 61
De Burgo, Familie 213
De Lorean 47
De Valera, Eamon **45**
  Anglo-irischer Vertrag 44
  Garden of Remembrance
    (Dublin) 91
  Katholische Universität von
    Irland 61
  Präsidentschaft 46
  Verhaftung 97
Deane, Sir Thomas 65f
Declan, hl. 145
Deerfield, Phoenix Park
  (Dublin) 96
Degas, Edgar, *Sur la plage* 91
Delaney, Edward 61
Delphi (Connemara) 203
Delphi (Dublin) 107
Delphi Lodge (Connemara) 292
Denkmäler
  Alcock and Brown Memorial
    207
  Daniel O'Connell 87
  O'Scully (Rock of Cashel) 197
  Parnell 86, 89
  Strongbow 80
  Wolf Tone 61
Derg, Lough 183, 185, 190, 213,
  230
Derry *siehe* Londonderry
Derrynane House
  Ring of Kerry, Tour 164
Derryveagh Mountains **224f**
Desmond, Earls von 195
Desmond Castle (Adare) 194
Desmond Castle (Kinsale) 172,
  176
Desmond-Rebellion (1582) 38
Devenish Island 35, **271**
  Lower Lough Erne, Tour 271
Devil's Glen 139
Devonshire, Duke of 145
Dice Bar (Dublin) 113
Diebstahl 374
Diners Club 378f
Dingle **157**
  Dingle Peninsula, Tour 159
  Hotels 304
  Pubs 348
  Restaurants 332
Dingle Peninsula
  Hotels 304
  Tour **158f**
Dingle Record Shop 355
Disability Action 373
Diversions (Dublin Cinema) 113
Dixon, James 224
Doaghbeg 225
Doe Castle 225
Doheny & Nesbitt (Bar, Dublin)
  113
Dolmen 32
  Browne's Hill **141**
  Carrowmore Megalithic
    Cemetery 234
  Legananny 32, 284
  Poulnabrone 188
Dominikaner 36
Donaghadee 280

Donegal **230**
  Hotels 292, 313
  Pubs 350
Donegal, County 229, 255
  siehe auch Nordwest-Irland
Donegal Abbey 230
Donegal Castle 230
Donegal Craft Village 230
Donnybrook (Dublin)
  Hotels 297
Doolin 184, 188
  Pubs 348
  Restaurants 336
Doolin Cave 188
Doolin Crafts Gallery 355
Dooney Rock
  Yeats Country, Tour 233
Down, County 255
  Karte 256f
  siehe auch Nordirland
Down County Museum
  (Downpatrick) 281
Downhill
  Hotels 318
Downpatrick **281**
  Hotels 318
Dowth 244, **245**
Doyle, Roddy 23
Drei Grazien, Die (Canova) 177
Drimneen, Fluss 209
Drogheda 244
  Hotels 315
Drogheda, Belagerung von 39
Drogheda, Earls of 128
Dromahair
  Pubs 350
Drombeg Stone Circle **170**
Druid Theatre (Galway) 361
Druiden 26
Druid's Circle (Kenmare) 166
Drumcliff
  Hotels 313
  Yeats Country, Tour 232
Drumlane **240**
Dublin **52–119**
  Abstecher **94–103**
  Busse 392f
  Christ Church Cathedral **80f**
  DART-Züge 393
  Fähren 384f
  Festivals 48
  Georgianische Häuser **69**
  Hotels 294–298
  Kanäle **101**
  Kino 109
  Nachtclubs 111
  Nördlich des Liffey **84–93**
  Pubs 110f
  Restaurants 324–328
  Shopping **104–107**
  Stadtplan **116–119**
  Südost-Dublin **56–71**
  Südwest-Dublin **72–83**
  Theater 108
  Trinity College **62f**
  Überblick 54f
  Unterhaltung **108–115**
  Züge 390
Dublin, County
  Hotels 297f
  Restaurants 327f

Dublin Bike Tours 366
Dublin Bus 393
Dublin Castle (Dublin) 54, **76f**
  Detailkarte 74
Dublin Civic Museum (Dublin)
  Detailkarte 75
Dublin Dental Hospital 375
Dublin Exhibition (1853) 43
Dublin Film Festival 51
Dublin Horse Show 29, 49
Dublin International Airport
  383
Dublin Literary Pub Crawl 113
Dublin Marathon 29
Dublin Theatre Festival 50, 112
Dublin Tourism Centre 112
Dublin Writers Museum 21, **91**
Dublinia and the Viking World
  (Dublin) **79**
  Detailkarte 74
Duiske Abbey 149
Duke, The (Dublin) 113
Dún Aonghasa 214
Dún Duchathair 215
Dún Eochla 215
Dún Eoghanachta 214
Dun Laoghaire **102f**
  Fähren 384f
  Restaurants 328
Dun Laoghaire-Rathdown
  County Council 367
Dunamase, Rock of **253**
Dunan, Bischof von Dublin 80
Dunbeg Fort
  Dingle Peninsula, Tour 159
Dunbrody Abbey 148
Dunbrody House 299
Duncannon 148
Dundalk **242**
  Pubs 350
  Restaurants 341
Dundrum
  Einkaufszentrum 105, 107
  Mourne Coast, Tour 285
  Restaurants 344
Dunfanaghy 225
  Hotels 313
Dungannon **273**
  Hotels 318
  Restaurants 344
Dungarvan
  Hotels 300
  Restaurants 329
Dungloe 228
  Festivals 49
Dunguaire Castle 212
Dunkineely
  Hotels 313
  Restaurants 339
Dunlavin
  Hotels 300
Dunloe, Gap of 163
Dunluce Castle 261
Dunmore Cave 144
Dunmore East 125, **148**
  Hotels 300
  Pubs 346
Dunmore Head
  Dingle Peninsula, Tour 158
Dunquin, Pubs 348
Dunraven, Earls of 194

Dunree Head
Inishowen Peninsula, Tour 226
Dunseverick Castle 261
Durrus
Restaurants 333
Dursey Island 166
DV Diving (Newtownards) 367
Dwyer, Michael 139
Dysert O'Dea 181, **189**
Hochkreuz 243

E

Eamonn Doran's (Dublin) 112
Earhart, Amelia 259
Eason and Son (Cork) 355
Eason's (Dublin) 107
EC-Karte 379
Edgeworth, Maria 22
Edwards, Hilton 90
Edwards, John 91
Eida, Minoru 129
Eida, Tassa 129
Éigse Sliabh Rua (Slieverue) 50
Einkaufen *siehe* Shopping
Einreise und Zoll 372
Eintrittspreise 370
Einwohnerzahl 12, 54
Eisenzeit 32
El Greco 70
Elegant Ireland 291
Elizabeth I, Königin 179, 255
Grace O'Malley 206
Trinity College (Dublin) 62
Emain Macha 274
Emerald Star (Carrick-on-
Shannon) 367
Emigration **42 f, 178**
Ulster-American Folk Park **269**
Emmet, Robert 42, 60, **77**
Grab 92
Verhaftung 97
Emo Court 21, 41, **253**
Enda, St 214
Ennis **189**
Hotels 308
Pubs 348
Restaurants 336
Enniscorthy 125, **149**
Hotels 300
Pubs 346
Enniskerry 139
Restaurants 329
Enniskillen **272**
Hotels 318
Lower Lough Erne, Tour 271
Pubs 351
Restaurants 344
Enniskillen, William Cole,
1. Earl of 273
Enniskillen Castle 272
Enright, Anne 23
Ensor, John 68, 90
Entries, The (Belfast) 277
Enya 24
Equestrian Holidays Ireland 367
Ermäßigungen
Studenten 372
Züge 391
Erne, Fluss 231, 240
Erne, Lough 235, 255
Lower Lough Erne, Tour **270 f**

Errigal Mountain 224
Essen und Trinken
Fish and Chips 321
Guinness **98 f**
Shopping **105**, 107, **353**, 355
siehe auch Pubs; Restaurants
Eurolines 385
Europa, Karte 12
Europäische Union 15 f, 45
European Tour (Dublin) 366
Everglades (Hotel) 293, 319
Everyman Palace Theatre (Cork)
361
Exploris (Portaferry) 280
Eyeries 166

F

Fähren 384–386
Aran Islands 215
Fáilte Ireland (Dublin) 371
Fair Head 267
Fairyhouse (Rataoth) 366
Falcarragh 221
Fanad Peninsula **225**
Farney Castle 195
Farran
Hotels 304
Feakle Traditional Music
Weekend 361
Fechin, St 209, 241
Feen **26**
Feiertage 51
Feis Ceoil 48
Fenians 43, 174
Fergus, Fluss 189
Ferienwohnungen 290
Fermanagh, County 255
siehe auch Nordirland
Fermanagh County Museum
(Enniskillen) 272
Fermoy 177
Fernsehen 373
Ferrycarrig
Hotels 300
*Fest des hl. Kevin inmitten der
Ruinen von Glendalough*
(Peacock) 31
Festivals 48–51, **360**, 361
Feuerwehr 375
Fianna Fáil 17, 45
Film **23**
Dublin 109, 112
Festivals 48, 50 f
Finbarr, hl. 171, 174, 175
Fine Gael 17, 45
Finn MacCool **26 f**, 267
Giant's Causeway 123, 262 f
Lough Neagh 274
Fish and Chips 321
Fitzgerald, Familie (Earls of
Kildare) 125, 181
Adare 194
Knights of Glin 184
Fitzgerald, »Silken Thomas« 38,
79, 93
Fitzgibbon, Marjorie 87
Fitzmaurice, Thomas 156
Fitzwilliam Square (Dublin) **68**
Five Counties Holidays 367
Flame (Carrickfergus) 275
Fleadh Nua (Ennis) 48

»Flight of the Earls« 39, 255
»Flight of the Wild Geese« 181
Flora und Fauna **18 f**
Burren 186 f
Castle Caldwell Forest Park 270
Connemara 208 f
Fota Wildlife Park 178 f
Peatlands Park 274 f
Shannonbridge Bog Railway
251
siehe auch Vögel
Florence Court **273**
Restaurants 344
Flughäfen
Belfast International 383
Cork 382 f
Dublin 382, 383
George Best Belfast City 383
Ireland West Airport Knock
382 f
Shannon 382 f
Flugreisen 382 f
Flüsse 18
Foley, John
Denkmal für Daniel
O'Connell 87
Statue von Edmund Burke 62
Statue von Henry Grattan 60
Statue von Oliver Goldsmith
62
Fore Abbey 237, **241**
Forgotten Cotton (Cork) 355
Forts (Neuzeit)
Charles Fort (Kinsale) 172
Elizabeth Fort (Cork) 176
Hillsborough Fort 281
Forts (Prähistorie) 20 f
Aran Islands 214 f
Cahermore Stone Fort 188
Dún Aonghasa 214
Dún Duchathair 215
Dún Eochla 215
Dunbeg Fort 159
Grianán Ailigh 226, **227**
Hill of Tara 248
Lisnagun Ring Fort 170
Navan Fort (Armagh) 274
Rock of Dunamase 253
Staigue Fort 164
Fosters Clothing (Derry) 355
Fota House and Gardens 178
Fota Wildlife Park 178 f
Four Courts (Dublin) **92 f**
Foxford **205**
Foyle, Fluss 258 f
Foynes **184**
Francini, Paolo und Filippo 21
Castletown House 131
Newman House (Dublin) 61
Russborough House 132
Franziskaner
Annals of the Four Masters 39
Ennis Friary 189
Muckross Abbey 162
Quin Franciscan Friary 189
Timoleague Abbey **170 f**
Freebird Records (Dublin) 107
Fremdenverkehrsämter 370 f
French, Percy 285
Friel, Brian 23
Abbey Theatre (Dublin) 88, 115

TEXTREGISTER

Frühling in Irland 48
Fry, Cyril 102
Fundbüros 375
Fungie (Delfin) 157, 159
Fureys 24
Fußball 29, 366

G

Gaelic Athletic Association 29, 43
Gaelic Football 29
Gaeltachts 229
Gaiety Theatre (Dublin) 112
Gainsborough, Thomas 132
Galbally 198
Galilei, Alessandro 130
Gälische Sprache 17, **229**, 371
  Bildungsurlaub 361
  Gaeltachts 201, **229**
  Literatur 22
Gallarus Oratory **157**
  Dingle Peninsula, Tour 159
Gallery of Photography (Dublin) 107
Galty Mountains 181
Galway 201, 203, **210f**
  Hotels 310f
  Pubs 349
  Restaurants 337f
  Zentrumskarte 211
Galway, County 201
  siehe auch Westirland
Galway Arts Festival 49, 361
Galway Bay Golf Club 366
Galway Hooker **211**, 212
Galway Irish Crystal (Galway) 355
Galway Oyster Festival 50, 201
Galway Race Week 29, 49
Gandon, James
  Bank of Ireland (Dublin) 60
  Carrigglas Manor 241
  Custom House (Dublin) 41, 55, 88
  Emo Court 41, 253
  Four Courts (Dublin) 92f
  King's Inns (Dublin) 92
Ganggräber
  Carrowkeel Passage Tomb Cemetery 223, 235
  Carrowmore Megalithic Cemetery 234
  Dowth 244, **245**
  Hill of Tara 248
  Knowth 244, **245**
  Newgrange 244, **246f**
Gap of Dunloe 163
Gap of Mamore
  Inishowen Peninsula, Tour 226
Garavogue, Fluss 234
Garden of Remembrance (Dublin) **91**
Gardiner, Luke 88
Garinish Island **166f**
Gärten siehe Parks und Gärten
Garter Lane Theatre (Waterford) 361
Garthorne, Francis 81
Gästehäuser 289
Gate Theatre (Dublin) **90**, 112
  Detailkarte 86
  Highlights: Unterhaltung 114

Geld 376f
  EU-Standardüberweisung 379
Geldautomaten 379
General Post Office (Dublin) **89**
  Detailkarte 86
  Osteraufstand 45
Generalstreik (1913) 44
Geoffrey Healy Pottery (Kilmacanaogue) 355
George Best Belfast City Airport 383
George III, König von England 168
George IV, König von England 272
George's Street Market Arcade (Dublin) 107
Georgianische Landhäuser 21
Georgianische Reihenhäuser 69
Georgianisches Irland **40f**
  Stadthäuser in Dublin **69**
Gepäckaufbewahrung 375
Gerard Manley-Hopkins Summer School 361
Geschichte **30−47**
Geschwindigkeit (Auto) 388
Gesundheit 375
Giant's Causeway 123, 255, **262f**
  Causeway Coast 261
Giant's Ring (Belfast) 279
Gibson, Mel 248
Gifford, Grace 97
Gill, Lough 221
Gladstone, William Ewart 43
Glanmire, Fluss 177
Glaswaren
  Läden **353**, 355
  Souvenirs 357
  Tyrone Crystal (Dungannon) 273, 355
  Waterford-Kristall 147
Glebe House and Gallery 225
Glen of Aherlow **198**
  Hotels 308
Glenariff Forest Park **267**
Glenbeg Lough 166
Glenbeigh
  Ring of Kerry, Tour 164
Glencar
  Pubs 348
Glencar Lough
  Yeats Country, Tour 233
Glencolumbkille **228f**
Glencree
  Military Road, Tour 138
Glencullen (County Dublin)
  Restaurants 328
Glendalough 31, 34f, **140f**
  Karte 140
  Military Road, Tour 138
Glengarriff 167
Gleninsheen Wedge Tomb 188
Glenmacnass
  Military Road, Tour 138
Glens of Antrim 267
Glenties
  Restaurants 339
Glenveagh Castle 224f
Glenveagh National Park 224f
Glin **184**
  Hotels 308

Glin, Knights of 184
Glin Castle 184
Global Internet Café (Dublin) 381
Globe, The (Bar, Dublin) 113
Gogarty, Oliver St John 103
Golden Discs (Galway) 355
Goldsmith, Oliver 22
  Statue 62
  Trinity College (Dublin) 62
Goldsmith Summer School (Ballymahon) 361
Goleen
  Hotels 304
Golf **364**, 366
Golfing Union of Ireland 366
Gore-Booth, Familie 231f
Gore-Booth, Sir Robert 231
Gorey
  Hotels 300
  Restaurants 329
Gort, Lord 192f
Gottesdienste 371
Gougane Barra Park 171
Goya, Francisco de 70
Grafton Street (Dublin) **60**
  Detailkarte 58
Graiguenamanagh 126, 149
Grand Canal 101
Grand Central (Bar, Dublin) 113
Grand Opera House (Belfast) 276, 361
Grattan, Henry 40
  Statue 60
  Temple Bar (Dublin) 78
Grave Diggers, The (Bar, Dublin) 113
Great Sugar Loaf
  Military Road, Tour 138
Green Castle
  Mourne Coast, Tour 285
Green Flag National Breakdown 389
Greencastle
  Inishowen Peninsula, Tour 227
  Restaurants 340
Gregor XVI., Papst 83
Gregory, Lady 22, 90, 213
  Abbey Theatre (Dublin) 88
  Coole Park 212f
Grey Abbey 280
Greyhound Derby 29
Greystones
  Restaurants 329
Grianán Ailigh **227**
  Inishowen Peninsula, Tour 226
Gris, Juan, Pierrot 70
Grogan's (Bar, Dublin) 113
Große Hungersnot (1845−48) **42f**, 201, **219**
  Emigration 15, 31
  Famine Museum (Strokestown Park House) 219
Großraum Dublin, Karten 13, 95
Guaire, König von Connaught 212
Guide Friday 393
Guinness 17
  Guinness Storehouse (Dublin) **98**, 107
  Guinness-Herstellung **98f**
Guinness, Arthur 41, 98, **99**

Guinness, Desmond 82
Guinness, Familie 61
Guinness, Sir Benjamin 82
Gur, Lough 181, **194f**

H

Hag's Head 184
Hallowe'en 50
Hambletonian (Stubbs) 283
Händel, Georg-Friedrich
Messias 40, 81
St Michan's Church (Dublin)
92
Hanly, Daithí 91
Ha'penny Bridge (Dublin) **93**
Ha'penny Bridge Inn (Dublin)
112
Harfen 24f
Harland, Sir Edward 276
Harold's Cross Stadium (Dublin)
366
Hastings Hotels 291
Hawks Well Theatre (Sligo)
361
Healy Pass 166
Heaney, Seamus 22f
Henry II, König von England 31,
36, 150
Henry VIII, König von England
38
Aufstand des Silken Thomas
93
Bruch mit der katholischen
Kirche 31
Christ Church Cathedral
(Dublin) 81
Henry, Mitchell 208
Heraldic Artists (Dublin) 107
Herbst in Irland 50
Heritage Service 370f
Heritage Week 50
Hertz (Autovermietung) 389
Heuston, Sean J. 44
Hiberno-romanische Architektur
21
Hidden Ireland 291
Hill, Arthur 281
Hill, Derek 224, 225
Hill of Slane 245
Hill of Tara 237, **248**
Hillsborough **281**
Pubs 351
Restaurants 344
Hillsborough Castle 281
Hillsborough Fort 281
Hilser Brothers (Cork) 355
HMV (Laden, Dublin) 112
Hochkreuze **243**
Ahenny 199, 243
Ardboe 268
Armagh 274
Carndonagh Cross 226
Clonmacnoise 250
Duiske Abbey 149
Dysert O'Dea 181, 189, 243
Glendalough 140
Kells 241
Kilfenora 188
Kilkieran 199
Monasterboice 242f
Rock of Cashel 196

Hochmoore der Midlands 252
Höhlen
Aillwee Cave 188
Bruce's Cave (Rathlin Island)
266
Cave Hill (Belfast) 279
Dunmore Cave 144
Marble Arch Caves **273**
Holiday Autos 389
Holy Cross Abbey **195**
Holy Island 171, 190
Holywood
Hotels 318
Restaurants 345
Home Rule 31, 42f
Hook Head 148
Hook Peninsula **148**
Hooker, Galway **211**, 212
Hore Abbey 195
Horn Head **225**
Horse Racing Ireland 366
Hotels **288–319**
Behinderte Reisende 291
Cork und Kerry 302–306
Dublin 294–298
Gästehäuser 289
Highlights **292f**
Landhäuser 288f
Midlands 314–316
Nordirland 316–319
Nordwest-Irland 312–314
Preise 289
Reservierung 289
Südost-Irland 299–302
Trinkgeld 289
Unterer Shannon 306–309
Westirland 309–312
Houghton, Ray 47
Houses, Castles & Gardens of
Ireland 361
Howth **102**
Restaurants 327f
Howth Head 95, 102
Hugenotten
Cork 176
St Patrick's Cathedral (Dublin)
82
Hugh Lane Gallery (Dublin) **91**,
112
Hughes & Hughes (Dublin)
196f
Hughes, John Joseph 269
Hume, John 15
Hungersnot *siehe* Große
Hungersnot
Hungry Hill 166
Hunt, John 190f
Hunter's Hotel 293
Hurling 29, 50
Hyde, Douglas 61
Denkmal 83

I

Inch Abbey 281
Inchagoill 209
Inchydoney 170
Independent Holiday Hostels of
Ireland 291
Inis Oirr
Restaurants 338
Inis Saimer 231

Inishbofin **206**
Hotels 311
Inisheer 214
Inishmaan 214
Inishmore 214
Restaurants 338
Inishowen Peninsula, Tour **226f**
Restaurants 340
Inistioge 149
Hotels 301
Inland Fisheries (Belfast) 366
Innisfree *siehe* Isle of Innisfree
Innishannon
Hotels 304
International Bar (Dublin) 112
International Financial Service
Centre (IFSC) (Dublin)
Hotels 298
Restaurants 328
International Rally of the Lakes 28
International Sailing Centre
(Cobh) 367
Internet-Zugang 380f
Interpretative Centres 371
IRA *siehe* Irish Republican Army
Ireland Bed & Breakfast
Network 291
Ireland's Eye (Howth) 102
Ireland West Airport Knock 382
Irischer Freistaat 31
Anglo-irischer Vertrag 44f
Irisches Parlament 65
Irisches Parlament **95**
Irish Angling Update 366
Irish Car Rentals 389
Irish Champion Hurdle 28
Irish Citizen Army 89
Irish Derby 28
Irish Farmhouse Holidays Ltd 291
Irish Federation of Sea Anglers
366
Irish Ferries 385
Irish Film Centre (Dublin) 78
Irish Film Institute (Dublin) 113
Irish Football League Cup 28
Irish Georgian Society 130
Irish Grand National 28
Irish Hotels Federation 291
Irish Ladies Golfing Union 366
Irish Language Conversation
Classes 361
Irish Master of Foxhounds
Association 367
Irish Museum of Modern Art –
Royal Hospital Kilmainham
(Dublin) **97**
Irish National Heritage Park **150**
Irish Open Golf Championship
29
Irish Rail 391
Irish Republican Army (IRA)
Enniskillen, Bombenanschlag
272
Geschichte 45
Unruhen 31, 46f
Waffenruhe 15
Irish Republican Brotherhood 43
Irish Rugby Football Union 366
Irish Surfing Association 367
Irish Underwater Council 367
Irish Volunteers (18. Jh.) 41

Irish Volunteers (20. Jh.)
Garden of Remembrance
(Dublin) 91
Osteraufstand 89
Irish Ways (Gorey) 366
Irish Wheelchair Association
367
Isle of Innisfree
Yeats Country, Tour 233
Isle of Man Steam Packet und
SeaCat-Fähren 385
Iveagh House (Dublin) 61

J
Jackson, Andrew 275
Jagdsport **365**, 367
James I, König von England 39,
240
James II, König von England
Belagerung von Derry 259
Carrickfergus Castle 275
Christ Church Cathedral
(Dublin) 81
Schlacht am Boyne 31, 38f,
49, 102, **244**
James Murtagh Jewellers
(Westport) 355
Jameson, John 92
Jameson International Dublin
Film Festival 48
Japanese Gardens (Kildare) 129
Jazz **359**, 361
Dublin 109, 112
Festivals 50
Jerpoint Abbey **145**
Jerpoint Glass (Stoneyford) 355
Jervis Centre (Dublin) 107
Johannes Paul II., Papst
Clonmacnoise 250
Phoenix Park (Dublin) 47, 96
Wallfahrt nach Knock 205
Johnnie Fox's 112, 328
Johnson, Ester (Stella) 82f
Johnston, Denis 90
Johnston, Francis 76, 92
Johnston, Richard 272
Johnstown Castle **150f**
Jordan's Castle 284
Joyce, James 17, 23, **90**
Bloomsday (Dublin) 48
Büste 60
Ennis 189
James Joyce Centre (Dublin)
86, **90**
James Joyce Summer School
(Dublin) 361
James Joyce Tower
(Sandycove) **103**
Katholische Universität von
Irland 61
National Library (Dublin) 59,
65
St Stephen's Green (Dublin)
60
Statuen 85, 87
Ulysses 23, 48, 90, 103, 189
Joy's (Nachtclub, Dublin) 113
*Judith mit dem Kopf des Holo-
fernes* (Mantegna) 71
Jugendherbergen 291
Jury's Hotel (Dublin) 291

K
K Club, The (Straffan) 366
Kanäle
Dublin **101**
Waterways Visitors' Centre
(Dublin) 101
Kanturk 177
Karfreitags-Abkommen (1998)
15, 31, 47
Karten
Aran Islands 214f
Bahnnetz 391
Belfast 276f
Burren 188
Connemara 207
Cork 174f
Cork und Kerry 154f
Dingle Peninsula, Tour 158f
Dublin 54f
Dublin: Großraum Dublin 13,
95
Dublin: Highlights
Unterhaltung 114f
Dublin: Innenstadt 95
Dublin: Nahverkehrssystem 390
Dublin: Nördlich des Liffey 85
Dublin: O'Connell Street und
Umgebung 86f
Dublin: Stadtplan **116–119**
Dublin: Südost-Dublin 57, 58f
Dublin: Südwest-Dublin 73, 74f
Europa 12
Galway 211
Highlights: Hotels 292f
Inishowen Peninsula, Tour
226f
Irland 12f
Irland im Überblick 122f
Kilkenny 142f
Kinsale 172f
Londonderry 258f
Lower Lough Erne, Tour 270f
Midlands 238f
Military Road, Tour 138
Mourne Coast, Tour 285
Nordirland 256f
Nordwest-Irland 222f
North Antrim, Küste 261
Phoenix Park (Dublin) 96
Prähistorisches Ireland 32
Ring of Kerry, Tour 164f
Shannon, Fluss 185
Straßenkarten 387
Südost-Irland 126f
Unterer Shannon 182f
Waterford 147
Westirland 202f
Yeats Country, Tour 232f
Kathedralen
Ardfert **156**
Christ Church (Dublin) 54, 74,
80f
Christchurch (Waterford) 146
Clonfert 201, **213**
Down (Downpatrick) 281
Holy Trinity (Waterford) 146
Rock of Cashel 197
St Aidan's (Enniscorthy) 149
St Anne's (Belfast) 276f
St Brigid's (Kildare) 128f
St Canice's (Kilkenny) 144

St Carthage (Lismore) 145
St Colman's (Cobh) 178
St Columb's (Londonderry)
258, 259
St Declan's (Ardmore) 145
St Eunan (Letterkenny) 227
St Finbarr's (Cork) 175
St Flannan's (Killaloe) 190
St John's (Limerick) 191
St Mary's (Limerick) 191
St Mary's Pro-Cathedral
(Dublin) 87, **89**
St Nicholas (Galway) 210
St Patrick's (Armagh) 274
St Patrick's (Dublin) 54, **82f**
St Patrick's (Trim) 248
siehe auch Kirchen in Dublin
Katholische Kirche 16
Emanzipation 42
Knock **205**
Protestantische Eroberung 31,
38f
Schlacht am Boyne 244
Katholische Universität von
Irland (Dublin) 61
Kaufhäuser, Dublin **104**, 107
Kavanagh, Patrick 23, 88
Keadue
Festivals 49
Kearney Cycles 389
Kearney, Kate 163
Keenan, Paddy 24
Kehoe's (Bar in Dublin) 113
Keith Prowse Travel (IRL) Ltd
361
Kells **241**
Kloster 35, 241
Restaurants 341f
siehe auch Book of Kells
Kelly, Oisín, *Kinder des Lir* 91
Kelten 32
Christianisierung **34f**
Geschichte 32f
Hochkreuze **243**
Keltisches Erbe **26f**
Kenmare **166**
Hotels 304
Restaurants 333
Kenmare, Earl of 90
Kennedy, John F. 46, 149
John F Kennedy Park and
Arboretum (New Ross) 149
Kennedy Homestead 149
Kenny's Books (Galway) 355
Kerry, County
siehe Cork und Kerry
Kevin, hl. 140, **141**
Kevin & Howlin (Dublin) 107
Key, Lough 185, 219
Kilbeggan **249**
Pubs 350
Kilclief Castle 284
Kilcolgan
Restaurants 338
Kildare 125, **128f**
Restaurants 329
Kildare, County 125
siehe auch Südost-Irland
Kildare, 8. Earl of 38
Earl of Ormonde 83
Lambert Simnel 37, 81

Kildare, 19. Earl of 74
Kilfenora 188
Kilgallon, Thomas 231
Kilkee
  Hotels 308
Kilkeel
  Hotels 319
Kilkenny 27, 125, **142–144**
  Detailkarte 142f
  Hotels 301
  Pubs 346
  Restaurants 330
Kilkenny, County 125
  siehe auch Südost-Irland
Kilkenny, Statuten (1366) 37
Kilkenny Arts Week 49, 361
Kilkenny Castle 123, **144**
  Detailkarte 143
Kilkenny Design Centre 143,
  355
Kilkenny Shop (Dublin) 107
Kilkieran 199
Killahoey Strand 225
Killala
  Pubs 349
Killaloe 185, **190**
  Pubs 349
  Restaurants 336
Killarney 153, **159**
  Hotels 305
  Lakes of Killarney 122, **162f**
  Pubs 348
  Restaurants 333
  Ring of Kerry, Tour 165
Killarney Riding Stables 367
Killiney **103**
  Hotels 297
Killorglin
  Festivals 49
  Pubs 348
  Restaurants 333
  Ring of Kerry, Tour 165
Killruddery House and Gardens
  133
Killybegs **229**
Kilmacanogue
  Restaurants 330
Kilmacduagh **212**
Kilmacow
  Restaurants 330
Kilmainham Gaol (Dublin) **97**
Kilmalkedar
  Dingle Peninsula, Tour 159
Kilmallock
  Hotels 308
Kilmessan
  Hotels 315
Kilmore Quay 151
  Pubs 347
Kilmurvey Beach 215
Kilnacduagh 201
Kilnaleck
  Pubs 350
Kilronan 215
Kilrush **184**
  Pubs 349
Kilvahan Caravans 291
Kinbane Castle 261
Kincasslagh
  Restaurants 340
Kinder des Lir (Kelly) 91

King John's Castle (Carlingford)
  242
King John's Castle (Limerick)
  191
King's Inns (Dublin) **92**
Kingston, Earls of 219
Kinnitty 253
  Hotels 315
  Pubs 351
Kino *siehe* Film
Kinsale 153, 155
  Detailkarte 172f
  Hotels 305
  Pubs 348
  Restaurants 333f
Kinsale International Festival of
  Fine Food 50
Kinvarra 201, **212**
  Festivals 49
  Restaurants 338
Kirchen
  Gottesdienste 371
  siehe auch Kathedralen
Kirchen in Dublin
  St Ann's 58, **61**
  St Audoen's **79**
  St Audoen's Roman Catholic
    Church 79
  St Michan's **92**
  St Werburgh's 74
  University Church 61
  Whitefriar Street Carmelite
    Church **83**
Kleidung
  Läden **354**, 355
  Läden in Dublin 107
  Restaurants 320
  Souvenirs 356
Klöster 34f
  Ardmore 145
  Clonmacnoise 31, 35, 237,
    250f
  Devenish Island 271
  Dysert O'Dea 181, **189**
  Glendalough 31, 34f, **140f**
  Holy Island 190
  Kells **241**
  Kilmacduagh **212**
  Mellifont 35
  Monasterboice **242** 243
  St Cronan's Monastery 195
  siehe auch Abteien
Knappogue Castle **189**
Knights of Glin 184
Knightstown 164
Knobs and Knockers (Dublin)
  107
Knock 201, **205**
Knocknarea 234
Knockranny
  Hotels 311
Knowth 244, **245**, 246
Koralek, Paul 63
Krankenbesuch, Der (Lawless)
  71
Krankenhäuser 375
Kreditkarten 352, 378f
Kreuzabnahme Christi
  (Caravaggio) 71
Kreuze *siehe* Hochkreuze
Kriminalität 374

Kristall
  Läden **353**, 355
  Souvenirs 357
  Tyrone Crystal (Dungannon)
    273, 355
  Waterford-Kristall 147
Krystle (Nachtclub, Dublin) 111,
  113
Kunsthandwerk
  Bildungsurlaub 361
  Läden **353**, 355
Küsten 18
Küstenwache 375
Kylemore Abbey **208**
Kyteler, Dame Alice 143

L

Lacy, Hugh de 248
»Lady Betty« 218
Lagan Weir Lookout (Belfast) 279
Laghey
  Hotels 340
Lahinch
  Hotels 308
  Restaurants 336
Lahinch Golf Club 366
Lakeland Canoe Centre
  (Enniskillen) 367
Landhäuser 21
  Avondale House **141**
  Bantry House **168f**
  Belvedere House (Mullingar)
    249
  Blarney House 171
  Carrigglas Manor **240f**
  Castle Coole 255, 272
  Castle Ward 284
  Castletown House 125, **130f**
  Clonalis House 201, **218**
  Derrynane House 164
  Dunkathel House 177
  Emo Court **253**
  Florence Court **273**
  Fota House 178
  Glin Castle 184
  Johnstown Castle **150f**
  Killruddery House **133**
  Lissadell House **231**
  Mount Stewart House 255, **282f**
  Muckross House (Killarney)
    159, 162
  Parke's Castle **233**
  Powerscourt 123, **134f**
  Puxley Mansion 166
  Russborough House 41, 125,
    132f
  Strokestown Park House 201,
    218f
  Talbot Castle 248
  Westport House 201, 204f
Landhäuser, Unterkünfte 288f
Land-Liga 43
Landschaften **18f**
Lane, Sir Hugh
  Hugh Lane Gallery (Dublin) **91**
Lansdowne, Marquess of 166
Lanyon, Sir Charles
  Custom House (Belfast) 279
  Queen's University (Belfast)
    278
  Trinity College (Dublin) 62

Laois, County 237
siehe auch Midlands
Larkin, James
Statuen 86, 89
Larne **275**
Fähren 386
Lavery, Sir John 278
Lawless, Matthew James,
Der Krankenbesuch 71
Layde Old Church 267
Laytown Beach Races 48
Leamaneagh Castle 188
Lean, David 156
Leane, Lough 163
Lecale Peninsula **284**
Lee, Fluss **171**
Cork 174f, 176
Umgebung von Cork 177
Lee, Sir Thomas 38
Leenane
Hotels 292, 311
Restaurants 338
Lefroy, Familie 240
Legananny Dolmen 32, 284
Leighlinbridge
Pubs 347
Restaurants 330
Leinen **268**
Läden **354**, 355
Souvenirs 357
Leinster, Duke of 65
Leinster Aqueduct 128
Leinster House (Dublin) **65**
Detailkarte 59
Leitrim, County 229
siehe auch Nordwest-Irland
Lennox, Lady Louisa 130f
Lennox, Tom 130
Leonard, Hugh 88
Leopardstown Races 51, 366
Leprechauns **26**
Letterfrack
Hotels 311
Restaurants 338
Letterkenny **227**
Hotels 313
Restaurants 340
*Letzter Rundgang von Pilgern
um Clonmacnoise* (Petrie)
250
Lever Brothers 74
Liffey, Fluss 92f
Poulaphouca Reservoir 133
Lillie's Bordello (Nachtclub,
Dublin) 113
Limavady
Hotels 293, 319
Restaurants 345
Limerick **191**
Belagerung von 181, 191
Geschichte 33
Hotels 308
Pubs 349
Restaurants 336
Shannon, Fluss 185
Limerick, County 181
siehe auch Unterer Shannon
Limerick, Vertrag von (1691)
181
Linen Hall Library (Belfast)
277

Lios-na-gCon Ring Fort 170
Lir, König **27**
Lisdoonvarna 188
Lisdoonvarna Matchmaking
Festival 50
Lismore **145**
Restaurants 330
Lismore Castle 145
Lissadell House **231**
Yeats Country, Tour 232
Listowel
Hotels 305
Restaurants 334
Listowel Writers' Week 361
Liszt, Franz 90
Literatur **22f**
Bildungsurlaub 361
Literary Pub Crawl (Dublin)
111, 113
Literatur-Tour (Dublin) 110f
Little Skellig 165
Livingstone, Dr. David 68
Locke, Josef 24
Locke's Distillery (Kilbeggan)
249
Loftus, Adam 39
Londonderry 255, **282f**
Belagerung von (1689) 39, 259
Detailkarte 258f
Festivals 50
Hotels 319
Pubs 351
Restaurants 345
Sicherheit 374
Londonderry, County 255
siehe auch Nordirland
Londonderry, 3. Marquess of
280
Londonderry, Familie 282f
Long Hall (Pub, Dublin) 113
Detailkarte 75
Longford
Hotels 315
Pubs 351
Restaurants 342
Longford, County 237
siehe auch Midlands
Loop Head
Hotels 308
Loop Head Drive 184
Lough Eske
Hotels 313
Lough Key Forest Park 219
Lough Melvin Holiday Centre
367
Lough Navar Forest Drive
Lower Lough Erne, Tour 270
Lough Ree Trail 249
Louis Copeland (Dublin) 107
Louis Mulcahy's Pottery (Tralee)
355
Louisburgh 206
Louth, County 237
siehe auch Midlands
Lower Lough Erne, Tour **270f**
Luas (Dublin) 393
Lufthansa 383
Lughnasa Fair (Carrickfergus
Castle) 49
Lynch, Familie 210
Lyric Theatre (Belfast) 361

M
Mac Liammóir, Mícheál 90
McAleese, Mary 16, 47
McBride, Major John 44
McCambridge's (Galway) 355
McCarthy, Dermot 171
McCormack, John 24
Moore Abbey 128
St Mary's Pro-Cathedral 89
McCullough Piggott (Dublin) 107
McDaid's (Dublin) 113
Highlights: Unterhaltung 115
MacDonnell, Clan 261, 267
MacDonnell, Sorley Boy 266
McDonough, Thomas 44
MacDuagh, St Colman 212
MacDyer, Father James 228f
McGeehan Coaches 393
McGuigan, Barry 47
Mack, Robert 78
Maclise, Daniel 36
McLoughlin's Books (Westport)
355
McMurrough, Art, König von
Leinster 37
McMurrough, Dermot, König
von Leinster 35f
MacNamara, Clan 189
MacNeice, Louis 23
Macroom 171
MacReddin
Hotels 301
MacSweeney, Familie 225
Maestro-/EC-Karte 379
Maeve, Königin von Connaught
221
Cúchulainn 26
Knocknarea 234
Magee and Co (Donegal) 355
Maghery Bay 228
Magilligan Point 260
Magilligan Strand 260
Magini, Professor Dennis J. 90
Mahon, Derek 23
Mahon, Major Denis 219
Mahon, Thomas 218
Maison des Gourmets, La
(Dublin) 107
Malachy, St 245
Malahide
Restaurants 328
Malahide Castle **102**
Malin Head
Inishowen Peninsula, Tour
227
Malin Beg 229
Mallow 177
Hotels 306
Restaurants 334
Malone, Molly
Statue 58, 60
Mamore, Gap of *siehe* Gap of
Mamore
Mansion House (Dublin) **61**
Detailkarte 58
Mantegna, Andrea, *Judith mit
dem Kopf des Holofernes* 71
Marble Arch Caves **273**
Marconi, Guglielmo 207, 266
Marie Antoinette, Königin von
Frankreich 169

Market Bar, The (Dublin) 113
Markievicz, Count Casimir 231
Markievicz, Countess Constance
  Lissadell House 231
  Osteraufstand 61
  Wahl zur ersten Parlamen-
   tarierin 44
Märkte in Dublin 86, **105**, 107
Marsh, Narcissus, Erzbischof
  von Dublin 83
Marsh's Library (Dublin) **83**
Martello-Türme
  Cleggan 207
  Dalkey Island 103
  Drogheda 244
  Howth Head 95
  James Joyce Tower 103
  Magilligan Point 260
Martin, Misses 276
Mary I, Königin von England 38
Mary II, Königin von England
  244
Mary-von-Dungloe-Festival 49
Mask, Lough 209
Mason, James 90
MasterCard 378f
Maße 373
Matcham, Frank 276
Mathew, Father Theobald
  Anti-Alkohol-Kampagne 42
  Statuen 89, 176
Matisse, Henri 103
Mattock, Fluss 245
Maynooth
  Hotels 301
Mayo, County 201
  siehe auch Westirland
Meath, County 237
  siehe auch Midlands
Meath, Earls of 133
Medizinische Versorgung 375
Meeting of the Waters 139, 162
Mehrwertsteuer 352
Mellon, Judge Thomas 269
Merrion Square (Dublin) **68**
Mezz, The (Dublin) 112
Michael Gibbons' Walking Ire-
  land Centre (Clifden) 366
Michael Kennedy Ceramics
  (Gort) 355
Midlands **236–253**
  Hochmoore der Midlands **252**
  Hotels 314–316
  Pubs 350f
  Regionalkarte 238f
  Restaurants 341f
Midleton
  Hotels 306
Mike's Fishing Tackle (Dun
  Laoghaire) 366
Military Road 139
  Military Road, Tour **138**
Millstreet, Internationaler Wett-
  bewerb der Kunstspringer 29
Milltown, Joseph Leeson, Earl of
  132
Minot, Erzbischof 82
Miró, Joan 175
Mitchelstown
  Restaurants 334
Mizen Head **167**

Moate
  Hotels 315
Mobiltelefone 380
Modeboutiquen **354**, 355
  Dublin **106**, 107
Model Arts & Niland Gallery
  (Sligo) 234
Mohill
  Hotels 313
Molaise III, hl. 271
Moll's Gap 159
  Restaurants 334
  Ring of Kerry, Tour 165
Molly Malone (Rynhart) 58, 60
Monaghan 237, **240**
  Restaurants 342
Monaghan, County 237, 255
  siehe auch Midlands
Monasterboice **242**, 243
Monasterevin **128**
Monea Castle
  Lower Lough Erne, Tour 271
Monet, Claude 70, 91
Monkstown
  Restaurants 334
Monument of Light (Dublin) 89
  Detailkarte 86
Moore
  Hochmoore der Midlands **252**
  Peatland World **128**
  Peatlands Park 274f
  Shannonbridge Bog Railway
   251
Moore, Henry 60
  Ruhende verbundene Formen
   62
Moore Abbey (Monasterevin) 128
Moore Street, Markt (Dublin)
  Detailkarte 86
Moore, Thomas 139
Morgan Bar, The (Dublin) 113
Morris, Abraham 177
Morrison, Van 24, 115, 276
Mosse, Dr. Bartholomew 90
Motorradrennen 28
Mound of Down 281
Mount Juliet Estate
  (Thomastown) 366f
Mount Stewart House 123, 255,
  280, **282f**
Mount Usher Gardens **139**
Mountaineering Council of
  Ireland 366
Mountains of Mourne 255, 257,
  284
Mountjoy, Lord 177
Mountnugent
  Hotels 315
Mountpleasant Trekking and
  Riding Centre 364, 367
Mountrath
  Hotels 293, 316
Mountshannon **190**
Mourne Coast, Tour **285**
Mourne, Mountains of *siehe*
  Mountains of Mourne
Mourne Wall 284
Moycullen
  Restaurants 338
MTB Commission of Cycling
  Ireland 366

Muckross Abbey 162
Muckross House (Killarney)
  159, 162
Muiredach's Cross (Monaster-
  boice) 242f
Mulcahy, Louis 158
Mullaghmore 188
Mulligan Records (Galway) 355
Mulligan's (Pub in Dublin) 113
Mullingar **248f**
  Hotels 316
  Restaurants 342
Mulrany
  Hotels 311
Multyfarnham
  Hotels 316
Munster 181
Murlough Bay 266f
Murrays/Europcar 389
Museen und Sammlungen
  Amelia Earhart Centre
   (Londonderry) 259
  Armagh County Museum 274
  Avondale House **141**
  Beit Art Collection
   (Russborough House) 132
  Brian Ború Heritage Centre
   (Killaloe) 190
  Bunratty Folk Park 193
  Burren Centre 188
  Chester Beatty Library and
   Gallery of Oriental Art
   (Dublin) **77**
  Colmcille Heritage Centre 225
  County Museum (Dundalk) 242
  County Museum (Letterkenny)
   227
  County Museum (Monaghan)
   240
  Crawford Municipal Art
   Gallery (Cork) 174f
  Dan O'Hara's Homestead
   (Clifden) 207
  Dixon Gallery (Tory Island) 224
  Donegal Historical Society
   Museum (Rossnowlagh) 230f
  Down County Museum
   (Downpatrick) 281
  Dublin Civic Museum
   (Dublin) 75
  Dublin Writers Museum
   (Dublin) **91**
  Dublinia and the Viking World
   (Dublin) 74, **79**
  Eintritt 370
  Famine Museum (Strokestown
   Park House) 219
  Fermanagh County Museum
   (Enniskillen) 272
  Flame (Carrickfergus) 275
  Folk Village Museum
   (Glencolumbkille) 228f
  Foynes Flying Boat Museum
   184
  Glebe House and Gallery 225
  Granuaile Centre (Louisburgh)
   206
  Guinness Storehouse (Dublin)
   98
  Hugh Lane Gallery (Dublin) **91**
  Hunt Museum (Limerick) 191

Irish Agriculture Museum
(Johnstown Castle) 151
Irish Museum of Modern Art –
Royal Hospital Kilmainham
(Dublin) **97**
Irish National Heritage Park **150**
James Joyce Cultural Centre
(Dublin) 86, **90**
James Joyce Tower
(Sandycove) **103**
Kerry County Museum
(Tralee) 156f
Kilmainham Gaol (Dublin) 97
King John's Castle (Limerick)
191
Knock Folk Museum 205
Limerick Museum 191
Locke's Distillery (Kilbeggan)
249
Lough Neagh Discovery
Centre 274f
Maritime Museum (Kilmore
Quay) 151
Millmount Museum
(Drogheda) 244
Model Arts & Niland Gallery
(Sligo) 234
National Gallery of Ireland
(Dublin) 55, **70f**
National Museum of Ireland –
Archaeology and History
(Dublin) 55, 59, **66f**
National Museum of Ireland –
Decorative Arts and History
(Dublin) **101**
Natural History Museum
(Dublin) **68**
Navan Centre (Armagh) 274
Old Jameson's Distillery
(Dublin) **92**
Old Midleton Distillery **179**
The Queenstown Story (Cobh)
178
Royal Hibernian Academy
(Dublin) **68**
Shaw's Birthplace (Dublin) **100**
Skellig Experience Centre 164
Sligo Art Gallery 234
Sligo County Museum 234
St Patrick's Trian (Armagh) 274
Tower Museum (Londonderry)
258f
Ulster-American Folk Park **269**
Ulster Folk and Transport
Museum **280**
W5 (Belfast) 279
Water Wheels (Assaroe
Abbey) 231
Waterford Museum of
Treasures 146
Waterways Visitors' Centre
(Dublin) **101**
West Cork Regional Museum
(Clonakilty) 170
Music in Great Irish Houses 49,
361
Musik **24f**
Bildungsurlaub 361
Festivals 48–51
Klassische Musik, Oper und
Tanz 109, 112, **359**, 361

Läden **352f**, 355
Läden in Dublin **106**, 107
Rock, Jazz, Blues und Country
109, 112, **359**, 361
Traditionelle Musik 24f, 109,
112, **359**, 361
Mussenden, Frideswide 260
Mussenden Temple **260**
Mythen **26f**

N

Na Seacht dTeampaill 214
Nachtclubs, Dublin 111, 113
Napoleón, Kaiser 103
Nash, John 198, 219
National Association of Regional
Game Councils 367
National Botanic Gardens
(Dublin) **100**
National Car Rental 389
National Concert Hall (Dublin)
112
Highlights: Unterhaltung
115
National Country Fair
(Birr Castle) 48
National Countrysports Fair
(Lisburn) 367
National Express 385
National Gallery of Ireland
(Dublin) 55, **70f**
National Library (Dublin) **65**
Detailkarte 59
National Museum of Ireland –
Archaeology and History
(Dublin) 55, **66f**
Detailkarte 59
National Museum of Ireland –
Decorative Arts and History
(Dublin) **101**
National Stud 129
National Trust 361, 371
Crown Liquor Saloon (Belfast)
277
Mount Stewart House **282f**
Mussenden Temple 260
Portstewart Strand 260
Wellbrook Beetling Mill 268
Nationalparks
Connemara 122, **208**
Glenveagh 224f
Natural History Museum
(Dublin) **68**
Navan
Restaurants 342
Navan Fort (Armagh) 274
Neagh, Lough **274f**
Neary's (Bar in Dublin) 113
Neill's Wheels (Dublin) 363,
366, 389
Nenagh
Hotels 308
Restaurants 336
Neptune Gallery (Dublin) 107
New Ross **148f**
Pubs 347
New York, Irische Einwanderer
43
Newcastle 284
Hotels 319
Mourne Coast, Tour 285

Newgrange 32f, 237, 244, **246f**
Newman, John Henry 61
Newman House (Dublin) 61
Newmarket-on-Fergus
Hotels 308f
Restaurants 336
Newport
Hotels 311
Newton, Lord 61
Newtownards 280
Hotels 319
Nicholas Mosse Pottery
(Bennettsbridge) 355
Niederschläge 50
Nobelpreise 22, 45, 46, 47
Nördlich des Liffey **84–93**
Detailkarte 86f
Hotels 296f
Restaurants 327
Stadtteilkarte 85
Nordirland **254–285**
Anglo-irischer Vertrag 44
Banken 378
Busse 392f
Flüge 383
Geschichte 31
Hotels 316–319
Pubs 351
Regionalkarte 256f
Restaurants 342–345
Sicherheit 374
Straßenblockaden 389
Taxis 393
Telefon 381
Terrorismus 374
Unruhen 31, 46f
Währung 376
Züge 390
Nordirland-Bürgerrechts-
Vereinigung 46
Nordwest-Irland **220–235**
Hotels 312–314
Pubs 350
Regionalkarte 222f
Restaurants 339–341
Nore, Fluss 144
Norfolk Line Ferries 385
Normannen *siehe* Anglo-
Normannen
North Antrim Coast 261, 263
North Mayo Sculpture Trail
204
North West 200 (Motorrad-
rennen) 28
Northern Ireland Railways 391
Northern Ireland Tourist Board
371
Notfälle 381

O

O'Brien, Edna 23
O'Brien, Familie 189, 192
O'Brien, Flann 23
O'Brien, Murtagh, König von
Munster 227
O'Brien's Tower (Cliffs of
Moher) 184
O'Carolan, Turlough 24
Clonalis House 218
Denkmal 83
Tod 40

O'Carolan Harp and Traditional Music Festival (Keadue) 49
O'Casey, Sean 22
  Abbey Theatre (Dublin) 87f
  Gate Theatre (Dublin) 114
O'Connell, Daniel
  Denkmäler 87, 89, 189
  Derrynane House 164
  Grab 100
  Hill of Tara 248
  Katholische Gleichstellung 42
  Merrion Square (Dublin) 68
  National Library (Dublin) 65
O'Connell Street (Dublin) 55, **88f**
  Detailkarte 86f
O'Connor, Clan 156
O'Connor, Sinéad 24
O'Conor, Felim, König von Connaught 218
O'Conor, Hugh, König von Connaught 218
O'Conor, Turlough, König von Connaught 209
O'Donnell, Familie 221, 230
O'Donnell's (Limerick) 355
O'Donoghue's (Dublin) 112
O'Faoláin, Seán 23
Offaly, County 237
  siehe auch Midlands
Öffnungszeiten 371
  Banken 378
  Läden 352
O'Flaherty, Clan 209
O'Flaherty, Donal 209
O'Flynn, Liam 24
Ogham Stones 34, 190
Oideas Gael (Gleanncholmcille) 361
Oisin Gallery (Dublin) 107
»Oktoberfest« (Londonderry) 50
Old Bushmills Distillery **266**
Old Jameson's Distillery (Dublin) **92**
  Souvenirs 357
Old Mellifont Abbey 35, **245**
Old Midleton Distillery **179**
Oldcastle
  Hotels 316
Olympia Theatre (Dublin) 112
Omagh
  Pubs 351
  Restaurants 345
O'Malley, Grace 206, 209
Oman Antique Galleries (Dublin) 107
One Man's Pass 229
O'Neill, Brian 36
O'Neill, Familie 221
  Dungannon 273
  Grianán Ailigh 227
  Protestantische Eroberung 38, 255
Oper 49, **359**, 361
  Dublin 109, 112
  Waterford Festival of Light Opera 50, 361
  Wexford Opera Festival 50, 361
Opera House (Cork) 361
Orange Order (Oranier) 41, 49

Organic Centre 223, 235
Original Print Gallery (Dublin) 107
Ormeau Bath Gallery (Belfast) 278
Ormond Castle (Carrick-on-Suir) 199
Ormonde, Black Tom Butler, 10. Earl of 199
Ormonde, Earls of 83, 96, 145
Ormonde, 2. Marquess of
  Grab 144
O'Rourke, Familie 233
O'Scully, Familie 197
Osteraufstand (1916) **44f**
  Flagge 66
  Garden of Remembrance (Dublin) **91**
  General Post Office (Dublin) 86, 89
  Kilmainham Gaol (Dublin) 97
Ostern 51
Ossian's Grave 33, 267
O'Toole, Familie 139
O'Toole, St Laurence, Erzbischof von Dublin 81, 89
Oudry, Jean Baptiste 132
Oughter, Lough 18
Oughterard 209
  Hotels 311f
  Pubs 350
  Restaurants 338
Oul' Lammas Fair (Ballycastle) 49
Owengarriff River 162

P

P&O Irish Sea 385
Pain, J. und G. R. 177
Paisley, Reverend Ian 46
Pakenham, Familie 241
Pale, The 36, **132**, 237
Palestrina-Chor 89
Palladianische Architektur 41
  Castletown House 130
  Florence Court 273
  Marino Casino 40, 100
  Powerscourt 134
  Russborough House 132f
  Strokestown Park House 218f
Palladius 34
Pan Celtic Festival 48
Pantomime 51
Papstkreuz, Phoenix Park (Dublin) 96
Papworth, George 83
Park, Bischof Lucey 176
Parke, Captain Robert 233
Parken 389
Parke's Castle **233**
  Yeats Country, Tour 233
Parknasilla
  Hotels 306
Parks und Gärten
  Avondale Forest Park 141
  Bantry House 168f
  Bildungsurlaub 361
  Birr Castle Demesne 253
  Botanical Gardens (Belfast) 278
  Butterstream Gardens (Trim) 248

  Castlewellan Forest Park **284**
  Coole Park 213
  Fota House and Gardens 178
  Garden of Remembrance (Dublin) **91**
  Garinish Island **166f**
  Japanese Gardens (Kildare) 129
  John F Kennedy Park and Arboretum (New Ross) 149
  Johnstown Castle 151
  Killruddery Gardens **133**
  Lismore Castle 145
  Lough Rynn Estate **235**
  Merrion Square (Dublin) **68**
  Mount Stewart House **282f**
  Mount Usher Gardens **139**
  National Botanic Gardens (Dublin) **100**
  Phoenix Park (Dublin) **96**
  Powerscourt **134f**
  St Fiachra's Gardens (Kildare) 129
  St Stephen's Green (Dublin) 58, **60f**
  Tully Castle 270
Parlament **65**
  Bank of Ireland (Dublin) 60
  Geschichte 36, 44
  Leinster House (Dublin) 65
Parnell, Charles Stewart 43
  Avondale House **141**
  Grab 100
  Parnell Monument (Dublin) 86, 89
  Unabhängigkeits-Kampagne 42f
  Verhaftung 43, 97
Parsons, Familie 253
Passage East 147
Patrick, hl. 17, 242, 255, **281**
  Armagh 274
  Croagh Patrick 205
  Downpatrick 281
  Grianán Ailigh 227
  Hill of Slane 245
  Hill of Tara 248
  Lough Derg 230
  Missionierung Irlands 31, 34, 255, 281
  Rock of Cashel 196
  Slieve Patrick 281
  St Patrick's Bell 67
  St Patrick's Cathedral (Dublin) 82
  St Patrick's Cross (Cashel) 196
Pavarotti, Luciano 115
Payne-Townsend, Charlotte 100
Peacock, Joseph, *Fest des hl. Kevin inmitten der Ruinen von Glendalough* 31
Pearce, Edward Lovett 60
Pearse, Patrick 44
  Katholische Universität von Irland 61
  Osteraufstand 89
Peatlands Park 274, 275
Pedroza, Eusebio 47

Pembroke, William Marshall, Earl of 148
Penn, Sir William 171
Penrose, George & William 147
People's Garden, Phoenix Park (Dublin) 96
Peter's Pub (Dublin) 113
Peto, Harold 166
Petrie, George, *Letzter Rundgang von Pilgern um Clonmacnoise* 250
Petty, William 166
Pferde
  Horse Ploughing Match and Heavy Horse Show (Ballycastle) 48
  National Stud 129
  Pferdekutschen 291
  Pferderennen 28, **129**, **362**, 366
  Reiten und Pony-Trekking **364**, 367
Phoenix Column (Dublin) 96
Phoenix Park (Dublin) **96**
  Karte 96
Picasso, Pablo 225
Picknick 321
Pierrot (Gris) 70
Pink Room (Carlingford) 355
Planet Cyber (Dublin) 381
Play at the Gaiety (Nachtclub, Dublin) 113
PLU Bar, Renards (Nachtclub, Dublin) 113
Plunkett, Joseph 45, 97
Plunkett, Oliver 244
POD (Nachtclub, Dublin) 113
Point Theatre (Dublin) 112
  Highlights: Unterhaltung 115
Politische Wandgemälde, West-Belfast **278**
Polizei 374f
Pomodoro, Arnaldo, *Sphäre in Sphäre* 59, 63
Pontoon
  Hotels 312
Pony-Trekking **364**, 367
Portadown
  Hotels 319
  Pubs 351
Portaferry 280
  Hotels 319
  Restaurants 345
Portarlington, Earl of 253
Portballintrae
  Restaurants 345
Portlaoise
  Hotels 316
  Pubs 351
  Restaurants 342
Portmarnock (County Dublin)
  Hotels 298
Portmarnock Golf Club 366
Portora Royal School 272
Portrush 260
  Hotels 319
  Restaurants 345
Portsalon 225
Portstewart 256, **260**
  Restaurants 345

Portumna 185, **213**
  Restaurants 339
Portumna Castle 213
Portumna Forest Park 213
Portumna Priory 213
Porzellan **353**, 355
Post 379
Poulaphouca Reservoir 133
Poulnabrone Dolmen 188
Powerscourt 123, **134f**
Powerscourt, Richard Wing-field, 1. Viscount 78, 134
Powerscourt, 7. Viscount 134
Powerscourt Centre (Dublin) 107
Powerscourt Townhouse (Dublin) **78**
  Detailkarte 75
Powerscourt Waterfall
  Military Road, Tour 138
Poynings, Edward 37
Prähistorisches Irland **32f**
  Beaghmore Stone Circles **268**
  Boyne Valley **244f**
  Browne's Hill 141
  Cahermore Stone Fort 188
  Carrowkeel Passage Tomb Cemetery 223, 235
  Carrowmore Megalithic Cemetery 234
  Cave Hill (Belfast) 279
  Céide Fields **204**
  Clare Island 206
  Connemara National Park 208
  Craggaunowen **190**
  Drombeg Stone Circle **170**
  Dún Aonghasa 214
  Dún Duchathair 215
  Dún Eochla 215
  Giant's Ring (Belfast) 279
  Gleninsheen Wedge Tomb 188
  Great Stone Circle (Lough Gur) **194f**
  Grianán Ailigh 227
  Hill of Tara 248
  Interpretative Centres 371
  Knocknarea 234
  Legananny Dolmen 284
  Lough Gur **194f**
  Navan Fort (Armagh) 274
  Newgrange 244f, **246f**
  Ossian's Grave 267
  Poulnabrone Dolmen 188
  Turoe Stone **218**
Premier Cycling Holidays 366
Professional Golf Association 366
Project Art Centre (Dublin) 78, 112
Protestanten
  Protestantische Eroberung **38f**
  Protestantische Vorherrschaft 40f
  Schlacht am Boyne 244
Ptolemäus 33
Pubs **346–351**
  Cork und Kerry 347f
  Dublin 110, 112f
  Literary Pub Crawl (Dublin) 111, 113
  Midlands 350f

Nordirland 351
Nordwest-Irland 350
Pub-Gerichte 321
Südost-Irland 346f
Unterer Shannon 348f
Westirland 349f
Puck Fair (Killorglin) 49
Pugin, AWN 149
Punchestown 28, 366
Puxley Mansion 166

Q
Q Antiques (Dublin) 107
Queen's University (Belfast) 278
Queenstown Story, The (Cobh) 178
Quills Woollen Market (Killarney) 355
Quin Franciscan Friary 189

R
Radfahren **363**
  Fahrradurlaub 366
  Mitnahme in Zügen 389
  Radverleih 389
Radio 373
Raleigh, Sir Walter 179
Ramsay, Allan 168
Rathlannon Castle 151
Rathlin Island **266**
Rathmelton 225
Rathmines (Dublin)
  Hotels 297
Rathmullan
  Restaurants 340
Rathnew
  Hotels 293, 301
Raven Point 150
Recess
  Hotels 312
Ree, Lough 185
Reiten und Pony-Trekking 364, 367
Reiseinformationen **382–393**
  Autos 387–389
  Busse 392f
  Cork und Kerry 154
  Flugreisen 382f
  Midlands 238
  Nordirland 256
  Nordwest-Irland 223
  Schiffsreisen 384–386
  Südost-Irland 127
  Tanken 387
  Taxis 393
  Unterer Shannon 182
  Westirland 202
  Züge 390f
Reiseschecks 378f
Religion
  Gottesdienste 371
  Christianisierung **34f**
  siehe auch Abteien; Kathedralen; Kirchen in Dublin; Klöster
Renoir, Pierre Auguste 225
Rennen
  Motorradrennen 28
  Pferderennen 28, **129**, **362**, 366

Rent an Irish Cottage 291
Restaurants **320–345**
  Cork und Kerry 331–334
  Dublin 324–328
  Fast Food 321
  Gourmet-Restaurants 320f
  Midlands 341f
  Nordirland 342–345
  Nordwest-Irland 339–341
  Preiswert essen 321
  Pub-Gerichte 321
  Südost-Irland 328–331
  Unterer Shannon 335f
  Westirland 337–339
  siehe auch Essen und Trinken
Revelations Internet Café
  (Belfast) 381
Ri-Ra (Nachtclub, Dublin) 113
Riasc
  Dingle Peninsula, Tour 158
Richard II, König von England 37
Ring of Kerry 160f
  Ring of Kerry, Tour **164f**
Ringfestungen 20
Riverstown
  Hotels 313
Road Records (Dublin) 107
Roberts, John 146
Robertstown **128**
Robinson, Mary 16, 47
Robinson, Sir William
  Dublin Castle 76
  Irish Museum of Modern Art –
  Royal Hospital Kilmainham
  (Dublin) 97
  Marsh's Library (Dublin) 83
Roche, Steven 47
Roches Stores (Dublin) 107
Rock of Cashel 27, 122, 181,
  195, **196f**
Rock of Dunamase **253**
Rockmusik 109, 112, **359**, 361
Rodin, Auguste 91
Rollstühle *siehe* Behinderte
  Reisende
Ron Black's (Bar, Dublin) 113
Roscommon **218**
  Hotels 312
  Restaurants 339
Roscommon, County 201
  siehe auch Westirland
Roscommon Castle 218
Roscrea **165**
Roscrea Castle 195
Rose of Tralee Festival 49
Rosguill Peninsula **225**
Ross Castle 162
Rosse, Earls of 253
Rosses, The **228**
Rosses Point
  Hotels 314
  Restaurants 340
  Yeats Country, Tour 232
Rosslare 125, **151**
  Fähren 384f
  Hotels 301
Rossnowlagh **260f**
  Hotels 314
  Pubs 350
Rostrevor
  Mourne Coast, Tour 285

Rothe House (Kilkenny) 142
Rotunda Hospital (Dublin) 4C, **90**
  Detailkarte 86
Rouault, Georges 175
Round-Ireland Yacht Race 28
Roundstone 207
  Hotels 312
  Restaurants 339
Roundwood
  Military Road, Tour 138
  Restaurants 330
Roundwood House 293
Royal Automobile Club 389
Royal Canal 42, 101, 248f
Royal College of Surgeons
  (Dublin) 60f
Royal County Down Golf Club
  (Newcastle) 367
Royal Dublin Society (RDS) 40,
  65, 112
Royal Hibernian Academy
  (Dublin) **68**
Royal Hospital Kilmainham
  (Dublin) **97**, 112
Royal Portrush Golf Club 367
Royal Tara China (Mervue) 355
Royal Ulster Agriculture Society
  Show (Belfast) 48
Royal Victoria Hospital 375
Rugby 28, 51
Ruhende verbundene Formen
  (Moore) 62
Rundtürme 20f
Rush (Bar, Dublin) 113
Russborough House 41, 125, **132f**
  Milltown-Sammlung 70
  Stuck 21
Rynhart, Jean
  Molly Malone 58, 60

S

Sadler, William II
  Die Entsetzung Derrys 39
Sagen **26f**
Saller's Jewellers (Galway) 355
Sally Gap
  Military Road, Tour 138
Saltee Islands **151**
Salthill 211
Samuel Beckett Theatre
  (Dublin) 112
Sandel, Mount 32
Sandycove 103
Santry Demesne (Dublin)
  Hotels 298
Saul 255, 281
Sayers, Peig 22
Scattery Island 184
Schiffsreisen 384–386
Schlacht am Boyne 49, 51
Schmuck
  Läden **254**, 355
  Souvenirs 356
Schomberg, General 275
Schull 167
  Hotels 306
Scilly
  Pubs 348
Scrabo Country Park 280
Scrabo Tower 280
Screen (Kino in Dublin) 113

Scurlogstown Olympiad Celtic
  Festival 49
SDLP 15
SeaCat 385
Seanad Éireann 65
Seen
  Irische Landschaften 18
  Lakes of Killarney 122, **162f**
Segeln **365**, 367
Segnung des Meeres 49
Selbstversorger, Unterkünfte 290
Selskar Abbey 150
Semple Stadium (Thurles) 361
Severin, Tim 190
Shaftesbury, Earl of 279
Shaikh, Ahmad 77
Shanagarry
  Restaurants 334
Shannon
  Hotels 309
Shannon, Fluss **185**
  Shannon-Erne-Wasserstraße
  235
  Unterer Shannon 181
Shannon Airport 383
Shannon Castle Line 367
Shannon Ceilí 361
Shannonbridge Bog Railway **251**
Share Village (Lisnaskea) 367
Shaw, George Bernard 22, 114
  Birthplace (Dublin) **100**
  Coole Park 213
  Glengarriff 167
  National Gallery (Dublin) 70
  National Library (Dublin) 65
  Nobelpreis 45
Sheares, Henry und John 92
Sheen, Fluss 166
Sheep Island 261
Shelbourne Hotel (Dublin) 61
  Detailkarte 59
Shelbourne Park (Dublin) 366
Sheridan, Richard Brinsley 22
Sheridan's Cheese Mongers
  (Dublin) 107
Sherkin Island 170
  Pubs 348
Shopping **352–357**
  Antiquitäten **106**, 107
  Bezahlung 104, 352
  Bücher **106**, 107, **352**, 355
  Delikatessen **105**, 107, **353**,
  355
  Dublin **104–107**
  Einkaufsgegenden **104**, 352
  Einkaufszentren **104f**, 107
  Geschenke und Souvenirs
  105, 107
  Kaufhäuser **104**, 107
  Keramik und Porzellan **353**,
  355
  Kristall und Glas **353**, 355
  Kunstgalerien **106**, 107
  Kunsthandwerk **353**, 355
  Leinen **354**, 355
  Märkte **105**, 107
  Mehrwertsteuer 352
  Mode **106**, 107, **354**, 355
  Musik **106**, 107, **352f**, 355
  Öffnungszeiten **104**, 352
  Schmuck **354**, 355

Souvenirs **356f**
Strickwaren und Tweed **354**, 355
Siamsa Tíre National Folk Theatre 156f, 361
Sicherheit 374f
Silent Valley 284
Mourne Coast, Tour 285
Silver Line Cruisers (Banagher) 367
Silver Shop, The (Dublin) 107
Simnel, Lambert 37, 81
Sinn Féin
Custom House (Dublin) 88
Geschichte 44
Waffenruhe (1994) 47
Sitric Silkenbeard 35, 80
Six Nations Rugby Tournament 28, 51
Skellig Experience Centre 164
Skellig Michael 153, 164f
Skelligs **164f**
Skerries (Dublin)
Hotels 298
Skibbereen 167
Hotels 306
Skibbereen Historical Walks 366
Skulpturen
Hochkreuze **243**
North Mayo Sculpture Trail 204
Sky Road 207
Slade 148
Slade Castle 148
Slane **245**
Hotels 316
Restaurants 342
Slane, Hill of 245
Slane Castle (Dublin) 112
Slaney, Fluss 149f
Slattery's Travel Agency 291
Slazenger, Familie 134
Slea Head
Dingle Peninsula, Tour 158
Slieve Bloom Mountains 237, **253**
Slieve Bloom Way 253
Slieve Donard 284
Slieve Foye Forest Park 242
Slieve League **229**
Slieve Patrick 281
Slievemore 204
Slieverue 50
Sligo **234**
Pubs 350
Restaurants 340
W. B. Yeats **233**, 234
Yeats Country, Tour 232
Sligo, County 229
siehe auch Nordwest-Irland
Sligo Abbey 234
Sligo Art Gallery 234
Sligo County Museum 234
Sligo Crystal (Sligo) 355
Sligo International Choral Festival 50
Smithfield (Dublin) **92**
Smyth, Edward
Chapel Royal (Dublin Castle) 76
Custom House 87f
King's Inns (Dublin) 92

Smyth's Irish Linen (Belfast) 355
Sneem
Hotels 306
Ring of Kerry, Tour 165
Sommer in Irland 48f
Sonnenscheindauer, tägliche 49
South Sligo Summer School of Traditional Music, Song and Dance (Tubbercurry) 361
Souvenirläden, Dublin **105**, 107
Spanische Armada *siehe* Armada, Spanische
Spelga Dam
Mourne Coast, Tour 285
Sperrin Mountains 268f
Sphäre in Sphäre (Pomodoro) 59, 63
Spielberg, Steven 23
Spillane Seafoods (Killarney) 355
Sport **362–367**
Sport-Events **28f**
Sprachen *siehe* Gälische Sprache
Spy (Nachtclub, Dublin) 113
St Aidan's Cathedral (Enniscorthy) 149
St Anne's Cathedral (Belfast) 276f
St Ann's Church (Dublin) **61**
Detailkarte 58
St Ann's Shandon (Cork) 174
St Audoen's Church (Dublin) **79**
St Canice's Cathedral (Kilkenny) 27
St Ernan's House 292
St Fiachra's Gardens (Kildare) 129
St Finbarr's Cathedral (Cork) 175
St John's Point 284
St Mary's Abbey (Dublin) **93**
St Mary's Pro-Cathedral (Dublin) **89**
Detailkarte 87
St Michan's Church (Dublin) **92**
St Patrick's Cathedral (Dublin) 54, **82f**
St Patrick's Day 48, 51
St Stephen's Day 51
St Stephen's Green (Dublin) **60f**
Detailkarte 58
St Werburgh's Church (Dublin)
Detailkarte 74
Stag's Head (Pub, Dublin) 113f
Staigue Fort
Ring of Kerry, Tour 164
Standuin (Spiddal) 355
Stapleton, Michael 21
Belvedere College (Dublin) 90
James Joyce Cultural Centre (Dublin) 90
Powerscourt Townhouse (Dublin) 78
Trinity College (Dublin) 62
Station Island 230
Steinkreise
Beaghmore Stone Circles **268**
Drombeg Stone Circle **170**
Druid's Circle (Kenmare) 166
Giant's Ring (Belfast) 279
Great Stone Circle (Lough Gur) 194f

Steinsäulen 243
Stena Line 385
Stephen's Green Centre (Dublin) 107
Stillorgan
Restaurants 327
Stoker, Bram 61
Stormont (Belfast) 279
Stradbally Steam-engine Rally 49
Straffan
Hotels 301
Strangford
Restaurants 345
Stranorlar
Hotels 314
Straßenverzeichnis 387–389
Street, George 80
Strickwaren **354**, 355
Strokestown Park House 201, **218f**
Strongbow (Richard de Clare)
Denkmal 80
Heirat 36
Invasion Irlands 36, 79, 275
Struell Wells 281
Stuart, James »Athenian« 282
Stubbs, George, *Hambletonian* 283
Studenten, Infos für 372
Studio Donegal (Kilcar) 355
Südost-Dublin **56–71**
Detailkarte 58f
Hotels 294f
Restaurants 324–326
Stadtteilkarte 57
Südost-Irland **124–151**
Castletown House **130f**
Hotels 299–302
Powerscourt **134f**
Pubs 346f
Regionalkarte 126f
Restaurants 328–331
Waterford **146f**
Südwest-Dublin **73–83**
Detailkarte 74f
Hotels 296
Restaurants 326
Stadtteilkarte 73
Sugar Club, The (Dublin) 112
Suir, Fluss 146, 198f
Sunlight Chambers (Dublin)
Detailkarte 74
Sur la plage (Degas) 91
Swansea Cork Ferries 385
Swift, Jonathan 22, 40, **82**
Denkmäler 54, 83
Gullivers Reisen 274
Marsh's Library (Dublin) 83
Trinity College (Dublin) 57
Swilly, River 227
Swiss 383
Swiss Cottage (Cahir) 198f
Synge, John Millington 22f
Abbey Theatre (Dublin) 87f
Coole Park 213

T

Taibhdhearc Theatre (Galway) 361
Tailors' Hall (Dublin) **82**
Talbot Castle 248

Talbot, Familie 102
Tanz
 klassisch 109, 112, **359**, 361
 traditionell 24f, 109, 112, **359**, 361
Tara, Hill of 237, **248**
»A Taste of Baltimore«, Festival 48
Taxis 393
Tay, Lough
 Military Road, Tour 138
Teampall Chiaráin 215
Teilung Irlands (1921) 221
Telefonieren 380f
Tempelritter 148
Temperaturen 51
Temple Bar (Dublin) 73, **78**
 Detailkarte 75
 Unterhaltung 114
Temple Bar Food Market (Dublin) 107
Temple Bar Gallery and Studios (Dublin) 107
Temple Bar Music Centre 112
Teresa, Mutter 205
Terryglass
 Restaurants 336
Thackeray, William Makepeace 267
Theater **358**, 361
 Dublin 108, 112
 Festivals 50
 Highlights: Unterhaltung 114f
Theatre Royal (Waterford) 361
Thin Lizzy 24
Thomastown
 Hotels 301
 Restaurants 330
Thoor Ballylee **212f**
Thurles
 Hotels 309
Ticketmaster 112, 361
Tickets
 Busse 392
 Fähren 385f
 Flüge 383
 Unterhaltung 108, 112, 358
 Züge 385, 391
Timoleague Abbey **170f**
Tintern Abbey 148
Tipperary, County 181
 siehe auch Unterer Shannon
Tipperary Crystal (Carrick-on-Suir) 355
Titanic 44, 178, 276
Tizian 70
Tobercurry
 Restaurants 341
Tobernalt 234
Tola, hl. 189
Tollymore Forest Park
 Mourne Coast, Tour 285
Tone, Wolfe 277
 Cave Hill (Belfast) 279
 Denkmal 61
 French Armada Centre (Bantry House) 168
 Heirat 61
 Porträts 102
 Rebellion 40f, 103
 St Ann's Church (Dublin) 61

Töpferwaren
 Belleek Pottery **269**
 Läden **353**, 355
 Souvenirs 357
 Tailors' Hall Rally 82
Torc Waterfall 162
Torr Head 267
Tory Island **224**
Touren mit dem Auto
 Dingle Peninsula **158f**
 Inishowen Peninsula **226f**
 Lower Lough Erne **270f**
 Military Road **138**
 Mourne Coast **285**
 Ring of Kerry **164f**
 Yeats Country **232f**
Tower Hotel Group 288
Town and Country Homes Association 291
Traditional Music and Dance
 Auld Dubliner 112
Traffic (Nachtclub, Dublin) 113
Tralee **156f**
 Restaurants 334
Tramore
 Restaurants 330
Treasure Chest (Galway) 355
Trevor, William 23
Trim 237, 239, **248**
Trim Castle 248
Trimble, David 15
Trinity College (Dublin) 15, **62f**
 Book of Kells 64
 Detailkarte 59
 Geschichte 38
 Old Library 55, 57, 63
Trinkgeld 289
Tullamore
 Hotels 316
Tully Castle
 Lower Lough Erne, Tour 270
Tullynally Castle **241**
Turmhäuser 20f
Turner, Richard 100
Turoe Stone **218**
Tweed-Läden **354**, 355
Twelve Bens 201, 206, 208
Tympanum 21
Tyrone, County 255
 siehe auch Nordirland
Tyrone, Hugh O'Neill, Earl of 39, 255
Tyrone Crystal (Dungannon) 273, 355

U

U2 (Rockband) 17, 24
Ufford, Robert d' 218
Uí Néill, Clan 255
Ulster *siehe* Nordirland
Ulster, Richard de Burgo, Earl of 224
Ulster-American Folk Park **269**
Ulster Cruising School (Carrickfergus) 367
Ulster Federation of Rambling Clubs 366
Ulster Folk and Transport Museum **280**

Ulster Hall (Belfast) 361
Ulster Unionist Party 15
Ulster Volunteer Force 44
Ulsterbus/Translink 385, 393
Umrechnungstabelle 373
Unabhängigkeitskrieg 153
Unionisten, Partei 44
United Irishmen
 Cave Hill (Belfast) 279
 Gründung 277
 Missglückte Invasion Irlands 168
 Rebellion 40f
 Tailors' Hall (Dublin) 82
United Nations (UN) 46
University Church (Dublin) 61
Unruhen 31, 46f
Unterer Shannon **180–199**
 Hotels 306–309
 Pubs 348f
 Regionalkarte 182f
 Restaurants 335f
Unterhaltung **358–361**
 Bankette **360**
 Bildungsurlaub **360**, 361
 Dublin **108–115**
 Festivals **360**, 361
 Information **358**
 Klassische Musik, Oper und Tanz **359**, 361
 Rock, Jazz und Country **359**, 361
 Theater **358**, 361
 Tickets **358**, 361
 Traditionelle Musik **359**, 361
 Veranstaltungsorte **358**
Unterwegs (J. Yeats) 70
USIT 373

V

Valdré, Vincenzo 76
Vale of Avoca 139
Vale of Clara
 Military Road, Tour 138
Valentia Island **164**
 Hotels 306
Valentin, hl. 83
Vanhomrigh, Hester 82
Vartry, Fluss 139
Veagh, Lough 224
Veranstaltungsmagazine 108
Verkehrsregeln 388
Vermeer, Jan 70
Vernet, Joseph 132
Versicherungen
 Auto 387
 Reise 374
Victoria, Königin von England
 Cobh 178
 Dublin Exhibition 43
 Glengarriff 167
 Lakes of Killarney 163
 Statuen 46, 276
Vinegar Hill 149
Vintners Company 39
Viperoom (Nachtclub, Dublin) 113
Visa (Kreditkarte) 378f
Visum 372

Vögel
Burren 186
Castle Caldwell Forest Park 270
Connemara 208
Dalkey Island 103
River Shannon 185
Saltee Islands 151
Skellig Michael 165
Wexford Wildfowl Reserve 150
Voodoo Lounge (Dublin) 112
Vos, Paul de 131

W

W5 (Belfast) 279
Währung 376 f
Walpole, Edward 139
Waltons (Dublin) 107
Wandern **363**, 366
Warbeck, Perkin 37
Ware, Isaac 130
Wasserfälle
Glencar Lough 233
Powerscourt 138
Torc 162
Waterford 125, **146 f**
Hotels 293, 301 f
Pubs 347
Restaurants 330 f
Zentrumskarte 147
Waterford, County 125
siehe auch Südost-Irland
Waterford Castle 293
Waterford Festival of Light Opera 50, 361
Waterford-Kristall 147
Waterfront Hall (Belfast) 361
Waterville
Hotels 300
Waterways Visitors' Centre (Dublin) **101**
Waugh, Samuel 43
Wavertree, Lord 129
Wayne, John 209
Weihnachten 51
Wein
Läden in Dublin **105**, 107
Welcome Inn, The (Bar, Dublin) 113
Wellbrook Beetling Mill (Cookstown) 268
Welles, Orson 90
Wellington, Duke of 60, 68
Wellington Testimonial, Phoenix Park (Dublin) 96
Weltkrieg, Erster 44
West Cork Craft (Skibbereen) 355
West, Robert 273
Westirland **200–219**
Hotels 309–312
Pubs 349 f
Regionalkarte 202 f
Restaurants 337–339
Westmeath, County 237
siehe auch Midlands
Westport 201, **204 f**
Hotels 312
Pubs 350
Restaurants 339
Westport House 204 f

Wexford 125, **150**
Hotels 302
Pubs 347
Restaurants 331
Wexford, County 125
siehe auch Südost-Irland
Wexford Opera Festival 50, 361
Wexford Wildfowl Reserve 150
Whelan's (Dublin) 112
Whiddy Island 167
Whiskey **266**
Locke's Distillery (Kilbeggan) 249
Old Bushmills Distillery **266**
Old Jameson's Distillery (Dublin) **92**
Old Midleton Distillery **179**
Whitby, Synode von (664) 34
White, Familie (Earls of Bantry) 167 f
White Island
Lower Lough Erne, Tour 271
White Park Bay 261
Whitefriar Street Carmelite Church (Dublin) **83**
Whyte, Samuel 60
Whyte's Auction Rooms (Dublin) 107
Wicker Man, The (Belfast) 355
Wicklow, County 125
siehe auch Südost-Irland
Wicklow Mountains 19, 125, **139**
Wicklow Way 139
Wikinger 31
Donegal 230
Dublin **79**
Invasionen Irlands 34 f
Limerick 191
National Museum (Dublin) 67
Südost-Irland 125
Unterer Shannon 181
Waterford 146
Wexford 150
Wood Quay (Dublin) 74, **78**
»Wild Geese, Flight of the« 181
Wilde, Oscar 22
Merrion Square (Dublin) 68
Portora Royal School 272
The Importance of Being Oscar 90
Wilhelm von Oranien (William III., König von England) 31
Belagerung von Kinsale 172
Belagerung von Limerick 181
Carrickfergus Castle 275
Collins Barracks 101
Mellifont Abbey 245
Schlacht am Boyne 38 f, **244**
Thron 76
William Carleton Summer School (Dungannon) 361
Williams, Betty 47
Willie Clancy Summer School (Miltown Malbay) 361
Wilson Ancestral Home, The 269
Wilton, Joseph 100
Windsor, John 93
Windsor Antiques (Dublin) 107
Winter in Irland 51
Women's Mini Marathon (Dublin) 48

Wood Quay (Dublin) **78**
Detailkarte 74
Woodstock House Demesne 149
Wyatt, James 21
Castle Coole 272
Westport 204
Westport House 205

Y

Yeats, Jack B.
Coole Park 213
Crawford Municipal Art Gallery (Cork) 175
Glebe House and Gallery 225
Model Arts & Niland Gallery (Sligo) 234
Unterwegs 70
Yeats, W. B. 23, 213
Abbey Theatre (Dublin) 88
Cathleen ni Houlihan 15
Denkmal 60
Grab 232 f
Merrion Square (Dublin) 68
Nobelpreis 45
Osteraufstand 89
Parke's Castle 233
Statue 234
Thoor Ballylee 212 f
und Constance Markievicz 231
und Sligo **233**, 234
Yeats Country 122, **232 f**
Yeats International Summer School (Sligo) 361
Yeats Museum (Dublin) 70
YHA Northern Ireland 291
Yola Farmstead Folk Park (Rosslare) 151
Youghal **179**
Hotels 306
Restaurants 334

Z

Zanzibar (Nachtclub, Dublin) 113
Zeit 373
Zeitschriften 108, 373
Zeitungen 373
Zisterzienser 35
Assaroe Abbey 231
Boyle Abbey 219
Duiske Abbey 149
Holy Cross Abbey 195
Hore Abbey 195
Inch Abbey 281
Jerpoint Abbey 145
Mellifont Abbey 245
Portumna Priory 213
St Mary's (Dublin) 93
Tintern Abbey 148
Zoll 372
Zoos
Belfast Zoo 279
Fota Wildlife Park 178 f
Phoenix Park (Dublin) 96
Züge 390 f
Ermäßigungen für Studenten 391
Fahrscheine 385
Shannonbridge Bog Railway **251**

Danksagung und Bildnachweis

Dorling Kindersley bedankt sich im Folgenden bei allen Personen, die bei der Herstellung dieses Buchs mitgewirkt haben.

Hauptautoren
Lisa Gerard-Sharp ist Autorin und Rundfunksprecherin, die Beiträge zu zahlreichen Reiseführern, darunter der Reiseführer *Frankreich*, aus der *Vis-à-Vis*-Reihe verfasst hat. Gerard-Sharp, die irischer Abstammung ist und ihre Wurzeln in den Countys Sligo und Galway hat, besucht Irland regelmäßig.

Tim Perry aus Dungannon, County Tyrone, schreibt über Reisen und Volksmusik für diverse Verlage in den USA und Großbritannien.

Weitere Autoren
Cian Hallinan, Eoin Higgins, Douglas Palmer, Audrey Ryan, Trevor White und Roger Williams.

Ergänzende Fotografie
Peter Anderson, Joe Cornish, Andy Crawford, Michael Diggin, Steve Gorton, Anthony Haughey, Mike Linley, Ian O'Leary, Stephen Oliver, Magnus Rew, Clive Streeter und Matthew Ward.

Ergänzende Illustrationen
Richard Bonson, Brian Craker, John Fox, Paul Guest, Stephan Gyapay, Ian Henderson, Claire Littlejohn, Gillie Newman, Chris Orr, Kevin Robinson, John Woodcock und Martin Woodward.

Ergänzende Bilddokumentation
Miriam Sharland.

Redaktionsassistenz
Marion Broderick, Margaret Chang, Guy Dimond, Fay Franklin und Caroline Radula-Scott.

Grafikassistenz
Martin Cropper, Yael Freudmann, Sally Ann Hibbard, Annette Jacobs, Erika Lang und Michael Osborn.

Textregister
Hilary Bird.

Relaunch – Redaktion und Design
PUBLISHER: Douglas Amrine.
REDAKTION: Fay Franklin und Anna Freiberger, Bhaswati Ghosh, Kathryn Lane, Susan Millership, Alka Thakur und Asvari Singh.
FACTCHECK: Des Berry.
DESIGN: Maite Lantaron, Baishakhee Sengupta und Shruti Singhi.
BILDDOKUMENTATION: Ellen Root
GRAFIK: Vinot Harish, Jason Little und Shailesh Sharma.
KARTOGRAFIE: Uma Bhattacharya, Casper Morris und Kunal Singh.

Besondere Unterstützung
Dorling Kindersley bedankt sich bei allen regionalen und städtischen Touristenbüros der Irischen Republik und Nordirlands für ihre wertvolle Hilfe. Unser besonderer Dank gilt auch: Ralph Doak und Egerton Shelswell-White, Bantry House, Bantry, Co Cork; Vera Greif, Chester Beatty Library sowie der Gallery of Oriental Art, Dublin; Alan Figgis, Christ Church Cathedral, Dublin; Labhras Ó Murchu, Comhaltas Ceoltóirí Éireann; Catherine O'Connor, Derry City Council; Patsy O'Connell, Dublin Tourism; Tanya Cathcart, Fermanagh Tourism, Enniskillen; Peter Walsh, Guinness Hop Store, Dublin; Gerard Collet, Irish Shop, Covent Garden, London; Dónall P. Ó. Baoill at ITE, Dublin; Pat Cooke, Kilmainham Gaol, Dublin; Angela Shanahan, Kinsale Tourist Office; Bill Maxwell, Adrian Le Harivel und Marie McFeely, National Gallery of Ireland, Dublin; Philip McCann, National Library of Ireland, Dublin; Willy Cumming, National Monuments Divison, Office of Public Works, Dublin; Eileen Dunne und Sharon Fogarty, National Museum of Ireland, Dublin; Joris Minne, Northern Ireland Tourist Office, Belfast; Dr. Tom MacNeil, Queen's University, Belfast; Sheila Crowley, St Mary's Pro-Cathedral, Dublin; Paul Brock, Shannon Development Centre; Tom Sheedy, Shannon Heritage and Banquets, Bunratty Castle, Co Clare; Angela Sutherland, Shannon-Erne Waterway, Co Leitrim; Máire Ní Bháin, Trinity College, Dublin; Anne-Marie Diffley, Trinity College Library, Dublin; Pat Maclean, Ulster Museum, Belfast; Harry Hughes, Willie Clancy School of Traditional Music, Miltown Malbay, Co Clare.

Weitere Hilfe gewährten
Emma Anacootee, Des Berry, Kathleen Crowley, Rory Doyle, Nicola Erdpresser, Peter Hynes, Delphine Lawrance, Caroline Mead, Kate Molan, David O'Grady, Mary O'Grady, Madge Perry, Marianne Petrou, Poppy, Tom Prentice, Pete Quinlan, Dora Whitaker.

Fotografier-Erlaubnis
Dorling Kindersley bedankt sich bei allen Verantwortlichen von Museen, Galerien, Kirchen, Restaurants, Läden und Sehenswürdigkeiten, die uns in ihren Räumlichkeiten fotografieren ließen. Sie einzeln aufzuführen würde den Rahmen dieses Abschnitts sprengen.

Bildnachweis
m = Mitte, ml = Mitte links, mo = Mitte oben, mr = Mitte rechts, mu = Mitte unten, mlo = Mitte links oben, mlu = Mitte links unten, mro = Mitte rechts oben, mru = Mitte rechts unten, mur = Mitte unten rechts, o = oben, ol = oben links, om = oben Mitte, or = oben rechts, u = unten, ul = unten links, um = unten Mitte, ur = unten rechts.

BILDNACHWEIS

Wir haben uns bemüht, alle Urheber zu recherchieren und zu nennen. Sollte dies in einigen Fällen nicht gelungen sein, bitten wir dies zu entschuldigen. In der nächsten Auflage werden wir die Nennung selbstverständlich nachholen.

Kunstwerke wurden mit freundlicher Genehmigung folgender Institutionen reproduziert:
© DACS, London 1995 70or, 90or.

DORLING KINDERSLEY dankt zudem folgenden Personen, Institutionen und Bildarchiven für die freundliche Genehmigung zur Reproduktion ihrer Fotografien:

AER LINGUS/AIRBUS INDUSTRIE: 382om; AKG, LONDON: National Museum, Kopenhagen/Erich Lessing 26ml; ALAMY IMAGES: BL Images Ltd 10m; Robert Harding Picture Library 322mlo; Barry Mason 104u; Peter Titmus 323ol; ALLSPORT: David Rogers 28mu; Steve Powell 47ol; APPLETREE PRESS LTD, BELFAST (*Irish Proverbs* © Illustrationen Karen Bailey) 357ml.

© BRISTOL CITY MUSEUMS AND ART GALLERY: 32ol; © BRITISH LIBRARY: *Richard II's Campaigns in Ireland* Ms. Harl. 1319, f. 18 37ol; © BRITISH MUSEUM: 33ul; BT PAYPHONES: 381ml, 381mr, 381u; Bus Éireann: 392ml; © BUSHMILLS LTD: 266ul.

© CENTRAL BANK OF IRELAND: *Lady Lavery as Cathleen ni Houlihan*, John Lavery 15mo, 376 (alle Banknoten und Münzen mit Ausnahme or), 377; CENTRAL CYBER CAFÉ, DUBLIN: Finbarr Clarkson 380or; © CHESTER BEATTY LIBRARY, DUBLIN: 77o; © CLASSIC DESIGNS/LJ YOUNG LTD, BLARNEY: 357m; CLO IAR-CHONNACHTA: Herausgeber von *Litríocht agus Pobal*, Gearóid Denvir 47mr; BRUCE COLEMAN LTD: Mark Boulton 17or; Patrick Clement 18mlu, 18ul; Adrian Davies 18ur; Rodney Dawson 19ml; Frances Furlong 18ol; David Green 208ul; Pekka Helo 19mr; Jan Van de Kam 186ul; Gordon Langsbury 18ml, 186mr; John Markham 252ur; George McCarthy 19ol, 19ul,19ur, 138ol, 209ul; MR Phicon 18mru; Eckhart Pott 19mu; Hans Reinhard 19om, 162ol, 270ol; Kim Taylor 19om, 252o; R. Wanscheidt 19mur; Uwe Walz 18mr, 185mu; G. Ziesler 209ul.

CORBIS: Jack Fields 323m; © CORK EXAMINER: 29ol; © CORK PUBLIC MUSEUM: 35mlo; Joe Cornish: 19mlo, 212u, 270or, 368f; Crawford Municipal Art Gallery: *Begegnung des hl. Brendan mit dem unglücklichen Judas*, Harry Clarke 174ul.

DAVISON & ASSOCIATES, LTD, IRELAND: 81mro; © DEPARTMENT OF THE EMPLOYMENT, HERITAGE AND LOCAL GOVERNMENT, IRELAND: 172 ul, 177o, 246ml,

247ol, 247mr, 248ur, 250ol; DERRY CITY COUNCIL: 258or; MICHAEL DIGGIN: 20ol, 153u, 163mr, 164mlo, 165or, 185ol, 206ul, 225o, 226or, 226ml, 227mro, 363ol, 363u, 364m, 371ur, 373u, 375ml, 378u; BILL DOYLE: 214ul; THE DUBLINER MAGAZINE: Jennifer Philips 104mo, 104mr, 105ur; GA Duncan: 46mu, 46ul; © DUNDEE ART GALLERIES AND MUSEUMS: *Die Kinder des Lir*, John Duncan 27om.

EIRCOM: 380ol, 380ul, 380mr; EMPHICS LTD: Hayden West 362ml; ET ARCHIVE: 27ul; MARY EVANS PICTURE LIBRARY: 9 (kleines Bild), 24ol, 26or, 26ul, 26ur, 27mlo, 34ul, 37um, 38ul; 44ul, 53 (kleines Bild), 77ml, 89ul, 121 (kleines Bild), 281ur, 287 (kleines Bild), 369 (kleines Bild).

FÁILTE IRELAND/IRISH TOURIST BOARD: 11m; Brian Lynch 24f, 25ol, 246ol, 246or, Pat Odea 360m; © STEPHEN FALLER LTD, GALWAY: 356mlo; © FAMINE MUSEUM CO ROSCOMMON: 219or; Jim Fitzpatrick: 79ul.

GILL AND MACMILLAN PUBLISHERS, DUBLIN: 45ul; RONALD GRANT ARCHIVE: *Die Commitments*, Twentieth Century Fox 23ur; © GUINNESS IRELAND LTD: 98ul, 98ur, 99ol, 99or, 99ul, 99ur.

HULTON DEUTSCH COLLECTION: 22mlu, 23or, 39o, 42ur, 42mul, 46ur, Reuter 47m, 62ul.

IMAGES COLOUR LIBRARY: 48ul, 55ol; 229um; INPHO, DUBLIN: 28mlo, Billy Stickland 28ur, Lorraine O'Sullivan 29ur; IRISH PICTURE LIBRARY, DUBLIN: 38mlo, 41ol, 44ol; IRISH RAIL (IARNRÓD ÉIREANN): 390or; © IRISH TIMES: 134ur; © IRISH TRADITIONAL MUSIC ARCHIVE, DUBLIN: 25ul.

JARROLD COLOUR PUBLICATIONS: Ja Brooks 62ur; MICHAEL JENNER: 243mr.

KENNEDY PR: 58mlo. TIMOTHY KOVAR: 78ul; 109ol, 114ul.

© LAMBETH PALACE LIBRARY, LONDON: Plan der London Vintners' Company Township Bellaghy, Ulster, 1622 (ms. Carew 634 f.34) (Ausschnitt) 39mro; FRANK LANE PICTURE AGENCY: Roger Wilmshurst 186um; © LEEDS CITY ART GALLERY: *The Irish House of Commons*, Francis Wheatley 40mlo; PAT LIDDY: 105ol.

HUGH MCKNIGHT PHOTOGRAPHY: 101o; MANDER AND MITCHESON THEATRE COLLECTION: 24ml; MANSELL COLLECTION: 40ul, 45mro, 81ul, 268um; ARCHIE MILES: 208ur; JOHN MURRAY: 51ul, 96ml, 128m; © MUSEUM OF THE CITY OF NEW YORK: Schenkung von Mrs Robert M. Littlejohn, *Bucht und Hafen von New York 1855*, Samuel B. Waugh 42f.

NATIONAL CONCERT HALL, DUBLIN: Frank Fennell 115ul; © NATIONAL GALLERY OF IRELAND, DUBLIN: *W.B. Yeats und das Irish Theatre*, Edmund Dulac 22or, *George Bernard Shaw*, John Collier 22mr, *Carolan der Harfenist*, Francis Bindon 24or, *Leixlip Castle*, Irish School 41mlo, *The Custom House, Dublin*, James Malton 41um, *Königin Victoria und Prinz Albert eröffnen 1853 die Große Ausstellung in Dublin*, James Mahoney 43ul, *Der heimatlose Wanderer*, J. H. Foley 70ol, *Pierrot*, Juan Gris 68or, *Unterwegs*, J. B. Yeats 70mlo, *Die Kreuzabnahme Christi*, Caravaggio 71mro, *Judith mit dem Kopf des Holofernes*, Andrea Mantegna 71mro, *Der Krankenbesuch*, Matthew James Lawless 71mru, *Jonathan Swift, Satirist*, Charles Jerval 82um, *James Joyce*, Jacques Emile Blanche 90o, *Interior with Members of a Family*, P. Hussey 132ur, *William Butler Yeats, Poet*, J. B. Yeats 233ol, *Der Letzte Rundgang von Pilgern um Clonmacnoise*, George Petrie 250or; © NATIONAL GALLERY, LONDON: *Sur la plage*, Edgar Degas 91ur. © NATIONAL LIBRARY OF IRELAND, DUBLIN: 23mlo, 23mru, 31u, 34ol, 34mlu, 36ul, 38ol, 38mlu, 40mlu, 42ol, 42mlo, 42ul, 43mru, 43ol, 44mlu, 45ol, 45mru, *St Stephen's Green*, James Malton 52f, 141or, 178mro, 244u; © NATIONAL MUSEUM OF IRELAND, DUBLIN: 3, 32ol, 32mlu, 32mb 32mru, 32f, 33m 33mlu, 33ur, 34mlo, 35mu, 35ur, 55ul, 59mr, alle 66f, 101u; THE NATIONAL TRUST, NORTHERN IRELAND: *Lord Castlereagh* nach Lawrence 282ol, *Hambletonian*, George Stubbs 283ol, 283mro; THE NATIONAL TRUST PHOTOGRAPHIC LIBRARY: Mathew Antrobus 273u, John Bethell 284ol, Patrick Pendergast 272ul, Will Webster 277ur, 286f; NATURE PHOTOGRAPHERS: B. Burbridge 187um, Paul Sterry 186mlu; NORTHERN IRELAND TOURIST BOARD: 28or, 258ml, 273or, 358ml, 359ol; NORTON ASSOCIATES: 74 mlu.

KYRAN O'BRIEN: 115or; OXFORD SCIENTIFIC FILMS: Frithjof Skibbe 186ol.

PACEMAKER PRESS INTERNATIONAL, LTD: 374um, 374ur; WALTER PFEIFFER STUDIOS, DUBLIN: 25or, 25mro, 25m, 25mr, 25mru, 25ur; PHOTO FLORA: Andrew N. Gagg 186um; PHOTOSTAGE: Donald Cooper 114or, 115ol; POPPERFOTO: 46mlo, 46mru, 46or, Reuter/Crispin Rodwell 47or; POWERSCOURT ESTATE, ENNISKERRY: 135m.

RANGE PICTURES: 43mro; THE REFORM CLUB, LONDON: 42mlo; REPORT/DEREK SPIERS, DUBLIN: 46or, 278ul, 278ur; RETNA PICTURES: Chris Taylor 24ul, Jay Blakesberg 24ur; RETROGRAPH ARCHIVE, LONDON: © Martin Ranicar-Breese 65ur; REX FEATURES: Sipa Press 47ml, 47um.

SHANNON DEVELOPMENT PHOTO LIBRARY: 360ol; SHANNON-ERNE WATERWAY 235um; THE SLIDE FILE, DUBLIN: 16um, 17o, 17m, 18mlo, 18mro, 22mlo, 29mro, 29mlu, 29ul, 32mlo, 48mlo, 48ul, 49mu, 50mlo, 50mro, 50mu, 50ul, 51mro, 77or, 77ur, 114ur, 122mlo, 129ur, 138ml 138ur, 151ur, 185ur, 211ol, 213or, 214mu, 214ur, 215um, 224ur, 227or, 230ol, 230u, 232or, 237u, 240ol, 242ol, 248ol, 250f, 252mro, 270mlu, 359or, 360or; SPORTSFILE, DUBLIN: 29om; STENA LINE: 384ml; DON SUTTON INTERNATIONAL PHOTO LIBRARY: 290ur.

© TATE GALLERY PUBLICATIONS: *Captain Thomas Lee*, Marcus Gheeraedts 38ur; TOPHAM PICTURE SOURCE: 41ur, Tim Graham 96o; TRANSLINK: 392ul; © TRINITY COLLEGE, DUBLIN: Ms. 1440 (Book of Burgos) f.20v 37mlu; Ms. 58 (Book of Kells) f.129v 4or, *Heirat von Prinzessin Aoite und dem Earl of Pembroke*, Daniel Maclise 36mlo, Ms. 57 (Book of Durrow) f.84v 55mr, Ms. 57 (Book of Durrow) f.85v 63mr, Ms. 58 (Book of Kells) f.129v 64mro, Ms. 58 (Book of Kells) f.36r 64ml, Ms. 58 (Book of Kells) f.28v 64mru, Ms. 58 (Book of Kells) f.200r 64u; TRIP: R. Drury 17ur, 140m.

© ULSTER MUSEUM, BELFAST: *Das Fest des hl. Kevin inmitten der Ruinen von Glendalough*, Joseph Peacock 30, *Die Entsetzung Derrys*, William Sadler II 38f, 39mru, 44mlo, 257mru, 278mlu.

VIKING SHIP MUSEUM, STRANDENGEN, DÄNEMARK: Aquarell von Flemming Bau 35ol.

© WATERFORD CORPORATION: 35ul, 36ol, 36mlu, 37ul; © WRITERS MUSEUM, DUBLIN: 22ol.

PETER ZÖLLER: 14, 16ol, 48om, 48mr, 49mro, 49ul, 146ur, 2C0, 216f, 219ul, 220, 236, 249or, 364ur.

Umschlaginnenseiten vorn: alles speziell angefertigte Fotografien, mit Ausnahme von PETER ZÖLLER: ol, om, mu.

UMSCHLAG

Vorn – CORBIS: Richard Cummins Hauptbild; DK IMAGES: Tim Daly ul.
Hinten – DK IMAGES: Joe Cornish mlo, ul; Alan Williams mlu, ol.
Rücken – CORBIS: Richard Cummins o; WALTER PFEIFFER STUDIOS, DUBLIN: u.

Alle **anderen** Bilder © Dorling Kindersley. Weitere Informationen unter **www.dkimages.com**

DORLING KINDERSLEY VIS-À-VIS

DIE 100 BÄNDE DER VIS-À-VIS-REIHE

ÄGYPTEN • ALASKA • AMSTERDAM
APULIEN • AUSTRALIEN • BALI & LOMBOK
BARCELONA & KATALONIEN • BEIJING & SHANGHAI
BERLIN • BRASILIEN • BRETAGNE • BRÜSSEL
BUDAPEST • CHICAGO • CHINA • COSTA RICA
DÄNEMARK • DANZIG & OSTPOMMERN
DELHI, AGRA & JAIPUR • DEUTSCHLAND
DUBLIN • EMILIA-ROMAGNA • FLORENZ & TOSKANA
FLORIDA • FRANKREICH • GENUA & LIGURIEN
GRIECHENLAND • GRIECHISCHE INSELN
GROSSBRITANNIEN • HAMBURG • HAWAI'I
INDIEN • IRLAND • ISTANBUL • ITALIEN
JAPAN • JERUSALEM • KALIFORNIEN
KANADA • KANARISCHE INSELN • KORSIKA • KRAKAU • KROATIEN
KUBA • LAS VEGAS • LISSABON • LONDON • MADRID • MAILAND
MALAYSIA & SINGAPUR • MALLORCA, MENORCA & IBIZA
MAROKKO • MEXIKO • MOSKAU • MÜNCHEN & SÜDBAYERN
NEAPEL • NEUENGLAND • NEUSEELAND • NEW ORLEANS
NEW YORK • NIEDERLANDE • NORDSPANIEN • NORWEGEN
ÖSTERREICH • PARIS • POLEN • PORTUGAL • PRAG
PROVENCE & CÔTE D'AZUR • ROM • SAN FRANCISCO
ST. PETERSBURG • SARDINIEN • SCHOTTLAND • SCHWEDEN
SCHWEIZ • SEVILLA & ANDALUSIEN • SIZILIEN • SPANIEN
STOCKHOLM • SÜDAFRIKA • SÜDTIROL & TRENTINO • SÜDWESTFRANKREICH
THAILAND • TOKYO • TSCHECHIEN & SLOWAKEI • TUNESIEN
TURIN • TÜRKEI • UMBRIEN • UNGARN • USA
USA NORDWESTEN & VANCOUVER
USA SÜDWESTEN & LAS VEGAS
VENEDIG & VENETO • VIETNAM & ANGKOR
WARSCHAU • WASHINGTON, DC
WIEN • ZYPERN

Erhältlich in
jeder Buchhandlung

DORLING KINDERSLEY
www.dk.com

VIS-À-VIS